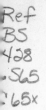

CONCORDANCIA TEMÁTICA DE LA BIBLIA

OBRA TRADUCIDA DEL INGLÉS POR EL

REV. CARLOS BRANSBY

CASA BAUTISTA DE PUBLICACIONES

CASA BAUTISTA DE PUBLICACIONES
Apartado 4255, El Paso, Tx. 79914 EE. UU. de A.

Agencias de Distribución

ARGENTINA: Rivadavia 3464, 1203 Buenos Aires
BRASIL: Rua Silva Vale 781, Río de Janeiro
BOLIVIA: Cajón 736. Cochabamba
Casilla 2516, Santa Cruz
COLOMBIA: Apartado Aéreo 55294, Bogotá 1
COSTA RICA: Apartado 285, San Pedro
CHILE: Casilla 1253, Santiago
ECUADOR: Casilla 3236, Guayaquil
EL SALVADOR: 10 Calle Pte. 124, San Salvador
ESPAÑA: Arimón 22, Barcelona 22
ESTADOS UNIDOS: Broadman: 127 Ninth Ave.,
Nashville, Tenn., 37234
GUATEMALA: 12 Calle 9-54, Zona 1, Guatemala
HONDURAS: 4 Calle 9 Avenida, Tegucigalpa
MEXICO: Calle Oriente 65-A No. 2834, México 8, D.F.
Matamoros 344 Pte., Torreón, Coahuila
NICARAGUA: Apartado 5776, Managua
PANAMA: Apartado 5363, Panamá 5
PARAGUAY: Pettirossi 595, Asunción
PERU: Apartado 3177, Lima
REPUBLICA DOMINICANA: Apartado 880, Santo Domingo
URUGUAY: Casilla 14052, Montevideo
VENEZUELA: Apartado 152, Valencia

Primera edición castellana: 1890
Primera edición C. B. P.: 1972
Segunda edición C. B. P.: 1974
Tercera edición C. B. P.: 1976
Cuarta edición C. B. P.: 1977
Quinta edición C. B. P.: 1980
Sexta edición C. B. P.: 1982

Clasifíquese: Para Predicadores

ISBN: 0-311-42043-5
C. B. P. Art. No. 42043

6 M 4 82

Printed in U.S.A.

PREFACIO
A LA EDICION POR LA
CASA BAUTISTA DE PUBLICACIONES

Hace un poco más de ochenta años que esta obra viera la luz en su primera versión castellana, publicada por la Sociedad Americana de Tratados. Su título fue MANUAL BIBLICO: DE LAS PERSONAS, LUGARES, Y MATERIAS QUE SE MENCIONAN EN LAS SAGRADAS ESCRITURAS. El nombre del Rdo. Carlos Bransby apareció como el traductor y editor. Durante los años se llegó a denominarse comunmente EL MANUAL BIBLICO de Bransby. Editorial Caribe, después de la edición original, publicó el libro, permitiéndolo seguir su eficaz ministerio en el público de habla hispana. Ahora, la Casa Bautista de Publicaciones, con el beneplácito de Editorial Caribe, entra a participar en la publicación de este noble y práctico libro. Dicha Casa y sus editores se sienten satisfechos de poderlo hacer y lo realizan con el deseo de que esta obra siga rindiendo fruto para la honra de nuestro Señor Jesucristo.

Se ha decidido ofrecerlo con un nuevo título que, según se piensa, mejor describe el carácter del libro: CONCORDANCIA TEMATICA DE LA BIBLIA.

Una concordancia es un diccionario de las palabras de la Biblia con las citas de donde se encuentran. Hay dos clases de concordancias: la alfabética y la temática. La *Concordancia de las Sagradas Escrituras, Basada en la Revisión de 1960 de la versión Reina-Valera* por C. B. Denyer (publicada por Editorial Caribe) y la *Breve Concordancia* (publicada como suplemento incluido en algunas ediciones de la Biblia y también en forma separada por la Casa Bautista de Publicaciones) son concordancias alfabéticas.

Pero la presente obra es una concordancia *temática*. Su contenido se basa no tanto en las *palabras* que encontramos en las Sagradas Escrituras como en sus temas, sus asuntos, sus "personas, lugares y materias" como dijera la frase explicativa del título original. (Desde luego todos los asuntos tratados se encuentran en orden alfabético.)

La utilidad de una concordancia temática salta a la vista, especialmente para el predicador y la persona que quiere preparar temas con base bíblica, porque este libro le ayudará a encontrar lo que la Biblia dice acerca de aproximadamente 20,000 asuntos.

He aquí, entonces, una herramienta hábil y útil para el pastor, el predicador, el maestro de escuela dominical, o cualquier estudiante serio de la Biblia.

Vivimos en una época de muchas preguntas. El mundo que nos rodea ofrece sus respuestas en abundancia, pero no siempre son confiables; las respuestas autorizadas las encontramos en la Biblia. Utilicemos el presente tomo como auxiliar para conducirnos a esas respuestas divinas. Y una vez encontradas, prediquémoslas y practiquémoslas.

—José Tomás Poe

PROLOGO

QUE Dios dio su Libro para el pueblo, y no únicamente para privilegiada jerarquía, es principio fundamental de nuestra santa religión. Una vez sentado este principio, la cuestión que naturalmente se presenta luego es ésta: ¿De qué modo debe procederse en el estudio de las Escrituras a fin de sacar de él el mayor provecho posible? La respuesta es sencilla: cotéjense todos los pasajes de la Biblia que tengan relación con el asunto que se trate de aclarar, invocando previamente el auxilio del Espíritu Santo, y se descubrirá con gusto que el mejor comentario de la Biblia viene así a ser la Biblia misma.

Para un estudio de esta especie lo absolutamente necesario es una Biblia en lengua vulgar, y un manual como el que ponemos ahora al alcance de los que hablan el español. En esta *Concordancia* las referencias se hacen por *temas:* tómase un asunto cualquiera, y se agrupan todos los textos con él relacionados. Quiérese saber, por ejemplo, quién era David. Se busca en la *Concordancia* la palabra DAVID, con letras mayúsculas, y debajo de ella se encuentran indicados, en debido orden, todos los pasajes que tratan de ese varón eximio. O deséase averiguar qué enseña la Biblia acerca de la SANTIFICACION. En la *Concordancia* se encuentra, debajo de esa palabra, una lista completa de los textos que versan sobre la materia.

Siendo diversas las versiones que del Sagrado Libro hay en nuestra lengua, decidióse el traductor por la de Casiodoro de Reina y Cipriano de Valera por ser la mejor de cuantas se han publicado y la de uso más generalizado entre los que hablan el español. Sin embargo, él ha tenido también a la mano la versión del Padre Scío y la de Torres Amat, y se ha conformado a una de ellas, en aquellos casos, raros en verdad, en que juzgó que así lo exigía la exactitud o la claridad.

Es también de notarse que el Salmo X de la versión de Reina-Valera es la segunda parte del Salmo IX en la de Torres Amat; de suerte que el XI de aquélla es el X de ésta, y así sucesivamente. En las versiones Nácar-Colunga, Bover-Cantera, y Biblia de Jerusalén, la numeración coincide con la de la Reina-Valera, pero con los números de la Vulgata (y Torres Amat) en paréntesis o en tipo más pequeño como exponentes. También existen algunas diferencias en cuanto a la división de los Salmos en versículos.

Sabido es que, en lo que respecta a los nombres propios, no hay dos versiones —y aun casi pudiera decirse, dos ediciones de la misma versión— que estén completamente acordes. En esta obra se ha adoptado una ortografía moderna, sencilla y conforme con la índole de la lengua. Se ha suprimido la *h* después de la *t,* se ha empleado la *f* en lugar de la combinación *ph,* y la *i* en vez de la *y* cuando ésta estaba usada como vocal en medio de dicción; y se ha sustituido la *c* o la *qu* (según el caso) a la *ch,* cuando ésta tenía el sonido fuerte de la *k.* En una palabra, se ha empleado para los nombres propios una ortografía netamente española. Si, pues, el lector no encontrare el nombre escrito con la ortografía de su Biblia, o con otra a que él haya estado acostumbrado, debe buscarlo con otra letra o letras que tengan un sonido igual o análogo.

Por lo que toca a los nombres comunes —tales como los que denotan virtudes, vicios, doctrinas, etcétera— cabe observar aquí que cuando no se encuentre en la *Concordancia* una palabra dada, debe buscarse otra que le sea sinónima. Si, por ejemplo, no se encuentra el vocablo CARIÑO, búsquese AFECTO o AMOR.

El término *santos* está empleado en este libro en su sentido lato, que es el bíblico y genuino, y no se aplica por consiguiente a ciertos seres perfectos, ni mucho menos a determinados individuos que han sido canonizados por la iglesia, sino a todos los fieles, a todos los cristianos, a todos los verdaderos servidores de Dios. Por otra parte, el término *malos* no se emplea para denotar solamente los criminales, los viciosos, los corrompidos, sino también todos los que no aceptan a Jesucristo como su Salvador y no han sido regenerados por el Espíritu de Dios.

SIGNOS Y ABREVIATURAS

El tipo conocido con el nombre de "mayúscula" se emplea en las palabras que encabezan los artículos: por ejemplo AARON, FUEGO, REGENERACION. El conocido con el nombre de "medialínea", en las palabras que encabezan las subdivisiones de un artículo. Así, por ejemplo, en el artículo MILAGROS se encuentran las subdivisiones, MOISES y AARON, JOSUE, SAMSON, etcétera.

El signo _____ se emplea a fin de evitar repetición, siempre que el encabezamiento de un artículo consta de la misma palabra o palabras que el artículo que le precede. Véase, por ejemplo, el artículo ANANIAS y los dos siguientes. Para evitar repetición dentro de un mismo artículo, se deja un espacio en blanco a la izquierda.

Los primeros guarismos que le siguen al título de un libro de las Escrituras denotan el capítulo, los segundos el versículo, y éstos van separados de aquéllos por dos puntos. Así Juan 3:16 quiere decir, Evangelio de Juan, capítulo tercero, versículo diez y seis. El guión (-) entre dos guarismos equivale a la palabra *hasta*; así, 1 Cor. 13:4-13, quiere decir Primera Epístola a los Corintios, capítulo trece, versículos cuatro hasta trece. El punto y coma (;) separa una cita de otra, y cuando se omite el título del libro después de un punto y coma, es porque él es idéntico al de la anterior cita. Así, Joel 1:7; 2:22, equivale a Joel 1:7; Joel 2:22.

La coma separa dos versículos de un mismo capítulo.

ANTIGUO TESTAMENTO

Gén............ Génesis	2 Crón....... 2 Crónicas	Dan........... Daniel
Ex. .... Exodo	Ezra .... Ezra o Esdras	Ose............ Oseas
Lev............ Levítico	Neh........... Nehemías	Joel .... Joel
Núm......... Números	Est. .... Ester	Amós......... Amós
Deut......... Deuteronomio	Job............ Job	Abd. .... Abdías
Jos............ Josué	Sal............. Salmos	Jonás........ Jonás
Jue. .... Jueces	Prov. .... Proverbios	Miq. .... Miqueas
Rut........... Rut	Ecl. .... Eclesiastés	Nah........... Nahum
1 Sam. .... 1 Samuel	Cant. .... Cantares	Hab........... Habacuc
2 Sam. .... 2 Samuel	Isa............. Isaías	Sof. .... Sofonías
1 Rey........ 1 Reyes	Jer............. Jeremías	Hag........... Hageo
2 Rey........ 2 Reyes	Lam. .... Lamentaciones	Zac............ Zacarías
1 Crón. ...... 1 Crónicas	Ezeq.......... Ezequiel	Mal. .... Malaquías

NUEVO TESTAMENTO

Mat. .... Mateo	Efes........... Efesios	Heb........... Hebreos
Mar........... Marcos	Filip.......... Filipenses	Sant........... Santiago
Luc. .... Lucas	Col. .... Colosenses	1 Ped........ 1 Pedro
Juan .... Juan	1 Tes. .... 1 Tesalonicenses	2 Ped........ 2 Pedro
Act. .... Actos o Hechos	2 Tes. .... 2 Tesalonicenses	1 Juan........ 1 Juan
Rom. .... Romanos	1 Tim. .... 1 Timoteo	2 Juan........ 2 Juan
1 Cor........ 1 Corintios	2 Tim. .... 2 Timoteo	3 Juan........ 3 Juan
2 Cor........ 2 Corintios	Tit............. Tito	Judas......... Judas
Gál............ Gálatas	Filem. .... Filemón	Rev. .... Revelación o Apocalipsis

NOTA IMPORTANTE

Las abreviaturas que se emplean en esta **Concordancia** para los libros los Hechos de los Apóstoles y Apocalipsis son Act. y Rev. respectivamente. Esto se debe a que por el año 1890, cuando la **Concordancia** fue preparada en español, la versión Reina-Valera empleaba los títulos Actos de los Apóstoles y Revelación para estas porciones de las Sagradas Escrituras. Desde 1909, esta versión ha utilizado la terminología que actualmente acostumbramos. Por razones económicas, no ha sido posible actualizar estas abreviaturas donde aparecen en la **Concordancia**. El lector precavido no debe de encontrar mayores problemas, si tan sólo mantiene en mente esta advertencia y recibe en beneficio un libro de gran utilidad por un precio sumamente asequible.

CONCORDANCIA TEMATICA DE LA BIBLIA

———•———

AARÓN, hijo de Amram y Jocabed, de la tribu de Leví, Exod. 6:20.
su matrimonio y sus hijos, Exod. 6:23.
nombrado para ayudar á Moisés, Ex. 4:14, 27.
cumple su comision, Exod. 5–12; 16:33; 17:12.
es elegido sumo sacerdote, Exod. 28.
es consagrado, Exod. 29; Lev. 8:9.
sus primeras ofrendas, Lev. 9.
no había de estar de duelo por sus hijos, Lev. 10:6.
se le dispensa su descuido, Lev. 10:20.
su pecado al hacer el becerro de oro, Ex. 32.
perdonado á súplica de Moisés, Deut. 9:20.
su sedición contra Moisés, Núm. 12.
hace cesar la plaga, Núm. 16:47, 48.
su vara florece, Núm. 17:8.
es excluido de la tierra de promisión, Núm. 20:12.
su edad, su muerte y su entierro, Núm. 20:23–29; 33:39; Deut. 10:6.
sus descendientes, 1 Crón. 6.49–53.   Véase SA-CERDOTES.
su sacerdocio fué inferior al de Cristo, Heb. 5:7, &c.   Véase Sal. 77:20; 99:6; 105:16, &c.

AARONITAS, 1 Crón. 12:27; 27:17.

ABADDÓN (el destructor), Rev. 9:11.

ABANA (y Farfar), rios de Damasco, 2 Reyes 5:12.

ABARIM, Montes de Moab, Núm. 27:12; Deut. 32:49.

ABATIMIENTO (el) de Jacob, Gén. 37:34.
una palabra á tiempo disipa el, Prov. 12:25.
la fé en Dios quita, Isa. 40:27–31.

ABATIR, Job 40:11.   Véase HUMILLAR.

ABBA (padre), Mar. 14:36; Rom. 8:15; Gál. 4:6.

ABDE-MELEC, intercede por Jeremías y obtiene su libertad, Jer. 38:7.
consolado, Jer. 39:16.

ABDÉNAGO, Dan. 1:7; 2:49; 3:12.   Véase Isa. 43:2.

ABDÍAS, mayordomo de Achab, preserva á los profetas, &c., 1 Reyes 18:1.
———, profeta, predice la caída de Edom, Obad. 1.
y la salvación de Israel, Obad. 17.

ABDÓN, juez, Jue. 12:13; 1 Crón. 8:23.
———, hijo de Mica, 2 Crón. 34:20.
———, ciudad, Jos. 21:30.

ABEJA, Jue. 14:8; Sal. 118:12; Isa. 7:18.

ABEL, su nacimiento, ofrenda, muerte, Gén. 4.
justo, Mat. 23:35; 1 Juan 3:12.
sangre de, Luc. 11:51; Heb. 12:24.
fé de, Heb. 11:4.

ABEL-MEHULA, 1 Reyes 4:12; 19:16.

ABEL-MIZRAIM. Gén. 50:11.

ABEL-SATIM, Núm. 33:49.

ABÍA, mujer de Hesrón, 1 Crón. 2:24.
madre de Ezequías, 2 Crón. 29:1.

ABÍAS, hijo de Samuel, 1 Sam. 8:2.
———, hijo de Jeroboam, 1 Rey. 14:1; su muerte

predicha por Ahía, 1 Reyes 12:14.
——— (ó Abíam), hijo de Roboam, 1 Reyes 15:1; 2 Crón. 41:20; 12:16; 13:1, 21.

ABIATAR, sumo sacerdote, escapa de la venganza de Saúl, 1 Sam. 22:20.
fiel á David, 1 Sam. 23:6; 30.7; 2 Sam. 15:24; Mar. 2:26.
pero opuesto á Salomón, 1 Reyes 1:19.
echado del sacerdocio, 1 Reyes 2:26, 27.

ABIB, primer mes, celebrábase en él la pascua, Exod. 13:4; 34:18.

ABIEL, 1 Sam. 9:1; 14:51.

ABIEZER, antecesor de Gedeón, Jos. 17:2; Jue. 6:34; 8:2.
———, héroe de David, 2 Sam. 23:27; 1 Crón. 11:28; 27:12.

ABIGAÍL, sus virtudes, 1 Sam. 25:3.
intercede por Nabal, 1 Sam. 25:24.
llega á ser esposa de l avid, 1 Sam. 25:42.
es aprehendida, 1 Sam. 30:5, y rescatada, 18.
madre de Cheleab (ó Queleab), según 2 Sam. 3:3, ó Daniel según 1 Crón. 3:1.
———, hermana de David, 2 Sam. 17:25; 1 Crón. 2:16.

ABILINA, Luc. 3:1.

ABIMELEC, rey de Gerar, riñe á Abraham por negar á su esposa, Gén. 20:9.
———, riñe á Isaac, Gén. 26:10.
su alianza con Isaac, Gén. 26:28.
———, hijo de Gedeón, Jue. 8:31.
su crueldad, Jue. 9:5, 48.
lo hacen rey, Jue. 9:6.
es muerto por una mujer, Jue. 9:53; 2 Sam. 11:21.
——— (ó Aquimelec), un sacerdote, 2 Sam. 8:17; 1 Crón. 18:16.

ABINADAB, recibe el arca devuelta por los Filisteos, 1 Sam. 7:1; 2 Sam. 6:3.
———, hijo de Saúl, 1 Sam. 31:2; 1 Crón. 8:33.

ABINOEM, Jue. 4:6; 5:1.

ABIRÓN, se rebela contra Moisés, Núm. 16.
su castigo, Núm. 16:31; 26:10.

ABISAG, es llevada ante David, 1 Reyes 1:3.
Adonías pierde la vida por haberla solicitado para esposa suya, 1 Reyes 2:13–25.

ABISAI, se le disuade que mate á Saúl, 1 Sam. 26:8, y á Simei, 2 Sam. 16:9; 19:21.
sus hazañas, 2 Sam. 21:17; 23:18; 1 Cró. 11:20; 18:12.

ABIU, pecado y muerte de, Lev. 10:1, 2; Núm. 3:2, 4; 26:31.
ley á consecuencia de, Lev. 10:9.

ABLUCIÓN, de la cara y el cuerpo, Rut 3:2; 2 Sam. 11:20; Ezeq. 23:40; Mat. 6:17.
de los piés, Gén. 18:4; 19:2; 24:32; 43:24; Jue. 19:21; 2 Sam. 11:8; Cant. 5:3; Luc. 7–38, 44; Juan 13:5; 1 Tim. 5:10.
de los muertos, Act. 9:37.
de los párvulos, Ezeq. 16:4.
de las manos, para protestar inocencia, Deut. 21:6, 7; Sal. 26:6; Mat. 27:24.

ABNEGACIÓN:
Cristo nos dió ejemplo de, Mat. 4:8-10; 8:20; Rom. 15:3; 2 Cor. 8:9; Filip. 2:6-8; Heb. 12:2.
es una piedra de toque de nuestra fidelidad para con Cristo, Mat. 10:37, 38; Luc. 14:27, 33.
NECESARIA para seguir á Cristo, Luc. 9:23, 24.
para la guerra que tienen que lidiar los santos, 2 Tim. 2:4.
para el triunfo de los santos, 1 Cor. 9:25.
los ministros particularmente tienen que ejercer, 2 Cor. 6:4, 5.
DEBE EL HOMBRE EJERCERLA renunciando á la impiedad y á los deseos mundanos, Rom. 6:12; Tito 2:13.
dominando el apetito, Prov. 23:2.
absteniéndose de la concupiscencia de la carne, 1 Ped. 2:11.
no viviendo ya para las concupiscencias de los hombres, 1 Ped. 4:2.
haciendo morir las malas concupiscencias, Mar. 9:43; Col. 3:5.
mortificando las obras de la carne, Rom. 8:13.
no agradándose á sí mismo, Rom. 15:1-3.
no buscando su propio provecho, 1 Cor. 10:24, 33; 13:5; Filip. 2:4.
prefiriendo el provecho ajeno, Rom. 14:20, 21; 1 Cor. 10:24, 33.
ayudando á los demás, Luc. 3:11.
á veces aun en las cosas lícitas, 1 Cor. 10:23.
abandonándolo todo, Luc. 14:33.
tomando á cuestas la cruz y siguiendo á Cristo, Mat. 10:38; 16:24.
crucificando la carne, Gál. 5:24.
siendo crucificado con Cristo, Rom. 6:6.
siendo crucificado al mundo, Gál. 6:14.
despojándose del hombre viejo que es malo, Efes. 4:22; Col. 3:9.
prefiriendo á Cristo á todos los parientes de este mundo, Mat. 8:21, 22; Luc. 14:26.
haciéndose forastero y peregrino en este mundo, Heb. 11:13:15; 1 Ped. 2:11.
peligro que resulta de desentenderse de, Mat. 16:25, 26; 1 Cor. 9:27.
premio de, Mat. 19:28, 29; Rom. 8:13.
feliz resultado de, 2 Ped. 1:4.
ejemplos de: Abraham, Gén. 13:9; Heb. 11:8, 9. La viuda de Sarepta, 1 Reyes 17:12-15. Ester, Est. 4:16. Los Recabitas, Jer. 35:6, 7. Daniel Dan. 5:16, 17. Los apóstoles, Mat. 19:27. Simón, Andrés, Santiago y Juan, Mar. 1:16-20. La pobre viuda, Luc. 21.4. Los primeros Cristianos, Act. 2:45; 4:34. Barnabás, Act. 4:36, 37. Pablo, Act. 20:24; 1 Cor. 9:19, 27. Moisés. Heb. 11:24, 25.

ABNER, general de Saúl, 1 Sam. 14:50; 17:55.
reprendido por David, 1 Sam. 26:5, 14.
al principio se hace partidario de Is-boset, 2 Sam. 2:8.
pero se rebela y se pasa al partido de David, 2 Sam. 3:8.
muerto traidoramente por Joab, 2 Sam. 3:27.
David se lamenta por él, 2 Sam. 3:31.

ABOGADO, Jesu-Cristo, 1 Juan 2:1.

ABOMINACIÓN de asolamiento, predicha, Dan. 9:27; 11:31; 12:11; Mat. 24:15; Mar. 13:14.

ABOMINACIONES que Dios aborrece: las esculturas, los idólatras, Deut. 7:25; 27:15; 1 Rey. 11:5; 2 Rey. 23:13; Isa. 41:24; Mal. 2:11.
las prácticas paganas, Deut. 18:12; 22:5; Isa. 66:17; Ezeq. 16:50; 18:12; Rev. 21:27.
las cosas sacrificadas, Lev. 7:18; Deut. 17:1; Prov. 15:8; Isa. 1:13.
la inmundicia, Lev. 18:22; 20:13; Deut. 24:4.
los gajes del pecado, Deut. 23:18.
la perversidad, el orgullo, Prov. 3:32; 6:16; 16:5.

la injusticia, el fraude, Prov. 11:1; 16:12; 17:15; 20:10, 23.
los pensamientos y el culto de los malos, Prov. 15:8; 26:25; 27; 28:9.
———, de Jerusalem son descritas, Isa. 1: 3; Jer. 2, &c.; Ezeq. 5:11; 6:9; 7; 8; 11; 16; 23; Ose. 1, &c.
———, de los paganos son censuradas, Lev. 18:26; Deut. 18:9; 1 Reyes 14:24; Rom. 1:18; Efes. 5:13; Col. 3:5.

ABRAHAM, ó **ABRAM,** nace, Gén. 11:27.
vocación de, Gén. 12:1.
se traslada á Canaán, Gén. 12:5.
va á Egipto, Gén. 12:10.
niega á su esposa, Gén. 12:14; 20:2.
contienda con Lot, y separación, Gén. 13:7, 11.
recibe la promesa, Gén. 13:14; 15:5.
rescata á Lot, Gén. 14:14.
es bendecido por Melquisedec, Gén. 14:19; Heb. 7:1.
su fé y su sacrificio, Gén. 15.
pacto (ó concierto) de Dios con él, Gén. 15:18;17.
él y su familia son circuncidados, Gén. 17.
visitanle ángeles, Gén. 18.
intercede por Sodoma, Gén. 18:23.
despide á Agar y á Ismael, Gén. 21:14.
su obediencia en ofrecer á Isaac, Gén. 22.
compra un lugar para sepultura, Gén. 23.
provée una esposa para Isaac, Gén. 24.
sus descendientes de Cetura, Gén. 25.
su muerte y su entierro, Gén. 25:7.
testimonios en abono de su fé y de sus obras, Isa. 41:8; 52:2; Juan 8:31-56; Act. 7:2; Rom. 4: Gál. 3:6; Heb. 11:8; Sant. 2:21, &c.
referencias á, Mat. 3:9; 8:11; 22:32; Luc. 1:73; 13:28; 16:23; Juan 8:33, 56, 58; Act. 7:2; Gál. 3:7; 4:22; Heb. 7:1.

ABROJOS (Valera, CARDOS), Gén. 3:18; Job 31:40; Isa. 34:13.
parábola de, 2 Crón. 35:18.

ABSALOM, ó **ABSALÓN,** hijo de David, 2 Sam. 3:3.
su presencia, 2 Sam. 14:25, 26.
mata á Amnón, 2 Sam. 13:28.
su conspiración, 2 Sam. 15-17.
su muerte, 2 Sam. 18:9-14.
laméntase por él David, 2 Sam. 18:33; 19:1.

ABSALOM, COLUMNA DE, 2 Sam. 18:18.

ABUBILLA, Lev. 11:19; Deut. 14:18.

ABUNDANCIA don de Dios, Gén. 27:28; Deut. 16:10; 28:11; Sal. 65; 68:9; 104:10; 144:13; Joel 2:26; Act. 14:17, &c.
predicha por Eliseo, 2 Reyes 7:1.
se verifica, 2 Reyes 7:16.

A CABALLO, gente de, Gén. 50:9; Exod. 14:9; 1 Sam. 13:5; 2 Sam. 8:4; 10:18; 1 Reyes 4:26; 2 Crón. 12:3; 16:8.

ACAICO visita á Pablo, 1 Cor. 16:17.

ACAN, su delito y su castigo, Jos. 7; 22:20; 1 Crón. 2:7.

ACASIB, Jue. 1:31.

ACAYA, el evangelio es predicado en, Act. 18; 19:21; Rom. 15:27; 2 Cor. 9:2; 11:10.

ACAZ, rey de Judá, su mal reinado, 2 Reyes 16.
profana el templo, 2 Reyes 16:10.
es castigado por Facee, rey de Israel, &c., 2 Crón. 28.
Isaías es enviado á él á la hora de su angustia, Isa. 7.
rehusa una señal del cielo, Isa. 7:12.

ACCARON, tomada, Jue. 1:18.
los habitantes de, son atacados de hemorroides, 1 Sam. 5:10; 6:17.
profecías respecto de, Amós 1:8; Sof. 2:4; Zac. 9:5.

ACCESO ANTE DIOS:
viene de Dios, Sal. 65:4.
es por medio de Cristo, Juan 10:7; 9; 14:6; Rom. 5:2; Efes. 2:13; 3:12; Heb. 7:19, 25; 10:19; 1 Ped. 3:18.
es por medio del Espíritu Santo, Efes. 2:18.
se obtiene por la fe, Act. 14:27; Rom. 5:2; Efes. 3:12; Heb. 11:6.
sigue á la reconciliación con Dios, Col. 1:21, 22.
en la oración, Deut. 4:7; Mat. 6:6; 1 Ped. 1:17.
Véase ORACIÓN.
en su templo, Sal. 15:1; 27:4; 43:3; 65:4.
para obtener misericordia y gracia, Heb. 4:16.
un privilegio de los santos, Deut. 4:7; Sal. 15 ; 23:6; 24:3, 4.
los santos (redimidos) tienen, con confianza, Efes. 3:12; Heb. 4:16; 10:19, 22.
otorgado á los pecadores contritos, Ose. 14:2 ; Joel 2:12. Véase ARREPENTIMIENTO.
los santos lo solicitan con tesón, Sal. 27:4; 42:1, 2; 43:3; 84:1, 2.
á los malos se les manda que lo soliciten, Isa. 55:6; Sant. 4:8.
se debe exhortar á los demás á que lo soliciten, Isa. 2:3; Jer. 31:6.
promesas á los que lo soliciten, Sal. 145:18; Isa. 55:3; Mat. 6:6; Sant. 4:8.
delicia de, Sal. 16:11; 65:4; 73:28.
simbolizado, Lev. 16:12–15, con Heb. 10:19–22.
ejemplificado, Moisés, Exod. 24:2; 34:4–7.
ACEITE para las lámparas, Exod. 27:20; Lev. 24:1. Véase Mat. 25:1.
de olivas, Exod. 30:24; Lev. 24:2.
para alimento, 1 Reyes 17:12; Ezeq. 16:13.
para ungir el cuerpo, Sal. 23:5; 104:15; Luc. 7:46.
el sagrado, Exod. 30:22–33; 37:29.
para consagrar á un rey ú otro funcionario, Ex. 29:7; 1 Sam. 10:1; 1 Rey. 19:16.
con ofrendas de presente, Lev. 2:1, &c.
aumentado milagrosamente, 1 Reyes 17:12; 2 Reyes 4:1.
en sentido metafórico, Sal. 23:5; 45:7; 141:5; Isa. 61:3; Zac. 4:12; Mat. 25:1.
ACÉLDAMA. Véase CAMPO DE SANGRE.
ACERO, 2 Sam. 22:35; Job 20:24; Sal. 18:34; Jer. 15:12.
ACHAB, rey de Israel, su mal reinado, 1 Reyes 16:29.
se casa con Jezabel: su idolatría, 1 Rey. 16:31.
se ve con Elías, 1 Reyes 18:17.
en la guerra con los Sirios, 1 Rey. 20:13.
es reprobado por haber soltado á Ben-adad, 1 Rey. 20:42; y por haber tomado la viña de Nabot, 1 Reyes 21:17.
su arrepentimiento, 1 Reyes 21:27.
alucinado por falsos profetas, 1 Reyes 22:6.
muerto por los Sirios, 1 Rey. 22:34; 2 Crón. 18. Véase Miq. 6:16.
———, un falso profeta, reprobado, Jer. 29:21.
ACHÁN. Véase ACÁN.
ACHAZ. Véase ACÁZ.
ACHIAS, sumo sacerdote, 1 Sam. 14:3; con 1 Sam. 22:9, 11, 20.
ACHIMAAS, sirve á David, 2 Sam. 15:27; 17:17; 18:19.
ACHIMELEC, sumo sacerdote, por haber auxiliado á David (1 Sam. 21) es muerto por Doeg por mandato de Saúl, 1 Sam. 22.
ACHINOAM, esposa de David, 1 Sam. 25:43; 27:3; 2 Sam. 2:2.
hecha captiva en Siceleg, 1 Sam. 30:5.
madre de Ammón, 2 Sam. 3:2.
ACHIS. Véase ACQUIS.
ACHITOB, 1 Sam. 14:3; 22:9.

ACHITOFEL, la traición de, 2 Sam. 15:31; 16:20.
su deshonra y su suicidio, 2 Sam. 17:1, 23.
Véase Sal. 41:9; 55:12; 109.
ACOB, ACHOB, ó ACHO, (Ptolemaida, actualmente Acre), los Canaanitas permanecieron en, Jue. 1:31, 32.
la iglesia en, Act. 21:7.
ACOMODARSE, el acto de, á los costumbres, ritos, &c., Deut. 13:3; Prov. 1:10; Dan. 3:16–18; 6:10; 1 Cor. 9:20; Gál. 2:5, 12.
ACOR, valle dé, Acan fué muerto allí, Jos. 7:26. Véase Isa. 65:10; Ose. 2:15.
ACORDARSE (el) de Dios:
como grande y terrible, Neh. 4:14.
causa temor, Job 21:6.
como protector todopoderoso, Sal. 20:7.
durante la noche, Sal. 63:6.
en tiempos de pesar, Sal. 42:6; 77:10; Jon. 2:7; Zac. 10:9.
es un distintivo de los santos, Isa. 26:8.
conduce é la alabanza, Sal. 63:5.
en los dias de la juventud, Ecl. 12:1.
ACQUIS, su bondad para con David, 1 Sam. 21:12; 27:2; 28:1; 29:6. Véase 1 Rey. 2:39.
ACREEDOR (el), leyes y costumbres con respecto á, Ex. 22:25, &c.; Deut. 15:2, &c.; 23:20; 24:10, &c.; Neh. 5:2, &c.; Ezeq. 18:7, 12, &c.
parábola del, Luc. 7:41.
parábola de los dos acreedores, Mat. 18:23.
ACZIB, Miq. 1:14.
ACZIBA, Jos. 19:29.
ADAD, un Idumeo, se hace enemigo de Salomón, 1 Reyes 11:14.
ADAM, creado á la imagen de Dios y bendecido, Gén. 1:27; 2:7; 5:1.
es llamado hijo de Dios, Luc. 3:28.
es colocado en Edén y recibe su nombre, Gén. 2:8, 10.
pone nombre á todos los animales, Gén. 2:20.
le da á su esposa el nombre de Eva, Gén. 3:20.
su desobediencia y su sentencia, Gen. 3.
promesa hecha á, Gén. 3:15.
su muerte, Gén. 5:5. Véase Job 31:33; Rom. 5:14; 1 Cor. 15:22, 45; 1 Tim. 2:13.
———, el postrero, Cristo, 1 Cor. 15:45.
ADÁN, una ciudad de la cautividad, Ezra 2:59.
ADAR, Ezra 6:15; Est. 3:7, 13; 8:12.
ADAREZER, rey de Soba, las guerras de David con, 2 Sam. 8; 10:15; 1 Crón. 18.
ADDO, vidente ó profeta, 2 Crón. 9:29.
ADINÓ, sus hazañas, 2 Sam. 23:8.
ADIVINACIÓN, &c., prohibida, Lev. 19:26 ; 20:27; Deut. 18:10; Jer. 27:9; 29:8; Ezeq. 12:24; Zac. 10:3.
practicada por Saúl, 1 Sam. 28:7.
por Israel, 2 Reyes 17:17.
por Nabucodonosor, Ezeq. 21:21.
ADIVINO, ó agorero, Isa. 2:6; Dan. 2:27; 5:7, 11; Miq. 5:12; Act. 16:16.
ADMA, ciudad de la llanura, Gén. 19; Deut. 29:23; Ose. 11:8.
ADMIRABLE, dictado profético de Cristo, Isa. 9:6. Véase Jue. 13:18.
ADONÍAS, cuarto hijo de David, 2 Sam. 3:4.
su conspiración, 1 Reyes 1:5.
su súplica ambiciosa, 1 Reyes 2:13.
es muerto, 1 Reyes 2:25.
——— otros del mismo nombre, 2 Crón. 17:8; Neh. 10:16.
ADONI-BEZEC, confiesa que su crueldad fué justamente castigada, Jue. 1:7.
ADONIRAM, ó ADURAM, recaudador del tributo, 2 Sam. 20:24; 1 Reyes 4:6; 5:14.
es apedreado, 1 Reyes 12:18.

ADONI-SEDEC, rey de Jerusalem, hace resistencia á Josué, Jos. 10:1.
su muerte, Jos. 10:26.

ADOPCIÓN (la):
explicada, 2 Cor. 6:18.
es de acuerdo con la promesa, Rom. 9:8; Gál. 3:29.
es por la fé, Gál. 3:7, 26.
es por la gracia de Dios, Ezeq. 16:3–6; Rom. 4:16, 17; Efes. 1:5, 6, 11.
es por medio de Cristo, Juan 1:12; Gál. 4:4, 5; Efes. 1:5; Heb. 2:10, 13.
los santos predestinados para, Rom. 8:29; Efes. 1:5, 11.
de los gentiles predicha, Ose. 2:23; Rom. 9:24–26; Efes. 3:6.
los adoptados son juntados en uno por Cristo, Juan 11:52.
el renacimiento tiene relación con, Juan 1:12, 13.
el Espíritu Santo es testigo de, Rom. 8:16.
el ser guiado por el Espíritu es prueba de, Rom. 8:14.
los santos reciben el espíritu de, Rom. 8:15; Gál. 4:6.
un privilegio de los santos, Juan 1:12; 1 Juan 3:1.
los santos llegan á ser hermanos de Cristo por, Juan 20:17; Heb. 2:11, 12.
los santos aguardan la consumación final de, Rom. 8:19, 23; 1 Juan 3:2.
somete á los santos á la disciplina paternal de Dios, Deut. 8:5; 2 Sam. 7:14; Prov. 3:11, 12; Heb. 12:5–11.
Dios es longánimo y misericordioso para con los que participan de, Jer. 31:1, 9, 20.
debe conducir á la santidad, 2 Cor. 6:17, 18, con 2 Cor. 7:1; Fil. 2:15; 1 Juan 3:2, 3.
DEBE PRODUCIR: semejanza á Dios, Mat. 5:44, 45, 48; Efes. 5:1.
una confianza en Dios tan completa como la de un niño, Mat. 6:25–34.
un deseo de promover la gloria de Dios, Mat. 5:16.
la inclinación á orar, Mat. 7:7–11.
el amor á la paz, Mat. 5:9.
un corazón pronto para perdonar, Mat. 6:14.
un corazón lleno de misericordia, Luc. 3:35, 36.
la tendencia á evitar la ostentación, Mat. 6:1–4, 6, 18.
seguridad de que gozan los que reciben, Prov. 14:26.
confiere un nuevo nombre, Núm. 6:27; Isa. 62:2; Act 15:17.   Véase Títulos de los Santos.
da derecho á una herencia, Mat. 13:43; Rom. 8:17; Gál. 3:29; 4:7; Efes. 3:6.
debe pedirse en la oración, Isa. 63:16; Mat. 6:9.
SÍMILES DE: Los hijos de José, Gén. 48:5, 14, 16, 22. Moisés, Ex. 2:10. Ester, Est. 2:7.
simbolizada en el pueblo de Israel, Exod. 4:22; Ose. 11:1; Rom. 9:4.
ejemplificada: Salomón, 1 Crón. 28:6.

ADORNAR, ó cubrir, 2 Crón. 3:6; Job 26:13; Mat. 12:44; 23:29; Rev. 21:19.

ADORNOS, de la persona, Gén. 24:22; Isa. 3:18, &c.; Jer. 2:32. Véase 1 Ped. 3:3; Prov. 1:9; 4:9; 25:12.

ADRAMELEC, 2 Reyes 19:37; Isa. 37:38.
———, un ídolo, 2 Reyes 17:31.

ADRAMITTENA, puerto de Mísia, Act. 27:2.

ADRIÁTICO, el Mar, Act. 27:27.

ADRIEL, se casa con la hija de Saúl, 1 Sam. 18:19.
sus hijos son muertos, 2 Sam. 21:8.

ADUFE (pandero):
USADO por María (hermana de Moisés), Exod. 15:20, 21.
por la hija de Jefté, Jue. 11:34.
por los profetas, 1 Sam. 10:5.
por las mujeres que salieron á encontrar á Saúl, 1 Sam. 18:6.
por David al trasladar el arca, 2 Sam. 6:5.
en las danzas y en las fiestas, Job 21:12; Isa. 5:12; 24:8.
en alabanza, Sal. 81:2; 149:3.
hecho por los Tirios, Ezeq. 28:13.

ADULACIÓN (la):
los santos no hacen uso de, Job 32:21, 22.
los ministros no deben hacer uso de, 1 Tes. 2:5.
los malos hacen uso de, para con los demás, Sal. 5:9; 12:2; para consigo mismos, Sal. 36:2.
los hipócritas hacen uso de, para con Dios, Sal. 78:36.
para con los que ejercen autoridad pública, Dan. 11:34.
los falsos profetas y los falsos maestros hacen uso de, Ezeq. 12:24, con Rom. 16:18.
la sabiduría lo guarda á uno de, Prov. 4:5.
ventajas mundanas que se obtienen con, Dan. 11:21, 32.
raras veces se granjea el respeto, Prov. 28:23.
evitad á los que practican, Prov. 20:19.
peligro de, Prov. 7:21–23; 29:5.
castigo de, Job 17:5; Sal. 12:3.
ejemplos de: la mujer de Tecua, 2 Sam. 14:17, 20. Absalom, 2 Sam. 15:2–6. Los falsos profetas, 1 Reyes 22:13. Los cortesanos de Darío, Dan. 6:7. Los Fariseos, &c., Mar. 12:14. Los Tirios, &c., Act. 11:22.

ADULLAM ú ODOLLAM, una ciudad, Jos. 12:15; 15:35; 2 Crón. 11:7; Neh. 11:30; Miq. 1:15.
———, cueva de, permanencia de David allí, 1 Sam. 22:1; 1 Crón. 11:15.

ADULTERIO, prohibido, Ex. 20:14; Lev. 20:10; Deut. 5:18; Mat. 5:27; 19:18; Mar. 10:11; Rom. 13:9; 1 Cor. 6:9; Gál. 5:19.
males del, Prov. 6:26; Ose. 1:2.
ejemplos de: Sodomitas, Gén. 19:5–8. Lot, Gén. 19:31–38. Síquem, Gén. 34:2. Rubén, Gén. 35:22. Judá, Gén. 38:1–24. La mujer de Potifar, Gén. 39:7–12. Samsón, Jue. 16:1. Los hijos de Elí, 1 Sam. 2:22. David, 2 Sam. 11:1–5. Amnón, 2 Sam. 13:1–20. Absalom, 2 Sam. 16:22. Israelitas, Jer. 5:7–9; 29:23; Ezeq. 22:9–11; 33:26. Herodes, Mar. 6:17, 18. La Samaritana, Juan 4:18. Una mujer, Juan 8:3–11. Corintios, 1 Cor. 5:1. Gentiles, Efes. 4:17–19; 1 Ped. 4:3.
ESPIRITUAL, Jer. 3; 13:27; Ezeq. 16:23; Ose. 1; 2; Rev. 2:22.

ADURAM, 2 Sam. 20:24; 1 Rey. 12:18.
es apedreado, 2 Crón. 10:18.

ADVERSARIO, 1 Tim. 5:14.
ponte de acuerdo con tu, Mat. 5:25.
———, el diablo, Job. 1:7; 2:1; Zac. 3:1.
debe resistírsele al, Mat. 4:1–11; Efes. 4:27; Sant. 4:7; 1 Ped. 5:8.

AFARSATAQUEOS, ó **ARFASAQUEOS,** Ezra 4:9; 5:6. Véase 2 Rey. 17:24–41.

AFEC, ó **APHECCA,** Jos. 13:4; 1 Sam. 4:1; 1 Rey. 20:26.
Saúl derrotado en, 1 Sam. 29:8.

AFECTO, ejemplos de, Gén. 42:38; Exod. 32:32; 1 Sam. 20:41, 42; 2 Sam. 18:33; 2 Cor. 12:15; Fil. 2:17; 1 Tes. 3:8.

AFECTOS (los)
deben tributarse ante todo á Dios, Deut. 6:5; Mar. 12:30.

DEBEN FIJARSE: en los mandamientos de Dios, Sal. 19:8-10; 119:20, 97, 103, 167.
en la casa de Dios y en su culto, 1 Cró. 29:3; Sal. 26:8; 27:4; 84:1, 2.
en el pueblo de Dios, Sal. 16:3; Rom. 12:10; 2 Cor. 7:13-15; 1 Tes. 2:8.
en las cosas celestiales, Col. 3:1, 2.
deben emplearse con todo celo para Dios, Sal. 69:9; 119:139; Gál. 4:18.
Cristo pide el primer lugar en, Mat. 10:37; Luc. 14:26.
avivados por medio de la comunión con Cristo, Luc. 14:32.
la dicha de hacer de Dios el objeto de, Sal. 91:14.
no deben disminuir, Sal. 106:12, 13; Mat. 24:12; Gál. 4:15; Rev. 2:4.
de los santos, fijos ante todo en Dios, Sal. 42:1; 73:25; 119:10.
de los malos, no se fijan sinceramente en Dios, Isa. 58:1, 2; Ezeq. 33:31, 32; Luc. 8:13.
carnales, se deben dominar, Rom. 8:13; 13:14; 1 Cor. 9:27; Col. 3:5; 1 Tes. 4:5.
los afectos carnales están crucificados para los santos, Rom. 6:6; Gál. 5:24.
los falsos maestros procuran captárselos, Gál. 1:10; 4:17; 2 Tim. 3:6; 2 Ped. 2:3, 18; Rev. 2:14, 20.
de los malos, son contra naturaleza y corrompidos, Rom. 1:31; 2 Tim. 3:3; 2 Ped. 2:10.
AFLICCIONES (las):
Dios las ordena, 2 Reyes 6:33; Job 5:6, 18; Sal. 66:11; Amós 3:6; Miq. 6:9.
Dios las distribuye según su parecer, Job 11:10; Isa. 10:15; 45:7.
Dios dispone la medida de, Sal. 80:5; Isa. 9:1; Jer. 46:28.
Dios determina la continuación de, Gén. 15:13, 14; Núm. 14:33; Isa. 10:25; Jer. 29:10.
Dios no las envía voluntariamente, Lam. 3:33.
el hombre es nacido para, Job 5:6, 7; 14:1.
los santos destinados para, 1 Tes. 3:3.
consecuencia de la caída, Gén. 3:16-19.
el pecado produce, Job 4:8; 20:11; Prov. 1:31.
el pecado castigado con, 2 Sam. 12:14; Sal. 89:30-32; Isa. 57:17; Act. 13:10, 11.
á menudo severas, Job 16:7-16; Sal. 42:7; 66:12; Jonás 2:3; Rev. 7:14.
siempre menores que nuestros merecimientos, Ezra 9:13; Sal. 103:10.
frecuentemente terminan en bién, Gén. 50:20; Ex. 1:11, 12; Deut. 8:15, 16; Jer. 24:5, 6; Ezeq. 20:37.
templadas con la misericordia, Sal. 78:38, 39; 106:43-46; Isa. 30:18-21; Lam. 3:32; Miq. 7:7-9; Nah. 1:12.
los santos deben esperar tener, Juan 15:33; Act. 14:22.
de los santos, son comparativamente ligeras, Act. 20:23, 24; Rom. 8:18; 2 Cor. 4:17.
de los santos, son pasajeras, Sal. 30:5; 103:9; Isa. 54:7, 8; Juan 16:20; 1 Ped. 1:6.
los santos tienen gozo en medio de, Job 5:17; Sant. 5:11.
de los santos terminan en gozo y bienaventuranza, Sal. 126:5, 6; Isa. 61:2, 3; Mat. 5:4; 1 Ped. 4:13, 14.
á menudo provienen de la profesión del evangelio, Mat. 24:9; Juan 15:21; 2 Tim. 3:11, 12.
manifiestan el amor y la fidelidad de Dios, Deut. 8:5; Sal. 119:75; Prov. 3:12; 1 Cor. 11:32; Heb. 12:6, 7; Rev. 3:19.
AFLICCIONES (las), la oración en medio de: exhortación á, Sant. 5:13.
para que Dios considere nuestra angustia,

2 Reyes 19:16; Neh. 9:32; Sal. 9:13; Lam. 5:1.
por la presencia y el apoyo de Dios, Sal. 10:1 ; 102:2.
para que no se separe el Espíritu Santo, Sal. 51:11.
por el consuelo divino, Sal. 4:6; 119:76.
para que se mitigue el sufrir, Sal. 39:12, 13.
para ser librados, Sal. 25:17, 22; 39:10; Isa. 64:9-12; Jer. 17:14.
para ser perdonados por el pecado y librados de él, Sal. 39:8; 51:1; 79:8.
para ser tornados á Dios, Sal. 80:7; 85:4-6; Jer. 31:18.
para ser aleccionados y dirigidos por Dios, Job 34:32; Sal. 27:11; 143:10.
por el aumento de la fé; Mar. 9:24.
por misericordia, Sal. 6:2; Hab. 3:2.
para recobrar el gozo, Sal. 51:8, 12; 69:29; 90:14, 15.
por la protección y preservación de los ataques de los enemigos, 2 Reyes 19:19; 2 Cró. 20:12; Sal. 17:8, 9.
para que sepamos la causa de nuestros padecimientos, Job 6:24; 10:2; 13:23, 24.
para que se nos enseñe cuán incierta es la vida, Sal. 39:4.
para ser vivificados, Sal. 143:11.
AFLICCIONES, el consuelo en medio de las:
Dios es el Autor y Dador de, Sal. 23:4; Rom. 15:5; 2 Cor. 1:3; 7:6; Col. 1:11; 2 Tes. 2:17.
Cristo es el Autor y Dador de, Isa. 61:2; Juan 14:18; 2 Cor. 1:5.
el Espíritu Santo es el Autor y Dador de, Juan 14:16, 17; 15:26; 16:17; Act. 9:31.
prometido, Isa. 51:3, 12; 66:13; Ezeq. 14:22, 23; Ose. 2:14; Zac. 1:17.
por medio de las Sagradas Escrituras, Sal. 119:50, 76; Rom. 15:4.
por medio de los ministros del Evangelio. Isa. 40:1, 2; 1 Cor. 14:3; 2 Cor. 1:4, 6.
es abundante, Sal. 71:21; Isa 66:11.
es fuerte, Heb. 6:18.
es eterno, 2 Tes. 2:16.
es motivo de alabanza, Isa. 12:1; 49:13.
súplica por, Sal. 119:82.
los santos deben comunicárselo unos á otros, 1 Tes. 4:18; 5:11, 14.
búscase en vano en el mundo, Sal. 69:20; Ecl. 4:1; Lam. 1:2.
para los que sienten pesar por el pecado, Sal. 51:17; Isa. 1:18; 40:1, 2; 61:1; Miq. 7:18, 19; Luc. 4:18.
para los que sufren turbación de espíritu, Sal. 42:5; 94:19; Juan 14:1, 27; 16:20, 22.
para los que son abandonados de sus parientes ó amigos, Sal. 27:10; 41:9-12; Juan 14:18; 15:18, 19.
para los que son perseguidos, Deut. 33:27.
para los pobres, Sal. 10:14; 34:6, 9, 10.
para los enfermos, Sal. 41:3.
para los que son tentados, Rom. 16:20; 1 Cor. 10:13; 2 Cor. 12:9; Sant. 1:12; 4:7; 2 Ped. 2:9; Rev. 2:10.
ante la expectativa de la muerte, Job 19:25, 26; Sal. 23:4; Juan 14:2; 2 Cor. 5:1; 1 Tes. 4:14; Heb. 4:9; Rev. 7:14-17; 14:13.
en los achaques de la vejez, Sal. 71:9, 18.
AFLICCIONES (las) se convierten en un bién:
en cuanto promueven la gloria de Dios, Juan 9:1-3; 11:3, 4; 21:18,19.
en cuanto ponen de manifiesto el poder y fidelidad de Dios, 2 Cor. 4:8-11.
en cuanto nos enseñan cuál es la voluntad de Dios, Sal. 119:71; Isa. 26:9; Miq. 6:9.

en cuanto nos tornan hacia Dios, Deut. 4:30, 31; Neh. 1:8, 9; Sal. 78:34; Isa. 10:20, 21; Ose. 2:6, 7.

en cuanto nos guardan de apartarnos otra vez de Dios, Job 34:31, 32; Isa. 10:20; Ezeq. 14:10, 11.

en cuanto nos mueven á acudir á Dios por medio de la oración, Jue. 4:3; Jer. 31:18; Lam. 2:17-19; Ose. 5:14, 15; Jon. 2:1.

en cuanto nos convencen del pecado, Job 36:8, 9; Sal. 119:67; Luc. 15:16-18.

en cuanto nos mueven á confesar el pecado, Núm. 21:7; Sal. 32:5; 51:3-5.

en cuanto someten á prueba nuestra sinceridad y la ponen de manifiesto, Job 23:10; Sal. 66:10; Prov. 17:3.

en cuanto someten á prueba nuestra fé y nuestra obediencia, Gén. 22:1, 2, con Heb. 11:17; Ex. 15:23-25; Deut. 8:2, 16; 1 Ped. 1:7; Rev. 2:10.

en cuanto nos hacen humildes, Deut. 8:3, 16; 2 Crón. 7:13, 14; Lam. 3:19, 20; 2 Cor. 12:7.

en cuanto nos purifican, Ecl. 7:2, 3; Isa. 1:25, 26; 48:10; Jer. 9:6, 7; Zac. 13:9; Mal. 3:2, 3.

en cuanto ponen en ejercicio nuestra paciencia, Sal. 40:1; Rom. 5:3; Sant. 1:3; 1 Ped. 2:20.

en cuanto nos hacen fieles en las buenas obras, Juan 15:2; Heb. 12:10, 11.

en cuanto promueven la difusión del evangelio, Act. 8:3, 4; 11:19-21; Fil. 1:12; 2 Tim. 2:9, 10; 4:16, 17.

ejemplificadas; los hermanos de José, Gen. 42:21. José, Gén. 45:5, 7, 8. Israel, Deut. 8:3, 5. Josías, 2 Reyes 22:19. Ezequías, 2 Crón. 32:25, 26. Manassés, 2 Crón. 33:12. Jonás, Jon. 2:7. El hijo pródigo, Luc. 15:21.

AFLICCIONES (las), de los malos)

Dios es glorificado en, Ex. 14:4; Ezeq. 38:22, 23.

son repetidas, Deut. 31:17; Job 20:5; 21:17; Sal. 32:10.

son contínuas, Job 15:20; Ecl. 2:23; Isa. 32:10.

son á menudo repentinas, Sal. 73:19; Prov. 6:15; Isa. 30:13; Rev. 18:10.

son enviadas á menudo por vía de juicio, Job 21:17; Sal. 107:17; Jer. 30:15.

son para escarmiento de los demás, Sal. 64:7-9; Sof. 3:6, 7; 1 Cor. 10:5, 11; 2 Ped. 2:6.

son ineficaces para producir sú conversión, Exod. 9:30; Isa. 9:13; Jer. 2:30; Agg. 2:17.

la persecución de los santos, causa de, Deut. 30:7; Sal. 55:19; Zac. 2:9; 2 Tes. 1:6.

la impenitencia es una de las causas de, Prov. 1:30, 31; Ezeq. 24:13; Amós 4:6-12; Zac. 7:11, 12; Rev. 2:21, 22.

algunas veces los humillan, 1 Reyes 21:27.

frecuentemente los endurecen, Neh. 9:28, 29; Jer. 5:3.

producen en ellos un temor servil, Job 15:24; Sal. 73:19; Jer. 49:3, 5.

los santos no deben alarmarse de, Prov. 3:25, 26.

ejemplificadas: Faraón y los Egipcios, Exod. 9:14, 15; 4:24, 25. Ocozías, 2 Reyes 1:1-4. Giezi, 2 Reyes 5:27. Joram, 2 Crón. 21:12-19. Ozías, 2 Crón. 26:19-21. Acaz, &c., 2 Crón. 28:5-8, 22.

AFLIGIDOS (los santos):

Dios está con, Sal. 46:5, 7; Isa. 43:2.

Dios es refugio y fuerza para, Sal. 27:5, 6; Isa. 25:4; Jer. 16:19; Nah. 1:7.

Dios consuela á, Isa. 49:13; Jer. 31:13; Mat. 5:4; 2 Cor. 1:4, 5; 7:6.

Dios preserva á, Sal. 34:20.

Dios libra á, Sal. 34:4, 19; Prov. 12:13; Jer. 39:17, 18.

Cristo está con, Juan 14:18.

Cristo sostiene á, 2 Tim. 4:17; Heb. 2:18.

Cristo consuela á, Isa. 61:2; Mat. 11:28-30; Luc. 7:13; Juan 14:1; 16:33.

Cristo preserva á, Isa. 63:9; Luc. 21:18.

Cristo libra á, Rev. 3:10.

deben alabar á Dios, Sal. 13:5, 6; 56:8-10; 57:6, 7; 71:20-24.

deben imitar á Cristo, Heb. 12:1-3; 1 Ped. 2:21-23.

deben imitar á los profetas, Sant. 5:10.

deben ser pacientes. Luc. 21:19; Rom. 12:12; 2 Tes. 1:4; Sant. 1:4; 1 Ped. 2:20.

deben ser resignados, 1 Sam. 3:18; 2 Rey. 20:19; Job 1:21; Sal. 39:9.

no deben tener en poco el castigo, Job 5:17; Prov. 3:11; Heb. 12:5.

deben reconocer lo justo de sus castigos, Neh. 9:33; Job 2:10; Isa. 61:5-7; Lam. 3:39; Miq. 7:9.

deben evitar el pecado, Job 34:31, 32; Juan 5:14.

deben confiar en la bondad de Dios, Job 13:15; Sal. 71:20; 2 Cor. 1:9.

deben volverse y dedicarse á Dios, Sal.116:7-9; Jer. 50:3, 4; Ose. 6:1.

deben cumplir las buenas resoluciones que hacen durante la aflicción, Sal. 66:13-15.

deben orar con frecuencia, Sal. 50:15; 55:16, 17. Véase AFLICCIONES, oración en medio de.

deben cobrar ánimo, con motivo de las mercedes de otros tiempos, Sal. 27:9; 2 Cor. 1:10.

ejemplos de santos afligidos: José, Gén. 39:20-23; Sal. 105:17-19. Moisés, Heb. 11:25. Elí, 1 Sam. 3:18. Nehemías, Neh. 1:4. Job, Job 1:20-22. David, 2 Sam. 12:15, 23. Pablo, Act. 20:22-24; 21:13. Los Apóstoles, 1 Cor. 4:13; 2 Cor. 6:4-10.

AFLIGIDOS, deberes para con los:

orar por ellos, Act. 12:5; Fil. 1:16, 19; Sant. 5:14-16.

tomar parte en sus sentimientos, Rom. 12:15; Gál. 6:2.

compadecerse de ellos, Job 6:14.

acordarse de ellos, Heb. 13:3.

visitarlos, Sant. 1:27.

consolarlos, Job 16:5; 29:25; 2 Cor. 1:4; 1 Tes. 4:18.

aliviarlos, Job 31:19, 20; Isa. 58:10; Fil. 4:14; 1 Tim. 5:10.

protegerlos, Sal. 82:3; Prov. 22:22; 31:5.

AGABO, predicciones, Act. 11:28.

AGAG, Núm. 24:7.

muerto por Samuel, 1 Sam. 15.

AGAR, madre de Ismael, Gén. 16.

consolada por un ángel, Gén. 16:5.

despedida con su hijo, Gén. 21:14. Véase Gál. 4:22; Sal. 83:6.

AGARENOS (los), Sal. 83:6.

conquistados por los Rubenitas, 1 Crón. 5:10-22.

AGGEO, profeta, Ezra 5; 6:14.

reconviene á los Judíos, Ag. 1.

y alienta para que se reedifique el templo, Ag. 2.

AGOREROS (Valera, CONTEMPLADORES DE LOS CIELOS), especie de astrólogos que publicaban mensualmente almanaques proféticos, Isa. 47:13.

————, Lev. 19:26; Deut. 18:10, 14; 2 Rey. 21:6; Gál. 4:10, 11.

AGONIA de Cristo en el jardín, Mat. 26:36; Luc. 22:24, &c.

AGRAZ, proverbio acerca del, Jer. 31:29; Ezeq. 18:2.

AGRICULTURA (la), la primera ocupación del hombre, Gén. 2:15; 3:23.
laboriosa después de la caída, Gén. 3:17-19.
para el sustento de todos, Ecl. 5:9.
debe reconocerse á Dios en, Je. 5:24; Ose. 2:8.
requiere sabiduría, Isa. 28:26.
diligencia, Prov. 27:23, 27; Ecl. 11:6.
trabajo, 2 Tim. 2:6.
paciencia, Sant. 5:7.
las personas que se ocupan de, se llaman:
    labradores de la tierra, Gén. 4:2,
    amigos de la agricultura, 2 Crón. 26:10.
    obreros, Mat. 9:37.
    peones, Mat. 20:1.
leyes con respecto á:
    descanso durante los años de reposo y de jubiléo, Ex. 23:10, 11; Lev. 25:4-12.
    el Sábado debe guardarse durante la cosecha, Exod. 34:21.
    compensación cuando el ganado se éntre en labranza ajena, Exod. 22:5.
    los frutos de los primeros años, Lev. 19:23-25.
    exención de los plantadores de viñas, Deut. 20:6.
    frutos perdidos á causa del pecado, Isa. 5:10; 7:23; Jer. 12:13; Joel 1:10, 11.
operaciones ó faenas de:
    cercar, Isa. 5:2, 5; Ose. 2:6.
    arar, Job 1:14.
    cavar, Isa. 5:6; Luc. 13:8; 16:3.
    abonar, Isa. 25:10; Luc. 14:34, 35.
    desmenuzar la tierra, Job 39:10; Isa. 28:24.
    despedregar, Isa. 5:2.
    sembrar, Ecl. 14:4; Isa. 32:20; Mat. 13:3.
    plantar, Prov. 31:16; Isa. 44:14; Jer. 31:5.
    regar, Deut. 11:10; 1 Cor. 3:6-8.
    arrancar las malas yerbas, Mat. 13:28.
    ingertar, Rom. 11:17-19, 24.
    podar, Lev. 25:3; Isa. 5:6; Juan 15:2.
    segar, Sal. 129:7; Isa. 17:5; Amós 7:1.
    atar, Gén. 37:7; Mat. 13:30.
    rebuscar espigas, Lev. 19:9; Rut 2:3.
    hacer montones, Exod. 22:6.
    trillar, Deut. 25:4; Jue. 6:11.
    aventar, Rut 3:2; Mat. 3:12.
    almacenar, Mat. 6:26; 13:30.
instrumentos de:
    el arado, 1 Sam. 13:20.
    los trillos, 2 Sam. 12:31.
    el sacho ó la azada, 1 Sam. 13:20; Isa. 7:25.
    la hoz, Deut. 16:9; 23:25.
    la podadera, Isa. 18:5.
    la horquilla, 1 Sam. 13:21.
    el hacha, 1 Sam. 13:20.
    el trillo lleno de dientes, Isa. 41:15.
    el mayal, Isa. 28:27.
    el carro, 1 Sam. 6:7; Isa. 28:27, 28.
    la pala, Isa. 30:24.
    el harnero, Amós 9:9.
    el aventador, Mat. 3:12.
símile del cultivo de la iglesia, 1 Cor. 3:9; y de el del corazón, Jer. 4:3; Ose. 10:12.
AGRIPA, defensa de Pablo ante, Act. 25:22; 26.
su dictamen, Act. 26:28, 32.
AGUA, formada, Gén. 1:2, 6, 9.
diluvio de, vertido sobre la tierra, Gén. 7:1.
provista milagrosamente, Gén. 21:19; Exod. 15:23; 17:6; Núm. 20:7; Jue. 15:19; 2 Reyes 3:20.
dividida en el Mar Rojo, Ex. 14:21.
y en el Jordán, Jos. 3:14; 2 Rey. 2:8, 14.
se hace flotar el hierro en, 2 Reyes 6:6.
Cristo camina sobre, Mat. 14:25; Mar. 6:48; Juan 6:19.

en el juicio de los celos, Núm. 5:17.
en el bautismo, Mat. 3:11; Act. 8:36; 10:47 &c.
convertida en vino, Juan 2:3.
convertida en sangre, Exod. 7:19; Sal. 78:44; 105:29; Rev. 16:6.
virtudes curativas comunicadas á. 2 Rey. 5:14; Juan 5:4; 9:7.
las de Jericó, purificadas, 2 Reyes 2:19.
visión de las aguas medicinales, Ezeq. 47.
purificación, ley de, Núm. 8:7; 19.
símile de la muerte, 2 Sam. 14:14.
de la bondad providencial, Sal. 65:9.
de los dones del Espíritu, Isa. 41:17; 44:3; Ezeq. 36:25; Juan 7:38.
de lo gratuito del Evangelio, Isa. 55:1.
de la purificación del pecado, Zac. 13:1.
de la regeneración, Juan 3:5; 4:10.
de la felicidad celestial, Rev. 7:17; 21:22.
de grande pesadumbre, Sal. 66:12; 69:1; Isa. 30:20; 43:2.
de la instabilidad, Gén. 49:4; Sant. 1:6.
del curso de los pecadores, Job 24:18; Sal. 58:7.
de la difusión del Evangelio, Isa. 11:9; Hab. 2:14.
AGUARDAR Á DIOS:
como Dios de la providencia, Jer. 14:22.
como Dios de la salvación, Sal. 25:5.
como Dador de todas las bendiciones temporales, Sal. 104:27, 28; 145:15, 16.
PARA OBTENER la misericordia, Sal. 123:2.
el perdón, Sal. 39:7, 8.
la consolación de Israel, Luc. 2:25.
la salvación, Gén. 49:18; Sal. 62:1, 2.
dirección y conocimiento, Sal. 25:5.
protección, Sal. 33:20; 59:9, 10.
el cumplimiento de su palabra, Hab. 2:3.
el cumplimiento de sus promesas, Act. 1:4.
la esperanza de la justicia por medio de la fé, Gál. 5.5.
la venida de Cristo, 1 Cor. 1:7; 1 Tes. 1:10.
es bueno, Sal. 52:9.
Dios nos manda, Sof. 3:8.
exhortaciones é incentivos para, Sal. 27:14; 37:7; Ose. 12:6.
DEBE SER con el alma, Sal. 62:1, 5.
con un deseo vehemente, Sal. 130:6.
con paciencia, Sal. 37:7; 40:1.
con resignación, Lam. 3:26.
con esperanza en su palabra, Sal. 130:5.
con plena confianza, Miq. 7:7.
continuamente, Ose. 12:6.
todo el día, Sal. 25:5.
especialmente en la adversidad, Sal. 59:1-9; Isa. 8:17.
en el camino de sus juicios, Isa. 26:8.
los santos se resuelven á, Sal. 52:9; 59:9.
los santos lo hacen con esperanza, Sal. 62:5.
los santos aducen como razón, en sus plegarias, Sal. 25:21; Isa. 33:2.
la paciencia de los santos se somete á prueba al, Sal. 69:3.
LOS QUE SE OCUPAN DE, aguardan en El solamente, Sal. 62:5.
son oídos, Sal. 40:1.
son bendecidos, Isa. 30:18; Dan. 12:12.
reciben manifestaciones de su bondad, Lam. 3:25.
no se avergonzarán, Sal. 25:3; Isa. 49:23.
recobrarán su fuerza, &c., Isa. 40:31.
heredarán la tierra, Sal. 37:9.
serán salvos, Prov. 20:22; Isa. 26:3.
se regocijarán en la salvación, Isa. 25:9.
recibirán las cosas gloriosas preparadas Dios para ellos, Isa. 64:4.

se predice de los Gentiles, Isa. 42:4; 60:9.
se explica con símiles, Sal. 123:2; Luc. 12:36 ; Sant. 5:7.
ejemplos de: Jacobo, Gén. 49:18. David, Sal. 39:7. Isaías, Isa. 8:17. Miqueas, Miq. 7:7. José, Mar. 15:43.
AGUEROS, prohibidos, Lev. 19:26; Deut. 18:9; Isa. 47:9. Véase ADIVINACION.
AGUIJADAS, Jue. 3:31; 1 Sam. 13:21; Ecl. 12:11.
ÁGUILA (el), inmunda, Lev. 11:13.
descrita, Job 9:26; 39:27; Obad. 4.
vista en visiones, Ezeq. 1:10; 17:3; Rev. 4:7.
AGUR, su confesión y oración, Prov. 30.
AHAVA, río de Babilonia, Ezra 8:15, 21, 31.
AHÍAS, profetiza contra Salomón, 1 Rey. 11:31.
y contra Jeroboam, 1 Rey. 14:7.
predice la muerte de Abías, 1 Rey. 14:12.
AHICAM, 2 Reyes 22:12.
protege á Jeremías, Jer. 26:24.
AHINCO. Véase DILIGENCIA ESPIRITUAL.
AHIO, ayuda á David á mover el Arca, 2 Sam. 6:3, 4.
AHOLA y AHÓLIBAH como semejanza de Samaria y Jerusalem, Ezeq. 23.
AJALÓN, en Dan, Jue. 1:35. En Benjamin, 2 Crón. 11:10. En Zabulón, Jos. 10:12; Jue. 12:12.
AJELET—HASSAHAR (cierva de la mañana), Sal. 22.
AJENJO, una yerba amarga, Ose. 10:4.
———, (ó cicuta), una yerba ponzoñosa, Amós 6:12.
———, en sentido figurado, Deut. 29:18; Prov. 5:4; Lam. 3:15.
una estrella llamada así, Rev. 8:11.
AJENUZ, ó nequilla, Isa. 28:25, 27; Ezeq. 4:9.
AJO, una planta, Núm. 11:5.
AJORCAS. Véase BRAZALETES.
ALABANZA:
Dios es digno de, 2 Sam. 22:4.
Cristo es digno de, Rev. 5:12.
Dios es glorificado por, Sal. 22:23; 50:23.
tributada á Cristo, Juan 12:13.
aceptable por medio de Cristo, Heb. 13:15.
SE DEBE A DIOS A CAUSA DE su majestad, Sal. 96:1, 6; Isa. 24:14.
de su gloria, Sal. 138:5; Ezeq. 3:12.
de su excelencia, Exod. 15:7; Sal. 148:13.
de su grandeza, 1 Crón. 16:25; Sal. 145:3.
de su santidad, Exod. 15:11; Isa. 6:3.
de su sabiduría, Dan. 2:20; Jud. 25.
de su poder, Sal. 21:13.
de su bondad, Sal. 107:8; 118:1; 136:1; Jer. 33:11.
de su misericordia, 2 Crón. 20:21; Sal. 89:1; 118:1-4; 136.
de su misericordia y verdad, Sal. 138:2.
de su fidelidad y verdad, Isa. 25:1.
de la salvación divina, Sal. 18:46; Isa. 35:10; 61:10; Luc. 1:68, 69.
de sus maravillas, Sal. 89:5; 150:2; Isa. 25:1.
de su consolación, Sal. 42:5; Isa. 12:1.
de su juicio, Sal. 101:1.
de su consejo, Sal. 16:7; Jer. 32:19.
del cumplimiento de sus promesas, 1 Reyes 8:56.
del perdón del pecado, Sal. 103:1-3; Ose. 14:2.
de la salud espiritual, Sal. 103:3.
de la preservación constante, Sal. 71:6-8.
del libramiento, Sal. 40:1-3; 124:6.
de la protección, Sal. 28:7; 59:17.
de que concede las plegarias, Sal. 28:6; 118:21.
de la esperanza de gloria, 1 Ped. 1:3, 4.

de todas las bendiciones espirituales, Sal. 103:2; Efes. 1:3.
de todas las bendiciones temporales, Sal. 104:1, 14; 136:25.
de la continuación de las bendiciones, Sal. 68:19.
ES OBLIGATORIA DE PARTE DE los ángeles, Sal. 103:20; 148:2.
de los santos, Sal. 30:4; 149:5.
de los Gentiles, Sal. 117:1, con Rom. 15:11.
de los niños, Sal. 8:2, con Mat. 21:16.
de los grandes y de los humildes, Sal. 148:1, 11.
de los jóvenes y de los viejos, Sal. 148:1, 12.
de los pequeños y de los grandes, Rev. 19:5.
de todos los hombres, Sal. 107:8; 145:21.
de toda la creación, Sal. 148:1-10; 150:6.
es buena y bella, Sal. 33:1; 147:1.
SE DEBE TRIBUTAR con el entendimiento, Sal. 47:7, con 1 Cor. 14:15.
con el alma, Sal. 103:1; 104:1, 35.
con todo el corazón, Sal. 9:1; 111:1; 138:1.
con rectitud de corazón, Sal. 119:7.
con los labios, Sal. 63:3; 119:171.
con la boca, Sal. 51:15; 63:5.
con gozo, Sal. 63:5; 98:4.
con alegría, 2 Crón. 29:30; Jer. 33:11.
con gratitud, 1 Crón. 16:4; Neh. 12:24; Sal. 147:7.
continuamente, Sal. 35:28; 71:6.
durante la vida, Sal. 104:33.
más y más, Sal. 71:14.
día y noche, Rev. 4:8.
de día en día, 2 Crón. 30:31.
por los siglos de los siglos, Sal. 145:1, 2.
por todo el mundo, Sal. 113:3.
en salmos é himnos, &c., Sal. 105:2; Efes. 5:19; Col. 3:16.
con acompañamiento de instrumentos de la música, 1 Crón. 16-41, 42; Sal. 150:3-5.
es parte del culto público, Sal. 9:14; 100:4; 118:19, 20; Heb. 2:12.
LOS SANTOS DEBEN anunciar, Isa. 43:21; 1 Ped. 2:9.
estar dotados del espíritu de, Isa. 63:1.
tributar en medio del dolor, Act. 16:25.
gloriarse en, 1 Crón. 16:25.
triunfar en, Sal. 106:47.
expresar su gozo con, Sant. 5:13.
declarar, Isa. 42:12.
invitar á los demás á tomar parte en, Sal 34:3; 95:1.
pedir á Dios aptitud para tributar, Sal. 51:15 119:17.
actitud propia en, 1 Crón. 23:30; Neh. 9:5.
SE LLAMA frutos de los labios, Heb. 13:15.
voz de loor, Sal. 66:8.
voz de alegría, Sal. 47:1.
voz de cantar, Isa. 51:3.
voz de un salmo, Sal. 98:5.
manto de alegría, Isa. 61:3.
sacrificio de alabanza, Heb. 13:15.
sacrificios de júbilo, Sal. 27:6.
becerros de los labios, Ose. 14:3.
las huestes celestiales se ocupan de, Isa. 6:3; Luc. 2-13; Rev. 4:9-11; 5-12.
ejemplificada: Melquisedec, Gén. 14:20. Moisés, &c., Exod. 15:1-21. Jetró, Exod. 18:10. Los Israelitas, 1 Cron. 16:36. David, 1 Crón. 29:10-13; Sal. 119:64. Los Sacerdotes y los Levitas, Ezra 3:10, 11. Ezra, Neh. 8:6. Ezequías, Isa. 38:19. Zacarías, Luc. 1:64. Los pastores, Luc. 2:20. Simeón, Luc. 2:28. Ana, Luc. 2:38. Las muchedumbres, Luc. 18:43. Los discípulos, Luc. 19:37, 38. La

apóstoles, Luc. 24:53. Los primeros que se convirtieron al cristianismo, Act. 2:47. Un cojo, Act. 3:8. Pablo y Silas, Act. 16:25.

——— del hombre, lo vano de, Prov. 27:2; Mat. 6:1; 2 Cor. 10:18; Gál. 5:26; Filip. 2:3.

ALABASTRO, Mat. 26:7; Mar. 14:3.

ALAMO, Gén. 30:37; Isa. 41:19; Ose. 4:13.

ALARMA (la) (ó el júbilo), como debe tocarse, Núm. 10:5.

ALBA, párpados del, Job 41:18.

alas del, Sal. 139:9.

ALBAÑIL, 1 Reyes 5:18; 2 Reyes 12:12; 22:6; 1 Crón. 14:1; Ezra 3:7.

ALCANFOR, ó Cofer, Cant. 1:14; 4:13.

ALCORNOQUE (Scio, TEREBINTO) roble ó encina, la loma de Basán celebrada por, Isa. 2:13.

Jacob oculta los dioses de su familia debajo de un, Gén. 35:4.

un ángel se aparece á Gedeón debajo de, Jue. 6:11, 19.

Absalom enredado á un, 2 Sam. 18:9, 14.

Débora fué sepultada debajo de un, Gén. 35:8.

idolatría practicada debajo de, Ose. 4:13.

ALCUZA, 2 Reyes 9:1; de alabastro, Mat. 26:7.

ALEGORÍA, 2 Sam. 12:1-13; Gál. 4:22-31.

ALEGRÍA (la), es alabada, Prov. 15:13; 17:22.

vanidad de, Ecl. 2; 7:4. Véase Jer. 7:34; 16:9; Ose 2:11.

ALEJADOS (ó extraños), Efes. 2:12; Heb. 11:34.

ALEJANDRO, las conquistas de Alejandro el Grande fueron predichas, Dan. 8:5, 21; 10:20; 11:3.

———, un discípulo, Mar. 15:21; Act. 4:6; 19:33.

———, el metalero fué censurado, 1 Tim. 1:20; 2 Tim. 4:14.

ALEJANDRÍA, Act. 6:9; 18:24; 27:6; 28:11.

ALELUYAH, ó halelu-iah, alabad al Señor, ó sea dada alabanza al Señor, Sal. 106; 111; 112; 113; 135; 146; 147; 148; 150; Rev. 19:1, 6.

ALFARERO (ú ollero), símbolo del poder de Dios, Isa. 64:8; Jer. 18:2; Rom. 9:21.

ALFAREROS, antiguos, 1 Crón. 4:23.

ALFEO. Véase ALPHEO.

ALFORJA. Véase BOLSA.

ALFOLÍ, 2 Reyes 6:27; Job 39:12; Prov. 3:10; Joel 1:17; Mat. 3:12; 6:26; 13:30; Luc. 3:17; 12:18, 24.

ALGUACIL (ó lictor), Act. 16:36, 38.

ALIANZA y sociedad con los enemigos de Dios: prohibidas, Exod. 23:32; 34:12; Deut. 7:2, 3; 13:6, 8; Jos. 23:6, 7; Jue. 2:2; Ezra 9:12; Prov. 1:10, 15; 2 Cor. 6:14-17; Efes. 5:11.

arrastran hacia la idolatría, Exod. 34:15, 16; Núm. 25:1-8; Deut. 7:4; Jue. 3:5-7; Rev. 2:20.

han llevado á los hombres hasta el asesinato y á los sacrificios humanos, Sal. 106:27, 28.

excitan la ira de Dios, Deut. 7:4; 31:16, 17; 2 Crón. 19:2; Ezra 9:13, 14; Sal. 106:29, 40; Isa. 2:6.

incitan á Dios á abandonar á los hombres para que recojan los frutos de ella, Jos. 23:12, 13; Jue. 2:1-3.

son engañadoras, Ex. 23:33; Núm. 25:18; Deut. 12:30; 13:6; Sal. 106:36.

son opresoras, 2 Ped. 2:18, 19.

son corruptoras, Ezra 9:1, 2.

son degradantes, Isa. 1:23.

menoscaban los intereses espirituales, Prov. 29:24; Heb. 12:14, 15; 2 Ped. 3:17.

perjudican la moralidad del individuo, 1 Cor. 15:33.

son prueba de insensatez, Prov. 12:11.

los hijos que las establecen acarrean deshonra á sus padres, Prov. 28:7.

malas consecuencias de la, Prov. 28:19; Jer. 51:7.

los malos le tienen afición á la, Sal. 50:18; Jer. 2:25.

los malos tientan á los santos á tomar parte en la, Neh. 6:2-4.

el pecado de tomar parte en la, debemos confesarlo, arrepentirnos de él y abandonarlo, Ezra 10.

comprometen á los santos, 2 Juan 9-11; Rev. 18:4.

implican á los santos en el castigo que ellas atraen, Núm. 16:26; Jer. 51:6; Rev. 18:4.

indignas de los que se llaman santos, 2 Crón. 19:2; 2 Cor. 6:14-16; Fil. 2:15.

exhortación para que evitemos todo lo que á ellas pueda atraernos, Prov. 1:10-15; 4:14, 15; 2 Ped. 3:17.

exhortaciones para que las aborrezcamos y nos guardemos de ellas, Prov. 14:7; Rom. 16:17; 1 Cor. 5:9-11; Efes. 5:6, 7; 1 Tim. 6:5; 2 Tim. 3:5.

exhortación para que las dejemos, Núm. 16:26; Ezra 10:11; Jer. 51:6, 45; 2 Cor. 6:17; 2 Tes. 3:6; Rev. 18:4.

medios para guardarse de la, Prov. 2:10, 20; 19:27.

dicha que resulta de evitar la, Sal. 1:1.

dicha que resulta de abandonar la, Ezra 9:12; Prov. 9:6; 2 Cor. 6:17, 18.

á los santos les causa dolor el verlas en los mundanos, Sal. 57:4; 120:5, 6; 2 Ped. 2:7, 8.

á los santos les causa dolor el que sus hermanos tomen parte en ellas, Gén. 26:35; Ezra 9:3; 10:6.

los santos las aborrecen y evitan, Sal. 26:4, 5; 31:6; 101:7; Rev. 2:2.

á los santos les causan pena, Gén. 49:6; Sal. 6:8; 15:4; 101:4, 7; 119:115; 139:19.

los santos están apartados de las, Exod. 33:16; Ezra 6:21.

los santos deben ser circunspectos cuando estén en las, Mat. 10:16; Col. 4:5; 1 Ped. 2:12.

los padres piadosos las prohiben á sus hijos, Gén. 28:1.

las personas en autoridad debieran improbarlas, Ezra 10:9-11; Neh. 13:23-27.

castigo contra las, Núm. 33:56; Deut. 7:4; Jos. 23:13; Jue. 2:3; 3:5-8; Ezra 9:7, 14; Sal. 106:41, 42; Rev. 2:16, 22, 23.

ejemplos de: Salomón, 1 Reyes 11:1-8. Roboam, 1 Reyes 12:8, 9. Josafat, 2 Crón. 18:3; 19:2; 20:35-37. Joram, 2 Crón. 21:6. Ocozías, 2 Crón. 22:3-5. Los Israelitas, Ezra 9:1, 2. Israel, Ezeq. 44:7. Judas Iscariote, Mat. 26:14-16.

ejemplos de los que se evitaron: el varón de Dios, 1 Reyes 13:7-10. Nehemías, &c., Neh. 6:2-4; 10:29-31. David, Sal. 101:4-7; 119:115. Jeremías, Jer. 15:17. José de Arimatea, Luc. 23:51. Iglesia de Efeso, Rev. 2:6.

ejemplos en que fueron dejadas: por los Israelitas, Núm. 16:27; Ezra 6:21, 22; 10:3, 4, 16, 17. Por los hijos de los sacerdotes, Ezra 10:18, 19.

ejemplos de los juicios de Dios contra las: Coré, &c., Núm. 16:32. Ocozías, 2 Crón. 22:7, 8. Judas Iscariote, Act. 1:18.

ALIENTO, soplo ó espíritu de vida, depende de Dios, Gén. 2:7; 6:17; Job 12:10; Sal. 104:29; Ezeq. 37:5; Dan. 5:23; Act. 17:25.

———, de Dios, su poder, 2 Sam. 22:16; Job 4:9; 33:4; Sal. 33:6; Isa. 11:4; 30:28.

ALLON-BACHUT, alcornoque de llanto, Gén. 35:8; 1 Rey. 13:14.

ALMA (el), ó espíritu, del hombre, procede de Dios, Gén. 2:7; Job 32:8; Zac. 12:1.
es de un valor inestimable, Mat. 16:26; Mar. 8:37, &c.
existencia de, después de la muerte, Ecl. 12:7; Mat. 10:28; 22:32; Luc. 16:22; 23:43; 2 Cor. 5:6, 8; Rev. 20:4.
la condenación de, Sal. 49:8; Prov. 13:2; 22:3; Mat. 25; Luc. 12:4; 16:23; Rev. 20:13, &c.
la redención de, Lev. 17:11; Sal. 33:19; 34:22; 49:15. Véase REDENCIÓN.
ALMACEN, Mal. 3:10; Luc. 12:24.
ALMENA, ó pretil de las casas, Deut. 22:8; de las paredes, Jer. 5:10.
—— del templo, Mat. 4:5; Luc. 4:9.
ALMENDRAS, producidas por la vara de Leví, Núm. 17:8. Véase Ecl. 12:5.
ALMENDRO, Gén. 30:37.
ALMETE, ó capacete, 1 Sam. 17:5; 2 Crón. 26:14; Jer. 46:4; Ezeq. 23:24.
de salvación, Isa. 59:17; Efes. 6:17; I Tes. 5:8.
ALMETE. Véase ARMADURA.
ALMOHADA, ó Cojinete, Gén. 28:11, 18; 1 Sam. 26:7, 11, 16; 1 Reyes 19:6; Ezeq. 13:18, 20; Mar. 4:38; de pelo de cabra, 1 Sam. 19:13, 16.
ALMORRANAS. Véase HEMORROIDES.
ALMUD (como ocho litros), Mat. 5:15; Mar. 4:21.
ALMUGIM, 1 Rey. 10:12; 2 Crón. 2:8; 9:10, 11.
ALOÉS, se mencionan en Sal. 45:8; Cant. 4:14; Juan 19:39.
ALOJAMIENTO. Véase Casa.
ALPHA Y OMEGA, Rev. 1:8, 11; 21:6; 22:13.
ALPHEO, ó ALFEO, el padre de Santiago y de Judas, Mat. 10:3; Luc. 6:15; Act. 1:3.
——, el padre de Mateo, Mar. 2:14.
ALTAR, ERIGIDO POR:
  Noé, Gén. 8:20.
  Abraham, Gén. 12:7; 13:4; 22:9; Sant. 2:2.
  Isaac, Gén. 26:25.
  Jacob, Gén. 33:20; 35:1.
  Moisés, Exod. 17:15; 24:4.
  Aarón, Exod. 32.5.
  Balaam, Núm. 23:1, 14, 29.
  Josué, Jos. 8:30; 22:10.
  Gedeón, Jue. 6:24.
  Manué, Jue. 13:20.
  Israel, Jue. 21:4.
  Samuel, 1 Sam. 7:17.
  Saúl, 1 Sam. 14:35.
  David, 2 Sam. 24:18; 1 Crón. 21:18; 22:1.
  Salomón, 1 Rey. 3:4; 6:20; 7:48; 2 Cró. 4:1.
  Jeroboam, 1 Rey. 12:33.
  Achab, 1 Rey. 16:32.
  Elías, 1 Rey. 18:32.
  Acaz, 2 Rey. 16:10.
  Manassés, 2 Rey. 21:3.
  Zorobabel, Ezra 3:2.
  los Atenienses, Act. 17:23.
limpiado por Ezequías, 2 Crón. 29:18.
limpiado por Josías, 2 Crón. 34:4.
profanado por Ozías, 2 Crón. 26:16.
protección, 1 Reyes 1:50; 2:28. Véase Exod. 21:13, 14.
direcciones para hacerlo, Exod. 20:24; Deut. 27:5.
del holocausto, Exod. 27; 38.
utensilios del, Exod. 27:3–7.
fuego perpétuo sobre el, Lev. 6:12, 13.
de incienso, Exod. 30:1; 37:25.
en el templo, 2 Crón. 4:1.
dón llevado al altar, Mat. 5:23.
en el cielo, Rev. 8:3; 9:13.
Véase Heb. 13:10.
ALTERCADOR, pueblo, Rom. 10:21.
ALTERCAR. Véase DISPUTAR.

ALTIVEZ (la) censurada, 2 Sam. 22:28; Prov. 6:17; 16:18; 21:4, 24; Isa. 2:11; 3:16; 13:11; 16:6; Jer. 48:29.
ALTOS, ó lugares altos, construidos por Salomón para al culto idólatra, 1 Reyes 11:7; 12:31; 13; Sal. 78:58; Ezeq. 16:24.
amenázase la destrucción de, Lev. 26:30; Ezeq. 6:3.
se cumplen las amenazas, 2 Reyes 18:4; 23; 2 Crón. 14:3; 17:6; 34:3.
el culto en los, prohibido, Deut. 12:2; Jer. 3:6; 1 Rey. 3:2; 12:31; 13:2; 14:23.
AMALEC, un hombre, Gén. 36:12.
AMALEC ó AMALECITAS, la nación, Jue. 10:12; 1 Sam. 15:18, 33.
atacan á Israel, Ex. 17:8.
guerra perpétua declarada contra, Ex. 17:16; Deut. 25:17.
heridos por Gedeón, Jue. 7:12.
por Saúl, 1 Sam. 14:48; 15.
por David, 1 Sam. 27:8; 30:15.
el resto destruidos, 1 Crón. 4:41–43.
Véase Núm. 20:20; Sal. 83:7.
AMALECITA, pasado por las armas por haber matado á Saúl, 2 Sam. 1.
AMÁN, su engrandecimiento, Est. 3.
su odio hácia Mardoqueo, Est. 3:5.
su caída, Est. 7, &c.
AMANÁ, colina cerca de Damasco, Cant. 4:8.
AMARGAS, yerbas, con la pascua, Ex. 12:8.
aguas, dulcificadas, Exod. 15:25.
AMARGURA (la) reprobada, Sal. 64:3; Rom. 3:14; Efes. 4:31; Col. 3:19; Heb. 12:15; Sant. 3:14.
AMARRAS, Act. 27:32.
AMAS, ó nodrizas, Gén. 35:8; 2 Sam 4:4.
en sentido figurado, Isa. 49:23; 1 Tes. 2:7.
AMASA, general de Absalom, 2 Sam. 17:25.
se somete á David, 2 Sam. 20:4.
alevosamente muerto por Joab, 2 Sam. 20:9; 1 Reyes 2:5. Véase 1 Crón. 12:18.
AMASAÍ, 1 Crón. 6:25, 35. Capitán, 1 Crón. 12:18. Sacerdote, 1 Crón. 15:24. Levita, 2 Crin. 29:12.
AMASÍAS, rey de Judá, al principio reina bién, 2 Reyes 14:1.
subyuga á Edom, 2 Reyes 14:7.
su arrogancia es castigada por Joas, 2 Reyes 14:12.
le matan, 2 Reyes 14:19. Véase 2 Crón. 25.
——, sacerdote de Betel, su castigo por acusar á Amós, Amós 7:10–17.
AMATISTA. Véase AMETISTO.
ÁMBAR, Ezeq. 1:4, 27; 8:2.
AMBICIÓN (la):
Dios la condena, Gén. 11:7; Isa. 5:8.
Cristo la condena, Mat. 18:1, 3, 4; 20:25, 26; 23:11, 12.
los santos la evitan, Sal. 131:1, 2.
vanidad de, Job 20:5–9; 24:24; Sal. 49:11–20.
es causa de querellas y riñas, Sant. 4:1, 2.
castigo de, Prov. 17:19; Isa. 14:12–15; Ezeq. 31:10–11; Obad. 3, 4.
UNIDA al orgullo, Hab. 2:5.
la codicia, Hab. 2:8, 9.
la crueldad, Hab. 2:12.
ejemplos de: Adam y Eva, Gén. 3:5, 6. La construcción de Babel, Gén. 11:4. Marfa y Aarón, Núm. 12:2. Coré, &c., Núm. 16:3. Absalom, 2 Sam. 15:4; 18:18. Adonías, 1 Reyes 1:5. Sennaquerib, 2 Reyes 19:23. Sobna, Isa. 22:16. Los hijos de Zebedeo, Mat. 20:21. El Antecristo, 2 Tes. 2:4. Diótrefes, 3 Juan 9.

AMÉN, expresión de asentimiento, Núm. 5:22;
Deut. 27:15; 1 Reyes 1:36; 1 Crón. 16:36;
Neh. 5:13; Sal. 72:19; 89:52; Mat. 6:13; Rev.
22:20.
nombre de Cristo, Rev. 3:14.
significando "ciertamente," 2 Cor. 1:20.
AMETISTO, ó AMATISTA, Ex. 28:19; Rev. 21:20.
AMFÍPOLIS, Act. 17:1.
AMIGO de Dios, Abraham fué llamado así, (Gén.
18:17); 2 Crón. 20:7; Isa. 41:8; Sant. 2:23.
y los creyentes, Cant. 5:1, 16.
AMIGOS, ventajas que resultan de los, Prov.
17:17; 18:24; 27:6, 9, 17; Juan 15:13.
peligros que resultan de los malos, Deut. 13:6;
Sal. 12:2; Prov. 22:24; 25:19; Miq. 7:5; Zac.
13:6; Lam. 1:2.
ejemplos de verdaderos: Rut 1:16; 2 Sam.
15:37; 16:16; 17:15; 19:32; 1 Reyes 2:7; Mat.
11:19.
ejemplos de falsos: Jue. 4:18–22; 16:4–21 ;
2 Sam. 3:27; 20:9, 10; Mat. 26:48–50.
los discípulos reciben el título de, Luc. 12:4;
Juan 15:14; 3 Juan 14.
AMINADAB, Exod. 6:23; Núm. 1:7; 7:12; Rut
4:20; 1 Crón. 2:10.
——, progenitor de Cristo, Mat. 1:4.
——, otros, 1 Crón. 6:22; 15:10; Cant. 6:12.
AMISTAD, de Jonatán y David, 1 Sam. 18:1;
19; 20; 2 Sam. 1:25.
con el mundo es prohibida, Sant. 4:4; 1 Juan
2:15; Rom. 12:2; 2 Cor. 6:17.
AMMA, 2 Sam. 2:24.
AMMONITAS, su origen, Gén. 19:38.
carácter de, Jue. 10:6; 2 Reyes 23:13; 2 Crón.
20:25; Jer. 27:8, 9; Ezeq. 25:3, 6; Amós 1:13;
Sof. 2:10.
sus bienes quedan íntegros, Deut. 2:19.
no debían entrar en la congregación, Deut. 23:3.
subyugados por Jefté, Jue. 11.
conquistados por Saúl, 1 Sam. 11.
ultrajan á David, 2 Sam. 10.
son castigados, 2 Sam. 12:26; 2 Crón. 26:8.
derrota milagrosa de, 2 Crón. 20:5–24.
molestaron á los Judíos después de la cautividad, Nch. 4:3, 7, 8.
profecías relativas á, Jer. 25:21; 49:1; Ezeq.
21:28; 25; Amós 1:13; Sof. 2:8.
AMNÓN, hijo de David, 2 Sam. 3:2.
su maldad y su muerte, 2 Sam. 13.
AMÓN, rey de Judá, su mal reinado, 2 Reyes
21:19; 2 Crón. 33:20.
muerto por sus siervos, 2 Reyes 21:23.
AMONESTACIÓN (la), instrucciones con respecto á, Ecl. 4:13; Mat. 18:15; Luc. 17:3; Rom.
15:14; 1 Cor. 10:11; Efes. 5:11; 6:4; Col. 3:16;
1 Tes. 5:12; 2 Tes. 3:15; Tit. 3:10; Heb. 3:13.
Véase EXHORTACIÓN.
se ha de dar, 2 Crón. 19:10; Ezeq. 3:17; 33:3;
1 Tes. 5:14.
el ejemplo de Pablo, Act. 20:31; 1 Cor. 4:14;
Col. 1:28.
AMOR (el) de Dios:
es uno de sus atributos, 2 Cor. 13:11; 1 Juan
4:8.
Cristo es el objeto principal de, Juan 15:9; 17:26.
Cristo mora en, Juan 15:10.
SE DESCRIBE COMO:
para con los hombres, soberano, Deut. 7:8.
grande, Efes. 2:4.
constante, Sof. 3:17.
infalible, Isa. 49:15, 16.
inalienable, Rom. 8:39.
obligante, Ose. 11:4.
eterno, Jer. 31:3.

que prescinde del mérito, Deut. 7:7 ; Job
7:17.
SE MANIFIESTA HACIA los miserables pecadores, Juan 3:16; Tit. 3:4.
sus santos, Juan 16:27; 17:23; 2 Tes. 2:16;
1 Juan 4:16.
los desvalidos, Deut. 10:18.
los que dan con alegría, 2 Cor. 9:7.
SE MANIFIESTA EN:
la entrega de Cristo. Juan 3:16.
el envío de Cristo, 1 Juan 4:9.
el hecho de que Cristo murió por nosotros en
tanto que eramos pecadores, Rom. 5:8;
1 Juan 4:10.
la elección, Mal. 1:2, 3; Rom. 9:11–13.
la adopción, 1 Juan 3:1.
la redención, Isa. 43:3, 4; 63:9.
lo gratúito de la salvación, Tit. 3:4–7.
el perdón de los pecados, Isa. 38:17.
el vivificar de las almas, Efes. 2:4, 5.
atraernos hácia sí mismo, Ose. 11:4.
las bendiciones temporales, Deut. 7:13.
las penas correccionales, Heb. 12:6.
hacer encallar las malas intenciones, Deut.
23:5.
difundido por el Espíritu Santo, Rom. 5:5.
los santos conocen y creen en, 1 Juan 4:16.
los santos deben permanecer en, Jud. 21.
se perfecciona en los santos por medio de la
obediencia, 1 Juan 2:5.
se perfecciona en los santos por medio del
amor fraternal, 1 Juan 4:12.
es el orígen de nuestro amor á El, 1 Juan 4:19.
debemos solicitarlo en la oración, 2 Cor. 13:14.
AMOR (el) de Cristo:
al Padre, Sal. 91:14; Juan 14:31.
á su iglesia, Cant. 4:8, 9; 5:1; Juan 15:9; Efes.
5:25.
á los que le aman, Prov. 8:17; Juan 14:21.
MANIFESTADO EN:
haber venido á buscar los que estaban perdidos, Luc. 19:10.
haber orado por sus enemigos, Luc. 23:34.
haber muerto por nosotros, Juan 15:13 ;
1 Juan 3:16.
haber lavado nuestros pecados, Rev. 1:5.
que intercede por nosotros, Heb. 7:25; 9:24.
que envia el Espíritu, Sal. 68:13; Juan 16:7.
sus correcciones de palabra y de hecho, Rev.
3:19.
sobrepuja todo entendimiento. Efes. 3:19.
debe ser imitado, Juan 13:34; 15:12; Efes. 5:2;
1 Juan 3:16.
A LOS SANTOS:
inextinguible, Cant. 8:7.
obligante, 2 Cor. 5:14.
inmutable, Juan 13:1.
indisoluble, Rom. 8:35.
los santos obedientes permanecen en, Juan
15:10.
los santos obtienen la victoria por medio de,
Rom. 8:37.
es la bandera que cobija á sus santos, Cant. 2:4.
es la base sobre que estriba el amor de los suyos
hacia él, Luc. 7:47.
á los santos, será reconocido aún por los enemigos, Rev. 3:9.
explicado con un ejemplo, Mat. 18:11–13.
ejemplificado hacia: Pedro, Luc. 22:32, 61.
Lázaro, &c., Juan 11:6, 36. Sus apóstoles,
Juan 13:1, 24. Juan, Juan 13:23.
AMOR (el) á Dios:
prescrito, Deut. 11:1; Jos. 22:5.
el primero y grande mandamiento, Mat. 22:38.
de todo corazón, Deut. 6:5, con Mat. 22:37.

17

mejor que todos los sacrificios, Mar. 12:33.
PRODUCIDO por el Espíritu, Gál. 5:22; 2 Tes. 3:5.
por el amor de Dios para con nosotros,
1 Juan 4:19.
en respuesta á nuestras plegarias, Sal. 116:1.
manifestado por Cristo, Juan 14:31.
una de las cualidades de los santos, Sal. 5:11.
DEBE PRODUCIR gozo, Sal. 5:11.
amor para con los santos, 1 Juan 5:1.
odio al pecado, Sal 97:10.
obediencia, Deut. 30:20; 1 Juan 5:3.
perfecto en la obediencia, 1 Juan 2:5.
perfeccionado, nos inspira confianza, 1 Juan
4:17, 18.
Dios es fiel á los que poseen, Deut. 7:9.
LOS QUE POSEEN son conocidos por él, 1 Cor.
8:3.
son preservados por él, Sal. 145:20.
son libertados por él, Sal. 91:14.
participan de su misericordia, Exod. 20:6 ;
Deut. 7:9.
todas las cosas obran juntamente para su
bien, Rom. 8:28.
perseverad en, Judas 21.
exhortáos unos á otros á ejercer, Sal. 31:23.
pedid á Dios, 2 Tes. 3:5.
el amor del mundo es prueba de que se carece
de, 1 Juan 2:15.
los que no aman á los demás carecen absolutamente de, 1 Juan 4:20.
los hipócritas no tienen, Luc. 11:42; Juan 5:42.
las personas sin caridad no tienen, 1 Juan 3:17.
Dios pone á prueba la sinceridad de, Deut.
13:3.
las promesas que tienen relación á, Deut. 11:13-
15; Sal. 69:36; Isa. 56:6, 7; Sant. 1:12.
AMOR (el) á Cristo:
manifestado por Dios, Mat. 17:5; Juan 5:20.
manifestado por los santos, 1 Ped. 1:8.
la excelencia de su persona es digna de, Cant.
5:9-16.
su amor para con nosotros nos mueve á, 2 Cor.
5:14.
LO MANIFIESTA EL HOMBRE:
buscándole, Cant. 3:2.
obedeciéndole, Juan 14:15, 21, 23.
sirviéndole, Mat. 25:40; 27:55.
prefiriéndole á él sobre todos, Mat. 10:37.
distingue á los santos, Cant. 1:4.
es prueba de la adopción, Juan 8:42.
HA DE SER sincero, Efes. 6:24.
con el alma, Cant. 1:7.
según la medida de sus misericordias, Luc.
7:47.
supremo, Mat. 10:37.
ardiente, Cant. 2:5; 8:6.
inextinguible, Cant. 8:7.
hasta la muerte, Act. 21:13; Rev. 12:11.
promesas hechas relativamente á, 2 Tim. 4:8;
Sant. 1:12.
aumento de, se debe pedir á Dios, Filip. 1:9.
pedid á Dios gracia para los que lo poseen,
Efes. 6:24.
LOS QUE TIENEN, son amados por el Padre,
Juan 14:21, 23; 16:27.
son amados por Cristo, Prov. 8:17; Juan
14:21.
se comunican con Dios y con Cristo, Juan
14:23.
la disminución de, censurada, Rev. 2:4.
la falta de, reprobada, 1 Cor. 16:22.
los malos carecen absolutamente de, Sal. 35:19,
con Juan 15:18, 25.
ejemplificado en: José de Arimatea, Mat.
27:57-60. La mujer arrepentida, Luc. 7:47.

Unas mujeres, Luc. 23:28. Tomás, Juan
11:16. María Magdalena, Juan 20:11. Pedro, Juan 21:15-17. Pablo, Act. 21:13.
AMOR (el) al hombre, (traducido muchas veces
CARIDAD):
es de Dios, 1 Juan 4:7.
Dios manda, 1 Juan 4:21.
Cristo manda, Juan 13:34; 15:12; 1 Juan 3:23.
conforme al ejemplo de Cristo, Juan 13:54;
15:12; Efes. 5:2.
enseñado por Dios, 1 Tes. 4:9.
la fé obra por, Gál. 5:6.
es uno de los frutos del Espíritu, Gál. 5:22;
Col. 1:8.
la pureza del corazón conduce á, 1 Ped. 1:22.
explicado, 1 Cor. 13:4-7.
es un principio activo, 1 Tes. 1:3; Heb. 6:10.
es un principio permanente, 1 Cor. 13:8, 13.
es el segundo mandamiento, Mat. 22:37-39.
es el fin del mandamiento, 1 Tim. 1:5.
los dones sobrenaturales nada son sin, 1 Cor.
13:1, 2.
los mayores sacrificios nada son sin, 1 Cor. 13:3.
prescrito especialmente á los ministros, 1 Tim.
4:12; 2 Tim. 2:22.
LOS SANTOS DEBEN:
revestirse de, Col. 3:14.
seguir, 1 Cor. 14:1.
abundar en, Fil. 1:9; 1 Tes. 3:12.
continuar en, 1 Tim. 2:15; Heb. 13:1.
incitarse mútuamente á, 2 Cor. 8:7; 9:2;
Heb. 10:24.
ser sinceros en, Rom. 12:9; 2 Cor. 6:6; 8:8;
1 Juan 3:18.
ser desinteresados en, Mat. 5:43-47; 1 Cor.
10:24; 13:5; Filip. 2:4.
ser fervientes en, 1 Ped. 1:22; 4:8.
debe ir acompañado del cariño fraternal, Rom.
12:10; 2 Ped. 1:7.
ha de ser con un corazón puro, 1 Ped. 1:22.
todas las cosas deben hacerse con, 1 Cor. 16:14.
DEBEMOS MANIFESTARLO HACIA:
los santos, 1 Ped. 2:17; 1 Juan 5:1.
los ministros, 1 Tes. 5:13.
nuestras familias, Efes. 5:25; Tit. 2:4.
nuestros compatriotas, Exod. 32:32; Rom.
9:2, 3; 10:1.
los forasteros, Lev. 19:34; Deut. 10:19.
nuestros enemigos, Ex. 23:4; 2 Reyes 6:22;
Mat. 5:44; Rom. 12:14, 20; 1 Ped. 3:9.
todos los hombres, Gál. 6:10.
DEBEMOS MANIFESTARLO:
atendiendo á las necesidades de los demás,
Mat. 25:35; Heb. 6:10.
amándonos mútuamente, Gál. 5:13.
auxiliando á los extraños, Lev. 25:35; Mat.
25:35.
vistiendo al desnudo, Isa. 58:7; Mat. 25:36.
visitando á los enfermos, &c., Job 31:16-22;
Sant. 1:27.
tomando parte en los placeres y en los pesares de los demás, Rom. 12:15; 1 Cor. 12:26.
sirviendo de sostén á los débiles, Gál. 6:2;
1 Tes. 5:14.
disimulando las faltas de los demás, Prov.
10:12, con 1 Ped. 4:8.
perdonando las injurias, Efes. 4:32; Col. 3:13.
ejerciendo tolerancia, Efes. 4:2.
reconviniéndole, Lev. 19:17; Mat. 18:15.
es necesario para la verdadera felicidad, Prov.
15:17.
el amor de Dios es un incentivo á, Juan 13:34;
1 Juan 4:11.
ES PRUEBA de que estamos en la luz, 1 Juan
2:10.

de que somos discípulos de Cristo, Juan 13:35.
de la vida espiritual, 1 Juan 3:14.
es el cumplimiento de la ley, Rom. 13:8–10; Gál. 5:14; Sant. 2:8.
el amor de nosotros mismos es la medida de, Mar. 12:33.
es bueno y agradable, Sal. 133:1, 2.
es un vínculo de unión, Col. 2:2.
es el vínculo de la perfección, Col. 3:14.
los hipócritas están destituidos de, 1 Juan 2:9, 11; 4:20.
los malos están destituidos de, 1 Juan 3:10.
ejemplificado en: José, Gén. 45:15. Rut, Rut 1:16, 17. Jonatán &c., 1 Sam. 20:17, 41, 42. Obadías, 1 Reyes 18:4. El centurión, Luc. 7:5. La Iglesia Primitiva, Act. 2:46; Heb. 10:33, 34. Lidia, Act. 16:15. Áquila, &c., Rom. 16:3, 4. Pablo, 2 Cor. 6:11, 12. Epafrodito, Filip. 2:25, 26, 30. Los Filipenses, Filip. 4:15–19. Los Colosenses, Col. 1:4. Los Tesalonicenses, 1 Tes. 3:6. Onesíforo, 2 Tim. 1:16–18. Filemón, Fil. 7–9. Moisés, Heb. 11:25.

AMORRÉOS (los), linaje, Gén. 10:15, 16.
carácter, Gén. 15:16; Jos. 24:15.
de grande estatura, Amós 2:9.
le rehusaron el paso á Israel, Núm. 21:23.
condenados á ser destruidos de un todo, Deut. 20:17, 18.
vencimiento milagroso de, Jos. 10:11–14.
tributo exigido á, Jue. 1:34, 35.
Acháb y Manassés siguieron las abominaciones de, 1 Rey. 21:26; 2 Rey. 21:11.
el descender de, es un símile del estado natural del hombre, Ezeq. 16:3.

AMOS, ó Señores:
autoridad de, Col. 3:22; 1 Ped. 2:18.
Cristo les dió ejemplo á, Juan 13:14.
DEBEN, CON SUS FAMILIAS Y SUS CRIADOS, rendir culto á Dios, Gén. 35:3.
temer á Dios, Act. 10:2.
servir á Dios, Jos. 24:15.
santificar el dia de descanso, Exod. 20:10; Deut. 5:12.
quitar los ídolos, Gén. 35:2.
deben escoger criados fieles, Gén. 24:2; Sal. 101:6, 7.
deben seguir los buenos consejos de sus criados, 2 Reyes 5:13, 14.
DEBERES DE, PARA CON SUS CRIADOS:
obrar con justicia, Job 31:13, 15; Col. 4:1.
tratarlos en el temor de Dios, Efes. 6:9; Col. 4:1.
estimarlos altamente, si son cristianos, Filem. 16.
cuidarlos cuando estén enfermos, Luc. 7:3.
guardarse de amenazarlos, Efes. 6:9.
no defraudarles en nada, Gén. 31:7.
no demorarles su paga, Lev. 19:13; Deut. 24:15.
no gobernarlos con rigor, Lev. 24:43; Deut. 24:14.
caritativos, bendecidos, Deut. 15:18.
injustos, reprobados, Jer. 22:13; Sant. 5:4.
buenos, ejemplos de: Abraham, Gén. 18:19. Jacob, Gén. 35:2. Josué, Jos. 24:15. David, 2 Sam. 6:20. El centurión, Luc. 7:2, 3. Cornelio, Act. 10:2.
malos, ejemplos de: Potifar, Gén. 39:20. Los Egipcios, Ex. 1:13, 14. Nabal, 1 Sam. 25:17. Un Amalecita, 1 Sam. 30:13.

AMÓS, profeta, anuncia el juicio de Dios sobre las naciones. Amós 1:2; y sobre Israel, Amós 3:4, &c.

su vocación, Amós 7:14, 15.
predice la restauración de Israel, Amós 9:11.
AMPLIAS, un Cristiano de Roma, Rom. 16:8.
AMPOLLA de aceite, 1 Sam. 10:1.
trad. alcuza, 2 Reyes 9:1, 3. Véase REDOMAS.
AMRAFEL, Gén. 14:1.
AMRAM, Exod. 6:18; 1 Crón. 6:3.
AMRI, rey de Israel, su mal gobierno, 1 Reyes 16:16; Miq. 6:16.
ANA, Gén. 36:24. Véase ANNA.
ANAMELEC, 2 Reyes 17:31.
ANANÍAS y Safira, Act. 5.
——, discípulo enviado á Pablo, Act. 9:10; 22:12.
——, sumo sacerdote, Pablo conducido ante, Act. 23:1.
reconvenido por el apóstol, Act. 23:3.
ANATEMA (maldito), Jos. 6:17; 7:1; 1 Crón. 2:7; Rom. 9:3; 1 Cor. 12:3. Véase MALDITO.
ANATEMA MARANATA, 1 Cor. 16:22. Véase VOTOS y JURAMENTOS.
ANATOT, Jos. 21:18; 1 Rey. 2:26; 1 Crón. 6 20; Isa. 10: 30.
——, ciudad de Jeremías, Jer. 11:21; 29: 17; 32:7.
ANCIANIDAD, debemos honrarla, Lev. 19:32; Prov. 23:22; 1 Tim. 5:1; 1 Ped. 5:5. Véase Prov. 16:31; 17:6; 20:29.
su debilidad, Ecl. 12; Sal. 90:10.
sus deberes, Tit. 2:2.
ANCIANO de Días, Dan. 7:22.
ANCIANOS, setenta, nombrados, Exod. 24:1; Núm. 11:16.
deberes de, Deut. 29:10.
funcionarios llamados así, Gén. 50:7; Lev. 4:15; Deut. 21:19; 1 Sam. 16:4; Ezra 5:5; Sal. 107:32; Ezeq. 8:1, &c.
en la iglesia, sus requisitos, &c., Tit. 1:5; 1 Tim. 5:19; Sant. 5:14; 1 Ped. 5:1. Véase Act. 11:30; 14:23; 15:4, 23; 16:4; 20:17.
encargo de Pablo á, Act. 20:17.
encargo de Pedro á, 1 Ped. 5.
veinte y cuatro, en el cielo, Rev. 4:4, &c; 7:11; 14:3.
ANCLA ó Áncora, Act. 27:30.
del alma, Heb. 6:19.
ANDAR CON DIOS:
de acuerdo con sus mandamientos, Deut. 5:33; Sal. 1; Jer. 7:23.
en sus caminos, Deut. 28:9; Jos. 22:5.
en las sendas antiguas, Jer. 6:16.
según Él enseñe, 1 Reyes 8:36; Isa. 2:3; 30:21.
con rectitud, Prov. 2:7.
en sus estatutos y sus juicios, Ezeq. 37:24.
en novedad de vida, Rom. 6:4.
no conforme á la carne, sino conforme al Espíritu, Rom. 8:1; Gál. 5:16.
honestamente, como de día, Rom. 13:13.
por la fé, no por la vista, 2 Cor. 5:7.
en amor, siguiendo á Cristo, Efes. 5:2.
de una manera digna del Señor, Col. 1:10.
en Cristo, Col. 2:6.
por la regla del Evangelio, Filip. 3:16.
en la luz, como Dios es, 1 Juan 1:7.
con vestiduras blancas, Rev. 3:4.
en la luz del cielo, Rev. 21:24.
ejemplos: Enoc, Gén. 5:24. Noé, Gén. 6:9.
ANDÁS, 2 Sam. 3:31; Luc. 7:14. Véase ENTIERRO.
ANDRÉS, el apóstol, vocación de, Mat. 4:18; Mar. 1:16; Juan 1:40; Act. 1:13.
sus preguntas, Mar. 13:3; Juan 6:8; 12:22.
ANDRÓNICO, Rom. 16:7.
ANER, Gén. 14:14–24.

19

ÁNGELES:
creados por Dios y por Cristo, Neh. 9:6; Col. 1:16.
adoran á Dios y á Cristo, Neh. 9:6; Fil. 2:9-11; Heb. 1:6.
son espíritus ministrantes, 1 Reyes 19:5; Sal. 68:17; 104:4; Luc. 16:22; Act. 12:7-11; 27:23; Heb. 1:7, 14.
comunican la voluntad de Dios y de Cristo, Dan. 8:16, 17; 9:21:23; 10:11; 12:6, 7; Mat. 2:13, 30; Luc. 1:19, 28; Act. 5:20; 8:26; 10:5; 27:23; Rev. 1:1.
obedecen la voluntad de Dios, Sal. 103:20; Mat. 6:10.
ejecutan los designios de Dios, Núm. 22:22; Sal. 103:21; Mat. 13:39-42; 28:2; Juan 5:4; Rev. 5:2.
ejecutan los juicios de Dios, 2 Sam. 24:16; 2 Reyes 19:35; Sal. 35:5, 6; Act. 12:28; Rev. 16:1.
dan loor á Dios, Job 38:7; Sal. 148:2; Isa. 6:3; Luc. 2:13, 14; Rev. 5:11, 12; 7:11, 12.
la ley dada por medio del servicio de, Sal. 68:17; Act. 7:53; Heb. 2:2.
ANUNCIARON la concepción de Cristo, Mat. 1:20, 21; Luc. 1:31.
el nacimiento de Cristo, Luc. 2:10-12.
la resurrección de Cristo, Mat. 28:5:7; Luc. 24:23.
la ascensión y segunda venida de Cristo, Act. 1:11.
la concepción de Juan el Bautista, Luc. 1:13, 36.
le ministran á Cristo, Mat. 4:11; Luc. 22:43; Juan 1:51.
están sujetos á Cristo, Efes. 1:21; Col. 1:16; 2:10; 1 Ped. 3:22.
ejecutarán los designios de Cristo, Mat. 13:41; 24:31.
acompañarán á Cristo en su segunda venida, Mat. 16:27; 25:31; Mar. 8:38; 2 Tes. 1:7.
conocen el evangelio de Cristo y se deleitan en él, Efes. 3:9, 10; 1 Tim. 3:16; 1 Ped. 1:12.
el auxilio de los, se obtiene por medio de la oración á Dios, Mat. 26:53; Luc. 22:43.
se regocijan por el pecador que se arrepiente, Luc. 15:7, 10.
tienen cuidado de los hijos de Dios, Sal. 34:7; 91:11, 12; Dan. 6:22; Mat. 18:10.
son de varias jerarquías, Isa. 5:2; 1 Tes. 4:16; 1 Ped. 3:22; Jud. 9; Rev. 12:7.
no se les debe rendir culto, Col. 2:18; Rev. 19:10; 22:9.
son ejemplos de mansedumbre, 2 Ped. 2:11; Jud. 9.
son sabios, 2 Sam. 14:20.
son poderosos, Sal. 103:20.
son santos, Mat. 25:31.
son escogidos ó elegidos, 1 Tim. 5:21.
son innumerables, Job 25:3; Heb. 12:22.
ENVIADOS á Daniel, Dan. 8:16; 9:21; 10:11; 12:6.
á Zacarías, Luc. 1:11.
á María, Luc. 1:26.
á los pastores, Luc. 2:13.
á anunciar la resurrección de Cristo, Mat. 28; Mar. 16.
á Pedro, Act. 12:7.
á Juan, Rev. 19:10; 22:8.
——, desobedientes, 2 Ped. 2:4; Jud. 6.
Véase DIABLO.
ÁNGEL (el) DEL SEÑOR, se aparece á Abraham, Gén. 18; á Lot, Gén. 19; Ágar, Gén. 16:7; á Balaam, Núm. 22:33; á los Israelitas, Jue. 2; á Gedeón, Jue. 6:11; á la mujer de Manué, Jue. 13:3; á David, 2 Sam. 24:16; 1 Crón.

21:16; á Elías, 1 Reyes 19:7; á Daniel, Dan. 8:16; 9:21; 10:11, 12; á José, Mat. 1:20; á María Magdalena, Mat. 28:2, 7; á Zacarías, Luc. 1:11; á María, Luc. 1:26; á los pastores, Luc. 2:8-12; á los apóstoles, Act. 5:19; á Pedro, Act. 12:7; á Felipe, Act. 8:26; á Cornelio, Act. 10:3; á Pablo, Act. 27:23.
Véase Sal. 34:7; 35:5; Zac. 1:11.
ÁNGELES de las iglesias, Rev. 1:20; 2:1, 8, &c.
ANGUSTIA, Gén. 42:21; 2 Sam. 1:9; Sal. 119:143. Juan 16:21; Rom. 2:9; 2 Cor. 2:4.
ANGUSTIAR á los forasteros es prohibido, Ex. 22:21; Lev. 19:33.
ANILLO, se daba en prueba de deferencia, Gén. 41:42; Est. 3:10; Luc. 15:22.
hecho de oro y engastado de piedras preciosas, Núm. 31:50, 51; Cant. 5:14.
usado para sellar decretos, Est. 3:12; 8:8, 10.
Véase AJORCA, BRAZALETE, SORTIJA, ZARCILLO.
ANIMALES (los), creados y bendecidos, Gén. 1:20-25.
perecen al morir, Ecl. 3:21; 12:7.
instintos de, Deut. 32:11; Job 39:40, 41; Sal. 59:6; 104: Jer. 8:7; Mat. 24:28.
dominio de Dios sobre, Sal. 91:13; Isa. 11:6, 8; 35:9; Luc. 10:19.
instrumentos de su voluntad, Ex. 8-10; Núm. 21:6; 22:28; Jos. 24:12; Jer. 8:17; Joel 1:4.
ÁNIMO, carnal, Rom. 8:7; Col. 2:18.
espiritual, Rom. 8:6.
perverso, Rom. 1:28.
ANNA ó ANA, profetiza acerca de Cristo, Luc. 2:36.
——, su voto y su oración, 1 Sam. 1.
su oración concedida, 1 Sam. 1:19.
su cántico, 1 Sam. 2.
ANNÁS, sumo sacerdote, Luc. 3:2.
Cristo examinado por, Juan 18:13, 24.
también los apóstoles, Act. 4:16.
AÑOS, el sol y la luna creados para señalar los, Gén. 1:14.
desde la época más antigua se computaba el tiempo por, Gén. 5:3.
DIVIDIDOS en estaciones, Gén. 8:22.
en meses, Gén. 7:11; 1 Crón. 27:1.
en semanas, Dan. 9:27; Luc. 18:12.
en días, Gén. 25:7; Est. 9:27.
largor de, durante la época patriarcal, Gén. 7:11, y Gén. 8:13, con Gén. 8:24, y Gén. 8:3.
el principio de, cambiado después del éxodo, Exod. 12:2.
notables: el Sabático, Lev. 25:4.
el del jubiléo, Lev. 25:11.
en la computación profética, los días se cuentan como, Dan. 12:11, 12.
METÁFORA de la virilidad, Heb. 11:24.
(avanzado en) de la ancianidad, Luc. 1:7.
(estar harto de) de la ancianidad, Gén. 25:8.
(agradable) de la proclamación del Evangelio, Isa. 61:2; Luc. 4:19.
(de la diestra del Altísimo), de la prosperidad, Sal. 77:10.
(de los redimidos) de la redención por medio de Cristo, Isa. 63:4.
(de visitación) de juicios severos, Jer. 11:23; 23:12.
(de pagamientos) de juicios, Isa. 34:8.
ANTECRISTO (el), niega al Padre y al Hijo, 1 Juan 2:22.
niega la encarnación de Cristo, 1 Juan 4:3; 2 Juan 7.
el espíritu de, prevalecía en los tiempos apostólicos, 1 Juan 2:18.

el engaño es uno de los distintivos de, 2 Juan 7.
predicción de su venida, 2 Tes. 2:3; 1 Tim. 4:1.
ANTEDILUVIANOS (los), larga edad de, Gén. 5; 7:6.
gigantes entre, Gén. 6:4.
la poligamia praticada por, Gén. 4:19.
religión de, Gén. 4:3, 4, 26.
artes y ocupaciones de, Gén. 4:2, 3, 20-22; 5:14-22.
habitaciones de, Gén. 4:16-20.
alimento de, Gén. 1:29.
Enoc profetiza á, Judas 14, 15.
Noé predica á, Heb. 11:7; 1 Ped. 3:18-20; 2 Ped. 2:5.
maldad y destrucción de, Gén. 6:5-7; 7:1, 21-23; Job 22:15-17; Mat. 24:37-39; Luc. 17:26; 27; 2 Ped. 2:5.
ANTÉLOPE. Véase Ciervo.
ANTIOQUÍA, los discípulos llamados cristianos por primera vez allí, Act. 11:26.
Pablo predica allí, Act. 13:1, 14; 14:26; 15:30.
penalidades del apóstol allí, Gál. 2:11; 2 Tim. 3:11.
ANTIPAS, mártir, Rev. 2:13.
ANTÍPATRIS, ó Antipátride, Act. 23:31.
ANTORCHA ó hacha, Zac. 12:6; Nah. 2:3, 4; Juan 18:3. Véase Lámpara.
AOD, libra á Israel, Jue. 3:15.
APARTAMIENTO, ofrenda de (Heb. teruma), Exod. 29:27; Núm. 15:19; 18:8, 30.
APEDREAMIENTO. Véase Lapidación.
APELACIÓN de Pablo á César, Act. 25:11.
APELES, saludado por Pablo, Rom. 16:10.
APETITOS desordenados. Véase Concupiscencias.
APIO, foro de, Act. 28:15.
APOLLYÓN (el destructor), Rev. 9:11.
APOLONIA, Act. 17:1.
APOLOS, un discípulo elocuente, le dan instrucción, Act. 18:24; 19:1; 1 Cor. 1:12; 3:4.
Pablo estimaba á, Tit. 3:13.
APÓSTATAS. descritos, Deut. 13:13; Heb. 3:12.
la persecución tiende á volver á los hombres, Mat. 24:9, 10; Luc. 8:13.
un espíritu mundano tiende á volver á los hombres, 2 Tim. 4:10.
jamás fueron de Cristo, 1 Juan 2:19.
los santos no se vuelven, Sal. 44:18, 19; Heb. 6:9; 10:39.
es imposible restaurar á los, Heb. 6:4-6.
culpabilidad y castigo de los, Sof. 1:4-6; Heb. 10:25-31, 39; 2 Ped. 2:17, 20-22.
advertencias para no convertirse en, Heb. 3:12; 2 Ped. 3:17.
abundarán en los postreros días, Mat. 24:12; 2 Tes. 2:3; 1 Tim. 4:1-3.
ejemplos de: Saúl, 1 Sam. 15:11. Amasías, 2 Crón. 25:14, 27. Pretendidos discípulos, Juan 6:66. Himeneo 1 Tim. 1:19, 20.
APÓSTOLES (los), Cristo "El Apóstol," Heb. 3:1.
ordenados por Cristo, Mar. 3:14; Juan 15:16.
recibieron su título de Cristo, Luc. 6:13.
llamados por Dios, 1 Cor. 1:1; 12:28; Gál. 1:1, 15, 16.
por Cristo, Mat. 10:1; Mar. 3:13; Act. 20:24; Rom. 1:5.
por el Espíritu Santo, Act. 13:2, 4.
eran hombres iliteratos, Act. 4:13.
escogidos de las clases humildes, Mat. 4:18.
enviados primero á la casa de Israel, Mat. 10:5, 6; Luc. 24:47; Act. 13:46.
enviados á predicar el Evangelio á todas las naciones, Mat. 28:19, 20; Mar. 16:15; 2 Tim. 1:11.

Cristo siempre presente con, Mat. 28:20.
adviérteseles que no profesen con timidez su fé en Cristo, Mat. 10:27-33.
el Espíritu Santo dado á, Juan 20:27; Act. 2:1-4; 9:17.
guiados por el Espíritu al recinto de toda verdad, Juan 14:26; 15:26; 16:13.
instruidos por el Espíritu para contestar á los adversarios, Mat. 10:19, 20; Luc. 12:11, 12.
dedicados especialmente á las funciones del ministerio, Act. 6:4; 20:27.
se les encarece la humildad, Mat. 20:26, 27; Mar. 9:33-37; Luc. 22:24-30.
se les encarece la abnegación, Mat. 10:37-39.
se les encarece el amor mútuo, Juan 15:17.
igual autoridad dada á cada uno de, Mat. 16:19, con Mat. 18:18; 2 Cor. 11:5.
no eran del mundo, Juan 15:19; 17:16.
fueron aborrecidos por el mundo, Mat. 10:22; 24:9; Juan 15:18.
persecuciones y sufrimientos de, Mat. 10:16, 18, Luc. 21:16; Juan 15:20; 16:2.
vieron á Cristo en la carne, Luc. 1:2; Act. 1:22; 1 Cor. 9:1; 1 Juan 1:1.
testigos de la resurrección y ascensión de Cristo, Luc. 24:33-41, 51; Act. 1:2-9; 10:40-41; 1 Cor. 15:8.
se les da poder de obrar milagros, Mat. 10:1, 8; Mar. 16:20; Luc. 9:1; Act. 2:43.
falsos, reprobados, 2 Cor. 11:13.
Véase Andrés, Pedro, &c.
ÁQUILA y Priscila van con Pablo, Act. 18:2.
instruyen á Apolos, Act. 18:26.
su constancia, Rom. 16:3; 1 Cor. 16:19.
AQUIM, Mat. 1:14.
AR, ciudad principal de los Moabitas, Núm. 21:13-15; Deut. 2:9, 18, 24, 29.
quemada, Núm. 21:26-30.
profecía de, Isa. 15:1.
ARA, 1 Crón. 5:26.
ÁRABES (los), tributarios de Salomón, 2 Crón. 9:14.
tributarios de Josafat, 2 Crón. 17:11.
de Ozías, 2 Crón. 26:7.
profecías acerca de, Isa. 13:20; 21:13; Jer. 25:24; Act. 2:11.
ARABIA, 1 Rey. 10:15; Ezeq. 27:21; Gal. 4:25.
Pablo fué á, Gál. 1:17.
ARACEO ó Arci, Gén. 10:17; 1 Crón. 1:15.
ARAD, rey Cananéo de una ciudad del mismo nombre, Núm. 21:1-3; 33:40; Jos. 12:14; Jue. 1:66.
ARADI, ó Aruad, Gén. 10:18; Ezeq. 27:8, 11.
ARAM (Siria), Núm. 23:7; 1 Crón. 2:23.
ARÁN, hijo de Taré, Gén. 11:26. Véase Haran.
ARAÑA, Job 8:14; Prov. 30:28; Isa. 59:5.
ARAR, leyes acerca del, Deut. 22:10. Véase 2 Cor. 6:14.
en sentido figurado, Job 4:8; Ose. 10:13; Luc. 9:62; 1 Cor. 9:10.
ARARAT, montaña en que descansó el arca, Gén. 8:4. Véase Jer. 51:27.
ARBEE. Véase Hebrón.
ÁRBITRO, Job 9:33.
ÁRBOL de vida, Gén. 2:9; 3:22; Prov. 3:18; 11:30; Ezeq. 47:7, 12; Rev. 2:7; 22:2, 14.
de ciencia, el comer de, prohibido, Gén. 2:17; el precepto es desobedecido, Gén. 3.
ÁRBOLES, leyes con respecto á, Lev. 19:23; 27:30; Deut. 16:21; 20:19.
la parábola de los, de Joatam, Jue. 9:8.
la visión de, de Nabucodonosor, Dan. 4:10.
alabarán á Dios, 1 Crón. 16:33.

la fecundidad de, en manos de Dios, Lev. 26:4, 20; Ezeq. 34:27; Joel 2:22.

mencionados en las Escrituras:
álamo, Isa. 41:19.
almendro, Gén. 43:11; Ecl. 12:5; Jer. 1:11.
almugim, 1 Reyes 10:11, 12; 2 Crón. 9:10, 11.
arrayán, Isa. 41:19; 55:13; Zac. 1:8.
castaño, Ezeq. 31:8.
cedro, Exod. 36:20; 1 Reyes 10:27; Isa. 44:14; Ezeq. 31:8.
enebro, 1 Reyes 19:4, 5.
granado, Deut. 8:8; Joel 1:12.
haya, 1 Rey. 5:10; 2 Rey. 19:23; Sal. 104:17.
higuera, Deut. 8:6.
laurel, Sal. 37:35.
manzano, Cant. 2:3; 8:5; Joel 1:12.
moral, 2 Sam. 5:23, 24.
mostazo, Mat. 13:32.
olivo, Isa. 41:19.
olmo, Isa. 1:30.
palma, Exod. 15:27.
pino, Isa. 44:14.
sándalo, Núm. 24:6.
saúz, Isa. 44:4; Ezeq. 17:5.
sicómoro ó cabrahigo, 1 Reyes 10:27; Sal. 78:47; Amós 7:14; Luc. 19:4.
vid, Núm. 6:4; Ezeq. 15:2.

SÍMILE DE los santos, Núm. 24:6; Sal. 1; Isa. 65:22; Jer. 17:8; Mat. 7:17.
de un estado sin cambio, Ecl. 11:3.
del hombre sometido á prueba, Mat. 3:10.
de los pecadores, Ose. 9:16; Mat. 7:17; Luc. 3:9; 23:31; Judas 12.
de la gloria terrenal, Sal. 37:35; Ezeq. 31; Dan. 4:10.
de Cristo, Cant. 2:3; Luc. 23:31; Rom. 11:24.

ARBOLEDA (la), ó el conjunto de árboles frutales, se debe preservar en la guerra, Deut. 20:19. Véase también Neh. 9:25.

ARCA (ataud), Gén. 50:26.

ARCA (de Noé), descrita, Gén. 6:14; Heb. 11:7; 1 Ped. 3:20.

ARCA DEL PACTO (ó del concierto, ó de la alianza):
su estructura, Exod. 25:10; 37:1.
su contenido, Exod. 25:16, 21; 40:20; 2 Crón. 6:11; Heb. 9:4.
su uso, Exod. 25:22; 30:6; 1 Crón. 13:3.
guía y salvaguardia de los Judíos. Núm. 10:33; 14:44; Jos. 3:4; 6:12; 1 Sam. 4:3.
muy querida, 1 Sam. 4:13-22; 6:13; 1 Crón. 15:28.
profanación de ella castigada, Núm. 4:5, 15; 1 Sam. 6:19; 1 Crón. 15:13.
llevada á Canaán, Jos. 3:15.
tomada por los Filistéos, 1 Sam. 4:11.
plagas de éstos á consecuencia de ello, 1 Sam. 5.
restaurada, 1 Sam. 6.
llevada á Jerusalem, 2 Sam. 6:15; 1 Crón. 13; 15; 16; 2 Crón. 1:4.
llevada al templo, 1 Reyes 8:3; 2 Crón. 5; Sal. 132.
arca en el cielo, Rev. 11:19.

ARCÁNGEL, 1 Tes. 4:16; Judas 9.

ARCO iris, en las nubes, señal de la misericordia de Dios, Gén. 9:13; Ezeq. 1:28.
visto en el cielo, Rev. 4:3; 10:1.
——, de la flecha, en la guerra, Gén. 48:22; 1 Crón. 12:2; Isa. 7:24; Zac. 9:10; 10:4.
en la caza, Gén. 27:3.
de acero, 2 Sam. 22:35; Job 20:24.
cómo lo usaban, 2 Sam. 1:18; 2 Reyes 9:24; Ezeq. 39:3.
quiénes lo usaban, 1 Sam. 31:3; 1 Crón. 5:18; 12:2; 2 Crón. 14:8; Jer. 46:9; 49:35.

en sentido figurado, 1 Sam. 2:4; Job 29:20; Sal. 11:2; 78:57; Jer. 9:3; Ose. 1:5; 2:18; 7:16.

ARCO, tiradores de, mencionados, Gén. 21:20; 49:23; 1 Sam. 31:3; 1 Crón. 10:3; Job 16:13; Isa. 22:3; Jer. 51:3.
Acháb y Josías muertos por, 1 Reyes 22:34; 2 Crón. 35:22.

ARCOS, Ezeq. 40:16.

ARCTURO, Job 9:9; 38:32.

ARENA del mar, en sentido figurado, Gén. 22:17; Ose. 1:10; Heb. 11:12; Rev. 20:28.

AREÓPAGO, Pablo predica allí, Act. 17:19.

ARETAS, 2 Cor. 11:32.

AREUNA, ú ORNAN, vende terreno para el templo, 2 Sam. 24:16; 1 Crón. 21:15, 18; 22:1.

ARFAD, una ciudad de Siria, 2 Reyes 18:34; 19:13; Isa. 10:9; 36:19; 37:13; Jer. 49:23.

ARFAXAD, Gén. 11:10.

ARGOB, en Basán, Deut. 3:4. Véase JAIR.

ARIEL, Ezra 8:16; como Jerusalem, Isa. 29:1.

ARIETE, (Varela, BATIDOR), se empleaba en los sitios, 2 Sam. 20:15; Ezeq. 4:2; 21:22.

ARIMATEA, Mat. 27:57; Mar. 15:43; Luc. 23:51; Juan 19:38.

ARIOC, Gén. 14:1, 9.
——, capitán de la guardia, Dan. 2:25.

ARISTA, Mat. 7:3:5; Luc. 6:41, 42.

ARISTARCO, compañero de prisión de Pablo, Act. 19:29; 20:4; 27:2; Col. 4:10; File. 24.

ARISTÓBULO, su familia saludada por Pablo, Rom. 16:10.

ARMADURA, almete ó yelmo. 1 Sam. 17:5, 38; 2 Crón. 26:14; Efes. 6:17; 1 Tes. 5:8.
coraza, coselete, loriga, 1 Sam. 17:5, 38; Exod. 28:32; Jer. 46:4; Rev. 9:9.
talabarte, 1 Sam. 18:4; 2 Sam. 18:11.
escudo, 1 Sam. 17:6; 1 Reyes 10:17; 14:26, 27; 1 Crón. 5:18; Ezeq. 26:8.
grebas, 1 Sam. 17:6.
la de Goliat descrita, 1 Sam. 17:5-7.
de Dios, Efes. 6:13; Rom. 13:12; 2 Cor. 6:7; 10:3; 1 Tes. 5:8.

ARMAGEDÓN, Rev. 16:16.

ARMAS, espada, Gén. 27:40; Jue. 20:17; 2 Sam. 20:8.
lanza, Núm. 25:7; Jos. 8:18; 1 Sam. 18:10; Jer. 50:42.
saetas, Gén. 27:3; 48:22; 1 Sam. 20:36; Job 6:4; Sal. 18:34; 38:2; 91:5; 120:4; Ezeq. 21:21.
honda, 1 Sam. 16:40; 1 Crón. 12:2.
martillo de guerra (ó hacha de armas), Jer. 51:20.
Véase también 1 Sam. 20:40.

ARMAS, Véase ARMADURA.
del cristiano no son carnales, 2 Cor. 10:4.

ARMENIA, 2 Reyes 19:37; Isa. 37:38.

ARNÓN, Núm. 21:13; 22:36; Deut. 3:8; 4:48; Jos. 12:1; 13:9, 16; Jue. 11:13, 18; 2 Reyes 10:33; Isa. 16:2; Jer. 48:20.

AROER, edificada por los hijos de Gad, Núm. 32:34.
término de Rubén, Jos. 13:16.

ARPA, inventada, Gén. 4:21.
tocada por David, 1 Sam. 16:16, 23; 2 Sam. 6:5.
usada en el culto público, 1 Crón. 25:3; Sal. 33:2; 81:2; 150:3, &c.
en el cielo, Rev. 14:2. Véase Job 30:31; Isa. 16:11; 30:32; Ezeq. 26:13; Rev. 10:22.

ARPHAD. Véase ARFAD.

ARPHAXAD. Véase ARFAXAD.

ARQUELAO, temido de José, Mat. 2:22.

ARQUILLA de Moisés, Ex. 2:3.

ARQUIPPO, exhortado por Pablo, Col. 4:17; File. 2.

ARRAS (ó prenda), del Espíritu, 2 Cor. 1:22; 5:5; Efes. 1:14.
ARRAYÁN, Neh. 8:15; Isa. 41:19; 55:13.
visión del, Zac. 1:8.
ARREPENTIMIENTO (el):
prescrito á todos por Dios, Act. 17:30.
prescrito por Cristo, Rev. 2:5, 16; 3:3.
concedido por Dios, Act. 11:18; 2 Tim. 2:25.
Cristo vino á llamar á los pecadores á, Mat. 9:13.
Cristo fué enaltecido para dar, Act. 5:31.
por obra del Espíritu Santo, Zac. 12:10.
llamado arrepentimiento para vida, Act. 11:18.
para la salvación, 2 Cor. 7:10.
DEBEMOS SER MOVIDOS Á, por la longanimidad de Dios, Gén. 6:3, con 1 Ped. 3:20; 2 Ped. 3:9.
por la bondad de Dios, Rom. 2:4.
por los castigos de Dios, 1 Reyes 8:47; Rev. 3:19.
la tristeza que es según Dios obra, 2 Cor. 7:10.
necesario para el perdón del pecado, Act. 2:38; 3:19; 8:22.
el convencimiento del pecado es necesario para, 1 Reyes 8:38; Act. 2:37, 38.
PREDICADO por Cristo, Mat. 4:17; Mar. 1:15.
por Juan el Bautista, Mat. 3:2.
por los apóstoles, Mat. 6:12; Act. 20:21.
en el nombre de Cristo, Luc. 24:47.
del cual nadie ha de arrepentirse, 2 Cor. 7:10.
el presente es el tiempo para, Sal. 95:7, 8, con Heb. 3:7, 8; 4:7.
hay gozo en el cielo por un pecador que es movido á, Luc. 15:7, 10.
los ministros deben regocijarse cuando el pueblo experimenta al, 2 Cor. 7:9.
debe darse á conocer por sus frutos, Dan. 4:27; Mat. 3:8; Act. 26:20.
DEBE IR ACOMPAÑADO de la humildad, 2 Crón. 7:14; Sant. 4:9, 10.
de la vergüenza y la confusión, Ezra 9:6-15; Jer. 31:19; Ezeq. 16:61, 63; Dan. 9:7, 8.
del aborrecimiento propio, Job 42:6.
de la confesión, Lev. 26:40; Job 33:27.
de la fé, Mat. 21:32; Mar. 1:15; Act. 20:21.
de la oración, 1 Reyes 8:33; Act. 8:22.
de la conversión, Act. 3:19; 26:20.
del tornarse del pecado, 2 Crón. 6:26.
de la idolatría, Ezeq. 14:6; 1 Tes. 1:9.
de mayor fidelidad en seguir la senda del deber, 2 Cor. 7:11.
exhortaciones tocante á, Ezeq. 14:6; 18:30; Act. 2:38; 3:19.
LOS MALOS se oponen á, Jer. 8:6: Mat. 21:32.
no son movidos á, por los juicios de Dios, Rev. 9:20, 21; 16:9.
no son movidos á, ni aun por los milagros, Luc. 16:30, 31.
dejan pasar el tiempo concedido para, Rev. 2:21.
reprobados por su descuido con respecto á, Mat. 11:20.
es peligroso descuidar, Mat. 11:20-24; Luc. 13:3, 5; Rev. 2:22.
el descuido con respecto á, va seguido prontamente del juicio, Rev. 2:5, 16.
negado á los apóstatas, Heb. 6:4-6.
explicado con ejemplos, Luc. 15:18-21: 18:13.
verdadero, ejemplos de: Los Israelitas, Jue. 10:15, 16. David, 2 Sam. 12:13. Mana-sés, 2 Crón. 33:12, 13. Job, Job 42:6. Nínive, Jonás 3:5-8; Mat. 12:41. Pedro, Mat. 26:75. Zaquéo, Luc. 19:8. El ladrón en la cruz, Luc. 23:40, 41. Los Corintios, 2 Cor. 7:9.

falso, ejemplos de : Saúl, 1 Sam. 15:24-30. Acháb. 1 Rey. 21:27-29. Judas, Mat. 27:3-5.
ARRODILLARSE, acto de, durante la oración, 2 Crón. 6:13; Ezra 9:5; Sal. 95:6; Dan. 6:10; Act. 7:60; 9:40; 21:5; Efes. 3:14.
ARROYOS, mencionados, Núm. 13:23; 21:14; Deut. 2:13; 1 Sam. 30:9; 2 Sam. 15:23; 23:30; 1 Rey. 15:13; 17:3; 18:40; 1 Crón. 11:32; Sal. 83:9; Juan 18:1.
en sentido figurado, Job 6:15; 20:17; Sal. 110:7; Prov. 18:4.
ARTAJERJES, ó ARTAXERXES, (Smerdís) su decreto acerca de los Judíos, Ezra 4:6, 17.
———, Longímano, su carta á Ezra, Ezra 7:11.
su bondad para con Nehemías, Neh. 3.
ARTEMAS, ayudante de Pablo, Tit. 3:12.
ARTES, ú oficios:
de albañil, 2 Sam. 5:11; 2 Crón. 24:12.
" alfarero ú ollero, Isa. 64:8; Jer. 18:3; Lam. 4:2; Zac. 11:13.
" armero, 1 Sam. 8:12.
" barbero, Isa. 7:20; Ezeq. 5:1.
" bordador, Exod. 35:35.
" calafeteador, Ezeq. 27:9, 27.
" cantero, Ezeq. 20:25; 1 Crón. 22:15.
" carpintero, 2 Sam. 5:11; Mar. 6:3.
" carpintero de ribera, 1 Reyes 9:26.
" curtidor, Act. 9:43; 10:6.
" embalsamador, Gén. 50:2, 3, 26.
" escritor, Jue. 5:14.
" fabricante de tiendas, Gén. 4:20; Act. 18:3.
" fabricante de vino, Neh. 13:15; Isa. 63:3.
" fundidor, Jue. 17:4; Jer. 10:9; Job 28:2.
" grabador, Ex. 28:12; Isa. 49:16; 2 Cor. 3:7.
" herrero, Gén. 4:22; 1 Sam. 13:19.
" hilandera, Ex. 35:25; Prov. 31:19.
" jardinero, Jer. 29:5; Juan 20:15.
" labrador, Gén. 4:2; 9:20.
" ladrillero, Gén. 11:3; Ex. 5:7, 8, 18.
" lavador, ó batanero, 2 Rey. 18:17; Mar. 9:3.
" marinero, Ezeq. 27:8, 9; Act. 27.
" metalero, Gén. 4:22; 2 Tim. 4:14.
" panadero, Gén. 40:1; 1 Sam. 8:13.
" perfumador, Exod. 30:25, 35.
" platero, Isa. 40:19; Act. 19:24.
" refinador de metales, 1 Crón. 28:18; Mat. 3:2, 3.
" sastre, Exod. 28:3.
" tallador, Ex. 31:5; 1 Rey. 6:18.
" tejedor, Ex. 35:35; Juan 19:23.
" tintorero, Ex. 25:5.
ARTESA, Exod. 8:3. En la versión de Valera traducido MASA en Exod. 12:34, y SOBRAS en Deut. 28:5, 17.
ARTIFICE (ó acicalador), Tubal-Caín fué el primero, Gén. 4:22.
ARUAD. Véase ARADI.
ARUMA, ó RUMA, Jue. 9:41; 2 Rey. 23:36.
ASA, su buen gobierno, 1 Reyes 15:8.
su oración contra los Etíopes, 2 Crón. 14:11.
su celo, 2 Crón. 15.
guerra con Baasa, 1 Reyes 15:16; 2 Crón. 16.
reñido por Hanani, 2 Crón. 16:7.
oprime al pueblo, 2 Crón. 16:10.
sus enfermedades y su muerte, 2 Crón. 16:12.
ASAEL, su temeridad; muerto por Abner, 2 Sam. 2:18; 3:27; 23:24; 1 Crón. 11:26.
ASAF, levita, arregla el servicio del templo, 1 Crón. 6:39: 16:7; 25:1; 26:1; 2 Crón. 5:12; 20:14; 29:30; 35:55; Ezra 2:41: 3:10; Neh. 7:44; 11:17; 12:35, 46; canciller, 2 Rey. 18:18; Isa. 36:3; vidente, 2 Crón. 29:30; guarda-bosque, Neh. 2:8.
se le atribuyen los Salmos 50, y 73 á 83.
ASALARIADO, falso ministro, Juan 10:12, 13.

ASAR-HADÓN, rey de Siria, 2 Reyes 19:37; Ezra 4:2; Isa. 37:38.

ASCALÓN, tomado, Jue. 1:18; 14:19; 1 Sam. 6:17; 2 Sam. 1:20.
profecías acerca de, Jer. 25:20; 47:5; Amós 1:8; Sof. 2:4; Zac. 9:5.

ASCENEZ, ó ASCENES, hijo de Gomer, Gén. 10:3.
———, reino, Jer. 51:27.

ASCENSIÓN (la) de Cristo, profecías acerca de, Sal. 24:7; 68:18, con Efes. 4:7, 8.
predicha por él mismo, Juan 6:62; 7:33; 14:28; 16:5; 20:17.
cuarenta días después de su resurrección, Act. 1:3.
descrita, Act. 1:9.
desde el Monte de las Olivas, Luc. 24:50; Mar. 11:1; Act. 1:12.
en tanto que bendecía á sus discípulos, Luc. 24:50.
cuando había hecho expiación por el pecado, Heb. 9:12; 10:12.
fué triunfante, Sal. 68:18.
fué para asumir la dignidad y el poder supremos, Luc. 24:26; Efes. 1:20, 21; 1 Ped. 3:22.
como precursor de su pueblo, Heb. 6:20.
para interceder, Rom. 8:34; Heb. 9:21.
para enviar el Espíritu Santo, Juan 16:7; Act. 2:33.
para recibir dones para los hombres, Sal. 68:18, con Efes. 4:8, 11.
para preparar un lugar para su pueblo, Juan 14:2.
su segunda venida semejante á, Act. 1:10, 11.
simbolizada, Lev. 16:15, con Heb. 6:20; 9:7-12.

ASENET, esposa de José, Gén. 41:45.

ASER, hijo de Jacob, Gén. 30:13.
bendecido por Jacob, Gén. 49:20.
por Moisés, Deut. 33:24.
sus descendientes, Núm. 1:40; 26:44; 1 Crón. 7:30.
su herencia, Jos. 19:24; Jue. 5:17. Véase Ezeq. 48:34; Rev. 7:6.

ASESINATO (el):
prohibido, Exod. 20:13, con Rom. 13:9.
por qué fué prohibido por Dios, Gén. 9:6.
explicado por Cristo, Mat. 5:21, 22.
el odio es, I Juan 3:15.
es una de las obras de la carne, Gál. 5:21.
procede del corazón, Mat. 15:19.
CONTAMINA las manos, Isa. 59·3.
el cuerpo y la ropa, Lam. 4:13, 17.
la tierra, Núm. 35:33; Sal. 106:38.
no está oculto ante Dios, Isa. 26:21; Jer. 2:34.
clama venganza, Gén. 4:10.
DIOS abomina, Prov. 6:16, 17.
inquiere el delito de, Sal. 9:12.
vengará, Deut. 32:43; Ose. 1:4.
requiere sangre por, Gén. 9:5; Núm. 35:33; 1 Reyes 2:32.
desoye las oraciones de los que se hacen reos de, Isa. 1:15; 59:2, 3.
maldice á los que son reos de, Gén. 4:11.
la ley tiene por objeto restringir, 1 Tim. 1:9.
LOS SANTOS son particularmente amonestados con respecto á, 1 Ped. 4:15.
lamentan el delito de, Sal. 51:14.
deben amonestar á los demás con respecto á, Gén. 37:22; Jer 26:15.
se junta á la idolatría, Ezeq. 22:3, 4.
LOS MALOS llenos de, Rom. 1:29.
traman, Gén. 27:41; 37:18.
están resueltos á cometer, Jer. 22:17.
asechan para cometer, Sal. 10:8-10.
son ligeros para cometer, Prov. 1:16; Rom. 3:15.

perpetran, Job 24:14; Ezeq. 22:3.
tienen las manos llenas de, Isa. 1:15.
instigan á otros á cometer, Prov. 1:11.
uno de los distintivos del diablo, Juan 8:44.
el castigo de, Gén. 4:12-15; 9:6; Núm. 35:30; Jer. 19:4-9.
la pena relativa á, no era conmutada bajo la ley, Núm. 35:31.
de los santos, era vengado especialmente, Deut. 32:43; Mat. 23:35; Rev. 18:20, 24.
excluye del cielo, Gál. 5:21; Rev. 22:15.
ejemplos de: Caín, Gén. 4:8. Esaú, Gen. 27:41. Los hermanos de José, Gén. 37:20. Faraón, Exod. 1:22. Abimelec, Jue. 9:5. Los hombres de Siquem, Jue. 9:24. Un Amalecita, 2 Sam. 1:16. Recab, &c., 2 Sam. 4:5-7. David, 2 Sam. 12:9. Absalóm, 3 Sam. 13:29. Joab, 1 Reyes 2:31, 32. Baasa, 1 Rey. 15:27. Zambri, 1 Rey. 16:10. Jezabel, 1 Rey. 21:10. Los Ancianos de Jezrael, 1 Reyes 21:13. Achab, 1 Reyes 21:19. Hazael, 2 Reyes 8:12, 15. Adramelec, &c., 2 Reyes 19:37. Manasés, 2 Reyes 21:16. Ismael, Jer. 41:7. Los príncipes de Israel, Ezeq. 11:6. La gente de Galaad, Ose. 6:8. Los Herodes, Mat. 2:16; 14:10; Act. 12:2. Herodías y su hija, Mat. 14:8-11. Los sumos sacerdotes, Mat. 27:1. Judas, Mat. 27:4. Barrabás, Mar. 15:7. Los Judíos, Act. 7:52; 1 Tes. 2:15.

ASIA; ASIA MENOR, Act. 2:9; 6:9; 16:6; 19:10, 27; 20:16; 27:2; 1 Cor. 16:19; 2 Cor. 1:8; 2 Tim. 1:15; 1 Ped. 1:1.

ASIMA, 2 Reyes 17:30.

ASÍNCRITO, discípulo, Rom. 16:14.

ASION-GABER, Núm. 33:35; Deut. 2:8; 1 Rey. 9:26; 22:48; 2 Crón. 8:17; 20:36.

ASIRIA, origen de, Gén. 10:8-11.
denominada "tierra de Nimrod," Miq. 5:6; de Sennaar, Gén. 11:2; de Assur, Ose. 14:4.
idólatra, 2 Reyes 19:37.
REYES DE:
Ful, 2 Reyes 15:19, 20.
Teglat-falasar, 2 Reyes 15:29; 16:9.
Salmanasar, 2 Reyes 17:3-6, 24.
Sennaquerib, 2 Reyes 18:13-32.
su ejército destruido milagrosamente, 2 Reyes 19:35.
la caída de, descrita, Ezeq. 31:3-17.
profecías acerca de, Núm. 24:22; Isa. 8; 10:12-19; 14:24; 30:31; 31:8; Ose. 11:11; Zac. 10:10, 11.
participación de, en las bendiciones del Evangelio, Isa. 19:23-25; Miq. 7:12.

ASNAFAR, un príncipe de Asiria, Ezra 4:10.

ÁSPID, culebra ponzoñosa, Deut. 32:33; Job 20:14, 16.
no se puede encantar, Sal. 58:4, 5.
AL VENENO DEL, PUEDEN COMPARARSE:
el habla de los malos, Sal. 140:3; Rom. 3:13.
los efectos nocivos del vino, Deut. 32:33.
despojado del veneno representa la conversión, Isa. 11:8, 9.

ASNO (el) ó la asna, reprende á Balaam, Núm. 22:28; 2 Ped. 2:16.
usado por Abraham, Gén. 22:3.
perdido por Saúl, 1 Sam. 9:3.
usado en las ceremonias, Jue. 10:3; 12:13; Zac. 9:9.
alusiones á, Gén. 49:14; Job 24:3; Prov. 26:3; Isa. 1:3; 32:20; Jer. 22:19; Luc. 13:15; 14:5.
leyes con respecto á, Exod. 13:13; 23:4; Deut. 22:10.
Cristo monta en un asno (Zac. 9:9) Mat. 21; Juan 12:14, &c.
montés, descripción de, Job 6:5; 24:5; 39:5;

Sal. 104:11; Isa. 32:14; Jer. 2:24; 14:6; Dan. 5:21; Ose. 8:9.

nuevo, ó pollino, Gén. 49:11; Job 11:12.

blanco, Jue. 5:10.

ASOR, ciudad de Canaán, fué quemada, Jos. 11:10; 15:25. Véase Jue. 4:2; 1 Reyes 9:15; 2 Reyes 15:29; Jer. 49:28.

ASOS, ciudad de Misia, Act. 20:13, 14.

ASPENEZ, el jefe de los eunucos que tenía á Daniel á su cargo, Dan. 1:3–10.

ASSUERO, ó ASUERO, rey de Persia, repudia á Vasti, Éster 1.

hace reina á Ester, Est. 2:17.

eleva á Amán, Est. 3.

su decreto contra los Judíos, Est. 3:12.

premia la fidelidad de Mardoquéo, Est. 6.

castiga á Amán, Est. 7:9; 8:9.

promueve á Mardoquéo, Est. 9:4; 10. Véase Ezra 4:6.

ASSUR, Gén. 10:11, 22.

——, descendientes de, Núm. 24:22, 24; Ezra 4:2; Sal. 83:8; Ezeq. 32:22; Ose. 14:3. Véase ASIRIA.

ASTAROT, diosa de Sidón, 2 Reyes 23:13; adorada por los Filistéos, 1 Sam. 31:10; por los Israelitas, Jue. 2:13; 10:6; 1 Sam. 7:3; 12:10; 1 Reyes 11:33; 2 Reyes 23:13.

ASTRÓLOGOS (Caldeos), su incapacidad, Isa. 47:13; Dan. 2; 4:7; 5:7.

ATAD, era de. Véase ABEL-MIZRAIM.

ATALAYADORES, deberes de, 2 Sam. 18:24; 2 Reyes 9:17; Sal. 127:1; Cant. 3:3; 5:7; Isa. 21:5, 11; 52:8; Jer. 6:17; 31:6; Ezeq. 3:17; 33; Hab. 2:1.

malos, descritos, Isa. 56:10.

ATALAYAS, 2 Crón. 20:24; Isa. 21:5.

ATALÍA, ó ATHALÍA, reina, 2 Reyes 8:26; se apodera del reino de Judá y destruye la familia real, 2 Reyes 11:1; 2 Crón. 22:10.

muerta por Joiada, 2 Reyes 11:16; 2 Crón. 22:10.

ATAMBOR, instrumento de música, Dan. 3:5, 7, 10, 15.

ATAVÍO, exhortaciones acerca del, Deut. 22:5; 1 Tim. 2:9; 1 Ped. 3:3.

de las Judías descrito, Isa. 3:16.

ATEISTAS (los), NIEGAN: la existencia de Dios, Job 18:21; Sal. 14:1; 36:1; 53:1; Prov. 30:9.

la providencia de Dios, Job 21:15; 22:13; 34:9 ; Sal. 10:11; 73:11; 78:19; 94:7.

á Dios en sus obras, Exod. 5:2; Job 31:28; Tit. 1:16.

ATENAS, Pablo predica en, Act. 17:15; 1 Tes. 3:1.

los hombres de, descritos, Act. 17:21.

ATRIBULADOS. Véase AFLIGIDOS.

ATTALÍA, puerto, Act. 14:25.

ATENCIÓN:

prescrita, Exod. 23:13; Prov. 4:25–27.

AUGUSTO CÉSAR, Luc. 2:1; Act. 25:21. Véase CÉSAR.

AUXILIO (el) divino : necesario, Juan 15:5 ; 1 Cor. 15:10; 2 Cor. 3:5; Fil. 2:13; 1 Tim. 1:12.

prometido, Sal. 37:4; Isa. 58:9; Jer. 29:12; Mat. 7:11; 21:22; Luc. 11:9; Sant. 1:5; 1 Juan 5:14.

ejemplos de: Eliézer, Gén. 24:12; Anna, 1 Sam. 1: Ezequías, 2 Reyes 19; Manassés, 2 Crón. 33:13–15; Job, Job 42:10; David, Sal. 3:4 ; 118:5; 120:1.

AUXILIOS, 1 Cor. 12:28, con Act. 6:1–6; Rom. 16:1.

AVA, ó HAVA, 2 Reyes 17:24; 18:34; 19:13.

AVARICIA (la):

dimana del corazón, Mar. 7:22, 23.

se apodera del corazón, Ezeq. 33:31; 2 Ped. 2:14.

es idolatría, Efes. 5:5; Col. 3:5.

es raíz de todo mal, 1 Tim. 6:10.

jamás se sacia, Ecl. 5:10; Hab. 2:5.

es vanidad, Sal. 39:6; Ecl. 4:8.

es una INCONSECUENCIA en los santos, Efes. 5:3; Heb. 13:5.

especialmente en los ministros, 1 Tim. 3:3.

CONDUCE Á :

la injusticia y la opresión, Prov. 28:20; Miq. 2:2.

deseos insensatos y dañosos, 1 Tim. 6:9.

el alejamiento de la fé, 1 Tim. 6:10.

la mentira, 2 Reyes 5:22–25.

el asesinato, Prov. 1:18, 19; Ezeq. 22:12.

el hurto, Jos. 7:21.

la pobreza, Prov. 28:22.

la miseria, 1 Tim. 6:10.

desgracias de familia, Prov. 15:27.

es aborrecible á Dios, Sal. 10:3.

es prohibida, Exod. 20:17.

abunda sobremanera, Jer. 6:13; 22:17; Filip. 2:21.

rasgo distintivo de los malos, Rom. 1:29.

rasgo distintivo de los indolentes, Prov. 21:26.

solo los malos la recomiendan. Sal. 10:3.

aborrecida de los santos, Exod. 18:21; Act. 20:33.

los santos deben hacerla morir, Col. 3:5.

males anunciados contra, Isa. 5:8; Hab. 2:9.

castigo de, Job 20:15; Isa. 57:17; Jer. 22:17–19; Miq. 2:2, 3.

excluye del cielo, 1 Cor. 6:10; Efes. 5:5; Jud.11.

guardaos de, Luc. 12:15; Heb. 13:5.

huid de los que practican, 1 Cor. 5:11.

orad contra, Sal. 119:36.

premio de los que aborrecen, Prov. 28:16.

abundará en los postreros tiempos, 2 Tim. 3:2; 2 Ped. 2:1–3.

ejemplos de: Labán, Gén. 31:41. Acán, Jos. 7:21. Los hijos de Elí, 1 Sam. 2:12–14. Los hijos de Samuel, 1 Sam. 8:3. Saúl, 1 Sam. 15:9, 19. Acháb, 1 Reyes 21:2, &c. Giezi, 2 Reyes 5:20–24. Nobles de entre los Judíos, Neh. 5:7; Isa. 1:23. Sacerdotes Judíos, Isa. 56:11; Jer. 6:13. Babilonia, Jer. 51:13. Joven, Mat. 19:32. Judas, Mat. 26:14, 15; Juan 12:6. Los Fariséos, Luc. 16:14. Ananías, &c., Act. 5:1–10. Demetrio, Act. 19:27. Félix, Act. 24:26. Balaam, 2 Ped. 2:5, con Judas 11.

AVEN, ó BICAT-AVEN, Ose. 10:8; Amós 1:5.

AVENTADOR, ó zaranda, Isa. 30:24; Jer. 15:7; Mat. 3:12.

AVENTAR, Rut 3:2; Isa. 30:24.

AVES (las) creadas y preservadas, Gén. 1:20; 7:3; Sal. 148:10; Mat. 6:26; 8:20; Luc. 12:24.

reciben sus nombres, Gén. 2:19.

sujetas al hombre, Gén. 9:2; Sal. 8:8.

instinto de, Job 12:7; 35:11.

canto de, Sal. 104:12; Ecl. 12:4; Cant. 2:12; Isa. 59:11.

moradas de, Sal. 50:11; 102:6, 7; Isa. 14:23; 34:11; 60:8.

nidos de, Deut. 22:6; Núm. 24:21; Sal. 84:3; 104:17; Isa. 34:15; Jer. 48:28; Ezeq. 31:6.

LIMPIAS:

la paloma, Gén. 8:8.

la tórtola, Lev. 14:22; Cant. 2:12.

el palomino, Lev. 1:14; 12:6.

la codorniz, Exod. 16:12, 13; Núm. 11:31, 32.

el gorrión (original), Lev. 14:4; Mat. 10:29–31.

la golondrina, Sal. 84:3; Isa. 38:14.

el gallo y la gallina, Mat. 23:37; 26:34, 74.

la perdiz, 1 Sam. 26:20; Jer. 17:11.

la grulla, Isa. 38:14; Jer. 8:7.

INMUNDAS:
el águila, Lev. 11:13; Job 30:27.
el azor, Lev. 11:13.
el esmerejón, Lev. 11:13.
el buitre, Lev. 11:14; Job 28:7; Isa. 34:15.
el ixión, Deut. 14:13.
el milano, Lev. 11:14.
el cuervo, Lev. 11:15; Job 38:41.
el avestruz, Lev. 11:16; Job 30:29.
el mochuelo, Lev. 11:16.
la garceta, Lev. 11:16.
el gavilán, Lev. 11:16; Job 39:26.
la lechuza, Lev. 11:17.
el halcón, Lev. 11:17.
la gaviota, Lev. 11:17.
el cisne, Lev. 11:18.
el pelícano, Lev. 11:18; Sal. 102:6.
el calamón, Lev. 11:18.
la cigüeña, Lev. 11:19; Sal. 104:17.
el cuervo marino, Lev. 11:19.
la abubilla, Lev. 11:19.
el murciélago, Lev. 11:19; Isa. 2:20.
el erizo, Isa. 14:23; 34:11.
el pavo (real?), 1 Reyes 10:22.
aves usadas en los sacrificios, Gén. 15:9; Lev. 14:4; Luc. 2:24.
mencionadas metafóricamente, Job 41:5; Sal. 11:1; Prov. 1:17; 6:5; 27:8; Ecl. 9:12; 10:20; Isa. 16:2; 46:11; Jer. 12:9; Amós 3:5; Mat. 13:4, 32; Rev. 18:2.
AVESTRUZ, Job 39:13–18; Lam. 4:3.
AVISPA, Deut. 1:44.
empleada por Dios para castigo, Ex. 23:28; Deut. 7:20; Jer. 24:12.
AXA, su súplica, Jos. 15:16; Jue. 1:13.
AYES, PRONUNCIADOS CONTRA la codicia, Isa. 5:8, &c.
la opresión, Isa. 10:1; Sof. 3:1.
los pecadores á escondidas, Isa. 29:15.
los que confiaban en Egipto, Isa. 31:1.
los que contienden con su Hacedor, Isa. 45:9.
la injusticia, Mar. 22:13.
los que reposan en Sión, Amós 6:1.
los que proyectan iniquidad, Miq. 2:1.
el mal pastor, Zac. 11:17.
al traidor de Cristo, Mat. 26:24.
el rico, &c., Luc. 6:24–26.
los maldicientes de lo que no conocen, Judas 11.
los habitantes de la tierra, Rev. 8:13; 9:12; 11:14.
la incredulidad, Mat. 11:21; 23:13; Luc. 10:13; 11:42.
AYO, la ley comparada con un, Gál. 3:24.
AYUDA. Véase AUXILIO.
AYUNO (el):
esencia de, explicada, Isa. 58:6, 7.
no debe hacerse con ostentación, Mat. 6:16–18.
débe ser ante Dios, Zac. 7:5; Mat. 6:18.
para disciplina del alma, Sal. 69:10.
para humillar el espíritu, Sal. 35:13.
á tiempo oportuno, Mat. 9:14; Mar. 2:18; Luc. 5:33.
SE OBSERVABA CUANDO:
sobrevenía algún juicio de Dios, Joel 1:14; 2:12.
calamidades públicas, 2 Sam. 1:12.
tribulaciones á la iglesia, Luc. 5:33, 35.
tribulaciones al prójimo, Sal. 35:13; Dan. 6:18.
tribulaciones al individuo, 2 Sam. 12:16.
se acercaba algún peligro, Est. 4:16.
se ordenaba á algún ministro, Act. 13:3; 14:23.
ACOMPAÑADO DE:
la oración, Ezra 8·23; Dan. 9:5.

la confesión del pecado, 1 Sam. 7:6; Neh. 9:1, 2.
el luto, Joel 2:12.
obras de justicia y de caridad, Isa. 58:6, 7.
humillación, Deut. 9:18; Neh. 9:1.
las promesas, Isa. 58:8–12; Mat. 6:18.
DE LOS HIPÓCRITAS:
descrito, Isa. 58:4, 5.
con ostentación, Mat. 6:16.
se hacía alardede, ante Dios, Luc. 18:12.
desechado, Isa. 58:3; Jer. 14:12.
EXTRAORDINARIO, ejemplos de: Nuestro Señor, Mat. 4:2. Moisés, Exod. 34·28; Deut. 9:9, 18. Elías, 1 Reyes 19:8.
NACIONALES, ejemplos de: Israel, Jue. 20:26; 2 Crón. 20:8; Ezra 8:21; Est. 4:3, 16; Jer. 36:9. La gente de Jabés de Galaad, 1 Sam. 31:13. Los Ninivitas, Jonás 3:5–8.
DE LOS SANTOS, ejemplos de: David. 2 Sam. 12:16; Sal. 109:24. Nehemías, Neh. 1:4. Ester, Est. 4:16. Daniel, Dan. 9:3. Los discípulos de Juan, Mat. 9:14. Ana, Luc. 2:37. Cornelio, Act. 10:30. Los Cristianos primitivos, Act. 13:2. Los apóstoles, 2 Cor. 6:5. Pablo, 2 Cor. 11:27.
DE LOS MALOS, ejemplos de: Los ancianos de Jezrael, 1 Rey. 21:12. Acháb, 1 Rey. 21:27. Los Fariséos, Mar. 2:1; Luc. 18:12.
AZADONES convertidos en espadas, Joel 3:10.
lo contrario, Isa. 2:4; Miq. 4:3.
AZAFRAN, Cant. 4:14.
AZARÍAS (OZÍAS), rey de Judá, su buen gobierno, 2 Reyes 14:21; 2 Crón. 26.
invade el puesto del sacerdote, 2 Crón. 26:16.
se ve atacado de lepra, 2 Reyes 15:5; 2 Crón. 26:20.
——, un profeta, exhorta á Asa, 2 Crón. 15.
——, otros, 1 Crón. 27:25; 2 Crón. 26:17; 31:10; Ezra 7:1; 10:21; Neh. 11:4; Jer. 43:2; Dan. 1:6.
AZAZEL, Lev. 16:8, 10, 26. Véase EXPIACIÓN.
AZECA, ó AZECHA, ciudad de Judá, Jos. 15:35.
cinco reyes son muertos cerca de, Jos. 10:10, 11.
Goliat recibe la muerte cerca de, 1 Sam. 17:1.
fortificada por Roboam, 2 Cró. 11:9.
sitiada por Nabucodonosor, Jer. 34:7.
edificada de nuevo, Neh. 11:30.
AZOR, una especie de águila, Lev. 11:13; Deut. 14:12.
AZOTE, 1 Reyes 12:11; Prov. 26:3; Nah. 3:2.
AZOTES, Luc. 19:29.
limitados, Deut. 25:3; 2 Cor. 11:24.
de Cristo, Mat. 27:26; Luc. 23:16. Véase CASTIGOS.
AZOTO, el arca llevada allí, y los hombres de, heridos, 1 Sam. 5.
subyugada por Ozías, 2 Crón. 26:6.
profecías acerca de, Jer. 25:20; Amós 1:8; Sof. 2:4; Zac. 9:6. Véase también Act. 8:4.
AZUFRE y fuego, Sodoma destruida á, Gén. 19:24; Deut. 29:23.
emblema del tormento, Isa. 30:33; Rev. 9:17; 14:10; 19:20; 21:8.

B.

BAAL (ó BAHAL), le rinden culto, Núm. 22:41; Jue. 2:13; 8:33; 1 Reyes 16:32; 18:26; 2 Rey. 17:16; 19:18; 21:3; Jer. 2:8; 7:9; 12:16; 19:5; 23:13; Ose. 2:8; 13:1, &c.
su altar es arrasado y sus sacerdotes son muertos por Gedeón, Jue. 6:25; por Elías, 1 Reyes 18:40; por Jehú, 2 Reyes 10:18; por Joiada, 2 Reyes 11:18; por Josías, 2 Reyes 23:4; 2 Crón. 34:4.

BAALAT, 1 Reyes 9:18; 2 Crón. 8:6.
BAAL-BERIT. Véase Ídolos.
BAAL-GAD, Jos. 11:17.
BAAL-HAMÓN, Cant. 8:11.
BAAL-HASOR, 2 Sam. 13:23.
BAAL-HERMÓN, Jue. 3:3; 1 Crón. 5:23. Se supone que es lo mismo que Baal-Gad.
BAALIS, rey de los Ammonitas, Jer. 40:14; 41:10.
BAAL-MEÓN, ó Bet-Meon, Núm. 32:28; Josué 13:17; Jer. 48:23; Ezeq. 25:9.
BAAL-PEHOR, el pecado de Israel relativamente á, Núm. 25; Deut. 4:3; Sal. 106:23; Ose. 9:10.
BAAL-PERAZIM, la victoria de David en, 2 Sam. 5:20.
BAAL-SALISA, 2 Reyes 4:42.
BAAL-TAMAR, Jue. 20:33.
BAAL-ZEBUB, Ocozías reconvenido por acudir á, 2 Reyes 1:2.
BAAL-ZEFÓN, Exod. 14:2; Núm. 33:7.
BAANA y Recab, David los hace matar por haber dado muerte á Isboset, 2 Sam. 4.
BAASA, rey de Israel, asuela la casa de Jeroboam, 1 Reyes 15:16, 27.
la profecía de Jehú contra, 1 Reyes 16:1.
BABEL, Nimrod rey de, Gén. 10:10.
torre de y confusión de lenguas en, Gén. 11.
BABILONIA, ó Babylonia, ciudad de, edificada por Nimrod, Gén. 10:10.
agrandada por Nabucodonosor, Dan. 4:30.
fortificada, Isa. 45:1, 2; Jer. 51:58.
esplendor de, Isa. 14:4.
embajadores de, van á ver á Ezequías, 2 Reyes 20:12; 2 Crón. 32:31; Isa. 39.
los Judíos llevados cautivos á, 2 Reyes 25; 2 Crón. 36; Jer. 39:52.
su dolor en, Sal. 137:1–6.
su regreso de, Ezra 1, &c.; Neh. 2, &c.
tomada por los Medos, Dan. 5:30.
su caída, Isa. 13:14; 21:2; 47; 48; Jer. 25:12; 50; 51.
se predice la predicación del Evangelio en, Sal. 87:4.
la iglesia de, 1 Ped. 5:13.
———, la Grande ; predicciones contra, Rev. 14:8; 16:19; 17; 18.
BABILONIA, ó Caldea. nación:
división y límites de, 2 Reyes 17:24; Isa. 23:12, 13; Dan. 3:1; Act. 7:4.
poder de, Isa. 47:5; Jer. 5:15.
riqueza de, Jer. 51:13.
comercio de, Jos. 7:21; Isa. 43:14; Ezeq. 17:4.
ciudades de, Gén. 10:10.
en el campo de Dura, Dan. 3:1.
ríos de. Véase Ahava, Euphrates, Cobar.
ídolos de. Véase Bel, Merodac, Nebo, Soc- cot-benot.
representada con una grande águila, Ezeq. 17:3; con una cabeza de oro, Dan. 2:32, 37, 38; con un león con alas de águila, Dan. 7:4.
BAGÁJE, Jue. 18:21; 1 Sam. 17:22.
BAGATÁN y Tarés, su conspiración descubierta por Mardoquéo, Est. 2:21.
BAHURIM, 2 Sam. 3:16; 16:5; 17:18.
BAILE. Véase Danza.
BALA, la sierva de Raquel, dada por ésta por esposa á Jacob, Gén. 29:29; 30:3, 4; 37:2.
los hijos de Jacob y de, Gén. 30:5.
el pecado de Rubén y su castigo, Gén. 35:22; 49:4.
BALAAM, Balac le ruega que maldiga á Israel, pero Dios se lo prohibe, Núm. 22:13.
bendice á Israel, Núm. 23:19; 24:1.
su profecía, Núm. 23:7, 18; 24.

da un consejo malo, Núm. 31:16; Deut. 23:4.
Véase Jos. 24:9; Jue. 11:25; Miq. 6:5; 2 Ped. 2:15; Judas 11; Rev. 2:14.
es muerto, Núm. 31:8.
BALAC, rey de Moab. Véase Balaam.
BALANZAS y pesas deben ser justas, Lev. 19:35, 36; Prov. 16:11.
las falsas desaprobadas, Prov. 11:1; Ose. 12:7; Amós 8:5; Miq. 6:11.
en sentido figurado, Dan. 5:27; Isa. 40:12; Job 31:6; Sal. 62:9; Rev. 6:5.
BALDAD, las réplicas de, á Job, Job 8; 18; 25.
su sacrificio, Job 42:9. Véase Gén. 25:2.
BALLENA (ó pez grande), mencionada, Gén. 1:21; Job 7:12; Ezeq. 32:2.
Jonás es tragado por una, Jon. 1:17; Mat. 12:40.
BÁLSAMO de Galaad, Gén. 37:25; 43:11; Jer. 51:8; Ezeq. 27:17.
en sentido figurado, Jer. 8:22; 46:11.
BALUARTES, Deut. 20:20.
BANAÍAS, hazañas de, 2 Sam. 23:20; 1 Crón. 11:22; 27:5.
instala de rey á Salomón, 1 Reyes 1:32.
mata á Adonías, Joab y Semei, 1 Reyes 2:29–46; 4:4.
———, Levita, 1 Crón. 15:18; 16:6; 2 Crón. 2:14; 31:13.
BANCO de Marfil, Ezeq. 27:6. Véase Trono, Cama.
BANDERA, mencionada en sentido figurado, Exod. 17:15; Sal. 60:4; Cant. 2:4; 6:4; Isa. 13:2; Sal. 20:5. Véase Estandarte.
BAÑO. Véase Ablución, Purificación, &c.
BANQUETE real, Est. 5:7; Dan. 5. Véase Con- vites.
BARAC, libra á Israel de Sísera, Jue. 4:5; Heb. 11:32.
BARAQUÍAS, 1 Crón. 6:39; 9:16; 2 Crón. 28:12; Neh. 3:4, 30; Zac. 1:7.
BARBA (la), leyes sobre, Lev. 19:27; 21:5.
los Judíos la usaban larga, 1 Sam. 21:13; 2 Sam. 20:9; Sal. 133:2; Ezra 5:1.
era deshonroso el raparla, 2 Sam. 10:4, 5.
rapada por los Egipcios, Gen. 41:14.
en tiempo de duelo:
se la descuidaban y se la dejaban sin cortar 2 Sam. 19:24.
se la trasquilaban, Jer. 48:37.
se la rafan, Jer. 41:5.
se la arrancaban, Ezra 9:3.
el rapar, simboliza juicios severos, Isa. 7:20; 15:2; Ezeq. 5:1.
BÁRBAROS, (extranjeros), Rom. 1:14; 1 Cor. 14:11.
Pablo fué tratado con bondad por unos, Act. 28.
BARBECHO, ó arada, Jer. 4:3; Ose. 10:12.
BARBERO. Véase Artes.
BARCA de paso, 2 Sam. 19:18. Véase Navío.
BAR-JESUS (Elimas), herido de ceguedad, Act. 13:6.
BARNABÁS, ó Bernabé, vende todos sus bienes, Act. 4:36.
predica en Antioquía, Act. 11:22.
acompaña á Pablo, Act. 11:30; 12:25; 13:14; 15; 1 Cor. 9:6.
su altercado con Pablo, Act. 15:36.
su error, Gál. 2:13.
BARRA, mencionada, 2 Sam. 13:17, 18.
de hierro, Isa. 45:2.
de madera, Nah. 3:13.
BARRABÁS, un ladrón, libertado en lugar de Jesús, Mat. 27:16; Mar. 15:6; Luc. 23:18; Juan 18:40.
BARRO. Véase Lodo.

BARSABÁS, nombrado con Matías, Act. 1:23.
——, enviado con cartas, Act. 15:22.
BARTIMÉO, su ceguedad curada, Mat. 20:29;
Mar. 10:46; Luc. 18:35.
BARTOLOMÉ el apóstol, Mat. 10:3; Mar. 3:18;
Luc. 6:14; Act. 1:13.
BARUC, escribe la profecía de Jeremías, Jer.
32:13; 36.
llevado á Egipto, Jer. 43:6.
consolado, Jer. 45.
BASÁN, conquistado, Núm. 21:33; Deut. 3:1;
Sal. 68:15, 22; 135:10; 136:20.
ganado de, Deut. 32:14; Sal. 22:12; Ezeq. 39:18;
Amós 4:1.
alcornoques de, Is. 2:13; Ezeq. 27:6; Zac. 11:2.
alusiones á, Isa. 33:9; Jer. 22:20; 50:19; Miq.
7:14; Nah. 1:4.
BASAS, Exod. 26:19, 25, 37; 27:10, 12.
BASILISCO, Prov. 23:32; Isa. 11:8; 14:29; 59:5;
Jer. 8:17.
BASTARDOS (los), no habían de entrar en la
congregación, Deut. 23:2. Véase Heb. 12:8.
BATALLA, leyes acerca de la, Deut. 20.
exenciones de la, Deut. 20:5-7.
descripciones de varias batallas, Gén. 14; Ex.
17; Núm. 31; Jos. 8:10; Jue. 4; 7; 8; 11; 20;
1 Sam. 4; 11; 14; 17; 31; 2 Sam. 2; 10; 18;
21:15; 1 Reyes 20; 22; 2 Reyes 3; 1 Crón. 18-
20; 2 Crón. 13; 14:9; 20; 25.
——, del grande día de Dios, Rev. 16:14.
BATANERO, ó lavador. Véase ARTES.
BATO, una medida, 1 Reyes 7:26; 2 Crón. 2:10;
Ezra 7:22; Isa. 5:10, &c.
BATUEL, sobrino de Abraham, Gén. 22:22.
padre de Rebeca, Gén. 25:20.
abuelo de Lea y de Raquel, Gén. 28:2.
——, un pueblo, Jos. 19:4; 1 Crón. 4:30.
BAUTISMO (el) según fué administrado por
Juan, Mat. 3:5-12; Juan 3:23; Act. 13:24; 19:4.
Cristo lo sanciona con su ejemplo, Mat. 3:13-15;
Luc. 3:21.
adoptado por Cristo, Juan 3:22; 4:1, 2.
instituido como rito de la iglesia Cristiana, Mat.
28:19, 20; Mar. 16:15, 16.
debe administrarse en el nombre del Padre,
del Hijo y del Espíritu Santo, Mat. 28:19.
el agua es el signo externo y visible en, Act.
8:36; 10:47.
la regeneración es un bautismo interno, Juan
3:3, 5, 6; Rom. 6:3, 4, 11.
la remisión de pecados significada por, Act.
2:38; 22:16.
la unión de la iglesia efectuada por medio de,
1 Cor. 12:13; Gál. 3:27, 28.
la confesión de los pecados precede á, Mat. 3:6.
el arrepentimiento debe preceder á, Act. 2:38.
la fé es necesaria para, Act. 8:37; 18:8.
no hay sino uno, Efes. 4:5.
SE HA ADMINISTRADO á los individuos, Act.
8:38; 9:18.
á las familias, Act. 16:15; 1 Cor. 1:16.
emblema del influjo del Espíritu Santo, Mat.
3:11; Tit. 3:5.
simbolizado, 1 Cor. 10:2; 1 Ped. 3:20, 21.
BAUTISMO (el) del Espíritu Santo:
predicho, Ezeq. 36:25.
es por medio de Cristo, Tit. 3:5, 6.
Cristo lo administró, Mat. 3:11; Juan 1:33.
prometido á los santos, Act. 1:5; 2:38, 39; 11:16.
todos los santos participan de, 1 Cor. 12:13.
necesidad de, Juan 3:5; Act. 19:2-6.
renueva y limpia el alma, Tit. 3:5; 1 Ped.
3:20, 21.
la palabra de Dios sirve de instrumento para,
Act. 10:44; Efes. 5:26.

simbolizado, Act. 2:1-4.
BDELIO, Gén. 2:12.
BEBIDA fuerte ó embriagante, prohibida, Lev.
10:9; Núm. 6:3; Jue. 13:4; Luc. 1:15.
á quienes se debe dar, Prov. 31:6.
BECERRA empleada en los sacrificios, &c., Gén.
15:9; Núm. 19:2; Deut. 21:3; Heb. 9:13.
BECERRO, de oro, la transgresión de Aarón en
hacerlo, Exod. 32; Act. 7:40.
becerros hechos por Jeroboam, 1 Reyes 12:28;
Ose. 8:5.
para el sacrificio, Lev. 9:2; Núm. 18:17; Miq.
6:6; Heb. 9:12, 19.
comidos, Gén. 18:7; 1 Sam. 28:24; Amós 6:4;
Luc. 15:23.
en sentido figurado, Isa. 11:6; Ezeq. 1:7; Ose.
14:2; Mala. 4:2; Rev. 4:7.
BEELZEBUB, príncipe de los demonios, Mat.
10:25.
los milagros de Cristo atribuidos al poder de,
Mat. 9:34; 12:24; Mar. 3:22; Luc. 11:15.
BEER (un pozo), Núm. 21:16-18.
——, un pueblo de Judá, Jue. 9:21.
BEER-SEBA, Abraham habita allí, Gén. 21:31;
22:19; 28:10.
Agar fué socorrida allí, Gén. 21:14.
Jacob fué consolado allí, Gén. 46:1.
los hijos de Samuel fueron jueces en, 1 Sam.
8:2.
culto idólatra en, Amós 5:5.
Elías huye á, 1 Reyes 19:3.
BEHEMOT, descripción de, Job 40:15.
BEL, un ídolo, Isa. 46:1; Jer. 50:2.
BELÉN. Véase BET-LEHEM.
BELIAL, hijos de, denominación dada á los
hombres malos, Jue. 19:22, &c.
uno de los nombres de Satanás, 2 Cor. 6:15.
BELLEZA, vanidad de la, Prov. 6:25; 31:30;
Isa. 3:24; Ezeq. 16:14; 28:17.
ejemplos de: Sara, Gén. 12:11; Rebeca, Gén.
24:16; Raquel, Gén. 29:17; José, Gén. 39:6;
Moisés, Exod. 2:2; Heb. 11:23; David, 1 Sam.
16:12, 18; Bersabée, 2 Sam. 11:2; Tamar,
2 Sam. 13: 1; Absalóm, 2 Sam. 14:25; Abisag,
1 Reyes 1:4; Vasti, Est. 1:11; Ester, Est. 2:7.
pasa, Sal. 39:11; 49:14.
——, espiritual, 1 Crón. 16:29; Sal. 27:4; 29:2;
45:11; 90:17; 110:3; Isa. 52:7; Ezeq. 16:14;
Zac. 9:17.
BELLOS—PUERTOS, ó Buenos-puertos, puerto
de Creta, Act. 27:8.
BEN-ADAD, rey de Siria, su alianza con Asa,
1 Reyes 15:18.
guerra con Achab, 1 Reyes 20.
desconcertado por Eliseo, 2 Reyes 6:8.
sitia á Samaria, 2 Reyes 6:24; 7.
muerto por Hazael, 2 Reyes 8:7.
——, hijo de Hazael, guerra con Israel, 2 Rey
13:3, 24. Véase Jer. 49:27; Amós 1:4.
BENDICIÓN, pronunciada por:
Melquisedec, Heb. 7:1-7.
Isaac, Gén. 27:23-29; 28:1-4.
Jacob, Gén. 47:7-10; 48:15-22; 49.
Moisés, Núm. 10:35. 36; Deut. 33.
Aarón, Lev. 9:22, 23; Núm. 6:23-27.
Balaam, Núm. 23 y 24; Jos. 24:10.
Josué, Jos. 14:13; 22:6, 7.
Elí, 1 Sam. 2:20.
David, 2 Sam. 6:18, 20; 13:25; 19:39.
Salomón, 1 Reyes 8:14, 55; 2 Crón. 6:3.
Simeón, Luc. 2:34.
viajeros, Sal. 129:8.
sacerdotes y Levitas, Deut. 10:8; 21:5.
la de Isaac obtenida por Jacob, Gén. 27:27.
dada por Jacob á sus hijos, Gén. 48:15; 49.

la de las doce tribus, por Moisés, Deut. 33.
y maldición ante Israel, Deut. 11:26.
la fórmula de la del pueblo, Núm. 6:22.
al trasladar el arca, Núm. 10:35.
en el nombre de Dios, 2 Sam. 6:18; Sal. 134:3; Rom. 15:33; Heb. 13:20.
en el nombre de la Trinidad, 2 Cor. 13:14.
en· el nombre de Dios y de Cristo, 1 Cor. 1:3; Efes. 6:23; 2 Ped. 1:2.
en el nombre de Cristo, Rom. 16:24; 2 Tim. 4:22; Rev. 22:21.
BENDICIONES temporales (no espirituales), pedidas á Dios, ejemplos: Abraham, Gén. 15:2-4. El criado de Abraham, Gén. 24:12. Laban, Gén. 24:60. Isaac, Gén. 25:21. Anna, 1 Sam. 1:11. Elías, 1 Reyes 17:20, 21; 18:42, 44. Ezra, Ezra 8:21-23. Nehemías, Neh. 1:11; 2:4; 6:9.
BENDITOS. Véase BIENAVENTURADOS.
BENEVOLENCIA. Véase LIBERALIDAD, AMOR, POBRES.
BENJAMÍN (Benoni), hijo de Jacob, Gén. 35:16.
enviado á Egipto, Gén. 43:13.
la treta de José para detenerlo, Gén. 44.
la profecía de Jacob con respecto á, Gén. 49:27.
SUS DESCENDIENTES, Gén. 46:21; 1 Crón. 7:6.
contados dos veces, Núm. 1:36; 26:38.
bendecidos por Moisés, Deut. 33:12.
su herencia, Jos. 18:11.
su maldad castigada, Jue. 20; 21.
el primer rey elegido de entre, 1 Sam. 9:10.
apoyan la casa de Saúl, 2 Sam. 2.
después se pasan á la de David, 1 Rey. 12:21; 1 Crón. 11.
la tribu de Pablo, Filip. 3:5. Véase Sal. 68:27; Ezeq. 48:32; Rev. 7:8.
BERACA (bendición), por qué se le dió este nombre, 2 Crón. 20:26.
BEREA, Pablo predica en, Act. 17:10.
los de Berea encomiados, Act. 17:11.
BERMEJO. Véase CABALLO, DRAGON, MAR, VACA.
BERNICE, Act. 25:13, 23.
BERODAC-BALADÁN, 2 Reyes 20:12.
BEROT, Jos. 9:17; 18:25; 2 Sam. 4:2; Ezra 2:25.
BERSABÉE, el pecado que cometió con David, 2 Sam. 11; 12.
su súplica á favor de Salomón, 1 Reyes 1:15; á favor de Adonías, 1 Reyes 2:19.
BERZELLAI, su bondad para con David, 2 Sam. 17:27.
la gratitud de David para con él, 2 Sam. 19:31; 1 Reyes 2:7.
BESELEL, nombrado é inspirado para construir el tabernáculo, Exod. 31:2; 35:30.
su obra, Exod. 36-38.
BESO. Véase ÓSCULO.
BESTIALIDAD, prohibida, Lev. 18:23.
castigo de. Exod. 22:19; Lev. 20:15.
BESTIAS (las) del campo, creadas, Gén. 1:24.
se les ponen los nombres, Gén. 2:20.
naturaleza y facultades de, Sal. 32:9; 49:12; 73:22; Ecl. 3:19; Isa. 1:3; Sant. 3:7; 2 Ped. 2:12; Judas 10.
efectos de la caída en, Ose. 4:3; Joel 1:18, 20; Ag. 1:11.
sujetas al hombre, Gén. 1:26, 28; 9:2; Sal. 8:7.
dadas para alimento del hombre, Gén. 9:3.
preservadas, Gén. 7:2; Sal. 36:3; 104:20; 147:9.
limpias é inmundas, Lev. 11; Deut. 14:4; Act. 10:12.
LIMPIAS:
el buey, Exod. 21:28, con Deut. 14:9.
el buey salvaje, Deut. 14:5.

la oveja ó el cordero, Deut. 7:13, con Deut. 14:4.
el cabrito. Deut. 14:4.
el ciervo, Deut. 14:5.
el corzo, Deut. 14:5, con 2 Sam, 2:18.
la cabra montés, Deut. 14:5; Job 39:1.
el capriciervo, Deut. 14:5.
el búfalo, Deut. 14:5.
el unicornio, Deut. 14:5.
INMUNDAS:
el camello, Gén. 24:64, con Lev. 11:4.
el caballo, 1 Rey.4:28; Est. 8:10; Job 39:19-25.
el asno, Gén. 22:3; Mat. 21:2.
el asno montés, Job 6:5; 39:5-8.
el mulo, 2 Sam. 13:29; 1 Reyes 10:25.
el león, Jue. 14:5, 6.
el tigre, Cant. 4:8.
el oso, 2 Sam. 17:8.
el lobo, Gén. 49:27; Juan 10:12.
el behemot, Job 40:15.
el simio (mono), 1 Reyes 10:22.
la zorra, Sal. 63:10; Cant. 2:15.
el perro, Exod. 22:31; Luc. 16:2.
el puerco, cerdo, ó marrano, Lev. 11:7; Isa. 66:17.
la liebre, Lev. 11:6; Deut. 14:7.
el conejo, Lev. 11:5; Sal. 104:18.
el ratón, Lev. 11:29; Isa. 66:17.
el topo, Lev. 11:30; Isa. 2:20.
la comadreja, Lev. 11:29.
el tejón, Exod. 25:5; Ezeq. 16:10.
leyes con respecto á, Gén. 9:4; Exod. 13:12; 20:10; 22; 23:4; Lev. 17:15; 27:9; Deut. 5:14; 25:4; Prov. 12:10.
la visión de Daniel de cuatro, Dan. 7.
la visión de Juan, Rev. 4:7; 13, &c.
Pablo peleó con, 1 Cor. 15:32.
en sentido figurado, Sal. 49:20; Dan. 4:12, 21.
BETÁBARA, Juan 1:28.
BETANIA, visitada por Jesús, Mat. 21:17; 26:6; Mar. 11:1; Luc. 19:29; Juan 12:1.
Lázaro fué resucitado en, Juan 11:18.
Cristo ascendió desde, Luc. 24:50.
BET-ARBEL, Ose. 10:14.
BET-AVEN, Jos. 7:2; 18:12; 1 Sam. 13:5; 14:22; Ose. 4:15; 5:8; 10:5.
BET-EL (la casa de Dios), el altar de Abraham en, Gén. 12:8; 13:3, 4.
la visión de Jacob en, Gén. 28:19; 31:13.
éste construye un altar en, Gén. 35:1.
tomado por la tribu de José, Jue. 1:22.
Samuel juzga allí á turno, 1 Sam. 7:16.
unas osas despedazan á unos niños en, 2 Reyes 2:23, 24.
Jeroboam establece la idolatría en, 1 Reyes 12:28; 13:1.
purificado por Josías, 2 Reyes 23:15.
unos profetas habitan en, 2 Reyes 2:3; 17:28. Véase Jer. 48:13; Ose. 10:15; 12:4; Amós 3:14; 4:4; 5:5; 7:10.
BETER, Cant. 2:17; 8:14.
BETESDA, estanque de, milagros obrados en, Juan 5:2.
BETFAGE, Mat. 21:1; Mar. 11:1; Luc. 19:29.
BET-HACAREM, Jer. 6:1.
BET-LEHEM (ó BELÉN), el regreso de Noemí á, Rut 1:19.
David ungido en, 1 Sam. 16:13; 20:6.
pozo de, mencionado, 2 Sam. 23:15; 1 Crón. 11:17.
Jesús nacido en (Miq. 5:2; Sal. 132:5, 6), Mat. 2:1; Luc. 2:4; Juan 7:42.
los niños de, son muertos, Mat. 2:16.
BET-ORÓN, Josué 10:10.

BET-PEHOR, Deut. 3:29; 4:46; 34:6; Jos. 13:20.
BETSAIDA, de Galilea, Felipe, Pedro y Andrés viven en, Juan 1:44; 12:21.
un ciego curado en, Mar. 8:22.
reprobada á causa de su incredulidad, Mat. 11:21; Luc. 10:13.
Cristo da de comer á los cinco mil en, Luc. 9:10–17.
BETSAN, Jos. 17:11; Jue. 1:27; 1 Reyes 4:12; 1 Crón. 7:29; 1 Sam. 31:10, 12; 2 Sam. 21:12.
BET-SEMES, ó BET-SAMES, nombre de varios pueblos, Jos. 15:10; 19:22, 38; 21:16; Jue. 1:33; 2 Crón. 28:18.
los hombres de, castigados por una profanación, 1 Sam. 6:19.
gran batalla en, 2 Reyes 14:11.
——, On ó Heliópoli, Jer. 43:13.
BETUMEN ó BETÚN, (asfalto), empleado en la construcción del arca de Noé, Gén. 6:14.
empleado en la torre de Babel, Gén. 11:3.
la arquilla de Moisés calafeteada con, Ex. 2:3.
Véase Isa. 34:9.
el valle de Siddim estaba lleno de, Gén. 14:10.
BEULAH (casada), Isa. 62:4.
BEZEC, Jue. 1:4; 1 Sam. 11:8.
BIBLIA (la). Véase PALABRA DE DIOS.
BIENAVENTURADOS:
aquellos á quienes Dios elige, Sal. 65:4; Efes. 1:3, 4.
á quienes Dios llama, Isa. 5:12; Rev. 19:9.
los que conocen á Cristo, Mat. 16:16, 17.
los que conocen el Evangelio, Sal. 89:15.
los que no son escandalizados en Cristo, Mat. 11:6.
los que creen, Luc. 1:45; Gál. 3:9.
aquellos á quienes sus pecados son perdonados, Sal. 32:1, 5; Rom. 4:7.
aquellos á quienes Dios imputa justicia sin obras, Rom. 4:6–9.
á quienes Dios castiga, Job 5:17; Sal. 94:12.
los que sufren por Cristo, Luc. 6:22.
aquellos para quienes el Señor es su Dios, Sal. 144:15.
los que confían en Dios, Sal. 2:12; 34:8; 40:4; 84:12; Jer. 17:7.
los que le temen á Dios, Sal. 112:1; 128:1, 4.
los que oyen la palabra de Dios y la cumplen, Sal. 119:2; Sant. 1:25; Mat. 13:16; Luc. 11:28; Rev. 1:3; 22:7.
los que se deleitan en los mandamientos de Dios, Sal. 112:1.
los que guardan los mandamientos de Dios, Rev. 22:14.
los que esperan á Dios, Isa. 30:18.
aquellos cuya fuerza es en el Señor, Sal. 84:5.
los que tienen hambre de justicia, Mat. 5:6.
los que frecuentan la casa de Dios, Sal. 65:4; 84:4.
los que esquivan á los malos, Sal. 1:1.
los que sufren tentación, Sant. 1:12.
los que velan contra el pecado, Rev. 16:15.
los que reprenden á los pecadores, Prov. 24:25.
los que velan hasta la venida del Señor, Luc. 12:37.
los que mueren en el Señor, Rev. 14:13.
los que tienen parte en la primera resurrección, Rev. 20:6.
los que favorecen á los santos, Gén. 12:3; Rut 2:19.
los que están sin mancilla, Sal. 119:1.
los de limpio corazón, Mat. 5:8.
los justos, 106:3; Prov. 10:6.
los hijos de los justos, Prov. 20:7.
los rectos, Sal. 5:12.
la generación de los rectos, Sal. 112:2.

los fieles, Prov. 28:20.
los pobres de espíritu, Mat. 5:3.
los mansos, Mat. 5:5.
los misericordiosos, Mat. 5:7.
los caritativos, Deut. 15:10; Sal. 41:1; Prov. 22:9; Luc. 14:13, 14.
los pacificadores, Mat. 5:9.
los tristes, Mat. 5:4; Luc. 6:21.
los santos el dia del juicio, Mat. 25:34.
los que comieren pan en el reino de Dios, Luc. 14:15; Rev. 19:9.
Véase FELIZ.
BITINIA, Act. 16:7; 1 Ped. 1:1.
BLANCA. Gr. ASSARION, centavo y medio, la décima parte de un denario Romano, que vale como quince centavos, Mat. 10:29; Luc. 12:6.
——, Gr. CODRANTES, ó cornado, la cuarta de un assarión, Mat. 5:26; Mar. 12:42.
——, Gr. LEPTON, la moneda más pequeña de los Judíos, igual á medio cuadrante (Gr. KODRANTES), ó á dos milésimos, la de la viuda, Mat. 12:42; Luc. 21:2.
BLANCO-A, vestidura de los ángeles, Mat. 28:3; Mar. 16:5.
de Cristo en la transfiguración, Mat. 17:2; Mar. 9:3; Luc. 9:29.
de los redimidos, Rev. 3:5; 4:4; 7:9; 19:8, 14.
nube, Rev. 14:14.
caballo, Rev. 6:2; 19:11.
trono, Rev. 20:11.
BLASFEMIA, Cristo atacado con, Mat. 10:25; Luc. 22:64, 65; 1 Ped. 4:14.
acusan á Cristo de, Mat. 9:2, 3; 26:64, 65; Juan 10:33, 36.
acusan á los santos de, Act. 6 11, 13; 7:54.
dimana del corazón, Mat 15:19.
prohibida, Exod. 20:7; Col 3 8.
los malos aficionados á la, Sal. 74:18; Isa. 52:5; Rev. 16:11, 21.
considérase la idolatría como una especie de, Isa. 65:7; Ezeq. 20:27, 28.
la hipocresía una especie de, Rev. 2:9.
á los santos les causa pesar oir, Sal. 44:15, 16; 74:10, 18, 22.
no déis ocasión á que alguno profiera, 2 Sam. 12:14; 1 Tim. 6:1.
contra el Espíritu Santo, Mar. 3:28; Luc. 12:10; 1 Juan 5:16.
imperdonable, Mat. 12:31, 32.
unida á la insensatez y el orgullo, 2 Reyes 19:22; Sal. 74:18.
castigo de la, Lev. 24:16; Isa. 65:7; Ezeq. 20:27–33; 35:11, 12.
señal de los postreros días, 2 Tim. 3:2; Rev. 17:3.
ejemplos de: un Israelita, Lev. 24:11–16. Semei, 2 Sam. 16:5. Giezi, 2 Rey. 5:20. Joram, 2 Reyes 6:31. Rabsaces, 2 Reyes 18:22; 19. La esposa de Job, Job 2:9. Pedro, Mat. 26:72, 74; Mar. 14:71. Los Judíos y los soldados de Herodes, Mat. 27:26, 29–44; Mar. 3:30; Luc. 22:64, 65; 23:35–39. Los cortesanos de Herodes, Act. 12:22, 23. Los Judíos, Act. 13:45; 18:6; 26:11; Rev. 2:9. Saúlo de Tarso, 1 Tim. 1:13. Himeneo y Alejandro, 1 Tim. 1:20.
BLASTO, camarero de Herodes, Act. 12:20.
BOANERGES (hijos de trueno) Santiago y Juan fueron llamados así, Mar. 3:17.
BOCA (la) de los tontos, descrita, Prov. 10:14; 14:3; 15:2; 18:7; 26:7.
de los justos, &c., Sal. 37:30; Prov. 10:31; Ecl. 10:12.
de los malos, Sal. 32:9; 63:11; 107:42; 109:2;

144:8; Prov. 4:24; 5:3; 6:12; 19:28; Rom. 3:14; Rev. 16:5.

de los párvulos, Sal. 8:2; Mat. 21:16.

de Dios, Deut. 8:3; Mat. 4:4, &c.

BOCADO, Gén. 18:5; Jue. 19:5; Rut 2:14; Job 31:17; Prov. 17:1; 23:8; Heb. 12:16.

BOCINA, 1 Crón. 15:28; Sal. 98:6; Dan. 3:5; Ose. 5:8.

BODAS, parábola de las, Mat. 22. Véase Luc. 12:36; 14:8.

BOEN, piedra de, Jos. 15:6; 18:17.

BOLSA, ó talega, para el dinero, Prov. 1:14; 7:20; Isa. 46:6; Luc. 10:4; 12:33; 32:35, 36.

cuando estaba sellada, contenía una suma fija, 2 Reyes 5:23; 12:10, con Job 14:17.

usada para guardar pesas, Deut. 25:13; Prov. 16:11; Miq. 6:11.

llamada saco en 1 Sam. 17:40; y alforja en Mat. 10:10.

era en algunos casos un doblez del cinturón, Mat. 10:9; Mar. 6:8.

BONDAD, exhortaciones á la práctica de la, Rut 2; 3; Prov. 19:22; 31:26; Rom. 12:10; 1 Cor. 13:4 ; 2 Cor. 6:6; Efes. 4:32; Col. 3:12; 2 Ped. 1:7. Véase CARIDAD.

—— (la) de Dios:

es uno de sus atributos, Sal. 25:8; Nah. 1:7; Mat. 19:17.

es por medio de Cristo. Efes. 2:7; Tit. 3:4–6.

LAS ESCRITURAS ENSEÑAN QUE ES:

grande, Neh. 9:35; Zac. 9:17.

abundante, Ex. 34:6; Sal. 33:5.

satisfacedora, Sal. 65:4; Jer. 31:12, 14.

durable, Sal. 23:6; 52:1.

universal, Sal. 145:9; Mat. 5:45.

MANIFESTADA á su iglesia, Sal. 31:19; Lam. 3:25.

en bien hacer, Sal. 119:68; 145:9.

en suplir nuestras necesidades, Act. 14:17.

en proveer de lo necesario á los pobres, Sal. 68:10.

en perdonar los pecados, 2 Crón. 30:18 ; Sal. 86:5.

conduce al arrepentimiento. Rom. 2:4.

reconoced, en sus actos, Ezra 8:18; Neh. 2:18.

orad por la manifestación de, 2 Tes. 1:11.

no despreciéis, Rom. 2:4.

venerad, Jer. 33:9; Ose. 3:5.

ensalzad, Sal. 107:5; Jer. 33:11.

encareced á otros que confíen en, Sal. 34:8.

los malos desacatan, Neh. 9:35.

BONETES, Ezeq. 24:23.

BOQUIM, el pueblo reconvenido en, Jue. 2.

BOOZ, su bondad para con Rut, Rut 2.

BORDADOS, Exod. 28:39; 35:35; 38:23; Ezeq. 13:18. Véase COSTURA.

BORDADURA, Ezeq. 16:10, &c.

BOSOR, 1 Sam. 30:9.

BOSQUES, 1 Sam. 22:5; 1 Rey. 7:2; 2 Rey. 19:23; Neh. 2:8; Isa. 21:13; Ezeq. 20:46; Zac. 11:2. Véase también Sal. 50:10; 104:20; Isa. 9:18; 29:17; 44:14, 23; Jer. 10:3.

——, para el culto, Gén. 21:33.

destinados á la idolatría, prohibidos, Deut. 16:21; Jue. 6:25; 1 Reyes 14:15; 15:13; 16:33; 2 Reyes 17:16; 21:3; 23:4.

BOSRA, profecías acerca de, Isa. 34:6; 63:1; Jer. 48:24; 49:13; Amós 1:12; Miq. 2:12.

BOTIJA (no barril), 1 Sam. 26:11; 1 Reyes 14:3; 2 Reyes 2:20.

BRAZALETES, Gén. 24:30; 38:18; Exod. 35:22; 2 Sam. 1:10; Isa. 3:19; Ezeq. 16:11.

BRAZO (el) DE DIOS, poderoso, Job 40:9; Sal. 89:13; Jer. 27:5; Luc. 1:51.

terrible, Exod. 15:16; Act. 13:17.

salva á su pueblo, Deut. 33:27; Sal. 77:15; 98:1; Isa. 33:2; 51:5; 52:10.

BOTÍN, reparto del, Núm. 31:27.

llevado á cabo por Josué y por David, Jos. 22:8; 1 Sam. 30:24.

BRASA. Véase ASCUA.

BRASERO, Jer. 36:22, 23.

BRAZA, una medida, de 6 á 7 pies, Act. 27:28.

BRAZOS, de perpetuidad, Deut. 33:27.

BUEY, leyes con referencia al, Exod. 21:27; 22:1; 23:4; Lev. 17:3; Deut. 5:14; 22:1; Luc. 13:15.

no se había de embozalarlo, Deut. 25:4; 1 Cor. 9:9; 1 Tim. 5:18.

BUHO, ó lechuza, Lev. 11:17; Deut. 14:16; Isa. 34:14.

inmundo, Lev. 11:17.

símile de los que están de duelo, Sal. 102:6.

BUITRE, inmundo, Lev. 11:14; Deut. 14:13. Véase también Job 28:7.

BUL, el octavo mes sagrado (Noviembre), 1 Rey. 6:38; 12:32, 33; 2 Crón. 27:11.

BUQUE. Véase NAVÍO.

BUSCAR (el) á Dios:

prescrito, Isa. 55:6; Mat. 7:7.

INCLUYE EL BUSCAR su nombre, Sal. 83:16.

su palabra, Amós 8:12.

su rostro, Sal. 27:8; 105:4.

su fuerza, 1 Crón. 16:11; Sal. 105:4.

sus mandamientos, 1 Crón. 28:8.

sus preceptos, Sal. 119:45, 94.

su reino, Mat. 6:33.

á Cristo, Mal. 3:1; Luc. 2:15, 16.

el honor que procede de él, Juan 5:44.

por medio de la oración, Job 8:5; Dan. 9:3.

en su casa, Deut. 12:5; Sal. 27:4.

DEBE SER al instante, Ose. 10:12.

siempre, Sal. 105:4.

mientras se le pueda hallar, Isa. 55:6.

con diligencia, Heb. 11:6.

con el corazón, Deut. 4:29; 1 Crón. 22:19.

en el día de angustia, Sal. 77:2.

LOGRA el hallarle, Deut. 4:29; 1 Crón. 28:9; Prov. 8:17; Jer. 29:13.

su buena voluntad, Lam. 3:25.

su protección, Ezra 8:22.

el que no nos abandone, Sal. 9:10.

la vida, Sal. 69:32; Amós 5:4, 6.

la prosperidad, Job 8:5, 6; Sal. 34:10.

ser oídos de él, Sal. 34:4.

el entender todas las cosas, Prov. 28:5.

los dones de la justicia, Ose. 10:12.

es para todos imperioso, Isa. 8:19.

los pesares tienen por objeto el impulsarnos á, Sal. 78:33, 34; Ose. 5:15.

ningunos por naturaleza se ocupan de, Sal. 14:2, con Rom. 3:11.

LOS SANTOS son particularmente exhortados á, Sof. 2:3.

tienen deseos de, Job 5:8.

se proponen en su corazón, Sal. 27:8.

preparan sus corazones para, 2 Crón. 30:19.

ponen sus corazones en, 1 Crón. 11:16.

se ocupan de, de todo corazón, 2 Crón. 15:12; Sal. 119:10.

se ocupan temprano de, Job 8:5; Sal. 63:1; Isa. 26:9.

se ocupan con ahinco de, Cant. 3:2.

se distinguen en que se ocupan de, Sal. 24:6.

nunca es en vano, Isa. 45:19.

la dicha de, Sal. 119:2.

conduce al gozo, Sal. 70:4; 105:3.

termina con alabanzas, Sal. 22:26.

promesa con relación á, Sal. 69:32.

será premiado. Heb. 11:6.

LOS MALOS se han alejado de la senda de, Sal. 14:2, 3, con Rom. 3:11, 12.
no preparan sus corazones para, 2 Crón. 12:14.
rehusan por orgullo, Sal. 10:4.
no son impulsados á, por el pesar, Isa. 9:13.
algunas veces pretenden, Ezra 4:2; Isa. 58:2.
rechazados, cuando se ocupan demasiado tarde de, Prov. 1:28.
los que se desentienden de, censurados, Isa. 31:1; su castigo, Sof. 1:4-6.
ejemplos de: Asa, 2 Cró. 14:7. Josafat, 2 Cró. 17:3, 4. Ozías, 2 Cró. 26:5. Ezequías, 2 Cró. 31:21. Josías, 2 Cró. 34:3. Ezra, Ezra 7:10. David, Sal. 34:7. Daniel, Dan. 9:3, 4.
BUZ, Gén. 22:21; Job 32:2; Jer. 25:23.

C.

CABALLO (el), se le describe como fuerte, Job 39:19; Sal. 33:17; 147:10; ligero, Isa. 30:16; Jer. 4:13; Hab. 1:8; sin temor, Job 39:20, 22; feroz ó impetuoso, Job 30:21, 24; belicoso, Jer. 8:6; firme de andar, Isa. 63:13; falto de entendimiento, Sal. 32:9.
colores de: blanco, Zac. 1:8; 6:3; Rev. 6:2; negro, Zac. 6:2, 6; Rev. 6:5; bermejo, Zac. 1:8; 6:2; Rev. 6:4; overo, Zac. 1:8; rucio rodado, Zac. 6:3, 7; pálido ó ceniciento, Rev. 6:8.
se empleaba para: la caballería del ejército, 1 Sam. 13:5; tirar los carros de guerra, Miq. 1:13; Zac. 6:2; llevar cargas, Ezra 2:66; Neh. 7:68; cazar, Job 39:18; correo, 2 Reyes 9:17-19; Est. 8:10.
manejado con el freno, Sal. 32:9; Sant. 3:3.
estimulado con el látigo, Prov. 26:3.
adornado con campanillas, Zac. 14:20.
adiestrado para la guerra, Prov. 21:31.
protegido con armadura, Jer. 46:4.
la vanidad de confiarse á, Sal. 33:17; Amós 2:15.
dedicado al sol por los idólatras, 2 Rey. 23:11.
símile de la belleza de la iglesia, Cant. 1:9; Zac. 10:3; del triunfo de la iglesia, Isa. 63:13; de un carácter terco, obcecado, Sal. 32:9; de la impetuosidad en el pecado, Jer. 8:6.
CABALLO-BERMEJO, visión del, Zac. 1:8; 6:2; Rev. 6:4.
CABECERA. Véase ALMOHADA.
CABELLO, Job 4:15; Mat. 5:36; 10:30; Juan 11:2; 1 Cor. 11:14, 15; 1 Tim. 2:9; 1 Ped. 3.3.
del leproso, Lev. 13:3, &c.
Absalom lo usaba largo, 2 Sam. 14:26.
se censura á los hombres por llevar el cabello largo, 1 Cor. 11:14.
CABEZA (la), cubierta en señal de duelo, 2 Sam. 15:30; Est. 6:12.
en la oración, 1 Cor. 11:4-16.
cubierta, símile de defensa, Sal. 140:7.
calva, de juicios severos, Isa. 3:24; 15:2; 22:12; Miq. 1:16.
levantada, de gozo y confianza, Sal. 3:3; Luc. 21:28; de orgullo, Sal. 83:2; de ensalzamiento, Gén. 40:13; Sal. 27:6.
ungida, de gozo y prosperidad, Sal. 23:5; 92:10.
—— de la iglesia. Véase CRISTO.
CABEZAS del pueblo, gobernantes, Ex. 18:25; Sal. 110:6; Miq. 3:1, 9, 11.
CABO, una medida de capacidad, como cuatro litros, 2 Reyes 6:25.
CABRAHIGO, 1 Reyes 10:27; Amós 7:14.
CABRAS, Gén. 27:9, 16; 30:32; 32:14; 37:31; Deut. 32:14; 1 Sam. 25:2; 2 Cró. 17:11; Prov. 27:26, 27.
ofrecidas en sacrificio, Lev. 1:10; 3:12; 16:5, 7;

22:19; Núm. 7:17; Ezra 6:17; Sal. 50:9; Ezeq. 45:23; Heb. 9:12-19; 10:4.
monteses, Deut. 14:5; 1 Sam. 24:2; Job 39:1; Sal. 104:18.
en sentido figurado, Mat. 25:32.
pelos de, Exod. 25:4; 26:7; 35:6, &c.; 36:14; Núm. 31:20; 1 Sam. 19:13, 16.
pieles de, Heb. 11:37.
CABRÍO, macho de, emisario (Azazel), Lev. 16:20; Isa. 53:6.
CABRITO, ley con respecto á, Ex. 23:19; Deut. 14:21.
enpleado en las ofrendas, &c. Lev. 4:23; 16:5; 23:19, &c.
por vía de comparación, Mat. 25:32.
CABUL, Jos. 19:27; 1 Reyes 9:13.
CACHORROS (de león), parábolas de los, Ezeq. 19; Nah. 2:12.
CADÁVER. Véase CUERPO.
CADEMOT, ó Cedemot, Jos. 13:18; 21:37; 1 Cró. 6:79.
desierto de, Deut. 2:26.
CADENA: un adorno, Núm. 31:50; Cant. 1:10; Isa. 3:19.
signo de dignidad, Gén. 41:42; Ezeq. 16:11; Dan. 5:7, 16, 29.
del sumo sacerdote, Exod. 28:14; 39:15.
grillos, Jue. 16:21; 2 Crón. 36:6; 2 Reyes 25:7; Jer. 39:7; 40:1, 4; 52:11; Mar. 5:3; Act. 12:6; 2 Tim. 1:16; 2 Ped. 2:4.
por vía de comparación, Lam. 3:7; Ezeq. 7:23; 2 Ped. 2:4; Rev. 20:1.
CADES-BARNE, Israel murmura allí, Núm. 13; 14; Deut. 1:19; Jos. 14:6.
CADMONEO, Gén. 15:19.
CAFTOR, Deut. 2:23; Jer. 47:4; Amós 9:7.
CAFTORIM, Gén. 10:14; 1 Crón. 1:12.
CAHAT, hijo de Leví, Gén. 46:11.
descendientes de, Ex. 6:18; 1 Crón. 6:2.
sus deberes, Núm. 4:15; 10:21; 2 Crón. 29:12; 34:12.
CAÍDA (la) DEL HOMBRE:
con motivo de la desobediencia de Adam, Gén. 3:6, 11, con Rom. 5:12, 15, 19.
por medio de la tentación del diablo, Gén. 3:1-5; 2 Cor. 11:3; 1 Tim. 2:14.
EL HOMBRE Á CONSECUENCIA DE:
es hecho á la imagen de Adám, Gén. 5:3, con 1 Cor. 15:48, 49.
es nacido en el pecado, Job 15:14; 25:4; Sal. 51:5; Isa. 48:8; Juan 3:6.
es hijo del diablo, Mat. 13:38; Juan 8:44; 1 Juan 3:8, 10.
es hijo de ira, Efes. 2:3.
es malo de corazón, Gén. 6:5; 8:21; Jer. 16:12; Mat. 15:19.
es ciego de corazón, Efes. 4:18.
es corrompido y perverso en sus caminos, Gén. 6:12; Sal. 10:5; Rom. 3:12, 16.
depravado de espíritu, Rom. 8:5-7; Efes. 4:17; Col. 1:21; Tito 1:15.
es sin inteligencia, Sal. 14:2, 3, con Rom. 3:11; 1:31.
no recibe lo que es de Dios, 1 Cor. 2:14.
carece de la gloria de Dios, Rom. 3:23.
tiene contaminada la conciencia, Tito 1:15; Heb. 10:22.
es intratable, Job 11:12.
está alejado de Dios, Gén. 3:8; Sal. 58:3; Efes. 4:18; Col. 1:21.
está en la servidumbre del pecado, Rom. 6:10; 7:5, 23; Gál. 5:17; Tito 3:3.
está en la servidumbre de Satanás, Sal. 10:5; 2 Ped. 2:14.

es constante en el mal, Sal. 10:5; 2 Ped. 2:14.
conoce su maldad, Gén. 3:7, 8, 10.
no es justo, Ecl. 7:20; Rom. 3:10.
es abominable, Job 15:16; Sal. 14:3.
se aparta por su camino, Isa. 53:6.
ama la oscuridad, Juan 3:19.
es corrompido, &c., en sus palabras, Rom. 3:13, 14.
es destructor, Rom. 3:15, 16.
está destituido del temor de Dios, Rom. 3:18.
está depravado de un todo, Gén. 6:5; Rom. 7:18.
está muerto en el pecado, Efes. 2:1; Col. 2:13.
todos los hombres participan de los efectos de, 1 Reyes 8:46; Gál. 3:22; 1 Juan 1:8; 5:19.
EL CASTIGO QUE SIGUE COMO CONSECUENCIA DE:
el destierro del paraíso, Gén. 3:24.
la condenación al trabajo y á la tristeza, Gén. 3:16, 19; Job 5:6, 7.
la muerte temporal, Gén. 3:19; Rom. 5:12; 1 Cor. 15:22.
la muerte eterna, Job 21:30; Rom. 5:18, 21; 6:23.
no puede ser remediada por el hombre, Prov. 20:9; Jer. 2:22; 13:23.
remedio de, provisto por Dios, Gén. 3:15; Juan 3:16.
CAIFÁS, sumo sacerdote, profetiza con respecto á Cristo, Juan 11:49.
su consejo, Mat. 26:3.
condena á Jesús, Mat. 26:57; Mar. 14:53; Luc. 22:54, 66; Juan 18:12, 19.   Véase Act. 4:6.
CAÍN, mata á Abel, Gén. 4:8.
su castigo, Gén. 4:11.
Véase Heb. 11:4; 1 Juan 3:12; Judas 11.
CAINÁN, Gén. 5:9-14; Luc. 3:37.
CAJA, ó cajuela, 1 Sam. 6:8, 15; Ezeq. 27:24.
CAL, Isa. 27:9.
CALABACERA (Scio, YEDRA), una planta trepadora que dió abrigo á Jonás, Jon. 4:6-10.
CÁLAMO, ó caña aromática, Exod. 30:23; Cant. 4:14; Ezeq. 27:19.
CALCAÑAR, en sentido figurado, Gén. 3:15; Sal. 49:5.
CALCEDONIA, Rev. 21:19.
CALDEA, el país donde nació Abram, Gén. 11:28, 31; Dan. 9:1. Véase BABILONIA.
CALDEOS (los) perjudican á Job, Job 1:17.
ponen sitio á Jerusalem, 2 Reyes 24:2; 25:4, &c.; Jer. 37-39.
los magos de los, salvados por Daniel, Dan. 2; 4:7; 5:7.
profecías con respecto á, Isa. 23:13; 43:14; 47:1; 48:14; Hab. 1:5.
CALDERO, 1 Sam. 2:14; 2 Crón. 35:13; Job 41:20; Jer. 52:18; Miq. 3:3.
en estilo figurado, Ezeq. 11:3, 11.
CALDO, Jue. 6:19, 20; Isa. 65:4.
CALEB, su fé, Núm. 13:30; 14:6.
se le permite entrar en Canaán, Núm. 26:65; 32:12; Deut. 1:36.
le recuerda á Josué, Jos. 14:6.
sus posesiones, Jos. 15:13; Jue. 1:12.
su descendencia, 1 Crón. 2:18; 4:15.
CALENTURA, Lev. 26:16.
CÁLIZ, 1 Reyes 7:26. En sentido figurado, Rev. 17:4. Véase COPA, TAZÓN, VASO.
CALLE de Damasco, llamada Derecha, Act. 9:11.
de Jerusalem, véase JERUSALEM.
CALNO, CHALANNE ó CHENNE, Gén. 10:10; Isa. 10:9; Ezeq. 27:23; Amós 6:2.
CALUMNIA (é injuria):
es una abominación ante Dios, Prov. 6:16, 19.
prohibida, Exod. 23:1; Sant. 4:11.

INCLUYE: la murmuración, Rom. 1:30; 2 Cor. 12:20.
la detracción, Rom. 1:30; 2 Cor. 12:20.
las malas sospechas, 1 Tim. 6:4.
la chismografía, Lev. 19:16.
la habladuría, Ecl. 10:11.
la parlería, 1 Tim. 5:13.
el mal hablar, Sal. 41:5; 109:20.
el difamar, Jer. 20:10; 1 Cor. 4:13.
el levantar falsos testimonios, Exod. 20:16; Deut. 5:20; Lus. 3:14.
juzgar sin caridad, Sant. 4:11, 12.
dando origen á rumores falsos, Ex. 23:1.
el repetir cuentos, Prov. 17:9.
es obra engañosa, Sal. 52:2.
procede del corazón malo, Luc. 6:45.
en muchos casos nace del odio, Sal. 41:7; 109:3.
la ociosidad conduce á, 1 Tim. 5:13.
los malos son adictos á, Sal. 50:20; Jer. 6:28; 9:4.
los hipócritas son adictos á, Prov. 11:9.
es un distintivo del diablo, Rev. 12:10.
los malos aman, Sal. 52:4.
los que son adictos á, son insensatos, Prov. 10:18.
no merecen confianza, Jer. 9:4.
amonéstase á las mujeres relativamente á, Tit. 2:3.
las esposas de los ministros evitan, 1 Tim. 3:11.
Cristo estuvo expuesto á, Sal. 35:11; Mat. 26:60.
los gobernantes están expuestos á, 2 Ped. 2:10; Jud. 8.
aun los parientes más cercanos del calumniador están expuestos á, Sal. 50:20.
los santos están expuestos á, Sal. 38:12; 109:2; 1 Ped. 4:14.
LOS SANTOS deben guardar sus lenguas de, Sal. 34:13, con 1 Ped. 3:10.
deben despojarse de, Efes. 4:31; 1 Ped. 2:1.
amonestados relativamente á, Tit. 3:1, 2.
no deben dar lugar á, 1 Ped. 2:12; 3:16.
deben volver bienes por, 1 Cor. 4:13.
bienaventurados cuando sufren, Mat. 5:11.
se distinguen en que evitan, Sal. 15:1, 3.
no se debe dar oidos á, 1 Sam. 24:9.
debe desecharse con indignación, Prov. 25:23.
EFECTOS DE: el separar á los amigos, Prov 16:28; 17:9.
heridas mortales, Prov. 18:8; 26:22.
contienda, Prov. 26:20.
la discordia entre los hermanos, Prov. 6:19.
el homicidio, Sal. 31:13; Ezeq. 22:9.
la lengua de, es un azote, Job 5:21.
es ponzoñosa, Sal. 140:3; Ecl. 10:11.
es destructora, Prov. 11:9.
el fin de, es el desvarío pernicioso, Ecl. 10:13.
los hombres tendrán que dar cuenta de, Mat. 12:36.
el castigo de, Deut. 19:16-21; Sal. 101:5.
símiles de, Prov. 12:18; 25:18.
ejemplificada: Los hijos de Labán, Gén. 31:1. Doeg, 1 Sam. 22:9-11. Los príncipes de Ammón, 2 Sam. 10:3. Siba, 2 Sam. 16:3. Los hijos de Belial, 1 Reyes 21:13. Los enemigos de los Judíos, Ezra 4:7-16. Gasmu, Neh. 6:6. Amán, Est. 3:8. Los enemigos de David, Sal. 31:13. Los enemigos de Jeremías, Jer. 38:4. Los Caldéos, Dan. 3:8. Los acusadores de Daniel, Dan. 6:13. Los Judíos, Mat. 11:18, 19. Los que testificaron contra Cristo, Mat. 26:59-61. Los sacerdotes, Mar. 15:3. Los enemigos de Esteban, Act. 6:11. Los enemigos de Pablo, &c., Act. 17:7. Tertulo, Act. 24:2, 5.

CALVARIO. Véase GÓLGOTA.
CALVEZ, señal de duelo, Lev. 21:5; Isa. 3:24; 22:12; Jer. 47:5; 48:37; Ezeq. 7:18.
en sentido figurado, Ezeq. 29:18; Miq. 1:16.
CALZAS (túnica ó ropa interior), Dan. 3:21.
CAM, hijo de Noé, maldecido, Gén. 9:22.
sus descendientes, Gén. 10:6; 1 Crón. 1:8; Sal. 105:23.
heridos por la tribu de Simeón, 1 Crón. 4:40.
CAMAAM, (ó QUIMHAM, 2 Sam. 19:37, 40; Jer. 41:17.
CÁMARA, Gén. 43:30; Jue. 15:1; 16:9; 2 Reyes 4:11; 9:2; Neh. 13:5; Sal. 10:5; Jer. 36:10; Dan. 6:10; Mar. 14:14; Act. 9:37; 20:8.
de pintura, Ezeq. 8:10–12.
CAMARERO, 2 Rey. 23:11; Est. 1:10; Act. 12:20; Rom. 16:23.
CAMBISTAS (Valera, CAMBIADORES,) Mat. 21:12; 25:27; Juan 2:14, 15.
CAMARILLAS de la prisión, Jer. 37:16; compárese Jer. 20:2.
CAMAS: su antigüedad, Gén. 47:31; Exod. 8:3.
formas, Deut. 3:11; 1 Sam. 19:15; 26:7; Est. 1:6; Job 7:13; Sal. 6:6; Prov. 7:16; Mat. 9:6.
no se han de quitar á los pobres, Exod. 22:26; Deut. 24:12.
usadas para dormir, Job 33:15; Luc. 11:7.
para recostarse de día, 2 Sam. 4:5; 11:2.
á la comida, 1 Sam. 28:23; Juan 13:23.
alusiones á las, Job 17:13; Sal. 4:4; 36:4; 41:3; 139:8; 149:5; Isa. 28:20; 57:2, 7; Miq. 2:1; Rev. 2:22.
CAMELLOS, mencionados, Gén. 12:16; 24:19; Exod. 9:3; 1 Crón. 5:21; Job 1:3.
la carne de, inmunda, Lev. 11:4; Deut. 14:7.
distintivos de los, Gén. 24:11; Isa. 30:6.
como parte de la hacienda, Gén. 30:43; 2 Crón. 14:15; Jer. 49:29.
usos, Gén. 24:61; 37:25; Jue. 7:12; 1 Sam. 30:17; 1 Rey. 10:2; 2 Rey. 8:9; Est. 8:10; Isa. 21:7.
en sentido figurado, Mat. 19:24; 23:24.
vestidura de pelo de camello, Mat. 3:4.
CAMINO (el), Cristo llamado así, Juan 14:6; Heb. 10:20.
CAMINOS para el tránsito del público, Lev. 26:22; Jue. 20:31.
reales ó para tránsito del rey, Núm. 20:17.
señalados con piedras, 1 Sam. 20:19; Jer. 31:21.
preparados para los reyes, Isa. 40:3, 4; 62:10; Mal. 3:1.
construidos para conducir á las ciudades de refugio, Deut. 19:2, 3.
CAMORREOS (sacerdotes idólatras), 2 Rey. 23:5; Ose. 10:5; Sof. 1:4.
CAMOS, dios de Moab, Núm. 21:29; Jue. 11:24; Jer. 48:7, 13, 46. Véase 1 Reyes 11:7.
CAMPAMENTO (el) de los Israelitas, su orden, Núm. 1:52; 2. Véase Ex. 14:19; Núm. 24:5.
debía conservarse santo, Exod. 29:14; Lev. 6:11; 13:4, 6; Núm. 5:2; Deut. 23:10; Heb. 13:11.
fuera de, lugar de inmundicia y de separación, Exod. 29:14; 33:7; Lev. 4:12, 21; 6:11; 13:46; Núm. 5:3; 12:14; 15:35; 19:3, 9; Deut. 23:12; Heb. 13:11–13.
CAMPAMENTOS, ó campos, Exod. 13:20; 14:2; 18:5; Núm. 1:50; 2:17; 10:31; 33:10; Jos. 4:19; 10:5; Jue. 6:4; 9:50; 10:17; 1 Sam. 11:1; 13:16; 2 Sam. 11:11; 12:28; 1 Reyes 16:15; 1 Crón. 11:15; 2 Crón. 32:1.
CAÑA, Jos. 16:8; 17:9.
CAÑA, Job 40:21; Isa. 19:6, 7; 35.7.
empleada en el juicio y crucifixión de Cristo, Mat. 27:29, 30, 48.
traducida pluma 3 Juan 13

símile de la debilidad, Isa. 42:3; Mat. 11:7; 12:20.
——— quebrada, epíteto que se dió á Egipto, 2 Reyes 18:21; Ezeq. 29:6, 7.
———, una medida de seis codos ó cerca de once piés, Jer. 31:39; Ezeq. 40:3, 5; 42:15–19; Zac. 2:1; Rev. 11:1; 21:15.
CAÑA AROMÁTICA, ó CÁLAMO, Cant. 4:14.
comercio de la, Jer. 6:20; Ezeq. 27:19.
empleada en el ungüento santo, Ex. 30:23; Isa. 43:24.
CANÁ, el primer milagro de Cristo en, Juan 2.
el cortesano se ve con Cristo en, Juan 4:46.
patria de Natanael, Juan 21:2.
CANAÁN, hijo de Cam, maldecido por el desacato cometido con Noé, Gén. 9:25.
———, tierra de, prometida á Abraham, Gén. 12:7; 13:14–17; 17:8.
los patriarcas habitan en, Gén. 12; 26; 37, &c.
sus límites, Exod. 23:31; Jos. 1:4.
espías enviados á, Núm. 13.
á los murmuradores se les prohibe entrar en, Núm. 14:22.
también á Moisés y Aarón, Núm. 20:12; 27:12; Deut. 1:37; 3:23; 31:1; 32:48.
divisada por Moisés, Deut. 3:27; 34:1.
subyugada por Josué, Jos. 3, &c.
reparto de, Núm. 26:52; Jos. 14, &c.
hijas de, Gén. 28:1, 6, 8.
idioma de, Isa. 19:18.
reinos de, Sal. 135:11.
rey de, Jue. 4:2, 23, 24; 5:19.
guerras de, Jue. 3.
Á SUS HABITANTES (á causa de su maldad, Gén. 19; 13:13; Lev. 18:3, 24, 30; 20:23.)
Dios manda exterminarlos, Exod. 23:31; 34:11; Núm. 33:52; Deut. 20:16.
pero no lo fueron de un todo, Jos. 13:1; 16:10; 17:12; Jue. 1; 2; 3.
CANCILLER, Ezra 4:8, 9, 17.
———, (cronista, historiador), 2 Sam. 8:16; 2 Rey. 18:18; 2 Crón. 34:8; Neh. 12:22.
CANCIONES espirituales, Efes. 5:19; Col. 3:16.
CÁNDACE, ó CÁNDACES, de Etiopía, Act. 8:27.
CANDELA, candil ó antorcha, mencionada en sentido figurado, Job 18:6; 21:17; Sal. 18:28; Prov. 20:27.
parábola de la, Mat. 5:15, &c.; Luc. 8:16.
CANDELERO, en el tabernáculo, Exod. 25:31; 37:17; Lev. 24:4; Núm. 8:1; Heb. 9:2.
en el templo, 1 Reyes 7:49; 1 Crón. 28:15; 2 Crón. 4:7, 20; 13:11; Jer. 52:19.
en el cielo, Zac. 4:2; Rev. 1:12.
CANELA, Exod. 30:23; Prov. 7:17; Cant. 4:14; Rev. 18:13.
CÁNTARO de barro, Isa. 30:14; Jer. 19:1. Véase CUERO.
CÁNTARO, una medida de capacidad para los líquidos; igual á 33 litros, Juan 2:6.
CÁNTAROS, Gedeón los usa, Jue. 7.
CÁNTICOS:
de Moisés, Exod. 15; Núm. 21:17; Deut. 32; Rev. 15:3.
de Débora, Jue. 5.
de Anna, 1 Sam. 2.
de David, 2 Sam. 22; Salmos.
de María, Luc. 1:46.
de Zacarías, Luc. 1:68.
de los ángeles, Luc. 2:13.
de Simeón, Luc. 2:29.
de los redimidos, Rev. 5:9; 19.
CANTO usado en el culto divino, Ex. 15; 1 Cró. 6:31; 13:8; 2 Crón. 20:22; 26:30; Neh. 12:27; Mat. 26:30, &c.

exhortaciones á entonar el, 1 Crón. 16:9; Sal. 33; 66; 67; 95; 96; 98; 100; 105, &c.; 1 Cor. 14:15; Efes. 5:19; Col. 3:16; Sant. 5:13.

CANTO-DEL-GALLO, la tercera velada, como las 3 de la mañana, Mar. 13:35; 14:30, 68, 72.

CAPA, un ropaje, Mat. 5:40; Luc. 6:29; 2 Tim. 4:13.

CAPADOCIA, discípulos de, Act. 2:9; 1 Ped. 1:1.

CAPATACES. Véase SOBRESTANTES.

CAPERNAÚM, ó CAFARNAÚM, Cristo predica y obra milagros en, Mat. 4:13; 8:5; 17:24; Mar. 1:21; Juan 2:12; 4:46; 6:17.
reprobada por su incredulidad, Mat. 11:23; Luc. 10:15.

CAPITELES, Exod. 36:38; 38:17; 1 Reyes 7:16.

CAPITÁN, del ejército, ó general, Deut. 20:9; Jue. 4:2; 1 Sam. 14:50; 1 Reyes 2:35; 16:16; 1 Crón. 27:34.
de la guardia, Gén. 37:36; 2 Reyes 25:8.
de millares, Núm. 31:48; 1 Sam. 17:18; 1 Crón. 28:1.
de centenares, 2 Rey. 11:15. Véase CENTURIÓN.
de cincuenta, 2 Reyes 1:9; Isa. 3:3.
SIGNIFICANDO jefe ó caudillo, 1 Sam. 22:2.
los capitanes de David, 2 Sam. 23; 1 Crón. 11; 12.
de Josafat, 2 Crón. 17:14–19.
nombrados por el rey, 1 Sam. 18:13; 2 Sam. 17:25; 18:1.

CARA. Véase ROSTRO.

CARACOL, inmundo, Lev. 11:30.

CARÁCTER (el) de Cristo.
amable sobre manera, Cant. 5:16.
santo, Luc. 1:35; Act. 4:27; Rev. 3:7.
recto, Isa. 53:11; Heb. 1:9.
bueno, Mat. 19:16.
fiel, Isa. 11:5; 1 Tes. 5:24.
verdadero, Juan 1:14; 7:18; 1 Juan 5:20.
justo, Zac. 9:9; Juan 5:30; Act. 22:14.
sin engaño, Isa. 53:9; 1 Ped. 2:22.
sin pecado, Juan 8:46; 2 Cor. 5:21.
sin mancha, 1 Ped. 1:19.
inocente, Mat. 27:4.
inofensivo, Heb. 7:26.
fuerte contra la tentación, Mat. 4:1–10.
obediente á Dios Padre, Sal. 40:8; Juan 4:34; 15:10.
celoso, Luc. 2:49; Juan 2:17; 8:29.
manso, Isa. 53:7; Zac. 9:9; Mat. 11:29.
humilde de corazón, Mat. 11:29. Véase también Luc. 22:27; Filip. 2:8.
misericordioso, Heb. 2:17.
paciente, Isa. 53:7; Mat. 27:14.
clemente, 1 Tim. 1:16.
compasivo, Isa. 40:11; Luc. 19:41.
benevolente, Mat. 4:23, 24; Act. 10:38.
amoroso, Juan 13:1; 15:13.
abnegado, Mat. 8:20; 2 Cor. 8:9.
resignado, Luc. 22:42.
pronto á perdonar, Luc. 23:34.
sujeto á sus padres, Luc. 2:51.
los santos se ajustan á, Rom. 8:29.

CARÁCTER de los santos:
amorosos, Col. 1:4; 1 Tes. 4:9.
atentos á la voz de Cristo, Juan 10:3, 4.
contritos, Isa. 57:15; 66:2.
deseosos de la justicia, Mat. 5:6.
devotos. Act. 8:2; 22:12.
enseñados de Dios, Isa. 54:13; 1 Juan 2:27.
fieles, Rev. 17:14.
firmes y perseverantes, Act. 2:42; Col. 2:5.
guiados por el Espíritu, Rom. 8:14.
humildes, Sal. 34:2; Prov. 16:15; 1 Ped. 5:5.

irreprensibles y sencillos, Fil. 2:15.
impávidos, Prov. 28:1.
justos, Gén. 6:9; Hab. 2:4; Luc. 2:25.
liberales, Isa. 32:8; 2 Cor. 9:13.
mansos, Isa. 20:19; Mat. 5:5.
misericordiosos, Sal. 37:26; Mat. 5:7.
nuevas criaturas, 2 Cor. 5:17; Efes. 2:10.
obedientes, Rom. 16:19; 1 Ped. 1:14.
pobres de espíritu, Mat. 5:3.
piadosos, Sal. 4:3; 2 Ped. 2:9.
prudentes, Prov. 16:21.
puros de corazón, Mat. 5:8.
rectos, Isa. 60:21; Luc. 1:6.   Véase 1 Rey. 3:6; Sal. 15:2.
santos, Deut. 7:6; 14:2; Col. 3:12.
seguidores de Cristo, Juan 10:4, 27.
seguidores de las buenas obras, Tit. 2:14.
sinceros, 2 Cor. 1:12; 2:17.
sin engaño, Juan 1:47.
sin mancha, Sal. 119:1.
temerosos de Dios, Mal. 3:16; Act. 10:2.
veraces, 2 Cor. 6:8.
vigilantes, Luc. 12:37.

CARÁCTER de los malos:
abominables, Rev. 21:8.
aborrecedores de la luz, Juan 3:20.
alejados de Dios, Efes. 4:18; Col. 1:21.
amantes del placer, no de Dios, 2 Tim. 3:4.
blásfemos, Luc. 22:65; Rev. 16:9.
ciegos, 2 Cor. 4:4; Efes. 4:18.
codiciosos, Miq. 2:2; Rom. 1:29.
conspiradores contra los santos, Neh. 4:8; 6:2; Sal. 38:12.
contumaces, Tit. 1:10.
corrompidos, Mat. 7:17; Efes. 4:22.
crueles, Prov. 16:29; 2 Tim. 3:3.
deléitanse de la iniquidad de los demás, Prov 2:14; Rom. 1:32.
descarados, Ezeq. 2:4.
desobedientes, Neh. 9:26; Tit. 3:3; 1 Ped. 2:7.
desagradecidos, Luc. 6:35; 2 Tim. 3:2.
despreciadores de los santos, Neh. 2:19; 4:2; 2 Tim. 3:3, 4.
destructores, Isa. 59:7.
duros de cerviz, Ez. 33:5; Act. 7:51.
duros de corazón, Ezeq. 2:4; 3:7.
egoístas, 2 Tim. 3:2.
engañadores, Sal. 5:6; Rom. 3:13.
envidiosos, Neh. 2:10; Tit. 3:3.
gloríanse de su maldad, Filip. 3:19.
hipócritas, Isa. 29:13; 2 Tim. 3:5.
homicidas, Sal. 10:8; 94:6; Rom. 1:29.
hinchados, 2 Tim. 3:4.
hostiles á Dios, Rom. 8:7; Col. 1:21.
ignorantes, Deut. 32:6.
ignorantes de Dios, Ose. 4:1; 2 Tes. 1:8.
impíos, Prov. 16:27.
impuros, 2 Tim. 3:2.
incircuncisos de corazón, Jer. 9:26.
incontinentes, 2 Tim. 3:3.
infieles, Sal. 10:4; 14:1.
inmundos, Prov. 13:5; Isa. 64:6; Efes. 4:19.
injustos, Miq. 7:7; Isa. 26:10
insensatos, Deut. 32:6; Sal. 5:5.
inútiles, Mat. 25:30; Rom. 3:12.
jactanciosos, Sal. 10:3; 49:6.
malhechores, Jer. 13:23; Miq. 7:3.
malévolos, Prov. 24:8; Miq. 7:3.
mentirosos, Sal. 58:3; 62:4; Isa. 59:4.
no invocan á Dios, Job 21:15; Sal. 53:4.
olvídanse de Dios, Job 8:13.
orgullosos, Sal. 59:12; Obad. 3: 2 Tim. 3:2
perseguidores, Sal. 69:26; 109:16.
perversos, Deut. 32:5; Act. 2:40.
rebeldes, Job 24:13; Isa. 1:2; 30:9.

regocíjanse en la aflicción de los santos, Sal. 35:15.
réprobos, 2 Cor. 13:5; 2 Tim. 3:8; Tit. 1:16.
seductores, Prov. 1:10–14; 2 Tim. 3:6.
sensuales, Filip. 3:19; Jud. 19.
sin misericordia, Rom. 1:31.
temerosos, Prov. 28:1; Rev. 21:8.
tramposos, Sal. 37:21; Miq. 6:11.
vendidos al pecado, 1 Rey. 21:20; 2 Rey. 17:17.
CARBÓN, Job 41:21; Sal. 18:8, 12; Prov. 26:21; Juan 18:18.
CARBÚNCULO, Exod. 28:18; 39:11; Isa. 54:12; Ezeq. 28:13.
CÁRCAMIS, 2 Crón. 35:20; Isa. 10:9; Jer. 46:2.
CÁRCEL (la), José puesto en, Gén. 39; 40:15; también Jeremías, Jer. 37:16; 38:6.
CARCELERO (el) de Filipos, Act. 16:27–34.
CARDOS. Véase Abrojos.
CARESTÍA. Véase Hambre.
CARET, 1 Reyes 17:3–7.
CARGA, la profecía, Isa. 13:1; Nah. 1:1. &c.
la aflicción, Sal. 55:22; Isa. 58:6; 2 Cor. 5:4.
el pecado, Sal. 38:4.
de responsabilidad, Núm. 11:11 ; Act. 15:28; Rev. 2:24.
la de Cristo ligera, Mat. 11:30; Act. 15:28; Rev. 2:24.
llevada por otros, Gál. 6:2.
CARIATAIM, Gén. 14:5; Jer. 48:1, 23.
CARIAT-ARBE, Gén. 23:2. Véase Hebrón.
CARIAT-HUCOT, ó Hucot, Núm. 22:39.
CARIAT-JARIM, Jos. 9:17; 18:14; 1 Crón. 13:6.
los hombres de, trasportan el arca, 1 Sam. 7:1; 1 Crón. 13:5; 2 Crón. 1:4.
CARIAT-SENNA, ó Dabir, Jos. 15:49; 21:15.
CARIOT, Jer. 48:24; Amós 2:2.
CARIT, 1 Reyes 17:3–7.
CARMELO, Jos. 15:55.
patria de Nabal, 1 Sam. 25.
——, monte, Elías sacrifica en el, 1 Rey. 18:30.
Elías habita en el, 2 Reyes 4:25. Véase Cant. 7:5; Jer. 46:18; Amós 1:2; 9:3; Miq. 7:14.
CARNAL, el ánimo, reprobado, Rom. 8:7; 1 Cor. 3:1; Col. 2:18.
CARNE (la) de los animales dada para alimento, Gén. 9:3.
Dios manifestado en, 1 Tim. 3:16; Juan 1:14; 1 Ped. 3:18; 4:1.
confesión de esta verdad, 1 Juan 4:2; 2 Juan 7.
——, en sentido figurado:
está en oposición al Espíritu, Juan 3:6; Rom. 8:1; Gál. 5:17.
los que están en, son pecadores por entero, Rom. 7:18, 25; 1 Juan 2:16.
é hijos de la ira, Efes. 2:3.
obras de, Gál. 5:19.
conducen á la muerte, Rom. 7:5; 8:6–13; 2 Ped. 2:20.
LA CONCUPISCENCIA DE:
no se debe obedecer, Rom. 6:12.
no se deben cumplir los deseos de, Rom. 13:14; Gál. 5:16.
no debemos ajustar nuestra conducta á, 1 Ped. 1:16.
se debe crucificar, Gál. 5:24.
——, en sentido de pariente, Gén. 37:27; Mat. 19:5, 6; Rom. 9:3; Efes. 5:31.
CARNERO, se empleaba en los sacrificios, Gén. 15:9; 22:13; Ex. 29:15; Lev. 9; Núm. 5:8, &c.
símbolo de Media y de Persia, Dan. 8:20.
Véase Cuernos.
CARNES, limpias é inmundas, Lev. 11; Deut. 14; Act. 15:29; Rom. 14; 1 Cor. 8:4; 10:25; Col. 2:16: 1 Tim. 4:3.

CARNICERÍA, 1 Cor. 10:25.
CARPINTERO–S, 2 Rey. 12:11; Isa. 41:7; 44:13; Jer. 24:1.
David consigue, de Hiram, 2 Sam. 5:11.
José, Mat. 13:55.
Cristo recibió el nombre de, Mar. 6:3.
simbólico, Zac. 1:20.
CARPO, 2 Tim. 4:13.
CARRERA, mencionada metafóricamente, Sal. 19:5; Ecl. 9·11; 1 Cor. 9:24; Heb. 12:1.
CARRIZAL, ó junco, Ex. 2:3, 5; Job 8:11; Isa. 19:6; Jonás 2:5.
CARRO–S, 1 Sam. 6:7; 2 Sam. 6:3; Isa. 5:18; 28:23; Amós 2:13.
—— de guerra, Exod. 14:7; Jue. 1:19; 4:3; 1 Sam. 13:5; 2 Sam. 10:18; Sal. 20:7; Nah. 2:4; 3:2.
——, para viaje, Gén. 41:43; 42:29; 50:9; Ex. 14:6; 1 Reyes 12:18; 2 Reyes 9:21; 2 Crón 1:14; Cant. 1:9; 3:9; Act. 8:22.
USADOS POR:
los Egipcios, Ex. 14:7; 2 Reyes 18:24.
los Cananéos, Jos. 17:16; Jue. 4:3.
los Filistéos, 1 Sam. 13:5.
los Sirios, 2 Sam. 10:18; 1 Reyes 20:1.
los Asirios, 2 Rey. 19:23.
los Etíopes, 2 Crón. 14:9; 16:8.
los Babilonios, Ezeq. 23:24; 26:7.
los Judíos, 2 Reyes 8:21; 10:2.
——, de fuego, Elías asciende en uno y Eliseo es defendido por, 2 Reyes 2:11; 6:17.
Véase Sal. 68:17; 104:3; Cant. 6:12; Isa. 22:18; 66;15; Hab. 3:8; Zac. 6:1; Rev. 18:13.
——, ciudades para los, de Salomón, 1 Reyes 9:19; 2 Crón. 1:14; 8:6; 9:25.
CARTA DE REPUDIO, Deut. 24:1–4; Mat. 5:31. Véase Divorcio.
CARTAS:
de David, 2 Sam. 11:14.
de Elías, 2 Crón. 21:12.
de Jezabel, 1 Reyes 21:9.
del rey de Siria, 2 Reyes 5:5.
de Jehú, 2 Reyes 10:1.
de Ezequías, 2 Crón. 30:1.
de Sennaquerib, Isa. 37:10, 14.
de Artajerjes, Ezra 4:17; 7:11.
de Rehum, Ezra 4:8.
de Tatanai, &c., Ezra 5:6.
de Mardoquéo, Est. 9:20.
de Jeremías, Jer. 29:1.
de los apóstoles, Act. 15:23.
de Claudio Lísias, Act. 23:25.
CASA, círculo doméstico, familia, Gén. 18:19; 45:11, 18; Jos. 7:14, 18; 2 Sam. 19:18; Prov. 31:15, 21, 27; Act. 16:15; Rom. 16:10, 11.
——, de la fé, Gál. 6:10.
——, de Dios, Efes. 2:19.
CASA DE DIOS, templo:
su morada terrenal, Gén. 28:17.
David desea edificarla, pero es impedido, 2 Sam. 7; 1 Crón. 17.
sus preparativos, 1 Crón. 22; 28; 29.
edificada por Salomón, 1 Reyes 6; 2 Crón. 3; 4.
dedicada y santificada por la gloria de Dios, 1 Reyes 8; 9; 2 Crón. 6; 7.
saqueada por Sesac, 1 Reyes 14:25; 2 Cró. 12:9.
restaurada por Joás, 2 Reyes 12:1; 2 Crón. 24.
por Ezequías, 2 Crón. 29.
profanada por Manassés, 2 Crón. 33:7.
restaurada por Josías, 2 Crón. 34.
quemada por los Caldeos, 2 Reyes 25:9; 2 Cró. 36:19.
el decreto de Ciro acerca de, 2 Crón. 36:23; Ezra 1:2; 6:3.
la carta de Darío acerca de, Ezra 6:7.

exhortaciones á que se reedifícase, Ag. 1.
su gloria predicha, Ag. 2:7.
reedificada por Zorobabel, &c., Ezra 3–8.
purificada, Neh. 13.
los traficantes echados fuera de, por Cristo, Mat. 21:12; Mar. 11:15; Luc. 19:45; Juan 2:14.
su destrucción predicha, Mat. 24; Mar. 13; Luc. 21.
los apóstoles enseñan allí, Act. 3 &c.
exhortaciones á reunirse allí, Sal. 65; 84; 95; 100; 118; 122; Isa. 2:3.
simbólica de Cristo, Juan 2:21; Heb. 8:2.
la iglesia llamada así, 1 Tim. 3:15; Heb. 10:21; 1 Ped. 4:17.
CASA DE INVIERNO, Jer. 36:22; Amós 3:15.
CASA DE DOCTRINA, 2 Reyes 22:14; 2 Crón. 34:22.
CASA Y SACRIFICIOS ESPIRITUALES, 1 Ped. 2:5.
CASAS, muy antiguas, Gén. 12:1; 19:3.
edificadas con cimientos profundos, Mat. 7:24; Luc. 6:48.
edificadas sin cimientos, Mat. 7:26; Luc. 6:49; de barro, Job 4:19; de ladrillos, Ex. 1:11–14; Isa. 9:10; de piedra y madera, Lev. 14:40, 42; Hab. 2:11; de piedra labrada, Isa. 9:10; Am. 5:11; en las calles, Gén. 19:2; Jos. 2:19; en los muros de la ciudad, Jos. 2:15; 2 Cor. 11:33; de azoteα, Deut. 22:8; con patios grandes usados como aposentos, Est. 1:5; Luc. 5:10; con puertas, Gén. 43:19; Exod. 12:22; Luc. 16:20; Act. 10:17; con las paredes embarradas ó revocadas, Lev. 14:42, 43; con varios pisos, Ezeq. 41:16; Act. 20:9; con muchos aposentos, Gén. 43:30; Isa. 26:20; con ventanas para que penetrase la luz, 1 Reyes 7:4; en siendo acabadas de construir las dedicaban, Deut. 20:5; Sal. 30 (el título); estaban expuestas á la lepra, Lev. 14:34, 53.
símile del cuerpo, Job 4:19; 2 Cor. 5:1; del sepulcro, Job 30:23; de la iglesia, Heb. 3:6; 1 Ped. 2:5; de la herencia de los santos, Juan 15:2; 2 Cor. 5:1; (sobre arena) de la esperanza del hipócrita, Mat. 7:26, 27; (sobre una roca) de la esperanza de los santos, Mat. 7:24, 25; (falta de seguridad de) de confianza en las cosas terrenas, Mat. 6:19, 20; (construcción de) de gran prosperidad, Isa. 65:21; Ezeq. 28:26; (edificada, pero no habitada) de calamidad, Deut. 28:30; Amós 5:11; Sof. 1:13; (habitar las que otros han edificado) de abundantes bendiciones, Deut. 6:10, 11.
CASIA, Exod. 30:24.
CASLEU, el mes noveno (Diciembre), Ezra 10:9; Neh. 1:1; Jer. 36·22, 23; Zac. 7:1.
CASLUIM, ó CHASLUIM, el progenitor de los Filistéos, Gén. 10:14; 1 Crón. 1:12.
CASTAÑO, Gén. 30:37; Ezeq. 31:8.
CASTIDAD (la) prescrita, Ex. 20:14; Prov. 31:3; Act. 15:20; Rom. 13:13; Col. 3:5; 1 Tes. 4:3.
se exige en el mirar, Job 41:1; Mat. 5:28.
se exige en el corazón, Prov. 6:25.
se exige en el hablar, Efes. 5:3.
mantened el cuerpo en, 1 Cor. 6:13, 15–18.
conservada por la sabiduría, Prov. 2:10, 11, 16; 7:1–5.
los santos son conservados en, Ecl. 7:26.
ventajas de, 1 Ped. 3:1, 2.
apartaos de los que carecen de, 1 Cor. 5:11; 1 Ped. 4:3.
los malos carecen de, Rom. 1:29; Efes. 4:19; 2 Ped 2:14; Jud. 8.
la tentación á apartarse de, peligrosa, 2 Sam. 11:2–4.

consecuencias de asociarse con los que carecen de, Prov. 5:3–11; 7:25–27; 22:14.
la falta de, excluye del cielo, Gál. 5:19–21.
la beodez destruye, Prov. 23:31–33.
violación de, castigada, 1 Cor. 3:16, 17; Efes. 5:5, 6; Heb. 13:4; Rev. 22:15.
incentivos para practicarla, 1 Cor. 6:19; 1 Tes. 4:7.
ejemplificada: Abimelec, Gén. 20:4, 5; 26:10, 11; José, Gén. 39:7–12; Rut, Rut 3:10, 11; Booz, Rut 3:13.
CASTIGO:
azotes, Lev. 19:20; Deut. 25:1; Mat. 27:26, &c.; Act. 22:25, &c.
lapidación, Lev. 20:2; 24:14; 1 Rey. 21:10, &c.
horca, Gén. 40:22; Deut. 21:23; Ezra 6:11; Est. 2:23, &c.
fuego, Gén. 38:24; Lev. 20:14; 21:9; Dan. 3:6.
crucifixión, Mat. 20:19; 27:31, &c.
ser arrojado entre las fieras, Dan. 6:16, 24; 1 Cor. 15:32.
ser precipitado desde una roca, 2 Crón. 25:12.
mutilación y tormento, Jue. 1:5–7; 16:21; 1 Sam. 31:10; Isa. 50:6; Ezeq. 23:25; Act. 23:2.
multas, Exod. 21:22, 30, 32, 36; Deut. 22:18, 19, 29.
pena del talión, Exod. 21:22–25; Lev. 24:17–22; Deut. 19:19–21.
restitución, Ex. 21:33–36; 22:1–14; Lev. 6:4, 5.
destierro, Ezra 7:26; Rev. 1:9.
confiscación, Ezra 7:26.
ahogamiento, Mat. 18:6.
degollación, 2 Reyes 6:31; 10:7; Mat. 14:10, &c. Véase Heb. 11:36, &c.
algunas veces se defería hasta consultar á Dios, Núm. 15:34.
algunas veces se defería por mucho tiempo, 1 Reyes 2:5–9.
INFLIGIDO por los testigos, Deut. 13:9; Act. 7:58.
por los soldados, 2 Sam. 1:15; Mat. 27:27–35.
CASTIGO DE los malos:
es de Dios, Lev. 26:18; Isa. 13:11.
á CAUSA de su pecado, Lam. 3:39.
de su iniquidad, Jer. 36:31; Amós 3:2.
de su idolatría, Lev. 26:30; Isa. 10:10, 11.
de olvidarse de la ley de Dios, Ose. 4:6–9.
de la ignorancia de Dios, 2 Tes. 1:8.
de sus malos caminos y de sus malas acciones, Jer. 21:14; Ose. 4:9; 12:2.
de su orgullo, Isa. 10:12; 24:21.
de su incredulidad, Rom. 11:20; Heb. 3:18, 19.
de su codicia, Isa. 57:17; Jer. 51:13.
de que persiguen, Isa. 49:26; Jer. 30:16, 20.
de que desobedecen á Dios, Neh. 9:26, 27; Efes. 5:6.
de que desobedecen el Evangelio, 2 Tes. 1:8.
es el fruto de su pecado, Job 4:8; Prov. 22:8; Rom. 6:21; Gál. 6:8.
es el premio de su pecado, Sal. 91:8; Isa. 3:11; Jer. 16:18; Rom. 6:23; Heb. 2·2.
á menudo se lo atraen con sus malos designios, Est. 7:10; Sal. 37:15; 57:6.
aprobado por los santos, Ex. 15:1; Sal. 94:2; Rev. 6:9; 15:3; 19:1.
muchas veces acontece que empieza en esta vida, Prov. 11:31.
no los reforma, Rev. 16:9.
EN ESTA VIDA POR MEDIO de las enfermedades, Lev. 26:16; Sal. 78:50.
del hambre, Lev. 26:19, 20, 26, 29; Sal. 107:34.
de las fieras, Lev. 26:22.
de la guerra. Lev. 26:25, 32, 33; Jer. 6:4.
de la entrega en manos de los enemigos, Neh. 9:27.

del temor, Lev. 26:36, 37; Job 18:11.
de la angustia y el afán, Isa. 8:22; Sof. 1:15.
de la destrucción, Sal. 94:23.
del abatimiento de su orgullo, Isa. 13:11.
futuro será impuesto por Cristo, Mat. 16:27; 25:31, 41.
FUTURO, DESCRITO COMO infierno, Mat. 5:29; Luc. 12:5.
oscuridad, Mat. 8:12; 2 Ped. 2:17.
resurrección de condenación, Juan 5:29.
el despertar para vergüenza y confusión perpétua, Dan. 12:2.
destrucción eterna, Sal. 52:5; 92:7; 2 Tes. 1:9.
fuego eterno, Mat. 25:41; Jud. 7.
muerte eterna, Rom. 6:23; Rev. 21:8.
juicio del infierno, Mat. 23:33.
juicio eterno, Mar. 3:29.
oscuridad de las tinieblas, 2 Ped. 2:17; Jud. 13.
llamas eternas, Isa. 33:14.
vino de la ira de Dios, Rev. 14:10.
tormento con fuego, Rev. 14:10.
tormento para siempre jamás, Rev. 14:11.
la justicia de Dios requiere, 2 Tes. 1:6.
promueve la gloria de Dios, Exod. 9:16; Sal. 83:17; Rom. 9:17–24.
muchas veces se repentino ó inesperado. Sal. 35:8; 64:7; 73:19; Prov. 29:1; 1 Tes. 5:3.
SERÁ según las obras de ellos, Mat. 16:27; Rom. 2:6, 9; 2 Cor. 5:10.
según los conocimientos que ellos posean, Luc. 12:47, 48.
aumentado por haber descuidado los privilegios, Prov. 5:11; Mat. 11:21–24; Luc. 10:13–15.
sin lenitivo. Luc. 16:23–26.
acompañado del remordimiento, Isa. 66:24, con Mar. 9:44.
nada prevalecerá contra, Prov. 11:21.
cuando es deferido, se aferran más del pecado, Ecl. 8:11.
debe escarmentar á los demás, Núm. 26:10; Jud. 7.
consumado el día del juicio, Mat. 25:31, 46; Rom. 2:5, 16; 2 Ped. 2:9.
CASTOR Y PÓLUX, Act. 28:11.
CAUTIVERIO (ó cautividad), el de los Israelitas predicho, Deut. 26:36; Lev. 26:33.
el de las diez tribus, Amós 3; 4; 7:11.
su cumplimiento, 2 Reyes 17: 1 Crón. 5:23.
el de Judá predicho, Isa. 39:6; Jer. 13:19; 20:4; 25:11; 32:28, &c.
su cumplimiento, 2 Reyes 25: 2 Crón. 36; Sal. 137; Jer. 39; 52; Est. 2; Dan. 1.
regreso del, Ezra 1; Neh. 2, &c.; Sal. 126.
regreso en lo sucesivo, Sal. 14:7; 53:6; Jer. 29:14; 30:3; 31:23; 33:7; 46:27; Ezeq. 16:53; 39:25; Joel 3:1; Amós 9:14; Sof. 2:7; Luc. 21:24; Rom. 11:25.
CAUTIVOS, en la guerra, Gén. 14:12; 1 Sam. 30:1, 2.
leyes y prácticas con respecto á, Núm. 31:9–17; Deut. 20:13, 14; Jos. 8:29; 10:15–43; 11:11; Jue. 7:25; 8:18–21; 21:11, 12; 1 Sam. 15:3, 33; 2 Sam. 8:2.
crueldad para con, Jue. 1:6, 7; 2 Reyes 8:12; 15:16; 2 Crón. 25:12; Lam. 5:11–13; Amós 1:13; Zac. 14:2.
pónenlos en prisión y sácanles los ojos, Jue. 16:21; 2 Reyes 25:7; Jer. 52:11.
hácenlos esclavos, Exod. 12:29; 2 Sam. 12:31; 2 Reyes 5:2.
cásanse con sus aprehensores, Deut. 21:12, 13; Est. 2:17.
trátanlos con bondad, 2 Reyes 6:22; 25:27–30; 2 Crón. 28:15; Sal. 106:46.

promuévenlos á puestos de honor, Neh. 1:11; Est. 2; Dan. 1.
establecidos por colonias, 2 Rey. 16:9; 17:6, 24.
CAZA, Lev. 17:13; Job 38:39; Prov. 12:27.
de venado, Gén. 27:3, 5, 33.
de león, Job 10:16.
CAZADOR, Nimrod fué el primer, Gén. 10:9; Esaú, Gén. 27:3. Véase Jer. 16:16.
de aves, Sal. 91:3; Prov. 6:5; Ose. 9:8.
CAZUELA, Lev. 2:7; 7:9.
CEBADA, mencionada, Exod. 9:31; Rut 1:22, &c.: Juan 6:9; Rev. 6:6.
dada á los caballos, 1 Reyes 4:28.
harina de, usada en las ofrendas, Núm. 5:15.
artículo de comercio, 2 Crón. 2:10; Ose. 3:2; y de tributo, 2 Crón. 27:5.
valor de, Lev. 27:16; 2 Reyes 7:1.
el campo de Joab fué quemado, 2 Sam. 17:30.
Véase PAN, SIEGA, &c.
CEBOLLA, Núm. 11:5.
CEDAR, Gén. 25:13. Véase Sal. 120:5; Cant. 1:5; Jer. 2:10; Ezeq. 27:21.
profecías acerca de, Isa. 21:16; 42:11; 60:7; Jer. 49:28.
CEDES, ciudad de refugio, Jos. 20:7; 21:32.
donde vivió Barac, Jue. 4:6, 9.
y Heber Cineo, Jue. 4:11.
tomada por Teglat, 2 Reyes 15:29.
———, ciudad de Judá, Jos. 15:23.
CEDRO, empleado en los sacrificios, Lev. 14:4–7; Núm. 19:6.
empleado para edificar,&c.: 2 Sam. 5:11; 1 Rey. 7:2; Cant. 1:17; 3:9; Isa. 44:14; Ezeq. 27:5, 24.
el templo construido de, 1 Rey. 5:6; 6:15. Véase Jue. 9:15; Job 40:17; Sal. 92:12; 104:16; 148:9; Cant. 5:15; Isa. 2:13; 41:19; Ezeq. 17:3. Véase también Isa. 4:14; 1 Reyes 5:8.
el arca hecha de, Gén. 6:14.
CEDRÓN, un arroyo ó torrente cerca de Jerusalem, atravesado por David, 2 Sam. 15:23.
y por Cristo, Juan 18:1.
ídolos destruidos en, 1 Reyes 15:13; 2 Reyes 23:6; 2 Crón. 29:16; Jer. 31:40.
CEFAS (Pedro), piedra, Juan 1:42; 1 Cor. 1:2; 3:22; 9:5; 15:5; Gál. 2:9. Véase PEDRO.
CEGUEDAD, infligida á los hombres de Sodoma, Gén. 19:11.
á Samsón, Jue. 16:21.
á los Sirios, 2 Reyes 6:18.
á Pablo, Act. 8:8.
á Elymas, Act. 13:11.
curada por Cristo, Mat. 9:27; 12:22; 20:30; Mar. 8:22; 10:46; Luc. 4:18; 7:21; Juan 9.
Véase Sal. 146:8; Isa. 29:18; 42:7.
CEGUEDAD, espiritual:
explicada, Juan 1:5; 1 Cor. 2:14.
efecto del pecado, Mat. 6:23; Juan 3:19, 20.
la incredulidad, efecto de, 2 Cor. 4:3, 4.
la falta de caridad es prueba de, 1 Juan 2:9, 11.
obra del demonio, 2 Cor. 4:4.
conduce á todo mal, Efes. 4:17–19.
está en desacuerdo con la comunión con Dios, 1 Juan 1:6, 7.
de los ministros, peligrosa para ellos y para sus rebaños, Mat. 15:14.
los malos están en, Sal. 82:5; Jer. 5:21.
los que se glorifican á sí mismos están en, Mat. 23:19, 26; Rev. 3:17.
los malos se hacen voluntariamente culpables de, Isa. 26:11; Rom. 1:19–21.
infligida judicialmente, Sal. 69:23; Isa. 29:10; 44:18; Mat. 13:13, 14; Juan 12:40.
orad para ser librados de, Sal. 13:13; 119:18.
Cristo fué nombrado para quitarla, Isa. 42:7; Luc. 4:18; Juan 8:12; 9:39; 2 Cor. 3:14; 4:6.

Cristo pone á sus ministros para quitarla, Mat. 5:14; Act. 26:18.

los santos son librados de, Juan 8:12; Efes. 5:8; Col. 1:13; 1 Tes. 5:4, 5; 1 Ped. 2:9.

casos que sirven de comparación á la curación de, Mat. 11:5; Juan 9:7, 11, 25; Act. 9:18; Rev. 3:18.

ejemplos de: Israel, Rom. 11:25; 2 Cor. 3:15. Escribas y Faríséos, Mat. 23:16, 24. Iglesia de Laodicea, Rev. 3:17.

CEILA, Jos. 15:44.

librada por David, 1 Sam. 23:1.

ingratitud de, 1 Sam. 23:12.

CELO:

Cristo es un ejemplo de, Sal. 69:9; Juan 2:17.

la pesadumbre que es según Dios conduce á, 2 Cor. 7:10, 11.

de los santos, es ardiente, Sal. 119:139.

estimula á otros á hacer el bien, 2 Cor. 9:2.

SE DEBE MANIFESTAR en el espíritu, Rom. 12:11.

haciendo el bien, Gál. 4:18; Tit. 2:14.

deseando la salvación de los demás, Act. 26:29; Rom. 10:1.

combatiendo por la fé, Jud. 3.

en los trabajos misioneros, Rom. 15:19, 23.

por la gloria de Dios, Núm. 25:11, 13.

por el bienestar de los santos, Col. 4:13.

contra la idolatría, 2 Reyes 23:4–14.

algunas veces es mal dirigido, 2 Sam. 21:2; Act. 22:3, 4; Filip. 3:6.

algunas veces no es según ciencia, Act. 21:20; Rom. 10:2; Gál. 1:14.

los impíos algunas veces pretenden tener, 2 Reyes 10:6; Mat. 23:15.

exhortaciones con referencia á, Rom. 12:11; Rev. 3:19.

santo, ejemplos de: Finees, Núm. 25:11, 13; Sal. 106:30. Josías, 2 Reyes 23:19–25. Apolos, Act. 18:25. Los Corintios, 1 Cor. 14:12. Epafras, Col. 4:12, 13.

CELOS, juicio ó demanda de, Núm. 5:11; Prov. 6:34; Cant. 8:6.

—— de Dios, Exod. 20:5, &c.; Deut. 29:20; Sal. 78:58; Ezeq. 8:3; 16:38; Sof. 1:18; Zac. 1:14; 1 Cor. 10:22.

CENA, parábola de la, Luc. 14:16.

de las bodas del Cordero, Rev. 19:9.

del Señor, véase COMUNIÓN.

CENCREAS, ó CENCRÍS, iglesia de, Act. 18:18; Rom. 16:1.

CENEROT, Jos. 11:2; 12:3; 19:35.

——, mar de, véase GALILEA.

CENIZA, el hombre comparado á, Gén. 18:27; Job 30:19.

empleada en tiempo de duelo, 2 Sam. 13:19; Est. 4:1; Job 2:8; 42:6; Isa. 58:5; Jonás 3:6, &c.; Mat. 11:21.

CENEZEOS (los), Gén. 15:19.

CENTENO, Exod. 9:32; Isa. 28:25.

CENTURIÓN, oficial romano á la cabeza de cien hombres, Mar. 15:44; Act. 21:32; 24:23.

——, su fé es alabada y su criado curado, Mat. 8; Luc. 7.

——, confiesa á Cristo á la hora de su muerte, Mat. 27:54; Mar. 15:39; Luc. 23:47.

——, Cornelio, convertido, Act. 10.

——, con Pablo á su cargo, Act. 27:43.

CEPILLO para acepillar madera, Isa. 44:13.

CEPO, metáfora del castigo, Job 13:27; 33:11; Prov. 7:22.

Jeremías es puesto en, Jer. 20:2.

también lo son Pablo y Silas, Act. 16:24.

CERCADO, ó vallado, 1 Crón. 4:23; Mat. 21:33.

en sentido figurado, Job 1:10; Prov. 15:19; Ecl.

10:8; Isa. 5:5; Ezeq. 13:5; Ose. 2:6; Luc. 14:23.

CERETÉOS, 1 Sam. 30:14; Ezeq. 25:16; Sof. 2:5; (y Peleteos) guarda de David, 2 Sam. 8:18; 20:23; 1 Crón. 13:17.

CERRADURA, 1 Reyes 4:13; Neh. 3:13, 14; Cant. 5:5.

CERTIDUMBRE:

por la fé, Efes. 3:12; 2 Tim. 1:12; Heb. 10:22.

por medio de la esperanza, Heb. 6:11, 19.

por medio del amor, 1 Juan 3:14, 19; 4:18.

es efecto de la justicia, Isa. 32:17.

abunda al entender el Evangelio, Col. 2:2; 1 Tes. 1:5.

LOS SANTOS TIENEN DE:

su elección, Sal. 4:3; 1 Tes. 1:4.

su redención, Job 19:25.

su adopción, Rom. 8:16; 1 Juan 3:2.

su salvación, Isa. 12:2.

la vida eterna, 1 Juan 5:13.

el amor inalienable de Dios, Rom. 8:38, 39.

la unión con Dios y con Cristo, 1 Cor. 6:15; 2 Cor. 13:5; Efes. 5:30; 1 Juan 2:5; 4:13.

la paz con Dios por medio de Cristo, Rom. 5:1.

su preservación, Sal. 3.6; 8; 27:3–5; 46:1–3.

obtener respuestas á sus oraciones, 1 Juan 3:22; 5:14, 15.

consuelo en la aflicción, Sal. 73:26; Luc. 4:18, 19; 2 Cor. 4:8–10, 16–18.

la continuación en la gracia, Filip. 1:6.

el sostén á la hora de la muerte, Sal. 23:4.

una resurrección gloriosa, Job 19:26; Sal. 17:15; Filip. 3:21; 1 Juan 3:2.

un reino, Heb. 12:28; Rev. 5:10.

una corona, 2 Tim. 4:7, 8; Sant. 1:12.

sed diligentes para obtener, 2 Ped. 1:10, 11.

esforzáos por conservar, Heb. 3:14, 18.

la firme esperanza en Dios restablece, Sal. 42:11.

ejemplificada: David, Sal. 23:4; 73:24–26. Pablo, 2 Tim. 1:12; 4:18.

CÉSAR, Augusto, Luc. 2:1; Tiberio, Luc. 3:1; Claudio, Act. 11:28; Nerón, Pablo apela á, Act. 25:11.

casa de, Filip. 4:22.

nombre dado en común á los emperadores romanos, Mat. 22:21.

CESARÉA, Pedro enviado á, Act. 10:11. Pablo va á, Act. 21:8. Pablo llevado preso á, Act. 23:23, 25.

——, Filipo, visitada por Cristo, Mat. 16:13; Mar. 8:27.

CETRO, símbolo del poder, Gén. 49:10; Núm. 24:17; Est. 5:2; Sal. 45:6; Heb. 1:8.

CETURA, descendientes que Abraham tuvo de, Gén. 25; 1 Crón. 1:32.

CHANZAS, impertinentes, Efes. 5:4.

CHAPÉOS ó tiaras de los sacerdotes, instrucciones para hacerlos, Ex. 28:40; 29:9; 39:28; Ezeq. 44:18 Véase MITRA.

CHIO, Act. 20:15.

CHIÓN, Amós 5:26. Véase Act. 7:43.

CHIPRE, los discípulos de, Act. 11:19.

Pablo y Bernabé, (ó Barnabás), Act. 13:4; 21:3.

CHISMES, prohibidos, Prov. 16:28; 26:20; Rom. 1:29; 2 Cor. 12:20. Véase CALUMNIA.

CHISMOGRAFÍA (la), prohibida, Lev. 19:16; Prov. 11:13; 18:8; 26:20; Ezeq. 22:9; 1 Tim. 5:13; 1 Ped. 4:15.

CHOZA, albergue para los que cuidan las huertas ó viñedos, Isa. 1:8; 24:20.

CIBROT-HATAAVA (ó Kibroth-hattaavah, codornices enviadas á los Israelitas en, Núm. 11:31–35; 33:16, 17; Deut. 9:22.

CIEGOS, leyes con respecto á los, Lev. 19:14; Deut. 27:18.
desterrados de Jerusalem, 2 Sam. 5:6.
CIELO (el): creado por Dios, Gén. 1:1; Sal. 8:3; 19:1; Isa. 40:22; Rev. 10:6.
eterno, Sal. 89:29; 2 Cor. 5:1.
Inmensurable, Jer. 31:37.
alto, Sal. 103:11; Isa. 57:15.
santo, Deut. 26:15; Sal. 20:6; Isa. 57:15.
la morada de Dios, 1 Reyes 8:30; Mat. 6:9.
el trono de Dios, Isa. 66:1, con Act. 7:49.
DIOS es Señor de, Dan. 5:23; Mat. 11:25.
reina en, Sal. 11:4; 135:6; Dan. 4:35.
llena, 1 Reyes 8:27; Jer. 23:24.
responde á su pueblo desde, 1 Crón. 21:26; 2 Crón. 7:14; Neh. 9:27; Sal. 20:6.
envía juicios desde, Gén. 19:24; 1 Sam. 2:10; Dan. 4:13, 14; Rom. 1:18.
CRISTO, como mediador, entra en, Act. 3:21; Heb. 6:20; 9:12, 24.
prepara un lugar en, Juan 14:2.
es todopoderoso en, Mat. 28:18; 1 Ped. 3:22.
los ángeles están en, Mat. 18:10; 24:36.
los nombres de los santos están escritos en, Luc. 10:20; Heb. 12:23.
los santos premiados en, Mat. 5:12; 1 Ped. 1:4.
el arrepentimiento causa gozo en, Luc. 15:7.
acumulad tesoros en, Mat. 6:20; Luc. 12:33.
la carne y la sangre no pueden heredar, 1 Cor. 15:50.
la felicidad de, descrita, Rev. 7:16, 17.
LLÁMASELE: alfoil, Mat. 3:12.
reino de Cristo y de Dios, Efes. 5:5.
casa del Padre, Juan 16:2.
patria celestial, Heb. 11:16.
descanso, Heb. 4:9; Rev. 14:13.
paraíso, 2 Cor. 12:2, 4.
los malos rechazados de, Gál. 5:21; Efes. 5:5; Rev. 22:15.
Enoc y Elías fueron trasportados á, Gén. 5:24, con Heb. 11:5; 2 Reyes 2:11.
el nuevo, Rev. 21:1.
Véase PREMIO DE LOS SANTOS.
CIELO RASO, 1 Reyes 6:15; 2 Crón. 3:5; Jer. 22:14; Agg. 1:4.
CIENCIA, falsamente llamada así, 1 Tim. 6:20.
Véase CONOCIMIENTO.
CIERVA, Gén. 49:21; 2 Sam. 22:34; Prov. 5:19; Cant. 2:7; Hab. 3:19.
CIERVO, Deut. 12:15; 14:5; 1 Reyes 4:23; Sal. 42:1; Prov. 5:19; Cant. 8:14; Isa. 35:6; Jer. 14:5.
corzo, 2 Sam. 2:18; Prov. 6:5.
CIGÜEÑA (la) mencionada, Sal. 104:17; Jer. 8:7; Zac. 5:9.
inmunda, Lev. 11:19; Deut. 14:18.
CILANTRO, una planta, Ex. 16:31; Núm. 11:7.
CILICIA, discípulos de, Act. 15:23, 41.
patria de Pablo, Act. 21:39; Gál. 1:21.
CÍMBALOS de metal, 1 Cró. 15:19, 28; 1 Cor. 13:1.
usados en el culto, 2 Sam. 6:5; 1 Crón. 15:16, 19; 2 Crón. 5:12, 13; Sal. 150:5; Ezra 3:10, 11; Neh. 12:27, 36.
CINCEL, de escribir, Jue. 5:14; Jer. 17:1. Véase, PLUMA.
CINÉOS (los), Gén. 15:19.
Moisés se casó con una mujer de entre los, Ex. 2:21, con Jue. 1:16.
se portaron con bondad para con Israel en el desierto, Ex. 18: 1 Sam. 15:6.
los Recabitas descendieron de, 1 Crón. 2:55.
la profecía de Balaam acerca de, Núm. 24:20; véase 1 Sam. 15:6; 27:10.
CINTO, ó cinturón, del sumo sacerdote, Exod.

28:4; 39:29 (Isa. 11:5; Efes. 6:14; Rev. 1:13; 15:6.)
simbólico, Jer. 13:1.
en sentido figurado, Sal. 19:39; 30:11; Isa. 11:5; 22:21; Efes. 6:14.
Véase VESTIDOS.
CIR, ó Quir (Valera, KIR), 2 Reyes 16:9; Isa. 15:1; 22:6; Amós 1:5; 9:7.
CIRCUNCISIÓN, instituida, Gén. 17:10.
practicada, Gén. 21:4; 34:24; Ex. 4:25; 12:48.
antes de entrar á Canaán, Jos. 5:2.
su significación, Deut. 10:16; 30:6; Rom. 2:25; 3:30; 4:9; 1 Cor. 7:18; Gál. 5:6; 6:15; Filip. 3:3; Col. 2:11; 3:11.
abolida, Act. 15; Gál. 5:2, 6, 11.
la Circuncisión, designación dada á los Judíos, Act. 10:45; 11:2; Gál. 2:9; Col. 4:11; Tito 1:10.
á los Cristianos, Filip. 3:3.
CIRCUNSPECCIÓN, exhortaciones para observarla, Exod. 23:13; Efes. 5:15. Véase Rom. 12:17; 2 Cor. 8:21; Filip. 4:8; 1 Tes. 4:12; 1 Ped. 2:12; 3:16.
CIRENE, discípulos de, Act. 2:10; 11:20; 13:1.
CIRENIO, gobernador romano de Siria, Luc. 2:2
CIR-HARÉSET, 2 Reyes 3:25; Isa. 16:7, 11.
CIRO, rey de Persia, las profecías acerca de, Isa 44:28; 45:1. Véase Dan. 6:28; 10:1.
su proclama para la reedificación del templo, 2 Crón. 36:22; Ezra 1.
CIS, el padre de Saúl, 1 Sam. 9:1.
CISMA, en la iglesia, reprobado, 1 Cor. 1; 3; 11:18; 12:25; 2 Cor. 13:11.
CISNE, pájaro inmundo, Lev. 11:18; Deut. 14:16.
CISÓN, Jue. 4:7, 13; 5:21; 1 Reyes 18:40; Sal. 83:9.
CISTERNA, como término de comparación, Prov. 5:15. Véase POZO.
CITTIM, profecías con respecto á, Núm. 24:24; Isa. 23:1, 12; Jer. 2:10; Ezeq. 27:6; Dan. 11:30.
CIUDADANO de Roma, Act. 21:39; 16:37, 38; 22:25, 29; 23:27; 25:10, 12, 25, 27; 26:32; como término de comparación, Efes. 2:19.
CIUDADES, fortificadas, Deut. 1:28; 3:5; Jos. 10:20; Jue. 9:51; 2 Crón. 11:5–10, 23; 17:2, 19; Sal. 48:12; Isa. 36:1; Jer. 4:5; Dan. 11:15.
de los carros, 2 Crón. 1:14; 9:25.
de los bastimentos, Exod. 1:11.
de las municiones, 2 Crón. 8:4, 6.
del comercio, Isa. 23:11; Ezeq. 27:3.
reales, Núm. 21:26; Jos. 10:2; 2 Sam. 12:26.
levíticas, Lev. 25:32; Núm. 35:7.
de asilo (ó acogimiento), Exod. 21:13; Núm. 35:6; Deut. 4:41–43; 19:2, 3; Jos. 20.
de depósito, de Salomón, 1 Rey. 9:19; 2 Crón. 8:4. De Josafat, 2 Crón. 17:12.
CLAUDA, Act. 27:16.
CLAUDIA, 2 Tim. 4:21.
CLAUDIO CÉSAR, Act. 11:28; 18:2.
CLAUDIO LISIAS, libra á Pablo de manos de los Judíos, Act. 21:31; 22:24; 23:10.
le envía con una carta para Félix, Act. 23:26.
CLAVOS de hierro, 1 Crón. 22:3; de oro, 2 Crón. 3:9.
en sentido metafórico, Ecl. 12:11; Isa. 22:23.
Véase ESTACAS.
CLEMENCIA. Véase INDULGENCIA.
CLEMENTE, un discípulo, Filip. 4:3.
CLEOFAS, su conversación con Cristo, Luc. 24:18.
_____ Véase ALFEO.
CLOÉ, 1 Cor. 1:11.
COBAR, el río, las visiones de Ezequías en el, Ezeq. 1; 3:15; 10:15.
COBARDÍA. Véase TEMOR AL HOMBRE.

COBRE, (ó según la versión Reina-Valera, METAL,) cómo se obtenía, Deut. 8:9; Job 28.2.
su naturaleza, Núm. 31:22; Job 40:18; Ezeq. 22:18, 20.
empleado en el tabernáculo y en el templo, Exod. 25:3; 26:11, &c.; 1 Reyes 7:14, &c.; 1 Crón. 6:13.
altar de, Exod. 39:39.
puertas de, Isa. 45:2.
espejos de, Exod. 38:8.
serpiente de, Núm. 21:9; 2 Reyes 18:4.
címbalos de, 1 Crón. 15:19; y trompetas, 1 Cor. 13:1.
paveses de, 2 Crón. 12:10.
trabajadores del, Tubal-Caín, Gén. 4:22; Hiram, 1 Reyes 7:14; Alejandro, 2 Tim. 4:14.
por vía de comparación : Lev. 26:19; Deut. 33:25; Isa. 48:4; Jer. 1:18; simbólico, Dan. 2:32, 39; 7:19; 10:6; Zac. 6:1; Rev. 1:15.
mencionado metafóricamente, Job 6:12; 1 Cor. 13:1; Rev. 1:15.
COCINA, COCINAR.   Véase PAN, ALIMENTO, HORNO.
CODO, Gén. 6:16; Deut. 3:11; Mat. 6:37.   Véase MEDIDAS.
CODOR–LAOMOR, rey de Elam, hace prisionero á Lot, pero es subyugado por Abraham, Gén. 14.
CODORNICES, los Israelitas alimentados de, Ex. 16:12.
enviados en castigo, Núm. 11:31; Sal. 78:27; 105:40.
COHECHO (el), prohibido, Exod. 23:2, 8; Deut. 16:19; Job 15:34; Prov. 17:23; 29:4; Ecl. 7:7; Isa. 5:23; 33:15; Ezeq. 13:19; Amós 2:6.
de Dalila, Jue. 16:5.
de los hijos de Samuel, 1 Sam. 8:3.
de Ben-adad, 1 Reyes 15:19.
de Judas, Mat. 26:14.
de los soldados, Mat. 28:12.
COJOS, (á los,) les era prohibido ejercer las funciones del sacerdocio, Lev. 21:18.
desterrados de Jerusalem, 2 Sam. 5:8.
curados por Cristo, Mat. 11:5; Luc. 7:22; y los apóstoles, Act. 3; 8:7.
bondad para con los, Job 29:15; Luc. 14:21.
los animales cojos no se debían ofrecerse para los sacrificios, Deut. 15:21; Mal. 1:8, 13.
COLECTA para los santos, Act. 11:29; Rom. 15:26; 1 Cor. 16:1; 2 Cor. 8:9.
COLGADURAS.   Véase CORTINAS.
COLOSENSES (los) alabados, Col. 1.
exhortados á ser constantes, Col. 2.
    "   á practicar las buenas obras, Col. 3:4.
COLUMNAS (ó sustentáculos de los edificios) hechas de mármol, Est. 1:6; de madera, 1 Rey. 10:12; de hierro, Jer. 1:18; de cobre, 1 Rey. 7:15; de plata, Cant. 3:10.
empleadas como monumentos conmemorativos, y construidas de una sola piedra, Gén. 28:18; ó un montón de piedras, Jos. 4:8, 9, 20.
en honor de los ídolos, Lev. 26:1.
muchas veces las ungían, Gén. 28:18; 31:13.
tenían inscripciones, Job 19:24.
erigidas por Jacob, Gén. 28:18; 35:20.
por Absalom, 2 Sam. 18:18.
en el templo, 1 Reyes 7:21; 2 Crón. 3:17; véase Gál. 2:9; 1 Tim. 3:15; Rev. 3:12.
de nube y de fuego, Exod. 13:21; 33:9; Neh. 9:12; Sal. 99:7.
por vía de comparación, 1 Sam. 2:8; Job 26:11; Sal. 75:3; Cant. 5:15; Jer. 1:18; Gál. 2:9; 1 Tim. 3:15; Rev. 3:12; 10:1.
COMADREJA, inmunda, Lev. 11:29.

COMBATE de fé, 1 Tim. 6:12; 2 Tim. 4:7; Heb. 10:32; 11:34; véase 2 Crón. 20:17.
COMERCIO, la permutación ó cambio de un género por otro, 1 Reyes 5:8, 11; por dinero, 1 Reyes 10:28, 29.
llamado "negociar," Gén. 34:10; 42:34; "grangear," Mat. 25:16; "comprar y ganar," Sant. 4.16.
los artículos de, llamados mercaderías, Ezeq. 26:12; Jer. 10:17.
los que lo ejercen llamados mercaderes, Gén. 37:28; Prov. 31:24; Ezeq. 17:4; 2 Crón. 9:14; Isa. 23:8; negociantes, Ezeq. 17:4; 2 Crón. 9:14; Isa. 23:8; vendedores y compradores, Isa. 24:2.
EJERCIDO en ferias, Ezeq. 27:12, 19; por medio de caravanas, Job 6:19; Isa. 21:13; por medio de navíos, 2 Crón. 8:18; 9:21.
EJERCIDO por los Ismaelitas, Gén. 37:25; los Egipcios, Gén. 42:2–34; los Etíopes, Isa. 45:14; los Ninivitas, Nah. 3:16; los Sirios, Ezeq. 27:16, 18; el pueblo de Tarsis, Ezeq. 27:25; los Tirios, Ezeq. 28:5, 13, 16; los Judíos, Ezeq. 27:17.
ARTÍCULOS DE: aceite, 1 Reyes 5:11; Ezeq. 27:17; bordados, Ezeq. 27:16, 24; caballos, 1 Reyes 10:29; Ezeq. 27:14; cajas de ropas preciosas, Ezeq. 27:24; carros, 1 Reyes 10:29; estaño, Ezeq. 27:12; ganado, Ezeq. 27:21; grana, Ezeq. 27:16; hierro, Ezeq. 27:12, 19; lana blanca, Ezeq. 27:18; madera, 1 Rey. 5:6, 8; marfil, 2 Crón. 9:21; Ezeq. 27:15; metal (bronce), Ezeq. 27:13; miel, Ezeq. 27:17; oro, 2 Crón. 8:18; paños para carros, Ezeq. 27:20; perfumes, Cant. 3:6; piedras preciosas, Ezeq. 27:16, 22; 28:13, 16; plata, 2 Crón. 9:21; plomo, Ezeq. 27:12; siervos, Gén. 37:28, 36; Deut. 24:7; terrenos, Gén. 23:13–16; Rut 4:3; trigo, 1 Reyes 5:11; Ezeq. 27:17; vino, 2 Crón. 2:15; Ezeq. 27:18.
COMIDAS.   Véase DIETA.
COMINO, Isa. 28:25, 27; Mat. 23:23.
COMPAÑÍA (la), mala, debe evitarse, Prov. 2:12; 4:14; 1 Cor. 15:33.
los impíos y los pecadores, Sal. 1:1; Prov. 1:10.
las personas vanas, Sal. 26:4; Prov. 12:11.
los maestros malos, Prov. 19:27.
los necios, Prov. 13:20; 14:7.
los iracundos, Prov. 22:24.
los veleidosos, Prov. 24:21.
los ladrones y las rameras, Prov. 29:3, 24.
los malhechores, Exod. 34:12; Sal. 119:115.
los hombres viciosos, Rom. 1:32; 1 Cor. 5:9; Efes. 5:7.
——, buena, es provechosa, Prov. 13:20; Mal. 3:16.
COMPASIÓN:
Cristo dió un ejemplo de, Luc. 19:41, 42.
exhortación á ejercerla, Rom. 12:15; 1 Ped. 3:8.
SE DEBE TENER PARA CON:
los afligidos, Job 6:14; Heb. 13:3.
los castigados, Isa. 22:4; Jer. 9:1.
los enemigos, Sal. 35:13.
los pobres, Prov. 19:17.
los débiles, 2 Cor. 11:29; Gál. 6:2.
los santos, 1 Cor. 12:25, 26.
es inseparable del amor de Dios, 1 Juan 3:17.
INCENTIVOS PARA EJERCERLA:
la compasión de Dios, Mat. 18:27, 33.
la conciencia de nuestra propia flaqueza, Heb. 5:2.
á los malos se les hace sentir, Sal. 106:46.
promesa á los que manifiestan, Prov. 19:17.
explicada con ejemplos, Luc. 10:33; 15:20.

ejemplificada: La hija de Faraón, Exod. 2:6.
Sobi, 2 Sam. 17:27–29. Elfas, 1 Reyes 17:18,
19. Nehemías, Neh. 1:4. Los amigos de Job,
Job 2:11. Job, Job 30:25. David, Sal. 35:13,
14. Los Judíos, Juan 11:19. Pablo, 1 Cor.
9:22.

COMPASIÓN (la) de Cristo:
necesaria para su sacerdocio, Heb. 5:2, 7.
MANIFESTADA HACIA:
los agobiados, Mat. 11:28–30.
los débiles en la fé, Isa. 40:11; 42:3; con Mat.
12:20.
los que son tentados, Heb. 2:18.
los afligidos, Luc. 7:13; Juan 11:33, 35.
los enfermos, Mat. 14:14; Mar. 1:41.
los pobres, Mat. 15:32; Mar. 8:2.
los pecadores, Mat. 9:36; Luc. 19:41.
anima á orar, Heb. 4:15; 5:2.
los santos debieran imitarla, 1 Ped. 3:8.
Cristo es un ejemplo de, Mat. 11:28; 15:32;
20:34; Luc. 7:13, &c.; Heb. 2:18; 4:15; 5:2.
———, en qué casos no se debe manifestar, Deut.
7:16; 13:8; 25:12; Ezeq. 9:5.
Véase AFLIGIDOS.

COMPRADOR (el), su proceder, Prov. 20:14.
COMPRADOS con precio, 1 Cor. 6:20.
COMPRAS de tierra, &c. Gén. 23; 33:19; 1 Crón.
21:22; Rut 4; Jer. 32:6.
COMÚN, Act. 10:14; 11:8. Véase ANIMALES,
LIMPIOS.
COMUNIÓN, comunicación ó compañía de los
santos, Act. 2.42; 2 Cor. 8:4; Gál. 2:9; Filip.
1:5; 1 Juan 1:3, &c. Véase Luc. 12:13;
15:26.
con los malos, prohibida, 1 Cor. 10:20; 2 Cor.
6:14; Efes. 5:11.
COMUNIÓN (la) con Dios:
es comunión con el Padre, 1 Juan 1:3.
con el Hijo, 1 Cor. 1:9; 1 Juan 1:3; Rev. 3:20.
con el Espíritu Santo, 1 Cor. 12:13; 2 Cor.
13:14; Filip. 2:1.
precedida de la reconciliación, Amós 3:3.
la santidad es necesaria para, 2 Cor. 6:14–16.
prometida á los obedientes, Juan 14:23.
LOS SANTOS desean, Sal. 42:1; Filip. 1:23.
tienen, por medio de la meditación, Sal.
63:5, 6.
de la oración, Filip. 4:6; Heb. 4:16.
de la Cena del Señor, 1 Cor. 10:16.
deben disfrutar siempre de, Sal. 16:8; Juan
14:16–18.
ejemplificada: Enoc, Gén. 5:24. Noé, Gén. 6:9.
Abraham, Gén. 18:33. Jacob, Gén. 32:24–29.
Moisés, Exod. 33:11–23.
COMUNIÓN (la) de los santos:
de acuerdo con la oración de Cristo, Juan
17:20, 21.
ES CON DIOS, 1 Juan 1:3.
con los santos en los cielos, Heb. 12:22–24.
de unos con otros, Gál. 2:9; 1 Juan 1:3, 7.
Dios la aprueba, Mal. 3:16.
Cristo está presente en, Mat. 18:20.
en el culto público y de oración, Sal. 34:3;
55:14; Act. 1:14; Heb. 10:25.
en la Cena del Señor, 1 Cor. 10:17.
en la santa conversación, Mal. 3:16.
en la oración de los unos por los otros, 2 Cor.
1:11; Efes. 6:18.
en la exhortación, Col. 3:16; Heb. 10:25.
en el consuelo y el provecho mútuos, 1 Tes.
4:18; 5:11.
en la compasión y la bondad mútuas, Rom.
12:15; Efes. 4:32.
la dicha de, Sal. 16:3; 42:4; 133:1–3; Rom. 15:32.

exhortación á practicar, Efes. 4:1–3.
se opone á la comunión con los malos, 2 Cor.
6:14–17; Efes. 5:11.
ejemplificada: Jonatán, 1 Sam. 23:16. David,
Sal. 119:63. Daniel, Dan. 2:17, 18. Los Apóstoles, Act. 1:14. La Iglesia primitiva, Act.
2:42; 5:12. Pablo, Act. 20:36–38.
COMUNIÓN. (la) de la Cena del Señor:
prefigurada, Ex. 12:21–28; 1 Cor. 5:7, 8.
instituida, Mat. 26:26; 1 Cor. 11:23.
objeto de, Luc. 22:19; 1 Cor. 11:24, 26.
es la comunión del cuerpo y de la sangre de
Cristo, 1 Cor. 10:16.
debe tomarse tanto el vino como el pan en,
Mat. 26:27; 1 Cor. 11:26.
el examen de conciencia ha de preceder á,
1 Cor. 11:28, 31.
el cambio del corazón y la enmienda de vida
son necesarios, 1 Cor. 5:7, 8.
los comulgantes deben consagrarse completamente á Dios, 1 Cor. 10:21.
era celebrada constantemente por la iglesia
primitiva, Act. 2:42; 20:7.
LOS COMULGANTES INDIGNOS son reos del cuerpo y de la sangre de Cristo, 1 Cor. 11:27.
no disciernen el cuerpo del Señor, 1 Cor.
11:29.
tienen que sufrir juicios, 1 Cor. 11:30.
CONCIENCIA, (la):
sirve de testigo á todos los hombres, Prov.
20:27; Luc. 12:57; Juan 8:9; Rom. 2:15.
acusa de pecado, Gén. 42:21; 1 Sam. 24:5; Mat.
27:3; Luc. 9:7.
debiéramos tener la aprobación de, Job 27:6;
Act. 24:16; Rom. 9:1; 14:22.
sólo la sangre de Cristo puede purificarla, Heb
9:14; 10:2–10, 22.
guardad la fé en pureza de, 1 Tim. 1:19; 3:9.
de los santos es pura y buena, Heb. 13:18;
1 Ped. 3:16, 21.
acatad la autoridad por motivo de, Rom. 13:5.
sufrid con paciencia por motivo de, 1 Ped. 2:19.
el testimonio de, motivo de gozo, 2 Cor. 1:12;
1 Juan 3:21.
la ajena no hay que escandalizarla, Rom. 14:21;
1 Cor. 10:28–32.
los ministros deben recomendarse á la de su
grey, 2 Cor. 4:2; 5:11.
DE LOS MALOS, cauterizada, Jer. 6:15; 1 Tim.
4:2.
contaminada, Heb. 9:14; Tit. 1:15.
sin la luz espiritual es mala guía, Act. 23:1 y
Act. 26:9; Rom. 10:2.
no siempre permanece muda, Gén. 42:21; Ex.
9:27.
impone silencio á los pecadores, Mat. 22:11;
Rom. 3:19.
CONCILIO (el) de los Judíos conspira contra Jesús, Mat. 26:3, 59; Mar. 16:1; Act. 4:28.
la defensa de los apóstoles ante, Act. 4; 5:29.
la réplica de Pablo á, Act. 23.
CONCISIÓN (cortada, tajadura), Filip. 3:2.
CONCIUDADANOS de los santos, Efes. 2:19.
CONCUBINAS, esposas de orden secundario,
Gén. 22:24; 25:6; 35:22; Jue. 8:31; 19:1–29;
20:4–6; 2 Sam. 3:2–7; 5:13; 15:16; 16:21; 19:5;
20:3; 21:11; 1 Reyes 11:3; 2 Crón. 11:21; Est.
2:14; Dan. 5:2, 23.
CONCUPISCENCIA (la), debemos dominarla,
Col. 3:5; 1 Tes. 4:5; Rom. 7:7.
prohibida, 1 Cor. 10:6–8.
de la belleza, Prov. 6:25.
respecto de las mujeres, Job 31:1; Mat. 5:28.
de carnes, Núm. 11:4, 34; Sal. 78:18–31;
106:14, 15.

CONCUPISCENCIAS (las), son del diablo, Juan 8:44.
son del mundo, 1 Juan 2:16.
ahogan la palabra de Dios, Mar. 4:19.
seducen á los hombres, Sant. 1:14, 15; 2 Ped. 2:18.
producen guerras, &c., Sant. 4:1, 2.
hacen vana la oración, Sant. 4:3.
adulteran el Evangelio, 2 Tim. 4:3; 2 Ped. 2:2; 3:3, 4; Jud. 16, 18.
llevan al abandono, Sal. 81:12.
anegan en la perdición, 1 Tim. 6:9.
mundanales, deben renunciarse, Tit. 2:12.
engañosas, despojáos de, Efes. 4:22.
juveniles, huid de, 2 Tim. 2:22.
carnales, abstenéos de, 1 Ped. 2:11.
de los Gentiles, abandonadas, 1 Ped. 4:3.
CONDENACIÓN,
la sentencia de Dios sobre el pecado, Mat. 25:41; 1 Cor. 11:29.
universal, causada por la ofensa de Adam, Rom. 5:12, 16, 18.
consecuencia inseparable del pecado, Prov. 12:2; Rom. 6:23.
AGRAVADA por:
la impenitencia, Mat. 11:20-24.
la incredulidad, Mar. 16:16; Juan 3:18, 19; 2 Tes. 2:12.
el orgullo, 1 Tim. 3:6.
la opresión, Sant. 5:1-6.
la hipocresía, Mat. 23:14; Rom. 3:8.
la concupiscencia, 2 Ped. 2:3.
la apostasía, 1 Tim. 5:12.
la conciencia es testigo de lo justo de, Job 9:20; Rom. 2:1; Tito 3:11.
la ley es testigo de lo justo de, Rom. 3:19.
según los merecimientos de cada uno, Mat. 12:37; 2 Cor. 11:15.
los santos son librados de, por Cristo, Juan 3:18; 5:24; Rom. 8:1, 33, 34.
de los malos, un ejemplo, 2 Ped. 2:6; Judas 7.
castigos para librarnos de, 1 Cor. 11:32.
los apóstatas destinados á, Judas 4.
los incrédulos permanecen bajo, Juan 3:18, 26.
la ley es el ministerio de, 2 Cor. 3:9.
final, Mat. 25:46; Mar. 3:29; Juan 3:18; 5:29; 2 Ped. 2:6; Judas 4; Rev. 20:15.
———, del tribunal, Rom. 13:2.
CONDESCENDENCIA (la), ó complacencia, preceptos acerca de, Luc. 14:13; Juan 13:14; Rom. 12:16.
———, de Cristo, manifestada:
comiendo con pecadores, Mat. 9:11.
bendiciendo á los niños, Mat. 19:14.
viniendo á servir y á ser rescate de muchos, Mat. 20:27; Luc. 22:27.
lavando los piés de los apóstoles, Juan 13:14.
siendo obediente hasta la muerte, Filip. 2:6.
revistiéndose de la naturaleza humana, Heb. 2:16.
llamando hermanos á los hombres, Heb. 2:11.
llamando amigos á los hombres, Juan 15:15.
CONDUCTA CRISTIANA (la), consiste en:
creer en Dios, Mar. 11:22; Juan 14:1.
temer á Dios, Ecl. 12:13; 1 Ped. 2:17.
amar á Dios, Deut. 6:5; Mat. 22:37.
imitar á Dios, Efes. 5:1; 1 Ped. 1:15, 16.
obedecer á Diós, Ecl. 12:13; Luc. 1:6.
rogocijarse en Dios, Sal. 33:1; Hab. 3:18.
creer en Cristo, Juan 6:29; Gál. 2:20.
amar á Cristo, Juan 21:15; Efes. 6:24.
seguir el ejemplo de Cristo, Juan 13:15; 1 Ped. 2:21-24.
obedecer á Cristo, Juan 14:21; 15:14.
VIVIR para Cristo, Rom. 14:8; 2 Cor. 5:15.

pfamente en Cristo Jesús, 2 Tim. 3:12.
para la justicia, Rom. 6:18; 1 Ped. 2:24.
sobria, recta y pfamente, Tit. 2:12.
ANDAR de una manera digna de Dios, 1 Tes. 2:12.
de una manera digna de el Señor, Col. 1:10.
en el Espíritu, Gál. 5:25.
conforme al Espíritu, Rom. 8:1.
en novedad de vida, Rom. 6:4.
de una manera digna de nuestra vocación, Efes. 4:1.
como hijos de la luz, Efes. 5:8.
regocijarse en Cristo, Filip. 3:1; 4:4.
amarse mútuamente, Juan 15:12; Rom. 12:10; 1 Cor. 13:3; Efes. 5:2; Heb. 13:1.
esforzarse por la fé, Filip. 1:27; Judas 3.
desechar todo pecado, 1 Cor. 5:7; Heb. 12:1.
abstenerse de toda apariencia de mal, 1 Tes. 5:22.
perfeccionarse en la santidad, Mat. 5:48; 2 Cor. 7:1; 2 Tim. 3:17.
aborrecer la impureza, Judas 23.
seguir lo bueno, Filip. 4:8; 1 Tes. 5:15; 1 Tim. 6:11.
vencer el mundo, 1 Juan 5:4, 5.
adornar el Evangelio, Filip. 1:27; Tit. 2:10.
poner buen ejemplo, 1 Tim. 4:12; 1 Ped. 2:12.
abundar en la obra del Señor, 1 Cor. 15:58; 2 Cor. 8:7; 1 Tes. 4:1.
apartarse de los malos, Sal. 1:1; 2 Tes. 3:6.
dominar el cuerpo, 1 Cor. 9:27; Col. 3:5.
dominar el genio, Efes. 4:26; Sant. 1:19.
someterse á las injurias, Mat. 5:39-41; 1 Cor. 6:7.
perdonar las injurias, Mat. 6:14; Rom. 12:20.
vivir en paz con todo mundo, Rom. 12:18; Heb. 12:14.
visitar á los afligidos, Mat. 25:36; Sant. 1:27.
tratar á los demás como quisiéramos que se nos tratase á nosotros mismos, Mat. 7:12; Luc. 6:31.
compadecer á los demás, Rom. 12:15; 1 Tes. 5:14.
honrar á los demás, Sal. 15:4; Rom. 12:10.
cumplir los deberes domésticos, Efes. 6:1-8; 1 Ped. 3:1-7.
someterse á las autoridades, Rom. 13:1-7.
ser generosos para con los demás, Act. 20:35; Rom. 12:13.
estar contentos, Filip. 4:11; Heb. 13:5.
dicha de observar una, Sal. 1:1-3; 19:9-11; 50:23; Mat. 5:3-12; Juan 15:10.
CONDUCTO, 2 Reyes 18:17; 20:20; Isa. 7:3; 36:2.
CONEJOS, descritos, Sal. 104:18; Prov. 30:26.
animales inmundos, Lev. 11:15; Deut. 14:7.
CONENÍAS, 1 Crón. 15:22, 27.
CONFESAR (el) á Cristo:
el influjo del Espíritu Santo necesario para, 1 Cor. 12:3; 1 Juan 4:2.
prueba de fé, 1 Juan 2:23; 4:2, 3.
prueba de unión con Dios, 1 Juan 4:15.
necesario para la salvación, Rom. 10:9, 10.
asegura el que El nos confiese, Mat. 10:32.
el temor á los hombres impide, Juan 7:13; 12:42, 43.
la persecución no debe impedirnos de, Mar. 8:35; 2 Tim. 2:12.
debe ir acompañado de la fé, Rom. 10:9.
consecuencia de dejar de, Mat. 10:33.
ejemplos de: Natanael, Juan 1:49. Pedro, Juan 6:68, 69; Act. 2:22-36. El ciego de nacimiento, Juan 9:25, 33. Marta, Juan 11:27. Pedro y Juan, Act. 4:7-12. Los apóstoles, Act. 5:29-32, 42. Esteban, Act. 7:52, 59. Pablo, Act. 9:29. Timoteo, 1 Tim. 6:12. Juan, Rev. 1:9.

La Iglesia en Pérgamos, Rev. 2:13. Los mártires, Rev. 20:4.

CONFESIÓN (la) del pecado:
Dios la exige, Lev. 5:5; Ose. 5:15.
Dios la acata, Job 33:27, 28; Dan. 9:20, &c.
exhortaciones para practicarla, Jos. 7:19; Jer. 3:13.
promesas con respecto á, Lev. 26:40-42; Prov. 28:13.
DEBE IR ACOMPAÑADA DE:
resignación al castigo, Lev. 26:41; Neh. 9:33.
petición del perdón, 2 Sam. 24:10; Sal. 25:11; 51:1; Jer. 14:7-9, 21.
humillación, Isa. 64:5, 6; Jer. 3:25.
contrición, Sal. 38:18; Lam. 1:20.
enmienda, Prov. 28:13.
remedio del daño causado, Núm. 5:6, 7.
ha de ser sin reserva, Sal. 32:5; 51:3; 106:6.
los juicios de Dios conducen á, Ose. 5:14, 15.
seguida del perdón, Sal. 32:5; 1 Juan 1:9.
explicada con ejemplos, Luc. 15:21; 18:13.
ejemplificada: Aarón, Núm. 12:11. Los Israelitas, Núm. 21:6, 7; 1 Sam. 7:6; 12:19. Saúl, 1 Sam. 15:24. David, 2 Sam. 24:10. Ezra, Ezra 9:6. Nehemías, Neh. 1:6, 7. Los Levitas, Neh. 9:4, 33, 34. Job, Job 7:20. Daniel, Dan. 9:4. Pedro, Luc. 5:8. El ladrón en la cruz, Luc. 23:41.

CONFIANZA, por medio de la fé, Prov. 3:26 ; 14:26; Efes. 3:12; Heb. 10:35; 1 Juan 2:28; 3:21; 5:14.
ninguna en la carne, Fil. 3:3.
Véase IMPAVIDEZ.
Dios es verdaderamente el Sér en quien debemos ponerla, Sal. 65:5.
el temor de Dios conduce á la, Prov. 14:26.
INCENTIVOS PARA QUE ABRIGUEMOS:
la perpétua fortaleza de Dios, Isa. 26:4.
la bondad de Dios, Nah. 1:7.
la misericordia de Dios, Sal. 36:7.
la abundante dadivosidad de Dios, 1 Tim. 6:17.
el cuidado que Dios ejerce para con nosotros, 1 Ped. 5:7.
las mercedes anteriores, Sal. 9:10; 2 Cor. 1:10.
debe ser de todo corazón, Prov. 3:5.
debe ser desde nuestra juventud, Sal. 71:5.
DE LOS SANTOS no es en la carne, Filip. 3:3, 4.
no es en sí mismos, 2 Cor. 1:9.
no es en las armas carnales, 1 Sam. 17:38, 39, 45; Sal. 44:6; 2 Cor. 10:4.
es en Dios, Sal. 11:1; 31:14; 2 Cor. 1:9.
es en la palabra de Dios, Sal. 119:42.
es en la misericordia de Dios, Sal. 13:5; 52:8.
es en Cristo, Efes. 3:12.
es por medio de Cristo, 2 Cor. 3:4.
se funda en el pacto, 2 Sam. 23:5.
es fuerte en vista de la muerte, Sal. 23:4.
es fija, 2 Sam. 22:3; Sal. 112:7.
es inalterable, Job 13:15.
es menospreciada por los malos, Isa. 36:4, 7.
es en todos tiempos, Sal. 62:8.
dura para siempre, Sal. 52:8; Isa 26:4.
los santos aluden á su, en la oración, Sal. 25:20; 31:1; 141:8.
el Señor conoce á los que tienen, Nah. 1:7.
exhortaciones al ejercicio de, Sal. 4:5; 115:9-11.
CONDUCE AL HOMBRE al goce de la misericordia, Sal. 32:10.
al goce de la perfecta paz, Isa. 26:3.
al goce de todas las bendiciones temporales y espirituales, Isa. 57:13.
al goce de la felicidad, Prov. 16:20.
á alegrarse en Dios, Sal. 5:11; 53:21.

al cumplimiento de todos sus santos deseos, Sal. 37:5.
á ser librado de sus enemigos, Sal. 37:40.
á la seguridad en la hora del peligro, Prov. 29:25.
á la estabilidad, Sal. 125:1.
á la prosperidad, Prov. 28:25.
GUARDA AL HOMBRE del temor, Sal. 56:11; Isa. 12:2; Heb. 13.6.
de la vacilación, Sal. 26:1.
de la desolación, Sal. 34:22.
acompañada de las buenas obras, Sal. 37:3.
la bienaventuranza de poner, en Dios, Sal. 2:12; 34:8; 40:4; Jer. 17:7.
DE LOS MALOS no es en Dios, Sal. 78:22; Sof. 3:2.
es en los ídolos, Isa. 42:17; Hab. 2:18.
es en el hombre, Jue. 9:26; Sal. 118:8, 9.
es en su propio corazón, Prov. 23:26.
es en su propia justicia, Luc. 18:9, 12.
es en sus privilegios religiosos, Jer. 7:4, 8; Miq. 3:11; Juan 8:33.
es en la opresión, Sal. 62:10; Isa. 30:12.
es en la maldad, Isa. 47:10.
es en la vanidad, Job 15:31; Isa. 59:4.
es en la falsedad, Isa. 28:15; Jer. 13:25.
es en sus alianzas terrenales, Isa. 30:2; Ezeq. 17:15.
es en las ciudades enmuralladas, Jer. 5:17.
es en los carros y en los caballos, Sal. 20:7.
es en la riqueza, Sal. 49:6; 52:7; Prov. 11:28; Jer. 48:7; Mar. 10:24.
es vana y engañosa, Isa. 30:7; Jer. 2:37.
los hará avergonzar, Isa. 20:5; 30:3, 5; Jer. 48:13.
será destruida, Job 18:14; Isa. 28:18.
el dolor y la miseria que resultan de la falsa, Isa. 30:1, 2; 31:1-3; Jer. 17:5.
de los santos, explicada con símiles, Sal. 91:12; Prov. 18:10.
de los malos, explicada con símiles, 2 Reyes 18:21; Job 8:14; 18:21.
de los santos, ejemplos de: David, 1 Sam. 17:45; 30:6. Ezequías, 2 Rey. 18:5. Josafat, 2 Crón. 20:12. Sidrac, &c., Dan. 3:28. Pablo, 2 Tim. 1:12.
de los malos, ejemplos de: Goliat, 1 Sam. 17:43-45. Ben-adad, 1 Rey. 20:10. Sennaquerib, 2 Crón. 32:8. Los Israelitas, Isa. 31:1.

CONFORMIDAD. Véase CONTENTO.
CONFUSIÓN DE LENGUAS. Véase BABEL.
CONGREGACIÓN (la) de Israel, toda ella debía observar la pascua, Exod. 12:3, &c.
expiación por. Lev. 4:13; 16:17.
debía lapidar á los transgresores, Lev. 24:14; Núm. 14:10; 15:35.
quiénes no debían entrar en, Deut. 23:1.
debía conservarse santa, Deut. 23:9.
CONJURAR, Mat. 26:63; Mar. 5:7; Act. 19:13.
CONOCIMIENTO, vanidad del humano, Ecl. 1:18; Isa. 44:25; 1 Cor. 1:19; 3:19; 2 Cor. 1:12.
árbol de conocimiento ó ciencia del bien y del mal, Gen. 2:9, &c.
CONOCIMIENTO de Dios. &c., concedido por El, Exod. 8:10; 31:3; 2 Crón. 1:12; Sal. 94:10; Prov. 2:6; Ecl. 2:26; Jer. 24:7; Dan. 1:17; 2:21; Mat. 11:25; 13:11; 1 Cor. 1:5; 2:12; 12:8.
bendiciones que resultan de, Sal. 89:15; Prov. 1:4, 7; 3:13; 4; 9:10; 10:14; Ecl. 7:12; Mal. 2:7; Efes. 4:13; Sant. 3:13; 2 Ped. 2:20.
la falta de, es peligrosa, Ose. 4:6; Jer. 4:22; Prov. 1:22; 19:2; Rom. 1:28; 1 Cor. 15:34.
debemos pedirlo á Dios, Juan 17:3; 2 Ped. 3:18; Efes. 3:18; Col. 1:9.
debemos buscarlo, Prov. 12:1; 13:16; 18:15; 21:11; 1 Cor. 14:1; Heb. 6:1; 2 Ped. 1:5.

abuso de, 1 Cor. 8:1.
la responsabilidad que apareja, Núm. 15:30; Deut. 17:12; Luc. 12:47; Juan 15:22; Rom. 1:21; 2:21; Sant. 4:;7.
CONOCIMIENTOS espirituales, serán aumentados, Prov. 1:5; 9:9; 16:21, 23; Rom. 15:4. Véase INSTRUCCIÓN.
CONSAGRACIÓN, del primogénito, Exod. 13:2; 22:29; Núm. 3:13; Luc. 2:22, 23.
de la nación judía, Exod. 19:6.
de Aarón, &c., Exod. 29; Lev. 8.
de los Levitas, Núm. 8:5.
de los creyentes, 1 Ped. 2:9; Rev. 1:6.
Véase Heb. 7:8; 10:20.
CONSAGRACIÓN á Dios:
Cristo es un ejemplo de, Juan 4:34; 17:4.
SE FUNDA EN:
las misericordias de Dios, Rom. 12:1.
la bondad de Dios, 1 Sam. 12:24.
el llamamiento divino, 1 Tes. 2:12.
la muerte de Cristo, 2 Cor. 5:15.
nuestra creación, Sal. 86:9.
nuestra preservación, Isa. 46:4.
nuestra redención, 1 Cor. 6:19, 20.
DEBE SER:
con nuestro espíritu, 1 Cor. 6:20; 1 Ped. 4:6.
con nuestros cuerpos, Rom. 12:1; 1 Cor. 6:20.
con nuestros miembros, Rom. 6:12, 13.
con nuestros bienes, Ex. 22:29; Prov. 3:9.
sin riserva, Mat. 6:24; Luc. 14:33.
abundante, 1 Tes. 4:1.
con tesón, Luc. 1:74, 75; 9:62.
en vida y muerte, Rom. 14:8; Filip. 1:20.
DEBE MANIFESTARSE:
amando á Dios, Deut. 6:5; Luc. 10:27.
sirviendo á Dios, 1 Sam. 12:24; Rom. 12:11.
portándose de una manera digna de Dios, 1 Tes. 2:12.
haciéndolo todo para gloria de Dios, 1 Cor. 10:31.
llevando la cruz, Mar. 8:34.
en la abnegación, Mar. 8:34.
viviendo para Cristo, 2 Cor. 5:15.
abandonándolo todo por Cristo, Mat. 19:21, 28, 29.
falta de, improbada, Rev. 3:16.
ejemplos de: Josué, Jos. 24:15. Pedro, Andrés, Santiago, Juan, Mat. 4:20–22. Juana, &c., Luc. 8:3. Pablo, Filip. 1:21. Timotéo, Filip. 2:19–22. Epafrodito, Filip. 2:30.
CONSEJERO (el), uno de los dictados de Cristo, Isa. 9:6.
CONSEJEROS, en la multitud de, está la salud, Prov. 11:14; 15:22; 24:6.
CONSEJO, ventajas del buen, Prov. 11:14; 12:15; 13:10; 15:22; 20:18; 24:6; 27:9.
DE DIOS, IMPLORADO:
por Israel, Jue. 20:28.
por Saúl, 1 Sam. 14:37.
por David, 1 Sam. 23:2, 10; 30:8: 1 Crón. 14. Véase Sal. 16:7; 33:11; 73:24; Prov. 8:14; Isa. 40:13; Ecl. 8:2; Rev. 3:18.
peligro de rechazar el, 2 Crón. 25:16; Prov. 1:25; Luc. 7:30; Isa. 30:1; Jer. 23:22.
el de los malos improbado, Job 5:13; 10:3; 21:16; Sal. 1:1; 5:10; 33:10: 64:2; 81:12; 106:43; Isa. 7:5; Ose. 11:6: Miq. 6:16; 7:3.
CONSEJOS (los) y designios de Dios:
son grandes, Jer. 32:19.
son maravillosos, Isa. 28:29.
son universales, Isa. 14:26; Efes. 1:11.
son inmutables, Sal. 83:11; Prov. 19:21; Jer. 4:28; Rom. 9:11; Heb. 6:17.
son soberanos, Isa. 40:13, 14; Dan. 4:35.

son perfectos, Deut. 32:4; Ecl. 3:14.
son eternos, Efes. 3:11.
son la misma verdad, Isa. 25:1.
nadie puede invalidarlos, Isa. 14:27.
serán cumplidos, Isa. 14:24; 46:11.
los sufrimientos y la muerte de Cristo acaecieron en conformidad con, Act. 2:23; 4:28; 13:29.
los pecados del hombre con relación á, 1 Ped. 2:8; Jud. 4; Rev. 17:17.
incluyen los medios y los fines, Act. 18:9; 27:22–31; 2 Tes. 2:13; 1 Ped. 1:2.
los santos llamados y salvados de acuerdo con, Rom. 8:28; 2 Tim. 1:9.
la unión de todos los santos en Cristo es de acuerdo con, Efes. 1:9, 10.
las obras de Dios de acue.do con, Efes. 1:11.
los ministros deben manifestar, Act. 20:27.
acatad, Jer. 49:20; 50:45.
secretos, no se deben escudriñar, Deut. 29:29; Mat. 24:36; Act. 1:7.
LOS MALOS no entienden, Miq. 4:12.
desprecian, Isa. 5:19.
rechazan, Luc. 7:30.
CONSIDERACIÓN, exhortaciones á practicark Deut. 4:39; 32:29; Prov. 15:28; Ecl. 5:2; 1 Tim 4:15; 2 Tim. 2:7; Heb. 7:4; 10:24.
hacia el pobre, Sal. 41:1.
de nuestros caminos, Agg. 1:5, 7; 2:15–18.
de nuestro fin, Job 23:15.
de las obras de Dios, Job. 37:14; Sal. 8:3; Prov. 6:6; Ecl. 7:13; Mat. 6:28.
de los caminos de Dios, Sal. 50:22; Ecl. 4:1.
de Cristo, Heb. 3:1; 12:3.
CONSOLADOR (el) prometido, Juan 14:26; 15:26; 16:7. Véase ESPÍRITU SANTO.
CONSOLARSE mútuamente, 1 Tes. 4:18; 5:11; Filip. 2:1.
CONSPIRACIÓN. Véase CORÉ, ABSALOM, BAGATÁN, ADONÍAS, &c.
contra Cristo, Mat. 26:3; Mar. 14:1; Luc. 22:1; Juan 11:55; 13:18.
contra Pablo, Act. 23:12.
CONSTANCIA: en la obediencia, Sal. 119:31, 33.
en la amistad, Prov. 27:10.
en medio del sufrimiento, Mat. 5:12; Heb. 12:5; 1 Ped. 4:12–16.
en la oración, Luc. 18:1; Rom. 12:12; Efes. 6:18; Col. 4:2; 1 Tes. 5:17.
en la beneficencia, Gál. 6:9.
en la profesión, Heb. 10:23.
ejemplos: Rut 1:14, &c.; 1 Sam. 18:1; 20:16 &c.; Rom. 16:3, 4.
CONSULTA á Dios. De Rebeca, Gén. 25:22; de los Israelitas, Jue. 1:1; 1 Sam. 10:22; de David, 2 Sam. 2:1; 5:19, 23; 21:1; 1 Cró. 14:10, 14; de sus santos, Ezeq. 36:37.
al sumo sacerdote. De los Israelitas, Jue. 20:18–27; de Saúl, 1 Sam. 14:19, 37–41: de David, 1 Sam. 23:10; en el templo, 2 Sam. 16:23; 1 Crón. 21:30; Sal. 27:4.
á los profetas, Ezeq. 14:7. De Saúl, 1 Sam. 9:6–9; de David, 1 Sam. 23:2, 4; 22:5; de Josafat, 1 Reyes 22:7; 2 Reyes 3:11; de Ben-adad, 2 Reyes 8:8; de Josías, 2 Reyes 22:13; de Sedequías, Jer. 21:1, 2; 37:7; de los ancianos de Israel, Ezeq. 20:1.
CONTAMINACIÓN (la) del pecado, procede del corazón, Mat. 15:11, 18–20.
se extiende al entendimiento y á la conciencia, Tit. 1:15.
acarrea desgracias á las naciones, Lev. 18:25; Isa. 24:5; Ezeq. 36:17; 43:7, 8.
excluye del cielo, Rev. 3:4; 21:27.

45

CONTAMINACIONES bajo la ley, Lev. 5; 11; 13; 15; 21; 22; Núm. 5; 9:6; Deut. 21:23; Ezeq. 22.
de los paganos, Lev. 18:24; 19:31; 20:3; Act. 15:20.
del Sábado, Neh. 13:15; Isa. 56:2; Ezeq. 20:13.
del altar de Dios, &c., Ex. 20:25; 2 Cró. 33:7; 36:14; Ezeq. 8:6; 44:7; Dan. 8:11; Sof. 3:4; Mal. 1:7.
del pecado, Ezeq. 16:6; 22; Sof. 3:1.
del mundo, 2 Ped. 2:20.

CONTENCIÓN:
Cristo nos puso el ejemplo de evitar, Isa. 42:2, con Mat. 12:15-19.
prohibida, Prov. 3:30; 25:8.
obra de la carne, Gál. 5:20.
prueba del ánimo carnal, 1 Cor. 3:3.
existía en la iglesia primitiva, 1 Cor. 1:11.
SE SUSCITA por el odio, Prov. 10:12.
  por el orgullo, Prov. 13:10; 28:25.
  por la ira, Prov. 15:18; 30:33.
  por la perversidad, Prov. 16:28.
  por el natural rencilloso, Prov. 26:21.
  por los chismes, Prov. 26:20.
  por el beber vino, Prov. 23:29, 30.
  por la concupiscencia, Sant. 4:1.
  por las cuestiones de palabras, 1 Tim. 6:4; 2 Tim. 2:23.
  por la burla, Prov. 22:10.
lo difícil de reprimerla es razón suficiente para evitarla, Prov. 17:14.
de parte de los santos es una vergüenza, 2 Cor. 12:20; Sant. 3:14.
LOS SANTOS DEBEN evitar, Gén. 13:8.
  evitar las cuestiones que conducen á, 2 Tim. 2:14.
  no andar en, Rom. 13:13.
  no obrar por, Filip. 2:3.
  hacer todo sin, Filip. 2:14.
  someterse á la injusticia antes que tomar parte en, Mat. 5:39, 40; 1 Cor. 6:7.
  implorar á Dios que los libre de, Sal. 35:1; Jer. 18:19.
  alabar á Dios cuando los haya librado de, 2 Sam. 22:44; Sal. 18:43.
LOS MINISTROS DEBEN evitar, 1 Tim. 3:3; 2 Tim. 2:24.
  evitar cuestiones que conducen á, 2 Tim. 2:23; Tit. 3:9.
  no predicar por, Filip. 1:15, 16.
  amonestar con respecto á, 1 Cor. 1:10; 2 Tim. 2:14.
censural, 1 Cor. 1:11, 12; 3:3; 11:17, 18.
se aplaca con la paciencia, Prov. 15:18.
el cesar de, es honorable, Prov. 20:3.
los hipócritas se valen de la religión para suscitar, Isa. 58:4.
los insensatos se ocupan de, Prov. 18:6.
da á conocer que hay amor á la prevaricación, Prov. 17:19.
CONDUCE AL HOMBRE á la blasfemia, Lev. 24:10, 11.
  á la injusticia, Hab. 1:3, 4.
  á la confusión y á toda obra mala, Sant. 3:16.
  á la violencia, Exod. 21:18, 22.
  á la destrucción mutua, Gál. 5:15.
hace amargas las bendiciones temporales, Prov. 17:1.
excluye del cielo, Gál. 5:20, 21.
los que promueven, deben ser expulsados, Prov. 22:10.
el castigo de, Sal. 55:9.
comparaciones de la fuerza y la violencia de, Prov. 17;14; 18:19.

comparación que demuestra lo peligroso de tomar parte en, Prov. 26:17.
ejemplos de: Los pastores de Abram y de Lot, Gén. 13:7. Los pastores de Gerar y de Isaac, Gén. 26:20. Laban y Jacob, Gén. 31:36. Los dos Hebréos, Ex. 2:13. Los Israelitas, Deut. 1:12. Jefté y los hijos de Ammón, Jue. 12:2. Judá é Israel, 2 Sam. 19:41-43. Los discípulos, Luc. 22:24. Los Judíos, Juan 6:52; 10:19. Maestros que prescribían prácticas Judaicas, Act. 15:2. Pablo y Barnabás, Act. 15:39. Los Fariséos y los Saducéos, Act. 23:7. Los Corintios, 1 Cor. 1:11; 6:6.
CONTENTO (el):
con la piedad es grande ganancia, Sal. 37:16; 1 Tim. 6:6.
LOS SANTOS DEBEN MANIFESTAR:
  en sus respectivas vocaciones, 1 Cor. 7:20.
  con el sueldo asignado, Luc. 3:14.
  con lo que tienen, Heb. 13:5.
  con el alimento y el vestido, 1 Tim. 6:8.
las promesas de Dios debieran inclinarnos á, Heb. 13:5.
los malos carecen de, Isa. 5:8.
ejemplificado: Berzellai, 2 Sam. 19:33-37. La Sunamita, 2 Reyes 4:13. David, Sal. 16:6. Agur, Prov. 30:8, 9. Pablo, Filip. 4:11, 12.
CONTRA-CARIDAD, ó falta de caridad, para con los pobres, reprobada, Prov. 29:7; Isa. 32:7.
manifestada en las acciones, Sant. 2:15, 16.
incompatible con el amor de Dios, 1 Juan 3:17.
manifiesta un corazón duro, Deut. 15:9.
acarrea desgracias, Prov. 11:26; 21:10, 13, 26; 28:27.
CONTRADECIR, Luc. 21:15; Tit. 1:9.
CONTRIBUCIONES. Véase IMPUESTOS.
CONTRICIÓN, ejemplos de: David, 2 Sam. 12:13; Sal. 51. Pedro, Mat. 26:75. Véase ARREPENTIMIENTO.
CONTRITO (el corazón) Dios no lo desprecia, Sal. 34:18; 51:17; Isa. 57:15; 66:2.
CONTROVERSIAS (las), deben evitarse, 1 Tim. 1:4; 6:4, 20; 2 Tim. 2:16; Tit. 3:9.
las difíciles, como se deben decidir, Deut. 17:8; 19:16; 21:5.
CONVENCIMIENTO del pecado, producido por el Espíritu Santo, Juan 16:7.
producido por la contemplación de Dios en su verdadero aspecto, Job 40:3; 42:5, 6; Isa. 6:5.
producido por la enseñanza divina, 1 Sam. 12.
producido por la reflexión, Luc. 15:17.
en medio del peligro, Jonas 3:4-6; Act. 16:29.
en medio del dolor, Jer. 31:18; Dan. 9:4.
por la verdad, Act. 2:37; 1 Cor. 14:24.
por la ley, Rom. 7:9; Sant. 2:9.
inclínanos á la confesión, Ezra 9:6; Isa. 64:6.
al arrepentimiento, Jer. 31:19.
ejemplos de: Adam y Eva, Gén. 3:8, 10. Los hermanos de José, Gén. 44:16; 45:3; 50:15-18. Faraón, Ex. 9:27, 28; 10:16, 17; 12:31-33. Los Egipcios, Exod. 10:7; 12:33; 14:25. Los Israelitas, Ex. 20:19; 33:4; Núm. 14:39, 40; 17:12, 13; 21:7; Deut. 18:.6. Manué, Jue. 13:22. Saúl, 1 Sam. 15:24; 24:16-20; 26:21. David, 2 Sam. 6:9; 1 Crón. 21:30. La viuda, 1 Reyes 17:18. Los príncipes de Judá, Jer. 36:16. Baltasar, Dan. 5:6. Darío, Dan. 6:1b. Herodes, Mat. 14:2. Los Gadarenos, Mar. 5:17. Los Judíos, Juan 8:9. Judas, Mat. 27:3-5. Félix, Act. 24:25.
CONVENIENTES, muchas cosas lícitas no son, 1 Cor. 6:12.
CONVERSACIÓN, en el sentido de trato, comunicación recta, Sal. 37:14; 50:23; Filip. 3:20;

1 Tim. 4:12; Heb. 13:5; Sant. 3:13; 1 Ped. 2:12; 2 Ped. 3:11.
como cumple al evangelio, 2 Cor. 1:12; Gál. 1:13; Efes. 4:1; Filip. 1:27; 1 Ped. 1:15.

CONVERSIÓN (la):
efectuada por Dios, 1 Reyes 18:37; Juan 6:44; Act. 21:19.
efectuada por Cristo, Act. 3:26; Rom. 15:18.
por el Espíritu Santo, Prov. 1:23.
es de gracia, Act. 11:21, con vers. 23.
se sigue al arrepentimiento, Act. 3:19; 26:20.
es el resultado de la fé, Act. 11:21.
POR MEDIO DE:
las Escrituras, Sal. 19:7.
los ministros, Act. 26:18; 1 Tes. 1:9.
el examen de conciencia, Sal. 119:59; Lam. 3:40.
la aflicción, Sal. 78:34.
DE LOS PECADORES ES MOTIVO DE GOZO PARA:
Dios, Ezeq. 18:23; Luc. 15:32.
los santos, Act. 15:3; Gál. 1:23, 24.
es necesaria, Mat. 18:3.
ha sido prescrita, Job 36:10.
exhortaciones con respecto á, Prov. 1:23; Isa. 31:6; 55:7; Jer. 3:7; Ezeq. 33:11.
promesas que se relacionan con, Neh. 1:9; Isa. 1:27; Jer. 3:14; Ezeq. 18:27.
orad por, Sal. 80:7; 85:4; Jer. 31:18; Lam. 5:21.
va acompañada de la confesión del pecado, y de la oración, 1 Reyes 8:35.
es peligroso descuidarla, Sal. 7:12; Jer. 44:5, 11; Ezeq. 3:19.
deber de conducir los pecadores á, Sal. 51:13.
incentivos para encaminar á los pecadores á, Dan. 12:3; Sant. 5:19, 20.
de los gentiles, predicha, Isa. 2:2; 11:10; 60:5; 66:12.
de Israel, predicha, Ezeq. 36:25-27.
de Pablo, Act. 9; 22; 26.

CONVITES, á menudo grandes, Gén. 21:8; Dan. 5:1; Luc. 5:29.
preparativos que se hacían para los, Gén. 18:6, 7: Prov. 9:2; Mat. 22:4; Luc. 15:23.
clases que se mencionan: comida, Gén. 43:16; Mat. 22:4; Luc. 14:12; cena, Juan 12:3; banquete de vino, Est. 5:6.
bajo la dirección del maestresala, Juan 2:8, 9.
se enviaban invitaciones, Prov. 9:1-5; Luc. 14:16, 17.
se daban en la casa, Luc. 5:29; al aire libre, junto á las fuentes, 1 Reyes 1:9: en el patio de la casa, Est. 1:5, 6; Luc. 7:36, 37; en el cenadero, Mar. 14:14, 15.
en cuanto á los convidados: eran saludados, Luc. 7:45; ungidos, Sal. 23:5; Luc. 7:46; les lavaban los piés, Gén. 18:4; 43:24; Luc. 7:38, 44; los disponían según su rango, Gén. 43:33; 1 Sam. 9:22; Luc. 14:10; algunas veces tenían platos por separado, Gén. 43:34; 1 Sam. 1:4; otras veces comían del mismo plato, Mat. 26:23.
enviaban viandas á los ausentes, 2 Sam. 11:8; Neh. 8:10; Est. 9:19.
era una afrenta rehusar una invitación, Luc. 14:18, 24.
la puerta cerrada, Luc. 13:24, 25.
empezaban con una acción de gracias al Dador de todo bien, 1 Sam. 9:13; Mar. 8:6.
terminaban con un himno, Mat. 14:26.
á nadie se le instaba á comer ó beber más de lo que quería, Est. 1:8.
á menudo se convertían en verdaderas bacanales, 1 Sam. 25:36; Dan. 5:3, 4; Ose. 7:5.
dados por los convidados en retorno, Job 1:4; Luc. 14:12.

CONVOCACIÓN (la), para el culto público, prescrita, Lev. 23; Deut. 16:8; Heb. 10:25.
la afición de David á, Sal. 27:4; 42; 43; 65; 84; 87; 118:26; 122; 134; 135. Véase Isa. 4:5; Mala. 3:16; Mat. 18:20.
ejemplos de, 1 Reyes 8; 2 Crón. 5; 29:30; Neh. 8; Luc. 4:16; Juan 20:19; Act. 1:13; 2:1; 3:1; 13:2; 16:13; 20:7.
CONVOCACIONES, Exod. 12:16; Lev. 23:2, &c.; Núm. 28:26; 29:12.
COOS, Act. 21:1.
COPA, Jer. 52:19; de plata, Gén. 44:2; de la Cena del Señor, Luc. 22:20; de los demonios, 1 Cor. 10:21; en sentido figurado, Sal. 23:5; Mat. 20:22; 26:39.
COPIA, ejemplar ó traslado de la ley que el rey debía escribir, Deut. 17:18.
CORAL, Job 28:18; Ezeq. 27:16.
CORAZA, 1 Sam. 17:5.
de justicia, Efes. 6:17.
de fé y amor, 1 Tes. 5:8.
CORAZÍN, Mat. 11:21; Luc. 10:13.
CORAZÓN (el):
la vida mana de, Prov. 4:23; Mat. 15:18.
DIOS:
somete á prueba, 1 Crón. 29:17; Jer. 12:3. .
conoce, Sal. 44:21; Jer. 20:12.
escudriña, 1 Crón. 28:9; Jer. 17:10.
entiende, 1 Crón. 28:9; Sal. 139:2.
pesa, Prov. 21:2; 24:12.
ejerce influjo sobre, 1 Sam. 10:26; Ezra 6:22; 7:27; Prov. 21:1; Jer. 20:9.
crea un nuevo, Ezeq. 36:26.
prepara, 1 Crón. 29:18; Prov. 16:1.
abre, Act. 16:14.
ilumina, 2 Cor. 4:6.
vigoriza, Sal. 27:14.
asegura, Sal. 112:8; 1 Tes. 3:13.
HA DE SER:
preparado para Dios, 1 Sam. 7:3.
entregado á Dios, Prov. 23:26.
perfecto para con Dios, 1 Reyes 8:61.
aplicado á la sabiduría, Sal. 90:12; Prov. 2:2.
guiado por el camino recto, Prov. 23:19.
purificado, Sant. 4:8.
sencillo, Efes. 6:5; Col. 3:22.
tierno, Efes. 4:32.
guardado con diligencia, Prov. 4:23.
DEBEMOS:
creer con, Act. 8:37; Rom. 10:10.
servir á Dios con todo, Deut. 11:13.
guardar los estatutos de Dios con todo, Deut. 26:16.
caminar delante de Dios con todo, 1 Reyes 2:4.
confiar en Dios con todo, Prov. 3:5.
amar á Dios de todo, Mat. 22:37.
tornar á Dios de todo, Deut. 30:2.
hacer la voluntad de Dios de, Efes. 6:6.
santificar á Dios en, 1 Ped. 3:15.
ningún hombre puede limpiar, Prov. 20:9.
la fé es el medio de purificar, Act. 15:9.
la renovación de, prometida bajo el Evangelio, Ezeq. 11:19; 36:26; Heb. 3:10.
Dios no lo deprecia cuando está contrito y humillado, Sal. 51:17.
ROGAD QUE SEA:
purificado, Sal. 51:10.
inclinado á los testimonios de Dios, Sal. 119:36.
sano en los estatutos de Dios, Sal. 119:80.
aunado para temer á Dios, Sal. 86:11.
dirigido á amar á Dios, 2 Tes. 3:5.
no lo endurezcais contra Dios, Sal. 95:8 con Heb. 4:7.

no lo endurezcais contra el pobre, Deut. 15:7.
no veáis iniquidad en, Sal. 66:18.
cuidad para que no se engañe, Deut. 11:16.
sentid la plaga de, 1 Reyes 8:38.
el que se fía de, es un insensato, Prov. 28:26.
NATURALEZA DEL CORAZÓN RENOVADO:
    está inclinado á buscar á Dios, 2 Crón. 11:16.
    preparado para buscar á Dios, 2 Crón. 19:3;
      Ezra 7:10; Sal. 10:17.
    fijo en Dios, Sal. 57:7; 112:7.
    lleno de júbilo en Dios, 1 Sam. 2:1; Zac. 10:7.
    perfecto para con Dios, 1 Reyes 8;61; Sal.
      101:2.
    recto, Sal. 97:11; 125:4.
    limpio, Sal. 73:1.
    puro, Sal. 24:4; Mat. 5:8.
    tierno, 1 Sam. 24:5; 2 Reyes 22:19.
    sencillo y sincero, Act. 2:46; Heb. 10:22.
    bueno, Luc. 8:15.
    quebrantado, contrito, Sal 34:18:51:17.
    obediente, Sal. 119:112; Rom. 6:17.
    lleno de la ley de Dios, Sal. 40:8; 119:11.
    atemorizado por la palabra, Sal. 119:161.
    lleno del temor de Dios, Jer. 32:40.
    meditabundo, Sal. 4:4; 77:6.
    circuncidado, Deut. 30:6; Rom. 2:29.
    exento de temor, Sal. 27:3.
    deseoso de Dios, Sal. 84:2.
    ensanchado, Sal. 119:32; 2 Cor. 6:11.
    fiel á Dios, Neh. 9:8.
    confiado en Dios, Sal. 112:7.
    la morada de Dios, Juan 14:23; Rom. 8:9.
    compasivo, Jér. 4:19; Lam. 3:51.
    suplicante, 1 Sam. 1:13; Sal. 27:8.
    inclinado á la obediencia, Sal. 119:112.
    dedicado á Dios, Sal. 9:1; 119:10, 69, 145.
    lleno de entusiasmo, 2 Crón. 17:6; Jer. 20:9.
    prudente, Prov. 10:8; 14:33; 23:15.
    un tesoro de bienes, Mat. 12:35.
NATURALEZA DEL CORAZÓN SIN RENOVAR:
    odioso á Dios, Prov. 6:16,18; 11:20.
    lleno de mal, Ecl. 9:3.
    lleno de malos sentimientos, Gén. 6:5 ; 8:21;
      Prov. 6:18.
    lleno de malas intenciones, Jer. 4:14.
    resuelto á hacer el mal, Ecl. 8:11.
    perverso más que todas las cosas, Jer. 17:9.
    léjos de Dios, Isa. 29:13, y Mat. 15:8.
    no es perfecto para con Dios, 1 Reyes 15:3;
      Act. 8:21; Prov. 6:18.
    no está preparado para buscar á Dios, 2 Cró.
      12:14.
    un tesoro de maldad, Mat. 12:35; Mar. 7:21.
    oscurecido, Rom. 1:21.
    pronto á errar, Sal. 95:10.
    á alejarse de Dios, Deut. 29:18; Jer. 17:5.
    impenitente, Rom. 2:5.
    incrédulo, Heb. 3:12.
    ciego, Efes. 4:18.
    no circuncidado, Lev. 26:41; Act. 7:51.
    de poco valor, Prov. 10:20.
    engañoso, Jer. 17:9.
    engañado, Isa. 44:20; Sant. 1:26.
    apartado, Ose. 10:2.
    doble, 1 Crón. 12:33; Sal. 12:2.
    duro, Ezeq. 3:7; Mar. 10:5; Rom. 2.
    altivo, Prov. 18:12; Jer. 48:29.
    bajo el influjo del diablo, Juan 13:2.
    carnal, Rom. 8:7.
    codicioso, Jer. 22:17; 2 Ped. 2:14.
    menospreciador, Ezeq. 25:15.
    enredador, Ecl. 7:26.
    insensato, Prov. 12:23; 22:15.
    airado contra Dios, Prov. 19:3.
    idólatra, Ezeq. 14:3, 4.

enloquecido, Ecl. 9:3.
maligno, Sal. 28:3; 140:2.
orgulloso, Sal. 101:5; Jer. 49:16.
rebelde, Jer. 5:23.
perverso, Prov. 12:8.
contumaz, Ezeq. 2:4.
de piedra, Ezeq. 11:19; 36:26.
duro, Isa. 46:12.
ensoberbecido por el placer, Ose. 13:6.
engreído por la prosperidad, 2 Crón. 26:16 ;
    Dan. 5:20
busca la destrucción, Prov. 24:2.
á menudo entorpecido judicialmente, Isa.
    6:10; Act. 28:26, 27.
á menudo endurecido judicialmente, Exod.
    4:21; Jos. 11:20.
CORBÁN, don, Mar. 7:11.
CORCHETES, Exod. 26:6.
CORDEROS (ó carneros en la versión de Valera):
OFRECIDOS EN SACRIFICIO, Lev. 3:7.
    desde los tiempos antiguos, Gén. 4:4; 22:7.
    en la Pascua, Exod. 12:3, 6.
    todas las mañanas y todas las tardes, Exod.
      29:38, 39; Núm. 28:3, 4.
    en grandes números, 2 Crón. 35:7.
    por los malos, Isa. 1:11; 66:3.
    el cuidado del pastor por, Isa. 40:11.
    un comercio considerable en, Ezra 7:17; Ezeq.
      27:21.
SÍMILE DE:
    la pureza de Cristo, 1 Ped. 1:19.
    el sacrificio de Cristo, Juan 1:29; Rev. 5:6.
    el pueblo de Dios, Isa. 5:17; 11:6.
    cualquiera objeto querido, 2 Sam. 12:3, 9.
    los creyentes débiles, Isa. 40:11; Juan 21:15.
    la paciencia de Cristo, Isa. 53:7; Act. 8:32.
    los ministros perseguidos, Luc. 10:3.
    Israel abandonado, Ose. 4:16.
    los hombres malos, Sal. 37:20; Jer. 51:40.
Véase JESU-CRISTO.
CORDÓN, Exod. 28:28; Núm. 15:38; traducido
    anillo en Gén. 38:18.
CORÉ, DATÁN, &c., su sedición y su castigo,
    Núm. 16; 26:9; 27:3; Jud. 11.
CORINTO, Pablo y Apolos predican allí, Act.
    18; 19:1; 1 Cor. 1:12; 3:4, &c.
CORINTIOS, sus desavenencias, &c., censura-
    das, 1 Cor. 1 &c.; 5; 11:18; 2 Cor. 3:11–13.
SE LES INSTRUYE ACERCA DE:
    los dones espirituales, 1 Cor. 14.
    y la resurrección, 1 Cor. 15.
    sus falsos maestros descubiertos, 2 Cor. 11.
    exhortados á practicar la caridad, &c., 1 Cor.
      13; 14:1; 2 Cor. 8; 9.
CORITAS, hijos de Coré, Ex. 6:24; Núm. 26:58.
una familia de cantores, 2 Crón. 20:19; Sal. 42,
    44–49 (título).
CORNADO. Véase BLANCA.
CORNELIO, la oración de, Act. 10:3.
envía por Pedro, Act. 10:9.
es bautizado, Act. 10:48.
CORO, medida de capacidad para los áridos.
    Véase HOMER.
———, una medida de diez efas ó batos, como
    8 fanegas, 1 Reyes 4:22; Ezeq. 45:14.
CORONA, del rey, 2 Sam. 1:10; 2 Reyes 11:22;
    1 Crón. 20:2; 2 Crón. 23:11; Est. 1:11; 2:17;
    6:8; Sal. 132:18; Prov. 27:24.
del sumo sacerdote, Ex. 29:6; 39:30; Lev. 8:9.
de espinas, Juan 19:5.
de justicia, 2 Tim. 4:8.
de vida, Sant. 1:12; Rev. 2:10.
de gloria, 1 Ped. 5:4.
incorruptible, 1 Cor. 9:25.

Véase Rev. 4:4; 9:7; 12:3; 13:1; 19:12.

CORRECCIÓN (la) de Dios, Job 5:17; Prov. 3:12.

CORREOS, 2 Crón. 30:6, 10; Est. 3:13, 15; 8:10, 14; Job 9:25; Jer. 51:31.

CORRUPCIÓN, de la naturaleza humana, universal, Gén. 6:11, 12; Job 14:4; Sal. 14:1; 51:5; 53:3; Juan 3:6; Rom. 3:10–18; 8:21; Gál. 5:17; Efes. 2:1, &c.; Col. 2:13; 3:5–9; 2 Ped. 1:4.

CORTES (ó tribunales) de justicia, tienen autoridad de Dios, Rom. 13:1–5.

CORTE SUPERIOR EN QUE FUNCIONABA: primeramente Moisés solo, Exod. 18:13–20. después los sacerdotes y los Levitas, Deut. 17:9; Mal. 2:7.

Véase Exod. 18:26; Deut. 1:17; 17:8–12; Jue. 4:4, 5.

———, inferiores instaladas en las puertas de las ciudades, Gén. 34:20; Deut. 16:18; 21:19; 2 Crón. 19:5–7; Job 5:4.

Véase Gén. 23:17–20; Exod. 18:21, 25, 26; Deut. 1:9–15; Rut 4:1, 2; 2 Sam. 15:3, 4.

Sanhedrin, ó Tribunal de los Setenta, el cual probablemente tuvo su origen en los Setenta Ancianos nombrados por Moisés, Exod. 24:9; Núm. 11:16, 17, 24–30.

Véase Mat. 26:57–59, 62–66; Luc. 22:66; Juan 11:47; Act. 5:27.

Corte ó Tribunal romano en Judea. Véase Mat. 10:17; 27:1, 2, 11; Luc. 22:66; Juan 18:28–33; 19:9; Act. 5:21; 18:12–15; 22:19, 25–29; 25:11; 26:11, 32; 28:19; Sant. 2:2.

provistas de jueces, Deut. 16:18; de oficiales, Deut. 16:18; de verdugos, Mat. 18:34.

leyes para los jueces, Exod. 18:13; 23:3, 6, 8; Lev. 19:15; Deut. 1:16, 17; 16:19; 19:18; 25:1; Jue. 5:10; 2 Crón. 19:6–9; Prov. 22:22; Isa. 28:6; Ezeq. 44:24; Zac. 8:16; Mat. 26:65, 66; 27:19; Luc. 23:24; Act. 5:34–40; 24:8; 25:12, 16; 26:30, 31.

procedimientos usuales, Lev. 5:1; 24:14; Núm. 35:12; Deut. 17:6, 7; 19:15, 19; 25:2; Jos. 7:25; Prov. 31:8, 9; Isa. 1:17; Mat. 26:63, 67; Mar. 15:15–20; Juan 7:51; 8:17; 18:22, 23; Act. 7:58; 22:24–28; 23:2, 3; 24:10; 26:1; 2 Cor. 13:1.

el cohecho se practicaba á menudo, Isa. 10:1; Amós 5:12; 8:6.

como semejanza del día del juicio, Mat. 19:28; Rom. 14:10; 1 Cor. 6:2.

CORTADO, animal (Scio, con cicatriz) no debía presentarse en ofrenda, Lev. 22:22.

CORTAR, ó segar, Sal. 72:6; 90:6; 129:7; Amós 7:1.

CORTESANO, de Capernaum, Juan 4:46–53.

CORTESÍA, exhortación á que la practiquemos, Col. 4:6; 1 Ped. 3:8; Sant. 3:17.

ejemplos de, Act. 27:3; 28:7.

CORTINAS, ó colgaduras para cuartos, Est. 1:6; para tiendas, Cant. 1:5; Isa. 54:2; Jer. 4:20; 10:20; 49:29; Hab. 3:7; para los bosques, 2 Reyes 7:3; como término de comparación, Isa. 40:22.

Véase TABERNÁCULO.

CORZO, 2 Sam. 2:18; Prov. 6:5; Isa. 13:14; traducido cabra montés, 1 Crón. 12:8; gamo, Cant. 2:9, 17.

COSELETE, Exod. 28:32; Job 41:26.

Véase ARMADURA.

COSTUMBRE, mala, el imperio de una, Jer. 13:23.

COYUNDAS, y yugos enviados por el Señor á varios reyes, Jer. 27.

COZBI, muerta por Finees, Núm. 25:15.

CREACIÓN (la), descrita, Gén. 1; 2.

Dios el autor de, Neh. 9:6; Sal. 33:6; Isa. 42:5; Heb. 3:4.

Cristo el autor de, Juan 1:3; Efes. 2:9; Col. 1:16.

el Espíritu agente de, Gén. 1:2; Job 26:13; 33:4; Sal. 104:30.

por la voluntad de Dios, Rev. 4:11.

los ángeles se regocijaron en, Job 38:4, 7.

pone de manifiesto la sabiduría de Dios, Sal. 19:1; 104:24; Prov. 3:19; Jer. 10:12.

pone de manifiesto el poder y la divinidad de Dios, Rom. 1:20.

gime bajo la maldición, Rom. 8:22.

CREACIÓN, la nueva, Rev. 22.

CREATURA, nueva, 2 Cor. 5:17; Gál. 6:15; Efes. 2:10; 4:24. Véase Rom. 8:19.

CREATURAS, vivientes, la visión de las, Ezeq. 1:5. Véase Rev. 5:6; 19:4.

CREDULIDAD, Sal. 14:15; Jer. 29:8; Mat. 24:4, 23; 1 Juan 4:1.

CRESCENTE, va á Galacia, 2 Tim. 4:10.

CRETA, Pablo va á, Act. 27:7; Tito 1:5.

CRETENSES, el carácter de los, Tito 1:12.

CRIADAS (las), leyes acerca de, Exod. 20:10; 21:7; Deut. 15:17.

CRIADOS. Véase SIERVOS.

CRIBA (de metal), Ex. 27:4, 5; 38:4, 5.

CRISÓLITO y Crisopraso, Rev. 21:20.

CRISPO, bautizado, Act. 18:8; 1 Cor. 1:14.

CRISTAL, una piedra trasparente, Ezeq. 1:22; Rev. 4:6; 21:11; 22:1.

CRISTO:

——— ES DIOS:

como Jehová, Isa. 40:3, con Mat. 3:3.

Jehová de gloria, Sal. 24:7, 10, con 1 Cor. 2:8; Sant. 2:1.

Jehová JUSTICIA NUESTRA, Jer. 23:5, 6, con 1 Cor. 1:30.

Jehová, sobre todas las cosas, Sal. 97:9, con Juan 3:31.

Jehová, el Primero y el Postrero, Isa. 44:6, con Rev. 1:7; Isa. 48:12–16, con Rev. 22:13.

Jehová, compañero de é igual á Dios, Zac. 13:7; Filip. 2:6.

Jehová de los ejércitos, Isa. 6:1–3, con Juan 12:41; Isa. 8:13, 14, con 1 Ped. 2:8.

el Jehová de David, Sal. 110:1, con Mat. 22:42–45.

Jehová el Pastor, Isa. 40:10, 11; Heb. 13:20.

Jehová para cuya gloria fueron creadas todas las cosas, Prov. 16:4, con Col. 1:16.

Jehová, el mensajero del pacto, Mal. 3:1, con Luc. 2:27.

invocado como Jehová, Joel 2:32, y 1 Cor. 1:2.

Dios y Creador eterno, Sal. 102:24–27, con Heb. 1:8, 10–12.

el Dios poderoso, Isa. 9:6.

el gran Dios y Salvador, Ose. 1:7, con Tito 2:13.

como Dios sobre todas las cosas, Rom. 9:5.

el Dios verdadero, Jer. 10:10, con 1 Juan 5:20

Dios el Verbo, Juan 1:1.

Dios el Juez, Ecl. 12:14, con 1 Cor. 4:5; 2 Cor 5:10; 2 Tim. 4:1.

Emmanuel, Isa. 7:14; con Mat. 1:23.

Rey de reyes y Señor de señores, Dan. 10:17 con Rev. 1:5; 17:14.

el Santo, 1 Sam. 2:2, con Act. 3:14.

el Señor venido del cielo, 1 Cor. 15:47.

Señor del Sábado, Gén. 2:3, con Mat. 12:8.

Señor de todos, Act. 10:36; Rom. 10:11–13.

Hijo de Dios, Mat. 26:63–67.

el Unigénito del Padre, Juan 7:14, 18; 3:16, 18; 1 Juan 4:9.

su sangre la sangre de Dios, Act. 20:28.

uno con el Padre, Juan 10:30, 38; 12:45; 14:7-10; 17:10.

quien envía el Espíritu en igualdad con el Padre, Juan 14:16, con Juan 15:26.

quien merece igual honor al del Padre, Juan 5:23.

dueño de todas las cosas en igualdad con el Padre, Juan 16:15.

quien, en igualdad con el Padre, no está circunscrito por la ley del Sábado, Juan 5:17.

fuente de gracia, en igualdad con el Padre, 1 Tes. 3:11; 2 Tes. 2:16, 17.

inescrutable, en igualdad con el Padre, Prov. 30:4; Mat. 11:27.

Creador de todas las cosas, Isa. 40:28; Juan 1:3; Col. 1:16.

sostenedor y preservador de todas las cosas, Neh. 9:6, con Col. 1:17; Heb. 1:3.

poseído de la plenitud de la Divinidad, Col. 2:9.

quien resucita á los muertos, Juan 5:21; 6:40, 54.

quien se resucitó á sí mismo de entre los muertos, Juan 2:19, 21; 10:18.

eterno que es, Isa. 9:6; Miq. 5:2; Juan 1:1; Col. 1:17; Heb. 1:8-10; Rev. 1:8.

omnipresente, Mat. 18:20; 28:20; Juan 3:13.

omnipotente, Sal. 45:3; Filip. 3:21; Rev. 1:8.

omnisciente, Juan 16:30; 21:17.

quien penetra los pensamientos más íntimos, 1 Reyes 8:39, con Luc. 6:22; Ezeq. 11:5, con Juan 2:24, 25; Act. 1:24; Rev. 2:23.

inmutable, Mal. 3:6, con Heb. 1:12; 13:8.

quien tiene poder para perdonar los pecados, Col. 3:13, con Mar. 2:7, 10.

dador de pastores á la iglesia, Jer. 3:15, con Efes. 4:11-13.

Esposo de la iglesia, Isa. 54:5, con Efes. 5:25-32; Isa. 62:5, con Rev. 21:2, 9.

objeto del culto divino, Act. 7:59; 2 Cor. 12:8, 9; Heb. 1:6; Rev. 5:12.

objeto de la fe, Sal. 2:12, con 1 Ped. 2:6; Jer. 17:5, 7, con Juan 14:1.

Dios, redime y purifica la iglesia para sí, Rev. 5:9, con Tito 2:14.

Dios, se presenta la iglesia á sí mismo, Efes. 5:27, con Judas 24, 25.

los santos viven para El, como para Dios, Rom. 6:11, con 2 Cor. 5:15.

reconocido por sus apóstoles, Juan 20:28.

reconocido por los santos del Antiguo Testamento, Gén. 17:1, con Gén. 48:15, 16; 32:24-30, con Ose. 12:3-5; Jue. 6:22-24; 13:21, 22; Job 19:25-27.

——, EL MESÍAS:

Dan. 9:25; Juan 1:41: 4:25, 26.

——, EL MEDIADOR:

en virtud de su expiación, Efes. 2:13-18; Heb. 9:15; 12:24.

el único entre Dios y los hombres, 1 Tim. 2:5.

del pacto del Evangelio, Heb. 8:6; 12:24.

simbolizado: Moisés, Deut. 5:5; Gál. 3:19. Aarón, Núm. 16:48.

——, EL PROFETA:

predicho, Deut. 18:15-18; Isa. 52:7; Nah. 1:15.

ungido del Espíritu Santo, Isa. 42:1; 61:1, con Luc. 4:18; Juan 3:34.

El solo conoce y revela á Dios, Mat. 11:27; Juan 3:2, 13, 34; 17:6, 14, 26; Heb, 1:1, 2.

declaró que su doctrina era la del Padre, Juan 8:26, 28; 12:49, 50; 14:10, 24; 15:15; 17:8, 26.

predicó el Evangelio y obró milagros, Mat. 4:23; 11:5; Luc. 4:43.

predijo lo que había de suceder, Mat 24:3-35; Luc. 19:41-44.

fiel á su cometido, Luc. 4:43; Juan 17:8; Heb. 3:2; Rev. 1:5; 3:14.

abundó en sabiduría, Luc. 2:40, 47, 52; Col. 2:3.

poderoso en obras y en palabras, Mat. 13:54; Mar. 1:27; Luc. 4:32: Juan 7:46.

manso y modesto en sus enseñanzas, Isa. 42:2; Mat. 12:17-20.

Dios nos manda oír á, Deut. 18:15; Act. 3:22.

Dios nos castigará severamente si desacatamos á, Deut. 18:10; Act. 3:23; Heb. 2:3.

Véase PREDICADOR.

——, EL SUMO SACERDOTE:

llamado por Dios, Heb. 3:1, 2; 5:4, 5.

según el orden de Melquisedec, Sal. 110:4, con Heb. 5:6; 6:20; 7:15, 17.

superior á Aarón y á los sacerdotes levíticos, Heb. 7:11, 16, 22; 8:1, 2, 6.

consagrado con un juramento, Heb. 7:20, 21.

tiene un sacerdocio incambiable, Heb. 7:23, 28.

es de pureza inmaculada, Heb. 7:26, 28.

fiel, Heb. 3:2.

no necesitaba de sacrificio, Heb. 7:27.

ofrecióse á sí mismo, Heb. 9:14, 26.

su sacrificio fué superior á todos los demás, Heb. 9:13, 14, 23.

ofreció sacrificio una sola vez, Heb. 7:27.

hizo reconciliación, Het. 2:17.

obtuvo redención para nosotros, Heb. 9:12.

entró al cielo, Heb. 4:14; 10:12.

se compadece de los santos, Heb. 2:18; 4:15.

intercede, Heb. 9:24.

bendice, Núm. 6:23-26, con Act. 3:26.

en su trono, Zac. 6:13.

este hecho debe alentarnos á permanecer firmes, Heb. 4:14.

simbolizado: Melquisedec, Gén. 14:18-20. Aarón, &c., Exod. 40:12-15.

——, EL REY, predicho, Núm. 24:17; Sal. 2:6; 45; Isa. 9:7; Jer. 23:5; Miq. 5:2; Zac. 9:9.

glorioso, Sal. 24:7-10; 1 Cor. 2:8; Sant. 2:1.

supremo, Sal. 89:27; Rev. 1:5; 19:16.

se sienta en el trono de Dios, Rev. 3:21.

se sienta en el trono de David, Isa. 9:6; Ezeq. 37:24, 25; Luc. 1:32; Act. 2:30.

es Rey de Sión, Sal. 2:6; Isa. 52:7; Zac. 9:9; Mat. 21:3; Juan 12:12-15.

tiene un reino justo, Sal. 45:6, con Heb. 1:8, 9; Isa. 32:1; Jer. 23:5.

eterno, Dan. 2:44; 7:14; Luc. 1:33.

universal, Sal. 2:8; 72:8; Za. 14:9; Rev. 11:15.

espiritual, Rom. 14:17; 1 Cor. 15:50.

su reino no es de este mundo, Juan 18:36.

los santos, súbditos de, Col. 1:13; Rev. 15:3.

los santos reciben un reino de manos de, Luc 22:29, 30; Heb. 12:28.

RECONOCIDO POR:

los magos, Mat. 2:2.

Natanael, Juan 1:49.

sus adeptos, Luc. 19:38; Juan 12:13.

declarado por él mismo, Mat. 25:34; Juan 18:37.

escrito en la cruz, Juan 19:19.

se le hace mucha y muy prolongada oposición, Isa. 24:5; 59:13; 2 Tim. 3:1; 2 Ped. 2:1; 3:3.

opuesto por el hombre de pecado, 2 Tes. 2:3.

opuesto por el dragón, la bestia y el falso profeta, Rev. 13:3; 16:13.

CONSECUENCIAS QUE RESULTAN DE LA OPOSICIÓN Á:

el ser quebrantados, 1 Sam. 2:10; Sal. 2:9.

el ser desmenuzados, Mat. 21:44; Luc. 20:18.

angustia general, Isa. 24:1-13; 26:20; 34; Ezeq. 38; 39; Sof. 3.

grandes azotes, Joel 3; Rev. 16; 19; 20.
demolición completa y final, Isa. 13:9; 34:2;
Jer. 25:31; Mal. 4:1.
los Judíos buscarán á, Ose. 3:5.
los santos contemplarán, Isa. 33:17 ; Rev.
22:3, 4.
los reyes adorarán, Sal. 72:10; Isa. 49:7.
vencerá á todos sus enemigos, Sal. 110:1;
Mar. 12:36; 1 Cor. 15:25; Rev. 17:14.
gozo en su triunfo, Sof. 3:14; Rev. 11:15; 18:20;
19.
simbolizado: Melquisedec, Gén. 14:18. David,
1 Sam. 16:1, 12, 13, con Luc. 1:32. Salomón,
1 Crón. 28:6, 7.
———, EL PASTOR:
predicho, Gén. 49:24; Isa. 40:11; Ezeq. 34:23;
37:24.
el principal, 1 Ped. 5:4.
el buen, Juan 10:11-14.
el gran, Miq. 5:4; Heb. 13:20.
SU REBAÑO:
El lo conoce, Juan 10:14, 27.
El lo llama, Juan 10:3.
El lo reune, Isa. 40:11; Juan 10:16.
El lo guía, Sal. 23:3; Juan 10:3, 4.
El lo pastorea, Sal. 23:1, 2; Juan 10:9.
El le tiene un cariño entrañable, Isa. 40:11.
El lo protege y preserva, Jer. 31:10; Ezeq.
34:10; Zac. 9:16; Juan 10:28.
El rindió su vida por, Zac. 13:7; Mat. 26:31;
Juan 10:11, 15; Act. 20:28.
El da vida eterna á, Juan 10:28.
simbolizado: David, 1 Sam. 16:11.
———, CABEZA DE LA IGLESIA:
predicho, Sal. 118:22, con Mat. 21:42.
puesto por Dios, Efes. 1:22.
proclamado por El mismo. Mat. 21:42.
como su cuerpo místico, Efes. 4:12, 15; 5:23.
tiene la preeminencia en todas las cosas, 1 Cor.
11:3; Efes. 1:22; Col. 1:18.
comisionó á sus apóstoles, Mat. 10:1, 7; 28:19.
instituyó los sacramentos, Mat. 28:19; Luc.
22:19, 20.
otorga dones, Sal. 68:18, con Efes. 4:8.
los santos están completos en, Col. 2:10.
los que adulteran la verdad no se adhieren á,
Col. 2:18, 19.
Véase JESU-CRISTO, AMOR, CARÁCTER, COMPA-
SIÓN, CONFESAR. DENEGACIÓN, DISCURSOS,
EJEMPLO, EXCELENCIA, HUMILDAD, MILA-
GROS, MUERTE, NATURALEZA HUMANA, PA-
RÁBOLAS, PODER, PROFECÍAS, RESURRECCIÓN,
SEGUNDO ADVENIMIENTO, SÍMBOLOS, TÍTU-
LOS, UNIÓN.
CRISTIANOS, los discípulos llamados así pri-
meramente en Antioquía, Act. 11:26; 26:28.
como habían de sufrir, 1 Ped. 4:16.
CRISTOS, falsos, advertencias con respecto á,
Mat. 24:5, 24; Mar. 13:22.
CRUCIFIXIÓN, pena usada entre los Romanos,
Mat. 20:19, con Juan 18:31. De los ladro-
nes, Mat. 27:38. De los discípulos, Mat. 23:3.
Maldita, Gál. 3:13. Una ofensa, Gál. 5:11.
Por vía de comparación, Gál. 5:24.
Véase MUERTE DE CRISTO.
CRUELDAD, improbada, Gén. 49:5; Exod. 23:5;
Sal. 5:6; 27:12; 55:23; Prov. 11:17; 12:10;
Ezeq. 18:18.
de Simeón y Leví, Gén. 34:25.
de Faraón, Exod. 1:8.
de Adoni-Bezek, Jue. 1:7.
de Herodes, Mat. 2:16, &c.
Véase Jue. 9:5; 1 Reyes 3:27; 10:15, 16; 15:16;
2 Crón. 21:4; 22:10; 33:6.
CRUZ, Cristo muere sobre la, Mat. 27:32, &c.;

Efes. 2:16; Filip. 2:8; Col. 1:20; 2:14; Heb.
12:2.
la predicación de la, 1 Cor. 1:17; Gál. 6:12.
———, en el significado de abnegación, Mat
10:38; 16:24; Gál. 5:11; 6:12.
CUÁDRUPLO, la devolución debe ser el, Exod.
22:1; 2 Sam. 12:6; Luc. 19:8.
CUARENTA AÑOS, durante los cuales se pro-
veyó el maná, Ex. 16:35; Núm. 14:33; Sal.
95:10.
de paz, Jue. 3:11; 5:31; 8:28.
CUARENTA DÍAS, el diluvio, Gén. 7:17; 8:6.
la promulgación de la ley, Ex. 24:38.
la tarea de espiar á Canaan, Núm. 13:25.
el desafío de Goliat, 1 Sam. 17:16.
el viaje de Elías á Horeb, 1 Reyes 19:8.
el anuncio de Jonás á Nínive, Jon. 3:4.
el ayuno de nuestro Señor, Mat. 4:2; Mar. 1:13;
Luc. 4:2.
las apariciones de Cristo, Act. 1:3.
CUARENTENA de azotes, Deut. 25:3.
menos uno, 2 Cor. 11:24.
CUARTO (nombre propio), Rom. 16:23.
CUATERNIÓN, un piquete de cuatro soldados,
Act. 12:4.
CUATRO animales, visión de, Ezeq. 1:5; 10:10;
Rev. 4:6; 5:14; 6:6.
reinos, el sueño de Nabucodonosor con respecto á los, Dan. 2:34.
la visión de Daniel de, Dan. 7:3, 16.
CUCHILLO, Gén. 22 6; 1 Reyes 18:28; Ezra 1:9.
de pedernal, Jos. 5:2.
de escribanía, ó cortaplumas, Jer. 36:23.
CUCHARONES, Exod. 25:29; Núm. 4:7.
CUERDAS Y SOGAS, Jos. 2:15, 21; Jue. 16:11, 12;
Jer. 38:6-19.
de tres dobleces, Ecl. 4:12.
EMPLEADAS para las tiendas, Isa. 54:2; Jer.
10:20.
para atar los sacrificios, Sal. 118:27.
para los carros, Isa. 5:18.
puestas sobre la cabeza en señal de sumisión,
1 Reyes 20:31, 32.
por vía de comparación, Job 36:8; Sal. 2:3;
Prov. 5:22; Isa. 5:18; Ose. 11:4.
Véase AMARRAS.
CUERNO, usado como vasija, 1 Sam. 16:1;
1 Reyes 1:39.
símile del poder y la prosperidad, 1 Rey. 22:11;
Sal. 92:10; 132:17.
simbólico, Dan. 7:7-24; 8:3-9, 20; Hab. 3:4;
Zac. 1:18-21; Rev. 5:6; 12:3; 13:1; 17:3-16.
Véase TROMPETA.
CUERNOS, mencionados en sentido figurado,
1 Sam. 2:1; 2 Sam. 22:3; Sal. 75:4, 10; 89:17,
24; 92:10; 112:9; Jer. 4 25; Lam. 2:3; Miq.
4:13.
vistos en una visión, Dan. 7:7; 8:3; Hab. 3:4;
Rev. 5:6; 12:3; 13:1; 17:3.
———, del altar, lugar de refugio, 1 Reyes 1:50;
2:28.
CUERNOS DE CARNERO empleados como bo-
cinas, Jos. 6:3.
CUERO, bota, odre, ó cántaro de cuero, Jos. 9:4,
13; Mat. 9:17; Mar. 2:22.
para el agua, Gén. 21:14.
para la leche, Jue. 4:19.
para el vino, 1 Sam. 1:24; 16:20; 25:18; 2 Sam
16:1.
———, para ceñidores, 2 Reyes 1:8; Mat. 3:4.
Véase también Lev. 8:17; Mar. 1:6.
Traducido piel en Gén. 3:21.
CUERPO (el) se debe cuidar de no desfigurarlo,
Lev. 19:28; 21:5; Deut. 14:1.

debe ser puro, Rom. 12:1; 1 Cor. 6:13; 1 Tes. 4:4.
de los Cristianos, es el templo del Espíritu Santo, 1 Cor. 3:16; 6:19; 2 Cor. 6:16.
muerto, leyes sobre, Lev. 21:11; Núm. 5:2; 9:6; 19:11; Deut. 21:23; Ag. 2:13.
será resucitado, Ezeq. 37; Mat. 22:30; 1 Cor. 15:12; Filip. 3:21.
Véase RESURRECCIÓN.
——, **de Cristo,** Luc. 2:35; Heb. 10:5.
sepultado por José, Mat. 27:58; Mar. 15:42; Luc. 23:50; Juan 19:38.
la Iglesia llamada así, Rom. 12:4; 1 Cor. 10:17; 12:12; Efes. 1:22; 4:13; 5:23; Col. 1.18; 2:19; 3:15.
el pan de la cena del Señor llamado así, Mat. 26:26; Mar. 14:22; Luc. 22:19; 1 Cor. 11:24.
CUERPO ESPIRITUAL, 1 Cor. 15:44; Filip. 3:21; 1 Juan 3:2.
CUERVO MARINO, Lev. 11:19; Deut. 14:18.
CUERVOS, inmundos, Lev. 11:15; Deut. 14:14; Prov. 3:7.
Noé envía uno, Gén. 8:7.
Cristo hace alusión é ellos, Luc. 12:24.
Véase Job 38:41; Sal. 147:9.
Elías fué alimentado por, 1 Reyes 17:6.
CUEVAS, para habitación, Gén. 19:30.
para esconderijo, Jos. 10:16; 1 Sam. 13:6; 22:1; 2 Sam. 23:13; 1 Reyes 18:4; Isa. 2:19; Ezeq. 33:27; Heb. 11:38; Rev. 6:15.
para descanso, 1 Sam. 24:3; 1 Reyes 19:9.
para entierro, Gén. 23:19; Juan 11:38.
guaridas de ladrones, Jer. 7:11; Mat. 21:13.
Odollam, 1 Sam. 22:1.
En-gaddi, 1 Sam. 23:29, con 24:1, 3.
Macpela, Gén. 23:9.
Maceda, Jos. 10:16, 17.
CUIDADO, acerca de las cosas terrenales prohibido, Mat. 6:25; Luc. 12:22, 29; Juan 6:27.
la bondad que Dios ejerce en su providencia debiera guardarnos de, Mat. 6:26, 28, 30; Luc. 22:35.
las promesas de Dios debieran guardarnos de, Jer. 17:7, 8; Dan. 3:16.
la confianza de Dios debiera guardarnos de, Jer. 17:7, 8; Dan. 3:16.
debe encomendarse á Dios, Sal. 37:5; 55:22; Prov. 16:3; 1 Ped. 5:7.
estorbo del Evangelio, Mat. 13:22; Luc. 8:14; 14:18-20.
estad sin, 1 Cor. 7:32; Filip. 4:6.
impropio en los santos, 2 Tim. 2:4.
lo inútil de, Mat. 6:27; Luc. 12:25, 26.
vanidad de, Sal. 39:6; Ecl. 4:8.
advertencia con respecto á, Luc. 21:34.
enviado como castigo á los malos, Ezeq. 4:16; 12:19.
ejemplos de: Marta, Luc. 10:41. Las personas que se ofrecieron á seguir á Cristo, Luc. 9:57, &c.
——, **del Samaritano,** Luc. 10:34.
de Cristo por su madre, Juan 19:26.
de Pablo, 1 Cor. 12:25; 2 Cor. 7:12; 8:16; Filip. 4:10.
CULTO, se debe rendir á Dios solo, Exod. 20:1; Deut. 5:7; 6:13; Mat. 4:10; Luc. 4:8; Act. 10:26; 14:15; Col. 2:18; Rev. 19:10; 22:8.
exhortaciones relativas al, 2 Rey. 17:36; 1 Cró. 16:29; Sal. 29; 95:6; 99:5; 100, &c.
la presencia de Dios en, Lev. 19:30; Sal. 77:13; Isa. 56:7; Heb. 10:25.
amado del pueblo de Dios, Sal. 27:4; 84:1-3, 10; Zac. 8:21.
requiérese sinceridad en, Sal. 29:2; Juan 4:24.
ejemplos de: Abraham, Gén. 21:33. Jacobo,

Gén. 32; 35:14, 15. **Los Israelitas,** Deut. 26:10; Jos. 18:1. Elcana, 1 Sam. 1:3. Samuel y el pueblo, 1 Sam. 7. David, 2 Sam. 6; 1 Crón. 29:10-20. Salomón, 2 Crón. 1-7. Josafat, 2 Crón. 20:3-18. Ezequías, 2 Crón. 30:12, 13, 22, 23. Ezra, Nehemías y los Judíos, Ezra 3; Neh. 8-10. Los Griegos, Juan 12:2. Los apóstoles en Jerusalem, Act. 1:14; 2:1, 42, 46; 12:12. Los Etíopes, Act. 8:27.
de otros dioses, véase IDOLATRÍA.
CURACIONES, milagrosas:
la de Ezequías, Isa. 38.
la plaga contenida, Núm. 16:50.
la lepra sanada, 2 Reyes 5:14.
el veneno, 2 Reyes 4:39; Act. 28:3.
la ceguera, 2 Reyes 6:20; Act. 9:17; 22:13.
la fiebre curada, Act. 28:8.
la cojera curada, Act. 3:6; 9:34; 14:8.
Véase MILAGROS DE CRISTO.
CURIOSIDAD (la) prohibida, y ejemplos de, Gén. 32:29; Exod. 19:21, 24; Núm. 4:19, 20; Deut. 29:29; Jue. 13:17, 18; 1 Sam. 6:19; Prov. 27:20; Ecl. 7:21, 22; Dan. 12:9; Luc. 13:23, 24; 23:8; Juan 21:21, 22; Act. 1:7; 17:21; Col. 2:18.
CURTIDOR, Act. 10:6.
CUS, Gén. 10:6, 7. Véase ETIOPÍA.
CUSAI, fiel á David, 2 Sam. 15:32.
hace ancallar el consejo de Achitofel, 2 Sam. 16:16; 17:5.
CUSAN-RASATAÍM, Jue. 3:8-10.
CUSI, trae noticia de la muerte de Absalom, 2 Sam. 18:21.
CUTA, 2 Reyes 17:24-30; Ezra 4:10.

D.

DABERET, Jos. 19:12; 1 Crón. 6:72.
DABIR, Jos. 11:21; 15:15-17, 49.
una ciudad de refugio, Jos. 21:15.
DADÁN, ó Dedán, Gén. 10:7; 1 Crón. 1:9.
nieto de Abraham, Gén. 25:3.
Dedanim, mercaderes, Isa. 21:13; Ezeq. 27:20.
profecías acerca de, Jer. 25:23; 49:8; Ezeq. 25:13; 27:20.
DAGA (ó Cuchillo), Jue. 3:16-22.
DAGÓN, ídolo de los Filisteos, Jue. 16:23.
demolido en el templo de Azoto, 1 Sam. 5:3, 4.
la cabeza de Saúl colgada en el templo de, 1 Crón. 10:10.
DALILA hace traición á Samsón, Jue. 16.
DALMACIA, 2 Tim. 4:10.
DALMANUTA, Mar. 8:10.
DÁMARIS, una mujer que se convierte bajo la predicación de Pablo, Act. 17:34.
DAMASCO, en Siria, antigüedad de, Gén. 14:15.
David pone allí una guarnición, 2 Sam. 8:6; 1 Crón. 18:6.
Razón reina allí, 1 Reyes 11:23-25.
la profecía de Eliseo allí, 2 Reyes 8:7.
reconquistada, 2 Reyes 14:28; 16:9.
un altar erigido allí, 2 Reyes 16:10.
el viaje de Pablo á, Act. 9; 22:6; 25:12.
profecías relativamente á, Isa. 7:8; 8:4; 17:1; Jer. 49:23; Ezeq. 27:18; Amós 1:3.
DAN, hijo de Jacob, Gén. 30:6.
sus descendientes, Gén. 46:23.
contados, Núm. 1:38; 26:42.
su herencia, Jos. 19:40.
bendecidos por Jacob, Gén. 49:16.
bendecidos por Moisés, Deut. 33:22.
toman á Lais, &c., Jue. 18.
un becerro de oro en, 1 Reyes 12:28, 29.
capturados por Ben-adad, 1 Rey. 15:20; 2 Crón. 16:4.

DANIEL, cautivo en Babilonia, Dan. 1.
su obediencia á la ley, Dan. 1:8.
interpreta los sueños de Nabucodonosor, Dan. 2; 4; y el letrero de la pared, Dan. 5:17.
promovido por Darío, Dan. 6.
desacata el decreto idólatra, Dan. 6:10.
librado de las garras de los leones, Dan. 6:21.
sus visiones, Dan. 7–12.
su oración, Dan. 9:3.
es reanimado, promesa de regreso, Dan. 9:20; 10:10; 12:13.
su nombre recibe honores, Ezeq. 14:14, 20; 28:3.
DANZA (la), en señal de regocijo, Exod. 15:20; Jue. 11:34; 1 Sam. 21:11; 2 Sam. 6:14; Ecl. 3:4. Véase Sal. 30:11; 149:3; 150:4; Jer. 31:4.
de la hija de Herodías agrada á Herodes, Mat. 14:6, &c.; Mar. 6:22.
idólatra é impúdica, Ex. 32:19, 25.
DARDO, 2 Sam. 18: 14; Efes. 6:16.
DARÍO, el Meda, toma á Babilonia, Dan. 5:31.
su decreto precipitado, Dan. 6:4.
su dolor por Daniel, Dan. 6:14.
su decreto después del libramiento de Daniel, Dan. 6:25.
———, Histapis, su decreto con respecto á la reedificación del templo, Ezra 6; Ag. 1:1; Zac. 1:1.
DATÁN. Véase CORÉ.
DAVID, hijo de Jessé, su genealogía, Rut 4:22; 1 Crón. 2; Mat. 1.
ungido por Samuel, 1 Sam. 16: 1 Crón. 11:3.
toca delante de Saúl, 1 Sam. 16:19.
su celo y su fé, 1 Sam. 17:26, 34.
mata á Goliat, 1 Sam. 17:49.
al principio honrado por Saúl, 1 Sam. 18.
después perseguido por el mismo, 1 Sam. 18:8, 28; 19; 20, &c.
amado de Jonatán, 1 Sam. 18:1; 19:2; 20; 23:16, y de Micol, 1 Sam. 18:28; 19:11.
vence otra vez á los Filistéos, 1 Sam. 18:27; 19:8.
huye á Najot, 1 Sam. 19:18.
come del pan santo, 1 Sam. 21; Sal. 52; Mat. 12:4.
huye á Get y se finge loco, 1 Sam. 21:10; Sal. 34; 56.
mora en la cueva de Odollam, 1 Sam. 22; Sal. 63; 142.
escapa del perseguimiento de Saúl, 1 Sam. 24:4; 26:5.
su saña contra Nabal apaciguada, 1 Sam. 25:21.
habita en Siceleg, 1 Sam. 27.
despedido del ejército por Aquís, 1 Sam. 29:9.
castiga á los Amalecitas, 1 Sam. 30; 2 Sam. 1.
lamenta á Saúl y á Jonatán, 2 Sam. 1:17.
llega á ser rey de Judá, 2 Sam. 2:4.
forma una alianza con Abner, 2 Sam. 3:13.
lamenta su muerte, 2 Sam. 3:31.
venga el asesinato de Is-boset, 2 Sam. 4:9.
llega á ser rey de todo Israel, 2 Sam. 5:3; 1 Crón. 11.
sus victorias, 2 Sam. 5; 8; 10; 12:29; 21:15; 1 Crón. 18–20; Sal. 60.
lleva el arca á Sión, 2 Sam. 6; 1 Crón. 13; 15.
sus salmos en acción de gracias, 2 Sam. 22; 1 Crón. 16:7; Sal. 18; 103; 105. Véase SALMOS.
reprende á Micol por haber mirado con menosprecio su júbilo religioso, 2 Sam. 6:21; 1 Crón. 15:29.
se le prohibe edificar el templo, 2 Sam. 7:4; 1 Crón. 17:4.

las promesas de Dios á, 2 Sam. 7:11; 1 Crón. 17:10.
su oración y acción de gracias, 2 Sam. 7:18; 1 Crón. 17:16.
su bondad hacia Mifiboset, 2 Sam. 9.
su pecado para con Bersabé y Urías, 2 Sam. 11; 12.
su arrepentimiento al reconvenirle Natán, 2 Sam. 12; Sal. 51.
molestias de familia, 2 Sam. 13; 14.
la conspiración de Absalom contra él, 2 Sam. 15; Sal. 3.
abandonado por Achítofel, 2 Sam. 15:31: 16:17; Sal. 41:9; 55:12; 109.
maldecido por Semei, 2 Sam. 16:5: Sal. 7.
abastecido por Berzellai y otros, 2 Sam. 17:27.
lamenta la muerte de Absalom, 2 Sam. 18:33; 19:1.
vuelve á Jerusalem, 2 Sam. 19:15.
perdona á Semei, 2 Sam. 19:16.
la conspiración de Seba sufocada, 2 Sam. 20.
hace justicia á los Gabaonitas, 2 Sam. 21.
sus hombres fuertes, 2 Sam. 23:8; 1 Cró. 11:10.
su ofensa en contar el pueblo, 2 Sam. 24; 1 Crón. 21.
provée para el templo, 1 Crón. 22:14; 28; 29.
sus postreras palabras, 2 Sam. 23.
regula el servicio del tabernáculo, 1 Cró. 23–26.
su exhortación, 1 Crón. 28.
nombra á Salomón para que le suceda en el trono, 1 Reyes 1; Sal. 72.
mandatos á Salomón, 1 Reyes 2; 1 Crón. 22:6.
su muerte, 1 Reyes 2; 1 Crón. 29:28.
progenitor de Cristo, Mat. 1:1; 9:27; 21:9, Compárese Sal. 110 con Mat. 22:41; Luc. 1:32; Juan 7:42; Act. 2:25; 13:22; 15:15; Rom. 1:3; 2 Tim. 2:8; Rev. 5:5; 22:16.
profecías relacionadas con, Sal. 89; 132; Isa. 9:7; 22:22; 55:3; Jer. 30:9; Ose. 3:5; Amós 9:11. Véase SALMOS.
DEBER del hombre, en general, Deut. 10:12; Jos. 22:5; Sal. 1:1; Ecl. 12:13; Ose. 12:6; Miq. 6:8; Zac. 7:9; 8:16; Mat. 19:18, 19; 1 Tim. 6:11, 12; 2 Tim. 2:22; Tito 2:12; Sant. 1:27.
el primer ó más importante, 1 Sam. 15:22; Ose. 6:6; Mat. 9:13; 12:7; 22:37, 38; 23:23; Luc. 11:42; 17:10.
DÉBORA, ama de Rebeca, Gén. 35:8.
———, la profetisa, juzga á Israel, Jue. 4.
su cántico, Jue. 5.
DECACORDIO, instrumento de diez cuerdas, Sal. 92:3; 144:9.
DECÁPOLIS, Mat. 4:25; Mar. 3:20; 7:31.
DECISIÓN. Véase RESOLUCIÓN.
DECRETOS ó decretates. Véase CONCILIOS.
DEDICADAS, las cosas, la ley con respecto á, Lev. 27:28; Núm. 16:38; 18:14; Ezeq. 44:29.
DEDICACIÓN del tabernáculo, Exod. 40; Lev. 8; 9; Núm. 7.
del templo, 1 Reyes 8; 2 Crón. 5; 6.
del muro de Jerusalem, Neh. 12:27.
de la propiedad, Jue. 17:3; 2 Sam. 8:11; 2 Rey. 12:18; 1 Crón. 18:11; 26:26–28. Véase PRIMOGÉNITO.
DEDO de Dios, Ex. 8:19; 31:18; Dan. 5:5; Juan 8:6; Luc. 11:20.
DEDOS-DE-GRUESO, una medida; cuatro equivalen á tres pulgadas, Jer. 52:21.
DEFENSA, Dios es para su pueblo, Job 22:25; Sal. 5:11; 7:10; 31:2; 59:9; 89:18.
———, de Pablo ante los Judíos: el concilio; Félix; Festo; y Agripa, Act. 22–26.
DEGUELLO, de Juan, Mat. 14:10. De Santiago, Act. 12:2. De los mártires, Rev. 20:4.

DEJAR (el) Á DIOS:
los idólatras se hacen culpables de, 1 Sam. 8:8;
1 Reyes 11:33.
los malos se hacen culpables de, Deut. 28:20.
y los reinsidentes, Jer. 15:6.
ES DEJAR:
su casa, 2 Crón. 29:6.
su pacto, Deut. 29:25; 1 Reyes 19:10; Jer.
22:9; Dan. 11:30.
sus mandamientos, Ezra 9:10.
el camino derecho, 2 Ped. 2:15.
el confiar en el hombre es, Jer. 17:5.
conduce al hombre á seguir sus propios deseos,
Jer. 2:13.
la prosperidad tienta al hombre á, Deut. 31:20;
32:15.
lo malo de, Jer. 2:13; 5:7.
lo irracional é ingrato de, Jer. 2:5, 6.
acarrea confusión, Jer. 17:13.
es seguido del remordimiento, Ezeq. 6:9.
acarrea la ira divina, Ezra 8:22.
motiva el que Dios abandone á los hombres,
Jue. 10:13; 2 Crón. 15:2; 24:20, 24.
haced resolución de no, Jos. 24:16; Neh.
10:29-39.
maldición pronunciada contra, Jer. 17:5.
el pecado de, ha de confesarse, Ezra 9:10.
amonestaciones relativamente á, Jos. 24:20;
1 Crón. 28:9.
castigo de, Deut. 28:20; 2 Reyes 22:16, 17; Isa.
1:28; Jer. 1:16; 5:19.
ejemplos de: Los hijos de Israel, 1 Sam. 12:10.
Saúl, 1 Sam. 15:11. Achâb, 1 Reyes 18:18.
Amón, 2 Reyes 21:22. El Reino de Judá,
2 Crón. 12:1, 5; 21:10; Isa. 1:4; Jer. 15:6.
El Reino de Israel, 2 Crón. 13:11, cotejado
con 2 Reyes 17:7-18. Muchos discípulos,
Juan 6:66. Figello, &c., 2 Tim. 1:15. Balaam, 2 Ped. 2:15.
DELEITES. Véase DIVERSIONES.
DELICIA (la) en Dios: prescrita, Sal. 37:4.
la reconciliación conduce á, Job 22:21, 26.
la observancia del Sábado conduce á, Isa.
58:13, 14.
LOS SANTOS EXPERIMENTAN EN:
comunión con Dios, Cant. 2:3.
la ley de Dios, Sal. 1:2; 119:24, 35.
la bondad de Dios, Neh. 9:25.
las consolaciones de Dios, Sal. 94:19.
LOS HIPÓCRITAS pretenden sentir, Isa. 58:2.
pero en su corazón desprecian, Job 27:10;
Jer. 6:10.
promesas, Sal. 37:4.
dicha de, Sal. 112:1.
DEMAS, colaborador de Pablo, Col. 4:14; Filem.
24; 2 Tim. 4:10.
DEMETRIO, un discípulo, 3 Juan 12.
——, el platero, Act. 19:24.
DEMONIOS, sacrificios ofrecidos á, Lev. 17:7;
Deut. 32:17; 2 Crón. 11:15; Sal. 106:37; 1 Cor.
10:20; Rev. 9:20.
arrojados fuera por Cristo, Mat. 4:24; 8:31;
Mar. 1:13; 5:2; 9:42.
arrojados fuera por los apóstoles, Luc. 9:1, &c.;
Act. 16:16; 19:12.
confiesan que Jesús es el Cristo, Mat. 8:29;
Mar. 3:11; 5:7; Luc. 4:34; Sant. 2:19.
SE LES LLAMA:
espíritus malos, 1 Sam. 16:14.
ángeles malos, Sal. 78:49.
espíritus inmundos, Mat. 12:43; Rev. 18:2.
ángeles del diablo, Mat. 25:41; Mar. 9:25.
espíritu pitónico, Act. 16:16.
espíritu de mentira, 1 Reyes 22:22.
principados y potestades, Efes. 6:12.

culto de, prohibido, Lev. 17:7; Deut. 32:17; Sal.
106:37; Rev. 9:20.
ejemplos: 1 Sam. 16:14-23; 18:10, 11; 19:9, 10;
Jue. 9:23; 1 Reyes 22:21-23. Arrojados por
Cristo, Mat. 4:24; 8:16, 28-34; 9:32, 33; 12:22-
29; 15:22, 28; 17:14-21.
poder sobre, otorgado á los apóstoles, Mat.
10:1; Mar. 16:17.
ejemplos: por un discípulo, Mar. 9:38; por los
Setenta, Luc. 10:17; por Pedro, Act. 5:16;
por Pablo, Act. 16:16-18; 19:12; por Felipe,
Act. 8:7.
castigo de, Mat. 8:28; 25:41; 2 Ped. 2:4; Judas
6; Rev. 12:7-9. Véase DIABLOS.
DEMORA (la), ó tardanza, SE NOS EXHORTA Á
PRECAVERNOS DE:
en los negocios ó quehaceres de la vida, Prov.
27:1; Ecl. 9:10; Juan 9:4.
en asuntos espirituales, Jos. 24:15; 1 Reyes
18:21; Ecl. 12:1; Isa. 55:6; Juan 12:35;
2 Cor. 6:2; Heb. 3:13.
DENARIO (moneda romana que valía 15 cts.).
Mat. 20:2, &c.; Mar. 12:15; Rev. 6:6.
DERBE, Act. 14:6.
DEPRAVACIÓN. Véase CAÍDA DEL HOMBRE Y
CORRUPCIÓN.
DERECHO (Jasher) libro del, Jos. 10:13; 2 Sam.
1:18.
DESCANSO del Sábado. Véase SÁBADO.
promesa de un descanso futuro, Heb. 3:11; 4.
Véase Isa. 11:10; 14:3; 30:15; Jer. 6:16;
Mat. 11:28.
DESCONFIANZA de Dios, Gén. 3:12; 26:9;
2 Reyes 7:2; Luc. 1:20; 12:29; 1 Tim. 2:8.
DESEOS desordenados. Véase CONCUPISCEN-
CIAS.
DESESPERACIÓN (la):
se produce en los malos á causa de los juicios
divinos, Deut. 28:34, 67; Rev. 9:6; 16:10.
conduce á la contumacia en el pecado, Jer.
2:25; 18:12.
conduce á la blasfemia, Isa. 8:21; Rev. 16:10.
se apoderará de los malos cuando aparezca
Cristo, Rev. 6:16.
los santos son tentados á entregarse á, Job 7:6;
Lam. 3:18.
los santos pueden vencer, 2 Cor. 4:8, 9.
la confianza en Dios es un preservativo contra,
Sal. 42:5, 11.
ejemplos de: Caín, Gén. 4:13, 14. Achítofel,
2 Sam. 17:23. Judas, Mat. 27:5.
DESFIGURACIÓN (la) á causa de duelo, prohibida, Deut. 14:1. Véase Mat. 6:16.
DESGARRADA, carne (por las fieras), no se había de comer, Ex. 22:31; Lev. 22:8; Ezeq.
4:14; 44:31.
DESIERTO, el viaje de los Israelitas en el, Ex.
14; Núm. 10:12, &c.; 13:3; 20; 33; Deut. 1:19;
8:2; 32:10; Neh. 9:19; Sal. 78:40; 107:4.
la ida de Agar á, Gén. 16:7.
de Elías, 1 Reyes 19:4.
de Judea, Juan predica en, Mat. 3, &c.
DESIERTOS, lanuras estériles, Exod. 5:3.
inhabitados y solitarios, Jer. 2:6; incultos,
Núm. 20:5; desolados, Ezeq. 6:14; sin agua,
Exod. 17:1; sin caminos, Isa. 43:19; grandes
y terribles, Deut. 1:19; yermos y horribles,
Deut. 32:10.
plagados de fieras, Isa. 13:21; Mar. 1:13; de
serpientes, Deut. 2:15; y ladrones, Jer. 3:2.
peligrosos para los viajeros, Exod. 14:3; 2 Cor.
11:26.
fenómenos de, que se mencionan: simoun, Jer.
4:11; torbellinos, Isa. 21:1; remolinos de polvo y ceniza, Deut. 28:24; Jer. 4:12, 13.

mencionados en las Escrituras: de Arabia ó gran desierto, Ex. 23:31. Betaven, Jos. 18:12. Beerseba, Gén. 21:14; 1 Reyes 19:3, 4. Cademot, Deut. 2:26. Cades, Sal. 29:8. Damasco, 1 Reyes 19:15. En-gadi, 1 Sam. 24:1. Gabaon, 2 Sam. 2:24. Idumea, 2 Rey. 2:38; 3.8. Judea, Mat. 3:1. Jeruel, 2 Crón. 20:16. Maon, 1 Sam. 23:24. Parán, Gén. 21:21; Núm. 10:12. Sur, Gén. 16:7; Exod. 15:22. Sin, Exod. 16:1. Sinaí. Exod. 19:1, 2; Núm. 33:16. Zif, 1 Sam. 23:14, 15. Zin, Núm. 20:1; 27:14. Del Mar Rojo, Exod. 13:18. Cerca de Gaza, Act. 8:26.

como símile de la esterilidad, Sal. 106:9; 107:33, 35; de los que están privados de toda bendición, Ose. 2:3; del mundo, Cant. 3:6; 8:5; del estado de los Gentiles, Isa. 35:1, 6; 41:19; de lo que no da apoyo, Jer. 2:31.

DESINTERÉS, ejemplos de: Abraham, Gén. 13:9; 14:23, 24. El Rey de Sodoma, Gén. 14:21. Los hijos de Het, Gén. 23:6, 11. Judá, Gén. 44:33, 34. Moisés, Núm. 11:29; 14:12-19. Gedeón, Jue. 8:22, 23. Saúl, 1 Sam. 11:12, 13. Jonatán, 1 Sam. 23:17, 18. David, 1 Sam. 24:17; 2 Sam. 15:19, 20; 23:16, 17; 1 Crón. 21:17; Sal. 69:6. Areuna, 2 Sam. 24:22, 24. Nehemías, Neh. 5:14-18. Unos Judíos, Est. 9:15. Daniel, Dan. 5:17. Jonás, Jon. 1:12, 13. José, Mat. 1:19. Pablo, 1 Cor. 10:33; Filip. 1:18; 4:17; 2 Tes. 3:8. Filemón, - Fil. 13, 14. Priscila y Aquila, Rom. 16:3, 4.

DESJARRETAR, Jos. 11:6:9; 2 Sam. 8:4; 1 Cró. 13:4.

DESNUDO (la palabra no siempre significa "completamente desvestido"), 1 Sam. 19:24; 2 Sam. 6:14, 20; Isa. 20:2; Juan 21:7.

DESOBEDIENCIA (la) para con Dios: provoca su ira, Sal. 78:10, 40; Isa. 3:8. hace perder el favor divino, 1 Sam. 13:14. hace perder las bendiciones prometidas, Jos. 5:6; 1 Sam. 2:30; Jer. 18:10. atrae una maldición, Deut.11:28; 28:15, &c. es uno de los distintivos de los malos, Efes. 5:6; Tito 1:16; 3:3. los malos persisten en, Jer. 22:21. abominación de, un ejemplo, Jer. 35:14, &c. los hombres inclinados á excusar, Gén. 3:12, 13. será castigada, Isa. 42:24, 25; Heb. 2:2. reconozcamos que el castigo de, es justo, Neh. 9:32, 33; Dan. 9:10, 11, 14. amonestaciones con respecto á, 1 Sam. 12:15; Jer. 12:17. malos resultados de, demostrados, Jer. 9:13, 15. ejemplos de: Adam y Eva, Gén. 3:6, 11. Faraón, Ex. 5:2. Nadab, &c., Lev. 10:1. Moisés, &c., Núm. 20:8, 11, 24. Saúl, 1 Sam. 28:18. El profeta, 1 Reyes 13:20, 21. Israel, 2 Reyes 18:9-12. Jonás, Jon. 1:2, 3.

DESOBEDIENCIA para con los padres. Véase HIJOS.

DESPABILADERAS de oro, Ex. 25:38; 37:23. para el tabernáculo, Ex. 25:38; Núm. 4:9. para el templo, 1 Reyes 7:50.

DESPERDICIO (el), prohibido por Cristo, Juan 6:12.

DESPOSORIO, leyes con respecto al, Ex. 21:8; Lev. 19:20; Deut. 20:7; Mat. 1:18, 19.
——, espiritual. Ose. 2:19; 2 Cor. 11:2.

DESPRECIO (el): un pecado, Job 31:13, 14; Prov. 14:21. una necedad, Prov. 11:12. rasgo distintivo de los malos, Prov. 18:3; 2 Tim. 3:3.

SE PROHIBE PARA CON: los padres, Prov. 23:22.

los pequeñitos de Cristo, Mat. 18:10. los hermanos débiles, Rom. 14:3. los ministros jóvenes, 1 Cor. 16:11. los amos creyentes, 1 Tim. 6:2. los pobres. Sant. 2:1-3. la demasiada confianza en la propia rectitud inclina á los hombres á sentir, Isa. 65:5; Luc. 18:9, 11. el orgullo y la prosperidad inclinan á, Sal. 123:4. los ministros no dan motivo de, 1 Tim. 4:12. para con los ministros es lo mismo que para con Dios, Luc. 10:16; 1 Tes. 4:8.

PARA CON LA IGLESIA muchas veces se convierte en respeto, Isa. 60:14. es á menudo castigado, Ezeq. 28:26. debe sufrirse con paciencia, 1 Sam. 10:27. hace á los santos clamar á Dios, Neh. 4:4; Sal. 123:3.

LOS MALOS MANIFIESTAN PARA CON: Cristo, Sal. 22:6; Isa. 53:3; Mat. 27:29. los santos, Sal. 119:141; 1 Cor. 4:10. las autoridades, 2 Ped. 2:10; Jud. 8. los padres, Prov. 15:5, 20. los afligidos, Job 19:18. los pobres, Sal. 14:6; Ecl. 9:16. los santos se hacen algunas veces culpables de, Sant. 2:6. ejemplificado: Agar, Gén. 10:4. Los impíos (hijos de Belial), 1 Sam. 10:27. Nabal, 1 Sam. 25:10, 11. Micol, 2 Sam. 6:16. Sanaballat, Neh. 2:19; 4:2, 3. Los falsos maestros, 2 Cor. 10:10.

DESTETADO, niño, mencionado metafóricamente, Sal. 131:2; Isa. 11:8; 28:9.

DESTIERRO, Ezra 7:26. de Absalom, 2 Sam. 14:13, 14, 24. de los Judíos, Act. 18:2. de Juan, Rev. 1:9.

DEUDA, censurada, Sal. 37:21; Prov. 3:27; Luc. 16:5; Rom. 13:8.

DEUDORES, parábolas de los, Mat. 18:21; Luc. 7:41; 16. Véase Mat. 6:12.

DÍA, judaico, de puesta á puesta del sol, Gén. 1:5, 8, 19, 23, 31; Lev. 23:32. natural, desde la salida del sol hasta el ocaso, Gén. 31:39, 40; Neh. 4:21, 22. el tiempo para el trabajo, Sal. 104:23; Juan 9:4. divisiones de, Nehe. 9:3; Mat. 20:3, 5; Juan 11:9. profético, equivalente á un año, Ezeq. 4:6; Dan. 9:24-27; 12:11-13; 2 Ped. 3:8. un tiempo de juicio llamado día de furor, Lam. 2:21; Job 20:28; de ira, Sof. 1:15, 18; Rom. 2:5; de visitación, Miq. 7:4; de la contrición, Job 31:30; de tinieblas y de oscuridad, Joel 2:2; de angustia, Sal. 102:2; de aflicción, Deut. 32:25; Jer. 18:17; de trabajo, Prov. 24:10; de la venganza, Prov. 6:24; Isa. 61:2; de la gran matanza, Isa. 30:25; Jer. 12:3; malo, Jer. 17:17; Amós 6:3; Efes. 6:13; de Jehová, Isa. 2:12; 13:6. un tiempo de misericordia llamado día de salud, 2 Cor. 6:2; de la redención, Efes. 4:30; de la visitación, Jer. 27:22; 1 Ped. 2:12; del poder de Dios, Sal. 110:3. un tiempo de regocijo llamado día de placer. Est. 8:17; 9:19; día de buena nueva, 2 Reyes 7:9; el día que hizo Jehová, Sal. 118:24; día de vuestra alegría, Núm. 10:10; día de solemnidad, Ose. 9:5; como símile de la luz espiritual, 1 Tes. 5:5, 8; 2 Ped. 1:19; Prov. 4:18. el último, predicho, Job 19:25; Joel 2:11; Sof. 1:14; Juan 6:39; 11:24; 12:48; Rom. 2:5; 1 Cor. 3:13; Rev. 6:17; 16:14; 20.

de Jehová, Isa. 13:6; Jer. 46:10; Ezeq. 30:3;
Sof. 2:2, 3; Mal. 4:5; 1 Cor. 5:5; 1 Tes. 5:2.
días, últimos, Isa. 2:2; Miq. 4:1; Act. 2:17;
2 Tim. 3:1; Heb. 1:2; Sant. 5:3; 2 Ped. 3:3.
DÍA DE CAMINO, ó jornada, Ex. 3:18; 1 Reyes
19:4; Juan 3:4.
camino de un Sábado, Act. 1:12, con Juan
11:18; como dos millas.
DIABLO (el):
pecó contra Dios, 2 Ped. 2:4; 1 Juan 3:8.
fué arrojado del cielo, Luc. 10:18.
arrojado en el infierno, 2 Ped. 2:4; Jud. 6.
el autor de la caída, Gén. 3:1, 6, 14, 24.
tentó á Cristo, Mat. 4:3–10.
adultera las Escrituras, Mat. 4:6, con Sal.
91:11, 12.
hace oposición á la obra de Dios, Zac. 3:1;
1 Tes. 2:18.
sirve de rémora al Evangelio, Mat. 13:10; 2 Cor.
4:4.
obra maravillas mentirosas, 2 Tes. 2:9; Rev.
16:14.
aparece como ángel de luz, 2 Cor. 11:14.
es homicida, Juan 8:44.
incita con engaños, Gén. 3:13; 2 Cor. 11:3.
ENSEÑA LOS SIGUIENTES ERRORES: que
los pecadores no serán castigados, Gén.
3:4, 5.
los hombres buenos son hipócritas, Job 1:9–11.
se puede tentar á la Providencia, Mat. 4:5, 6.
el matrimonio y el uso de la carne son peca-
minoso, 1 Tim. 4:1–3.
LOS MALOS:
son hijos de, Mat. 13:38; Act. 13:10; 1 Juan
3:10.
vuelven atrás en pos de, 1 Tim. 5:15.
cumplen los deseos de, Juan 8:44.
están poseídos de, Luc. 22:3; Juan 13:2; Act.
5:3; Efes. 2:2.
están cegados por, 2 Cor. 4:4.
engañados por, 1 Rey. 22:21, 22; Rev. 20:7, 8.
caen en lazo de, 1 Tim. 3 7; 2 Tim. 2:26.
son molestados por, 1 Sam. 16:14.
son castigados juntamente con, Mat. 25:41.
LOS SANTOS:
afligidos por, solamente hasta donde Dios lo
permita, Job 1:12; 2:4–7.
tentados por, 1 Crón. 21:1; 1 Tes. 3:5.
zarandeados por, Luc. 22:31.
están en el deber de resistir á, Sant. 4:7;
1 Ped. 5:9.
de armarse contra, Efes. 6:11–16.
de velar en oposición á, 2 Cor. 2:11.
vencen á, 1 Juan 2:13; Rev. 12:11.
triunfarán finalmente de, Rom. 16:20.
TRIUNFO SOBRE, OBTENIDO POR CRISTO:
predicho, Gén. 3:15; Sal. 68:18.
resistiendo sus tentaciones, Mat. 4:11.
arrojando los espíritus de, Luc. 11:20; 13:32.
dándoles poder á sus discípulos para arrojar
los espíritus de, Mat. 10:1; Mar. 16:17.
destruyendo las obras de, 1 Juan 3:8.
completado con su muerte, Col. 2:15; Heb.
2:14.
explicado con un ejemplo, Luc. 11:21, 22.
CARÁCTER DE:
orgulloso, 1 Tim. 3:6.
presuntuoso, Job 1:6; Mat. 4:5, 6.
poderoso, Efes. 2:2; 6:12.
maligno, 1 Juan 2:13.
mentiroso, Juan 8:44.
malévolo, Job 1:9; 2:4.
astuto, Gén. 3:1, con 2 Cor. 11:3.
engañoso, 2 Cor. 11:14; Efes. 6:11.
feroz y cruel, Luc. 8:29; 9:39, 42; 1 Ped. 5:8.

activo en mal hacer, Job 1:7; 2:2.
cobarde, Sant. 4:7.
la apostasía es de, 2 Tes. 2:9; 1 Tim. 4:1.
será condenado en el juicio, Jud. 6; Rev. 20:10.
el fuego eterno preparado para, Mat. 25:41.
comparado al cazador, Sal. 91:3; á las aves,
Mat. 13:4; á un sembrador de zizaña, Mat.
13:25, 28; á un león que brama, 1 Ped. 5:8.
Véase TÍTULOS.
DIÁCONOS, Act. 6; Filip. 1:1.
cualidades de los, 1 Tim. 8:8.
se les llama siervos, servidores ó ministros
Mat. 23:12; Juan 12:36; 1 Cor. 3:5; 1 Tes. 3:2
á Febe también se le llamó servidora de la
iglesia, Rom. 16:1.
DÍA DEL SEÑOR, ó Domingo, Rev. 1:10.
Véase SÁBADO.
DIADEMAS, ó velos tenues adornados de lante-
juelas, Isa. 3:19.
DIAMANTE, Ex. 28:18; 39:11; Job 28:17; Ezeq.
3:9; Zac. 7:12.
DIANA, el tumulto acerca de, Act. 19:24.
DIARIO, EL SACRIFICIO, Núm. 28:6.
un cordero á mañana y tarde, Exod. 29:38, 39;
Núm. 28:3, 4.
doble el día de Sábado, Núm. 28:9, 10.
particularmente aceptable, Núm. 28:8.
las épocas en que se ofrecía eran épocas de
oración, Ezra 9:5; Dan. 9:20, 21; Act. 3:1.
su abolición fué predicha, Dan. 9:26, 27; 11:31.
SIMBOLIZA á Cristo, Juan 1:29, 36; 1 Ped. 1:19.
de la oración aceptable, Sal. 141:2.
DIAS de nacimiento celebrados:
de Faraón, Gén. 40:20.
de Herodes, Mat. 14:6; Mar. 6:21.
DIBÓN, Núm. 32:3, 34; Jos. 13:9, 17.
DICHOSOS. Véase BIENAVENTURADOS.
DÍDIMO, Juan 11:16. Véase TOMÁS.
DIETA de los Judíos, en el tiempo de los patriar-
cas, Gén. 18:7, 8; 27:4; en Egipto, Ex. 16:3,
Núm. 11:5; en el desierto, Ex. 16:4–12.
de los pobres, frugal, Rut 2:14; Prov. 15:17.
de los ricos, espléndida, Prov. 23:1–3; Lam.
4:5; Amós 6:4, 5; Luc. 16:19.
tomada en la mañana con parquedad, Jue.
19:5, con Ecl. 10:16, 17; al medio día, Gén.
43:13; Juan 4:6, 8; á la tarde, Gén. 24:15, 33;
Luc. 24:29, 30; frecuentemente sentados,
Gén. 27:19; 43:33; á menudo recostados,
Amós 6:4; Juan 13:23.
———, sustancias de que se usaba:
leche, Gén. 49:12; Prov. 27:27.
manteca de vaca (mantequilla), Deut. 32:14;
2 Sam. 17:29.
queso, 1 Sam. 17:18; Job 10:10.
pan, Gén. 18:5; 1 Sam. 17:17.
cebada tostada, 1 Sam. 17:17.
carne, 2 Sam. 6:19; Prov. 9:2.
pescado, Mat. 7:10; Luc. 24:42.
legumbres, Prov. 15:17; Rom. 14:2; Heb. 6:7.
fruta, 2 Sam. 16:2.
fruta pasada, 1 Sam. 25:18; 30:12.
miel de abejas, Cant. 5:1; Isa. 7:15.
aceite, Deut. 12:17; Prov. 21:17; Ezeq. 16:13.
vinagre, Núm. 6:3; Rut 2:14.
vino, 2 Sam. 6:19; Juan 2:3, 10.
———, preparada por mujeres, Gén. 27:9; 1 Sam.
8:13; Prov. 31:15.
se daban gracias antes de, Mar. 8:6; Act.
27:35.
se cantaba un himno después de, Mat. 26:30.
los hombres y las mujeres no comían juntos
Gén. 18:8, 9; Est. 1:3, 9.
DIEVEOS, Ezra 4:9.

DIEZMOS pagados por Abraham á Melquisedec, Gén. 14:20; Heb. 7:6.
la décima parte, 1 Sam. 8:15, 17.
prometidos por Jacob, Gén. 28:22.
exigidos por el Señor, Lev. 27:30; Prov. 3:9.
cedidos á los Levitas, Núm. 18:21; 2 Crón. 31:5; Neh. 10:37; Heb. 7:5.
los Judíos morosos en cuanto á dar, Neh. 13:10.
censurados porque no daban, Mal. 3:8.
para la fiesta, Deut. 14:23.
para los pobres, Deut. 14:28.
DILIGENCIA (la): Cristo nos dió ejemplo de, Mar. 1:35; Luc. 2:49.
DIOS EXIGE QUE LA PRACTIQUEMOS PARA:
buscarle á El, 1 Crón. 22:19; Heb. 11:6.
obedecerle, Deut. 6:17; 11:13.
escucharle, Isa. 55:2.
trabajar por la perfección, Filip. 3:13, 14.
cultivar las virtudes cristianas, 2 Ped. 1:5.
guardar el alma, Deut. 4:9.
guardar el corazón, Prov. 4:23.
el trabajo de amos, Heb. 6:10-12.
seguir toda obra buena, 1 Tim. 5:10.
guardarse de la contaminación, Heb. 12:15.
procurar ser hallados sin mácula, 2 Ped. 3:14.
hacer segura nuestra vocación, 2 Ped. 1:10.
el exámen de conciencia, Sal. 77:6.
las ocupaciones legítimas, Prov. 27:23; Ecl. 9:11.
enseñar la religión, 2 Tim. 4:2; Judas 3.
instruir á los hijos, Deut. C:7; 11:19.
cumplir los deberes de funcionario, Deut. 19:18.
los santos deben abundar en, 2 Cor. 8:7.
EN EL SERVICIO DE DIOS:
se debe practicar con tesón, Juan 9:4; Gál. 6:9.
no es en vano, 1 Cor. 15:58.
preserva del mal, Exod. 15:26.
conduce á una esperanza firme, Heb. 6:11.
Dios premia, Deut. 11:14; Heb. 11:6.
EN LOS ASUNTOS TEMPORALES CONDUCE Á:
la consecución de favores, Prov. 11:27.
la prosperidad, Prov. 10:4; 13:4.
el honor, Prov. 12:24; 22:29.
explicada con un ejemplo, Prov. 6:6-8.
ejemplos de: Jacob, Gén. 31:40. Rut, Rut 2:17; Ezequías, 2 Cró. 31:21. Nehemías, &c., Neh. 4:6. El Salmista, Sal. 119:60. Los Apóstoles, Act. 5:42. Apolo, Act. 18:25. Tito, 2 Cor. 8:22. Pablo, 1 Tes. 2:9. Onesíforo, 2 Tim. 1:17.
DILUVIO (el), Gén. 6-8. Véase también Job 22:15-17; Sal. 32:6; Isa. 28:2; Mat. 24:37-39; Luc. 17:26, 27; Heb. 11:7; 1 Ped. 3:19, 20; 2 Ped. 2:5; 3:5, 6.
DINA, hija de Jacob, Gén. 30:21.
forzada por Siquem, Gén. 34:2.
vengada, Gén. 34:25.
DINERO, uso de, Gén. 23:9; 42:25; Jer. 32:9.
acuñado al principio con la figura de un cordero, Gén. 33:19.
de los Romanos, acuñado con la figura de César, Mat. 22:20, 21.
generalmente tomado al peso, Gén. 23:13; Jer. 32:10.
PIEZAS mencionadas en las Escrituras:
talento de oro, 1 Reyes 9:14; 2 Reyes 23:33.
talento de plata, 1 Reyes 16:24; 2 Rey. 5:22, 23.
siclo de plata, Jue. 17:10; 2 Rey. 15:20.
medio siclo, ó beca, Ex. 30:15.
un tercio de siclo, 1 Sam. 9:8.
óbolo, un veintavo de siclo, Núm. 3:47.
mina, Luc. 19:13.
denario, Mat. 20:2; Mar. 6:37.

cornado, Mat. 5:26; Luc. 12:6 (trad. BLANCA).
blanca, Mar. 12:42; Luc. 21:2.
el amor de, censurado, 1 Tim. 6:10.
provisto milagrosamente, Mat. 17:27.
DIOS:
Creador, Gén. 1:1; Ex. 20:11;
es Espíritu, Juan 4:24; 2 Cor. 3:17.
LAS ESCRITURAS AFIRMAN QUE ES:
luz, Isa. 60:19; Sant. 1:17; 1 Juan 1:5.
amor, 1 Juan 4:8, 16.
invisible, Job 23:8, 9; Juan 1:18; 5:37; Col. 1:15; 1 Tim. 1:17; 6:16.
inescrutable, Job 11:7; 26:14; 37:23; Sal. 145:3; Isa. 40:28; Rom. 11:33.
incorruptible, Rom. 1:23.
eterno, Deut. 33:27; Sal. 90:2; Rev. 4:8-10.
inmortal, 1 Tim. 1:17; 6:17.
omnipotente, Gén. 17:1; Ex. 6:3.
omnisciente, Sal. 139:1-6; Prov. 5:21.
escudriñador del corazón, 1 Crón. 28:9; Sal. 7:9; 44:21; 139:23; Prov 17:3; Jer. 17:10; Rom. 8:27.
omnipresente, Sal. 139:7; Jer. 23:23.
inmutable, Sal. 102:26, 27; Sant. 1:17.
el solo sabio, Rom. 16:27; 1 Tim. 1:17.
glorioso, Ex. 15:11; Sal. 145:5.
incomprensible, Job 36:26; 37:5; Sal. 40:5; 139:6; Ecl. 3:11; 11:5; Isa. 40:18; Miq. 4:12.
altísimo, Sal. 83:18; Act. 7:48.
perfecto, Mat. 5:48.
santo, Sal. 99:9; Isa. 5:16.
verdadero, Jer. 10:10; Juan 17:3.
recto, Sal. 25:8; 92:15.
justo, Ezra 9:15; Sal. 145:17.
bueno, Sal. 25:8; 119:68.
grande, 2 Crón. 2:5; Sal. 86:10.
clemente, Sal. 116:5.
piadoso, Exod. 34:6.
fiel, 1 Cor. 10:13; 1 Ped. 4:19.
misericordioso, Ex. 34:6, 7; Sal. 86:5.
luengo de iras, Núm. 14:18; Miq. 7:18.
celoso, Jos. 24:19; Nah. 1:2.
compasivo, 2 Reyes 13:23.
un fuego consumidor, Heb. 12:29.
LAS PREROGATIVAS DE:
el ser dueño de todas las cosas, 1 Cró. 29:11 Sal. 50:10; Ezeq. 18:4; Rev. 4:11.
el dominio de la naturaleza, Job 38:33; Jer 31:35; 33:25.
imponer sus leyes á todo lo creado, Ex. 20:2; Isa. 33:22; Mat. 4:10; 22:37.
conceder su gracia según su querer, Deut. 29:4; Mat. 13:10; 20:15; Mar. 4:11; Rom. 9:22; 2 Tim. 2:25.
someter á los hombres á prueba, Deut. 13:1; 1 Reyes 22:20; Job 2:6; 1 Cor. 11:19.
dominar los corazones de los hombres, Sal. 33:13; Isa. 45:5; Rom. 9:20.
hacer uso de los hombres para ejecutar sus planes, 2 Reyes 5:1; Job 1:21; Sal. 17:13; Isa. 10:5; Hab. 1:6.
disponer de las vidas de los hombres, Gén. 22:2; Deut. 20:16; 1 Sam. 16:3.
juzgar á los hombres y á las naciones, 2 Rey. 8:12; Ezeq. 20:24; Dan. 4:17; Rom. 2:19.
no hay otro fuera de él, Deut. 4:35; Isa. 44:6.
no ha habido nadie antes de él, Isa. 43:10.
no hay nadie semejante á él, Ex. 9:14; Deut. 33:26; 2 Sam. 7:22; Isa. 46:5, 9; Jer. 10:6.
ninguno es bueno sino él, Mat. 19:17.
llena el cielo y la tierra, 1 Rey. 8:27; Jer. 23:24.
ha de ser adorado en espíritu y en verdad, Juan 4:24.
Véase IRA, LLAMAMIENTOS, CONSEJOS Y PROPÓSITOS, FIDELIDAD, FAVOR, PRESCIENCIA.

DONES, GLORIFICAR, GLORIA, BONDAD, GRACIA, SANTIDAD, CELOS, GOZO, JUSTICIA, LONGANIMIDAD, AMOR, MAJESTAD, MISERICORDIA, PERFECCIÓN, PODER, PROVIDENCIA, RECTITUD, VERDAD, SABIDURÍA.

DIONISIO, convertido, Act. 17:34.

DIOS NO CONOCIDO, altar erigido al, Act. 17:23.

DIOSES, á los jueces se les llamó así, Ex. 22:28; Sal. 82:1; 138:1; Juan 10:34; 1 Cor. 8:5.

paganos, culto de, prohibido, Ex. 20:3; 34:17; Deut. 5:7; 8:19; 18:20, &c. Véase IDOLATRÍA.

DIOTREFES, censurado, 3 Juan 9.

DISCERNIR, reconocer, hacer diferencia, Gén. 31:32; Mat. 16:3; Heb. 5:14.

DISCERNIMIENTO de espíritus, 1 Cor. 12:10; 1 Juan 4:1.

DISCÍPULOS, de CRISTO. Véase APÓSTOLES.

setenta fueron enviados, Luc. 10.

número de, añadidos á la iglesia, Act. 2:41; 4:4.

llamados primeramente cristianos, Act. 11:26.

de JUAN, vienen á Cristo, Mat. 9:14; 11:2. Véase Juan 3:25.

reciben el Espíritu Santo, Act. 19:1.

DISCIPLINA de la iglesia:

los apóstoles reciben autoridad para establecerla, Mat. 16:19; 18:18.

CONSISTE EN:

mantener la sana doctrina, 1 Tim. 1:3; Tito 1:13.

arreglar todos los asuntos á ella relacionados, 1 Cor. 11:34; Tito 1:5.

amonestar á los ofensores, 1 Tim. 5:20; 2 Tim. 4:2.

restaurarlos en mansedumbre, Gál. 6:1.

separar á los ofensores contumaces, 1 Cor. 5:3-5, 13; 1 Tim. 1:20; Tit 3:10.

debemos someternos á, Heb. 13:17.

es para edificación, 2 Cor. 10:8; 13:10.

la decencia y el orden son los objetos de, 1 Cor. 14:40.

se debe ejercer en el espíritu de caridad, 2 Cor. 2:6-8.

prohibe á las mujeres el predicar, 1 Cor. 14:34; 1 Tim. 2:12.

DISCORDIA (la), se prohibe el causarla, Prov. 6:14, 19; 16:28; 17:9; 18:8; 26:20; Rom. 1:29; 2 Cor. 12:20.

DISCURSOS DE CRISTO:

en el monte, Mat. 5-7; Luc. 6:20.

sobre su pobreza, Mat. 8:18; Luc. 9:57.

sobre el ayuno, Mat. 9:14; Mar. 2:18; Luc. 5:13.

sobre la blasfemia, Mat. 12:31; Mar. 3:28; Luc. 11:15.

declara quiénes son sus hermanos, Mat. 12:46; Mar. 3:31; Luc. 8:19.

censura á Corazín, Mat. 11:20; Luc. 10:13.

acerca de Juan Bautista, Mat. 11:7; Luc. 7:24; 20:4.

acerca de su misión, Juan 5:17; 7:16; 8:12; 10; 12:30.

acerca del pan de vida, Juan 6:26.

acerca de Abraham, Juan 8:31.

acerca de las tradiciones, Mat. 15:1; Mar. 7:1.

á los Fariséos que pedían una señal, Mat. 12:38; 16:1; Mar. 8:11; Luc. 11:16; 12:54; Juan 2:18.

sobre la humildad, &c., Mat. 8; Mar. 9:33; Luc. 3:46; Juan 13.

acerca de los escribas y los Fariséos, Mat. 23; Mar. 12:38; Luc. 11:37; 20:45.

acerca de la destrucción de Jerusalem y de los postreros tiempos, Mat. 24; Mar. 13; Luc. 13:34; 17:20; 19:41; 21.

acerca de los Galiléos muertos, Luc. 13:1.

acerca de los sufrimientos con motivo del Evangelio, Luc. 14:26 (Mat. 10:37).

acerca del matrimonio, Mat. 19; Mar. 10.

sobre las riquezas, Mat. 19:16; Mar. 10:17; Luc. 12:13; 18:18.

sobre el tributo, Mat. 22:15; Mar. 12:13; Luc. 20:10.

sobre la resurrección, Mat. 22:23; Mar. 12:18.

sobre el gran mandamiento, Mat. 22:35; Mar. 12:28.

acerca de el Hijo de David, Mat. 22:41; Mar. 12:35; Luc. 20:41.

acerca del maravedí de la viuda, Mar. 12:41; Luc. 21:1.

sobre la vigilancia, Mat. 24:42; Mar. 13:33; Luc. 12:35; 21:34.

sobre el juicio final, Mat. 25:31.

DISCRECIÓN, ventajas de, Prov. 1:4; 2:11; 3:21; 5:2; 19:11; Sal. 34:12.

DISEÑO del tabernáculo, Ex. 25:9, 40; del templo, Ezeq. 43:10. Véase Heb. 8:5; 9:23.

DISENSIÓN con respecto á la circuncisión, Act. 15:2, 39. Véase DIVISIONES.

debe evitarse, 1 Cor. 1:10; 3:3; 11:17, 18.

DISFRACES:

el de Saúl, 1 Sam. 28:8.

el de la esposa de Jeroboam, 1 Reyes 14:2.

el de un profeta, 1 Reyes 20:38.

el de Acháb, 1 Reyes 22:30; 2 Crón. 18:29.

el de Josías, 2 Crón. 35:22.

DISOLUCIÓN (la), prohibida, Prov. 23:20; 28:7; Luc. 15:13; Rom. 13:13; 1 Ped. 4:4; 2 Ped. 2:13.

DISPENSACIÓN (la) del Evangelio, 1 Cor. 9:17, Efes. 1:10; 3:2; Col. 1:25.

DISPERSIÓN de las naciones, Gén. 10.

en Babel, Gén. 11:1-9; Deut. 32:8.

DISPERSOS, ó esparcidos, de Israel, Est. 3:8; Juan 7:35; Isa. 11:12.

profecías con respecto á los, Jer. 25:34; Ezeq. 36:19; Sof. 3:10.

DISPUTAS y quejas, Prov. 23:29; 1 Tim. 6 20; 2 Tim. 2:16.

DISPUTAR (el), prohibido, con Dios, Rom. 9:20; 1 Cor. 1:20.

con los hombres, Mar. 9:33; Rom. 14:1; Filip. 2:14; 1 Tim. 1:4; 4:7; 6:20; 2 Tim. 2:14; Tito 3:9.

DIVERSIONES (las) y deleites, mundanas:

pertenecen á las obras de la carne, Gál. 5:19, 21.

son transitorias, Job 21:12, 13; Heb. 11:25.

todas son vanidad, Ecl. 2:11.

ahogan en el corazón la palabra de Dios, Luc. 8:14.

formaban parte del culto idólatra, Ex. 32:4, 6, 19, con 1 Cor. 10:7; Jue. 16:23-25.

CONDUCEN Á:

desechar á Dios, Job 21:14, 15.

la pobreza, Prov. 21:17.

el desacato de los juicios y obras de Dios Isa. 5:12; Amós 6:1-6.

terminan en pesar, Prov. 14:13.

suelen conducir á mayor mal, Job 1:5; Mat. 14:6-8.

los malos buscan la felicidad en, Ecl. 2:1, 8.

EL ENTREGARSE Á:

prueba de insensatez, Ecl. 7:4.

distintivo de los malos, Isa. 47:8; Efes. 4:17, 19; 2 Tim. 3:4; Tito 3:3; 1 Ped. 4:3.

prueba de muerte espiritual, 1 Tim. 5:6.

abuso de las riquezas, Sant. 5:1, 5.

es prudente abstenerse de, Ecl. 7:2, 3.

los santos de la antigüedad evitaban, 1 Ped. 4:3.

la abstinencia de parece extraña á los malos, 1 Ped. 4:4.

reprobadas por Dios, Isa. 5:11, 12.
excluyen del reino de Dios, Gál. 5:21.
castigo de, Ecl. 11:9; 2 Ped. 2:13.
ejemplo de Moisés, Heb. 11:25.
DIVISIÓN (la) de la tierra de Canaán, Núm. 34:16; Jos. 13, &c.
DIVISIONES, disidencias ó contiendas:
prohibidas en el seno de la iglesia, 1 Cor. 1:10.
reprobadas en la iglesia, 1 Cor. 1:11-13.
impropias en la iglesia, 1 Cor. 12:24, 25.
SON OPUESTA Á:
la unidad de Cristo, 1 Cor. 1:13; 12:13.
los deseos de Cristo, Juan 17:21-23.
los designios de Cristo, Juan 10:16.
el espíritu de la iglesia primitiva, 1 Cor. 11:16.
son prueba de un espíritu carnal, 1 Cor. 3:3.
guardáos de los que causan, Rom. 16:17.
el mal de, puesto en claro, Mat. 12:25.
DIVORCIO, permitido á causa del adulterio, y otorgado por escrito, Deut. 24:1; Jer. 3:1; Mat. 5:31, 32; 19:7-9.
á los siervos, Ex. 21:7-11.
á los cautivos, Deut. 21:11-14.
de las esposas idólatras fué prescrito, Ezra 10:2-17; Neh. 13:23-30.
practicado ilícitamente por los Judíos, Miq. 2:9; Mala. 2:14; Mat. 19:3, 9.
cuándo podía casarse una mujer divorciada, Deut. 24:1, 2.
cuándo no podía, Deut. 24:3, 4; Mat. 5:32; 19:9; Luc. 16:18; 1 Cor. 1:11.
como término de comparación, Isa. 50:1; Jer. 3:8.
Véase MATRIMONIO.
DOCE, los, Mar. 3:14.
DOCTORES de la ley, Luc. 2:46; 5:17; Act. 5:34; la palabra es generalmente traducida "maestro-s", como en Mat. 8:19.
reconvenidos por Cristo, Luc. 11:46; 14:3; 10:25.
DOCTRINAS (las) del Evangelio:
son de Dios, Juan 7:16; Act. 13:12.
son enseñadas por medio de la Escritura, 2 Tim. 3:16.
son según la piedad, 1 Tim. 6:3; Tito 1:1.
la inmoralidad condenada por, 1 Tim. 1:9-11.
conducen á la comunión con el Padre y con el Hijo, 1 Juan 1:3; 2 Juan 9.
conducen á la santidad, Rom. 6:17-22; Tit. 2:12.
no desacreditéis, 1 Tim. 6:1; Tit. 2:5.
LOS MINISTROS DEBEN:
ser nutridos en, 1 Tim. 4:6.
atender á, 1 Tim. 4:13, 16.
abrazar con sinceridad, 2 Cor. 2:17; Tit. 2:7.
abrazar con firmeza, 2 Tim. 1:13; Tit. 1:9.
continuad en, 1 Tim 4:16.
hablad las cosas que convienen á, Tit. 2:1.
los santos obedecen, de corazón, Rom. 6:17.
perseveran en, Act. 2:42; 2 Juan 9.
una conducta fiel adorna, Tit. 2:10.
la obediencia de los santos conduce á un conocimiento más cierto de, Juan 7:17.
LOS QUE SE OPONEN Á:
son ignorantes, 1 Tim. 6:4.
son hinchados y enloquecen acerca de cuestiones, &c., 1 Tim. 6:4.
no merecen acogida, 2 Juan 10.
debemos apartarnos de, Rom. 16:17.
los malos no las sufren, 2 Tim. 4:3.
DOCTRINAS, falsas:
sirven de prueba, 1 Cor. 11:19.
impiden el crecimiento en la gracia, Efes. 4:14.
destruyen la fé, 2 Tim. 2:18.
aborrecibles á Dios, Rev. 2:14, 15.
vanas y sin provecho, Tit. 3:9; Heb. 13:9.

DEBEN EVITARLAS:
los ministros, 1 Tim. 1:4; 6:20.
los santos, Mat. 16:12; Efes. 4:14; Col. 2:8.
todos los hombres, Jer. 23:16; 29:8.
los malos les tienen afición, 2 Tim. 4:3, 4.
los malos abandonados á, 2 Tes. 2:11.
LOS MAESTROS DE:
no merecen apoyo, Prov. 19:27; 2 Juan 10.
han de ser esquivados, Rom. 10:17, 18.
desacreditan la religión, 2 Ped. 2:2.
hablan perversidades, Act. 20:30.
atraen á muchos, Act. 20:30; 2 Ped. 2:2.
engañan á muchos, Mat. 24:5.
abundarán en los últimos días, 1 Tim. 4:1.
adulteran el evangelio de Cristo, Gál. 1:6, 7.
serán descubiertos, 2 Tim. 3:9.
Á LOS MAESTROS DE, SE LES APELLIDA:
crueles, Act. 20:20.
engañosos, 2 Cor. 11:3.
avaros, Tit. 1:11; 2 Ped. 2:3.
impíos, Jud. 4:8.
orgullosos é ignorantes, 1 Tim. 6:3, 4.
corrompidos y réprobos, 2 Tim. 3:8.
probadlas por medio de la Escritura, Isa. 8:20; 1 Juan 4:1.
maldición á los que enseñan, Gál. 1:8, 9.
castigo de los que enseñan, Deut. 13:1; 18:20; Jer. 28:16; Miq. 3:6, 7; 2 Ped. 2:1, 3; Rev. 2:20.
DOEG, por mandato de Saúl da muerte á los sacerdotes, 1 Sam. 21:7; 22:9 (Sal. 52; 120).
DOLO, prohibido, Sal. 34:13; 1 Ped. 2:1; 3:10; Rev. 14:5. Véase ENGAÑO.
DOMINGO, día del Señor, observado como Sábado por la iglesia primitiva, Juan 20:26; Act. 20:7; 1 Cor. 16:2; Rev. 1:10.
Véase SÁBADO.
DOMINIO (el) de Dios universal, Sal. 103:22; 113; 145; Dan. 4:3, 22, 34; 7:27; Col. 1:16; 1 Ped. 4:11; Jud. 25.
concedido á Adam sobre la creación, Gén. 1:26; Sal. 8:6.
DON de Dios, Cristo es denominado así, Juan 3:16; 4:10; 6:32; 2 Cor. 9:15.
———, del ESPÍRITU SANTO.
por el Padre, Neh. 9:20; Luc. 11:13.
por el Hijo, Juan 20:22.
á Cristo, sin medida, Juan 3:34.
CONCEDIDO:
conforme á la promesa, Act. 2:38, 39.
al ser exaltado Cristo, Sal. 68:18; Juan 7:39.
á la intercesión de Cristo, Juan 14:16.
á la plegaria, Luc. 11:13; Efes 1:16, 17.
para instruir, Neh. 9:20.
para consuelo de los santos, Juan 14:16.
á los que se arrepienten y creen, Act. 2:38.
á los que obedecen á Dios, Act. 5:32.
á los gentiles, Act. 10:44, 45; 11:17; 15:8.
es abundante, Sal. 68:9; Juan 7:38, 39.
es permanente, Isa. 59:21; Ag. 2:5; 1 Ped. 4:14.
es fecundativo, Isa. 32:15.
se recibe por medio de la fé, Gál. 3:14.
es prueba evidente de unión con Cristo, 1 Juan 3:24; 4:13.
es prenda de seguridad de la herencia de los santos, 2 Cor. 1:22; 5:5; Efes. 1:14.
es una seguridad de la continuación de la bondad divina hacia los hombres, Ezeq. 39:29.
DONES de Dios:
todas las bendiciones, Sant. 1:17; 2 Ped. 1:3.
otorgados según su voluntad, Ecl. 2:26; Dan. 2:21; Rom. 12:6; 1 Cor. 7:7.
gratúitos y abundantes, Núm. 14:8; Rom. 8:32.
ESPIRITUALES, Cristo el mayor de todos, Isa. 42:6; 55:4; Juan 3:16; 4:10; 6:32, 33.

son por medio de Cristo, Sal. 68:18, con Efes. 4:7, 8; Juan 6:27.
el Espíritu Santo, Luc. 11:3; Act. 8.20.
la gracia, Sal. 84:11; Cant. 4:6.
la sabiduría, Prov. 2:6; Sant. 1:5.
el arrepentimiento, Act. 11:18.
la fé, Efes. 2:8; Filip. 1:29.
la justicia, Rom. 5:16, 17.
la fuerza y el poder, Sal. 68.35.
un corazón nuevo, Ezeq. 11:19.
la paz, Sal. 29:11.
el descanso, Mat. 11:28; 2 Tes. 1:7.
la gloria, Sal. 84:11; Juan 17:22.
la vida eterna, Rom. 6:23.
son sin arrepentimiento de Dios, Rom. 11:29.
empleados para mútuo provecho, 1 Ped. 4:10.
orad por, Mat. 7:7, 11; Juan 16:23, 24.
reconoced, Sal. 4:7; 21:2.
reglas con respecto á los, 1 Cor. 12; 14; Rom. 1:11.

TEMPORALES:
la vida, Isa. 42:5.
el alimento y el vestido, Mat. 6:25-33.
la lluvia y las estaciones fecundas, Gén. 27:28; Lev. 26:4, 5; Isa. 30:23.
la sabiduría, 2 Crón. 1:12.
la paz, Lev. 26:6; 1 Crón. 22:9.
todo lo bueno, Sal. 34:10; 1 Tim. 6:17.
para usarlos y disfrutarlos, Ecl. 3.13; 5:19, 20; 1 Tim. 4:4, 5.
para hacernos recordar á Dios, Deut. 8:18.
todas las criaturas participan de, Sal. 136:25; 145:15, 16.
orad por, Zac. 10:1; Mat. 6:11.
explicados con ejemplos, Mat. 25:15-50
DONES MILAGROSOS del Espíritu Santo:
profetizados, Isa. 35:4-6; Joel 2:28, 29.
de diferentes especies, 1 Cor. 12:4-6.
enumerados, 1 Cor. 12:8-10, 28.
Cristo fué dotado de, Mat. 12:28.
fueron emitidos el día de Pentecostes, Act.2:1-4.
COMUNICADOS al predicar el evangelio, Act. 10:44-46.
por medio de la imposición de las manos de los apóstoles, Act. 8:17, 18; 19:6.
para confirmación del evangelio, Mar. 16:20; Act. 14:3; Rom. 15:10; Heb. 2:4.
para edificación de la iglesia, 1 Cor. 12:7; 14:12, 13.
otorgados de acuerdo con su soberana voluntad, 1 Cor. 12:11.
deben solicitarse, 1 Cor. 12:31; 14:1.
naturaleza transitoria de, 1 Cor. 13:8.
NO SE HABÍAN de descuidar, 1 Tim. 4:14; 2 Tim. 1:6.
de despreciar, 1 Tes. 5:20.
de comprar, Act. 8:20.
se podían poseer sin la gracia que salva, Mat. 7:22, 23; 1 Cor. 13:1, 2.
imitados por el Antecristo, Mat. 24:24; 2 Tes. 2:9; Rev. 13:13, 14.
DOR, Jue. 1:27; 1 Reyes 4:11.
DORCAS es resucitada, Act. 93:36.
DOTÁN, Gén. 37:17; 2 Reyes 6:13.
DOTE, Gén. 34:12; Ex. 22:17; 1 Sam. 18:25.
DOXOLOGÍAS (ó Gloriæ Patri), á Dios Padre, Luc. 2:14; Rom. 11:36; Gál. 1:5; Filip. 4:20; 1 Ped. 5:11.
á Cristo, 2 Tim. 4:8; Heb. 13:21; 2 Ped. 3:18.
á Dios padre por medio de Cristo, Rom. 16:27; Efes. 3:21; Jud. 25.
pronunciadas por las huestes celestiales, Luc. 2:14; Rev. 4:11; 7:12.
DRACMA, una moneda persa de valor como de cinco pesos, Ezra 2:69; Luc. 15:8, 9.

DRAGON, en el original significa una serpiente ponzoñosa, Deut. 32:33; una serpiente del mar, Sal. 74:13; Isa. 27:1; una serpiente del desierto, Sal. 91:13; Isa. 34:13; Jer. 9:11; 51:37; Mal. 1:3; un crocodilo (simbólico de Egipto), Ezeq. 29:3; 32:2; un lobo, Miq. 1:8; un nombre de Satanás, Rev. 20:2; simbólico, Rev. 12:13; 16; la palabra hebrea ha sido traducida ballena en Gén. 1:21; Job 7:12; y culebra en Ex. 7:9.
Faraón fué llamado así, Ezeq. 29:3.
el bermejo, Rev. 12:3.
DROMEDARIOS, Jer. 2·23; 1 Reyes 4:28; Est. 8:10; Isa. 60:6.
DRUSILA, Act. 24:24.
DUDA (la) prohibida, Mat. 14:31; 21:21; Mar. 11:33; Luc. 12:29; Rom. 14:3; Act. 10:20; 1 Tim. 2:8.
ejemplos de: Abraham, Gén. 12:12, 13; 17:17; 20:11. Sara, Gén. 18:12-14. Isaac, Gén. 26:6, 7. Lot, Gén. 19:30. Moisés, Ex. 3:11; 4:7, 10, 13; 5:22, 23; 6:12, 30; Núm. 11:21-23. Los Israelitas, Ex. 6:9; 14:10; 1 Sam. 17:11, 24. Gedeón, Jue. 6:13, 15. Samuel, 1 Sam. 16:1, 2. David, 1 Sam. 21:12, 13; 27:1. La gente de David, 1 Sam. 23:3. Abdías, 1 Reyes 18:9-44. Elías, 1 Rey. 19:13, 14, 18. Joás, 2 Rey. 13:18, 19. Jeremías, Jer. 1:6; 32:24, 25. Los discípulos, Mat. 8:25, 26; 17:16, 20; Mar. 4:38, 40; 16:10-14; Luc. 8:25; 9:40. Juan Bautista, Mat. 11:2, 3. Pedro, Mat. 14:29, 31. Tomás, Juan 20:25. Ananías, Act. 9:13, 14.
DULZURA de Cristo, Isa. 40:11; Mat. 11:29; 2 Cor. 10:1.
exhortaciones con respecto á la, Gál. 5:22; 1 Tes. 2:7; 2 Tim. 2:24; Tit. 3:2; Sant. 3:17.
DUMA, tribu de los Ismaelitas, Gén. 25:14; 1 Crón. 1:30; Isa. 21:11, 12.
DUQUES (shaikhs) de Edom, Gén. 36:15-19, 40-43; Ex. 15:15; 1 Crón. 1:51-54; de los Horeos, Gén. 36:21-30.
DURA, el campo de, Dan. 3:1.
DUREZA, 1 Sam. 25:3.
DURO DE CERVIZ, Ex. 32:9; 33:3; Deut. 1016; Act. 7:51.

E.

ÉBANO (Varela, "Pavos"), Ezeq. 27:15.
EBEN-EZER (piedra del socorro), los Israelitas son vencidos por los Filistéos en, 1 Sam. 4:1; 5:1.
levantada por Samuel, 1 Sam. 7:12.
ECONOMÍA. Véase LABORIOSIDAD.
EDÉN, descrito, Gén. 2:8.
Adam echado de, Gén. 3:23.
mencionado figurativamente, Isa. 51:3; Ezeq. 28:13; 31:9; 36:35; Joel 2:3.
EDER, Gén. 35:21.
EDIFICACIÓN (la):
descrita, Efes. 4:12-16.
ES UNO DE LOS FINES DE:
el ministerio, Efes. 4:11, 12.
los dones ministeriales, 1 Cor. 14:3-5, 12.
la autoridad del ministerio, 2 Cor. 10:8; 13:10.
la unión de la iglesia en Cristo, Efes. 4:16.
el evangelio fomenta, Act. 20:32.
el amor conduce á, 1 Cor. 8:1.
exhortación relativamente á, Jud. 20, 21.
mútua, precrita, Rom. 14:19; 1 Tes. 5:11.
todo hecho para, 2 Cor. 12:19; Efes. 4:29.
haced uso de la abnegación para fomentarla en los demás, 1 Cor. 10:23, 33.

la paz de la iglesia es favorable á, Act. 9:31.
las cuestiones necias se oponen á, 1 Tim. 1:4.
EDIFICADOR, ó albañil, 1 Reyes 5:18; Neh. 4:5; Ezeq. 27:4.
por vía de comparación, Sal. 118:22; 1 Cor. 3:10; Heb. 11:10.
EDIFICIO, la Iglesia comparada á un, 1 Cor. 3:9; Efes. 2:21; Col. 2:7.
EDISSA, Est. 2:7.
EDOMITAS, ó hijos de Edom, eran descendientes de Esaú, Gén. 36:9.
moraban en el monte Seir, Gén. 32:3; Deut. 2:4, 5.
regidos por duques, Gén. 36:15, 30, 40–43; Exod. 15:15.
por reyes, Gén. 36:31–39; Núm. 20:14.
carácter: sabios, Jer. 49:7; orgullosos y arrogantes, Jer. 49:16; Ab. 3; fuertes y crueles, Jer. 49:19; vengativos, Ezeq. 25:12; idólatras, 2 Crón. 25:14, 20; supersticiosos, Jer. 27:3, 9.
comerciaban en grande escala, Ezeq. 27:20.
su país se llamó: Monte Seir, Ezeq. 35:2. Monte de Esaú, Ab. 21. Duma, Isa. 21:11. Idumea, Isa. 34:6; Mar. 3:8. Edom. Isa. 63:1.
ciudades principales de: La Rosa, ó Piedra, Jue. 1:36; 2 Reyes 14:7; 2 Crón. 25:12; Isa. 16:1. Jenaba, ó Dedán, Gén. 36:32; Jer. 49:8. Avit, Gén. 36:35. Pau, Gén. 36:39. Bosra, Jer. 49:22. Temán, Jer. 49:7; Ezeq. 25:13. Azion-gaber, un puerto, 1 Rey. 9:26.
personas notables de: Doeg, 1 Sam. 22:18. Adad, 1 Rey. 11:14, 19. Elifaz, Job 2 11.
sus posesiones, Deut. 2:5; Jos. 24:4.
su malignidad para con israel Núm. 20:14; Jue. 11:17.
admitidos á la congregación, Deut- 23:8.
subyugados por David, 2 Sam. 8:14.
revuelta de, 2 Reyes 8:20; 2 Crón. 21:8.
subyugados por Amasías, 2 Reyes 14:7; 2 Cró. 25:11.
profecías acerca de: Núm. 24:18; Sal. 108:9; Isa. 11:14; Jer. 25:21; 49:7, 17; Ezeq. 25:13; 35; 36:5; Dan. 11:41; Joel 3:19; Amós 1:11; Ab. 1–6.
EDRAI, ciudad de Basán, Núm. 21:33–35.
EDUCACIÓN (la), se debe empezar temprano, Prov. 22:6; Sal. 49:13; 2 Tim. 1:5.
oralmente ó de palabra Ex. 10:2; Deut. 11:19; 21:18; Sal. 34:11; 78:6.
por medio de instituciones y de ritos, Ex. 12:25; 13:14; 16:32; Jos. 4:22; 22:24.
del buen ejemplo, Prov. 20:7; 2 Tim. 1:5.
con tolerancia, Efes. 6:4; Col. 3:2.
con la corrección necesaria, Prov. 22:15; 29:15; Heb. 12:6.
con la coerción, Gén. 18:19; 1 Sam. 3:13; 1 Tes. 2:11.
EFA, una medida, Ex. 16:36; Lev. 19:36; Jue. 6:19; Rut 2:17; 1 Sam. 1:24; 17:17; Ezeq. 45:10; Zac. 5:6.
EFESIOS (los), instruidos por Pablo en lo concerniente á la salvación del hombre, Efes. 1; la adopción de los gentiles, &c., Efes. 2; 3; exhortados á la unión y las buenas obras, Efes. 4–6.
ÉFESO, Pablo va allá, Act. 18:19.
milagros hechos allí, Act. 19:11.
tumulto en, Act. 19:24 (1 Cor. 15:32).
peleas con las fieras allí, 1 Cor. 15:32.
el discurso de Pablo á los ancianos de, Act. 20:17; 1 Cor. 16:8.
el mensaje de Cristo á, Rev. 1:11; 2:1, &c.
EFOD del sacerdote, Ex. 28:4; 39:2. Véase 1 Sam. 23:6; Ose. 3:4.

idólatra, Jue. 8:27; 17:5. Véase 2 Sam. 6:14; 1 Crón. 15:27; Ose. 3:4.
EFRAÍM, hijo de José, Gén. 41:52.
se le prefiere respecto de Manasés, Gén. 48:14.
la matanza de sus hijos, 1 Crón. 7:21.
se cuentan sus descendientes, Núm. 1:10, 32; 2:18; 26:35; 1 Crón. 7:20.
sus bienes, Jos. 16:5; 17:14; Jue. 1:29.
castigan á los Madianitas, Jue. 7:24.
su desavenencia con Gedeón, Jue. 8:1, y con Jefté, Jue. 12.
se rebela contra la casa de David, 1 Rey. 12:25, 2 Crón. 10:16.
castiga á Acaz y á Judá, 2 Crón. 28:6.
sueltan sus prisioneros, 2 Crón. 28:12.
llevados á cautividad, 2 Reyes 17:5; Sal. 78:9 67; Jer. 7:15.
las profecías acerca de, Isa. 7; 9:9; 11:13; 28:1 Jer. 31; Ose. 5–14; Zac. 9:10; 10:7.
———, nombre dado á las diez tribus, 2 Crón. 17:2; 25:6, 7.
———, un pueblo al norte de Jerusalem, 2 Sam. 13:23; 2 Crón. 13:19; Juan 11:54.
———, Monte, una cadena de collados en la Palestina Central, Jos. 17:15–18; Jue. 2:9; 1 Sam. 14:22–27; 2 Sam. 20:21.
Siquem en. Véase SAMARIA.
EFRATA, Sal. 132:6. Véase BETLEHEM.
EFRÓN, el Heteo, vende la cueva de Macpela á Abraham, Gén. 23:10.
EFUSIÓN, ó derrame, de la ira de Dios, Sal. 69:24; 79:6; Jer. 10:25; Ose. 5:10; Ezeq. 7; 8, &c.
de las redomas, Rev. 16.
del Espíritu Santo, Rev. 1:23; Isa. 32:45; 44:3; Ezeq. 39:29; Joel 2:28; Za. 12:10; Act. 2; 10:45.
EGÉO, Est. 2:8, 9.
EGIPTO, poblado por los descendientes de Mizraim, Gén. 10:6, 13, 14.
límites de, Ezeq. 29:10.
clima seco, Deut. 11:10, 11.
regado por el Nilo, Gén. 41:1–3; Exod. 1:22; Amós 8:8.
expuesto á la plaga y el hambre, Deut. 7:15; 28:27, 60; 41:30.
llamado: tierra de Cam, Sal. 105:23; 106:22. Tierra del Mediodía, Jer. 13:19; Dan. 11:14, 25. Rahab, Sal. 87:4. Casa de servidumbre, Ex. 13:3, 14; Deut. 7:8.
celebrado por su fertilidad, Gén. 13:10; 45:18; riqueza, Heb. 11:26; literatura, 1 Reyes 4:30; Act. 7:22; sus buenos caballos, 1 Rey. 10:28, 29; su finísimo lino, Prov. 7:16; Isa. 19:9; su comercio, Gén. 41:57; Ezeq. 27:7.
idólatra, Exod. 12:12; Núm. 33:4; Isa. 19:1; Ezeq. 29:7.
modo de festejar en, Gén. 43:32–34.
dieta usada en, Núm. 11:5.
modo de embalsamar, Gén. 50:3.
Abram viaja allí, Gén. 12:10.
José es llevado á, Gén. 37:36.
su permanencia allí, Gén. 39–50; Sal. 105:17; Act. 7:9.
servidumbre de los Israelitas, Ex. 1:12; 5, &c.; Sal. 105.
partida de, Ex. 13:17; Sal. 78:12; 105:37; 106:7; Act. 7:9; Heb. 11:22.
los reyes de, castigan á Judá, 1 Reyes 14:2; 2 Reyes 23:29; 2 Crón. 12:2; 35:20; 36:6; Jer. 37:5.
conquistado por Nabucodonosor, 2 Reyes 24:7; Jer. 46; Ezeq. 29:18.
Jeremías es llevado allí, Jer. 43.
también Jesús, Mat. 2:13.

profecías respecto de, Gén. 15:13; Isa. 11:11; 27:12; 30:1; Jer. 9:26; 25:19; 43:8; 44:28; 46; Dan. 11:8; Ose. 9:3; 11; Joel 3:19; Zac. 10:10; 14:18.
la confianza en, censurada, Isa. 30; 31; Jer. 42:14; 43:8, &c.
cuándo se podía recibir á los Egipcios en la congregación, Deut. 23:8.
siempre un reino humilde, Ezeq. 29:15.
había de ser contado y bendecido juntamente con Israel, Isa. 19:23-25.
un símile profético de su destrucción, Jer. 43:9, 10; Ezeq. 30:21, 22; 32:4-6.

EGLÓN, rey de Moab, oprime á Israel, Jue. 3:14; **es muerto por Aod,** Jue. 3:21.

EGOISMO (el):
contrario á la ley de Dios, Sant. 2:8.
el ejemplo de Cristo condena, Juan 4:34; Rom. 15:3; 2 Cor. 8:9.
Dios aborrece, Mal. 1:10.
MANIFIÉSTASE EN CUANTO somos amadores de nosotros mismos, 2 Tim. 3:2.
nos agradamos á nosotros mismos, Rom. 15:1.
buscamos nuestro propio provecho, 1 Cor. 10:33; Filip. 2:21.
buscamos ganancia, Isa. 56:11.
queremos se nos tribute más deferencia de la que merecemos, Mat. 20:21.
vivimos para nosotros mismos, 2 Cor. 5:15.
nos descuidamos de los pobres, 1 Juan 3:19.
servimos á Dios por grangería, Mal. 1:10.
cumplimos nuestros deberes por grangería, Miq. 3:11.
incompatible con el amor cristiano, 1 Cor. 13:5.
con la comunión de los santos, Rom. 12:4, 5, con 1 Cor. 12:12-27.
prohibido particularmente á los santos, 1 Cor. 10:24; Filip. 2:4.
el amor de Cristo debe constreñirnos á evitar, 2 Cor. 5:14, 15.
los ministros deben despojarse de todo, 1 Cor. 9:19-23; 10:33.
todos los hombres adictos á, Filip. 2:21.
los santos acusados falsamente de, Job 1:9-11.
una señal de los postreros días, 2 Tim. 3:1, 2.
ejemplos de: Caín, Gén. 4:9. Nabal, 1 Sam. 25:3, 11. Amán, Est. 6:6. Los sacerdotes, Isa. 56:11. Los Judíos, Zac. 7:6. Santiago y Juan, Mar. 10:37. Una multitud, Juan 6:26.
EJEMPLO (el) de Cristo: es perfecto, Heb. 7:26.
CONFORMIDAD Á, SE EXIGE EN CUANTO Á:
la santidad, 1 Ped. 1:15, 16, con Rom. 1:6.
la justicia, 1 Juan 2:6.
la pureza, 1 Juan 3:3.
el amor, Juan 13:34; Efes. 5:2; 1 Juan 3:16.
la humildad, Mat. 11:29; Luc. 22:27; Filip. 2:5, 7.
la mansedumbre, Mat. 11:29.
la obediencia, Juan 15:16.
la abnegación, Mat. 16:24; Rom. 15:3.
el servir á los demás, Mat. 20:28; Juan 13:14.
la benevolencia, Act. 20:35; 2 Cor. 8:7, 9.
el perdonar las injurias, Col. 3:13.
el dominar el pecado, 1 Ped. 4:1.
el vencer el mundo, Juan 16:33, y 1 Juan 5:4.
el no ser del mundo, Juan 17:16.
el no tener engaño, 1 Ped. 2:21, 22.
el sufrir injustamente, 1 Ped. 2:21-23.
el sufrir por causa de justicia, Heb. 12:3, 4.
los santos predestinados á seguir, Rom. 8:29.
la conformidad á, es progresiva, 2 Cor. 3:18.
EJEMPLOS:
para escarmiento, 1 Cor. 10:6; Heb. 4:11; 1 Ped. 4 3; 2 Ped. 2; Judás.

para imitacion: los profetas, &c., Heb. 6:12; Sant. 5:10; los apóstoles, Mat. 5:16; 1 Cor. 4:16; 11:1; Filip. 3:17; 4:9; 1 Tes. 1:6.
EJÉRCITOS, 2 Crón. 13:3; 14:8, 9.
compuestos de:
flecheros y honderos, 1 Crón. 12:2; Jer. 4:29.
caballería, Ex. 14:9; 1 Reyes 20:20.
carros, Jos. 17:16; Jue. 4:3.
llamados los escuadrones del Dios viviente, 1 Sam. 17:26.
con la ayuda de Dios, todo lo pueden, Lev. 26:3, 7, 8; Deut. 7:24; 32:30; Jos. 1:5.
sin Dios, vencidos fácilmente, Lev. 26; 17; Núm. 14:42, 45.
——, del cielo, Gén. 32:2; Deut. 4:19; 17:3; 1 Reyes 22:19; Neh. 9:6; Sal. 103:21; 148:2; Luc. 2:13.
——, Señor de los, 1 Sam. 1:11; 2 Sam. 6:2; 1 Reyes 18:15; Sal. 24:10; 46:7; Isa. 1:24; 6:3, 5; 47:4; Jer. 10:16; 46:18; Mal. 1:14; Rom. 9:29; Sant. 5:4.
ELA, mal reinado de, sobre Israel, 1 Rey. 16:8
muerto por Zimri, 1 Rey. 16:10.
——, ó Alcornoque, valle de, 1 Sam. 17:2.
Goliat recibe allí la muerte, 1 Sam. 17:49.
——, el padre de Osee, 2 Reyes 15:30.
ELAM, hijo de Sem, Gén. 10:22; 14:1.
——, (Persia) profecías con respecto á, Isa. 21:2; Jer. 25:25; 49:34; Act. 2:9.
ELSAR, Arioc fué rey de, Gén. 14:1.
ELAT, Deut. 2:8; 2 Rey. 14:22; 16:6; 2 Cró. 8:17.
ELCANA, padre de Samuel, 1 Sam. 1.
su bondad para con Ana, 1 Sam. 1:5, 23.
ELCESIA, patria de Nahum, Nah. 1:1.
ELDAD profetiza, Núm. 11:26.
ELEALE, Núm. 32:3, 37; Isa. 15:4; 16:9.
ELEAZAR, hijo de Aarón, Ex. 6:23.
consagrado de sacerdote, Ex. 28; 29; Lev. 8.
instrucciones dadas á, Núm. 3:32; 4:16; 16:36.
sucede á Aarón, Núm. 20:26, 28; 27:22; 31:13; 34:17; Jos. 17:4.
muerte de, Jos. 24:33.
——, hijo de Abinadab, guarda el arca, 1 Sam. 7:1.
——, capitán de David, 2 Sam. 23:9; 1 Crón. 11:12.
ELECCIÓN (la):
de Jesús como Mesías, Isa. 42:1; 1 Ped. 2:6.
de los ángeles buenos, 1 Tim. 5:21.
de Israel, Deut. 7:6; 19:15; Isa. 45:4.
de los ministros, Luc. 6:13; Act. 9:15.
de las iglesias, 1 Ped. 5:13.
DE LOS SANTOS:
es de Dios, 1 Tes. 1:4; Tit. 1:1.
por Cristo, Juan 13:18; 15:16.
en Cristo, Efes. 1:4.
individual, Mat. 20:16, con Juan 6:44; Act. 22:14; 2 Juan 13.
según el propósito de Dios, Rom. 9:11; Efes. 1:11; y su presciencia, Rom. 8:29; 1 Ped. 1:2.
eterna, Efes. 1:4.
soberana, Rom. 9:15, 16; 1 Cor. 1:27 Efes.1:11.
con prescindencia de los méritos de cada cual, Rom. 9:11.
de gracia, Rom. 11:5.
registrada en el cielo, Luc. 10:10.
para la gloria de Dios, Efes. 1:6.
por medio de la fé, 2 Tes. 2:13.
por medio de la santificacion del Espíritu, 1 Ped. 1:2; 2 Tes. 2:13.
á la adopción, Efes. 1:5.
á la salvación, 2 Tes. 2:13.
á la conformidad con Cristo, Rom. 8:29.
á las buenas obras, Efes. 2:10.
á la guerra espiritual, 2 Tim. 2:4.

á la gloria eterna, Rom. 9:23.
LES CONSIGUE Á LOS SANTOS:
el llamamiento eficaz, Rom. 8:30.
la enseñanza divina, Juan 17:6.
la creencia en Cristo, Act. 13:48.
la aceptación con Dios, Rom. 11:7.
la protección, Mat. 24:22; Mar. 13:20.
su reivindicación. Luc. 18:7.
ci que todas las cosas obren para su bien, Rom. 8:28.
bienandanza, Sal. 33:12; 65:4.
la herencia, Isa. 65:9; 1 Ped. 1:4, 5.
debe inducir al cultivo de las virtudes, Col. 3:12.
debe manifestarse en la diligencia, 2 Ped. 1:10.
los santos tienen seguridad de, 1 Tes. 1:4.
ejemplos de: Isaac, Gén. 21:12. Abram, Neh. 9:7. Zorobabel, Ag. 2:23. Los apóstoles, Juan 13:18; 15:19. Jacob, Rom. 9:12, 13. Rufo, Rom. 16:13. Pablo, Gál. 1:15.
ELEGIDOS DE DIOS: Cristo, Isa. 43:10; Mat. 12:18; Luc. 23:35; 1 Ped. 2:4.
Israel, Deut. 7:6; 14:2; Sal. 132:13; 135:4; Isa. 14:1; 41:8; 44:1.
los creyentes, Juan 15:16; Act. 22:14; 1 Cor. 1:27; Efes. 1:4; 2 Tes. 2:13; Sant. 2:5.
EL-ELOHE-ISRAEL (el poderoso Dios de Israel), Gén. 33:20.
ELHANAN, uno de los guerreros de David, 2 Sam. 21:19; 23:24; 1 Crón. 11:26; 20:5.
ELÍ, sumo sacerdote, bendice á Ana, 1 Sam. 1:17.
Samuel es conducido á, 1 Sam. 1:25.
maldad de sus hijos, 1 Sam. 2:22.
es reconvenido y la destrucción de su casa es predicha, 1 Sam. 2:27; 3:11.
la profecía se cumple, 1 Sam. 4:10; 22:9; 1 Reyes 2:26.
su muerte, 1 Sam. 4:18.
ELÍ, Elí, lama Sabactani. Véase ELOÍ.
ELIAB, hijo mayor de Jessé (Isaí), 1 Sam. 16:6, 7.
su enojo con David, 1 Sam. 17:28, 29.
ELIACÍM, hijo de Helcías, habla con Rabsacés, 2 Reyes 18:18; Isa. 36:11.
enviado á Isaías, 2 Reyes 19:2; Isa. 37:2.
su elevación es predicha, Isa. 22:20.
tipo de Cristo, Isa. 22:22; Rev. 3:7.
——, (Joaquim), hijo de Josías, hecho rey por Faraón, 2 Reyes 23:34; 2 Crón. 36:4.
ELÍAS, predijo que sobrevendría una sequía muy grande, 1 Reyes 17:1; Sant. 5:17.
alimentado milagrosamente, 1 Reyes 17:4, 16, (Luc. 4:26); 19:5.
resuscita al hijo de la viuda, 1 Rey. 17:21.
da muerte á los sacerdotes de Baal, &c., 1 Reyes 18:18.
huye al desierto, 1 Reyes 19; Rom. 11:2.
llama á Eliseo, 1 Rey. 19:19.
vitupera la conducta de Achâb, 1 Reyes 21:17. Véase 1 Rey. 22:38; 2 Rey. 9:36; 10:19.
reconviene á Ocozías, 2 Rey. 1:3, 16.
pide que descienda fuego del cielo, 2 Rey. 1:10; Lucas 9:54.
su carta á Joram, 2 Crón. 21:12.
es llevado al cielo, 2 Reyes 2:11.
aparece en la transfiguración de Cristo, Mat. 17:3; Mar. 9:4; Luc. 9:30.
tipo de Juan el Bautista, 2 Reyes 1:8; Mat. 3:4. Véase Mal. 4:5; Mat. 11:14; 16:14; Luc. 1:17; 9:8, 19; Juan 1:21.
Véase también Mat. 27:47, 49; Mar. 15:35, 36.
ELIASIB, sumo sacerdote, Neh. 3:1.
censurado por quebrantar la ley, Neh. 13:4.
ELIÉZER, mayordomo, Gén. 15:2.

su oración es otorgada, Gén. 24:12.
——, hijo de Moisés, Ex. 13:4; 1 Crón. 23:15.
——, hijo de Zecri, 1 Crón. 27:16.
——, profeta, reconviene á Josafat, 2 Crón. 20:37.
——, otros, 1 Crón. 7:8; 15:24; Ezra 8:16; 10:18, 23, 31.
ELIFAZ, reconviene á Job y declara los juicios de Dios contra los pecadores, Job 4; 5; 15; 22.
su terrible visión, Job 4:12.
reconvenido por Eliú, Job 32:3.
la ira de Dios contra, es aplacada, Job 42:7.
ELIM, Ex. 15:27; 16:1; Núm. 33:9, 10.
ELIMAS. Véase BAR-JESÚS.
ELIMELEC, Rut 1:1-3; 2:1, 3; 4:3, 9.
ELISA, hijo de Javán, Gén. 10:4; 1 Crón. 1:7.
se da su nombre á las islas del Mediterraneo, Gén. 10:5; Ezeq. 27:7.
ELISABET, madre de Juan, Luc. 1:5.
la salutación que le dirigió á María, Luc. 1:42.
——, esposa de Aarón, Ex. 6:23.
ELISAFÁN, Lev. 10:4; Núm. 3:30.
ELISEO, nombrado sucesor de Elías, 1 Reyes 19:16.
recibe su manto, 2 Reyes 2:13.
maldice á unos muchachos, 2 Reyes 2:24.
predice la destrucción de los Moabitas, 2 Reyes 3:13.
varios milagros por él, 2 Rey. 2:14, 20; 4; 6.
resuscita al hijo de la Sunamita, 2 Rey. 4:32.
cuida de ella, 2 Reyes 8:1.
la lepra de Naamán curada, 2 Rey. 5; Luc. 4:27.
Giezi es castigado, 2 Reyes 5:27.
los Sirios atacados de ceguera, 2 Rey. 6:18.
profetiza la abundancia en Samaria, 2 Rey. 7:1
anuncia á Hazael, 2 Reyes 8:11.
manda ungir á Jehú, 2 Reyes 9:1.
durante su enfermedad predice victorias sobre los Sirios, 2 Reyes 13:14.
su muerte, 2 Reyes 13:20.
milagro obrado con sus huesos, 2 Reyes 13:21.
ELIÚ, reconviene á los amigos de Job, Job 32:8;
y vitupera la impaciencia de Job, Job 33:8; 34:2.
declara la justicia de Dios, Job 33:12; 34:10; 35:13; 36; su poder, Job 33-37; y su misericordia, Job 33:23; 34:28.
ELNATÁN, Ezra 8:16; Jer. 26:22; 36:12, 25.
ELOÍ (Dios mío), Mat. 27:46; Mar. 15:34.
ELÓN, juzga á Israel, Jue. 12:11.
ELUL, mes sexto (Septiembre) la pared de Jerusalem acabada en, Neh. 6:15.
el templo edificado en, Ag. 1:14, 15.
EMAT, tierra de, Núm. 34:8; Jos. 13:5; 2 Reyes 14:28; 17:24.
conquistada, 2 Reyes 18:34, &c.; Isa. 37:13; Isa. 49:23.
EMBAJADORES: á Edom, Núm. 20:14. A los Amorréos, Núm. 21:21. De los Gabaonitas, Jos. 9:4. A los Ammonitas, Jue. 11:12. De Hiram, 2 Sam. 5:11. De Ben-adad, 1 Reyes 20:2. De Amasías, 2 Reyes 14:8. A Teglat-falasar, 2 Reyes 16:7. A Sua, 2 Reyes 17:4. De Senaquerib, 2 Reyes 19:9. De Berodac-baladán, 2 Reyes 20:12; 2 Crón. 32:31. A Egipto, Ezeq. 17:15. Véase Prov. 13:17; Isa. 18:2; 30:4; 33:7; Jer. 49:14; Luc. 14:32.
los apóstoles son llamados así, 2 Cor. 5:20.
EMBALSAMAMIENTO:
de Jacob, Gén. 50:2.
de José, Gén. 50:26.
de Cristo, Juan 19:39.
aprendido por los Judíos en Egipto, Gén. 50:2, 26.
tiempo que se requería para, Gén. 50:3.

EMBLEMAS DEL ESPÍRITU SANTO:
AGUA, Juan 3:5; 7:38, 39.
  que limpia, Ezeq. 16:9; 36:25; Efes. 5:26; Heb. 10:22.
  que fertiliza, Sal. 1:3; Isa. 27:3, 6; 44:3, 4; 58:11.
  que refresca, Sal. 46:4; Isa. 41:17, 18.
  que abunda, Juan 7:37, 38.
  que es gratuita, Isa. 55:1; Juan 4:14; Rev. 22:17.
FUEGO, Mat. 3:11.
  que purifica, Isa. 4:4; Mala. 3:2, 3.
  que ilumina, Ex. 13:21; Sal. 78:14.
  que penetra, Sof. 1:12, con 1 Cor. 2:10.
VIENTO, Cant. 4:16.
  que es libre, Juan 3:8; 1 Cor. 12:11.
  que es poderoso, 1 Reyes 19:11, con Act. 2:2.
  que se deja ver en sus efectos, Juan 3:8.
  que revive, Ezeq. 37:9, 10, 14.
ACEITE, Sal. 45:7.
  que sana, Isa. 1:6; Luc. 10:34; Rev. 3:18.
  que conforta, Isa. 61:3; Heb. 1:9.
  que ilumina, Zac. 4:2, 3, 11–14; Mat. 25:3, 4; 1 Juan 2:20, 27.
  que consagra, Ex. 29:7; 30:30; Isa. 61:1.
LLUVIA Y ROCÍO, Sal. 72:6.
  que fertilizan, Ezeq. 34:26, 27; Ose. 6:3; 10:12; 14:5.
  que refrescan, Sal. 68:9; Isa. 18:4.
  que son abundantes, Sal. 133:3.
  que son imperceptibles, 2 Sam. 17:12, con Mar. 4:26–28.
UNA PALOMA, Mat. 3:16.
  que es sencilla, Mat. 10:16, con Gál. 5:22.
UNA VOZ, Isa. 6:8.
  que habla, Mat. 10:20.
  que guía, Isa. 30:21, con Juan 16:13.
  que avisa, Heb. 3:7–11.
UN SELLO, Rev. 7:2.
  que se imprime, Job 38:14, con 2 Cor. 3:18.
  que asegura, Efes. 1:13, 14; 4:30.
  que autentiza, Juan 6:27; 2 Cor. 1:22.
LENGUAS REPARTIDAS, Act. 2:3; 6:11.
EMBOSCADAS, ejemplos de: en Hai, Jos. 8:2–22; contra Madián, Jue. 7:16–22; en Siquem, Jue. 9:34; en Gabaa, Jue. 20:29–41; por Jonatán, 1 Sam. 14:8–14; por David, 2 Sam. 5:23; por Jeroboam, 2 Crón. 13:13; por Josafat, 2 Cró. 20:22. Alusión á, Jer. 51:12.
EMBOZALAR el buey, Deut. 25:4.
  en sentido metafórico, 1 Cor. 9:9; 1 Tim. 5:18.
EMBRIAGUEZ (la):
  prohibida, Efes. 5:8.
  admonición con respecto á, Luc. 21:34.
  evitad las tentaciones á caer en, Prov. 6:27; 23:20, 31; Dan. 1:8; Luc. 1:15.
  no expongais otros á, Rom. 14:21.
  es obra de la carne, Gál. 5:21.
  es degradante, Isa. 28:8.
  es quemante, Isa. 5:11.
  carga el corazón, Luc. 21:34.
  quita el corazón, Ose. 4:11.
CONDUCE AL HOMBRE Á:
  la pobreza, Prov. 21:17; 23:21.
  las riñas, Prov. 23:29, 30.
  el dolor y la tristeza, Prov. 23:29, 30.
  el error, Isa. 28:7.
  el menosprecio de las obras de Dios, Isa. 5:12.
  el ludibrio, Ose. 7:5.
  las pendencias y las disoluciones, Rom. 13:13.
los malos son aficionados á, Dan. 5:1–4.
  y los falsos maestros, Isa. 56:12.
es una insensatez entregarse á, Prov. 20:1.
apartáos de los que se entregan á, Prov. 23:23; 1 Cor. 5:11.

amenazas dirigidas á los que se entregan á, Isa. 5:11, 12; 28:1–3; y á los que los apoyan, Hab. 2:15.
excluye al hombre del cielo, 1 Cor. 6:10; Gál. 5:21.
castigo de, Deut. 21:20, 21; Joel 1:5, 6; Amós 6:6, 7; Mat. 24:49–51.
ejemplos de: Noé, Gén. 9:21. Lot, Gén. 19:33. Nabal, 1 Sam. 25:36. Urías, 2 Sam. 11:13. Ela, 1 Rey. 16:9, 10. Ben-adad, 1 Rey. 20:16. Baltasar, Dan. 5:4. Los Corintios, 1 Cor. 11:21.
EMIM, gigantes, Gén. 14:5; Deut. 2:10.
EMMANUEL, Isa. 7:14; 8:8; Mat. 1:23.
EMMAÚS, la visita de Cristo á, Luc. 24:13.
EMULACIÓN, censurada, Gál. 5:20.
  es benéfica algunas veces, Rom. 11:14.
ENAC, hijos de, Núm. 13:33; Deut. 9:2; Jos. 11:21.
ENCANTADORES. Véase HECHICERÍAS, SERPIENTES.
ENCARGO hecho por Dios á Adam, Gén. 2:16.
  á Moisés, Ex. 3:14; 6:13.
  por Moisés á Josué, Deut. 31:7.
  por Dios á Josué, Jos. 1:1.
  por David á Salomón, 1 Rey. 2:1; 1 Cró. 22:6.
  por Josafat, 2 Crón. 19:6.
  por Cristo á sus apóstoles, Mat. 10; 28:18; Mar. 16:15.
  por Cristo á los setenta discípulos, Luc. 10.
  por Cristo á Pedro, Juan 21:15.
  por Pablo á los ancianos de Éfeso, Act. 20:17.
  por Pablo á Timotéo, 1 Tim. 5:20; 2 Tim. 4.
  por Pedro á los ancianos, 1 Ped. 5.
ENCINA. Véase ALCORNOQUE.
ENDEMONIADOS. Véase MILAGROS.
ENDOR, Saúl consulta allí á una bruja, 1 Sam. 28:7.
ENDURECIMIENTO del corazón, &c., exhortaciones en contra del, Deut. 15:7; 1 Sam. 6:6; 2 Crón. 30:8; Sal. 95:8; Heb. 3:8.
malas consecuencias de, Ex. 7:13; 8:15; Prov. 28:14; 29:1; Dan. 5:20; Juan 12:40.
ENEAS, es sanado, Act. 9:33.
ENEBRO, arbusto que dió asilo á Elías, 1 Reyes 19:4, 5.
usado como combustible, Sal. 120:4; (ó según algunos, como alimento) Job 30:4.
ENELDO, Mat. 23:23.
ENEMIGO, Exod. 23:22.
ENEMIGOS:
  Cristo oró por sus, Luc. 23:34.
  debe perdonarse la vida á los, 1 Sam. 24:10; 2 Sam. 16:10, 11.
  debe cuidarse de los bienes de, Ex. 23:4, 5.
Á NUESTROS, DEBEMOS:
  amarlos, Mat. 5:44.
  orar por ellos, Mat. 5:4; Act. 7:60.
  socorrerlos, Prov. 25:21, con Rom. 12:20.
  vencerlos con el cariño, 1 Sam. 26:21; Prov. 25:22, con Rom. 12:20.
  no os alegréis de las desgracias de, Job 31:29.
  de las flaquezas de, Rev. 24:17.
  no deseéis la muerte de, 1 Rey. 3:11.
  no los maldigáis, Job 31:30.
  tomad interés en bien de, Sal. 35:13.
la amistad de, engañosa, 2 Sam. 20:9, 10; Prov. 26:26; 27:6; Mat. 26:48, 49.
Dios defiende de los, Sal. 59:9; 61:3.
libra de, 1 Sam. 12:11; Ezra 8:31; Sal. 18:48.
los santos pacifican á sus, Prov. 16:7.
rogad que seais librados de, 1 Sam. 12:10; Sal. 17:9; 59:1; 64:1.
de los santos Dios destruirá, Sal. 60:12.
alabad á Dios cuando seais librados de, Sal. 136:24.
ENEMISTAD, Gén. 3:15; Núm. 35:21; Luc. 23:12

entre Dios y el hombre, como se ha abolido, (Rom. 8:7; Sant. 4:4); Efes. 2:15; Col. 1:20.

ENFERMEDAD, falta de salud:
enviada por Dios, Deut. 32:39; 2 Sam. 12:15; Act. 12:23.
al diablo se le permite algunas veces imponer, Job 2:6, 7; Luc. 9:39; 13:16.
contraída por la intemperancia, Ose. 7:5.
enviada en castigo del pecado, Lev. 26:14-16; 2 Crón. 21:12-15; 1 Cor. 11:30.
Dios promete sanar, Ex. 23:25; 2 Rey. 20:5.
sana, Deut. 32:39; Sal. 103:3; Isa. 38), 9.
manifiesta su misericordia sanando, Fil. 2:27.
su poder sanando, Luc. 5:17.
su amor sanando, Isa. 38:17.
durante, muestra á los pecadores la gracia que salva, Job 33:19-24.
permite que los santos sean sometidos á prueba con, Job 2:5, 6.
da fuerza en medio de, Sal. 41:3.
consuela á los santos en, Sal. 41:3.
oye las oraciones de los que padecen, Sal. 30:2; 107:18-20.
preserva á los santos en tiempo de, Sal. 91:3-7.
abandona á los malos á, Jer. 34:17.
persigue á los malos con, Jer. 29:18.
el sanar, lícito en día Sábado, Luc. 13:14-16.
Cristo se compadecía de los que padecían, Isa. 53:4, con Mat. 8:16, 17.
Cristo sanaba, cuando estaba presente, Mat. 4:23; Mar. 1:31.
cuando no estaba presente, Mat. 8:13.
con la imposición de las manos, Mar. 6:5; Luc. 13:13.
con solo tentar, Mat. 8:3.
con el contacto de su vestidura, Mat. 14:35, 36; Mar. 5:27-34.
con una palabra, Mat. 8:8, 13.
se exigía fé de los que eran sanados de, por Cristo, Mat. 9:28, 29; Mar. 5:34; 10:52.
en muchos casos eran incurables por medios humanos, Deut. 28:27; 2 Crón. 21:18.
los apóstoles recibieron poder de sanar, Mat. 10:1; Mar. 16:18, 20.
Los santos reconocen que, viene de Dios, Sal. 38:1-8; Isa. 38:12, 15.
padecen con resignación, Job 2:10.
gimen bajo el peso de, Isa. 38:14.
oran pidiendo su reposición de, Isa. 38:2, 3.
atribuyen la reposición de, á Dios, Isa. 38:20.
alaban á Dios por la reposición de, Sal. 103:1-3; Isa. 38:19; Luc. 17:15.
dan gracias á Dios públicamente, Isa. 38:20; Act. 3:8.
se duelen de los que padecen, Sal. 35:13.
visitan á los que padecen, Mat. 25:36.
el visitar á los que padecen, es prueba de que uno es de Cristo, Mat. 25:34, 36, 40.
orad por los que padecen, Act. 28:8; Sant. 5:14, 15.
Los malos tienen mucho dolor, &c., en, Ecl. 5:17.
no buscan la ayuda de Dios en, 2 Cró. 16:12.
abandonan á los que padecen, Mat. 25:43.
el no visitar á los que tienen, es prueba de que uno no es de Cristo, Mat. 25:43, 45.
símile del pecado, Isa. 1:5; Jer. 8:22; Mat. 9:12.

ENFERMEDADES, enviadas por Dios, Ex. 9: 15:26; Núm. 12:10; Deut. 28:60; 2 Rey. 1:4; 5:27; 2 Crón. 21:18; 26:21; Job 2:6, 7.
atribuídas á los demonios, Mar. 9:17; Luc. 11:14; 13:16.
enviadas á menudo en castigo, Deut. 28:21; Juan 5:14.
causadas por:
la intemperancia, Ose. 7:5.

los pecados de la juventud, Job 20:11.
una exaltación extremada, Dan. 8:27.
mencionadas en las Escrituras:
almorranas ó hemorroides, Deut. 28:27; 1 Sam. 5:6-12.
atrofia, Job 16:8; 19:20.
calentura, Lev. 26:16.
ceguera, Job 29:15; Mat. 9:27.
cojera, 2 Sam. 4:4; 2 Crón. 16:12.
comezón, Deut. 28:27.
debilidad, Sal. 102:23; Ezeq. 7:17.
desgana de comer, Job 32:20; Sal. 107:18.
disenteria, 2 Crón. 21:12-19; Act. 28:8.
fiebre, Deut. 28:22; Mat. 8:14.
flujo de sangre, Mat. 9:20.
gusanos, Act. 12:23.
hidropesía, Luc. 14:2.
inflamación, Deut. 28:22.
insolación ó golpe de sol, 2 Reyes 4:18-20; Isa. 49:10.
lepra, Lev. 13:2; 2 Reyes 5:1.
locura, Mat. 4:24; 17:15.
llagas, 2 Rey. 20:7.
melancolía, 1 Sam. 16:14.
mudez, Prov. 31:8; Mat. 9:32.
parálisis, Mat. 8:6; 9:2.
plaga, Núm. 11:33; 2 Sam. 24:15, 21, 25.
posesión de demonios, Mat. 15:22; Mar. 5:15.
sarna, Deut. 28:27.
sordera, Sal. 38:13; Mar. 7:32.
tartamudez, Mar. 7:32.
tisis, Lev. 26:16; Deut. 28:22.
úlceras, Isa. 1:6; Luc. 16:29.
vejigas, Exod. 9:10.
se empleaba médicos, 2 Crón. 16:12; Jer. 8:22; Mat. 9:12; Mar. 5:26; Luc. 4:23.
se usaban medicinas, Prov. 17:22; Jer. 30:13; 46:11.
bálsamos y emplastos, 2 Reyes 20:7; Isa. 1:6; Jer. 8:22.
tratamiento de las heridas, Isa. 1:6; Luc. 10:34.
tratamiento de las fracturas, Ezeq. 30:21.
untamiento de aceite, Mar. 6:13; Sant. 5:14.
han sido curadas por el poder divino, 2 Reyes 20:5; Sal. 103:3; Sant. 5:15.
simbolizan el pecado, Isa. 1:5.
sanadas por Cristo, Mat. 4:23; 9:20; Juan 5:8.
sanadas por sus discípulos, Luc. 9:1; Act. 3:1; 9:32; 28:8, &c.

ENGADI, una ciudad, Jos. 15:62.
David mora allí, 1 Sam. 23:29; 24:1.
Véase Cant. 1:14; Ezeq. 47:10.

ENGALIM, ciudad de Moab, Ezeq. 47:10.

ENGAÑO (el): es falsedad, Sal. 119:118; Dan. 8:25; Mar. 14:1.
la lengua es un instrumento de, Rom. 3:13.
procede del corazón, Mar. 7:22.
es un rasgo distintivo del corazón, Jer. 17:9.
Dios aborrece, Sal. 5:6.
prohibido, Prov. 24:28; 1 Ped. 3:10.
Cristo estaba completamente exento de, Isa. 53:9, con 1 Ped. 2:22.
Los santos:
exentos de, Sal. 24:4; Sof. 3:13; Rev. 14:5.
resuelven evitarlo, Job 27:4.
lo evitan, Job 31:5.
se apartan de los que lo practican, Sal. 101:7.
ruegan á Dios los libre de los que lo practican, Sal. 43:1; 120:2.
librados de los que lo practican, Sal. 72:14.
deben guardarse de los que enseñan, Efes. 5:6; Col. 2:8.
deben hacer á un lado, al buscar la verdad, 1 Ped. 2:1.

los ministros deben renunciar, 2 Cor. 4:2;
1 Tes. 2:3.
LOS MALOS:
están llenos de, Rom. 1:29.
idean, Sal. 35:20; 38:12; Prov. 12:5.
profieren, Sal. 10:7; 36:3.
obran, Prov. 11:18.
crecen en, 2 Tim. 3:13.
usan, unos con otros, Jer. 9:5.
usan, consigo mismos, Jer. 37:9; Abd. 3, 7.
se deleitan en, Prov. 20:17.
LOS FALSOS MAESTROS:
son obradores de, 2 Cor. 11:13.
predican, Jer. 14:14; 23:26.
embaucan á los demás por medio de, Rom.
16:18; Efes. 4:14.
los hipócritas idean, Job 15:35.
practican, Ose. 11:12.
los testigos falsos usan, Prov. 12:17.
uno de los distintivos del antecristo, 2 Juan 7.
uno de los resultados de la apostasía, 2 Tes. 2:10.
MALES QUE PROVIENEN DE:
impide alcanzar el conocimiento de Dios,
Jer. 9:6.
impide volver á Dios, Jer. 8:5.
conduce al orgullo y á la opresión, Jer.5:27,28.
conduce á la mentira, Prov. 14:25.
á menudo va acompañado del fraude y de la
injusticia, Sal. 10:7; 43:1.
el odio se oculta á menudo por medio de, Prov.
26:24-26.
la insensatez de los tontos es, Prov. 14:8.
los besos de un enemigo son, Prov. 27:6.
la dicha de ser ajeno á, Sal. 24:4, 5; 32:2.
cast'go de, Sal. 55:23; Jer. 9:7-9.
ejemplos de: El diablo, Gén. 3:1, 4, 5. Rebeca
y Jacob, Gén. 27:9, 19. Laban, Gén. 31:7.
Los hermanos de José, Gén. 37:31, 32. Faraón, Ex. 8:29. Raab y los espías en Jericó,
Jos. 2:1-5. Jahel y Sísera, Jue. 4:20. David,
1 Sam. 21:13. El anciano profeta, 1 Reyes
13:18. Giezi, 2 Rey. 5:20. Los amigos de Job,
Job 6:15. Doeg, Sal. 52:2, comparado con el
título. Herodes, Mat. 2:8. Los Fariséos,
Mat. 22:15. Los príncipes de los sacerdotes,
Mar. 14:1. El doctor de la ley, Luc. 10:25.
Ananías y Safira, Act. 5:1.
EN-GASTES, Exod. 28:11.
EN-HACCORE, fuente, Jue. 15:19.
ENIGMA, propuesto por Samsón, Jue. 14:12.
de Ezequiel, Ezeq. 17:2.
de la reina de Saba, 1 Rey. 10:1; 2 Crón. 9:1.
Véase también Sal. 49:4; 78:2.
traducido dicho oscuro, Prov. 1:6; duda, Dan.
8:23; adivinanza, Hab. 2:6.
ENNOM, valle de (Tofet), abominaciones practi-
cada allí (Jos. 15:8), 2 Rey. 23:10; 2 Cró. 28:3;
33:6; Isa. 30:33: Jer. 7:31; 19:11: 32:35.
ENOC, su religiosidad y su translación,Gén. 5:24.
su fé, Heb. 11:5.
su profecía, Judas 14.
ENOJO. Véase IRA.
ENÓN, Juan bautizaba en, Juan 3:23.
ENÓS, Gén. 4:26; 5:6-11; 1 Crón. 1:1; Luc. 3:36.
ENSALZAMIENTO (el) procede de Dios, Sal.
75:6. Véase JOSÉ, SAÚL, DAVID, DANIEL, &c.
ENSEÑANZA que procede de Dios, Sal. 71:17;
Isa. 54:13; Jer. 31:34; Juan 6:45; Gál. 1:12;
Efes. 4:21; 1 Tes. 4:9; 1 Juan 2:27.
de Cristo, Mat. 5. Véase PROFETAS.
ENTALLADURA Y ESCULTURA. 1 Rey. 6:18,
35; Sal. 74:6.
de las camas, Prov. 7:16.
de las imágenes, Deut. 7:5: Isa. 44:9-17; 45:20;
Hab. 2:18, 19.

destreza de Beselel en, Ex. 31:5; y de Hiram,
2 Crón. 2:14.
ENTRAÑAS DE MISERICORDIA, Gén. 43:30;
Sal. 25:6; Isa. 63:15; Luc. 1:78; Filip. 1:8;
2:1; Col. 3:12, &c.
ENTIERRO, preparativos para el, Gén. 50:26;
Mat. 26:12; Juan 11:44; 19:39, 40; Act. 9:37.
concurrentes, Gén. 50:5-9; Jer. 9:17; Luc. 7:12.
ceremonias, Gén. 50:10, 11; 2 Sam. 3:33; Jer.
34:5.
privación de, una calamidad, Deut. 28:26; Sal.
79:2; Ecl. 6:3; Isa. 14:19; Jer. 7:33; 16:4;
25:33; 34:20.
de Sara, Gén. 23:19; de Abraham, Gén. 25:9;
de Isaac, Gén. 35:29; de Jacob, Gén. 50; de
Aarón, Deut. 10:6; de José, Deut. 2::23; de
Samsón, Jue. 16:31; de Saúl y sus hijos,
1 Sam. 31:13; 2 Sam. 4:12; de Abner, 2 Sam.
3:31; de Asa, 2 Crón. 16:14; de Cristo, Mat.
27:57; Luc. 23:50; de Esteban, Act. 8:2.
ENTREGA de los malos, á la justicia, Gén. 14:20;
Jer. 15:9; 43:10. Véase GOLIAT, OG, SÍSERA.
ENTREMETIDOS, los insensatos son, Prov. 20:3.
los ociosos son, 2 Tes. 3:11; 1 Tim. 5:13.
son parleros muy perjudiciales, 1 Tim. 5:13.
se perjudican á sí mismos, 2 Reyes 14:10;
Prov. 26:17.
los cristianos deben no ser, 1 Ped. 4:5.
ENUMERACIÓN de los Israelitas, Núm. 1:26.
de los Levitas, Núm. 3:14; 4:34-49.
por David, 2 Sam. 24; 1 Crón. 21; 27:23.
ENVIDIA (la):
prohibida, Prov. 3:31; Rom. 13:13.
proviene de las contiendas necias, 1 Tim. 6:4.
incitada por las buenas obras de los demás,
Ecl. 4:4.
es obra de la carne, Gál. 5:21; Sant. 4:5.
es perjudicial abrigar, Job 5:2; Prov. 14:30.
nadie puede hacer frente á, Prov. 27:4.
manifiesta un ánimo carnal, 1 Cor. 3:1, 3.
incompatible con el evangelio, Sant. 3:14.
impide el crecimiento en la gracia, 1 Ped. 2:1, 2.
los malos están llenos de, Rom. 1:29.
los malos viven en, Tit. 3:3.
conduce á toda maldad, Sant. 3:16.
la prosperidad de los malos no debe despertar,
Sal. 37:1, 35; 73:3, 17-20.
castigo de, Sal. 106:16, 17; Isa. 26:11.
ejemplos de: Caín, Gén. 4:5. Los Filistéos,
Gén. 26:14. Los hijos de Laban, Gén. 31:1.
Los hermanos de José, Gén. 37:11. Josué,
Núm. 11:28, 29. Aarón, &c., Núm. 12:2.
Coré, &c., Núm. 16:3, con Sal. 106:16. Saúl,
1 Sam. 18:8. Sanaballat, &c., Neh. 2:10.
Amán, Est. 5:13. Los Edomitas, Ezeq. 35:11.
Los príncipes de Babilonia, Dan. 6:3, 4. Los
príncipes de los sacerdotes, Mar. 15:10. Los
Judíos, Act. 13:45; 17:5.
EPAFRAS, Col. 1:7; 4:12.
EPAFRODITO, su reposición, Filip. 2:25; 4:18.
EPÉNETO, Rom. 16:5.
EPHPHATHA, "sé abierto," Mar. 7:34.
EPICÚREOS (los) se ven con Pablo, Act. 17:18.
EQUIDAD, ó clemencia, Act. 24:4.
ERA. Véase TRILLAR.
ERASTO, le servía á Pablo, Act. 19:22; Rom.
16:23; 2 Tim. 4:20.
ERIZO, Isa. 14:23; 34:11; Sof. 2:14.
ESAÚ, hijo de Isaac, Gén. 25:35 (Mal. 1.2; Rom.
9:10).
vende su primogenitura,Gén. 25:29 (Heb. 12:16).
privado de la bendición, Gén. 27:26.
su bondad para con Jacob, Gén. 33.
sus descendientes. Gén. 33; 1 Crón. 1:35. Vé.

se EDOM. Véase también Jer. 49:8-10; Abd.
6, 18, 22; Heb. 11:20.
ESCALERA de Jacob, Gén. 28:12. Véase Juan
1:51.
ESCAMAS, de los pescados, Lev. 11:9; Deut. 14:9.
de los ojos, Act. 9:18.
ESCÁNDALO, OFENSA, ó piedra de tropiezo:
necesario es que ocurran, Mat. 18:7.
el ocasionar, prohibido, 1 Cor. 10:32.
la persecución es causa de, Mat. 13:21; 24:10.
LOS MALOS SE ESCANDALIZAN, del rango tan
humilde de Cristo, Mat. 13:54-57.
de Cristo como piedra angular, Isa. 8:14, con
1 Ped. 2:8.
como pan de la vida, Juan 6:48-58.
crucificado, 1 Cor. 1:23; Gál. 5:11.
de la justicia de la fé, Rom. 9 22.
de la necesidad de la pureza interior, Mat.
15:11, 12.
bienaventuranza que resulta de no escandali-
zarse, en Cristo, Mat. 11:6.
amonéstase á los santos que no se escandali-
cen, Juan 16:1.
LOS SANTOS DEBEN ser sin, Filip. 1:10.
tener cuidado de no causar, Sal. 73:15; Rom.
14:13; 1 Cor. 8:9.
tener la conciencia libre de, Act. 24:16.
despojarse de todo aquello que les cause,
Mat. 5:29, 30; Mar. 9:43-47.
no dejar que su libertad les ocasione á los demás, 1 Cor. 8:9.
ser abnegados más bien que ocasionar, Rom.
14:21; 1 Cor. 8:13.
evitar á los que causan, Rom. 16:17.
reconvenir á los que causan, Exod. 32:21;
1 Sam. 2:24.
LOS MINISTROS DEBEN tener cuidado de no
causar, 2 Cor. 6:3.
quitar todo lo que cause, Isa. 57:14.
todo lo que cause, será quitado del reino de
Cristo, Mat. 13:41.
imprecaciones contra los que causen, Mat.
18:7; Mar. 9:42.
castigo al que ocasione, Ezeq. 44:12; Mal. 2:8,
9; Mat. 18:6.
ejemplos de: Aarón, Ex. 32:2-6. Balaam, &c.,
Núm. 31:16, con Rev. 2:14. Gedeón, Jue.
8:27. Los hijos de Elf, 1 Sam. 2:12-17. Jeroboam, 1 Rey. 12:26-30. Un anciano profeta, 1 Reyes 13:18-26. Unos sacerdotes, Mal.
2:8. Pedro, Mat. 16:23.
ESCARAMUJO (el), elegido para reinar, Jue.9:14.
ESCARNIO Y MOFA:
el que Cristo había de sufrir, predicho, Sal.
22:6-8; Isa. 53:3; Luc. 18:32.
Cristo sufrió, Mat. 9:24; 27:29.
LOS SANTOS SUFREN, Á CAUSA de ser hijos de
Dios, Gén. 21:9, con Gál. 4:29.
de su rectitud, Job 12:4.
de su fé, Heb. 11:36.
de su fidelidad en proclamar la palabra de
Dios, Jer. 20 7, 8.
de su celo por la casa de Dios, Neh. 2:19.
LOS MALOS SE VALEN DEL, CON RESPECTO á la
segunda venida de Cristo, 2 Ped. 3:3, 4.
á los dones del Espíritu, Act. 2:13.
á las amenazas de Dios, Isa. 5:19; Jer. 17:15.
á los ministros de Dios, 2 Crón. 36:16.
á los estatutos de Dios, Lam. 1:17.
á los santos, Sal. 123:4; Lam. 3:14, 63.
a la resurrección de los muertos, Act. 17:32.
á toda admonición, 2 Crón. 30:6-10.
los idólatras le tienen afición al, Isa. 57:3-6.
los beodos le tienen afición al, Sal. 69:12; Ose.
7:5.

LOS QUE SON ADICTOS Á, se complacen en,
Prov. 1:22.
son rencillosos, Prov. 22:10.
son escarnecidos por Dios, Prov. 8:34.
son aborrecidos de los hombres, Prov. 24:9.
son esquivados por los santos, Sal. 1:1;
Jer. 15:17.
caminan según sus concupiscencias, 2 Ped.
3:3.
son orgullosos y altaneros, Prov. 21:24.
no escuchan la reprensión, Prov. 13:1.
no aman á los que reprenden, Prov. 15:12.
aborrecen á los que reprenden, Prov. 9:8.
no acuden á los sabios, Prov. 15:12.
ponen á otros en peligro, Prov. 29:8.
sufrirán también, Ezeq. 23:32.
será una de las señales de los postreros tiempos, 2 Ped. 3:3; Jud. 18.
ai! de los que se valen de, Isa. 5:18, 19.
castigo de, 2 Crón. 36:17; Prov. 19:29; Isa.
29:20; Lam. 3:64-66.
ejemplos de: Ismael, Gén. 21:9. Los niños de
Betel, 2 Rey. 2:23. Efraim y Manassés, 2 Cró.
30:10. Los caudillos de Judá, 2 Crón. 36:16.
Sanaballat, Neh. 4:1. Los enemigos de Job,
Job 30:1, 9. Los enemigos de David, Sal.
35:15, 16. Los gobernantes de Israel, Isa.
28:14. Los Ammonitas, Ezeq. 25:3. Los Ti-
ros, Ezeq. 26:2. Los paganos, Ezeq. 36:2, 3.
Unos soldados, Mat. 27:28-30; Luc. 23:36.
Los príncipes de los sacerdotes, &c., Mat.
27:41. Los Fariséos, Luc. 16:14. Los que
tenían á Jesús, Luc. 22:63, 64. Herodes, &c.,
Luc. 23:11. El pueblo y los gobernantes,
Luc. 23:35. Algunos de entre la multitud,
Act. 2:13. Los Atenienses, Act. 17:32.
ESCOBA, Isa. 14:23.
ESCOFIA, Isa. 3:22.
ESCOGIDO-A, Cristo es llamado así, 1 Ped. 2:6,
(Isa. 42:1).
la iglesia, Isa. 45:4; 65:9; Mat. 24:22; 2 Tim.
2:10.
una señora pía, 2 Juan.
ESCOL, feracidad de, Núm. 13:23.
ESCORIA, los malos son, Sal. 119:119; Isa. 1:25.
ESCORPIONES, Deut. 8:15; 1 Rey. 12:11; Luc.
10:19; 11:12.
instrumentos simbólicos de la ira divina, Rev.
9:3, 5, 10.
ESCRIBAS, empleados de David, &c., 2 Sam
8:17; 20:25; 1 Cró. 37 32; 1 Rey. 4:3; 2 Rey.
19.2; 22:8; Ezra 7:6; Jer. 36:26.
——, doctores de la ley, censurados y reduci-
dos al silencio por Cristo, Mat. 15:2; 23:2;
Mar. 2:16; Luc. 20:1; 11:53.
convictos de blasfemia, Mar. 3 22; Luc. 11:15.
conspiran contra él, Mar. 11:18; Luc. 20:19;
22:2, &c.
le acusan, Luc. 23:10.
persiguen á Esteban, Act. 6:12.
Véase FARISEOS.
ESCRITO, ó letrero, de Dios, Ex. 31:18; 32:16;
Dan. 5:5.
Véase ESCRITURAS.
——, en la pared en contra de Baltasar, explicado, Dan. 5.
en el corazón, Prov. 3:3; 7:3; Jer. 31:33; Heb.
8:10.
ESCRITURAS (las):
fueron producidas por inspiración de Dios,
2 Tim. 3:16.
del Espíritu Santo, Act. 1:6; Heb. 3:7;
2 Ped. 1:21.
Cristo las aprobó apelando á ellas, Mat. 4:4;
Mar. 12:10; Juan 7:42.

Cristo enseñó con, Luc. 24:27.
*ueron entregadas á los Judíos por Moisés, &c.,
Luc. 16:31; Rom. 3:2; 9:4.
después por Cristo, Heb. 1:2.
cumplidas por Cristo, Mat. 5:17; Luc. 24:27;
Juan 19:24.
enseñadas por los apóstoles, Act. 2; 3; 8:32;
17:2; 18:24; 28:23.
SE LAS LLAMA la palabra, Sant. 1:21-23; 1 Ped.
2:2.
la palabra de Dios, Luc. 11:28; Heb. 4:12.
de Cristo, Col. 3:16.
de verdad, Sant. 1:18.
las Santas Escrituras, Rom. 1:2; 2 Tim. 3:15.
la Escritura de verdad, Dan. 10:21.
el libro, Sal. 40:7; Rev. 22:19.
el libro del Señor, Isa. 34:16.
de la ley, Neh. 8:3; Gál. 3:10.
la ley del Señor, Sal. 1:2; Isa. 30:9.
la espada del Espíritu, Efes. 6:17.
los oráculos de Dios, Rom. 3:2; 1 Ped. 4:11.
contienen las promesas del evangelio, Rom. 1:2.
revelan las leyes, estatutos y juicios de Dios,
Deut. 4:5, 14, con Ex. 24:3, 4.
registran las profecías divinas, 2 Ped. 1:19-21.
dan testimonio con respecto á Cristo, Juan
5:39; Act. 10:43; 18:28; 1 Cor. 15:3.
son completas y suficientes, Luc. 16:29-31.
son guía infalible, Prov. 6:23; 2 Ped. 1:19.
pueden hacernos salvos por la fé en Cristo Jesús, 2 Tim. 3:15.
son útiles para enseñar y para arreglar la conducta, 2 Tim. 3:16, 17.
serán cumplidas, Isa. 40:8; Mat. 5:17; Luc.
16:17; 24:44; Juan 10:35.
SE LAS DESCRIBE COMO puras, Sal. 12:6;
119:140; Prov. 30:5.
verdaderas, Sal. 119:160; Juan 17:17.
perfectas, Sal. 19:7.
firmes, Sal. 93:5.
preciosas, Sal. 19:10.
vivas y eficaces, Heb. 4:12.
escritas para instrucción de nosotros, Rom.
15:4.
para el uso de todos los hombres, Rom. 16:26.
no ha de quitárseles ni añadírseles nada, Deut.
4:2; 12:32.
la regla para el juicio final, Juan 12:48; Rom.
2:16.
deben compararse pasaje con pasaje, 1 Cor. 2:13.
TIENEN POR OBJETO regenerar, Sant. 1:18;
1 Ped. 1:23.
vivificar, Sal. 119:50, 93.
iluminar, Sal. 119:130.
convertir el alma, Sal. 19:7.
hacerlo á uno sabio, Sal. 19:7; 2 Tim. 3:15.
santificar, Juan 17:17; Efes. 5:26.
producir fé, Juan 20:31.
infundir esperanza, Sal. 119:49; Rom. 15:4.
obediencia, Deut. 17:19, 20.
limpiar el corazón, Juan 15:3; Efes. 5:26.
nuestras sendas, Sal. 119:9.
apartar del mal camino, Sal. 17:4.
sostener la vida, Deut. 8:3, con Mat. 4:4.
promover el crecimiento en la gracia, 1 Ped.
2:2.
edificar en la fé, Act. 20:32.
amonestar, Sal. 19:11; 1 Cor. 10:11.
consolar, Sal. 119:82; Rom. 15:4.
regocijar el corazón, Sal. 19:8; 119:111.
obran eficazmente en los que creen, 1 Tes. 2:13.
la letra de, sin el espíritu, mata, Juan 6:63,
con 2 Cor. 3:6.
la ignorancia de, es fuente del error, Mat.
22:29; Act. 13:27.

Cristo nos pone en aptitud de entender, Luc.
24:45.
el Espíritu Santo nos pone en aptitud de entender, Juan 16:13; 1 Cor. 2:10-14.
ninguna profecía de, es de interpretación privada (ó especial), 2 Ped. 1:20.
todo debe examinarse á la luz de, Isa. 8:20;
Act. 17:11.
peligro en que se incurre al rechazar, Juan
12:48; Heb. 2:3; 10:28; 12:25.
DEBEN SER la norma de la enseñanza, 1 Ped.
4:11.
creídas, Juan 2:22.
citadas como autoridad, 1 Cor. 1:31; 1 Ped.
1:16.
leídas, Deut. 17:19; Isa. 34:16.
leídas públicamente á TODOS, Deut. 31:11, 13;
Neh. 8:3; Jer. 36:6; Act. 13:15.
conocidas, 2 Tim. 3:15.
recibidas como palabra de Dios, 1 Tes. 2:13.
recibidas con mansedumbre, Sant. 1:21.
escudriñadas, Juan 5:39; 7:52.
todos los días, Act. 17:11.
puestas en el corazón, Deut. 6:6; 11:18.
enseñadas á los niños, Deut. 6:7; 11:19;
9 Tim. 3:15.
enseñadas á TODOS, 2 Cró. 17:7-9; Neh. 8:7, 8.
materia de constante conversación, Deut. 6:7.
empleadas sin engaño, 2 Cor. 4:2.
no solo oidas, sino también obedecidas, Mat.
7:24, con Luc. 11:28: Sant. 1:22.
empleadas contra nuestros enemigos espirituales, Mat. 4:4, 7, 10, con Efes. 6:11, 17.
todos deben desear oir, Neh. 8:1.
los que son meramente oyentes de, se engañan
á sí mismos, Sant. 1:22.
ventaja de poseer, Rom. 3.2.
LOS SANTOS aman sobre manera, Sal. 119:97,
113, 159, 167.
se complacen en, Sal. 1:2.
consideran, como dulces, Sal. 119:103.
estiman, sobre todas las cosas, Job 23:12.
suspiran por, Sal. 119:82.
tienen temor de, Sal. 119:161; Isa. 66:2.
tienen presentes, Sal. 119:16.
sienten dolor cuando los hombres desobedecen, Sal. 119:158.
guardan en el corazón, Sal. 119:11.
tienen esperanza en, Sal. 119:74, 81, 147.
meditan en, Sal. 1:2; 119:99, 148.
se regocijan en, Sal. 119:62; Jer. 15:16.
confían en, Sal. 119:42.
obedecen, Sal. 119:67; Luc. 8:21; Juan 17:6.
hablan de, Sal. 119:172.
miran como luz, Sal. 119:105.
piden á Dios les enseñe, Sal. 119:12, 18, 33, 66.
piden á Dios ordene sus pasos á, Sal. 119:133.
alegan las promesas de, en la oración, Sal.
119:25, 28, 41, 76, 169.
los que escudriñan, son verdaderamente nobles, Act. 17:11.
dicha de oir y obedecer, Luc. 11:28; Sant. 1:25.
habiten abundantemente en vosotros. Col. 3:16.
LOS MALOS adulteran, 2 Cor. 2:17.
invalidan, con sus tradiciones, Mar. 7:9-13-
rechazan, Jer. 8:9.
tropiezan en, 1 Ped. 2:8.
no obedecen, Sal. 119:158.
frecuentemente tuercen, 2 Ped. 3:16.
males que sobrevendrán á los que les añaden
ó les quitan á, Rev. 22:18, 19.
la destrucción de, castigada, Jer. 36:29-31.
Véase LEY, PROFETAS, &c.
ESCRUPULOSIDAD. Véase INTEGRIDAD.
ESCUDERO, Jue. 9:54; 1 Sam. 16:21; 31:4.

ESCUDO, Dios es para con su pueblo, Gén. 15:1;
Deut. 33:29; 2 Sam. 22:31; Sal. 18:2; 33:20;
84:11; 91:4; 115:9; Prov. 2:7; 30:5.
de Goliat, 1 Sam. 17:6.
de la fé, Efes. 6:16.
ESCUDOS mandados hacer por Salomón, &c.,
1 Reyes 10:17; 2 Crón. 11:12; 26:14; 32:5.
ESCUDRIÑADOR de los corazones, 1 Cró. 28:9;
29:17; Sal. 7:9; Jue. 17:10.
ESCUELAS, de los profetas, 1 Sam. 19:18–24;
2 Reyes 2:3, 5; 4:23.
de Tiranno, Act. 19:9.
ESCULTURA. Véase ENTALLADURA.
ESCUPIR (el), en la cara era una afrenta, Núm.
12:14; Deut. 25:9; Job 30:10.
afrenta que sufrió Cristo, (Isa. 50:6), Mat. 26:67;
27:30; Mar. 10:34; 14:65; 15:19.
ESMERALDAS, Ex. 28:18; 39:11; Ezeq. 27:16;
28:13; Rev. 4:3; 21:19.
ESMEREJÓN, ó águila grande, Lev. 11:13.
ESMIRNA, iglesia de, consolada, Rev. 2.8.
ESPADA, como guardia del Eden, Gén. 3:24.
uso muy antiguo de, Gén. 34:25; 1 Sam. 13:19.
convertida en azadón, Isa. 2:4; Miq. 4:3.
hechas de los azadones, Joel 3:10.
enviada como castigo, Lev. 26:25; Deut. 32:25;
Ezra 9:7; Sal. 78:62.
juicio severo de Dios, Ezeq. 14:21.
del Señor, Jue. 7:20; 1 Crón. 21:12; Isa.66:16;
Jer. 47:6.
de Cristo el Rey, Sal. 45:3.
del evangelio, Isa. 49:2; Rev. 1:16.
de la justa ejecución, Rom. 13:4.
de la justicia divina, Deut. 32:41; Zac. 13:7.
de la protección divina, Deut. 33:29.
del infortunio perpetuo, 2 Sam. 12:10.
ESPALDA en los sacrificios, ley sobre, Exod.
29:22, 27; Lev. 7:34; 10:14; Núm. 6:19.
ESPAÑA, Rom. 15:24, 28.
ESPARCIDOS de Israel, profecías acerca de los,
Isa. 11:12; 16:3; 27:13; Jer. 30:17, &c.;
Rom. 11.
ESPECIAS, para el aceite de la unción, &c., Ex.
25:6; 30:23, 34; 37:29.
para la purificación, Est. 2:12; Sal. 45:8.
para embalsamar, &c., 2 Crón. 16:14; Mar.
16:1; Luc. 23:56; Juan 19:40.
ESPEJO, de metal, Ex. 38:8; Job 37:18; Isa. 3:23.
vemos por el, oscuramente, 1 Cor. 13:12; 2 Cor.
3:18; Sant. 1:23.
ESPERANZA:
en Dios, Sal. 39:7; 1 Ped. 1:21.
en Cristo, 1 Cor. 15:19; 1 Tim. 1:1,
en las promesas de Dios, Act. 26:6, 7; Tit. 1:2.
en la misericordia de Dios, Sal. 33:18.
en la obra del Espíritu Santo, Rom. 15:13;
Gál. 5:5.
SE OBTIENE POR MEDIO DE:
la gracia, 2 Tes. 2:16.
la palabra, Sal. 119:81.
la paciencia y la consolación de las Escrituras, Rom. 15:4.
el evangelio, Col. 1:5, 23.
la fé, Rom. 5:1, 2; Gál. 5:5.
es el resultado de la experiencia, Rom. 5:4.
SE DESCRIBE COMO:
buena, 2 Tes. 2:16.
viva, 1 Ped. 1:3.
segura y firme, Heb. 6:19.
regocijadora, Prov. 10:28.
bienaventurada, Tit. 2:13.
no avergüenza, Rom. 5:5.
vence las dificultades, Rom. 4:18.
anima á predicar con confianza, 2 Cor. 3:12.

LOS SANTOS:
son llamados á la, Efes. 4:4.
se regocijan en, Rom. 5:2; 12:12.
todos tienen la misma, Efes. 4:4.
tienen en la muerte, Prov. 14:32.
deben abundar en, Rom. 15:13.
deben esperar el objeto de su, Tit. 2:13.
no deben avergonzarse de la, Sal. 119:116.
deben retenerla firmemente, Heb. 3:6.
no deben moverse de, Col. 1:23.
deben continuar en, Sal. 71:14; 1 Ped. 1:13.
con la fé y con el amor, 1 Cor. 13:13.
OBJETOS DE LA:
la salvación, 1 Tes. 5:8.
la justicia, Gál. 5:5.
la venida gloriosa de Cristo, Tit. 2:13.
una resurrección, Act. 23:6; 24:15.
vida eterna, Tit. 1:2; 3:7.
gloria, Rom. 5:2; Col. 1:27.
conduce á la pureza, 1 Juan 3:3.
conduce á la paciencia, Rom. 8:25; 1 Tes. 1:3.
solicitad la completa seguridad de vuestra,
Heb. 6:11.
dad respuesta con respecto á vuestra, 1 Ped.
3:15.
incentivos para tener, Ose. 2:15; Zac. 9:12.
animad á otros á abrigarla, Sal. 130:7.
felicidad de la, Sal. 146:5.
presos de, Zac. 9:12.
la vida es la estación de, Ecl. 9:4; Isa. 38:18.
los malos no tienen en qué fundarla, Efes.
2:12.
DE LOS MALOS:
es en sus bienes de este mundo, Job 31:24.
los avergonzará, Isa. 20:5, 6; Zac. 9:5.
perecerá, Job 8:13; 11:20; Prov. 10:28.
se extinguirá en la muerte, Job 27:8.
comparada á una áncora, Heb. 6:19; á un almete, 1 Tes. 5:3.
ejemplos de: David, Sal. 39:7. Pablo, Act.
24:15. Abraham, Rom. 4:18. Los Tesalonicenses, 1 Tes. 1:3.
ESPÍAS, ó exploradores enviados á Canaán,
Núm. 13:3.
sus instrucciones, Núm. 13:17.
informe de diez de ellos, Núm. 13:26.
su castigo, Núm. 14:35; Deut. 1:22; Heb. 3:17.
dos, enviados á Jericó, Jos. 2:1.
preservados por Raab, Jos. 2:4.
su pacto con ella, Jos. 2:17.
su informe ante Josué, Jos. 2:23.
cumplen su juramento, Jos. 6:17, 23. Véase
Heb. 11:31; Sant. 2:25.
enviados por los Danitas, Jue. 18:2.
por Absalom, 2 Sam. 15:10.
ESPIGAR, la ley con respecto al acto de, Lev.
19:9; 23:22; Deut. 24:19.
la generosidad de Booz con respecto al, Rut
2:15.
Véase Isa. 17:6; 24:13; Jer. 49:9; Miq. 7:1.
ESPIGADO, Ex. 9:31.
ESPINAS usadas para castigo, Jue. 8:7, 16.
seto de, Miq. 7:4.
en sentido figurado, Núm. 33:55; 1 Cor. 12:7.
una corona de, le ponen á Cristo, Mat. 27:29
Mar. 15:17; Juan 19:2.
ESPÍRITU de Dios. Véase ESPÍRITU SANTO.
ESPÍRITU del Anticristo, 1 Juan 4:3.
de servidumbre, Rom. 8:15.
Pitónico, Act. 16:16.
mudo, &c., Mar. 9:17.
de temor, 2 Tim. 1:7.
de celo, Núm. 5:14.
de adormecimiento, Rom. 11:8.

ESPÍRITU SANTO (el), es Dios:
como Jehová, Ex. 17:7, con Heb. 3:7-9; Núm. 12:6, con 2 Ped. 1:21.
como Jehová de los ejércitos, Isa. 6:3, 8-10, con Act. 28:25.
como el Altísimo, Sal. 78:17, 21, con Act. 7:51.
puesto que se lo invoca como Jehová, Luc. 2:26-29; Act. 4:23-25, Act. 1:16, 20; 2 Tes. 3:5.
puesto que se le llama Dios, Act. 5:3, 4.
como eterno, Heb. 9:14.
omnipresente, Sal. 139:7-13.
omniscio, 1 Cor. 2:10.
omnipotente, Rom. 15:19.
el Espíritu de gloria y de Dios, 1 Ped. 4:14.
Creador, Gén. 1:26, 27, con Job 33:4.
igual al Padre y uno con El, Mat. 28:19; 2 Cor. 13:14.
el ordenador soberano de todas las cosas, Dan. 4:35, con 1 Cor. 12:6, 11.
autor del renacimiento, Juan 3:5, 6, con 1 Juan 5:4; Tit. 3:5.
inspirador de las Escrituras, 2 Tim. 3:16, con 2 Ped. 1:21.
origen de la sabiduría, 1 Cor. 12:8.
de la virtud de hacer milagros, Mat. 12:28, con Luc, 11:20; Act. 19:11, con Rom.15:19.
que nombra y envía á los ministros, Act. 13:2, 4, con Mat. 9:38; Act. 20:28.
que dirige en cuándo y en dónde debe predicarse el evangelio, Act. 16:6, 7, 10.
que mora en los santos, Juan 14:17, con 1 Cor. 14:25; 1 Cor. 3:16, con 6:19.
que tiene comunión con los santos, 2 Cor. 13:14.
Consolador de la iglesia, Act. 9:31, con 2 Cor. 1:3.
Santificador de la iglesia, Ezeq. 37:28, con Rom. 15:16.
Testigo, Heb. 10:65, con 1 Juan 5:9.
la parte que toma en la formación del cuerpo de Jesús, Mat. 1:18, 20; Luc. 1:35.
desciende sobre Cristo, Mat. 3:16; Mar. 1:10; Luc. 3:22; Juan 1:32.
permanece en Cristo, Isa. 11:2, 3; 42:1; 61:1; Luc. 4:18; Juan 3:34.
coopera con Cristo, Mat. 4:1; 12:28; Luc. 4:14; Heb. 9:14; 1 Ped. 3:18.
da testimonio de Cristo, Juan 15:26; Act. 5:32; Rom. 1:4; Rev. 19:10.
resucita á Cristo de entre los muertos, Act. 2:24, con 1 Ped. 3:18; Heb. 13:20, con Rom. 1:4.
es derramado de lo alto, Isa. 32:15; 44:3; Zac. 12:10.
Dios bautiza con, Mat. 3:11.
debemos pedirlo en la oración, Sal. 51:11, 12; Cant. 4:16; Ezeq. 37:9; Act. 1:14; 2:1.
dado á los que lo piden, Luc. 11:13; Act. 2:4; 4:31.
OTORGADO Á: José, Gén. 41:38. Beseleel, Ex. 31:3; 35:31. Los setenta ancianos, Núm. 11:17. Balaam, Núm. 24:2. Josué, Núm. 27:18. Saúl, 1 Sam. 10:10: 11:6; 19:23. Mensajeros, 1 Sam. 19:20. Eliseo, 2 Reyes 2:9. Amasai, 1 Crón. 12:18. Azarías, 2 Cró. 15:1. Los profetas, Neh. 9:30. Véase Isa. 1:6; 48:16; Jer. 1; Ezeq. 1; 11; Dan. 4:8. Zacarías, Elisabet y María, Luc. 1:41, 67. Simeón y Ana, Luc. 2:25, 38. Los discípulos, Act. 6:3; 7:55; 8:29; 9:17; 10:45. Véase EMBLEMAS.

ESPÍRITU SANTO (el), EN LA CONVERSIÓN Y LA SANTIFICACIÓN:
reprende, Juan 16:8.
convence Miq. 3:8; Act. 13:9.
lucha, Gén. 6:3; Heb. 8:1.

instruye, Neh. 9:20.
acompaña con su auxilio la palabra predicada, 1 Tes. 1:5; 1 Ped. 1:12; 4:11.
invita al pecador á venir á Cristo, Rev. 22:17.
da vida, Juan 6:63; Rom. 8:11.
renueva, Tito 3:5.
comunica amor para con Dios, Rom. 5:5.
guía, Sal. 143:10.
sostiene, Sal. 51:12..
prevalece, Zac. 4:6.
santifica las ofrendas, Rom. 15:16.
lava y justifica, 1 Cor. 6:11.
da libertad, 2 Cor. 3:17.
ayuda á mortificar el pecado, Rom. 8:13.
se opone á la carne, Gál. 3; 5.
se cambia de gloria en gloria, 2 Cor. 3:18.
fortifica al hombre interior, Efes. 3:16.
trabaja hasta la salvación, 2 Tes. 2:13.
ayuda á obedecer, 1 Ped. 1:2, 22.
á conservar la gracia de Dios, 2 Tim. 1:14.
á vivir para Dios, 1 Ped. 4:6.
——, EL CONSOLADOR:
procede del Padre, Juan 15:26.
DADO:
por el Padre, Juan 14:16; Gál. 4:6.
por Cristo, Isa. 61:1-3.
mediante la intercesión de Cristo, Juan 14:16
enviado en el nombre de Cristo, Juan 14:26.
enviado por Cristo del Padre, Juan 15:26; 16:7.
como tal:
comunica gozo á los santos, Rom. 14:17; Gál. 3:22; 1 Tes. 1:6.
edifica la iglesia, Act. 9:31.
da testimonio de Cristo, Juan 15:26; 1 Juan 4:2.
comunica el amor de Dios, Rom. 5:3-5.
infunde esperanza, Rom. 15:3; Gál. 5:5.
enseña á los santos, Juan 14:26.
da testimonio con los santos, Rom. 8:16, 1 Juan 3:24.
es prenda del cielo, 2 Cor. 1:22; 5:5.
da acceso hasta el Padre, Efes. 2:18.
sella á los creyentes, Efes. 1:13; 4:30.
infunde gozo, 1 Tes. 1:6.
mora con los santos y dentro de ellos, Juan 14:17
para siempre, Juan 14:16.
es conocido de los santos, Juan 14:26.
el mundo no puede recibir, Juan 14:17.
——, EL ILUSTRADOR:
prometido, Prov. 1:23.
como el Espíritu de sabiduría, Isa. 11:2; 40:13, 14.
dado á los que lo piden, Efes. 1:16, 17.
á los santos, Neh. 9:20; 1 Cor. 2:12, 13.
necesidad de, 1 Cor 2:9, 10.
EN SU CARÁCTER DE TAL:
revela las cosas de Dios, 1 Cor. 2:10, 13. de Cristo, Juan 16:14; 1 Ped. 1:11.
trae á la memoria las palabras de Cristo, Juan 14:26.
dirige en el camino de la piedad, Isa. 30:21; Ezeq. 36:27; Rom. 8:1.
enseña á los santos á replicar á los perseguidores, Mar. 13:11; Luc. 12:12.
enseña á esgrimir la espada de la palabra de Dios, Efes. 6:17.
pone á los ministros en aptitud de enseñar, 1 Cor. 12:8.
guía al hombre á toda verdad, Juan 14:26; 16:13; 1 Juan 2:20.
sed atentos á la instrucción de, Rev. 2:7, 11, 29.
el hombre en su estado natural no recibe las cosas de, 1 Cor. 2:14. Véase Rom. 8.
frutos de, Gál. 5:22, 23; Efes. 5:9.

ES NECESARIO NO:
contristarle, Efes. 4:30.
resistírsele, Act. 7:51.
provocarle á ira, Isa. 63:10.
tentarle, Act. 5:9.
apagarle, 1 Tes. 5:19.
no contenderá siempre, Gén. 6:3; Mat. 12:31; Mar. 3:19; Luc. 12:10.
su invitación final, Rev. 22:17.
es una bendición prometida, Ezeq. 36:27; 37:14; Joel 2:28; Luc. 24:49; Efes. 1:13.
ESPIRITUAL (lo) ha de acomodarse á lo espiritual, 1 Cor. 2:13.
ESPIRITUALIDAD (la), descrita como el bien grande y duradero, Luc. 10:42.
como el amor y la fidelidad para con Dios, Deut. 6:5; Jos. 22:5; 1 Rey. 8:23; Sal. 1:2; 51:6.
ENGENDRA la paz, Isa. 26:3; Jer. 33:6; Rom. 8:6; 14:17.
la indiferencia á los bienes terrenos, 1 Cor. 7:29-31; Col. 3:1, 3.
el anhelo de las bendiciones espirituales, Mat. 5:6; Juan 6:27.
es producida por la morada del Espíritu de Dios en lo íntimo del hombre, Juan 14:16, 17; Rom, 8:4.
ESPÍRITUS, deben someterse á prueba, 1 Jua. 4:1.
inmundos echados fuera. Véase DEMONIOS.
ESPÍRITUS INMUNDOS. Véase DIABLOS.
ESPÍRITUS PITÓNICOS ó familiares (los), el trato con, prohibido, Lev. 20:27; Isa. 8:19.
rechinan, Isa. 8:19.
desterrados por Saúl, 1 Sam. 28:3; por Josías, 2 Reyes 23:24.
CONSULTADOS POR: Saúl, 1 Sam. 28:7; 1 Crón. 10:13.
por Manassés, 2 Reyes 21:6.
por los Egipcios, Isa. 29:4.
Pablo echa fuera, Act. 17.
ESPOSA, la iglesia, Juan 3:29; Rev. 21:2; 22:17.
ESPOSAS,
no se deben elegir de entre los impíos, Gén. 24:3; 26:34, 35; 28:1.
DEBERES DE, para con sus maridos: amarlos, Tit. 2:4.
tenerlos en reverencia, Efes. 5:33.
serles fieles, 1 Cor. 7:3-5, 10.
estar sujetas á ellos, Gén. 3:16; Efes. 5:22, 24; 1 Ped. 3:1.
obedecerles, 1 Cor. 14:34; Tit. 2:5.
estar con ellos toda su vida, Rom. 7:2, 3.
DEBEN ADORNARSE, no de adornos exteriores, 1 Tim. 2:9; 1 Ped. 3:3, sino de modestia y sobriedad, 1 Tim. 2:9.
de un ánimo manso y tranquilo, 1 Ped. 3:4, 5.
de buenas obras, 1 Tim. 2:10; 5:10.
BUENAS, proceden del Señor, Prov. 19:14.
son prenda del favor de Dios, Prov. 18:22.
son para sus maridos una bendición, Prov. 12:4; 31:10, 12.
acarrean honra á sus maridos, Prov. 31:23.
se grangean su confianza, Prov. 31:11.
son encomiadas por sus maridos, Prov. 31:28.
son diligentes y prudentes, Prov. 31:13-27.
son caritativas con los pobres, Prov. 31:20.
deber de, respecto de los maridos incrédulos, 1 Cor. 7:3, 14, 16; 1 Ped. 3:1, 2.
deben guardar silencio en las iglesias, 1 Cor. 14:34.
deben ocurrir á sus maridos para que les den instrucción religiosa, 1 Cor. 14:35.
de los ministros deben observar una conducta ejemplar, 1 Tim. 3:11.

buenas, ejemplos de: La esposa de Manué, Jue. 13:20. Orpa y Rut, Rut 1:4, 8. Abigail, 1 Sam. 25:3. Ester, Est. 2:15-17. Elisabet, Luc. 1:6. Priscila, Act. 18:2, 26. Sara, 1 Ped. 3:9.
malas, ejemplos de: Samsón, Jue. 14:15-17. Micol, 2 Sam. 6:16. Jezabel, 1 Rey. 21:5. Zares, Est. 5:14. La esposa de Job, Job 2:9. Herodías, Mar. 6:17. Safira, Act. 5:1, 2.
las leyes levíticas con respecto á, Ex. 21:3, 22; 22:16; Núm. 5:12 ; 30; Deut. 21:10, 15; 24:1; Jer. 3:1; Mat. 19:3.
la esposa es emblema de la iglesia, Efes. 5:23; Rev. 19:7; 21:9.
obtenidas por los de Benjamín, Jue. 21.
ESPOSO, nombre dado á Cristo, Mat. 9:15; 25:1; Juan 3:29. Véase Sal. 19:5; Isa. 61:10; 62:5.
Dios es, de su iglesia, Isa. 54:5; Os. 2; Rev. 21:2.
ESTACAS, Ex. 27:19; Isa. 33:20; 54:2.
en sentido metafórico, Ezra 9:8.
Véase CLAVOS.
ESTACIONES, establecidas, Gén. 1:14; Sal. 104:19.
continuación de, Gén. 8:22.
ESTACTE, Exod. 30:34.
ESTADIO, Luc. 24:13; Juan 6:19; 11:18; Rev. 14:20; 21:16.
ESTADO VENIDERO, hácese mención del, Job 19:25; 21:30; Sal. 9:17; 16:11; 17:15; Prov. 14:32; Ecl. 3:17; 11:9; Dan. 12:13; Luc. 26:34, 35; 1 Cor. 15:42, 51; Rev. 1:18; 7:15.
Véase CIELO é INFIERNO.
ESTANDARTE. Véase BANDERA.
ESTANDARTES, ó banderas, de las doce tribus, Núm. 2; Sal. 20:5; Cant. 6:4, 10; Jer. 4:21.
ESTAÑO, Núm. 31:22; Isa. 1:25.
ESTAOL, Jos. 15:33; Jue. 13:25; 16:31.
ESTATUA del sal, la esposa de Lot, Gén. 19:26; Luc. 17:32.
ESTATURA, ejemplos de grande, Núm. 13:32; 2 Sam. 21:20.
no es dado al hombre el aumentarla, Mat. 6:27.
espiritual, Efes. 4:13.
ESTATUTOS, Exod. 15:24; 29:28; Lev. 3:17.
—— de Dios. Véase LEY.
ESTEBAN, uno de los siete diáconos, Act. 6:5.
su aprehensión, su defensa y su martirio, Act. 6:8-15; 7; 8:2.
ESTÉFANAS, 1 Cor. 1:16; 16:15, 17.
ESTER, es elegida de reina, Est. 2:17.
ayuna á causa del decreto, Est. 4:15.
intercede por su pueblo, Est. 7-9.
ESTERILIDAD (la) de Sara desaparece, Gén. 11:30; 16:1; 18:11; 21; de Rebeca, Gén. 25:21; de Raquel, Gén. 29:31; 30:1; de la esposa de Manué, Jue. 13; de Ana, 1 Sam. 1; de la Sunamita, 2 Reyes 4:14; de Elisabet, Luc. 1.
Véase Sal. 113:9; Isa. 54:1; Gál. 4:27.
ESTÓICOS (los), hacen escarnio de Pablo, Act. 17:18.
ESTOPA, Jue. 16:9; Isa. 1:31. Véase LINO.
ESTRADO, ó peana, de Dios, el templo fué llamado así, 1 Crón 28:2; Sal. 99:5; 132:7.
la tierra, Isa. 66:1; Mat. 5:35; Act. 7:49.
sus enemigos, Sal. 110:1; Mat. 22:44, &c., Heb. 10:13. Véase también 2 Cró. 9:18; Sant. 2:3.
ESTRELLA, Balaam anuncia la, Núm. 24:17.
vista por los magos, Mat. 2:2.
una de cada cielo, Rev. 8:10; 9:1.
de la mañana, Cristo, Rev. 2:28; 22:16.
ESTRELLAS, son creadas, Gén. 1:16; Job 38:7.
manifiestan el poder de Dios, Sal. 8:3; Isa. 40:26.
hechas para alabar á Dios, Sal. 148:3.
se diferencian en gloria, 1 Cor. 15:41.
el culto de, prohibido, Deut. 4:19.

mencionadas en un sentido simbólico, Gén. 15:5; Heb. 11:12; Jud. 13; Rev. 8:12; 12:1.

ETAI, fidelidad de, 2 Sam. 15:19; 18:2.

ETAM, Jue. 15:8–13.

ETÁN, Ex. 13:20; Núm. 33:6, 8.
——, un hombre, se le atribuye el Salmo 89.
Véase 1 Rey. 4:31; 1 Crón. 15:17.

ETANIM (el perenne), el séptimo mes (Octubre).
La Fiesta de la expiación y la de los tabernáculos (cabañas) tenía lugar en, Lev. 23:24, 27.
se proclamaba jubileo en, Lev. 25:9.
la dedicación del templo en, 1 Rey. 8:2.
reedificábase el altar y se renovaban las ofrendas en, Ezra 3:1, 6.

ETÍOPES (los), invaden á Judá y son vencidos por Asa, 2 Crón. 14:9. Véase Núm. 12:1; 2 Rey. 19:9; Est. 1:1; Job 28:19.
profecías acerca de, Sal. 68:31; 87:4; Isa. 18:20; 43:3; 45:14; Jer. 46:9; Ezeq. 30:4; 38:5; Nah. 3:9; Sof. 3:10.
eunuco bautizado, Act. 8:27.

EUBULO, un cristiano romano, 2 Tim. 4:21.

EUFRATES, río, históricamente y como tipo, Gén. 2:14; 15:18; Deut. 11:24; Jos. 1:4; 2 Sam. 8:3; Jer. 13:1; 46:2; 51:63; Rev. 9:14; 16:12.

EUNICE, encomiada (Act. 16:1), 2 Tim. 1:5.

EUNUCOS (los) consolados, Isa. 56:3.
la manifestación de nuestro Señor con respecto á, Mat. 19:12.
un Etíope bautizado por Felipe, Act. 8:27.
Véase Dan. 1:3.

EUODIAS, amonestada por Pablo, Filip. 4:2.

EUROCLIDÓN, un viento, Act. 27:14.

EUTICO, su caída, Act. 20:7.

EVA, su creación, Gén. 1:27; 2:18.
llamada por Adam "Isha," esto es, varona, hembra ó mujer, Gén. 2:23; y también Eva (viviente), Gén. 3:20.
engañada por la serpiente, Gén. 3; 2 Cor. 11:13; 1 Tim. 2:13.
su sentencia, Gén. 3:16.
promesa del Mesías hecha á, Gén. 3:15.
sus palabras acerca de Caín, Gén. 4:1, y Set, Gén. 4:25.
hijos de, Gén. 5:4.

EVANGELIO (el):
definido, Luc. 2:10, 11.
predicho, Isa. 41:27; 52:7, con Rom. 10:15; Isa. 61:1–3.
predicado bajo el régimen del antiguo testamento, Heb. 4:2.
pone de manifiesto la gracia de Dios, Act. 14·3; 20:32.
el conocimiento de la gloria de Dios es por medio de, 2 Cor. 4:4, 6.
la vida y la inmortalidad son sacadas á luz por, 2 Tim. 1:10.
es el poder de Dios para la salvación, Rom. 1:16; 1 Cor. 1:18; 1 Tes. 1:5.
es la verdad, Col. 1:5.
es glorioso, 2 Cor. 4:4.
es eterno, 1 Ped. 1:25; Rev. 14:6.
predicado por Cristo, Mat. 4:23; 11:28; Mar. 1:14; Juan 7:37.
á los ministros les ha sido encargada la dispensación de, 1 Cor. 9:17.
predicado de antemano á Abraham, Gén. 22:18, con Gál. 3:8.
PREDICADO Á los Judíos primeramente Luc. 24:47; Act. 13:46.
los Gentiles, Mar. 13:10; Gál. 2:2.
los pobres, Mat. 11:5; Luc. 4:18.
toda creatura, Mar. 16:15; Col. 1:23.
ha de ser creído, Mar. 1:15; Heb. 4:2.
trae paz, Luc. 2:10, 14; Efes. 6:15.

produce esperanza, Col. 1:23.
los santos tienen comunicación en, Fil. 1:5.
plenitud de la bendición en, Rom. 15:29.
LOS QUE LO RECIBEN, DEBEN:
aferrarse á la verdad de, Gál. 1:6, 7; 2:14.
no avergonzarse de, Rom. 1:16.
vivir sujetos á, 2 Cor. 9:13.
proceder de una manera digna de, Fil. 1:27.
combatir por la fé, Fil. 1:17, 27; Jud. 3.
dejar parientes y bienes por, Mar. 10:29.
sacrificar aun la vida por, Mar. 3:35.
la profesión de, acompañada de pesares, 2 Tim. 1:8.
promesas á los que sufren por, Mar. 8:35; 10:30.
no estorbar el progreso de, 1 Cor. 9:12.
está oculto para los que se pierden, 2 Cor. 4:3.
enseña que habrá un juicio final, Rom. 2:16.
el que anuncie otro, sea maldito, Gál. 1:8.
las terribles consecuencias que sobrevienen á los que no obedecen, 2 Tes. 1:8, 9.
SE LE LLAMA:
la dispensación de la gracia de Dios, Efes. 3:2.
el evangelio de la paz, Efes. 6:15.
el evangelio de Dios, Rom. 1:1; 1 Tes. 2:8; 1 Ped. 4:17.
el evangelio de Jesu-Cristo, Rom. 1:9, 16; 2 Cor. 2:12; 1 Tes. 3:2.
de la gracia de Dios, Act. 20:24.
del reino, Mat. 24:14.
de la salvación, Efes. 1:13.
de la gloria de Cristo, 2 Cor. 4:4.
la predicación de Jesu-Cristo, Rom. 16:25
el misterio de Cristo, Efes. 3:4.
del evangelio, Efes. 6:19.
la palabra de Dios, 1 Tes. 2:13.
de Cristo, Col. 3:16.
de gracia, Act. 14:3; 20:32.
de salvación, Act. 13:26.
de reconciliación, 2 Cor. 5:19.
de verdad, Efes. 1:13; 2 Cor. 6:7.
de fé, Rom. 10:8.
de vida, Fil. 2:16.
el ministerio del Espíritu, 2 Cor. 3:8.
la doctrina conforme á la piedad, 1 Tim. 6:3.
la forma de las sanas palabras, 2 Tim. 1:13.
la recusación de, por muchos, es predicha, Isa. 53:1, con Rom. 10:15, 16.
el desechamiento de, por parte de los Judíos, reclamado en bendición de los gentiles, Rom. 11:12.

EVANGELISTAS, deber de los, Act. 21:8; Efes. 4:11; 2 Tim. 4:5.

EVIL-MERODAC, su bondad para con Joaquín, 2 Rey. 25:27; Jer. 52:31.

EXACCIÓN (la), ó extorsión, prohibida, Lev. 25:35; Deut. 15:2; Neh. 5:1; 10:31; Prov. 28:8; Ezeq. 22:12; 45:9; Luc. 3:13; 1 Cor. 5:10

EXAMEN DE CONCIENCIA:
prescrito, 2 Cor. 13:5.
necessario antes de la comunión, 1 Cor. 11:28.
causa que lo hace difícil, Jer. 17:9.
DEBEMOS OCUPARNOS DE, con un temor santo, Sal. 4:4.
con un escudriñamiento escrupuloso, Sal. 77:6; Lam. 3:40.
pidiéndole á Dios que nos escudriñe, Sal. 26:2; 139:23, 24.
con propósito de la enmienda, Sal. 119:59; Lam. 3:40.
ventajas de, 1 Cor. 11:31; Gál. 6:4.

EXCELENCIA (la) y gloria de Cristo:
como Dios, Juan 1:1–5; Filip. 2:6, 9, 19.
Hijo de Dios, Mat. 3:17; Heb. 1:6, 8.
uno con el Padre, Juan 10:30, 38.

el primogénito, Col. 1:15, 18; Heb. 1:6.
el Señor de señores, &c., Rev. 17:14.
la imagen de Dios, Col. 1:15; Heb. 1:3.
Creador, Juan 1:3; Col. 1:16; Heb. 1:2.
el bendito de Dios, Sal. 45:2.
Mediador, 1 Tim. 2:5; Heb. 8:6.
Profeta, Deut. 18:15, 16, con Act. 9:22.
Sacerdote, Sal. 110:4; Heb. 4:15.
Rey, Isa. 6:1-5, con Juan 12:41.
Juez, Mat. 16:27; 25:31–33.
Pastor, Isa. 4:10, 11; Juan 10:11, 14.
Cabeza de la Iglesia, Efes. 1:22. -
la verdadera Luz, Luc. 1:78, 79; Juan 1–4,9.
el cimiento de la iglesia, Isa. 28:16.
el camino, Juan 14:6; Heb. 10:19, 20.
la verdad, 1 Juan 5:30; Rev. 3:7.
la vida, Juan 11:25; Col. 3:4; 1 Juan 5:11.
el Verbo hecho carne, Juan 1:14.
en sus palabras, Luc. 4:22; Juan 7:46.
en sus obras, Mat. 13:54; Juan 2:11.
en su perfección sin mancha, Heb. 7:26-28.
en la plenitud de su gracia y su verdad, Sal. 45:2, con Juan 1:14.
en su transfiguración, Mat. 17:2, con 2 Ped. 1:16-18.
en su exaltación, Act. 7:55, 56; Efes. 1:21.
en el llamamiento de los Gentiles, Sal. 72:17; Juan 12:21, 23.
en la restauración de los Judíos, Sal. 102:16.
en su triunfo, Isa. 63:1–3, con Rev. 19:11, 16.
se siguieron á sus sufrimientos, 1 Ped. 1:10, 11, y á su resurrección, 1 Ped. 1:21.
son inmutables, Heb. 1:10–12.
son incomparables, Cant. 5:10; Filip. 2:9.
comunicadas á los santos, Juan 17:22; 2 Cor. 3:18.
celebradas, Rev. 5:8–14; 7:9–12.
reveladas en el evangelio, Isa. 40:5.
los santos se regocijarán en, 1 Ped. 4:13.
contemplarán en el cielo, Juan 17:24.
EXCELENCIAS, de la iglesia:
dimanan de Dios, Isa. 28:5.
de Cristo, Isa. 60:1; Luc. 2:32.
resultan del favor de Dios, Isa. 43:4.
Dios se complace en, Sal. 45:11; Isa. 62:3–5.
los santos se complacen en, Isa. 66:11.
CONSISTEN EN:
ser el santuario del culto divino, Sal. 96:6.
el templo de Dios, 1 Cor. 3:16, 17; Efes. 2:21, 22.
el cuerpo de Cristo, Efes. 1:22, 23.
la esposa de Cristo, Sal. 45:13, 14; Rev. 19:7, 8; 21:2.
estar establecida, Sal. 48:8; Isa. 33:20.
su posición eminente, Sal. 48:2; Isa. 2:2.
sus atractivos, Cant. 2:14.
la perfección de su hermosura, Sal. 50:2.
la rectitud de sus miembros, Isa. 60:21; Rev. 19:8.
su poder y sus fortalezas, Sal. 48:12, 13.
su santificación, Efes. 5:26, 27.
se aumentan con el aumento del número de sus miembros, Isa. 49:18; 60:4–14.
son abundantes, Isa. 66:11.
el pecado las empaña, Lam. 2:14, 15.
EXCESO (el) prohibido, Mat. 23:25; Efes. 5:18; 1 Ped. 4:3, &c. Véase EMBRIAGUEZ, &c.
EXCOMUNIÓN (la): leyes Judaicas relativas á, Gén. 17:14; Ex. 12:15, 19; 30:33, 38; Lev. 7:20, 25; 17, 9, 10, 14; 19:8; 23:29; Núm. 9:13; 19:13; Juan 9:34.
reglas cristianas, Mat. 18:17; 1 Cor. 5:4, 13; 16:22; 2 Cor. 2:2, &c.; Gál. 1:8; 2 Tes. 3:14; 1 Tim. 1:20; 2 Juan 10.
EXCUSAS, ó disculpas, la necedad en que in-

curren los que las hacen, 2 Rey. 5:13; Mat. 22:5; Luc. 14:18; Rom. 1:20.
EXHORTACIÓN mútua (la), prescrita, Act. 13:15; 15:32; Rom. 12:8; 1 Cor. 14:3; 1 Tim. 4:13; 2 Tim. 4:2; Tit. 1:9; 1 Tes. 4:18; 5:11; Heb. 3:13; 10:25; 13:22.
EXORCISTAS, Act. 19:13.
EXPECTACIÓN (la), de los justos es de Dios, Sal. 62:5.
jamás caducará, Prov. 22:18; 24:14; Filip. 1:20.
es bendecida, Tit. 2:13; 2 Ped. 3:12.
———, de los malos, caducará, Prov. 10:28: 11:7; Zac. 9:5; Act. 12:11.
es ira, Prov. 11:23; Heb. 10:27.
EXPERIENCIA, Gén. 30:27; Ecl. 1:16; 2:1, &c.
añadida á la fé, Rom. 5:4; Sant. 1:3, 12, &c.
EXPIACIÓN (la), explicada, Rom. 5:8–11; 2 Cor. 5:18, 19; Gál. 1:4; 1 Juan 2:2; 4:10.
predeterminada, Rom. 3:25; 1 Ped. 1:11, 20; Rev. 13:8.
predicha, Isa. 53:4-6, 8–12; Dan. 9:24–27; Zac. 13:1, 7; Juan 11:50, 51.
efectuada por Cristo solo, Juan 1:29, 36; Act. 4:10, 12; 1 Tes. 1:10; 1 Tim. 2:5, 6; Heb. 2:9; 1 Ped. 2:21.
fué voluntaria, Sal. 40:6-8, con Heb. 10:5–9; Juan 10:11, 15, 17, 18.
MANIFIESTA:
la gracia y misericordia de Dios, Rom. 8:32; Efes. 2:4, 5; 1 Tim. 2:4; Heb. 2:9.
el amor de Dios, Rom. 5:8; 1 Juan 4:9, 10.
de Cristo, Juan 15:13; Gál. 2:20; Efes. 5:2, 25; Rev. 1:5.
concilia la justicia y la misericordia de Dios, Isa. 45:21; Rom. 3:25, 26.
necesidad de, Isa. 59:16; Luc. 19:10; Heb. 9:22.
hecha una sola vez, Heb. 7:27; 9:24–28; 10:10, 12, 14; 1 Ped. 3:18.
allegamiento á Dios por, Heb. 10:19, 20.
aceptable á Dios, Efes. 5:2.
la reconciliación con Dios efectuada por, Rom. 5:10; 2 Cor. 5:18–20; Efes. 2:13–16; Col. 1:20-22; Heb. 2:17; 1 Ped. 3:18.
la remisión de los pecados por, Juan 1:29; Rom. 2:25; Efes. 1:7; 1 Juan 1:7; Rev. 1:5.
la justificación por, Rom. 5:9; 2 Cor. 5:21.
la santificación por medio de, 2 Cor. 5:15; Efes. 5:26, 27; Tit. 2:14; Heb. 10:10; 13:12.
la redención por medio de, Mat. 20:28; Act. 20:28; 1 Tim. 2:6; Heb. 9:12; Rev. 5:9.
HA LIBRADO Á LOS SANTOS DEL DOMINIO DE:
el pecado, Rom. 8:3; 1 Ped. 1:18, 19.
el poder del mundo, Gál. 1:4; 6:14.
del demonio, Col. 2:15; Heb. 2:14, 15.
los santos glorifican á Dios por, 1 Cor. 6:20; Gál. 2:20; Filip. 1:20, 21.
los santos se glorifican en Dios por, Rom. 5:11.
alaban á Dios por, Rev. 5:9–13.
la fé en, indispensable, Rom. 3:25; Gál. 3:13, 14.
se conmemora en la cena del Señor, Mat. 26:26-28; 1 Cor. 11:23–26.
los ministros deben manifestarla, Act. 5:29–31, 42; 1 Cor. 15:3; 2 Cor. 5:18–21.
simbolizada, Gén. 4:4, con Heb. 11:4; Gén. 22:2, con Heb. 11:17, 19; Ex. 12:5, 11, 14, con 1 Cor. 5:7; Ex. 24:8, con Heb. 9:20; Lev 16:30:34, con Heb. 9:7, 12, 28; Lev. 17:11, con Heb. 9:22.
bajo la ley Mosaica, Ex. 29:29, 30; Lev. 1, &c.
día de, celebrado todos los años, Lev. 16:23, 26, hecha por Aarón, para la plaga, Núm. 16:46.
ÉXTASIS de Balaam, Núm. 24:4, 16.
de Pedro, Act. 10:10; 11:5.
de Pablo, Act. 22:17.

73

EXTERIORIDAD (la), reprobada, Isa. 29:13; 48:1; Jer. 3:10; 7:8-10; 12:2; Ezeq. 33:31, 32; Zac. 7:5, 6; Mat. 5:13, 20; 6:2, 16; 7:22, 23; Luc. 12:1, 2; 16:15; 18:9; Juan 4:23, 24; Rom. 2:17, 28; 2 Tim. 3:5; Tit. 1:16; 1 Juan 2:19; Rev. 3:1, 2, 14, &c.

EXTORSIÓN. Véase Exacción.

EXTRANJEROS, Ex. 12:45; Deut. 15:3; Abd. 2:19.

——, (los que habitaban entre los Israelitas), se manda que no se les oprima, Ex. 22:21; 23:9; Lev. 19:33; Deut. 1:16; 10:18; 23:7; 24:14; Mal. 3:5.

no habían de comer la pascua, &c., hasta que fueran circuncidados, Ex. 12:43; Lev. 22:10; Núm. 1:51, &c.; Ezeq. 44:9.

no podían ser elevados al sacerdocio ó al trono real, Núm. 18:7; Deut. 17:15.

el matrimonio con, era prohibido, Ex. 34:16; Deut. 7:3; 25:5; Ezra 10:2; Neh. 13:27.

sujetos á las leyes, Lev. 17:10; 24:16; Núm. 19:10; 35:15; Deut. 31:12; Jos. 8:33.

Véase Hospitalidad.

EZEL, piedra de, 1 Sam. 20:19.

EZEQUÍAS, rey de Judá, 2 Reyes 16:19 (2 Crón. 28:27).

hace abolir la idolatría, 2 Rey. 18.

restablece el servicio del templo, 2 Crón. 29.

celebra la pascua, 2 Crón. 30.

su mensaje á Isaías, 2 Rey. 19:1.

su oración, 2 Rey. 19:14.

su libertad, 2 Rey. 19:35.

su vida prolongada, 2 Rey. 20:1.

su acción de gracias, Isa. 38:9.

censurado por haber ostentado sus tesoros, 2 Rey. 20:16 (Isa. 39).

se arrepiente, Jer. 26:18.

su muerte, 2 Rey. 20:20. Véase 2 Crón. 29:32; Isa. 36-39; Prov. 25:1.

EZEQUIEL, el cometido de, Ezeq. 2; 3; 33:7.

SUS VISIONES:

de la gloria de Dios, Ezeq. 1; 8; 10; 11; 22.

de las abominaciones de los Judíos, &c., Ezeq. 8:5.

de su castigo, Ezeq. 9:11.

de los huesos secos, Ezeq. 37.

de la casa de Dios, Ezeq. 40, &c.

intercede por su pueblo, Ezeq. 9:8; 11:13.

señal dada á los Judíos, Ezeq. 4; 5; 12; 24:15.

les reprocha su hipocresía, Ezeq. 14:1; 20:1; 33:30.

parábolas, Ezeq. 15; 16; 17; 19; 23; 24.

mudez, Ezeq. 3:26; 24:26; 33:22.

relata las rebeliones de Israel, Ezeq. 20.

los pecados de Jerusalem, Ezeq. 22; 23; 24.

predice su castigo, Ezeq. 21, &c.

profetiza acerca de varias naciones, Ezeq. 25-39.

EZRA vuelve á Jerusalem, Ezra 7:8.

manda observar un ayuno, Ezra 8:21.

sus órdenes á los sacerdotes, Ezra 8:24.

sus oraciones, Ezra 9:5.

lée la ley, Neh. 8.

reforma los abusos, Ezra 10; Neh. 13.

F.

FÁBULAS, judaicas, &c., deben evitarse, 1 Tim. 1:4; 4:7; 2 Tim. 4:4; Tit. 1:14; 2 Ped. 1:16.

FAJA (especie de manto de gala), Isa. 3:24.

FALSA CONFIANZA, en sí mismo, Deut. 29:19; 1 Rey. 20:11; Prov. 3:5; 23:4; 26:12; 28:26; Isa. 5:21; Rom. 12:16; 2 Cor. 1:9.

en los recursos ó auxilios externos, Sal. 20:7; 33:17; 44:6; 49:6; Prov. 11:28; Isa. 22:11; 31:1-3; Jer. 48:7; Zac. 4:6; Mar. 10:24.

en el hombre, Sal. 33:16; 62:9; 118:8; 146:3, 4; Isa. 2:22; Jer. 17:5; Ose. 5:13; 7:11.

ejemplos: Los constructores de Babel, Gén. 11:4. Senaquerib, 2 Rey. 19:23. Asa, 2 Cró. 16:7-9. Ezequías, Isa. 22:11. Jonás, Jon. 1:5. Pedro, Luc. 22:33, 24; Juan 13:37, 38. Los discípulos, Mat. 26:35; Juan 16:31, 32.

FALSEDAD. Véase Engaño.

FALTA, sin, las ofrendas deben ser, Exod. 12:5, &c.; Lev. 1:3, &c.; Deut. 17:1, &c.: tipo de Cristo, 1 Ped. 1:19; y de la iglesia, Efes. 5:27.

FALTAS (las) como debe procederse con respecto á, Mat. 18:15; Gál. 6:1.

exhortación a confesarlas, Sant. 5:16.

FALTI, 1 Sam. 25:44; 2 Sam. 3:15.

FAMA (la), lo vano de, Sal. 49:11, &c.; Ecl. 1:11; 2:16; Luc. 6:26; Juan 5·44; 12:43; 1 Tes 2.6.

FAMILIARES. Véase Espíritus Pitónicos.

FAMILIAS (las.:

de los santos son bendecidas, Sal. 128:3, 6.

DEBEN:

aprender la palabra de Dios, Deut. 4:9, 10.

adorar á Dios colectivamente, 1 Cor. 16:19.

tener un régimen adecuado, Prov. 31:27; 1 Tim. 3:4, 5, 12.

vivir en unión, Gén. 45:24; Sal. 133:1.

ejercer la tolerancia mútuamente, Gén. 50:17-21; Mat. 18:21, 22.

regocijarse de consuno delante de Dios, Deut. 14:26.

los engañadores y los mentirosos deben ser echados de, Sal. 101:7.

se les advierte que no se aparten de Dios, Deut. 29:18.

castigo de las irreligiosas, Jer. 10:25. (original hebreo.)

buenas, ejemplos de: La de Abraham, Gén. 18:19. La de Jacob, Gén. 35:2. Josué, Jos. 24:15. La de David, 2 Sam. 6:20. La de Job, Job 1:5. La de Lázaro de Betania, Juan 11:1-5. La de Cornelio, Act. 10:2, 33. La de Lidia, Act. 16:15. La del Carcelero de Filipo, Act. 16:31-34. La de Crispo, Act. 18:8. La de Loida, 2 Tim. 1:5.

FANATISMO, Núm. 11:29; Job 13:7, 8; Jer. 7:4; Luc. 9:55, 56; 1 Cor. 10:27; Col. 2:16,17.

ejemplos de:

Josué, Núm. 11:27-29.

Jonás, Jon. 4.

Judas, Mat. 26:8, 9; Mar. 14:4, 5; Juan 12:4, 5.

Juan, Mar. 9:38-40; Luc. 9:49, 50.

Santiago y Juan, Luc. 9:54, 55.

Natanael, Juan 1·46.

los discípulos, Mat. 19:13; Mar. 10:13; Luc. 18:15.

los Fariseos, Mat. 9:3; 11:18, 19; 23:15; Luc. 7:39; 11:38, 39; 19:7; Juan 7:52; 9:28-34; 16:2; 19:15.

los habitantes de Nazaret, Luc. 4:38.

los Samaritanos, Luc. 9:53.

los Judíos, Luc. 13:1-5; Juan 4:9, 27; Act. 21:28, 29; 22:22; Rom. 10:2; 1 Tes. 2:15, 16.

los Cristianos de Jerusalem, Act. 10:45; 11:2, 3; 21:20-24.

y de Antioquía, Act. 15:1-10, 24.

y de Galacia, Gál. 5:1; 6:13.

Saulo, Act. 22:3, 4; 26:5, 9; Gál. 1:13, 14; Filip. 3:6.

Véase Libertad, Cristiano, Falta de Caridad.

FARAÓN, reconviene á Abram, Gén. 12:18.

——, sus sueños interpretados por José, &c., Gén. 40, &c.

su bondad para con Jacob, Gén. 47.

——, oprime á los Israelitas, Ex. 1:8; Act. 7:21

——, el mensaje de Dios á, Ex. 4:21, &c.
los milagros mostrados á, Ex. 7, &c.
persigue á los Israelitas y se ahoga en el Mar
Rojo, Ex. 14:8. Véase Rom. 9:17; Neh. 9:10;
Sal. 135:9; 136:15.
——, las relaciones de Salomón con, 1 Rey. 3:1.
recibe á Adad, 1 Rey. 11:19.
——, NECAO, Josías lo hace entrar en guerra
con él, 2 Rey. 23:29; 2 Crón. 35:20.
su ruina es predicha, Jer. 46.
destrona á Joacaz, 2 Rey. 23:33; 2 Cró. 36:3.
——, Hofra, profecía acerca de, Jer. 44:30;
Ezeq. 29; 30:20; 31; 32 (Isa. 19:11; 30:2).
FARES, hijo de Judá, Gén. 38:29; Rut 4:18.
ascendiente de Cristo, Mat. 1:3; Luc. 3:33.
FARISEO y publicano, Luc. 18:10.
FARISEOS censurados por Cristo, Mat. 5:20;
16:6; 23; Mar. 8:15; Luc. 11:37; 12:1; 14;
15: 18:9.
las controversias de Cristo con, Mat. 9:34; 19:3;
Mar. 2:18; Luc. 5:30; 11:39; 16:14; Juan 5;
6; 7.
riñen á Nicodemo, Juan 7:52.
excomulgan al hombre curado de ceguedad,
Juan 9:13.
conspiran contra Cristo, Juan 11:47, &c.
se desavienen con los Saduceos, Act. 23:7.
FARFAR. Véase ABANA, 2 Rey. 5:12.
FAVOR (el) de Dios:
Cristo es el objeto especial de, Luc. 2:52.
es la fuente de la misericordia, Isa. 69:10.
de la vida espiritual, Sal. 30:5.
la sabiduría en lo espiritual conduce á, Prov.
8:35.
la misericordia y la verdad conducen á, Prov.
3:3, 4.
LOS SANTOS:
logran, Prov. 12:2.
están rodeados de, Sal. 5:12.
son fortificados por, Sal. 30:7.
triunfan por medio de, Sal. 44:3.
son preservados por medio de, Job 10:12.
exaltados en, Sal. 89:17.
son tentados á dudar de, Sal. 77:7.
las delicias del hogar tienen su origen en,
Prov. 18:22.
los chascos de los enemigos son prueba de,
Sal. 41:11.
otorgado á los que lo piden por medio de la
oración, Job 33:26.
orad á fin de obtenerlo, Sal. 106:4; 119:58.
alegadlo en la oración, Ex. 33:13; Núm. 11:15.
se debe reconocer, Sal. 85:1.
no influye en el ánimo de los malos, Isa. 26:10.
los malos no obtienen, Isa. 27:11; Jer. 16:13.
ejemplos de : Neftalí, Deut. 33:23. Samuel,
1 Sam. 2:26. Job, Job 10:12. La Virgen María, Luc. 1:28, 30. David, Act. 7:46.
FAVOR (el) de los hombres, está bajo el dominio de Dios:
otorgado á José, Gén. 39:21; Act. 7:10; á Israel
en Egipto, Ex. 3:21; 11:3; 12:36; á Nehemías,
Neh. 1:11; 2:6; á Daniel, Dan. 1:9.
negado á los pecadores, Deut. 28:49, 50; Jos.
11:20; Sal. 109:12.
FÉ (la):
es la sustancia de las cosas que se esperan,
Heb. 11:1.
es la demostración de las cosas que no se ven,
Heb. 11:1.
se manda tenerla, Mar. 11:22; 1 Juan 3:23.
LOS OBJETOS DE, SON:
Dios, Mar. 11:22; Juan 14:1.
Cristo, Juan 6:29; 14:1; Act. 20:21.
los escritos de Moisés, Juan 5:46; Act. 24:14.

de los profetas, 2 Cró. 20:20; Act. 26:27.
el evangelio, Mar. 1:15.
las promesas de Dios, Rom. 4:21; Heb. 11:13.
EN CRISTO:
es el don de Dios, Rom. 12:3; Efes. 2:8; 6:23;
Filip. 1:29.
es la obra de Dios, Act. 11:21; 1 Cor. 2:5.
es preciosa, 2 Ped. 1:1.
es santísima, Jud. 20.
es fecunda, 1 Tes. 1:3.
la acompaña el arrepentimiento, Mar. 1:15;
Luc. 24:47.
y la sigue la conversión, Act. 11:21.
Cristo es el Autor y Consumador de, Heb. 12:2.
es el don del Espíritu Santo, 1 Cor. 12:9.
las Escrituras fueron escritas para producir,
Juan 20:31; 2 Tim. 3:15.
la predicación debe producir, Juan 17:20; Act.
8:12; Rom. 10:14, 15, 17; 1 Cor. 3:5.
POR MEDIO DE ELLA SON : la remisión de los
pecados, Act. 10:43; Rom. 3:25.
la justificación, Act. 13:39; Rom. 3:21, 22, 28,
30; Rom. 5:1; Gál. 2:16.
la salvación, Mar. 16:16; Act. 16:31.
la santificación, Act. 15:9; 26:18.
la luz espiritual, Juan 12:36, 46.
la vida espiritual, Juan 20:31; Gál. 2:20.
eterna, Juan 3:15, 16; 6:40, 47.
el descanso en el cielo, Heb. 4:3.
la edificación, 1 Tim. 1:4; Jud. 20.
la preservación, 1 Ped. 1:5.
la adopción, Juan 1:12; Gál. 3:26.
acceso á Dios, Rom. 5:2; Efes. 3:12.
herencia de las promesas, Gál. 3:22; Heb.6:12.
el don del Espíritu Santo, Act. 11:15-17; Gál.
3:14; Efes. 1:13.
es imposible agradar á Dios sin, Heb. 11:6.
la justificación es por, de gracia, Rom. 4:16.
es esencial para recibir con provecho el evangelio, Heb. 4:2.
necesaria para la milicia cristiana, 1 Tim. 1:18,
19; 6:12.
el evangelio es eficaz por medio de, 1 Tes. 2:13.
es incompatible con la justificación de nosotros
mismos, Rom. 10:3, 4.
con la jactancia, Rom. 3:27.
obra por el amor, Gál. 5:6; 1 Tim. 1:5; File. 5.
PRODUCE:
esperanza, Rom. 5:2.
gozo, Act. 16:34; 1 Ped. 1:8.
paz, Rom. 15:13.
confianza, Isa. 28:16, con 1 Ped. 2:6.
valor en la predicación, Sal. 116:10, con
2 Cor. 4:13.
Cristo es precioso para los que tienen, 1 Ped. 2:7.
mora en el corazón por, Efes. 3:17.
necesaria en la oración, Mat. 21:22; Sant. 1:6.
los que no son de Cristo no tienen, Juan
10:26, 27.
es una prueba de la regeneración, 1 Juan 5:1.
POR ELLA LOS SANTOS:
viven, Gál. 2:20.
permanecen en pié, Rom. 11:20; 2 Cor. 1:24
andan, Rom. 4:12; 2 Cor. 5:7.
alcanzan buen testimonio, Heb. 11:2.
vencen el mundo, 1 Juan 5:4, 5.
le resisten al diablo, 1 Ped. 5:9.
vencen al diablo, Efes. 6:16.
son sostenidos, Sal. 27:13; 1 Tim. 4:10.
los santos mueren en, Heb. 11:13.
LOS SANTOS DEBEN:
estar llenos de, Act. 6:5; 11:24.
ser sinceros en, 1 Tim. 1:5, 2 Tim. 1:5.
abundar en, 2 Cor. 8:7.
continuar en, Act. 14:12; Col. 1:23.

75

ser fuertes en, Rom. 4:20.
permanecer firmes en, 1 Cor. 16:13.
afirmados en, Col. 1:23.
retenerla con una buena conciencia, 1 Tim. 1:19.
orar por el aumento de, Luc. 17:5.
tener plena certidumbre de, 2 Tim. 1:12; Heb. 10:22.
verdadera, se da á conocer por sus frutos, Sant. 2:21, 25.
sin frutos, es muerta, Sant. 2:17, 20, 26.
examináos á vosotros mismos para determinar si sois de, 2 Cor. 13:5.
todas las dificultades son vencidas por, Mat. 17:20; 21:21; Mar. 9:23.
todo debe hacerse en, Rom. 14:22.
todo lo que no es de, es de pecado, Rom. 14:23.
á menudo sometida á prueba por la aflicción, 1 Ped. 1:6, 7.
la prueba de, obra paciencia, Sant. 1:3.
los malos muchas veces profesan, Act. 8:13, 21.
están destituidos de, Juan 10:25; 12:37; Act. 19:9; 2 Tes. 3:2.
la protección de, explicada con símiles: Un escudo, Efes. 6:16. Una coraza, 1 Tes. 5:8.
ejemplos de: Caleb, Núm. 13:30. Job, Job 19:25. Sidrac, &c., Dan. 3:17; 6:10, 23. Pedro, Mat. 16:16. La mujer pecadora, Luc. 7:50. Natanael, Juan 1:49. Los Samaritanos, Juan 4:39. Marta, Juan 11:27. Los discípulos, Juan 15:30. Tomás, Juan 20:28. Esteban, Act. 6:5. Los sacerdotes, Act. 6:7. El Etíope, Act. 8:37. Barnabás, Act. 11:24. Sergio Paulo, Act. 13:12. El carcelero de Filipo, Act. 16:31, 34. Los Romanos, Rom. 1:8. Colosenses, Col. 1:4. Tesalonicenses, 1 Tes. 1:3. Loida, 2 Tim. 1:5. Pablo, 2 Tim. 4:7. Abel, Heb. 11:4. Enoc, Heb. 11:5. Noé, Heb. 11:7. Abraham, Heb. 11:8, 17. Isaac, Heb. 11:20. Jacob, Heb. 11:21. José, Heb. 11:22. Moisés, Heb. 11:24, 27. Rahab, Heb. 11:31. Gedeón, &c., Heb. 11:32, 33, 39.
FÉ, en los milagros, demostrada con ejemplos: Pedro en el mar, Mat. 14:29.
la higuera, Mat. 21:20.
la montaña movida, Mar. 11:23.
diversas señales, Mar. 16:17; Juan 14:11.
la curación de los enfermos, Sant. 5:14,
no era la fé que salva, Mat. 7:22; 1 Cor. 13:1; 2 Ped. 2:15.
FEBE, es recomendada, Rom. 16:1.
FECUNDIDAD, ó sea la cualidad de producir FRUTO, se requiere en la religión, Mat. 7:16, 19; Rom. 6:22; 7:4.
en su tiempo, Sal. 1:3.
en la ancianidad, Sal. 84:7; 92:12–14.
como resultado del cuidado de Dios, Isa. 5:4; Ose. 14:5; Mat. 13:12; Juan 15:2.
por medio de la unión con Cristo, Juan 15:5; Filip. 1:11; Col. 1:10; 2:6.
por medio del Espíritu, Efes. 5:9.
FELICIDAD (la) de los santos:
es en Dios, Sal. 73:25.
en el camino de la sabiduría, Prov. 3:17, 18.
DIMANA DE:
el temor de Dios, Sal. 128:1, 2; Prov. 28:14.
la confianza en Dios, Prov. 16:20; Filip. 4:6, 7.
la obediencia para con Dios, Sal. 40:8; Juan 13:17.
la salvación, Deut. 33:29; Isa. 12:2, 3.
la esperanza en el Señor, Sal. 146:5.
la esperanza de la gloria, Rom. 5:2.
la seguridad de que Dios es su Señor, Sal. 144:15.
y su ayudador, Sal. 146:5.

la alabanza que á Dios tributan, Sal. 135:3.
su amor mútuo, Sal. 133:1.
del castigo divino, Job 5:17; Sant. 5:11.
sus sufrimientos por amor de Cristo, 2 Cor. 12:10; 1 Ped. 3:14; 4:13, 14.
su compasión para con los pobres, Prov. 14:21.
hallar la sabiduría, Prov. 3:13.
conservar la sabiduría, Prov. 3:18.
es abundante y satisface, Sal. 36:8; 63:5.
———, de los malos:
se limita á esta vida, Sal. 17:14; Luc. 16:25.
es breve, Job 20:5.
incierta, Luc. 12:20.
vana, Ecl. 2:1; 7:6.
DIMANA DE:
su riqueza, Job 21:13; Sal. 52:7.
su poder, Job 21:7; Sant. 37:35.
su prosperidad, Sal. 17:14; 73:3, 4, 7.
la glotonería, Isa. 22:13; Hab. 1:16.
la embriaguez, Isa. 5:11; 56:12.
los deleites vanos, Job 21:12; Isa. 5:12.
el buen éxito de la opresión que ejercen, Hab. 1:15.
empañada por la envidia, Est. 5:13.
interrumpida á menudo por los juicios divinos, Núm. 11:33; Job 15:21; Sal. 73:18–20; Jer. 25:10, 11.
conduce al pesar, Prov. 14:13.
conduce al abandono, Isa. 22:12.
sirve de piedra de tropiezo á los santos, Sal. 73:3, 16; Jer. 12:1; Hab. 1:13.
á los santos se les permite á menudo ver el fin de, Sal. 73:17:20.
no envidiéis, Sal. 37:1.
Ai! de, Amós 6:1; Luc. 6:25.
explicada con ejemplos, Sal. 37:35, 36; Luc. 12:16–20; 16:19, 25.
ejemplos de: Israel, Núm. 11:33. Amán, Est. 5:9–11. Baltasar, Dan. 5:1. Herodes, Act. 12:21–23.
FELIPE, el apóstol, es llamado, Juan 1:43.
ordenado, Mat. 10:3; Mar. 3:18; Luc. 6:14; Juan 12:22; Act. 1:13.
reconvenido, Juan 14:8.
———, diácono y evangelista, Act. 6:5.
bautiza al eunuco, Act. 8:26.
sus hijas profetizan, Act. 21:8.
———, hermano de Heródes, Mat. 14:3; Mar. 6:17; Luc. 3:1, 19.
FÉLIX, gobernador de Judea, Pablo enviado á. Act. 23:23.
la defensa de Pablo ante, Act. 24:10.
tiembla al oir la predicación de Pablo, pero le deja aprisionado, Act. 24:25.
FENICE, ciudad de Creta, Act. 27:12.
FENICIA, una provincia por la cual pasaron Pablo y Barnabás, Act. 11:19; 15:3; 21:2–4.
FERIAS. Véase MERCADOS.
FERVOR. Rom. 12:11; Sant. 5:16; 1 Ped. 4:8.
FESTIVIDADES. Véase FIESTAS.
FESTO, gobernador de Judea, Act. 24:27.
Pablo conducido ante, Act. 25.
la defensa de Pablo ante, Act. 25:8; 26.
absuelve á Pablo, Act. 25:14; 26:31.
FIANZA, males de la, Prov. 6:1; 11:15; 17:18; 20:16; 22:26; 27:13.
FICOL de Gerar, Gén. 21:22.
FIDELIDAD (la):
es característica de los santos, Efes. 1:1; Col. 1:2; 1 Tim. 6:2; Rev. 17:14.
SE MANIFIESTA:
en el servicio de Dios, Mat. 24:45.
declarando la palabra de Dios, Jer. 22:28; 2 Cor. 2:17; 4:2.

cuidando de las cosas consagradas, 2 Crón. 31:12.
auxiliando á los hermanos, 3 Juan 5.
administrando la justicia, Deut. 1:16.
dando testimonio verdadero, Prov. 14:5.
reconviniendo á los demás, Prov. 27:6; Sal. 141:5.
desempeñando empleos de importancia, 2 Reyes 12:15; Neh. 13:13; Act. 6:1–3.
ejecutando alguna obra, 2 Crón. 34:12.
guardando secretos, Prov. 11:13.
llevando mensajes, Prov. 13:17; 25:13.
en la adversidad, Job 19:21; Prov. 17:17; 27:10.
en todas las cosas, 1 Tim. 3:11.
en las cosas mas pequeñas, Luc. 16:10–12.
debe ser hasta la muerte, Rev. 2:10.
la misericordia de Dios para con nosotros tiene por objeto conducirnos á, 1 Cor. 7:25.
SE EXIGE ESPECIALMENTE DE:
　los ministros, 1 Cor. 4:2; 2 Tim. 2:2.
　las esposas de los ministros, 1 Tim. 3:11.
　los hijos de los ministros, Tit. 1:6.
es difícil encontrarla, Prov. 20:6.
los malos están destituidos de, Sal. 5:9.
asocíaos con los que manifiestan, Sal. 111:6.
bienaventuranza de los que la practican, 1 Sam. 26:23; Prov. 28:20.
demostrada con ejemplos, Mat. 24:45, 46; 25:21, 23.
ejemplos de: José, Gén. 39:22, 23. Moisés, Núm. 12:7, con Heb. 3:2, 5. David, 1 Sam. 22:14. Ananías, Neh. 7:2. Abraham, Neh. 9:8; Gál. 3:9. Daniel, Dan. 6:4. Pablo, Act. 20:20, 27. Timotéo, 1 Cor. 4:17. Tíquico, Efes. 6:21. Epafras, Col. 1:7. Onésimo, Col. 4:9. Silvano, 1 Ped. 5:12. Antipás, Rev. 2:13.
FIDELIDAD (la) de Dios:
es una de sus atributos, Isa. 49:7; 1 Cor. 1:9; 1 Tes. 5:24.
SE DECLARA QUE:
　es grande, Lam. 3:23.
　está establecida, Sal. 89:2.
　es incomparable, Sal. 89:8.
　es infalible, Sal. 89:33; 2 Tim. 2:13.
　es infinita, Sal. 36:5.
　es eterna, Sal. 119:90; 146:6.
debe presentarse como razón en las plegarias, Sal. 143:1.
debe proclamarse, Sal. 40:10; 89:1.
SE MANIFIESTA:
　en sus consejos, Isa. 25:1.
　en las aflicciones que impone á los santos, Sal. 119:75.
　en el cumplimiento de sus promesas, 1 Reyes 8:20; Sal. 132:11; Miq. 7:20; Heb. 10:23.
　de sus pactos, Deut. 7:9; Sal. 111:5.
　en sus testimonios, Sal . 119:138.
　en la ejecución de sus juicios, Jer. 23:20; 51:29.
　en el perdón de los pecados, 1 Juan 1:9.
　á sus santos, Sal. 89:24; 2 Tes. 3:3.
se alienta á los santos á que dependan de, 1 Ped. 4:19.
debe loarse, Sal. 89:5; 92:2.
FIEBRE, se amenaza con, Deut. 28:22.
se cura, Mat. 8:14, &c.; Juan 4:52.
FIESTAS, tres anuales, Ex. 23:14; 34:23; Lev. 23; Núm. 28; 29; Deut. 16.
celebraciones notables de la pascua, Ex. 12:28–50; Núm. 9:5; Jos. 5:10, 11; 2 Rey. 23:21–23; 2 Crón. 30:1; 35:1–18; Ezra 6:19, 20; Mat. 26:17–29.
de pentecostes, 2 Cró. 8:13; Act. 2:1; 20:16; 1 Cor. 16:8.
de los tabernáculos (ó cabañas), Núm. 29:12–39;

2 Crón. 7:8; Neh. 8:14–18; Ezra 3:4; Juan 7:2, 37.
de los principios de los meses (ó la luna nueva), Núm. 10:10; 28:11–15; Sal. 81:3–5. Véase también Isa. 66:23; Ezeq. 46:1; Ose. 2:11; Col. 2:16.
de las trompetas ó jubilación, Lev. 23:24, 25; Núm. 29:1–6; Sal. 81:3.
de Purim, ó las suertes, Est. 9:17–32.
de la dedicación, Juan 10:22.
del año sabático, Ex. 21:2; 23:11; Lev. 25:2–7, 20, 22; 26:34, 43; Deut. 15:1–3, 9–12: 2 Crón. 36:20, 21; Neh. 10:31; Jer. 34:13, 14.
de jubileo, Lev. 25:8, &c.; 27:17–24; Núm. 36:4; Sal. 89:15; Isa. 61:1, 2; 63:4; Ezeq. 46:17; Luc. 4:18, 19.
de Baltazar, Dan. 5.
de Asuero, Est. 1.
de Herodes, Mar. 6:21, &c.
privadas, Gén. 19:3; 21:8; 26:30; 29:22; 40:20; Jue. 14:10–17; 1 Sam. 25:36; 1 Rey. 3:15; Est. 1:3, 9; Isa. 5:12; Dan. 5:1; Zac. 8:19; Mar. 6:21; Luc. 5:29; Juan 2:8.
de caridad, Jud. 12; 2 Ped. 2:13; 1 Cor. 11:22.
FIGELO, 2 Tim. 1:15.
FIGURA, Deut. 4:12, 15; 2 Crón. 4:3; Ose. 12:10
──── (ó tipo), Rom. 5:14; 1 Cor. 4:6; Heb. 9:9, 24; 1 Ped. 3:21.
FILACTERIAS, Mat. 23:5. Véase Ex. 13:9, 16 Núm. 15:38.
FILADELFIA, iglesia de, Rev. 1:11; 3:7.
FILEMÓN, la carta de Pablo á, Filem. 1–25.
FILETO, censurado, 2 Tim. 2:17.
FILIPOS, Pablo perseguido en, Act. 16:12.
la iglesia de, encomiada, Fil. 1; 4:10.
exhortada, Filip. 2:3.
FILISTEOS (los), Gén. 10:14; Deut. 2:23; 1 Cró. 1:12; Jer. 47:4.
molestan á Isaac, Gén. 26:14.
no son subyugados por Josué, Jos. 13:2; Jue. 3:3; Sal. 83:7.
habiendo oprimido á Israel, son subyugados por Samgar, Jue. 3:31; por Samsón, Jue. 14, &c.; por Samuel, 1 Sam. 4; 7; por Jonatán, 1 Sam. 14; por David, 1 Sam. 17; 18; 19:8.
la permanencia de David con, 1 Sam. 27–29.
guerra con Israel, 1 Sam. 28; 29.
Saúl, muerto por, 1 Sam. 31; 2 Crón. 21:16.
la tierra de, Gén. 21:34; Ex. 13:17; Jos. 13:2; 2 Reyes 8:2.
profecías acerca de, Isa. 2:6; 9:12; 11:14; Jer. 25:20; 47: Ezeq. 25:15; Amós 1:6; Abd. 19; Sof. 2:7; Zac. 9:5. Véase Sal. 60:8; 83:7; 87:4; 108:9.
FILÓLOGO, Julia y otros, Rom. 16:15.
FILOSOFÍA, vanidad de la humana, Act. 17:18; 1 Cor. 1:19; 2:6; Col. 2:8.
FIMBRIA del vestido, Mat. 9:20; 14:36; 23:5. Véase Núm. 15:38, 39.
FINÉES, hijo de Eleazar, Ex. 6:25.
su celo encomiado, Núm. 25:7, 11; Sal. 96:30.
enviado á la guerra, Núm. 31:6.
enviado á los Rubenitas, &c., Jos. 22:13.
pregunta al Señor, Jue. 20:28.
────, hijo de Elí, su extremada maldad, 1 Sam. 1:3; 2:22.
muere á manos de los Filisteos, 1 Sam. 4:10.
FINGIMIENTO, Sal. 26:4; Prov. 10:18; 26:24; Rom. 12:9; Gál. 2:11–15.
FIRMAMENTO creado, Gén. 1:6; Sal. 19:1. Véase Ezeq. 1:22; Dan. 12:3.
FIRMEZA (la):
manifestada por Dios en todos sus designios y en todos sus actos, Dan. 6:26; Heb. 2:2; 6:18.

prescrita, Filip. 4:1; 2 Tes. 2:15.
la religiosidad es necesaria para, Job 11:13-15.
SE LOGRA POR MEDIO del poder de Dios, Sal.
55:22; 62:2.
de la presencia de Dios, Sal. 16:8.
de la confianza en Dios, Sal. 26:1.
de la intercesión de Cristo, Luc. 22:31, 32.
es uno de los distintivos de los santos, Job
17:9; Juan 8:31.
DEBE EL HOMBRE MANIFESTAR, permaneciendo
en Dios, Deut. 10:20; Act. 11:23.
en la obra del Señor, 1 Cor. 15:58.
perseverando en la doctrina y en la comunión de los apóstoles, Act. 2:42.
reteniendo la profesión, Heb. 4:14; 10:23.
la confianza y la alegría de la esperanza,
Heb. 3:6, 14.
guardando la fé, Col. 2:5; 1 Ped. 5:9.
estando firmes en la fé, 1 Cor. 16:13.
reteniendo lo que fuere bueno, 1 Tes. 5:21.
y la libertad cristiana, Gál. 5:1.
combatiendo por la fé, Fil. 1:27, con Jud. 3.
aun en medio del dolor, Sal. 44:17-19; 1 Tes.
3:3.
los santos piden á Dios, Sal. 17:5.
alaban á Dios á causa de, Sal. 116:8.
LOS MINISTROS son exhortados á la práctica de,
2 Tim. 1:13, 14; Tit. 1:9.
deben exhortar á la, Act. 13:43: 14:22.
deben pedir á Dios que le dé á su grey, 1 Tes.
3:13; 2 Tes. 2:17.
son alentados por la, de su grey, Col. 2:5.
los malos carecen de, Sal. 78:8, 37.
la naturaleza de, Mat. 7:24, 25.
la falta de, ejemplificada, Luc. 8:6, 13; 2 Ped.
2:17; Judas 12.
ejemplos de: Caleb, Núm. 14:24. Josué, Jos.
24:15. Josías, 2 Reyes 22:2. Job, Job 2:3.
David, Sal. 18:21, 22. Sidrac, &c., Dan. 3:18.
Daniel, Dan. 6:10. Los Cristianos de la iglesia primitiva, Act. 2:42. Los Corintios, 1 Cor.
15:1. Los Colosenses, Col. 2:5.
FLACOS, en la fé, exhortaciones con respecto á
los, Rom. 14; 15; 1 Cor. 8; 1 Tes. 5:14; Heb.
12:12.
el ejemplo de Pablo, 1 Cor. 9:22.
FLAQUEZAS, las inevitables se deben tratar
con consideración, Job 14:1-4; Sal. 103:14;
Rom. 14:1-3: 15:1; Gál. 5:17: 16:1.
humanas, sobrellevadas por Cristo, Isa. 53:4;
Heb. 4:15.
FLAUTA, Jer. 48:36; Mat. 11:17; 1 Cor. 14:7.
FLECO (el), franja ó pezuelo, leyes con respecto
á, Núm. 15:37; Deut. 22:12; Mat. 23:5.
FLORECIMIENTO, de la vara de Aarón, Nú. 17.
FLORES, Cant. 2:1, 12; 6:2, 3; Isa. 35:1; Ose.
14:5; Mat. 6:28; Act. 14:13.
en sentido figurado, Job 14:2; Sal. 103:15;
Cant. 5:13; Isa. 28:1; 40:6, 7; Sant. 1:10;
1 Ped. 1:24.
FÓRMULAS, ó normas, de oraciones y alabanzas, Exod. 15:1-20; Núm. 6:22-27; 10:35, 36;
Deut. 21:7, 8; 26:3, 5, &c., 13 &c.; 31:19;
32:1, &c.; Neh. 12:46; Mat. 6:9-14.
FORNICACIÓN (la), prohibida, Ex. 22:16; Lev.
19:20; Núm. 25; Deut. 22:21; 23:17; 1 Tim.
1:10: Heb. 13:4; Jud. 7; Rev. 21:8; 22:15.
causa la ruina del alma, Prov. 2:16; 5:5; 7:23;
9:18; 22:14; Ecl. 7:26.
es en extremo funesta en sus resultados, Prov.
6:26; 23:27; 29:3; 31:3; Ose. 4:11.
procede del corazón, Mat. 15:19; Mar. 7:21.
uno de los pecados de Sodoma, Gén. 17; Jud. 7.
uno de los pecados de los paganos, Lev. 18:3;
Rom. 1:29; 1 Ped. 4:3; Rev. 2:14.

abstenéos de, Col. 3:5; 1 Tes. 4:3.
el hombre debe arrepentirse de, 2 Cor. 12:21.
hemos de apartarnos de los que se hacen cul
pables de, 1 Cor. 5:9.
excluye del cielo, 1 Cor. 6:9; Efes. 5:5; Rev.
21:8; 22:15.
Dios juzgará, 1 Tes. 4:3.
ESPIRITUAL, la idolatría, &c., Ezeq. 16:29; Ose.
1; 2; 3; Rev. 14:8; 17:2; 18:3; 19:2.
FORNICARIOS, condenados, Efes. 5:5; 1 Tim.
1:10; Heb. 13:4; Rev. 21:8; 22:15.
FORTALEZA, ó fuerza, de Israel, el Señor, Ex.
15:2; 1 Sam. 15:29; Sal. 27:1; 28:8; 29:11;
46:1; 81:1, &c.; Isa. 26:4: Joel 3:16; Zac. 12:5.
—— se perfecciona en la flaqueza, Sal. 8:2;
2 Cor. 12:9; Heb. 11:34.
—— del pecado, la ley, Rom. 7; 1 Cor. 15:46.
FORTALEZAS, fuertes, castillos y torres en las
ciudades, Jue. 8:17; 1 Crón. 11:5, 7: 2 Crón.
26:15; Isa. 25:12; atalayas, 2 Rey. 9:17; Isa.
21:5; 32:14; en el desierto, 2 Cró. 26.12; edificada para sitiar una ciudad, 2 Reyes 25:1;
Ezeq. 17:17; 26:8; de madera, Deut. 20:19, 20;
cuevas y cavernas, Jue. 6:2; 1 Sam. 23:29; Isa.
33:16. Véase también Prov. 18.19; Act. 21:34.
por vía de comparación, 2 Sam. 22:2; Sal. 18:2;
71:3; 144:2; Jer. 16:19; Nah. 1:7.
FORTUNATO, 1 Cor. 16:17.
FOSO, ESCONDRIJO, CUEVA, Job 37:8; 38:40;
Dan. 6:19.
FRASCOS de vino (orig. "bollos de uvas"), Ose.
3:1; 2 Sam. 6:19; Cant. 2:5.
FRAUDE, mala fé, dolo, hurto, Ex. 20:15; Deut.
5:19; Mar. 10:19; Rom. 13:8, 9; Tit. 2:10.
en el salario, Lev. 19:13; Jer. 22:13.
en los negocios, Lev. 25:14; 19:11.
en las pesas y medidas, Lev. 19:35, 36; Deut.
25:13-16; Prov. 11:1; 20:10, 23; Ose. 12:7;
Amós 8:5; Miq. 6:10, 11.
engañando, Job 31:29; Prov. 23:10; 1 Tes. 4:6.
tomando prestado, Sal. 37:21.
desacreditando las mercancías, Prov. 20:14.
ejerciendo la opresión, Ezeq. 22:29.
haciéndose cómplice ó encubridor de ladrones,
Sal. 50:18; Prov. 29:24.
aborrecible al Señor, Isa. 61:8; Jer. 7:9; Ose.
4:1, 2; Nah. 3:1; Sof. 1:9.
castigo, Zac. 5:3, 4; 1 Cor. 6:8, 10.
se debe hacer indemnización, Ex. 22:1-13; Lev.
6:2-5; Prov. 6:31.
ejemplos: los criados de Abimelec, Gén. 21:25;
26:15-22. Jacob, Gén. 25:29-33. Labán, Gén.
29:23-26; 31:41. Raquel, Gén. 31:19; Acán,
Jos. 7:11-26. Micás, Jue. 17:2. Los hijos de
Dan, Jue. 18:14-21. Acháb, 1 Reyes 21:2-16.
Judas, Juan 12:6.
FRENO, Sal. 32:9; Prov. 26:3; Rev. 14:20.
en sentido figurado, 2 Reyes 19:28; Sal. 39:1;
Isa. 30:28; Sant. 1:26; 3:2, 3.
FRIGIA, Pablo en, Act. 16:6; 18:23.
FRONTALES, Ex. 13:16; Deut. 6:8.
FRUGALIDAD, Prov. 18:9; Juan 6:12.
FRUTOS, Gén. 4:3; Sal. 85:12; Isa. 4:2.
dados por Dios, Act. 14:17.
nos han sido preservados por Dios, Mal. 3:11.
producidos á su tiempo, Mat. 21:41.
debemos esperarlos con paciencia, Sant. 5:7.
destruidos por la ira de Dios, Deut. 28:38, 39;
Jer. 7:20; Ezeq. 25:4; Joel 1:4, 12; Ag. 1:10.
de los tres primeros años no se deben usar
Lev. 19:23.
bendecidos á los obedientes, Deut. 7:13; 28:4.
——, dignos de arrepentimiento, Mat. 3:8.
los hombres son conocidos por sus, Mat. 7:16
Mar. 4:8.

el que siembra, cosecha, Juan 4:36; Rom.
1:13; 2 Cor. 9:10.
del Espíritu, Gál. 5:22; Efes. 5:9.
producidos por medio de Cristo, Juan 15:4;
Rom. 7:4; Filip. 1:11.
por el evangelio, Col. 1:6; Filip. 4:17; Sant.
3:17.
por medio de la corrección, Heb. 12:11.
FUEGO (el), Dios aparece en, Ex. 3:2; 13:21;
19:18; Ezeq. 1:4; Dan. 7:10; Rev. 1:14; 4:5.
los sacrificios consumidos, Gén. 15:17; Lev.
9:24; Jue. 13:19; 1 Reyes 18:38;2 Crón. 7:1.
en el altar, perpétuo, Lev. 6:13.
no debe encenderse en día Sábado, Ex. 16:23;
35:3.
casual, ley con respecto á, Ex. 22·6.
encendido para los tres jóvenes hebreos, Dan.
3:23, &c.
la palabra de Dios comparada á, Jer. 23:29;
Mat. 3:11.   Véase Act. 2:3.
destrucción causada por, Gén. 19:24; Ex. 9:23;
Lev. 10; Núm. 11:1; 16:35; 2 Reyes 1:10;
Amós 7:4; 2 Tes. 1:8; Rev. 8:7.
la destrucción del mundo, 2 Ped. 3:7, 10.
FUEGO del infierno, Deut. 32:22; Isa. 33:14;
66:24; Mat. 13:42; 18:8; 25:4; Mar. 9:44;
Judas 7; Rev. 20:10.
por vía de comparación, Deut. 4:24; 2 Sam.
22:13; Job 18:5; Sal. 39:3; 104:4; 118:12;
Prov. 6:27, 28; 16:27; Isa. 4:4; 9.18; 10:17;
50:11; 65:5; Jer. 5:14; 48:45; Lam. 1:13;
Ezeq. 39:6; Zac. 2:5; 13:9; Mal. 3:2; Mat.
3:10; Luc. 12:49; 1 Cor. 3:13, 15; Heb. 12:29;
Sant. 3:6; 5:3; 1 Ped. 1:7.
FUENTE de agua viva, Sal. 36:9; Jer. 2:13; Joel
3:18; Zac. 13:1; 14:8.   Véase Isa. 12:3; 44:3;
55:1; Juan 4:10; Rev. 7:17; 21:6.
FUENTE, ó baño, de metal, Ex. 30:18; 38:8;
40:7.
santificado, Lev. 8:11.
diez fuentes, en el templo, 1 Rey. 7:38.
simboliza á Cristo, Zac. 13:1; Rev. 1:5.
y la regeneración, Efes. 5:26; Tit. 3:5.
FUGITIVO, siervo, Deut. 23:15.
FUNDAMENTO, cimiento, Jesu-Cristo es el único, Mat. 16:18 (Isa. 28:16); 1 Cor. 3:11; 1 Ped.
2:6; Efes. 2:20; Heb. 11:10.
FUNDICIÓN DE METALES, Jue. 17:4; Isa. 41:7;
Jer. 6:29; 10:9, 14.
FUROR, censurado, 2 Reyes 19:27; Sal. 2:1;
Prov. 14:16.   Véase IRA.

G.

GAAL, conspira, Jue. 9:26.
GAÁS, Jos. 24:30; arroyos, 2 Sam. 23:30.
GABAA, su maldad, Jue. 19.
su castigo, Jue. 20.
la ciudad de Saúl, 1 Sam. 10:26; 11:4; 14:2;
15:34; 2 Sam. 21:6.
GABAÓN, astucia de sus habitantes, Jos. 9.
librado por Josué, Jos. 10.
la persecución de Saúl; venganza, 2 Sam. 21.
Dios aparece allí á Salomón, 1 Reyes 3:5;
1 Crón. 21:29; Isa. 28:21.
GABBATHA, ó pavimento, Juan 19:13.
GABRIEL, enviado á Daniel, Dan. 8:16; 9:21.
á Zacarías, Luc. 1:19.
á María, Luc. 1:26.
GAD, hijo de Jacob, Gén. 30:11.
bendecido por Jacob, Gén. 49:19.
por Moisés, Deut. 33:20.
sus descendientes, Gén. 46:16.
contados dos veces, Núm. 1:24; 26:15.
sus posesiones y las de los Rubenitas, &c., Nú.

32; 34:14; Deut. 27:13; Jos. 4:12.
encomiados por Josué, Jos. 22:1.
acusados de idolatría, Jos. 22:11.
su disculpa, Jos. 22:21.
su carácter belicoso, 1 Crón. 12:8.
———, vidente, anuncia á David los juicios de
Dios, 2 Sam. 24:11; Crón. 21:9; 2 Cró. 29:25.
GADARENOS, Gergesenos, milagro en medio
de, Mat. 8:28; Mar. 5:1; Luc. 3:26.
GADOR, descrita, 1 Crón. 4:39; conquistada
por los Simeonitas, 1 Crón. 4:41.
GALAAD, cedida á los Rubenitas, &c., Núm.
32. invadida por los Amonitas, Jue. 10:17.
llamada Jabes-Galaad, Jue. 21:8, 9; 1 Sam. 11:
1, 9; 31:11; 2 Sam. 2:4; 21:12.
pacto de los ancianos de, con Jefté, Jue. 11.
Véase 1 Rey. 17:1; Sal. 60:7; Cant. 4:1; Jer.
8:22; 22:6; 50:19; Ose. 6:8; 12:11; Amós 1:3;
Abd. 10; Miq. 7:14; Zac. 10:10.
el nieto de Manassés, Núm. 26:29; el padre de
Jefté, Jue. 1:1, 2.
GALARDON DE LOS SANTOS:
procede de Dios, Col. 3:24; Heb. 11:6.
es de gracia, solo por la fé,Rom.4:4,5, 16; 11:6.
es por la voluntad de Dios, Luc. 12:32.
preparado por Dios Padre, Heb. 11:16.
por Cristo, Juan 14:2.
como siervos de Cristo, Col. 3:24.
no por razón de sus méritos, Rom. 4:4, 5.
SE LE DESCRIBE COMO QUE ES estar con Cristo,
Juan 12:26; 14:3; Filip. 1:23; 1 Tes. 4:17.
contemplar el rostro de Dios, Sal. 17:15;
Mat. 5:8; Rev: 22:4.
la gloria de Cristo, Juan 17:24.
ser glorificados con Cristo, Rom. 8:17, 18;
Col. 3:4.
sentarse para el juicio con Cristo, Luc. 22:30,
con 1 Cor. 6:2.
reinar con Cristo, 2 Tim. 2:12; Rev. 5:10;
20:4; para siempre jamás, Rev. 22:5.
una corona de justicia, 2 Tim. 4:8.
de gloria, 1 Ped. 5:4.
de vida, Sant. 1:12; Rev. 2:10.
incorruptible, 1 Cor. 9:25.
ser coherederos de Cristo, Rom. 6:17.
herencia de todas las cosas, Rev. 21:7.
con todos los santos en luz, Act. 20:32; 26:
18; Col. 1:12.
eterna, Heb. 9:15.
incorruptible, &c., 1 Ped. 1:4.
un reino, Mat. 25:34; Luc. 22:29.
inmóvil, Heb. 12:28.
brillar como las estrellas, Dan. 12:3.
luz eterna, Isa. 60:19.
vida eterna, Luc. 18:30; Rom. 6:23.
una sustancia perdurable, Heb. 10:34.
casa eterna en los cielos, 2 Cor. 5:1.
una ciudad que tiene cimientos, Heb. 11:10.
entrar en el gozo del Señor, Mat. 25:21, con
Heb. 12:2.
descanso, Heb. 4:9; Rev. 14:13.
plenitud de gozo, Sal. 16:11.
el premio de la vocación celestial de Dios en
Cristo Jesús, Filip. 3:14.
tesoro en el cielo, Mat. 19:21; Luc. 12:33.
un peso eterno de gloria, 2 Cor. 4:17.
es grande, Mat. 5:12; Luc. 6:35; Heb. 10:35.
es completo, 2 Juan 8.
es seguro, Prov. 11:18.
es satisfactorio, Sal. 17:15.
es inestimable, Isa. 64:4, con 1 Cor. 2:9.
los santos pueden estar ciertos de, Sal. 73:24;
2 Cor. 5:1; 2 Tim. 4:8.
la esperanza de, es causa de júbilo, Rom. 5:2.

cuidad de no perder, 2 Juan 8.
LA ESPERANZA DE, DEBE IMPULSARNOS á la diligencia, 2 Juan 8.
á seguir adelante, Filip. 3:14.
á sufrir el castigo por Cristo, 2 Cor. 4:16-18; Heb. 11:26.
á ser fieles hasta la muerte, Rev. 2:10.
los padecimientos de la vida presente no son de compararse con, Rom. 3:18.
será concedido en la segunda venida de Cristo, Mat. 16:27; Rev. 22:12.
GALARDON DE LOS MALOS:
juicios (castigos sobre los que aborrecen á Dios. Deut. 38:41.
los enemigos de su pueblo, Sal. 54:5.
los pecadores desordenados, 3 Ped. 2:13.
según su maldad, 1 Sam. 3:39; Sal. 109; Abd. 15; Rom. 2:8.
los justos presenciarán, Sal. 91:8.
ruina final, Rev. 30:15; 33:15.
GALATAS (los), Pablo predica á, Act. 16:6.
reconvenidos, Gál. 1:6; 6, &c.
y exhortados, Gál. 5:6.
su amor hacia Pablo, Gál. 4:14.
GALBANO, una especia que se ponia en el aceite sagrado, Ex. 30:34.
GALED, ó Mispa, Gén. 31:47, 49.
GALGAL, Josué asienta allí sus reales. Jos. 4:19; 9:6.
Saúl es proclamado rey en, 1 Sam. 10:8; 11:14.
la desobediencia de Saúl en, 1 Sam. 13:7; 15:12.
Véase Ose. 4:15; 9:15; 12:11; Amós 4:4; 5:5.
GALILEA, ciudad de refugio en, Jos. 21:32.
ciudades de, dadas á Hiram, 1 Rey. 9:11, 12.
tomada por el rey de Asiria, 2 Rey. 15:29.
la profecía acerca de, Isa. 9:1; Mat. 4:15.
Cristo habita y predica en, Mat. 3:22; 15:29; 26:32; 27:55; 28:7; Mar. 1:9; Luc. 4:14; 23:5; 24:6; Act. 10:37; 13-31.
GALILEOS muertos por Pilato, Luc. 13:1.
de habla peculiar, Mat. 26:69, 78.
los discípulos llamados así, Act. 1:11; 8:7.
GALION, despide á Pablo, Act. 18:12.
GALLINA, Mat. 23:37; Lucas 13:34.
GAMALIEL, consejo de, Act. 5:34.
Pablo fué discípulo de, Act. 23:3.
GAMARIAS, Jer. 29:3; 36:10-26:
GANADO (el) de los Israelitas, preservado, Ex. 9:3, 26.
leyes concernientes á, Ex. 20:10; 21:28; 22:1; 23:4; Lev. 1:2; Deut. 5:14; 22:1; 25:4(1 Cor. 9:9; 1 Tim. 5:18).
GANANCIA torpe, prohibida, 1 Tim. 33:3; Tit. 1:7; 1 Ped. 5:2.
GARCETA, Lev. 11:10; Deut. 14:15.
GAREB, collado, Jer. 31:30.
GARFIOS, Ex. 27:3; 38:3; Núm. 4:14; 1 Sam. 2:13, 14.
de oro, 1 Crón. 38:17.
de metal (cobre), 2 Crón. 4:16.
GAVILAN (el) inmundo, Lev. 11:16.
descrito, Job. 30:26.
GAVILLAS, en el sueño de José, Gén. 37:7.
de las primicias, Lev. 23:10.
dejadas al segar, Deut. 24:19; Job 24:10.
símile del juicio final, Sal. 126:6; Miq. 4:12; Mat. 13:30.
GAVIOTA (la), Lev. 11:17; Deut. 14:17.
GAYO, Act. 19:29; 20:4; Rom. 16:23; 1 Cor. 1:14; 3 Juan.
GAZA, en la frontera de Canaán, Gén. 10:19; Act. 8:26.
Samsón, va allá, Jue. 16.
profecías acerca de, Jer. 47; Amós 1:6; Sof.

2:24; Zac. 9:5.
GAZER, Jos. 10:33; 16:3, 10; Jue. 1:29; 1 Reyes 6:16; 1 Crón. 6:67; 20:4.
GEBAL, Sal. 83:7.
una ciudad de Fenicia dada á Rubén, Jos. 13:5.
canteros de, 1 Rey. 5:18 (orig.)
constructores de buques de, Ezeq. 27:9.
GEBBETON, Jos. 19:44; 21:23; 1 Reyes 15:27; 16:15, 17.
GEBIM, Isa. 10:31.
GEDEON,el Angel del Señor aparece á,Jue.6:11.
derriba el altar de Baal, Jue. 6:27.
sus señales, Jue. 6:36.
su ejército es disminuido, Jue. 7:1.
su estratagema, Jue. 7:16.
subyuga a los Madianitas, Jue. 7:22.
su efod, un tropezadero, Jue. 8:27.
su muerte, Jue. 3:32. Véase Heb. 11:32.
GEHON, ó GIHON, Gén. 2:13; fuente, 1 Reyes 1:33, 38, 45; 2 Crón. 32:30; 33:14.
GELBOE, monte, Saúl recibe allí la muerte. 1 Sam. 23:4; 31; 2 Sam. 1:21.
GENEALOGIAS:
generaciones de Adam, Gén. 5; 1 Cró. 1; Luc. 3.
de Noé, Gén. 10; 11; 1 Crón. 1:4.
de Nachor, Gén. 23:20.
de Abraham, Gén. 25; 1 Crón. 1:28.
de Jacob, Gén. 29:31; '30; 46:8; Exod. 1:2; Núm. 26; 1 Crón. 2, &c.
de Esaú, Gén. 30; 1 Crón. 1:35.
de Leví, Exod. 6:16; Núm. 3:17; 1 Crón. 6; 23, 24.
de Judá, Rut. 4:18; 1 Crón. 2:3; 3:4.
de Simeón, Ex. 6:15; 1 Crón. 7:24.
de Rubén, Ex. 6:14; 1 Crón. 5:1.
de Gad, 1 Crón. 5:11.
de Isacar, 1 Crón. 7:1.
de Benjamin, 1 Crón. 7:6, 8.
de Manassés, 1 Crón. 7:14.
de Neftalí, 1 Crón. 7:13.
de Efraim, 2 Crón. 7:20.
de las generaciones de Aser, 1 Crón. 7:30.
de Saúl, 1 Crón. 3:29; 9:35.
de David, 1 Crón. 3.
de Cristo, Mat. 1; Luc. 3:23.
registros públicos de, se guardaban, 2 Crón. 12:15; Neh. 7:5.
tablas de, perdidas, Neh. 7:64.
GENESARET, un lago, milagros obrados allí, Mat. 4:18; 8:23; Luc. 5:1.
GENHARASSIM (artífices), 1 Crón. 4:14; Neh. 11:35.
GENTILES (los), origen de, Gén. 10:5.
su estado de corrupción, Rom. 1:21; 1 Cor. 12:2; Efes. 2; 4:17; 1 Tes. 4:5.
profecías acerca de la conversión de, Isa.11:10; 42:1; 49:6 (Mat. 12:18; Luc. 2:32; Act. 13: 47); Isa. 62:2; Jer. 16:19; Ose. 2:23; Joel 3:9; Miq. 5:8; Mal. 7:11; Mat. 8:11.
cumplidas, Juan 10:16; Act. 8:37; 10:14, 15,&c.; Rom. 9, &c.; Efes. 2; 1 Tes. 1:1.
GERAR, ó Gerara, la lucha de Isaac allí, Gén.26.
los Etíopes perseguidos por Asa, 2 Crón. 14:13, 14.
GERGESENOS. Véase GADARENOS.
GERGESEOS (los), Gén. 10:15; 15:21.
desalojados, Deut. 7:1; Jos. 3:10; 24:11.
GERIZIM, monte señalado para la bendición. Deut. 11:29; 27:12; Jos. 8:33.
GERSON, hijo de Leví, Gén. 46:11, &c.
el cargo de sus descendientes, Núm. 2:17; 4: 7; 10:17.
———, hijo de Moisés, Ex. 2:22.
GESSEM, Neh. 2:19; 6:1-6.

GESSUR, Absalom habita allí, 2 Sam. 13:37; 14:23 (Jos. 13:13).

GET, de los Filisteos, los hombres de, heridos de hemorroides, 1 Sam. 5:8.
Goliat de, 1 Sam. 17:4.
David huye á, 1 Sam. 27:4.
tomada por David, 1 Crón. 18:1.
por Hazael, 2 Rey. 12:17.
por Ozías, 2 Crón. 26:6.

GET-RIMMÓN, Jos. 19:45.
ciudad de refugio, Jos. 21:24, 25; 1 Cró. 6:69.

GETSEMANÍ, el jardín de, la agonía del Señor allí, Mat. 26:36; Mar. 14:32; Luc. 22:39.

GIDEROT, Jos. 15:41; 2 Crón. 28:18.

GIEZI, sirve á Eliseo, 2 Rey. 4:12.
su codicia y falsedad son castigadas, 2 Reyes 5:20. Véase 2 Reyes 8:4.

GIGANTES antes del diluvio, Gén. 6:4.
en Canaán asustan á los espías, Núm. 13:33; Deut. 2:10; 3:11.
muertos por David y sus siervos, 1 Sam. 17; 2 Sam. 21:16; 1 Crón. 20:4.

GITTIT, un instrumento de música. Véanse los títulos de los Salmos 8, 81, y 84.

GLORIA:
Dios es, para su pueblo, Sal. 3:3; Zac. 2:5.
Cristo es, para su pueblo, Isa. 60:1; Luc. 2:32.
el evangelio es, para los santos, 1 Cor. 2:7.
del evangelio excede á la de la ley, 2 Cor. 3:9, 10.
el gozo de los santos está lleno de, 1 Ped. 1:8.
ESPIRITUAL, es dada por Dios, Sal. 84:11.
es dada por Cristo, Juan 17:22.
es la obra del Espíritu Santo, 2 Cor. 3:18.
ETERNA, lograda por la muerte de Cristo, Heb. 2:10.
acompaña la salvación, 2 Tim. 2:10.
heredada por los santos, 1 Sam. 2:8; Sal. 73:24; Prov. 3:35; Col. 3:4; 1 Ped. 5:10.
los santos son llamados á la, 2 Tes. 2:14; 1 Ped. 5:10.
preparados de antemano para, Rom. 9:23.
realzada por las aflicciones, 2 Cor. 4:17.
las aflicciones de la vida presente no merecen compararse á, Rom. 8:18.
de la iglesia, será espléndida y abundante, Isa. 60:11-13.
los cuerpos de los santos serán resucitados en, 1 Cor. 15:43; Filip. 3:21.
los santos serán, para sus ministros, 1 Tes. 2:19, 20.
las aflicciones de los ministros son, para los santos, Efes. 3:13.
TEMPORAL, es dada por Dios, Dan. 2:37, pasa, 1 Ped. 1:24.
el diablo procura seducir con, Mat. 4:8.
de los hipócritas se convierte en deshonra, Ose. 4:7.
no solicitéis, de la mano del hombre, Mat. 6:2; 1 Tes. 2:6.
de los malos es en su vileza, Filip. 3:19.
termina en ruina, Isa. 5:14.
——, de Dios:
MANIFESTADA EN:
Cristo, Juan 1:14; 2 Cor. 4:6; Heb. 1:3.
su nombre, Deut. 28:58; Neh. 9:5.
su majestad, Job 37:22; Sal. 93:1; 104:1; 145:5, 12; Isa. 2:10.
su poder, Ex. 15:1, 6; Rom. 6:4.
sus obras, Sal. 19:1; 111:3.
su santidad, Exod. 15:11.
DESCRITA COMO:
grande, Sal. 138:5.
eterna, Sal. 104:31.
espléndida, Efes. 3:16.
encumbrada á las alturas, Sal. 8:1; 113:4.

MANIFESTADA Á:
Moisés, Ex. 34:5-7, con Ex. 33:18-23.
Esteban, Act. 7:55.
su iglesia, Deut. 5:24; Sal. 102:16.
ilumina á la iglesia, Isa. 60:1, 2; Rev. 21:11, 23.
los santos desean contemplar, Sal. 63:2; 90:16.
Dios es celoso de, Isa. 42:8.
venerad, Isa. 59:19.
alegad en la oración, Sal. 79:9.
declarad, 1 Crón. 16:24; Sal. 145:5, 11.
ensalzad, Sal. 57:5.
la tierra está llena de, Isa. 6:3.
el conocimiento de, llenará la tierra, Hab. 2:14.

GLORIFICAR (el) á Dios:
prescrito, 1 Crón. 16:28; Sal. 22:23; Isa. 42:12.
se le debe á él, 1 Crón. 16:29.
POR SU santidad, Sal. 99:9; Rev. 15:4.
misericordia y verdad, Sal. 115:1; Rom. 15:9.
fidelidad y verdad, Isa. 25:1.
obras maravillosas, Mat. 15:31; Act. 4:21.
juicios, Isa. 25:3; Ezeq. 28:22; Rev. 14:7.
por habernos librado, Sal. 50:15.
gracia concedida á otros, Act. 11:18; 2 Cor. 9:13; Gál. 1:24.
obligación que tienen los santos de, 1 Cor. 6:20.
es aceptable por medio de Cristo, Filip. 1:11; 1 Ped. 4:11.
Cristo nos da un ejemplo de, Juan 17:4.
SE CUMPLE confiando en sus promesas, Rom. 4:20.
alabándole, Sal. 50:23.
haciéndolo todo para él, 1 Cor. 10:31.
muriendo por él, Juan 21:19.
confesando á Cristo, Filip. 2:31.
sufriendo por Cristo, 1 Ped. 4:14, 16.
glorificando á Cristo, Act. 18:17; 2 Tes. 1:12.
produciendo frutos de justicia, Juan 15:8, Filip. 1:11.
con la paciencia en el sufrir, Isa. 24:15.
con la fidelidad, 1 Ped. 4:11.
se exige en cuerpo y en espíritu, 1 Cor. 6:20.
será universal, Sal. 86:9; Rev. 5:13.
LOS SANTOS DEBEN:
resolverse á, Sal. 69:30; 118:28.
unirse en, Sal. 34:3; Rom. 15:6.
perseverar en, Sal. 86:12.
todas las bendiciones divinas han sido designadas para conducirnos á, Isa. 60:21; 61:3.
el buen ejemplo de los santos puede conducir á otros á, Mat. 5:16; 1 Ped. 2:12.
todos por naturaleza faltan en cuanto á, Rom. 3:23.
los malos se oponen á, Dan. 5:23; Rom. 1:21.
castigo por dejar de, Dan. 5:23; 30; Mal. 2:2; Act. 12:23; Rom. 1:21.
las huestes celestiales se ocupan de, Rev. 4:11.
ejemplos de: David, Sal. 57:5. La multitud, Mat. 9:8; 15:31. La virgen María, Luc. 1:46. Los ángeles, Luc. 2:14. Los pastores, Luc. 2:20. El paralítico, Luc. 5:25. La mujer con el espíritu de enfermedad, Luc. 13:13. El leproso, Luc. 17:15. El ciego, Luc. 18:43. El centurión, Luc. 23:47. La iglesia en Jerusalém, Act. 11:18. Los gentiles de Antioquía, Act. 13:48. Abraham, Rom. 4:20. Pablo, Rom. 11:36.

GLOTONERÍA:
Cristo es falsamente acusado de, Mat. 11:19.
los malos se entregan á la, Filip. 3:19; Jud. 12.
conduce á una seguridad ficticia, Isa. 22:13, con 1 Cor. 15:32; Luc. 12:19.
conduce á la pobreza, Prov. 23:21.
de los príncipes, causa la ruina, Ecl. 10:16, 17.
de parte de los santos es inconsecuente, 1 Ped. 4:3.

advertencia respecto á la, Prov. 23:2, 3; Luc. 21:34; Rom. 13:13, 14.
orad para ser librados de las tentaciones á, Sal. 141:4.
castigo de la, Núm. 11:33, 34, con Sal. 78:31; Deut. 21:21; Amós 6:4, 7.
el peligro de, demostrado, Luc. 12:45, 46.
ejemplos de: Esaú, Gén. 25:30-34, con Heb. 12:16, 17. Israel, Núm. 11:4, con Sal. 78:18.
Los hijos de Elf, 1 Sam. 9:12-17. Baltasar, Dan. 5:1.
GNIDO, Act. 27:7.
GOBERNALLE, ó timón, Act. 27:40; Sant. 3:4.
GOBIERNO (el), establecido por Dios, Ex. 18:21; Deut. 16:18; 17:5; Núm. 11:16; Prov. 8:15; Rom. 13:1-4. Véase JUECES, REYES, &c.
GODOLÍAS, quedó de gobernador de Judá, 2 Reyes 25:22; Jer 39:14; 40:5.
Ismael le da muerte, 2 Rey. 25:25 (Jer. 41).
GOG y MAGOG, profecía acerca de, Ezeq. 38; 39; Rev. 20:8.
GOLAM, ciudad de refugio, Deut. 4:43; Jos. 20:8; 21:27; 1 Crón. 6:71.
GÓLGOTA (Calvario), Cristo es crucificado allí, Mat. 27:33; Mar. 15:22; Luc. 23:33; Juan 19:17.
GOLIAT, un gigante, 1 Sam. 17; 21:9; 22:10.
sus hijos, &c., 2 Sam. 21:15; 1 Crón. 20:4.
GOLONDRINA, referencias á sus hábitos, Sal. 84:3; Prov. 26:2; Isa. 38:14; Jer. 8:7.
GOMER (cerca de nueve litros), Ex. 16:16-18, 32-36.
GOMER, hijo de Jafet, Gén. 10:2, 3; 1 Crón. 1:5, 6: sus descendientes, Ezeq. 38:6.
GOMORRA. Véase SODOMA.
GORRIÓN, Sal. 84:3: traducido pájaro en Sal. 102:7; avecilla en Lev. 14:4-53; pajarillo (dos por una blanca), Mat. 10:29.
GOSSÉN (Scio, GESSÉN), tierra de, en Egipto, los Israelitas son establecidos allí, Gén. 45:10; 46:34; 47:4.
libre de las plagas, Exod. 8:22; 9:26.
——, en Canaán, Jos. 10:41; 11:16.
GOZÁN, río de Mesopotamia, 2 Rey. 17:6; 18:11; 19:12; 1 Crón. 5:26.
GOZO:
Dios da, Ecl. 2:26; Sal. 4:7.
Cristo nombrado para dar, Isa. 61:3.
es fruto del Espíritu, Gál. 5:22.
el evangelio es nuevas de gran, Luc. 2:10.
la palabra de Dios brinda, Neh. 8:12; Jer. 15:16.
el evangelio ha de recibirse con, 1 Tes. 1:6.
prometido á los santos, Sal. 132:16; Isa. 35:10; 55:12; 55:7.
preparado para los santos, Sal. 97:11.
prescrito á los santos, Neh. 8:10.
plenitud de, en la presencia de Dios, Sal. 16:11.
es vano buscarlo en las cosas terrenas, Ecl. 2:10, 11; 11:8.
EXPERIMENTADO POR:
los creyentes, Luc. 24:52; Act. 16:34.
los pacificadores, Prov. 12:20.
los justos, Prov. 21:15.
los prudentes y los discretos, Prov. 15:23.
los padres de buenos hijos, Prov. 23:24.
se da con creces á los mansos, Isa. 29:19.
DE LOS SANTOS ES:
en Dios, Sal. 89:16; 149:2; Hab. 3:18; Rom. 5:11.
en Cristo, Luc. 1:47; Filip. 3:1.
en el Espíritu Santo, Rom. 14:17.
por la elección, Luc. 10:20.
por la salvación, Sal. 21:1; Isa. 61:10.
por la emancipación de la servidumbre, Sal. 105:43; Jer. 31:10-13.

por la manifestación de la bondad, 2 Crón. 7:10.
por las bendiciones temporales, Joel 2:23, 24.
por las suministraciones de la gracia, Isa.12:3.
por la protección divina, Sal. 5:11: 16:8, 9.
por el sostén divino, Sal. 28:7; 63:7.
por la victoria de Cristo, Juan 16:33.
por la esperanza de gloria, Rom. 5:2.
por el buen éxito del evangelio, Act. 15:3.
DE LOS SANTOS, DEBE SER:
grande, Zac. 9:9; Act. 8:8.
abundante, 2 Cor. 8:2.
extremado, Sal. 21:6; 68:3.
animado, Sal. 32:11; Luc. 6:23.
inefable, 1 Ped. 1:8.
lleno de gloria, 1 Ped. 1:8.
constante. 2 Cor. 6:10; Filip. 4:4.
para siempre, 1 Tes. 5:16.
con temblor, Sal. 2:11.
en esperanza, Rom. 12:12.
en el dolor, 2 Cor. 6:10.
en épocas de prueba, Sant. 1:2; 1 Ped. 1:6.
en medio de las persecuciones, Mat. 5:11, 12; Luc. 6:22, 23; Heb. 10:34.
en medio de las calamidades, Heb. 3:17, 18.
cantado en himnos, Efes. 5:19; Sant. 5:13.
las aflicciones de los santos son seguidas de, Sal. 30:5; 126:5; Isa. 35:10; Juan 16:20.
pedid que os vuelva el, Sal. 51:8, 12; 85:6.
promovido entre los afligidos, Job 29:13.
DE LOS SANTOS, COLMADO:
por el favor de Dios, Act. 2:28.
por la fé en Cristo, Rom. 15:13.
morando en Cristo, Juan 15:10, 11.
por la palabra de Cristo, Juan 17:13.
por las plegarias otorgadas, Juan 16:24.
por la comunión de los santos, 2 Tim. 1:4; 1 Juan 1:3, 4; 2 Juan 12.
los santos deben dar, á sus ministros, Filip. 2:2; File. 20.
LOS MINISTROS DEBEN:
considerar á su grey como su, Filip. 4:1; 1 Tes. 2:20.
promover, en medio de su grey, 2 Cor. 1:24; Filip. 1:25.
pedir á Dios, para su grey, Rom. 18:13.
tener, en la fé y la santidad de su grey, 2 Cor. 7:4; 1 Tes. 3:9; 3 Juan 4.
presentarse ante su grey con, Rom. 15:32.
acabar su carrera con, Act. 20:24.
anhelan rendir cuenta con, Filip. 2:16; Heb. 13:17.
servid á Dios con, Sal. 100:2.
la generosidad en el servicio de Dios debiera causar, 1 Crón. 29:9, 17.
comunica vigor al pueblo, Neh. 8:10.
los santos deben tomar parte en el culto con, Ezra 6:22; Sal. 42:4.
deben tener, en todas sus empresas, Deut. 12:18.
deben presentarse ante Dios con excesivo, 1 Ped. 4:13, con Jud. 24.
la venida de Cristo causará á los santos grande, 1 Ped. 4:13.
será el premio final de los santos el día del juicio, Mat. 25:21.
DE LOS MALOS:
proviene de los placeres terrenales, Ecl. 2:10; 11:9.
proviene de la insensatez, Prov. 15:21.
es engañoso, Prov. 14:13.
es transitorio, Job 20:5; Ecl. 7:6.
debiera tornarse en llanto, Sant. 4:9.
será arrebatado, Isa. 16:10.
santo, ejemplos, Isa. 9:3; Mat. 13:44.

santo, ejemplos de: Anna, 1 Sam. 2:1.   David,
1 Crón. 29:9.   Los magos, Mat. 2:10.   La
Virgen María, Luc. 1:47.   Zaqueo, Luc. 19:6.
Los conversos, Act. 2:46; 13:52.   Pedro, &c.,
Act. 5:41.   Los Samaritanos, Act. 8:8.   El
carcelero, Act. 16:34.

GOZO en el cielo por los pecadores arrepentidos,
Luc. 15:7, 10.
de Cristo por sus discípulos, Juan 3:29; 17:13;
Heb. 12:2.
de Pablo en la fé y la obediencia de las iglesias,
2 Cor. 1:24; 2:3; 7:13; Filip. 1:4; 2:2; 4:1;
1 Tes. 2:19; 3:9; 2 Tim. 1:4; Filem. 7.
también de Juan, 3 Juan 4.
———, de Dios por su pueblo:
grandeza de, descrita, Sof. 3:17.

Á CAUSA DE:
su arrepentimiento, Luc. 15:7, 10.
su fé, Heb. 11:5, 6,
su temor de El, Sal. 147:11.
su mansedumbre, Sal. 149:4.
su rectitud, 1 Crón. 29:17; Prov. 11:20.

LE CONDUCE:
á darles prosperidad, Deut. 30:9.
á hacerles beneficios, Deut. 28:6; Jer. 32:41.
á librarlos, 2 Sam. 22:20.
á consolarlos, Isa. 65:19.
á darles la herencia, Núm. 14:8.
explicado con ejemplos: Isa. 62:5; Luc. 15:23.
ejemplo de: Salomón, 1 Reyes 10:9.

GRABADOS en piedra, Ex. 28:11; 35:35; 38:23;
39:14, 30; Zac. 3:9; 2 Cor. 3:7.

GRACIA:
Dios es el Dios de toda la, 1 Ped. 5:10.
el Dador de la, Sal. 84:11.
el trono de Dios es el trono de la, Heb. 4:16.
el Espíritu Santo es el Espíritu de, Zac. 12:10;
Heb. 10:29.
fué sobre Cristo, Luc. 2:40.
Cristo habló con, Sal. 45:2, con Luc. 4:22.
estaba lleno de, Juan 1:14.
vino por Cristo, Juan 1:17; Rom. 5:15.
dada por Cristo, 1 Cor. 1:4.
la riqueza de la, manifestada en la bondad de
Dios por medio de Cristo, Efes. 2:7,
gloria de la, manifestada en nuestra aceptación
en Cristo, Efes. 1:6.

SE DESCRIBE COMO:
grande, Act. 4:33.
soberana, Rom. 5:21.
rica, Efes. 1:7; 2:7.
eminente, 2 Cor. 9:14.
variada, 1 Ped. 4:10.
suficiente para todo, 2 Cor. 12:9.
abundante para todo, Rom. 5:15, 17, 20.
verdadera, 1 Ped. 5:12.
gloriosa, Efes. 1:6.
que no es vana, 1 Cor. 15:10.
el evangelio declara la, Act. 20:24, 32.

ES EL ORIGEN DE:
la elección, Rom. 11:5.
el llamamiento de Dios, Gál. 1:15.
la justificación, Rom. 3:24; Tit. 3:7.
la fé, Act. 18:27.
el perdón de los pecados, Efes. 1:7.
la salvación, Act. 15:11; Efes. 2:5, 8.
el consuelo, 2 Tes. 2:16.
la esperanza, 2 Tes. 2:16.
es necesaria para el servicio de Dios, Heb. 12:28.
la obra de Dios se perfecciona en los santos por
medio de la, 2 Tes. 1:11, 12.
el buen éxito y la perfección de la obra de Dios
han de atribuirse á la, Zac. 4:7.
la herencia de las promesas es por la, Rom. 4:16.
la just.ficación por la, contrastada con la justi-

ficación por las obras, Rom. 4:4, 5; 11:6;
Gál. 5:4.

LOS SANTOS:
son herederos de la, 1 Ped. 3:7.
están bajo la, Rom. 6:14.
reciben, de Cristo, Juan 1:16.
son lo que son por la, 1 Cor. 15:10; 2 Cor.1:12.
abundan en dones de, Act. 4:33; 2 Cor. 8:1;
9:8, 14.
deben ser fuertes en, 2 Tim. 2:1.
crecer en, 2 Ped. 3:18.
hablar con, Efes. 4:29; Col. 4:6.

OTORGADA CON ESPECIALIDAD Á:
los ministros, Rom. 12:3, 6; 15:15; 1 Cor. 3:10;
Gál. 2:9; Efes. 3:7.
á los humildes, Prov. 3:34, con Sant. 4:6.
á los que caminan con rectitud, Sal. 84:11.
el evangelio de, no se ha de recibir en vano,
2 Cor. 6:1.
orad por la, para vosotros mismos, Heb. 4:16;
y para los demás, 2 Cor. 13:14; Efes. 6:24.
mirad bien no sea que os apartéis de la, Heb.
12:15.
la manifestación de la, en otros, motivo de alegría, Act. 11:23.
la manifestación especial de la, en el segundo
advenimiento de Cristo, 1 Ped. 1:13.
no se ha de abusar de la, Rom. 6:1, 15.
los que niegan la obligación de la ley sagrada
abusan de la, Judas 4.
en el sentido de hermosura, Sant. 1:11.
en el sentido de favor, Gén. 6:8; Rut 2:2; Luc.
2:40; Juan 1:16; Act. 4:33.

GRACIAS, acción de, ó tributo de:
Cristo nos dió ejemplo de rendir, Mat. 11:25;
26:27; Juan 11:41.
las huestes celestiales se ocupan de, Rev. 4:9;
7:11, 12; 11:16, 17.
se prescribe, Sal. 50:14.
es bueno rendir, Sal. 92:1.

SE DEBE RENDIR Á Dios, Sal. 50:14.
á Cristo, 1 Tim. 1:12.
por medio de Cristo, Rom. 1:8; Col. 3:17;
Heb. 13:15.
en el nombre de Cristo, Efes. 5:20.
á favor de los ministros, 2 Cor. 1:11.
en el culto privado, Dan. 6:10.
en el culto público. Sal. 35:18.
en todo, 1 Tes. 5:18.
al llevar á cabo grandes empresas, Neh.
12:31, 40.
antes de tomar los alimentos, Juan 6:11;
Act. 27:35.
siempre, Efes. 1:16; 5:20; 1 Tes. 1:2.
como en memoria de la santidad de Dios, Sal.
30:4; 97:12.
por la bondad y misericordia de Dios, Sal.
106:1; 107:1; 136:1-3.
por el don de Cristo, 2 Cor. 9:15.
por el poder y el reinado de Cristo, Rev. 11:17.
por la acogida de la palabra de Dios por los
demás, y por su operación, 1 Tes. 2:13.
por la emancipación del pecado íntimo por
medio de Cristo, Rom. 7:23-25.
por la victoria contra la muerte y contra el
sepulcro, 1 Cor. 15:57.
por la sabiduría y el poder, Dan. 2:23.
por el triunfo del evangelio, 2 Cor. 2:14.
por la conversión de los demás, Rom. 6:17.
por la fé manifestada por los demás, Rom
1:8; 2 Tes. 1:3.
por el amor manifestado por los demás,
2 Tes. 1:3.
por la gracia otorgada á los demás, 1 Cor.1:4;
Filip. 1:3-5; Col. 1:3-6.

83

por el celo de los demás, 2 Cor. 8:16.
por la presencia de Dios, Sal. 75:1.
por la designación para el ministerio sagrado, 1 Tim. 1:12.
por la buena voluntad de ofrecer nuestros bienes para el servicio de Dios, 1 Cró.29:6-14.
por la provisión á todas nuestras necesidades corporales. Rom. 14:6, 7; 1 Tim. 4:3, 4.
por todos los hombres, 1 Tim. 2:1.
por todas las cosas, 1 Cor. 9:11; Efes. 5:20.
debe ir acompañada de la intercesión por los demás, 1 Tim. 2:1; 2 Tim. 1:3; Filem. 4.
debe siempre ir unida á la oración, Neh. 11:17; Filip. 4:6; Col. 4:2.
y á la alabanza, Sal. 92:1; Heb. 13:15.
expresada en salmos, 1 Crón. 16:7.
los ministros puestos para ofrecer en público, 1 Crón. 16:4, 7; 23:30; 2 Crón. 31:2.
LOS SANTOS son exhortados á rendir, Sal.105:1; Col. 3:15.
resuelven rendir, Sal. 18:49; 30:12.
rinden de costumbre, Dan. 6:10.
ofrecen sacrificios de, Sal. 116:17.
abundan en la fé con, Col. 2:7.
ensalzan á Dios con, Sal. 69:30.
se presentan ante Dios con, Sal. 95:2.
deben entrar por las puertas de Dios con, Sal. 100:4.
de los hipócritas, llena de jactancia, Luc. 18:11.
los malos le tienen aversión á, Rom. 1:21.
ejemplos de: David, 1 Crón. 29:13. Los Levitas, 2 Cró. 5:12, 13. Daniel, Dan. 2:23. Jonás, Jon. 2:9. Simeón, Luc. 2:28. Ana, Luc. 2:38. Pablo, Act. 28:15.
——— acciones de, los Levitas puestos para rendir, 1 Crón. 16:4; 23:30; Neh. 11:17; 12:8, 31.
en la cena del Señor, Mat. 26:27; Mar. 14:23.
Véase SALMOS, ALABANZA.
GRADAS (canción de las), título de los Salmos 120-134.
Véase Jue. 5:3, 19, 30.
GRADOS de matrimonio, Lev. 18.
para entrar á la congregación, Deut. 23.
el mandamiento ejecutado de nuevo, Neh. 13.
GRANA, color de los ropajes de honor, Mat. 27:28; Rev. 18:12, 16.
simbólica, Rev. 17:3, 4.
GRANADA, fruta, Cant. 4:3; 6:7.
vino de, Cant. 8:2.
cultivada en Palestina, Cant. 4:13; Joel 1:12.
con campanillas en la vestidura del sacerdote, Exod. 28:33; 39:24.
en las columnas del templo, 1 Rey. 7:18; 2 Rey. 25:17; 2 Crón. 3:16.
GRANIZO, plaga de, Exod. 9:23; Jos. 10:11; Sal. 18:12; 78:47; Isa. 28:2; Ezeq. 13:11; Ag. 2:17; Rev. 8:7; 11:19; 16:21.
GRAN MAR (el). Véase MEDITERRANEO.
GRANO DE MOSTAZA, parábola de, Mat. 13:31; Mar. 4:31; Luc. 13:18.
GRATITUD para con Dios. Véase GRACIAS.
——, para con el hombre. Ejemplos de: Jetró, Ex. 2:20. Josué, Jos. 6:22-25. Noemí, Rut 1:8; 2:19, 20. Los Israelitas, 1 Sam. 14:45. Saúl, 1 Sam. 15:6; 24:16-19. Los de Galaad, 1 Sam. 31:11-13, con 1 Sam. 11. David, 1 Sam. 10:2; 1 Rey. 2:7. Salomón, 1 Reyes 2:26. Eliseo, 2 Reyes 4:13. Naamán, 2 Rey. 5:15, 16. Pablo, 2 Tim. 1:16-18.
GRAVEDAD de los obispos y diáconos, 1 Tim. 3:4, 8, 11; Tito 2:2, 7.
GREBAS, armadura para las piernas, 1 Sam. 17:6.
GRECIA, profecías acerca de la, Dan. 8:21; 10:20; 11:2; Zac. 9:13.

Pablo predica en, Act. 16, &c.
GRIEGO, un habitante de la Grecia, ó uno que habla el idioma de los Griegos y sigue sus costumbres, Juan 12:20; Act. 16:1; 18:17; Rom. 2:9, 10; 1 Cor. 10:32; 12:13; Gál. 3:28; Col. 3:11.
traducido gentil, Juan 7:35; Rom. 3:9.
GRIEGOS, ó Helenistas, Judíos ó prosélitos que hablan Griego, Act. 6:1; 11:20; opuestos al evangelio, Act. 6:9-14: 9:29.
GRILLOS, 2 Sam. 3:34; Sal. 105:18; 149:8; Mar. 5:4. Véase CADENAS.
GRITA, en la guerra, Jos. 6:5; 1 Sam. 4:5; 2 Crón. 13:15.
en el culto, 2 Sam. 6:15; Ezra 3:11; Sal. 47:1; Sof. 3:14, &c.
GRULLA, Isa. 38:14; Jer. 8:7.
GUARNICIÓN, 1 Sam. 13:3; 14:1; 2 Sam. 8:6; 23:14.
GUERRA:
leyes con respecto á la, Deut. 20; 23:9; 24:5.
prevalencia de, Gén. 6:11.
procede de las concupiscencias, Sant. 4:1.
el prurito de la, condenado por el evangelio, Lev. 19:18: Mat. 26:52; 1 Juan 3:15.
no es agradable á Dios, 1 Crón. 22:8.
EVITAD TODO LO QUE OCASIONE, Prov. 17:14.
por medio de la amistad, Prov. 18:24.
de la fé y de la beneficencia, Sal. 37:3.
agradando á Dios, Prov. 16:7.
por medio de la bondad para con los enemigos, Prov. 25:15; Rom. 12:20.
de la tolerancia, Mat. 5:38.
de la justicia, Jer. 27:13, 14.
inevitable, Mat. 24:6.
algunas veces dimana de Dios, 1 Crón. 5:22; Isa. 9:11; 13:3; 34:2.
para castigar los pecados nacionales, Ezeq. 25:12; 35:5; Amós 1:11.
por mandato, Núm. 25:16; 31; Deut. 2:24; 25:17.
de exterminio, Deut. 7; 1 Sam. 15.
estratagemas en, Jos. 8; Jue. 7; 20.
Dios puede prevenir, 2 Crón. 17;10; 20:29.
defensiva, Est. 8:11.
no se debe emprender sino mediante la voluntad de Dios, Deut. 1:41; 2:5, 9, 19; 2 Cró. 11:3.
la victoria en, es de Dios, Deut. 7:23: 20:4.
el vencimiento en, es de Dios, Jos. 10:10; 2 Crón. 24:24.
milagros en, Jos. 6.
en tiempo de, confiad en Dios, Deut. 1:20; 20:21: Isa. 26:20.
cesará bajo el dominio del evangelio, Sal. 46:8; Isa. 2:4; Miq. 4:3.
Véase MILICIA.
GUIA, Dios es de su pueblo, Sal. 25:9; 31:3 32:3; 48:14; 73:24; Isa. 58:11; Luc. 1:79 1 Tes. 3:11.
GUR-BAAL, 2 Crón. 26:7.
GUSANO, el hombre comparado á, Job 17:14 25:6; Miq. 7:17. Véase Mar. 9:44, 46.

H.

HABACUC, la queja de, Hab. 1.
la respuesta, Hab. 1:5; 2:2.
su oración, Hab. 3.
HABITACIONES: moradas ó tiendas, Gén. 12:8 18:1; Jue. 4:17, &c.; 1 Rey. 20:12; Cant. 1:5; Isa. 38:12; 40;22; Jer. 35:7; Act. 18:3.
chozas ó cabañas, Job 27:18; Isa. 1:8; 24:20; Jon. 4:5; Sof. 2:6.
casas, Gén. 19:3; Lev. 14:45; 1 Sam. 9:26;

2 Sam. 11:2; Job 24:16; Prov. 9:1; 21:9; Isa. 22:1; Jer. 22:14; 36:22; Ezeq. 13:10; Amós 3:15; 6:1; Mar. 2:4. Véase CASAS.

HABLA mala, descrita y censurada, Sal. 64:3, 4; 140:3; Prov. 16:27; 26:21, 22; Mat. 12:36; Efes. 4:29, 31; 5:4; Sant. 3:5–10.

cuerda, alabada, Prov. 12:25; 15:23; 16:24; 25:11; 1 Ped. 1:15; Col. 4:6.

HABLAR vano, censurado, 1 Sam. 2:3; Job 11:2; Prov. 13:3; 24:2; Ecl. 10:14; Ezeq. 33:30; 36:3; Efes. 5:4; Tit. 1:10. Véase LENGUA.

HABOR y Hala, 2 Rey. 17:6; 18:11; 1 Cró. 5:26.

HACHA, Jue. 9:48; 1 Sam. 13:20; 1 Rey. 6:7.

——, véase ANTORCHA.

HACHILA, 1 Sam. 23:19; 26:1, 3.

HADRAC, Zac. 9:1.

HAGGIT, la esposa de David y madre de Adonías, 2 Sam. 3:4; 1 Rey. 1:5, 6; 1 Cró. 3:2.

HAI, los hombres de, derrotan á los Israelitas, Jos. 7; más tarde son vencidos, Jos. 8.

HALAC, una montaña, Jos. 12:7.

HALAMOT, Sal. 46, título, un salmo para voces de mujer. Véase SALMO.

HALELUIA. Véase ALELUYA.

HAMBRE: CARESTÍA DE VÍVERES:
en Canaán, Gén. 12:10.

en los días de Isaac, Gén. 26:1.

el rey de Egipto recibe aviso respecto de la que se había de sobrevenir, Gén. 41.

en Egipto, Gén. 41:56.

en Israel, Rut 1:1; 2 Sam. 21:1; 1 Rey. 18:2; 2 Rey. 6:25; 7; Luc. 4:25.

la Sunamita recibe aviso acerca de una, 2 Reyes 8:1.

se amenaza una. Jer. 14:15; 15:2, &c.; Ezeq. 5:12; 6:11, &c.; Mat. 24:7; Rev. 6:8; 18:8.

descrita, Jer. 14; Lam. 4; Joel.

——, GANA VEHEMENTE DE COMER:
producida por la carencia del alimento, Prov. 27:7; Isa. 29:8; Lam. 2:19; 4:9.

de Israel en el desierto, Ex. 16:3.

de la gente de David, 2 Sam. 17:29.

de Cristo, Mat. 4:2; 12:1, 3; 21:18.

del pródigo, Luc. 15:17.

de Pedro, Act. 10:10.

de Pablo, 2 Cor. 11:27; Filip. 4:2.

el castigo de la indolencia, Prov. 19:15.

——, en el sentido FIGURADO:
de la palabra de Dios, Amós 8:11.

de la justicia, Mat. 5:6; Luc. 6:21.

véase también Sal. 107:5; Isa. 49:10; 55; Mat. 5:6; Juan 6:35; Rev. 7:16.

HAMBRIENTO (el), se debe dar de comer á, Job 22:7; Prov. 25:21; Isa. 58:7, 10; Ezeq. 18:7; Mat. 25:35.

Dios provee para, Deut. 8:3; Sal. 107:9; 146:7; Luc. 1:53.

HAMON–GOG, (multitud de Gog), Ezeq. 39:11, 15.

HANAMEEL, Jer. 32:7, 8.

HANANEEL, Neh. 3:1; 12:39; Jer. 31:38; Zac. 14:10.

HANANI, profeta, aprisionado, 2 Crón. 16:7.

——, hermano de Nehemías, Neh. 1:2; 7:2; 12:36.

HANANÍAS, ó Ananías, falso profeta, su muerte predicha, Jer. 28. Véase SIDRAC.

jefe del palacio, Neh. 7:2.

HANÓN, rey de los Ammonitas, 2 Sam. 10:4.

castigado, 2 Sam. 12:30.

HARAD, Jue. 7:1.

HARAN, la tierra de, Abram parte de, Gén. 11:31; 12:4.

Jacob huye á, Gén. 27:43; 28:10; 29.

conquistada por los Asirios, 2 Rey. 10:12.

los comerciantes de, Ezeq. 27:23.

la idolatría en, Jos. 24:14; Isa. 37:12.

HARBONA, camarero de Artajerjes, Est. 1:10.

propone que se ahorque á Aman, Est. 7:7.

HAREGOL, Lev. 11:22.

HARES, Jue. 1:35.

HARET, 1 Sam. 22:5.

HARINA de trigo, empleada en los sacrificios, Ex. 29:2; Lev. 2:2. Véase 2 Sam. 17:28. Véase PAN.

HARNERA, Amós 9:8.

por vía de comparación, Isa. 30:28; Luc. 22:31.

HAROSET, Jue. 4:2, 13, 16.

HARPA. Véase ARPA.

HASEROT, Núm. 11:35; 12:16; 33:17, 18.

HAYA (árbol), Isa. 41:15; 55:13; 60:13.

madera de, usada en el templo, 1 Rey. 6:15, 34; en las casas, Cant. 1:17; para las naves, Ezeq. 27:5; para los instrumentos de música, 2 Sam. 6:5.

HAZ de los que viven, 1 Sam. 25:29.

HAZAEL, rey de Siria, 1 Reyes 19:15.

el dolor de Eliseo al verle, 2 Rey. 8:7.

mata á Ben-adad, 2 Rey. 8:15.

aflige á Israel, 2 Rey. 9:14; 10:32; 12:17; 13:22.

HEBAL, el monte, maldiciones pronunciadas desde, Deut. 27:13; Jos. 8:33.

HEBER, Gén. 10:21–35; 11:14; 1 Crón. 1:19, 25; Luc. 3:35.

profecía con respecto á, Núm. 24:24.

——, Cineo, Jue. 4:11.

HEBREOS (los), Abraham y sus descendientes, Gén. 14:13; 40:15; 43:32; Ex. 2:6; 2 Cor. 11:22; Filip. 3:5.

se les instruye con respecto á la divinidad de Cristo, Heb. 1; la humanidad (naturaleza humana), Heb. 2; el sacerdocio, Heb. 3–8; y el sacrificio, Heb. 9; 10; y son exhortados á ejercer la fé y practicar las buenas obras, Heb. 4; 6; 10:19; 12; 13; á ejemplo de los patriarcas, &c., Heb. 11.

HEBRÓN, Abraham mora allí, Gén. 13:18; 23:2.

los espías van á, Núm. 13:22.

tomada, Jos. 10:36.

dada á Caleb, Jos. 14:13; 15:13.

David reina allí, 2 Sam. 2:1; 3:2; 4:1; 1 Crón. 11; 12:38; 29:27.

HECES ó zurrapa de vino, Sal. 75:8; Jer. 48:11; Sof. 1:12.

HECHICERAS, ó brujas, Ex. 22:18; Lev. 20:27; Deut. 18:10, 11.

de Endor, 1 Sam. 28:7–25.

HECHICERÍA, consistía en consultar copas, Gén. 44:5; sueños, Jer. 29:8; Zac. 10:2; entrañas de animales y flechas, Ezeq. 21:21, 22; pitones ó familiares, Isa. 8:19; 19:3; imágenes, 2 Rey. 23:24; los muertos, Deut. 18:11.

libros de, Act. 19:19; con murmuración, Isa. 29:4; por dinero, Act. 16:16.

toda clase de, prohibida y amenazada con castigo, Lev. 19:26, 31; 20:6; Deut. 18:9–14.

castigada con pena de muerte por la ley de Moisés, Ex. 22:18; Lev. 20:27; Deut. 13:5.

ejemplos: José, Gén. 44:4, 15. Los magos de Faraón, Ex. 7:11, 12. Balaam, Núm. 23. Los Filisteos, 1 Sam. 6:2–9. Saúl, 1 Sam. 28. Jezabel, 2 Reyes 9:22. Israel, 2 Reyes 17:17. Manasés, 2 Rey. 21:6. Nabucodonosor, Dan. 2:2; 4:7. Baltasar, Dan. 5:7, 15. Los Ninivitas, Nah. 3:4, 5. Simón Mago, Act. 8:9–11. Elimas, Act. 13:8. La muchacha de Filipo, Act. 16:16. Los hijos de Sceva y los Efesios, Act. 19:13, 14, 18, 19.

——, ó BRUJERÍA, prohibida, Ex. 22:18; Lev.

.9:26, 31; 20:6, 27; Deut. 18:10; Miq. 5:12;
Mal. 3:5; Gál. 5:20; Rev. 21:8; 22:15.
abolida por Josías, 2 Rey. 23:24.
VALIÉRONSE DE ELLA Saúl, 1 Sam. 28.
Manassés, 2 Rey. 21:6; 2 Crón. 33:6.
Israél, 2 Rey. 17:17, &c.
Simón de Samaria, Act. 8:9.
los Filipenses, Act. 16:16.
los Efesios, Act. 19:19.
HELCAT-ASSURIM, 2 Sam. 2:16.
HELIÓPOLIS, Ezeq. 30:17.
HELCÍAS, sumo sacerdote, encuentra el libro
de la ley, 2 Rey. 22:8.
extermina la idolatría, 2 Rey. 23:4.
HELENISTAS. Véase GRIEGOS.
HEMAN, 1 Rey. 4:31; Sal. 88.
HEMOR, padre de Siquem, Gén. 34; Act. 7:16.
HEMORROIDES, los Israelitas amenazados con,
Deut. 28:27.
los Filisteos atacados de, 1 Sam. 5:6.
HER, ó ER, hijo de Judá, Gén. 38:3, 7; 46:12.
HEREDAD (campo ó terreno), 2 Rey. 9:21, 26;
tr. TIERRA en 2 Sam. 14:30; 23:11.
HEREDERO, Gén. 15:3, 4; Prov. 30:23; Jer.
49:1, 2.
Cristo comparado á, Mat. 21:38; Heb. 1:2.
HEREDEROS de Dios, &c., Rom. 8:17; Gál.
3:29; 4; Efes. 3:6; Tit. 3:7; Heb. 1:14; 6:17;
11:7, 9; Sant. 2:5; 1 Ped. 3:7.
HEREJÍAS censuradas, 1 Cor. 11:19; Gál. 5:20;
2 Ped. 2:1. Véase Rom. 16:17; 1 Cor. 1:10;
3:3; 14:33; Filip. 2:3; 4 2; Tit. 3:10; Jud. 19.
HERENCIA (la) de cada una de las tribus debía
mantenerse separada de las demás, Núm.
36:7-9; 1 Rey. 21:3.
del hijo mayor debía ser dos tantos, Deut. 21:17;
Luc. 15:31.
no puede desconocerse, Deut. 21:15, 16.
enajenada por Esaú, Gén. 27:37, 40; por Rubén, 1 Cró. 5:1.
cuando un hombre moría sin hijos, el hijo que
la viuda tenía del hermano de aquel, hereda-
ba, Gén. 38:7-11; Deut. 25:5-10; Rut 4:1-17;
Mat. 22:24-26.
de los hijos menores, 2 Crón. 21:3; Luc. 15:12.
de las hijas, Job 42:15.
cuando no había hijos, Núm. 27:4-8.
las herederas no podían casarse fuera de sus
tribus respectivas, Núm. 36:6-8; 1 Cró. 23:22.
testamentos hechos por escrito, Gál. 3:15; Heb.
9:15, 16.
testamentos hechos verbalmente, Gén. 49:1;
1 Rey. 2:1.
Véase PRIMOGÉNITO.
HERENCIA de los hijos de Dios, Efes. 1:11; Col.
1:12; 3:24; 1 Ped. 1:4. Véase HEREDEROS.
traducido aposento, Mar. 14:14; Luc. 22:11.
HERMANO-S, á menudo significa:
pariente cercano, Gén. 14:16; 29:12.
compatriota, Neh. 5:7; Jer. 34:9.
de una tribu ó nación hermana, Deut. 23:7;
Jue. 21:6; Abd. 10.
semejante ó prójimo, Gén. 9:5; Mat. 18:35;
1 Juan 3:15.
amigo, 2 Sam. 1:26; 1 Rey. 13:30; 20:33.
cofrade, Act. 9:17; 21:20; Rom. 16:23; 1 Cor.
7:12; 2 Cor. 2:13.
Cristo llama á sus discípulos hermanos, Mat.
12:50; 25:40; Heb. 2:11, 12.
deberes mútuos de los hermanos:
amarse los unos á los otros, Juan 13:34;
15:12; Rom. 12:10; 1 Tes. 4:9; Heb. 13:1;
1 Ped. 1:22; 3:8; 1 Juan 2:9.
vivir en concordia, Gén. 13:8; Sal. 133;
1 Cor. 6:7.

perdonarse, Gén. 50:17; Mat. 18:21.
tratarse con caridad, Deut. 15:7; Mat. 25:40;
1 Cór. 13; 2 Ped. 1:7; 1 Juan 3:17.
tratarse con justicia, Deut. 24:14.
no enojarse unos con otros, Mat. 5:22.
visitarse, Act. 15:36.
ejercer abnegación, 1 Cor. 8.
restaurar al descarriado, Gál. 6:1.
amonestarse, Mat. 18:15; 2 Tes. 3:15.
viuda del, ley con respecto á la, Deut. 25:5;
Mat. 22:24.
HERMAS y HERMES, Rom. 16:14.
HERMÓGENES, 2 Tim. 1:15.
HERMÓN, monte, Deut. 4:48; Jos. 12:5; 13:5;
Sal. 89:12; 133:3.
HERMOSURA. Véase BELLEZA.
HERODES (el Grande) turbado á causa del na-
cimiento de Cristo, Mat. 2:3.
hace matar á los niños de Betlehem, Mat. 2:16.
—— (Antipas) hace degollar á Juan, Mat. 14;
Mar. 6:14; Luc. 3:19.
desea ver á Cristo, Luc. 9:9.
le escarnece y hace azotar, y se reconcilia con
Pilato, Luc. 23:7; Act. 4:27.
—— (Agripa) persigue, Act. 12:1.
su orgullo y muerte. Act. 12:23.
HERODIANOS, secta de los, Cristo les replica,
Mat. 22:16; Mar. 12:13.
conspiran contra él, Mar. 3:6; 8:15; 12:13.
HERODÍAS, su venganza de Juan el Bautista,
Mat. 14; Mar. 6:14; Luc. 3:19.
HERODIÓN, pariente de Pablo, Rom. 16:11.
HERRERO (tr. por Valera oficial, cerrajero, her-
rero), 1 Sam. 13:19; 2 Rey. 24:14; Isa. 54:16;
Jer. 24:1.
HESEBÓN, ciudad de Sehon, tomada, Num.
21:26; Deut. 2:24; Neh. 9:22; Isa. 16:8.
HET, hijos de, Gén. 10:15.
su bondad para con Abraham, Gén. 23:7.
HETEOS, Jue. 1:26; 3, &c. Véase HET.
HEVEOS (los), Gén. 10:17; Ex. 3:17, &c.; Deut.
2:23; Jos. 13:3.
HEVILA, Gén. 10:7.
——, país, Gén. 25:18; 1 Sam. 15:7.
HIDEKEL, Gén. 2:14; Dan. 10:4.
HIDROPESÍA (la) curada por Cristo, Luc. 14:2.
HIEL, reedifica Jericó, 1 Rey. 16:34.
——, Mat. 27:34.
la maldición de Josué se cumple, Jos. 6:26.
en sentido figurado, Lam. 3:19; Act. 8:23.
HIELO, Job 6:16; 38:29; Sal. 147:17.
HIERÁPOLIS, Col. 4:13.
HIERRO, mencionado, Deut. 3:11; Job 28:2;
Prov. 27:17; Ezeq. 27:12.
descrito como fuerte y durable, Job 40:18; Dan.
2:40; fundible, Ezeq. 22:20; maleable, Isa.
2:4; puede pulirse, Ezeq. 27:19; convertido
en acero, 2 Sam. 22:35; Job 20:24; de poco
valor, Isa. 60:17.
empleado para hacer armaduras, 2 Sam. 23:7;
Rev. 9:9; armas de guerra, 1 Sam. 13:19;
17:7; carros de guerra, Jue. 4:3; instrumentos de agricultura, 1 Sam. 13:20, 21; 2 Sam.
12:31; herramientas para artesanos, Jos.
8:31; 1 Rey. 6:7; Instrumentos de grabador,
Job 19:24; Jer. 17:1; puertas, Act. 12:10;
clavos y goznes, 1 Crón. 22:3; cerrojos, Sal.
107:16; Isa. 45:2; grillos, Sal. 105:18; 149:8;
jugos, Deut. 28:48; Jer. 28:13, 14; ídolos,
Dan. 5:4, 23; camas, Deut. 3:11; columnas,
Jer. 1:18; varas, Sal. 2:9; Rev. 2:27.
hacer obras de, un oficio, Gén. 4:22; 1 Sam.
13:19; 2 Crón. 2:7, 14.
artículo de comercio, Ezeq. 27:12, 19; Rev
18:12.

cien mil talentos de empleados en el templo, 1 Crón. 29:7.
Eliseo lo hace nadar, 2 Rey. 6:6.
símile de la fuerza, Dan. 2:23, 40; de la obcecación, Isa. 48:4; de un pesar muy grave, Deut. 4:20; Sal. 107:10; de la tierra dura y estéril, Deut. 28:23; de un ejercicio severo del poder, Sal. 2:9; Rev. 2:27; (cauterizado con) de lo insensible de la conciencia, 1 Tim. 4:2.
HÍGADO, Ex. 29:13, 22.
herida de, mortal, Prov. 7:23; Lam. 2:11.
supersticiones respecto de, Ezeq. 21:21.
HIGOS, en Edén, Gén. 3:7.
fruta de Canaán, Núm. 13:23.
pasos, usados como alimento, 1 Sam. 25:18; 30:12; 1 Crón. 12:40.
la visión de Jeremías, Jer. 24:1.
empleados para curar á Ezequías, 2 Rey. 20:7; Isa. 38:21.
en sentido figurado, Isa. 34:4; Ose. 9:10; Nah. 3:12; Mat. 7:16; Rev. 6:13.
HIGUERA (la), Deut. 8:8; Sal. 105:33; Ose. 2:12; Amós 4:9; Juan 1:48.
maldecida, Mat. 21:19; Mar. 11:13.
parábolas de, Mat. 24:32, &c.; Luc. 13:6; 21:29.
en sentido figurado, Juc. 9:10; 1 Reyes 4:25; Prov. 27:18; Joel 1:7; 2:22; Miq. 4:4.
HIJAS, su herencia determinada, Núm. 27:6; 36.
HIJO, EN EN SENTIDO de nieto, 2 Sam. 19:24.
de descendiente, Mat. 1:1, 20.
como epíteto de cariño, 1 Sam. 3:6; 1 Tim. 1:2; y de humildad, 2 Rey. 8:9.
———, hijo de la mañana, Isa. 14:12.
———, hijo de Belial, 1 Sam. 2:12.
HIJO DE DIOS. Véase Jesu-Cristo.
HIJO DEL HOMBRE, epíteto que se dió Cristo á sí mismo, Mat. 8:20; 9:6; 10:23; 11:19; 12:8.
epíteto dado á Cristo en visiones, Dan. 7:13; Rev. 1:13; 14:14.
HIJOS:
un bien, Prov. 10:1; 15:20; 17:6; 23:24; 27:11; 29:3.
un don de Dios, Gén. 30:17; 33:5; Sal. 127:3.
pedidos á Dios, Gén. 25:21; 28:1, 3; 1 Sam. 1:9.
prometidos, Gén. 17:19; 18:10; 2 Reyes 4:16; Luc. 1:13.
favorecidos de Dios, Gén. 21:17; Sal. 147:13.
debemos conducirlos á Cristo, Mar. 10:13-16.
á la casa de Dios, 1 Sam. 1:24.
instruirlos en las cosas de Dios, Deut. 31:12, 13; Prov. 22:6.
corregirlos juiciosamente, Prov. 22:15; 29:17.
pedir á Dios por ellos, Gén. 17:18, 20; 2 Sam. 12:16, 21; Job 1:5.
DEBEN obedecer á Dios, Deut. 30:2.
temer á Dios, Prov. 24:21; Ecl. 12:1.
dar atento oido á las enseñanzas paternas, Prov. 1:8, 9.
honrar á sus padres, Ex. 20:12; Heb. 12:9.
temer á sus padres, Lev. 19:3.
obedecer á sus padres, Prov. 6:20; Efes. 6:1.
cuidar de sus padres, 1 Tim. 5:4.
no imitar á los padres malos, Ezeq. 20:18.
HIJOS (los) buenos:
la obediencia de ellos para con sus padres es agradable á Dios, Col. 3:20.
participan de las promesas de Dios, Act. 2:39.
serán bendecidos, Prov. 3:1-4; Efes. 6:2, 3.
manifestan amor para con sus padres, Gén. 46:29.
obedecen á sus padres, Gén. 28:7; 48:30.
dan atento oído á las enseñanzas de sus padres, Prov. 13:1.
cuidan de sus padres, Gén. 45:9-11; 47:12; Mat. 15:5.

llenan de gozo el corazón de sus padres, Prov. 10:1; 23:24; 29:17.
como ejemplo para someternos á Dios, Heb. 12:9.
ejemplos: Isaac, Gén. 22:6-10. José, Gén. 45:9; 46:29. La hija de Jefté, Jue. 11:34, 36. Samsón, Jue. 13:24. Samuel, 1 Sam. 3:19. Josías, 2 Crón. 34:3. Ester, Est. 2:20. Job, Job 29:4. David, 1 Sam. 17:20; Sal. 71:5.
HIJOS (los) malos:
no conocen á Dios, 1 Sam. 2:12.
CON RESPECTO Á SUS PADRES:
no les escuchan, 1 Sam. 2:25.
los desprecian, Prov. 15:5, 20; Ezeq. 22:7.
los maldicen, Prov. 30:11.
los deshonran, Prov. 19:26.
son para ellos una calamidad, Prov. 19:13.
les causan pesar, Prov. 17:25.
CASTIGO DE, POR:
deshonrar á sus padres, Deut. 27:16.
desobedecer á sus padres, Deut. 21:21.
burlarse de sus padres, Prov. 30:17.
maldecir á sus padres, Ex. 21:17; Mar. 7:10.
herir á sus padres, Ex. 21:15.
burlarse de los santos, 2 Rey. 2:23, 24.
entregarse á la glotonería y la beodez, Deut. 21:20, 21.
su maldad en robarles á sus padres, Pro. 28:24.
ejemplos: Esaú, Gén. 26:34, 35. Los hijos de Elí, 1 Sam. 2:12, 17. Los hijos de Samuel, 1 Sam. 8:3. Absalom, 2 Sam. 15:10. Adonías, 1 Reyes 1:5, 6. Adramelec y Sarasar, 2 Reyes 19:37.
HIJOS (falta de): de los buenos, Sal. 68:6; 139:9; Isa. 56:4.
de los malos, Lev. 20:20; 1 Sam. 15:33; 2 Sam. 6:23; Jer. 22:30; Ose. 9:14.
HIJOS de los Israelitas proscritos por Faraón, Exod. 1:1, 16.
purificación de, Lev. 12:6.
castigos de los rebeldes, Deut. 21:18.
Véase ADOPCIÓN, PRIMOGÉNITOS.
HIJOS DE DIOS, los ángeles, Job 1:6; 38:7.
los Cristianos, Juan 1:12; Rom. 8:14; 2 Cor. 6:18; Heb. 2:10; 12:5; Sant. 1:18; 1 Juan 3:1.
obligaciones de, Efes. 5:1; Filip. 2:15; 1 Ped. 1:13; 2:9.
HILAR, de parte de las mujeres, Ex. 35:25, 26; Prov. 31:19.
HIMENEO, un falso maestro, 1 Tim. 1:20; 2 Tim. 2:17.
HIMNOS, salmos, cantados en la Pasqua, Mat. 26:30; Mar. 14:26.
exhortaciones relativamente á, Efes. 5:19; Col. 3:16.
HIN, una medida, Ex. 29:40; Lev. 19:36; Ezeq. 4:11, &c.
HIRAM, rey de Tiro, bondadoso para con David y para con Salomón, 2 Sam. 5:11; 1 Rey. 5; 9:11; 10:11; 1 Crón. 14:1; 2 Crón. 2:11.
———, obrero de Salomón, 1 Reyes 7:13.
HIPÓCRITAS (en Valera, IMPÍOS):
Dios los conoce y los descubre, Isa. 29:15, 16; Cristo también, Mat. 22:18.
Dios no se complace en, Isa. 9:17.
no irán á la presencia de Dios, Job 13:16.
SE LES DESCRIBE COMO:
mezquinos, Isa. 32:6.
ciegos por su propia voluntad, Mat. 23:17, 19, 26.
jactanciosos de su propia justicia, Isa. 65:5; Luc. 18:11.
avaros, Ezeq. 33:31; 2 Ped. 2:3.
amigos de hacer ostentación, Mat. 6:2, 5, 16; 23:5.

murmuradores, Mat. 7:3-5; Luc. 13; 14; 15.

acatando la tradición más que la palabra de Dios, Mat. 15:1-3.

muy escruplosos en cuanto á las cosas insignificantes, pero descuidados en cuanto á las más importantes, Mat. 23:23, 24.

que tienen sólo la apariencia de piedad, 2 Tim. 3:5.

que se afanan sólo por la pureza exterior, Luc. 11:39.

que profesan pero no practican, Ezeq. 33:31, 32; Mat. 23:3; Rom. 2:17, 23.

que rinden sólo el culto de los labios, Isa. 29:13, con Mat. 15:8.

que se glorian sólo en las apariencias, 2 Cor. 5:12.

que confían en demasía en los privilegios de que gozan, Jer. 7:4; Mat. 3:9.

celosos en apariencia en cuanto á las cosas de Dios, Isa. 58:2.

en hacer prosélitos, Mat. 23:15.

que devoran las casas de las viudas, Mat. 23:14.

anhelan ocupar altos puestos, Mat. 23:6, 7.

el culto de los, no es aceptable á Dios, Isa. 1:11-15; 58:3-5; Mat. 15:9.

el gozo de los, es sólo por un momento, Job 20:5.

la esperanza de los, perece, Job 8:13; 27:8, 9.

acumulan ira, Job 36:13.

el temor los sobrecogerá, Isa. 33:14.

dañan á otros con sus calumnias, Prov. 11:9.

cuando están en el poder sirven de escándalo, Job 34:30.

en la apostasía abundarán, 1 Tim. 4:2.

gnardáos de los principios de, Luc. 12:1.

el espíritu de, impide el crecimiento en la gracia, 1 Ped. 2:1.

ai! de los, Isa. 29:15; Mat. 23:13.

castigo de los, Job 15:34; Isa. 10:6; Jer. 42:20, 22; Mat. 24:51.

qué son, explicado, Mat. 23:27, 28; Luc.11:44.

ejemplos de: Caín, Gén. 4:3. Absalom, 2 Sam. 15:7, 8. Los Judíos, Jer. 3:10. Los Fariseos, &c., Mat. 16:3. Judas, Mat. 26:49. Los Herodianos, Mar. 12:13, 15. Ananías, Act. 5:1-8. Simón, Act. 8:13-23.

HIPOTECA, mencionada, Neh. 5:3.

HISOPO, uso de, Exod. 12:22; Lev. 14:4; Núm. 19:6; Sal. 51:7; Heb. 9:19.

HOBAB, Moisés le ruega que guíe á Israel, Núm. 10:29.

sus descendientes, Jue. 1:16; 4:11.

HOGAR (fuego), Isa. 30:14.

HOGAR doméstico, permanencia en el, Prov. 25:17; 27:8; Tit. 2:4, 5.

HOLBÓN, ahora se llama Aleppo, Ezeq. 27:18.

HOJALDRES. Véase OBLEAS.

HOJARASCA, ó tamo, Ex. 5:12.

en sentido figurado, Job 21:18; Mal. 4:1; 1 Cor. 3:12.

HOLDA. 2 Rey. 22:14; 2 Crón. 34:22.

HOLGANZA, es peligrosa, Prov. 1:32; Isa. 32:9; Amós 6:1; Luc. 12:19.

HOLLEJO. Núm. 6:4.

HOLOCAUSTOS, la ley de los, Lev. 1:1; 6:8.

de Noé, &c., Gén. 8:20; 22:13; Ex. 18:12; 1 Sam. 7:9; Ezra 3:4; Job. 1:5. Véanse Sal. 40:6; 51:16; Isa. 40:16; Heb. 10:6, &c.

los continuos, Ex. 29:38; Núm. 28:3; 1 Crón. 16:40; 2 Crón. 31:11.

HOMBRE (el), creado, Gén. 1:26; 2:7; Mala. 2:10.

todos de una misma sangre, Act. 17:26.

estado original de, Gén. 1:27; 2:25; Ecl. 7:29.

caída de, Gén. 3.

razón de, Job 32:8; Rom. 1:19.

la mortalidad de, Job 14; Sal. 39; 49; 62:9; 78:39; 89:48; 103:14; 144:4; 146:3; Ecl. 1-4; 12:7; Rom. 5:12; 1 Cor. 15:22; Heb. 9:27.

inmortalidad de, Ecl. 3:21; 12:7; Mat. 10:28; 22:39; Luc. 20:37; Juan 10:27; 1 Cor. 15:53; 2 Tim. 1:10.

maldad de, Gén. 6:5, 12; 1 Rey. 8:46; Job 14:4; 15:14; Sal. 14; 51; Ecl. 9:3; Isa. 43:27; 53:6; Jer. 3:25; 17:9; Juan 3:19; Rom. 3:9; 5:12; 7:18; Gál. 3:10; 5:17; Sant. 1:13; 1 Juan 1:8.

ignorancia de, Job 8:9; 11:12; 28:12; Rev. 16:25; 27:1; Ecl. 6-17; Isa. 59:10; Jer. 10:3; 1 Cor. 1:20; 8:2; Sant. 4:14.

debilidad é insuficiencia, 2 Crón. 20:12; Mat. 6:27; Rom. 9:16; 1 Cor. 3:7; 2 Cor. 3:5.

ha sido sometido al dolor, Job. 5:7; 14:1; Sal. 39:4; Ecl. 1:8; 3:2; Act. 14:22; Rom. 8:22; Rev. 7:14.

vanidad de la vida de, Sal. 49; Ecl. 1-12.

todo el deber de, Ecl. 12:13; Miq. 6:8; 1 Juan 3:23, &c.

la redención de, Rom. 5; 1 Cor. 15:49; Gál. 3; 4; Efes. 3; 5:25; Filip. 3:21; Col. 1; Heb. 1; 2; Rev. 5.

HOMBRE VIEJO, exhortaciones á que nos despojemos del, Efes. 4:22; Col. 3:9; Rom. 6:6.

HOMER, ó coro, la más grande de las medidas áridas, igual á diez batos, ó sea cerca de cuatro hectólitros, Lev. 27:16; Isa. 5:10; Ezeq. 45:14; Ose. 3:2.

HOMICIDA sin intención, Núm. 35:11; Deut. 4:42; 19:3; Jos. 20:3.

HOMICIDIO, leyes relativas al, Gén. 9:6; Exod. 21:12; Núm. 35:6, 22; Deut. 19:4; Jos. 20:1; 1 Tim. 1:9. Véase ASESINATO.

HOMICIDIO, se distingue del asesinato, Exod. 21:13, 14; Núm. 35:16-25.

JUSTIFICABLE, se describe como:

matar á las personas condenadas por la ley, Gén. 9:6; Ex. 35:2; Lev. 24:16; á un ladrón por la noche, Ex. 22:2; á los enemigos en la batalla, Núm. 31:7, 8: el redimidor de la sangre á un homicida, Núm. 35:27; sin enemistad, Núm. 35:22; ó sin asechar, Exod. 21:13; 35:22; ó por casualidad, Núm. 35:23; Deut. 19:5.

INJUSTIFICABLE, descrito como:

instigado por el odio, ó cometido de intento, asechando, en enemistad, Núm. 35:20, 21.

el redimidor (ó vengador de la sangre) podía matar al que se hacía culpable de homicidio injustificable, Núm. 35:19, 37.

se ofrece protección á los tales en las ciudades de refugio, Núm. 35:11, 15.

confinamiento en la ciudad de asilo hasta la muerte del sumo sacerdote, Núm. 35:25, 28.

castigo del homicidio injustificable, Núm. 35:16-21.

HONDA, destreza en el uso de la, Jue. 20:16.

Goliat es muerto con una, 1 Sam. 17:49. Véase 2 Rey. 3:25; 2 Crón. 26:14.

en sentido figurado, 1 Sam. 25:29; Prov. 26:8.

HONRA, debe adscribirse á Dios, Sal. 29:2; 71:8; 145:5; Mal. 1:6; 1 Tim. 1:17; Rev. 4:11; 5:13, &.

dada por él, 1 Rey. 3:13; Est. 8:16; Prov. 3:16; 4:8; 8:18; 22:4; 29:23; Dan. 5:18; Juan 12:26.

debe tributarse á los padres, Ex. 20:12; Deut. 5:16; Mat. 15:4; Efes. 6:2, &c.

á los ancianos (personas de edad), Lev. 10:32; 1 Tim. 5:1.

al rey, 1 Ped. 2:17.

———, falso. Véase FAMA.

HONRADEZ, exhortaciones á que se practique, Rom. 12:17; 13:13; 2 Cor. 8:21; 13:7; Filip. 4:8; 1 Tes. 4:12; 1 Tim. 2:2; Heb. 13:18.

HOR, la muerte de Aarón allí, Núm. 20:25.

HORADAR la oreja, Ex. 21:6. Véase Sal. 40:6.

HORAS, del día, contadas desde la salida del sol hasta la puesta, eran doce, Juan 11:9; hora tercera, Mat. 20:3; Mar. 15:25; Act. 2:15; 23:23; la sexta, Mat. 27:45; Mar. 15:33; Luc. 23:44; Juan 4:6; 19:14; Act. 10:9; la nona, Act. 3:1; 10:3.
de tentación, Rev. 3:10.
de juicio, Rev. 14:7; 18:10.
en el estilo figurado, Rev. 8:1; 9:15.

HORCA, Amán colgado en la, Est. 7.

HOREB (Sinaí) Dios aparece allí, Ex. 3:1; 17:6; 33:6; Deut. 1:6; 4:10.
la ley promulgada y el pacto hecho en, Exod. 19:20; Deut. 4:10; 5:2; 18:16; 1 Reyes 8:9; Mal 4:4.
la idolatría de Israel cerca de, Ex. 32; Deut. 9:8; Sal. 106:19.

Moisés permanece allí cuarenta días dos veces, Ex. 24:18; 34:28; Deut. 9:9.
también Elías, 1 Rey. 19:8. Véase Mat. 4:1.

HOREOS, desalojados de Seir, Gén. 14:6; 36:20–30; Deut. 2:12, 22; 1 Crón. 1:38–42.

HORMA, Núm. 21:3; Jue. 1:17.

HORMIGAS, Prov. 6:6; 30:25.

HORNO, Gén. 15:17; Neh. 3:11; de hierro, 1 Rey. 8:51; de tierra, Sal. 12:6.
para cocer, Exod. 8:3; Lev. 2:4; 7:9; 11:35; 26:26; Ose. 7:4.
para fundir plata, Ezeq. 22:22; Mal. 3:3; y oro, Prov. 17:3; y plomo y estaño, Ezeq. 22:20.
Sidrac, &c., arrojados en un, Dan. 3:6–26.
por vía de comparación, Deut. 4:20; Sal. 21:9; Isa. 31:9; Lam. 5:10; Ose. 7:6, 7; Mal. 4:1; Mat. 6:30; 13:42.

HORQUILLA, 1 Sam. 13:21.

HORTIGAS, Job 30:7 (tr. ESPINAS); Prov. 24:31; Isa. 34:13; Ose. 9:6; Sof. 2:9.

HOSANNA, salutación dirijida á Cristo, Mat. 21:9; Mar. 11:9; Juan 12:13 (Sal. 118:25, 26).

HOSPITALIDAD:
prescrita, Rom. 12:13; 1 Ped. 4:9.
se exige de los ministros, 1 Tim. 3:2; Tit. 1:8.
prueba del carácter cristiano, 1 Tim. 5:10.
SE DEBE MANIFESTAR ESPECIALMENTE:
  para con los forasteros, Heb. 13:2.
    los pobres, Isa. 58:7; Luc. 14:13.
    los enemigos, 1 Rey. 6:22, 23; Rom. 12:20.
incentivos á, Luc. 14:14; Heb. 13:2.
ejemplos de: Melquisedec, Gén. 14:18. Abraham, Gén. 18:3–8. Lot, Gén. 19:2, 3. Rebeca, Gén. 24:18. Labán, Gén. 24:31. Jetró, Ex. 2:20. Manué, Jue. 13:15. Samuel, 1 Sam. 9:22. David, 2 Sam. 6:19. Berzellai, 2 Sam. 19:32. La Sunamita, 2 Rey. 4:8. Nehemías, Neh. 5:17. Job, Job 31:17, 32. Zaqueo, Luc. 19:6. Los Samaritanos, Juan 4:40. Lidia, Act. 16:15. Jasón, Act. 17:7. Mnasón, Act. 21:16. La gente de Melita, Act. 28:2. Publio, Act. 28:7. Gayo, 3 Juan 5:6.

HOYO. Véase SEPULCRO.

HOZ, leyes acerca de la, Deut. 16:9; 23:25.
emblema del juicio, Joel 3:13; Mar. 4:29; Rev. 14:14.

HUCOT. Véase CARIAT-HUCOT.

HUEBRA, 1 Sam. 14:14; Isa. 5:10; lo que una yunta de bueyes podía arar en un día.

HUÉRFANOS (los):
hallan misericordia en Dios, Ose. 4:3.
DIOS será padre de. Sal. 68:5.
será ayudador de, Sal. 10:14.

oirá el grito de, Ex. 22:23.
ejecutará el juicio de, Deut. 10:18; Sal. 10:18.
castigará á los que oprimen á, Exod. 22:24; Isa. 10:1–3; Mal. 3:5.
castigará á los que no juzgan la causa de, Jer. 5:28, 29.
visitadlos en su dolor, Sant. 1:27.
dejadlos participar de las bendiciones de que gozáis, Deut. 14:29.
defendedlos, Sal. 82:3; Isa. 1:17.
no les hagáis injusticia, Deut. 24:17.
no los defraudéis, Prov. 23:10.
no los aflijáis, Ex. 22:22.
no los oprimáis, Zac. 7:10.
no cometáis ningún atentado contra, Jer. 22:3.
dicha de cuidar de, Deut. 14:29; Job 29:12, 13; Jer. 7:6, 7.
LOS MALOS:
  les roban á, Isa. 10:2.
  se arrojan sobre, Job 6:27.
  despojan á, Ezeq. 22:7.
  oprimen á, Job 24:3.
  matan á, Sal. 94.6.
  no juzgan la causa de, Isa. 1:23; Jer. 4:28.
maldición contra los opresores de, Deut. 27:19.
promesas con respecto á, Jer. 49:11.
símbolo de Sión en su aflicción, Lam. 5:3.
ejemplos de: Lot, Gén. 11:27, 28. Las hijas de Salfaad, Núm. 27:1.5. Joatám, Jue. 9:16–21. Mifi-boset, 2 Sam. 9:3. Joás, 2 Rey. 11:1–12. Ester, Est. 2:7.

HUESA. Véase SEPULCRO.

HUESOS, Eva hecha de los de Adám, Gén. 2:23.
el encargo de José con respecto á sus, Gén. 50:25.
cumplido, Ex. 13:19; Heb. 11:22.
esparcidos por juicio de Dios, 2 Rey. 23:14; Sal. 53:5; 141:7; Jer. 8:1; Ezeq. 6:5.
visión de los huesos secos, Ezeq. 37.
los del cordero pascual no eran quebrantados, Ex. 12:46; tampoco los de Cristo, Juan 19:36.

HUÉSPED, Rom. 16:23.

HUESTES. Véase EJÉRCITOS.

HUMILDAD:
necesaria para el servicio de Dios, Miq. 6:8.
Cristo es un ejemplo de, Mat. 11:29; Juan 13:14, 15; Filip. 2:5–8.
distintivo de los santos, Sal. 34:2.
LOS QUE LA POSEEN:
  son mirados por Dios, Sal. 138:6; Is. 66:2.
  son oídos por Dios, Sal. 9:12; 10:17.
  gozan de la presencia de Dios, Isa. 57:15.
  son librados por Dios, Job 22:29.
  son ensalzados por Dios, Luc. 14:11; 18:14; Sant. 4:10.
  son los más grandes en el reino de Cristo, Mat. 18:4.
  reciben más gracia, Prov. 3:34; Sant. 4:6.
  son sostenidos por el honor, Prov. 18:12; 29:23.
es antes que la honra, Prov. 15:33.
conduce á la fortuna, la honra y la vida, Prov. 22:4.
LOS SANTOS DEBEN:
  revestirse de. Col. 3:12; 1 Ped. 5:5.
  andar con, Efes. 4:1, 2.
  guardarse de la falsa, Col. 2:18, 23.
las aflicciones tienen por objeto producir, Lev. 26:41; Deut. 8:3; Lam. 3:20.
la falta de, reprobada, 2 Crón. 33:23; 36:12; Jer. 44:10; Dan. 5:22.
juicios temporales evitados por medio de la, 2 Crón. 7:14; 12:6, 7.
excelencia de, Prov. 16:19.
bienaventuranza de, Mat. 5:3.

ejemplos de: Abraham, Gén. 18:27. Jacobo, Gén. 32:10. Moisés, Éx. 3:11; 4:10. Josué, Jos. 7:6. Gedeón, Jue. 6:15. David, 1 Crón. 29:14. Ezequías, 2 Crón. 32:26. Manassés, 2 Crón. 33:12. Josías, 2 Crón. 34:27. Job, Job 40:4; 42:6. Isaías, Isa. 6:5. Jeremías, Jer. 1:6. Juan el Bautista, Mat. 3:14. El Centurión, Mat. 8:8. La mujer de Canaán, Mat. 15:27. Elisabet, Luc. 1:43. Pedro, Luc. 5:8. Pablo, Act. 20:19.

——, de Cristo:
declarada por él mismo, Mat. 11:29.
MANIFESTADA EN:
haber tomado nuestra naturaleza, Filip. 2:7; Heb. 2:16.
su nacimiento, Luc. 2:4–7.
su sujeción á sus padres, Luc. 2:51.
el rango que ocupó durante su vida, Mat. 13:55; Juan 9:29.
su pobreza, Luc. 9:58; 2 Cor. 8:9.
haber participado de nuestras flaquezas, Heb. 4:15; 5:7.
haberse sometido á los ritos, Mat. 3:13, 15.
haberse hecho siervo, Mat. 20:28; Luc. 22:27; Filip. 2:7.
haberse asociado con los miserables, Mat. 9:10, 11; Filip. 2:7.
haber rehusado honores, Juan 5:41; 6:15.
su entrada en Jerusalem, Zac. 9:9, con Mat. 21:5, 7.
haberles lavado los piés á sus discípulos, Juan 13:5.
la obediencia, Juan 6:38; Heb. 10:9.
haberse sometido al sufrimiento, Isa. 50:6; 53:7, con Act. 8:32; Mat. 23:37–39.
haberse expuesto á la contumelia y al desprecio, Sal. 22:6; 69:9, con Rom. 15:3 ; Isa. 53:3.
su muerte, Juan 10:15; 17:18; Fil. 2:8; Heb. 12:2.
los santos deben imitar, Filip. 2:5–8.
á causa de, fué despreciado, Mar. 6:3; Jua. 9:29.
su ensalzamiento, el resultado de, Filip. 2:9.
HUMILLAR, Job 40:11; Dan. 4:37; Filip. 4:12.
HUR, sostiene las manos de Moisés, &c., Exod. 17:10; 24:14; 31:2; 1 Crón. 2:19.
HURTO (el) es una abominación, Jer. 7:9, 10.
prohibido, Ex. 20:15, con Mar. 10:19; 21:16; Lev. 19:11; Deut. 5:19; 24:7: Sal. 50:18; Zac. 5:4; Mat. 19:18; Rom. 13:9; Efes. 4:28; 1 Tes. 4:6; 1 Ped. 4:15.
de lo que es de los pobres, Prov. 22:22.
incluye el fraude en general, Lev. 19:13.
con respecto al salario, Lev. 19:13; Mal. 3:5; Sant. 5:4.
procede del corazón, Mat. 15:19.
corrompe al hombre, Mat. 15:20.
hablase de hacer restitución, Ex. 22:1; Lev. 6:4; Prov. 6:30, 31.
LOS MALOS son adictos á, Sal. 119:61; Jer. 7:9.
atesoran el fruto de, Amós 3:10.
asechan para cometer, Ose. 6:9.
cometen al amparo de la noche, Job 24:14; Abd. 5.
encubren á los que cometen, Isa. 1:23.
pueden, por algún tiempo, prosperar en, Job 12:6.
dan escusas relativamente á, Jer. 7:9, 10.
no se arrepienten de, Rev. 9:21.
causan su propia ruina con, Prov. 21:7.
va asociado al asesinato, Jer. 7:9; Ose. 4:2.
la vergüenza se sigue al descubrimiento de, Jer. 2:26.
acarrea maldición á los que lo cometen, Zac. 5:3; Mal. 3:5.

á la familia de los que los cometen, Zac. 5:4.
acarrea la ira de Dios á los que lo cometen, Ezeq. 22:29, 31.
hace que sobrevengan juicios á la tierra, Ose. 4:2, 3.
excluye del cielo, 1 Cor. 6:10.
los que lo disimulan aborrecen sus propias almas, Prov. 29:24.
serán censurados por Dios, Sal. 50:18, 21.
la ley mosaica con respecto á, Ex. 22:1–8.
LOS SANTOS son amonestados con respecto á, Efes. 4:28; 1 Ped. 4:15.
piden á Dios los guarde de, Prov. 30:7–9.
rechazan el cargo de, Gén. 31:37.
todo tesoro terreno está expuesto á, Job 5:5; Mat. 6:19.
el tesoro celestial está á salvo de, Mat. 6:20; Luc. 12:33.
desgraciados de los que cometen, Isa. 10:2; Nah. 3:1.
sirve de símile del crimen de los falsos maestros, Jer. 23:30; Juan 10:1, 8, 10.
ejemplos de: Raquel, Gén. 21:19. Acán, Jos. 7:21. Los Siquemitas, Jue. 9:25. Miqueas, Jue. 17:2. Giezi, 2 Reyes. 5:20–24. Los dos ladrones, Mat. 27:38. Judas, Juan 12:6. Barrabás, Juan 18:40.
HURTO DE HOMBRES, prohibido, Ex. 21:16; Deut. 24:7; 1 Tim. 1:10.
HUS, país en que moró Job, Job 1:1; Jer. 25:20; Lam. 4:21. Véase Gén. 10:23; 22:21; 36:28; 1 Crón. 1:17, 42.
HUSO, Prov. 31:19.

I.

IBZÁN, juez de Israel, Jue. 12:8.
ICHABOD, 1 Sam. 4:19; 14:3.
ICONIO, el evangelio es predicado allí, Act. 13:51; 14:1; 16:2; 2 Tim. 3:11.
IDIOMAS confundidos, Gén. 11:9.
don de, por el Espíritu Santo, Mar. 16:17; Act. 2:7, 8; 10:46; 19:6; 1 Cor. 12:10; 14.
mencionados en las Escrituras: de Asdod, Neh. 13:24; Caldea, Dan. 1:4; Egipcio, Act. 2:10; Sal. 114:1; Griego, Luc. 23:38; Act. 21:37; Latin, Luc. 23:38; Juan. 19:20; Licaonio, Act. 14:11; Partio, &c., Act. 2:9–11; Siriaco, 2 Rey. 18:26; Ezra 4:7; Dan. 2:4.
dialectos, Jue. 12:5, 6; Mar. 14:70.
IDOLATRÍA (la):
prohibida, Ex. 20:2, 3; Deut. 5:7.
CONSISTE EN:
hacer imagenes, Ex. 20:4; Deut. 5:8.
inclinarse ante las imagenes, Exod. 20:5; Deut. 5:7.
adorar las imagenes, Isa. 44:17; Dan. 3:5, 10, 15.
ofrecerles sacrificios, Sal. 106:38; Act. 7:41.
adorar á dioses ajenos, Deut. 30:17; Sal. 81:9.
mentar á dioses ajenos, Ex. 23:13.
andar en pos de, Deut. 8:19.
hablar en nombre de, Deut. 18:20.
mirar á, Ose. 3:1.
servirles, Deut. 7:4; Jer. 5:19.
temerles, 2 Reyes 37:35.
ofrecer sacrificios á, Ex. 22:20.
rendirle culto al Dios verdadero por medio de imagenes, &c., Exod. 32:4–6, con Sal. 106:19, 20.
adorar á los ángeles, Col. 2:18.
las huestes celestiales, Deut. 4:19; 17:3.
á los diablos, Mat. 4:9, 10; Rev. 9:20.
á los difuntos, Sal. 106:28.

entronizar ídolos en el corazón, Ezeq. 14:3, 4.
la codicia, Efes. 5:5; Col. 3:5.
la sensualidad, Filip. 3:19.
es cambiar la gloria de Dios en semejanza de imagen, Rom. 1:23, con Act. 17:29.
es cambiar la verdad de Dios en una mentira, Rom. 1:25, con Isa. 44:20.
es una obra de la carne, Gál. 5:19, 20.
es incompatible con el servicio de Dios, Gén. 35:2, 3; Jos. 24:23; 1 Sam. 7:3; 1 Rey. 18:21; 2 Cor. 6:15, 16.

SE DESCRIBE COMO:
una abominación, Deut. 7:25.
aborrecible á Dios, Deut. 16:22; Jer. 44:1.
vana y necia, Sal. 115:4-8; Isa. 44:19; Jer. 10:3.
sangrienta, Ezeq. 23:39.
abominable, 1 Ped. 4:3.
inútil, Jue. 10:14; Isa. 46:7.
contaminadora, Ezeq. 20:7; 36:18.

LOS QUE LA PRACTICAN:
se olvidan de Dios, Deut. 8:19; Jer. 18:15.
se alejan de Dios, Ezeq. 14:5; 44:10.
profanan el nombre de Dios, Ezeq. 20:39.
el santuario de Dios, Ezeq. 5:11.
dejan á Dios, 2 Rey. 22:17; Jer. 16:11.
aborrecen á Dios, 2 Crón. 19:2, 3.
enojan á Dios, Deut. 31:20; Isa. 65:3; Jer. 25:6.
se desvanecen en sus discursos, Rom. 1:21.
son ignorantes y necios, Rom. 1:21, 22.
se acaloran, Isa. 57:5.
se aferran al engaño, Jer. 8:5.
son llevados á los ídolos, 1 Cor. 12:2.
en su corazón van tras sus ídolos, Ezeq. 20:16.
se enloquecen en ídolos, Jer. 50:38.
se jactan de los ídolos, Sal. 97:7.
son partícipes con los demonios, 1 Co. 10:20.
consultan á sus ídolos, Ose. 4:12.
acuden á sus ídolos para ser libertados, Isa. 44:17; 45:20.
juran por sus ídolos, Amós 8:14.
los objetos de, son numerosos, I Cor. 8:5.

LOS OBJETOS DE, DESCRITOS COMO:
dioses ajenos, Gén. 35:2, 4; Ex. 20:3; Jos. 24:20; Jue. 2:12, 17; 1 Rey. 14:9.
nuevos dioses, Deut. 32:17; Jue. 5:8.
dioses que no salvan, Isa. 45:20.
dioses que no han hecho los cielos, Jer. 10:11.
los que no son dioses, Jer. 5:7; Gál. 4:8.
dioses de fundición, Ex. 34:17; Lev. 19:4.
vaciadizo, Deut. 27:15; Hab. 2:18.
escultura, Isa. 45:20; Ose. 11:2.
ídolos sin sentidos, Deut. 4:28; Sal. 115:5, 7.
ídolos mudos, Hab. 2:18; 1 Cor. 12:2.
piedras mudas, Hab. 2:19.
leño ó palo, Jer. 3:9; Ose. 4:12.
abominaciones, Isa. 44:19; Jer. 32:34.
imagenes de abominación, Ezeq. 7:20.
ídolos de abominación, Ezeq. 16:36.
tropezadero, Ezeq. 14:3.
maestros de mentiras, Hab. 2:18.
viento y vanidad, Isa. 41:29.
que son de nada, Isa. 41:24; 1 Cor. 8:4.
imposibilitados, Jer. 10.5.
vanidad, Jer. 18:15.
vanidades de los gentiles, Jer. 14:22.
el hacer ídolos para, descrito y ridiculizado, Isa. 44:10-20.
los pecadores obstinados entregados judicialmente á, Deut. 4:28; 28:64; Ose. 4:17.
advertencia con respecto á, Deut. 44:15-19.
exhortaciones á fin de que los hombres se aparten de, Ezeq. 14:6; 20:7; Act. 14:15.
renunciada, en la conversión, 1 Tes. 1:9.

LOS SANTOS DEBEN:
guardarse de, Jos. 23:7; 1 Juan 5:21.
huir de, 1 Cor. 10:14.
no tener nada que se relacione con, en sus casas, Deut. 7:26.
no tomar parte en cosa alguna que se relacione con, 1 Cor. 10:19, 20.
no tener relaciones religiosas con los que practican, Jos. 23:7; 1 Cor. 5:11.
no hacer pacto ó alianza con los que practican, Ex. 34:12, 15; Deut. 7:2.
no casarse con los que practican, Ex. 34:16; Deut. 7:3.
dar testimonio en contra de, Act. 14:15; 19:26.
rehusar el cometer actos de, aunque sean amenazados con la muerte, Dan. 3:18.
los santos son preservados por Dios de, 1 Rey. 19:18, con Rom. 11:4.
los santos se niegan á recibir el culto de, Act. 10:25, 26; 14:11-15.
los ángeles rehusan á recibir el culto de, Rev. 22:8, 9.
la destrucción de, prometida, Ezeq. 36:25; Zac. 13:2.
todo lo que se relacione con, debe ser destruido, Ex. 34:13; Deut. 7:5; 2 Sam. 5:21; 2 Reyes 23:14.
desgraciados de los que cometen!, Heb. 2:19.
maldiciones pronunciadas contra, Deut. 27:15.

CASTIGO DE: muerte jurídica, Deut. 17:2-5.
terribles juicios que terminan en la muerte, Jer. 8:2; 16:1-11.
destierro, Jer. 8:3; Ose. 8:5-8; Amós 5:26, 27.
exclusión del cielo, 1 Cor. 6:9-10; Efes. 4:5; Rev. 22:15.
tormentos eternos, Rev. 14:6-11; 21:8.
ejemplos de: Israel, Ex. 32:1; 2 Reyes 17:12. Los Filisteos, Jue. 16:33. Miqueas, Jue. 17:4, 5. Jeroboam, 1 Reyes 12:28. Maaca, 1 Rey. 15:3. Acháb, 1 Rey. 16:31. Jezabel, 1 Rey. 18:19. Sennaquerib, 2 Rey. 19:37. Manassés, 2 Reyes 21:4-7. Amón, 2 Reyes 21:21. Acaz, 2 Crón. 28:3. Judá, Jer. 11:13. Nabucodonosor, Dan. 3:1. Baltasar, Dan. 5:23. La gente de Listra, Act. 14:11, 12. Los Atenienses, Act. 17:16. Los Efesios, Act. 19:28.
ejemplos del celo en contra de: Asa, 1 Reyes 15:12. Josías, 2 Rey. 23:5. Josafat, 2 Crón. 17:6. Israel, 2 Crón. 31:1. Manassés, 2 Cró. 33:15.

ÍDOLOS mencionados en las Escrituras:
Adramelec, 2 Rey. 17:31.
Anamelec, 2 Rey. 17:31.
Asima, 2 Rey. 17:30.
Astarot, Jue. 2:13; 1 Rey. 11:33.
Baal, Jue. 2:11-13; 6:25.
Baal-berit, Jue. 8:33; 9:4, 46.
Baal-peor, Núm. 25:1-3.
Baal-zebub, 2 Rey. 1:2, 16.
Baal-zefón, Exod. 14:2.
Bel, Jer. 50:2; 51:44.
Camós, Núm. 21:29; 1 Rey. 11:33.
Dagón, Jue. 16:23; 1 Sam. 5:1-3.
Diana, Act. 19:24, 27.
Júpiter, Act. 14:12.
Mercurio, Act. 14:12.
Merodac, Jer. 50:2.
Moloc ó Melcom, Lev. 18:21; 1 Rey. 11:5, 33.
Nebahaz y Tartac, 2 Rey. 17:31.
Nebo, Isa. 46:1.
Nergel, 2 Rey. 17:30.
Nesroc, 2 Rey. 19:37.
Quiún, Amós 5:26.
Reina del Cielo, Jer. 44:17, 25.
Remfan, Act. 7:43.

Remmón, 2 Rey. 5:18.
Soccot-benot, 2 Rey. 17:30.
Tammuz, Ezeq. 8:14.
la fabricación de, prohibida, Ex. 20:23; 34:17; Lev. 19:4; 26:1; Deut. 5:8–10; 16:22.
son débiles é inertes, Jue. 18:17; 1 Rey. 18:25–29; 2 Reyes 18:33, 34; 19:12, 13, 17, 18; Isa. 45:20; 46:1, 7, 8; Jer. 10:5; Hab. 2:18. 19.
acerca de comer la carne ofrecida á, Rom. 14; 1 Cor. 8.
IDUMEA, tierra de Edom, Isa. 34:5; Ezeq. 35:15; 36:5; Mar. 3:8.
IGLESIA (la):
pertenece á Dios, 1 Tim. 3:15.
es el cuerpo de Cristo, Efes. 1:23; Col. 1:24.
Cristo es la piedra fundamental de, Mat. 21:42; 1 Cor. 3:11; Efes. 2:20; 1 Ped. 2:4, 6.
Cristo es la cabeza de, Efes. 1:22; 5:23.
es amada de Cristo, Cant. 7:10; Juan 13:1; Efes. 5:2, 25; Rev. 1:5.
comprada con la sangre de Cristo, Act. 20:28; Efes. 5:25; Heb. 9:12; 1 Juan 3:16.
santificada y depurada por Cristo, 1 Cor. 6:11; Efes. 5:26, 27.
sujeta á Cristo, Rom. 7:4; Efes. 5:24.
objeto de la gracia divina, Isa. 27:3; 2 Cor. 8:1.
despliega la sabiduría de Dios, Efes. 3:10.
manifestará la gloria de Dios, Isa. 60:6.
es la sal y la luz de los hombres, Mat. 5:13.
es columna y apoyo de la verdad, 1 Tim. 3:15.
es amada de los creyentes, Sal. 87:7; 137:5; 1 Cor. 12:25; 1 Tes. 4:9.
objeto de plegarias, Sal. 51:18; 122:6; Isa. 62:6.
es cara á Dios, Sal. 87:2; Isa. 43:4.
está segura bajo su cuidado, Sal. 46; 125.
militante, Cant. 6:10; Filip. 2:25; 2 Tim. 2:3; 4:7; File. 2.
Dios defiende, Sal. 89:18; Isa. 4:5; 49:25; Mat. 16:18.
Dios provee ministros para, Jer. 3:15; Efes. 4:11, 12.
debe tributar gloria á Dios, Efes. 3:21.
electa, 1 Ped. 5:13.
gloriosa, Sal. 45:13; Efes. 5:27.
revestida de justicia, Rev. 19:8.
creyentes continuamente agregados á, por el Señor, Act. 2:47; 5:14: 11:24.
unión de, Rom. 12:5; 1 Cor. 10:17; 12:12; Gál. 3:28; Efes. 4:4.
privilegios de, Sal. 36:8: 87:5.
el culto de, debe concurrirse á, Heb. 10:25.
fraternidad de, Sal. 133; Juan 13:34; Act. 4:32; Filip. 1:4; 2:1; 1 Juan 3; 4.
las disensiones de, deben evitarse, Rom. 16:17; 1 Cor. 1:10; 3:3.
los santos bautizados por el Espíritu para entrar en, 1 Cor. 12:13.
se manda á los ministros que apacienten, Act. 20:28.
es edificada por medio de la palabra, Rom. 12:6; 1 Cor. 14:4, 13: Efes. 4:15, 16; Col. 3:16.
los malos persiguen, Act. 8:1–3; 1 Tes. 2:14, 15.
no se debe menospreciar, 1 Cor. 11:22.
el corromper de, será castigado, 1 Cor. 3:17.
difusión de, predicha, Isa. 2:2; Ezeq. 17:22–24; Dan. 2:34, 35.
Véase DISCIPLINA.
IGLESIAS, las siete, en Asia, Rev. 1:4, 11, 20; 2:7, 11, 17, 29; 3:6, 13, 22.
IGNORANCIA, ofrendas por los pecados de, Lev. 4: Núm. 15:22.
censurada, Rom. 10:3; 2 Ped. 3:5.
el afán de Pablo para impedir, 1 Cor. 10:1; 12; 2 Cor. 1:8: 1 Tes. 4:13; Heb. 5:11.
——, acerca de Dios:

la ignorancia acerca de Cristo es, Juan 8:19.
MANIFESTADA EN:
la falta de amor, 1 Juan 4:8.
dejar de guardar sus mandamientos, 1 Juan 2:4.
vivir en el pecado, Tit. 1:16; 1 Juan 3:6.
CONDUCE:
al error, Mat. 22:29.
á la idolatría, Isa. 44:19; Act. 17:29, 30.
al alejamiento de Dios, Efes. 4:18.
á las concupiscencias, 1 Tes. 4:5; 1 Ped. 1:14.
á la persecución de los santos, Juan 15:21; 16:3.
no excusa el pecado, Lev. 4:2; Luc. 12:48.
los malos en un estado de, Jer. 9:3; Juan 15:21; 17:25; Act. 17:30.
los malos eligen, Job 21:14; Rom. 1:28.
castigo de, Sal. 79:6; 2 Tes. 1:8.
los ministros deben compadecerse de, Heb. 5:2.
los ministros deben trabajar para disipar, Act. 17:23.
ejemplos de: Faraón, Ex. 5:2. Los Israelitas, Sal. 95:10; Isa. 1:3. Los falsos profetas, Isa. 56:10, 11. Los Judíos, Luc. 23:34. Nicodemo, Juan 3:10. Los gentiles, Gál. 4:8. Pablo, 1 Tim. 1:13.
ILIRICO, el evangelio en, Rom. 15:19.
ILUSIÓN Ó ENGAÑO DE SÍ MISMO:
distintivo de los malos, Sal. 49:18.
la prosperidad conduce á, Sal. 30:6; Ose. 12:8; Luc. 12:17–19.
los pecadores obstinados á menudo se hacen, Sal. 81:11, 12; Ose. 4:17: 2 Tes. 2:10, 11.
MANIFIÉSTASE EN QUE PENSAMOS que:
nuestros caminos son rectos, Prov. 14:12.
que debemos imitar prácticas perversas, Jer. 44:17.
que somos puros, Prov. 30:12.
mejores que los demás, Luc. 18:11.
ricos en las cosas espirituales, Rev. 3:17.
que podemos tener paz en tanto que permanezcamos en el pecado, Deut. 29:19.
que la adversidad no nos alcanza, Sal. 10:6.
que nuestros dones nos dan derecho al cielo, Mat. 7:21, 22.
que los privilegios nos dan derecho al cielo, Mat. 3:9; Luc. 13:25, 26.
que Dios no castigará nuestros pecados, Jer. 5:12.
que Cristo ne vendrá á juzgar, 2 Ped. 3:4.
que nuestras vidas serán prolongadas, Isa. 56:12; Luc. 12:19; Sant. 4:13.
frecuentemente se persiste en, hasta lo último, Mat. 7:22; 25:11, 12; Luc. 13:24, 25.
consecuencias fatales de, Mat. 7:23; 24:48–51; Luc. 12:20; 1 Tes. 5:3.
ejemplos de: Achab, 1 Rey. 20:27, 34. Israelitas, Ose. 12:8. Los Judíos, Juan 8:33, 41. La iglesia de Laodicea, Rev. 3:17.
IMAGENES. Véase ÍDOLOS, IDOLATRÍA.
IMAGINACIONES del hombre. Véase PENSAMIENTOS.
IMPAVIDEZ, santa, ó CONFIANZA fundada:
Cristo puso un ejemplo de, Juan 7:26.
por la fé en Jesús, Efes. 3:12; Heb. 10:19.
un distintivo de los santos, Prov. 28:1.
LA PRODUCEN:
la confianza en Dios, Isa. 50:7.
el temor de Dios, Act. 5:29.
la fidelidad para con Dios, 1 Tim. 3:13.
expresad vuestra confianza en Dios con, Heb. 13:6.
tened, en la oración, Efes. 3:12; Heb. 4:16.
los santos la tendrán, el día del juicio, 1 Juan 4:17.

exhortaciones á la práctica de, Jos. 1:7; 2 Cró. 19:11; Jer. 1:8; Ezeq. 3:9.
pedid á Dios, Act. 4:29; Efes. 6:19, 20.
LOS MINISTROS DEBEN MANIFESTARLA:
en la fidelidad para con su grey, 2 Cor. 7:4; 10:1.
en la predicación, Act. 4:31; Filip. 1:14.
atacando el pecado, Isa. 58:1; Miq. 3:8.
arrostrando la oposición, Act. 13:46; 1 Tes. 2:2.
ejemplificada : Abraham, Gén. 18:22–32. Jacob, Gén. 32:24–29. Moisés, Ex. 32:31, 32; 33:18. Aarón, Núm. 16:47, 48. David, 1 Sam. 17:45. Elías, 1 Reyes 18:15, 18. Nehemías, Neh. 6:11. Sidrac, Dan. 3:17, 18. Daniel, Dan. 6:10. José, Mar. 15:43. Pedro y Juan, Act. 4:8–13. Esteban, Act. 7:51. Pablo, Act. 9:27, 29; 19:8. Barnabás, Act. 14:3. Apolos, Act. 18:26.
IMPENITENTES: se les llama contumaces, Sal. 78:8; perversos, Prov. 11:3; confiados, Isa. 32:9; duros de corazón, Isa. 46:12; 48:4; insensatos, Jer. 5:21; rebeldes, Ezeq. 2:5; duros de cerviz é incircuncisos de corazón, Act. 7:51.
no pueden prosperar, Job 9:4; Sal. 68:21; 81:11, 12; Prov. 28:13, 14.
les sobreviene una destrucción repentina y final, Prov. 1:24–31; 29:1; Jer. 8:20; 14:10; Ose. 4:17; Zac. 7:13; Mat. 2:2; Rom. 2:5; Rev. 3:3.
IMPERIO ROMANO:
visiones proféticas del, Dan. 2:33; 7.
Roma, capital del, Act. 18:2; 19:21.
llamado toda la tierra, Luc. 2:1.
la Judea era provincia de, Luc. 3:1; Act. 23:24; 25:1.
sus gobernadores disponían de las vidas de sus súbditos, Juan 18:31, 39; 19:10.
ciudadanía de, Act. 16:37; 22:25–28.
procedimientos judiciales de, Act. 22:24; 23; 25:11, 16; 26:32.
emperadores del, mencionados: Augusto, Luc. 2:1. Tiberio, Luc. 3:1. Claudio, Act. 11:28. Nerón, Filip. 4:22; 2 Tim. 4:23.
Véase ROMA, ROMANOS.
'MPIEDAD (la), definida, Sal. 10:4; 18:4; 36:1; Prov. 18:27; 19:28; Efes. 4:18; Sant. 4:4; Judas 18.
las vanas conversaciones conducen á, 2 Tim. 2:16.
abusa de la gracia, Judas 4.
no se le ha de prestar ayuda, 2 Crón. 19:6.
conduce á la prosperidad temporal, pero á la ruina eterna, Sal. 73.
acarrea sobre sí la ira de Dios, Sal. 1; Rom. 1:18; 2 Ped. 2:5; 3:7; Judas 14. Véanse DEJAR Á DIOS, OLVIDAR Á DIOS.
MPOTENTE, de los piés, sanado, Act. 14:8.
MPRECACIONES, notables, 2 Reyes 1:10; Job 3:3; Sal. 69:22–28; Jer. 20:14–18; Lam. 3:64.
MPUESTOS ó contribuciones, en el reinado de Joaquim, 1 Rey. 23:35.
en el de Augusto, Luc. 2:1.
MPUTACIÓN, de los pecados á Cristo, Isa. 53:6; Heb. 9:28; 1 Ped. 2:24; 1 Juan 3:5.
de la justicia, Rom. 4:6–22; 5; Sal. 32:2; 2 Cor. 5:19.
NCENSARIOS, de cobre, Lev. 10:1; 16:12.
de oro, 1 Rey. 7:50; Heb. 9:4; Rev. 8:3.
de Coré guardados, Núm. 16:36.
NCESTO prohibido, Lev. 18; 20:17; Deut. 22:30; 27:20; Ezeq. 22:11; Amós 2:7.
ejemplos de, Gén. 19:33; 35:22; 38:18; 2 Sam. 13; 16:21; Mar. 6:17; 1 Cor. 5:1.

INCIENSO, Ex. 30:22, 34; 37:29; Lev. 2:1; Cant. 3:6; Mat. 2:1.
sagrado para Dios, Ex. 30:37.
ofrecido, Lev. 10:1; 16:12; Núm. 16:46; Luc. 1:9; Rev. 8:3. Véase Isa. 1:13.
en el cielo, Rev. 8:3.
INCIRCUNCISIÓN, nombre dado á los Gentiles, Efes. 2:11.
INCLINACIÓN (ó vénia) en los sueños de José, Gén. 37:7, 9. El sueño se cumple, Gén. 43:28.
que hizo Moisés á su suegro. Ex. 18:7.
que hizo el pueblo á Absalom, 2 Sam. 15:5.
INCLINARSE (el acto de), en adoración, Gén. 24:26; Exod. 4:31; 20:5; Lev. 26:1; Núm. 22:31; 25:2; Jos. 23:7; 1 Reyes 19:18; 2 Rey. 5:18; 17:35; 2 Crón. 20:18; 29:29; Sal. 95:6; Isa. 45:23; Miq. 6:6; Efes. 3:14; Filip. 2:10.
en señal de cortesía, Gén. 33:3, 7; 43:26; Jue. 5:27; Rut 2:10; 1 Sam. 24:8; 28:14; 2 Sam. 9:8; 1 Reyes 1:16; 2:19; 2 Reyes 2:15; Est. 3:2, 5.
en señal de sumisión, Gén. 37:10; 49:8; Sal. 72:9; Isa. 49:23; 51:23.
INCONSTANCIA (la), censurada, Gén. 49:4; Prov. 24:21; Efes. 4:14; Heb. 13:9.
INCORRUPTIBLE, Dios, Rom. 1:23; los santos, 1 Cor. 15:52, 53; 1 Ped. 1:23; su herencia, 1 Ped. 1:4.
INCREDULIDAD (la):
es pecado, Juan 16:9.
la contaminación es inseparable de, Tit. 1:15.
todos por naturaleza encerrados en, Rom. 11:32.
PROCEDE de un mal corazón, Heb. 3:12.
de la morosidad de corazón, Luc. 24:25.
de la dureza, Mar. 16:14; Act. 19:9.
de aversión á la verdad, Juan 8:45, 46.
de la ceguedad espiritual, Juan 12:39, 40.
de no ser de las ovejas de Cristo, Juan 10:26.
de que el diablo ciega la mente, 2 Cor. 4:4.
saca la palabra del corazón, Luc. 8:12.
de andar en busca de los honores del mundo, Juan 5:44.
niega la veracidad de Dios, 1 Juan 5:10.
MANIFIÉSTASE desechando á Cristo, Juan 16:9.
la palabra de Dios, Sal. 106:24.
el evangelio, Isa. 53:1; Juan 12:38.
rechazando las pruebas de los milagros, Juan 12:37.
dudando de las promesas de Dios, Rom. 4:20.
alejándose de Dios, Heb. 3:12.
poniendo en duda el poder de Dios, 2 Reyes 7:2; Sal. 78:19, 20.
las obras de Dios, Sal. 78:32.
censurada por Cristo, Mat. 17:17; Juan 20:27.
servía de obstáculo á la ejecución de los milagros, Mat. 17:20; Mar. 6:5.
los milagros tenían por objeto convencer á los que adolecían de, Juan 10:37, 38; 1 Cor. 14:22.
los Judíos fueron rechazados á causa de, Rom. 11:20.
los creyentes no deben juntarse con los que yacen en, 2 Cor. 6:14.
LOS QUE SON INCRÉDULOS, no tienen en sí la palabra de Dios, Juan 5:38.
no pueden agradar á Dios, Heb. 11:6.
hablan mal del evangelio, Act. 19:9.
persiguen á los ministros de Dios, Rom. 15:31.
incitan contra los santos, Act. 14:2.
perseveran en su incredulidad, Juan 12:37.
endurecen sus cervices, 2 Rey. 17:14.
ya son condenados, Juan 3:18.
están bajo la ira de Dios, Juan 3:36.
no permanecerán, Isa. 7:9.

morirán en sus pecados, Juan 8:24.
no entrarán al descanso, Heb. 3:19; 4:11.
serán condenados, Mar. 16:16; 2 Tes. 2:12.
destruidos, Judas 5.
arrojados en el lago de fuego, Rev. 21:8.
admoniciones con respecto á, Heb. 3:12; 4:11.
pedid auxilio contra, Mar. 9:24.
la herencia de, dada á los siervos inútiles, Luc. 12:46.
ejemplos de: Eva, Gén. 3:4-6. Moisés y Aarón, Núm. 20:12. Los Israelitas, Deut. 9:23. Naamán, 2 Rey. 5:12. El príncipe Samaritano, 2 Rey. 7:2. Los discípulos, Mat. 17:17; Luc. 24:11, 25. Zacarías, Luc. 1:20. Los príncipes de los sacerdotes, Luc. 22:67. Los Judíos, Juan 5:38. Los hermanos de Cristo, Juan 7:5. Tomás, Juan 20:25. Los Judíos de Iconio, Act. 4:2. Los Judíos de Tesalónica, Act. 17:5. Los Efesios, Act. 19:9. Saulo, 1 Tim. 1:13. La gente de Jericó, Heb. 11:31.
INCRÉDULOS, la comunión con los, se ha de evitar, Rom. 16:17; 2 Cor. 6:14; Filip. 3:2; 1 Tim. 6:5.
su castigo, Mar. 16:16; Juan 3:18; 8:24; Rom. 11:20; Efes. 5:6; 2 Tes. 2:12; Heb. 4:11; 11:6; Sant. 5; 2 Ped. 2; 3; Jud. 5; Rev. 21:8.
INDIA, Est. 1:1.
INDULGENCIA (la), exhortaciones para ejercerla, Mat. 18:33; 1 Cor. 13:4; Efes. 4:2; 6:9; Col. 3:13; 2 Tim. 2:24; 1 Tes. 5:14.
——, de Dios, Sal. 50:21; Isa. 30:18; Rom. 2:4; 3:25; 1 Ped. 3:20; 2 Ped. 3:9.
los pecadores abusan de, Ecl. 8:11; 2 Ped. 3.
INFANTES. Véase NIÑOS.
INFECUNDIDAD (la), condenada y castigada, Mat. 3:10; 13:12; Juan 15:2.
parábola de la viña, Isa. 5:1-7.
de los talentos, Mat. 25:14-30.
la higuera estéril, Luc. 13:6-9.
INFIDELIDAD. Veánse INCREDULIDAD, INCRÉDULO, ESCARNIO.
INFIERNO (el):
lugar de tormento, Luc. 16:23; Rev. 14:10, 11.
DESCRITO COMO:
pena eterna, Mat. 25:46.
fuego eterno, Mat. 25:41.
llamas eternas, Isa. 33:14.
horno de fuego, Mat. 13:42, 50.
lago de fuego, Rev. 20:15.
fuego y azufre, Rev. 14:10.
fuego que nunca se apagará, Mat. 3:12.
fuego consumidor, Isa. 33:14.
preparado para el diablo, &c, Mat. 25:41.
los demonios están confinados en, hasta el día del juicio, 2 Ped. 2:4; Jud. 6.
el castigo de, es eterno. Isa. 33:14; Rev. 20:10.
los malos serán puestos en, Sal. 9:17.
ningún poder humano puede preservar al hombre de, Ezeq. 32:27.
el cuerpo sufre en, Mat. 5:29; 10:28.
el alma sufre en, Mat. 10:28.
los prudentes evitan, Prov. 15:24.
esforzáos por preservar á otros de, Prov. 23:14; Judas 23.
la sociedad de los malos conduce á, Prov. 5:5; 9:18.
la bestia, los falsos profetas y el diablo serán arrojados en, Rev. 19:20; 20:10.
las potestades de, no pueden prevalecer contra la iglesia, Mat. 16:18.
explicado con una comparación, Isa. 30:33.
INFINITO, Sal. 147:5.
INGENIOS de guerra. Véase MÁQUINAS.
INGERTACIÓN, Rom. 11:17-24; Sant. 1:21.

INGERTAR, Rom. 11:17-24.
INGRATITUD:
cualidad de los malos, Sal. 38:20; 2 Tim. 3:2.
MANIFESTADA:
por los parientes, Job 19:14.
por los criados, Job 19:15, 16.
á los bienhechores, Sal. 109:5; Ecl. 9:15.
á los amigos en angustias, Sal. 38:11.
los santos evitan, Sal. 7:4, 5.
DEBE HACÉRSELE FRENTE CON:
la oración, Sal. 35:12, 13; 109:4.
la fidelidad, Gén. 31:38; 42-50.
el amor constante, 2 Cor. 12:15.
castigo de, Prov. 17:13; Jer. 18:20, 21.
ejemplos de: Labán, Gén. 31:6, 7. El copero mayor, Gén. 40:23. Israel, Exod. 17:4. Los habitantes de Ceila, 1 Sam. 23:5, 12. Saúl, 1 Sam. 24:17. Nabal, 1 Sam. 25:5-11, 21. Absalom, 2 Sam. 15:6. Joás, 2 Crón. 24:22.
—— para con Dios:
cualidad de los malos, Rom. 1:21.
inexcusable, Isa. 1:2, 3; Rom. 1:21.
irracional, Jer. 2:5, 6, 31; Miq. 6:2, 3.
insensatez extremada de, Deut. 32:6.
lo culpable de, Sal. 106:7, 21; Jer. 2:11-13.
la prosperidad tiende á producir, Deut. 31:20; 32:15; Jer. 5:7-11.
amonestaciones con respecto á, Deut. 8:11-14; 1 Sam. 12:24, 25.
castigo de, Neh. 9:20-27; Ose. 2:8.
explicada con ejemplos, Isa. 5:1-7; Ezeq. 16:1-15.
ejemplos de: Israel, Deut. 32:18. Saúl, 1 Sam. 15:17-19. David, 2 Sam. 12:7-9. Nabucodonosor, Dan. 5:18-21. Los leprosos, Luc. 17:17, 18.
INHOSPITALIDAD, ejemplos de: Edom, Núm. 20:18-21. Sehón, Núm. 21:22, 23. Los Ammonitas y Moabitas, Deut. 23:3-6. Los habitantes de Gabaa, Jue. 19:15. Nabal, 1 Sam. 25:10-17. Los Samaritanos, Luc. 9:53.
Véase HOSPITALIDAD.
INJURIA. Véase CALUMNIA.
INJUSTICIA:
prohibida, Lev. 19:15, 35; Deut. 16:19.
DEBE EVITARSE ESPECIALMENTE HACIA:
los pobres, Ex. 23:6; Prov. 22:16.
los forasteros y los huérfanos, Ex. 22:21, 22; Deut. 24:17; Jer. 22:3.
los criados, Job 31:13, 14.
la menor, reprobada, Luc. 16:10.
no se halla ninguna en Dios, Deut. 32:4; 2 Cró. 19:7; Job 34:12.
DIOS advierte. Ecl. 5:8.
no aprueba, Lam. 3:35, 36.
abomina, Prov. 17:15; 20:10.
oye el grito de los que padecen, Sant. 5:4.
venga, Sal. 12:5.
acarrea maldiciones, Deut. 27:17, 19.
el mal ejercicio conduce á, Ex. 23:2.
la intemperancia conduce á, Prov. 31:5.
la codicia conduce á, Jer. 6:13.
LOS SANTOS DEBEN:
aborrecer, Prov. 29:27.
dar testimonio contra, Sal. 58:1, 2; Miq. 3:8, 9.
sobrellevar con paciencia, 1 Cor. 6:7.
non vengarse de, Mat. 5:39.
LOS MALOS:
se manejan con, Isa. 26:10.
juzgan con, Sal. 82:2; Ecl. 3:16; Hab. 1:4.
practican sin rubor, Jer. 6:13, 15; Sof. 3:5.
castigo de, Prov. 11:7; 28:8; Amós 5:11, 12; 8:5, 8; 1 Tes. 4:6.
ejemplos de: Putifar, Gén. 39:20. Los hijos de Samuel, 1 Sam. 8:3. Achab, 1 Rey. 21:10, 15,

16. Los Judíos, Isa. 59:14. Los príncipes, &c., Dan. 6:4. Judas, Mat. 27:4. Pilato, Mat. 27:24-26. Los sacerdotes, &c., Act. 4:3. Festo, Act. 24:27.

INMORTALIDAD de Dios, 1 Tim. 1:17; 6:16.
de los hombres, Rom. 2:7; 1 Cor. 15:53.

INMUNDICIAS, leyes con referencia á las, Lev. 5; 7; 11; 12; 15; 22; Núm. 5; 19; Deut. 23:10; 24:1.
simbolizan el pecado, Zac. 13:1; Mat. 23:27.

INMUNDOS, animales, Lev. 11; 20:25; Deut. 14.

INMUTABILIDAD del consejo de Dios, Heb. 6:17; Rom. 11:29.

INOCENCIA, David declara su, Sal. 26:6; la de Daniel, Dan. 6:22; la de Pilato, Mat. 27:24.

INOCENTE–S (inofensivo), Cristo fué, Heb. 7:26. los discípulos habían de ser, Mat. 10:16; Rom. 16:19; Filip. 2:15.

INOCENTES, sacrificados á los ídolos, 2 Reyes 21:16; 24:4; Sal. 106:38; Jer. 2:34; 19:4.
inmolados por Herodes, Mat. 2:16.

INSCRIPCIÓN, en el dinero, Mat. 22:20.
sobre la cruz, Luc. 23:38.

INSECTOS, creados por Dios, Gén. 1:24, 25.
limpios, Lev. 11:21, 22.
inmundos, Lev. 11:23, 24.
mencionados en las Escrituras: hormiga, Prov. 6:6; 30:25; abeja, Jue. 14:8; Sal. 118:12; Isa. 7:18; haregol, Lev. 11:22; pulgon, Sal. 78:56; Isa. 33:4; Joel 1:4; Nah. 3:15, 16; gusano, Ex. 16:20; Job 25:6; Miq. 7:17; pulga, 1 Sam. 24:14: mosca, Ex. 8:22; Ecl. 10:1; Isa. 7:18; mosquito, Mat. 23:24; langosta, Ex. 10:12, 13; Lev. 11:22; Jue. 6:5; Job 39:20; Ecl. 12:5; avispa, Deut. 7:20; langostin, Lev. 11:22; piojo. Ex. 8:16: Sal. 105:31; polilla, Job 4:19; 27:18: Isa. 50:9; Mat. 6:19; oruga, Joel 1:4 ; Amós 4:9; araña, Job 8:14; Prov. 30:28.
alimentados por Dios, Sal. 104:25, 26; 145:9, 15.

INSENSATEZ de los pecadores, Sal. 94:5; Jer. 4:22; 8:7; Ose. 7:11; Efes. 4:19.
el evangelio llamado así, 1 Cor. 1:18; 2:14.
la sabiduría del mundo es, para con Dios, 1 Cor. 1:20; 2:7; 3:19.

INSENSATOS, todos los hombres son por naturaleza, Tit. 3:3.
niegan á Dios, Sal. 14:1; 53:1.
blasfeman á Dios, Sal. 74:18.
murmuran contra Dios, Sal. 74:22.
hacen burla del pecado, Prov. 14:9.
desprecian la instrucción, Prov. 1:7; 15:5.
la sabiduría, Prov. 1:7.
aborrecen la ciencia, Prov. 1:22.
no hallan placer en la inteligencia, Prov. 18:2.
se complacen en la abominación, Prov. 10:23.
andan en la oscuridad, Ecl. 2:14.
les es abominación apartarse del mal, Prov. 13:19.
el culto de, es aborrecible á Dios, Ecl. 5:1.
SON:
corrompidos y abominables, Sal. 14:1.
presuntuosos, Prov. 12:15; Rom. 1:22.
confiados de sí mismos, Prov. 14:16.
engañadores de sí mismos, Prov. 14:8.
meramente palabreros, Mat. 25:2-12.
llenos de palabras, Ecl. 10:14.
amantes de meterse en pleitos, Prov. 20:3.
calumniadores, Prov. 10:18.
mentirosos, Prov. 10:18.
perezosos, Ecl. 4:5.
coléricos, Ecl. 7:9.
pendencieros, Prov. 18:6.
causa de dolor á sus padres, Prov. 17:25; 19:13.
caen en la deshonra, Prov. 3:35.

causan su propia ruina con sus palabras, Prov. 10:8, 14; Ecl. 10:12.
la compañía de, es perjudicial, Prov. 13:20.
los labios de, lazos para su alma, Prov. 18:7.
se obstinan en su maldad, Prov. 26:11; 27:22.
rinden culto á los ídolos, Jer. 10:8; Rom. 1:22.
confian en sus propios corazones, Prov. 28:26.
en sus riquezas, Luc. 12:20.
oyen el evangelio y no lo obedecen, Mat. 7:26.
la boca de, arroja necedad, Prov. 15:2.
no les cuadra la honra, Prov. 26:1, 8.
á Dios no agradan, Ecl. 5:4.
no estarán delante de los ojos de Dios, Sal. 5:5.
alejáos de ellos, Prov. 9:6; 14:7.
exhortados á buscar la sabiduría, Prov. 8:5.
el castigo de, Sal. 107:17; Prov. 19:29; 26:10.
ejemplos de: Roboam, 1 Rey. 12:8. Israel, Jer. 4:22. Los Fariseos, Mat. 23:17, 19.

INSPIRACIÓN del Espíritu Santo:
predicha, Joel 2:28, con Act. 2:16-18.
toda Escritura dada por, 2 Tim. 3:16; 2 Ped. 1:21.
OBJETO DE:
revelar los acontecimientos futuros, Act. 1:16; 28:25.
los misterios de Dios, Amós 3:7; 1 Cor. 2:10.
comunicar poder á los ministros, Miq. 3:8; Act. 1:8.
dirigir á los ministros, Ezeq. 3:24-27; Act. 11:12; 13:2.
dominar á los ministros, Act. 16:6.
dar testimonio contra el pecado, 2 Rey. 17:13; Neh. 9:30; Miq. 3:8; Juan 16:8, 9.
MODOS DE OBRAR:
varios, Heb. 1:1.
impulso secreto, Jue. 13:25; 2 Ped. 1:21.
una voz, Isa. 6:8; Act. 8:29; Rev. 1:10.
visiones, Núm. 12:6; Ezeq. 11:24.
sueños, Núm. 12:6; Dan. 7:1.
necesaria para profetizar, Núm. 11:25-27 ; 2 Crón. 20:14-17.
es irresistible, Amós 3:8.
los que la menosprecian son castigados, 2 Cró. 36:15, 16; Zac. 7:12.

INESTABILIDAD. Véase INCONSTANCIA.

INSTIGADORES:
á la embriaguez, son malditos, Hab. 2:5.
á la idolatría, deben ser lapidados, Deut. 13:10.
ai pecado, reprobados, Rom. 14:13.
debemos alejarnos de ellos, Prov. 1:10-15.
serán castigados, Deut. 28:10.
vencidos por el poder de Dios, Jer. 20:10.
ejemplos de: los enemigos de los Judíos, Neh. 6. Balaam, Rev. 2:14.

INSTINTO, en los animales, Job 6:5; 37:6-8; 39:13-17; Sal. 104:20-22; Prov. 30:24-28; Isa. 1:3; Lam. 4:3.

INSTRUCCIÓN (la) viene de Dios, Job 33:16 Sal. 32:8.
beneficios de, Prov. 1:3; 9:9; Mat. 13:51.
de los padres, Deut. 4:9; 6:7; 11:19; Prov. 1:—.
de los ministros, Deut. 17:9-11; 2 Crón. 20:20; Mal. 2:7; Luc. 10:16; Heb. 13:7.
debe solicitarse, Prov. 19:20; 23:12.
debe acatarse, Prov. 1:8; 4:13; 13:1.
conduce á la vida, Prov. 10:17; 2 Tim. 3:16
riesgo en descuidar, Sal. 50:17; Prov. 1 24; 5:12; 13:18; 15:32; Mat. 11:21.

INSTRUMENTOS y Herramientas:
aguijón, 1 Sam. 13:21.
arado, Isa. 28:24.
balanza, Job 31:6; Prov. 11:1.
cepillo, Isa. 44:13.
clavo (ó estaca), Jue. 4:21; 1 Crón. 22:3
cortaplumas, Jer. 36:23.

cucharón, Ex. 25:25; Núm. 4:7.
cuchillo, Gén. 22:6; 1 Rey. 18:28.
despabiladeras, Ex. 25:38; 37:23; 1 Rey. 7:49.
  También 1 Rey. 7:50; Jer. 52:18 (que la versión Reyna-Valera llama vaso).
enjullo de telar, Jue. 16:14; 2 Sam. 21:19.
escoba, Isa. 14:23.
fuelle, Jer. 6:29.
hacha, Deut. 19:5; 2 Rey. 6:5, 6.
harnero, Amós 9:9; Luc. 22:31.
horquilla, 1 Sam. 13:21.
hoz, Deut. 16:9; Isa. 2:4; Joel 3:10; Mar. 4:29.
huso, Prov. 31:19. Véase Ex. 35:25, 26.
lanzadera de tejedor, Job 7:6.
lesna, Ex. 21:6; Deut. 15:17.
martillo, 1 Rey. 6:7; Prov. 25:18; Isa. 41:7.
molino, Núm. 11:8; Prov. 27:22.
navaja de afeitar, Núm. 6:5; Isa. 7:20.
pala, Ex. 27:3; Jer. 52:18.
plomo de albañil, Amós 7:7, 8; Zac. 4:10.
pluma, Jer. 8:8; 3 Juan 13.
rueca, Prov. 31:19.
sacho, 1 Sam. 13:20; Isa. 7:25.
sierra, 2 Sam. 12:31; Isa. 10:15.
trillo, 2 Sam. 12:31; 1 Crón. 20:3.
yunque, Isa. 41:7.
INTEGRIDAD, ejemplos de, 1 Sam. 12:3; 2 Rey. 12:15; 22:7; Job 2:3; Sal. 7:8; 26:1; 41:12; Prov. 11:3; 19:1; 20:7.
INTELIGENCIA natural, no es guía suficiente, Prov. 3:5; 1 Cor. 1:19–31; 3:19–21.
los malos carecen de, Rom. 1:31.
la obediencia á Dios redunda en provecho de, Deut. 4:6.
Salomón le pide á Dios, 1 Rey. 3:9.
otorgada por Dios, Prov. 2:6; 9:10; Efes. 1:18.
INTEMPERANCIA en el comer y en ei beber, prohibida, Deut. 21:21; Prov. 21:17; 23:1; Luc. 21:34; 1 Cor. 9:25, 27; Filip. 3:19.
Véase EMBRIAGUEZ, GLOTONERÍA, VINO.
INTERCESIÓN de Cristo, Isa. 53:12; Heb. 7:25; Rom. 8:34; 1 Juan 2:1. Véase Luc. 23:34.
del Espíritu Santo, Rom. 8:26.
ha de hacerse por los reyes. &c., 1 Tim. 2:1; Rom. 15:30; 2 Cor. 1:11; Efes. 1:16; 6:18; Col. 4:3; 1 Tes. 5:25; 2 Tes. 3:1; Heb. 13:18.
de Abraham por Sodoma, Gén. 18:23.
de Lot, Gén. 19:18.
de Judá por Benjamín, Gén. 44:18.
de Moisés, Ex. 32:11; 33:12; Núm. 11:2; 12:13; 14:13; Deut. 9:18.
de Samuel, 1 Sam. 12:23.
de David, 2 Sam. 24:17.
de Esteban, Act. 7:60.
de Pablo, Rom., 10:1; 2 Tim. 1:18; 4:16.
INTERPRETACIÓN (la) de los sueños, Gén. 40:8; Prov. 1:6; Dan. 2:27. Véase SUEÑOS.
INTÉRPRETES de idiomas, Gén. 42:23; 2 Crón. 32:21 (Valera, EMBAJADORES); Neh. 8:8.
en la iglesia cristiana, 1 Cor. 12:10, 30; 14:5, 13, 26–28.
por vía de comparación, Job 33:23.
INVALIDAR, Job 40:8; Isa. 14:27; 28:18; Gál. 3:17.
INVIERNO, Gén. 8:22; Sal. 74:17; Rom. 20:4; Cant. 2:11; Act. 27:12; 28:11; Tit. 3:12.
INVISIBLE (DIOS), Col. 1:15; 1 Tim. 1:17; Heb. 11:27.
IRA (la):
prohibida, Ecl. 7:9; Mat. 5:22; Rom. 12:19.
obra de la carne, Gál. 5:20.
distintivo de los tontos, Prov. 12:16; 14:29; 27:3; Ecl. 7:9.
VA UNIDA:
al orgullo, Prov. 21:24.

á la crueldad, Gén. 49:7; Prov. 27:4.
á la griterfa y la maledicencia, Efes. 4:31.
á la malicia y las torpes palabras, Col. 3:8.
á las contiendas, Prov. 21:19; 29:22; 30:33.
lleva en su seno su propio castigo, Job 5:2; Prov. 19:19; 25:28.
las palabras duras despiertan, Jue. 12:4; 2 Sam. 19:43; Prov. 15:1.
no debemos dejar que nos arrastre al pecado, en la oración despojáos de, 1 Tim. 2:8.
la sabiduría puede alejar, Prov. 29:8.
la mansedumbre calma, Prov. 15:1; Ecl. 10:4.
los hijos no deben ser provocados á, Efes. 6:4; Col. 3:21.
sed tardos para sentir, Prov. 15:18; 16:22; 19:11; Tit. 1:7; Sant. 1:19.
evitad á los que se entregan á, Gén. 49:6; Prov. 22:21.
justificable, ejemplos de: nuestro Señor, Mar. 3:5. Jacob, Gén. 31:36. Moisés, Ex. 11:8; 32:19; Lev. 10:16; Núm. 16:15. Nehemías, Neh. 5:6; 13:17, 25.
culpable, ejemplos de: Caín, Gén. 4:5, 6. Esaú, Gén. 27:45. Simeón y Leví, Gén. 49:5–7. Moisés, Núm. 20:10, 11. Balaam, Núm. 22:27. Saúl, 1 Sam. 20:30. Achab, 1 Reyes 22:4. Naamán. 2 Rey. 5:11. Asa, 2 Crón. 16:10. Ozías, 2 Crón. 26:19. Amán, Est. 3:5. Nabucodonosor, Dan. 3:13. Jonás, Jon. 4:4. Herodes, Mat. 2:16. Los Judíos, Luc. 4:28. El sumo sacerdote, &c., Act. 5:17; 7:54.

IRA de Dios:
apartada del hombre por Cristo, Luc. 2:11, 14; Rom. 5:9; 2 Cor. 5:18, 19; Efes. 2:14, 17; Col. 1:20; 1 Tes. 1:10.
se aparta de los que creen, Juan 3:14–18; Rom. 3:25; 5:1.
se aparta cuando confesamos á Dios nuestros pecados y nos arrepentimos, Job 33:27, 28; Sal. 106:43–45; Jer. 3:12, 13; 18:7, 8; 31:18–20.
es tarda, Sal. 103:8; Isa. 48:9; Jonás 4:2; Nah. 1:3.
es justa, Sal. 58:10, 11; Lam. 1:18; Rom. 2:6, 8; 3:5, 6; Rev. 16:6, 7.
la justicia de, no debe revocarse á duda, Rom. 9:18–22.
manifestada con terror, Ex. 14:24; Sal. 76:6–8; Jer. 10:10; Lam. 2:1–22.
manifestada en juicios y aflicciones, Job 21:17; Sal. 78:49–51; 90:7; Isa. 9:19; Jer. 7:20; Ezeq. 7:19; Heb. 3:17.
no hay quien pueda oponérsele, Job 9:13; 14:13; Sal. 76:7; Nah. 1:6.
se agrava por medio de continuas incitaciones, Núm. 32:14.
reservada especialmente para el día de la ira, Sof. 1:14–18; Mat. 25:41; Rom. 2:5, 8; 2 Tes. 1:8; Rev. 6:17; 11:18; 19:15.
HACIA los malos, Sal. 7:11; 21:8, 9; Isa. 3:8; 13:19; Nah. 1:2, 3; Rom. 1:18; 2:8; Efes. 5:6; Col. 3:6.
los que lo dejan, Ezra 8:22; Isa. 1:4.
la incredulidad, Sal. 78:21, 22; Heb. 3:18, 19; Juan 3:26.
la impenitencia, Sal. 7:12; Prov. 1:30, 31; Isa. 3:13, 14; Rom. 2:5.
la apostasía, Heb. 10:26, 27.
la idolatría, Deut. 29:20, 27, 28; 32:19, 20, 22; Jos. 23:16; 2 Reyes 22:17; Sal. 78:58, 59; Jer. 44:3.
el pecado, de parte de los santos, Sal. 89:30–32; 90:7–9; 99:8; 102:9, 10; Isa. 47:6.
extremada, hacia tódos los que se oponen al evangelio, Sal. 2:2, 3, 5; 1 Tes. 2:16.

es una insensatez el excitar, Jer. 7:19; 1 Cor. 10:22.
es de temerse, Sal. 2:12 ; 76:7 ; 90:11; Mat. 10:28.
es de lamentarse, Ex. 32:11; Sal. 6:1; 38:1; 74:1, 2; Isa. 64:9.
debemos orar á Dios que la aparte de nosotros, Sal. 39:10; 79:5; 80:4; Dan. 9:16; Hab. 3:2.
templada con la misericordia para con los santos, Sal. 30:5; Isa. 26:20; 54:8; 57:15, 16; Jer. 30:11; Miq. 7:18.
debe sobrellevarse con resignación, 2 Sam. 24:17; Lam. 3:39, 43; Miq. 7:9.
debe conducir al arrepentimiento, Isa. 42:24, 25: Jer. 4:8.
ejemplos de, hacia: el mundo antiguo, Gén. 7:21-23. Los que edificaban á Babel, Gén. 11:8. Las ciudades de la llanura, Gén. 19:24, 25. Los Egipcios, Ex. 7:20; 8:6, 16, 24; 9:3, 9, 23; 10:13, 22; 12:29; 14:27. Los Israelitas, Ex. 32:35; Núm. 11:1, 33; 14:40-45; 21:6; 25:9; 2 Sam. 24:1, 15. Los enemigos de Israel, 1 Sam. 5:6; 7:10. Nadab, &c., Lev. 10:2. Los espías, Núm. 14:37. Coré, &c., Núm. 16:31, 35. Aarón y María, Núm. 12:9, 10. Los cinco reyes, Jos. 10:25. Abimelec, Jue. 9:56. La gente de Bet-sames, 1 Sam. 6:19. Saúl, 1 Sam. 31:6; 2 Sam. 6:7. La familia de Saúl, 2 Sam. 21:1. Sennaquerib, 2 Reyes 19:28, 35, 37.
IRONÍA, ejemplos de, Jue. 10:14; 1 Rey. 18:27; Job 12:1; Ecl. 11:9; Amós 4:4.
ISAAC, prometido, Gén. 15:4; 17:16; 18:10.
nace, Gén. 21:2.
se le libra de ser sacrificado, Gén. 22.
se casa con Rebeca, Gén. 24:67.
niega á su esposa, Gén. 26:7.
su alianza con Abimelec, Gén. 26:26.
bendice á Jacob, Gén. 27:27; 28:1; y á Esaú, Gén. 27:39.
su muerte, Gén. 35:29. Véase Rom. 9:10; Heb. 11:20.
su piedad y afición á la oración, Gén. 24:63; 25:21; 26:25; Mat. 8:11; Luc. 13:28.
ISACAR, hijo de Jacob, Gén. 30:18; 35:23.
bendecido por Jacob, Gen. 49:14; y por Moisés, Deut. 33:18.
sus descendientes, Gén. 46:13; 1 Crón. 7:1; Jue. 5:15.
contados, Núm. 1:28; 26:23.
su herencia, Jos. 19:17; Ezeq. 48:33; Rev. 7:7.
ISAÍAS, profeta, Isa. 1:1.
su visión de la gloria de Dios, Isa. 6.
enviado á Acaz, Isa. 7.
y á Ezequías, Isa. 37:6; 38:4; 39:3 (2 Reyes 19:2; 20).
se convierte en señal ó símbolo, Isa. 20.
profetiza acerca de varias naciones, Isa. 7; 8; 10; 13-23; 45-47.
escribe las historias de Ozías y de Ezequías, 2 Crón. 26:22; 32:32.
sus escritos están citados en Mat. 3:3; 4:14; 8:17; 12:17; 13:14; 15:7; Mar. 1:2; Luc. 3:4; 4:17; Juan 1:23; 12:38; Act. 8:32; 28:25 ; Rom. 9:27; 10:16: 15:12.
ISBOSET, hijo de Saúl, hecho rey, 2 Sam. 2:8; 3:1.
muerto alevosamente, 2 Sam. 4.
ISLAS, Isa. 20:6; 42:15; Jer. 25:22.
mencionadas en las Escrituras : Cetim, Jer. 2:10 ; Clauda, Act. 27:16; Coos, Act. 21:1; Creta, Act. 27:7, 12, 13, 21; Chio, Act. 20:15; Chipre, Act. 21:3; 27:4; Elisa, Gén. 10:4, 5; Ezeq. 27:7; Melita (hoy Malta), Act. 28:1-10; Patmos, Rev. 1:9; Rodas, Act. 21:1; Samo,

Act. 20:15; Samotracia, Act. 16:11.
ISLAS, de los gentiles, las islas del Mediterráneo arriba mencionadas, Gén. 10:5; Sof. 2:11.
ISMAEL, hijo de Abram, Gén. 16.
bendecido y circuncidado, Gén. 17:20, 23.
despedido, pero protegido, Gén. 21:17.
muerte, Gén. 25:17.
——, hijo de Natanías, mató á Godolías, 2 Reyes 25:25; Jer. 40:14; 41.
ISMAELITAS, descendientes de Ismael, hijo de Abram, Gén. 16:15, 16; 1 Crón. 1:29.
divididos en doce tribus, Gén. 25:16.
llamados Agarenos, 1 Crón. 5:10; Sal. 83:6; Arabes, Isa. 13:20.
eran los mercaderes del oriente, Gén. 37:25; Ezeq. 27:20, 21.
viajaban en caravanas, Gén. 37:25; Job 6:19.
asechaban á los viajeros y les robaban, Jer. 3:2.
predicciones con respecto á los, Gen. 16:10, 12; 17:20; 21:13, 18; Sal. 72:10, 15; Isa. 21:13-17; Jer. 25:23-15.
probablemente Pedro y Pablo les predicaron, Act. 2:11; Gál. 1:17.
ISRAEL, Jacob, Gén. 32:28; 35:10.
ISRAELITAS (los):
su servidumbre en Egipto, Ex. 1-12.
observan la primera pascua, Ex. 12.
parten de Egipto, Ex. 12:31.
pasan el mar Rojo, Ex. 14.
son alimentados milagrosamente, Ex. 15:23; 16; 17:1; Núm. 11:20.
contados doce veces, Núm. 1; 26.
el pacto de Dios con, Ex. 19; 20; Deut. 29:10.
viaje de, bajo la dirección de Dios, Ex. 14:1, 19; Núm. 9:15; Sal. 78:14.
su campamento, Núm. 2.
sus marchas, Núm. 10:14.
sus paradas en el desierto, Núm. 33.
sus murmuraciones en el desierto, Ex. 16; 17 ; Núm. 11; 14; 16:14; 20.
sus diversas rebeliones, &c., Deut, 1: 2; 9; 2 Rey. 17; Sal. 78; 105; 106; Ezra 9; Neh. 9; Ezeq. 16; 20; 22; 23; Act. 7:39; 1 Cor. 10:5.
vencen á Amalec, Ex. 17.
derrotan á los Cananeos y Madianitas, Núm. 21; 31.
se internan en Canaán y lo subyugan, Josué.
gobernados por jueces, Jue. 2, &c.
regidos por reyes, 1 Sam. 10, &c.; 2 Sam.; 1 y 2 Reyes; 1 y 2 Crón.
llevados cautivos á Asiria, 2 Rey. 17.
llevados á Babilonia, 2 Rey. 25; 2 Crón. 36; Jer. 39; 52.
su situación allí, Est.; Dan.; Ezeq.
su regreso, Ezra; Neh.; Agg.; Zac.
su historia es un ejemplo, 1 Cor. 10:6. Véase JUDÍOS.
ITALIA, Act. 18:2; 27:1; Heb. 13:24.
ITALIANA (la), compañía llamada así, Act. 10:1.
ITAMAR, hijo de Aarón, Ex. 6:23; Lev. 10:6.
sus funciones, Núm. 4.
sus descendientes, 1 Crón. 24.
ITIEL, Prov. 30:1.
ITURÉA, Luc. 3:1. Véase 1 Cró. 1:31; 5:19.
IXIÓN, Deut. 14:13.

J.

JABEL, Gén. 4:20.
JABÉS, 2 Rey. 15:10, 13, 14.
JABÉS-GALAAD, los de, son muertos, Jue. 21.
librados de Ammón por Saúl, 1 Sam. 11.
su gratitud, 1 Sam. 31:11; 2 Sam. 21:12, 1 Crón. 10:11.
bendecidos por David, 2 Sam. 2:5.

JABÉS (ó Jabez) oración de, concedida, 1 Crón. 4;10.
JABÍN, rey de Asor, vencido por Josué, Jos. 11. por Barac, Jue. 4.
JABOC, Gén. 32:22–32; Núm. 21:24; Deut. 2:37; 3:16; Jos. 12:2; Jue. 11:13, 22.
JABÓN, Jer. 2:22; Mal. 3:2.
JACINTO, Rev. 9:17; 21:20.
JACOB:
nace, Gén. 25:26.
obtiene la primogenitura, Gén. 25:33; y la primera bendición, Gén. 27:27.
enviado á Padán-Aram, Gén. 27:43; 28:1.
su visión y su voto, Gén. 28:10.
sus matrimonios, Gén. 29.
sus hijos, Gén. 29:31; 30.
sus negocios con Labán, Gén. 31.
su visión en Mahanaim, Gén. 32:1.
su oración, Gén. 32:9.
lucha con el Ángel, Gén. 32:24; Ose. 12:3.
se encuentra con Esaú, Gén. 33.
erige un altar, Gén. 35:1.
su amor hacia José y Benjamín, Gén. 37; 42:38; 43.
vá á Egipto, Gén. 46.
es presentado á Faraón, Gén. 47:7.
bendice á sus hijos, Gén. 48; 49.
su muerte y su entierro, Gén. 49:33; 50.
Véase Sal. 105:23; Mala. 1:2; Rom. 9:10; Heb. 11:21.
JACTANCIA (la) reprobada, Sal. 49:6; 52:1; 94:4; Prov. 20:14; 25:14; 27:1; Isa. 10:15; Jer. 9:23; Rom. 1:30; 11:18; 1 Cor. 4:7; 2 Cor. 10:12; Sant. 3:5; 4:16.
de Goliat, 1 Sam. 17.
de Ben-adad, 1 Rey. 20:10.
de Sennaquerib, 2 Rey. 18; 19, &c.
el evangelio la rechaza, Rom. 3:27; 1 Cor. 1:29; Efes. 2:9, &c.
JAFET es bendecido, Gén. 9:27.
sus descendientes, Gén. 10:1; 1 Crón. 1:4.
JAHAZ (Jasa ó Jaza), Núm. 21:23; Jos. 13:18; 1 Crón. 6:78; Isa. 15:4.
JAHAZIEL consuela á Josafat, 2 Crón. 20:14.
JAHEL mata á Sísera, Jue. 4:17; 5:24.
JAIR, juez, Jue. 10:3.
JAIRO, su hija es resucitada, Mat. 9:18; Mar. 5:22; Luc. 8:41.
JANNE, Luc. 3:24.
JANNES, 2 Tim. 3:8 (Ex. 7:11).
JAQUÍN (El establecerá), columna del templo, 1 Rey. 7:21; 2 Crón. 3:17.
JARDÍN-ES, el hombre puesto en el, Gén. 2:8.
de Getsemaní, Juan 18:1.
el entierro de Cristo en un, Juan 19:41.
alusiones hechas á, Núm. 24:6; Deut. 11:10; 1 Reyes 21:2; 2 Reyes 21:18; 25:4; Est. 1:5; 7:7, 8.
los ritos idólatras en, Isa. 1:29; 57:5; Ose. 4:13.
Véase Cant. 4:12; 5:1; 6:2; Isa. 51:3; 58:11; 61:11; Jer. 31:12; Ezeq. 28:13; 36:25; Joel 2:3.
JARDINERÍA. Véase Oficios y Profesiones.
JAREB (rey hostil), Ose. 5:13; 10:6.
JARED, Gén. 5:15–20; 1 Crón. 1:2; Luc. 3:37.
JARROS, &c., ofrecidos por los príncipes de Israel, Núm. 7. Véase Zac. 4:2.
JASHER. Véase Derecho.
JASÓN, es perseguido, Act. 17:5; Rom. 16:21.
JASPE, Exod. 28:20; Ezeq. 28:13; Rev. 4:3; 21:11, 18, 19.
JAVÁN, Gén. 10:2.
país de, Isa. 66:19; Ezeq. 27:13, 19.
JAZER, Núm. 32:1; Jos. 13:25; 2 Sam. 24:5; Isa. 16:8, 9.
JEBAHAR, 2 Sam. 5:15; 1 Cró. 3:6; 14:5.

JEBNEEL, ó Jabnia, Jos. 15:11; 2. Crón. 26:6.
JEBUSEOS, Gén. 15:21; Núm. 13:29.
se establecen en Jerusalem, Jos. 15:63; Jue. 1:21; 19:11.
echados fuera por David, 2 Sam. 5:6.
JECSÁN, Gén. 25:2, 3, 6; 1 Crón. 1:32.
JECTEHEL (vencido por Dios), 2 Rey. 14:7.
JEDIDÍA, Salomón, 2 Sam. 12:25.
JEFTÉ, su alianza con los Galaaditas, Jue. 11:4.
mensaje á los Ammonitas, Jue. 11:14.
su voto, Jue. 11:30, 34.
su victoria, Jue. 11:32.
castiga á los de Efraim, Jue. 12.
JEHOVÁ, Gén. 2:4, 5, 15; 3:1, &c.; 4:1, &c.; Ex. 6:3, &c.; Sal. 83:18; Isa. 12:2, &c.
JEHOVÁ-JIRE, ó VERÁ (es decir, el Señor proveerá), Gén. 22:14.
JEHOVÁ-NISSI (el Señor mi estandarte), Ex. 17:15.
JEHOVÁ-SALOM (el Señor envíe paz), Jue. 6:24.
JEHOVÁ-SAMMAH (el Señor está allí), Ezeq. 48:35.
JEHOVÁ-TSIDQUENÚ (Jehová justicia nuestra), Jer. 23:6; 33:16.
JEHÚ, hijo de Hanani, profetiza contra Baasa, 1 Rey. 16:1.
reconviene á Josafat, 2 Crón. 19:2: 30:34.
———, hijo de Namsi, nombrado rey de Israel, 1 Rey. 19:16.
ungido, 2 Rey. 9:1.
mata á Joram y Ocozías, 2 Rey. 9:24.
hace matar la familia de Achab y á los adoradores de Baal, 2 Reyes 10.
su idolatría, 2 Rey. 10:29.
su muerte, 2 Rey. 10:34.
JEREMÍAS, su vocación y sus visiones, Jer. 1.
lamenta la muerte de Josías, &c., 2 Cró. 35:35; Lam. 1.
su misión, Jer. 1:17; 7, &c.
herido por Fasur, Jer. 20.
su queja, Jer. 20:14.
mensaje á Sedecías, Jer. 21:3; 34:1.
predice la cautividad de setenta años, Jer. 25:8.
aprehendido y librado, Jer. 26.
reconviene á Hananías, Jer. 28:5.
su carta á los cautivos, Jer. 29.
durante su prisión compra una heredad, Jer. 32.
ora y es consolado, Jer. 32:16; 33.
somete á prueba á los Recabitas, Jer. 35.
su rollo es leído, Jer. 36.
aprisionado, Jer. 37:13; 38.
puesto en libertad por Abde-melec, Jer. 38:7.
sus palabras á Sedecías, Jer. 38:17.
tratado con bondad por los Caldeos, Jer. 39:11; 40.
suplica á Johanán, &c., que se queden en Ju dá, Jer. 42.
censura la hipocresía de ellos, Jer. 43; 44.
llevado á Egipto, Jer. 43:4.
consuela á Baruc, Jer. 45.
profetiza contra varias naciones, Jer. 46–51.
entrega su profecía á Saraías, Jer. 51:59.
Véase Mat. 2:17; 16:14; 27:9.
JERÍAS, Jer. 37:13–15.
JERICÓ, espías enviados allí, Jos. 2:1.
sus paredes caen, Jos. 6:20 (Heb. 11:30).
reedificada por Hiel, 1 Rey. 16:34. Véase Jos. 6:26.
una escuela de los profetas en, 2 Rey. 2:5.
Cristo cura á dos ciegos cerca de, Mat. 20:29–34; Mar. 10:46; Luc. 18:35.
visita á Zaqueo, Luc. 19:1-10.

JEROBOAM I., promovido por Salomón, 1 Rey. 11:28.
la profecía de Ahías á, 1 Rey. 11:29.
hecho rey, 1 Rey. 11:20; 2 Crón. 10.
establece la idolatría, 1 Rey. 12:26.
su mano se seca, &c., 1 Rey. 13.
su casa reprobada, 1 Rey. 14:7.
vencido por Abías, 2 Crón. 13.
muerte, 1 Rey. 14:19.
JEROBOAM II., reina con maldad, y sinembargo el reino prospera, 2 Rey. 14:23.
JERUB-BAAL. Véase GEDEÓN.
JERUEL, 2 Crón. 20:16, &c.
JERUSALEM, llamada Jebús, Jos. 18:28; Jue. 19:10; Sión, 1 Reyes 8:1; Ciudad de David, 2 Sam. 5:7; Salem, Gén. 14:18; Sal. 76:2; Ariel, Isa. 29:1; Ciudad de Dios, Sal. 46:4; Ciudad del Gran Rey, Sal. 48:2; Ciudad de Judá, 2 Cró. 25:28; Ciudad Santa, Neh. 11:1-18; Ciudad de Solemnidades, Isa. 33:20.
su posición, Jos. 15:18; 18:28.
vencida, Jue. 1:8.
los Jebuseos permanecen en, Jue. 1:21.
expulsados de, por David, 2 Sam. 5:6.
el arca llevada á, 2 Sam. 6.
librada de la peste, 2 Sam. 24:16.
el templo es edificado, 1 Rey. 5-8; 2 Crón. 1-7.
su riqueza en tiempo de Salomón, 1 Reyes 10:26, 27.
escogida y amada por Dios, 1 Rey. 15:4; 2 Rey. 19:34; 2 Crón. 6:6.
.os príncipes de los sacerdotes viven en, 1 Cró. 9:34; Juan 18:15.
las fiestas se observaban en, Deut. 16:16; Ezeq. 36:38; Luc. 2:41; Juan 12:20; Act. 18:21.
oración hecha con la cara vuelta hacia, 1 Rey. 8:38; Dan. 6:10.
amada por los Judíos, Sal. 122:6; 137:6; Isa. 62:1, 7.
fortificada por Salomón, 1 Rey. 9:15.
provista de agua por Ezequías, 2 Rey. 20:20.
saqueada por Sesac, 1 Rey. 14:25; 2 Crón. 12; y por Joas, 2 Reyes 14:14; 2 Crón. 25:24.
librada del poder de Sennaquerib, 2 Rey. 18; 19; 2 Crón. 32; Isa. 36; 37.
tomada por Nabucodonosor, 2 Rey. 25; 2 Crón. 36; Jer. 39; 52.
reedificada, Ezra 2, &c.; Neh. 2, &c.
puertas de: la puerta de Efraim, la puerta vieja, la puerta de los peces, la puerta de las ovejas, y la puerta de la cárcel, Neh. 12:39; la puerta de Benjamín, Jer. 37:13; de Josué, 2 Rey. 23:8; la puerta de la esquina, 2 Reyes 14:13; la puerta del muladar, Neh. 3:13; la puerta de la fuente, Neh. 3:15; la puerta de las aguas, Neh. 3:26; la puerta de los caballos, Neh. 3:28; la puerta del rey, 1 Cró. 9:18; Salechet, 1 Crón. 26:16; la puerta mayor, 2 Crón. 23:20; la puerta oriental, Neh. 3:29; la puerta de Mifcad (LUGAR CONVENIDO), Neh. 3:31; la puerta del medio, Jer. 39:3; la puerta primera, Zac. 14:10 6:18.
plazas de: plaza oriental, 2 Crón. 29:4; plaza de la casa de Dios, Ezra 10:9; plaza de la puerta de las aguas, Neh. 8:1; plaza de la puerta de Efraim, Neh. 8:16; (calle) de los panaderos, Jer. 37:21.
llevan á Cristo á, Luc. 2:22, 42.
su entrada pública en, Mat. 21:1; Mar. 11:1; Luc. 19:29; Juan 12:12.
Cristo se lamenta por, Mat. 23:37; Luc. 13:34; 19:41.
Cristo predice la destrucción de, Mat. 24; Mar. 13; Luc. 13:34; 17:23; 19:41; 21.
evangelio es predicado primeramente en,

Act. 2:3. Véase Ezeq. 16:23; y también los Salmos y los profetas en diferentes lugares.
la persecución de la iglesia cristiana comienza en, Act. 4:1; 8:1.
el primer concilio cristiano tiene lugar en, Act. 15:4, 6.
———, la nueva (Gál. 4:26), Rev. 21.
JESBAÁN, 1 Crón. 11:11, 16.
JESBI-BENOB, 2 Sam. 21:15-17.
JESIMÓN, Núm. 21:20; 23:28; 1 Sam. 23:19; 26:1.
JESSÉ, padre de David, Rut 4:22.
Samuel enviado á, 1 Sam. 16.
sus descendientes, 1 Crón. 2:13.
JESUÁ (Josué), sumo sacerdote, vuelve de la cautividad, Ezra 2:2; 3:2; Agg. 1:1.
mencionado de una manera simbólica, Zac. 3:1; 6:11.
JESURUN (recto amado). Véase RECTO.
JESU-CRISTO, SU VIDA:
el Hijo de Dios y el Hijo del hombre, Juan 1; Mat. 1; Luc. 1; Heb. 1; 2, &c.
genealogías de, Mat. 1; Luc. 3:23.
es concebido, y nace en Betlehem, Mat. 1:18; 2:1; Luc. 1:30; 2:6 (predicho, Isa. 7:14; Miq. 5:2).
proclamado por los ángeles, Luc. 2:9.
visto por los pastores, Luc. 2:16.
adorado por los magos del oriente, Mat. 2:1 (Sal. 72:10).
circuncidado, Luc. 2:21.
huida á Egipto, Mat. 2:13 (Ose. 11:1).
bendecido por Simeón, Luc. 2:25.
hace preguntas á los doctores, Luc. 2:46.
está sujeto á sus padres, Luc. 2:51.
trabaja de carpintero, Mar. 6:3.
es bautizado por Juan, y recibe el Espíritu Santo, Mat. 3:13; Mar. 1:9; Luc. 3:21; Juan 1:32; 3:34; Act. 10:38, &c. (Isa. 11:2; 61:1).
su tentación, Mat. 4; Mar. 1:12; Luc. 4; Heb. 2:14, 18.
empieza á predicar el evangelio y á sanar á los enfermos, Mat. 4:12; Mar. 1:14; Luc. 4:16 (Isa. 9:1; 35:5; 61:1).
llama á los apóstoles, Mat. 4:18; Mar. 1:16; Luc. 5:10; Juan 1:43.
sermón en el monte, Mat. 5; 6; 7.
conversación con Nicodemo, Juan 3.
y con una mujer de Samaria, Juan 4.
sana al hijo de un principal, Juan 4:46.
cura á varios poseídos del demonio, Mar. 1:21; Luc. 4:31;—Mat. 8:28; Mar. 5:1; Luc. 8:27;—Mat. 9:32; 12:22; Luc. 11:14;—Mat. 17:14; Mar. 9:17; Luc. 9:37.
sana á la madre de la esposa de Pedro, Mat. 8:14; Mar. 1:30; Luc. 4:38.
limpia á unos leprosos, Mat. 8:1; Mar. 1:39; Luc. 5:12; 17:12.
sana al criado de un centurión, Mat. 8:5; Luc. 7.
resucita al hijo de una viuda de Naín, Luc. 7:11.
calma la borrasca, Mat. 8:24; Mar. 4:35; Luc. 8:22; Juan 6.
sana á un paralítico, Mat. 9:1; Mar. 2; Luc. 5:18.
cura un flujo de sangre, Mat. 9:20; Mar. 5:25; Luc. 8:43.
resucita á la hija de Jairo, Mat. 9:18; Mar. 5:22; Luc. 8:41.
cura la mano seca, Mat. 12:10; Mar. 3:1; Luc 6:6.
cura á un cojo, Juan 5:2.
y á una mujer enferma, Luc. 13:11.
sana á la hija de la Cananea, Mat. 15:21; Mar. 7:24.
cura al sordo-mudo, Mat. 9:32; Mar. 9:17.

y al ciego, Mat. 9:27; 20:30; Mar. 10:46; Luc. 18:35; Juan 9.

cura la hidropesía, Luc. 14:1.

comunica á sus apóstoles la virtud de hacer milagros, y los envía, Mat. 10; Mar. 3:14; 6:7; Luc. 6:13; 9:1.

envía setenta discípulos, Luc. 10.

bendícelos á su vuelta, Luc. 10:17.

da de comer á cuatro mil hombres, y en otra ocasión á cinco mil, Mat. 14:15; Mar. 6:34; Luc. 9:12; Juan 6:—Mat. 15:32; Mar. 8:1.

rehusa que lo hagan rey, Juan 6:15.

camina sobre las aguas del mar, Mat. 14:22; Mar. 6:45; Juan 6:19.

reconviene á sus mismos parientes, Juan 7:3.

su transfiguración, Mat. 17; Mar. 9; Luc. 9:28; Juan 1:14; 2 Ped. 1:16.

la opinión de la gente acerca de él, Mat. 16:13; Mar. 8:27; Luc. 9:18; Juan 7:12.

predice sus sufrimientos (véase Sal. 22:69; Isa. 49:7; 50:6; 52:14; 53; Dan. 9:26), Mat. 16:21; 17:22; 20:17; Mar. 8:31; 9:31; 10:32; Luc. 9:22, 44; 18:31.

reprende á Simón el Fariseo, Luc. 7:36.

paga tributo, Mat. 17:24.

censura la ambición de los apóstoles, Mat. 18: Mar. 9:33; Luc. 9:49; 22:24.

va á Judea, Mat. 19; Juan 7:10.

su mensaje á Herodes, Luc. 13:31.

despide en paz á la mujer adúltera, Juan 8.

reprende á Marta y alaba á María, Luc. 10:38.

bendice á unos niñitos, Mat. 19:13; Mar. 10:13; Luc. 18:15.

llama á Zaqueo y es obsequiado por él, Luc. 19.

resucita á Lázaro, Juan 11.

es ungido por María, Juan 12:3; Mat. 26:6; Mar. 14:3.

entra á Jerusalem montado en un pollino (Zac. 9:9), Mat. 21; Mar. 11; Luc. 19:29; Juan 12:12.

maldice la higuera estéril, Mat. 21:19; Mar. 11:12.

echa del templo á los traficantes (Sal. 69:9; Agg. 2:7; Mala. 3), Mat. 21:12; Mar. 11:15; Luc. 19:45; Juan 2:24.

unos Griegos desean verle, Juan 12:20.

enseña en el templo, Juan 12:23; Luc. 20; Mat. 22; Mar. 12, &c.

le responde una voz desde el cielo, Juan 12:28.

los príncipes de los sacerdotes sobornan á Judas para que le traicione (Zac. 11:12; Sal. 41:9; 55:12), Mat. 27:14; Mar. 14:10; Luc. 22:3; Juan 13:18.

manda preparar la pascua, Mat. 26:17; Mar. 14:12; Luc. 22:7.

lava los piés á los discípulos, Juan 13.

instituye la cena del Señor, Mat. 26:20; Mar. 14:18; Luc. 22:14; 1 Cor. 11:23.

amonesta á Pedro, Mat. 26:33; Mar. 14:29; Luc. 22:31; Juan 13:36.

consuela á sus discípulos y los exhorta, Juan 14:15.

promete el Espíritu Santo, Juan 16.

su oración por sus discípulos y por todos los creyentes, Juan 17.

su agonía en el jardín, Mat. 26:36; 14:32; Luc. 22:39.

traicionado por Judas, Mat. 26:47; Mar. 14:43; Luc. 22:47; Juan 18:3; Act. 1:16 (Sal. 109).

sana la oreja de Malco, Luc. 22:51; Juan 18:10; Mat. 26:51; Mar. 14:47.

abandonado por sus discípulos (Zac. 13:7), Mat. 26:31, 56; Juan 18:15.

conducido ante Annás y Caifás, Mat. 26:57; Mar. 14:53; Luc. 22:54; Juan 18:12.

negado por Pedro, Mat. 26:69; Mar. 14:66; Luc. 22:54; Juan 18:17.

conducido ante Pilatos, azotado, y coronado de espinas, Mat. 27; Mar. 15; Luc. 23; Juan 18:28; 19.

enviado ante Herodes, quien le escarnece y le hace azotar, Luc. 26:3.

absuelto por Pilatos, Mat. 27:23; Mar. 15:14; Luc. 23:14; Juan 18:38; 19.

recusado por los Judíos (Sal. 118:22), Mat. (21:42) 27; Juan 19:15, &c.

entregado por Pilatos para ser crucificado, Mat. 27:26; Mar. 15:15; Luc. 23:24; Juan 19.

su crucifixión (Sal. 22; 69; Isa. 50:6; 52:14; 53; Dan. 9:26); Mat. 27:33; Mar. 15:21; Luc. 23:33; Juan 19:17.

sus vestiduras repartidas á la suerte (Sal. 22:18), Mat. 27:35; Mar. 15:24; Luc. 23:34; Juan 19:24.

encomienda á su madre al cuidado de Juan, Juan 19:25.

uno de los ladrones le vilipendia, y el otro confiesa su fé en él, Mat. 27:44; Mar. 15:32; Luc. 23:39.

muere después de gustar el vinagre (Sal. 69:21), Mat. 27:46; Mar. 15:36; Juan 19:30.

no le quebrantan los huesos (Exod. 12:46; Sal. 34:20), Juan 19:33.

le hieren el costado (Zac. 12:10), Juan 19:34; Rev. 1:7.

acontecimientos durante su muerte, Mat. 27:51.

el centurión confiesa su fé en él, Mat. 27:54; Mar. 15:39; Luc. 23:47.

sepultado por José y Nicodemo, Mat. 27:57; Mar. 15:42; Luc. 23:50; Juan 19:38.

su sepulcro sellado y vigilado por una guardia, Mat. 27:66.

su resurrección (Sal. 16:10; Isa. 26:19), Mat. 28; Mar. 16; Luc. 24; Juan 20; 1 Cor. 15.

se aparece primero á María Magdalena, Mat. 28:1; Mar. 16:1; Luc. 24:1; Juan 20:1.

se aparece á sus discípulos varias veces, Mat. 28:16; Mar. 16:12; Luc. 24:13, 36; Juan 20; 21; 1 Cor. 15.

come con ellos, Luc. 24:42; Juan 21:12.

la misión que le encomienda á Pedro, Juan 21:15.

y á todos los discípulos, Mat. 28:16; Mar. 16:15; Luc. 24:45; Act. 1:3.

su ascensión (Sal. 2:6; 68:18; 110:1), Mar. 16:10; Luc. 24:51; Act. 1:9.

se aparece á Esteban, Act. 7:55; á Pablo, Act. 9:4; 18:9; 22:6; 27:23; y á Juan, Rev. 1:13.

sus epístolas á las siete iglesias, Rev. 2; 3.

CORDERO de Dios, Juan 1:29; Act. 8:32; 1 Ped. 1:19.

adorado en el cielo, Rev. 5:6; 7:9; 13:8; 14:1.

abre los sellos, Rev. 6:1.

vence la bestia, Rev. 17:14.

cántico de Moisés y del Cordero, Rev. 15:3.

las bodas de, Rev. 19:7; 21:9.

Véase CRISTO, SUFRIMIENTOS.

JETRO, suegro de Moisés, Ex. 2:16-21; 3:1; 4:18.

llamado también Raguel, Ex. 2:18; Núm. 10:29.

el consejo que le dió á Moisés, Ex. 18.

JEZABEL, esposa de Achab, 1 Rey. 16:31.

mata á los profetas, 1 Rey. 18:4; 19:2.

hace matar á Nabot, 1 Rey. 21.

su muerte violenta, 2 Rey. 9:30.

su nombre simbólico, Rev. 2:20.

JEZONIAS, su idolatría secreta, Eze. 8:11; 11:1

JEZRAEL, ó Jezreel, la viña de Nabot allí 1 Rey. 21.

la muerte de Joram; Jezabel comida de los perros, 2 Rey. 9:21, &c. Véase Ose. 1:4; 2:22

———, valle de, Jos. 17:16.
Gedeón derrota á los Madianitas, Jue. 6:33.
batalla de los Filisteos, cerca de una fuente de, 1 Sam. 29:1, 11; 2 Sam. 4:4.
JOAB, capitán del ejército, 2 Sam. 8:16.
se bate con Abner, 2 Sam. 2:13.
lo mata á traición, 2 Sam. 3:23.
causa la muerte de Urías, 2 Sam. 11:14.
subyuga á los Ammonitas, 2 Sam. 12:26.
intercede por Absalom, 2 Sam. 14.
lo mata, 2 Sam. 18:14.
censura á David por su tristeza, 2 Sam. 19:5.
mata alevosamente á Amasa, 2 Sam. 20:9.
vence á Seba, 2 Sam. 20:14.
mal de su grado cuenta el pueblo, 2 Sam. 24:3 (1 Crón. 21:3).
apoya á Adonías, 1 Reyes 1:7.
le dan muerte por orden de Salomón, 1 Reyes 2:5, 28.
JOACAZ, rey de Judá, mal gobierno de, 2 Rey. 23:31; 2 Crón. 36:1.
profecía acerca de, Jer. 22:10.
———, rey de Israel, su mal gobierno, 2 Rey. 10:35.
su súplica es oída, 2 Rey. 13:4.
JOAH, 2 Rey. 18:18; 2 Crón. 31:8.
JOAQUIM, rey de Judá, su mal gobierno y su captividad, 2 Rey. 23:34; 24:1; 2 Crón. 36:4; Dan. 1:2.
profecía acerca de, Jer. 22:18.
JOAQUIN (Jeconías), rey de Judá, su mal gobierno y su captividad, 2 Rey. 24:6; 2 Crón. 36:8.
bondad manifestada á, por Evil-Merodac, 2 Rey. 25:27; Jer. 52:31.
profecía acerca de, Jer. 22:24.
JOÁS, padre de Gedeón, Jue. 6:25-31.
———, rey de Israel, hijo y sucesor de Joacaz, su mal gobierno, 2 Rey. 13:10.
derrota á los Sirios tres veces, 2 Rey. 13:10-25.
su parábola, 2 Rey. 14:8-14.
derrota á Amasías, 2 Crón. 25:17-24.
su muerte, 2 Rey. 13:13; 14:16.
———, rey de Judá, escondido por Josabá, 2 Reyes 11; 2 Crón. 22:10.
lo hacen rey, 2 Rey. 11:4; 2 Crón. 23.
hace restaurar el templo, 2 Rey. 12; 2 Crón. 24.
mata á Zacarías, 2 Crón. 24:17-21.
castigado por los Sirios y muerto por sus servidores, 2 Rey. 12:19; 2 Crón. 24:23.
JOATAM, hijo de Gedeón, Jue. 9:7.
———, rey de Judá, su buen gobierno, 2 Reyes 15:32; 2 Crón. 27.
JOB, su carácter, Job 1:1, 8; 2:3; Ezeq. 14:14, 20.
sus grandes aflicciones, Job 1:13; 2:7.
su paciente resignación, Job 1:20; 2:10; Sant. 5:11.
su queja, Job 3.
las contestaciones que dió á sus amigos, Job 6; 7; 9; 10; 12-14; 16; 17; 19; 21; 23; 24; 26-30.
declara su integridad, Job 31.
su confesión, Job 40:3; 42:1.
su prosperidad, Job 42:10.
JOCABED, madre de Moisés, Exod. 2:1; 6:20; Núm. 26:59.
JOEL, anuncia los juicios de Dios, Joel 1-3.
proclama un ayuno, Joel 1:14; 2.
declara la misericordia de Dios para con el penitente, Joel 2:12; 3.
JOHANÁN, da aviso á Godolías, Jer. 40:14.
rescata á los Judíos, Jer. 41:11.
su orgullo y su hipocresía, Jer. 42; 43.
lleva á Jeremías á Egipto, Jer. 43:6.
JOIADA, sumo sacerdote, mata á Atalía y hace rey á Joás, 2 Rey. 11:4; 2 Crón. 23.

restablece el culto de Dios, 2 Crón. 23.
restaura el templo, 2 Rey. 12:7; 2 Crón. 24:6.
JONADAB, el sobrino de David, 2 Sam. 13:3-5, 32-35.
———, hijo de Recab, auxilia á Jehú, 2 Rey. 10:15.
obediencia de sus descendientes, Jer. 35:6.
profecía de sus descendientes, Jer. 35:16-19.
JONÁS, profeta, 2 Rey. 14:25.
su desobediencia y su castigo, Jonás 1.
su oración, Jonás 2.
predica en Nínive, Jonás 3.
reconvenido por murmurar contra la misericordia de Dios, Jonás 4.
tipo ó símbolo de Cristo, Mat. 12:39; Luc. 11:29.
JONATÁN, un Levita empleado por Micás, Jue. 17:7.
le roba y lo deja, Jue. 18.
———, hijo de Saúl, ataca á los Filisteos, 1 Sam. 13:2; 14.
desacata el voto de Saúl, 1 Sam. 14:2, 27.
su amor hacia David, 1 Sam. 18:1; 19; 20; 23:16.
recibe la muerte á manos de los Filisteos, 1 Sam. 31:2.
el lamento de David por, 2 Sam. 1:17.
———, un soldado de David, sus hechos, 2 Sam. 21:21; 1 Crón. 20:7.
———, hijo de Abiatar, 2 Sam. 15:27; 17:17-22; 1 Rey. 1:42-48.
JONAT-ELEM-RECOQUIM (la paloma muda en las lejanías), alusión enigmática de David á su destierro en Get; título del Salmo 56. Véase Sal. 38:13, 14; 74:19.
JOPPE, 2 Crón. 2:16; Jon. 1:3.
Tabita fué resucitada en, Act. 9:36.
Pedro habita en, Act. 10:5; 11:5.
JORAM, rey de Judá, su mal reinado, 1 Reyes 22:50; 2 Rey. 8:16.
mata á sus hermanos, 2 Crón. 21:4.
la profecía de Elías dirigida á, 2 Crón. 21:12.
su muerte miserable, 2 Crón. 21:18.
———, rey de Israel, hijo de Achab, 2 Rey. 1:17.
su mal gobierno, 2 Rey. 3.
reconvenido por Eliseo, y librado de los Moabitas, 2 Rey. 3:13.
Naamán es enviado á, 2 Rey. 5:5.
despide á los cautivos Sirios, 2 Rey. 6:21.
amenaza á Eliseo, 2 Rey. 6:31.
librado de manos de los Sirios, 2 Rey. 7.
Jehú le da muerte, 2 Rey. 9:24.
JORNAL (el), del obrero no debe ser detenido, Lev. 19:13; Deut. 24:14; Sant. 5:4.
Mal. 3:5.
JORNALERO, Job 7:1, 2; 14:6; Isa. 16:14; Mal. 3:5.
JORDÁN, las aguas del, divididas por Josué, Jos. 3; 4; Sal. 114:3.
divididas por Elías y Eliseo, 2 Rey. 2:8, 13.
la lepra de Naamán curada en, 2 Rey. 5.
el hierro flota en, 2 Rey. 6:4.
Juan bautiza allí, Mat. 3; Mar. 1:5; Luc. 3:3.
Cristo bautiza en, Mat. 3:13; Mar. 1:9. Véase Job 40:23; Sal. 42:6; Jer. 12:5; 49:19; Zac. 11:3.
———, valle del:
Lot habita allí, Gén. 13:10-12.
los Israelitas encampan en, Núm. 22:1.
fueron contados en, Núm. 26:3, 63.
Moisés dirige la palabra en, Deut. 1:1.
los vasos del templo fundidos en, 1 Rey. 7:46; 2 Crón. 4:17.
JOSABÁ le salva la vida á Joás, 2 Reyes 11; 2 Crón. 22:11.
JOSACAR, 2 Rey. 12:20, 21.
llamado también Zabad, 2 Crón. 24:26.
JOSAFAT, rey de Judá, su buen gobierno, 1 Rey. 15:24; 2 Crón. 17.

se asocia con Achab, 1 Rey. 22; 2 Crón. 18: y Joram, 2 Rey. 3:7.
reconvenido por Jehú, visita su reino, 2 Cró. 19.
proclama un ayuno, 2 Crón. 20.
consolado por Jahaziel, 2 Crón. 20:14.
librado de manos de los Ammonitas, &c., 2 Cró. 20:22.
reconvenido por Eliezer, 2 Crón. 20:37.
su muerte, 1 Rey. 22:50; 2 Crón. 21:1.
JOSAFAT, valle de, Joel 3:2, 12.
llamado JARUTS, ó valle de la sentencia (Valera, cortamiento) en Joel 3:14. Véase TOFET.
JOSÉ, ó Josef, hijo de Jacob, Gén. 30:24. Véase Sal. 105:17; Act. 7:9; Heb. 11:22.
sus sueños, Gén. 37:5.
vendido á los Ismaelitas, Gén. 37:28.
sujeto á Potifar, Gén. 39.
resiste una tentación, Gén. 39:7.
interpreta los sueños de los criados de Faraón, Gén. 40.
y de Faraón mismo, Gén. 41:25.
promovido, Gén. 41:39.
se prepara para los años de escasez, Gén. 41:48.
trata con sus hermanos, Gén. 42–45.
y con los Egipcios, Gén. 47:11.
es bendecido por Jacob, Gén. 46:30; 48; 49:22.
entierra á Jacob, Gén. 50.
recomendación acerca de su cadáver, Gé. 50:25.
sus descendientes. Véase EFRAÍM Y MANASÉS.
JOSÉ, ó Josef, esposo de María, un angel se le aparece, Mat. 1:19; 2:13, 19; Luc. 1:27.
Cristo estaba sujeto á, Luc. 2:4.
——, de Arimatea, entierra á Jesús en su propio sepulcro, Mat. 27:57; Mar. 15:42; Luc. 23:50; Juan 19:38.
—— (Barsabás), Act. 1:23; 15:22.
JOSEDEC, 1 Crón. 6:14, 15.
JOSÉS, Mat. 13:55; Mar. 27:56.
JOSÍAS, profecía acerca de, 1 Rey. 13:2; cumplida, 2 Rey. 23:15.
su buen gobierno, 2 Rey. 22.
restaura el templo, 2 Rey. 22:3.
encuentran el libro de la ley, 2 Rey. 22:8.
la profecía de Holda dirigida á, 2 Rey. 22:15.
hace leer y observar la ley, 2 Rey. 23.
su pascua solemne, 2 Crón. 35.
Faraón Necao le da muerte, 2 Rey. 23:29. Véase 2 Crón. 34; 35.
JOSUÉ (Oséas, Jesús) desconcierta á Amalec, Exod. 17:9.
ayudante de Moisés, Ex. 24:13; 32:1!; 33:11.
enviado como espía á Canaán, Núm. 13:16.
se opone á los murmuradores, Núm. 14:6.
nombrado de sucesor de Moisés, Núm. 27:18; 34:17; Deut. 1:38; 34:9.
alentado por el Señor, Josué 1.
sus órdenes á sus subalternos, Jos. 1:10.
pasa el Jordán, Josué 3.
erige un monumento conmemorativo, Jos. 4.
renueva la circuncisión, Jos. 5.
toma á Jericó, Jos. 6.
castiga á Acán, Jos. 7.
subyuga á Hai, Jos. 8.
engañado por los Gabaonitas, Jos. 9.
vence á varios reyes, Jos. 10–12.
divide la tierra, Jos. 14–21; Heb. 4:8.
sus órdenes á los Rubenitas, &c., Jos. 22.
exhorta al pueblo, Jos. 23.
hace una reseña de los beneficios de Dios, Jos. 24.
renueva el pacto, Jos. 24:14.
su muerte, Jos. 24:29; Jue. 2:8.
su maldición cumplida, Jos. 6:26; 1 Rey. 16:34.
Véase JESUA.

——, el Bet-samita, 1 Sam. 6:14, 18.
JOTA, la letra más pequeña del alfabeto hebreo, Mat. 5:18.
JÓVENES (los), exhortaciones dirigidas á, Lev. 19:32; Prov. 1:8; Ecl. 12:1.
el ejemplo de Cristo á, Luc. 2:46, 51; Tit. 2:4; 1 Ped. 5:5.
—— malos, carecen de entendimiento, Prov. 7:7.
son altivos, Isa. 3:5.
JOYAS de plata y de oro, Ex. 3:22; 16:17; 35:22; Núm. 31:50, 51.
piedras preciosas, engastadas en oro, Exod. 28:11; Cant. 5:14.
para las mujeres, 2 Reyes 9:80; Isa. 3:18, 20; Cant. 1:10; Ezeq. 16:12.
para los hombres, Ezeq. 23:42.
por vía de comparación, Prov. 20:15; Mal. 3:17.
JOZABAD, 2 Rey. 12:20, 21; 2 Crón. 24:26.
JUAN el Bautista, se predice su venida, Isa. 40:3; Mal. 4:5; Mat. 11:14; 17:12; Mar. 9:11; Luc. 1:17.
su nacimiento y circuncisión, Luc. 1:57.
su misión, predicación y bautismo, Mat. 3; Mar. 1; Luc. 3; Juan 1:6; 3:26; Act. 1:5; 13:24.
bautiza á Cristo, Mat. 3:16, 17; Mar. 1; Luc. 3.
envía sus discípulos á Cristo, Mat. 11:1; Luc. 7:18.
el testimonio de Cristo con respecto á, Mat. 11:1; Luc. 7:27.
aprisionado por haber reconvenido á Herodes, Mat. 4:12; Mar. 1:14; 6:14; Luc. 6:20.
sus discípulos reciben el Espíritu Santo, Act. 18:24; 19:1.
JUAN, el apóstol, su vocación, Mat. 4:21; Mar. 1:29; Luc. 5:10.
ordenado, Mat. 10:2; Mar. 3:17; 13:3; Luc. 22:8; Act. 1:13.
reconvenido, Mat. 20:20; Mar. 10:35; Luc. 9:54.
el amor de Cristo para con, Juan 13:23; 19:26; 21:7, 20, 24.
se hace cargo de la madre del Señor, Juan 19:27.
acompaña á Pedro ante el concilio, Act. 3; 4.
su visión de la gloria de Cristo, Rev. 1:10.
le mandan que se coma el libro, Rev. 10:10.
se le prohibe adorar al ángel, Rev. 19:10; 22:8.
declara la divinidad y la humanidad de Jesu-Cristo, Juan 1; 1 Juan 1; 4; 5.
exhorta á la obediencia de sus preceptos, 1 Juan 2; 3.
hace advertencias con respecto á los falsos maestros, 1 Juan 4; 5. Véase 2 y 3 Juan.
JUAN, MARCOS, Act. 12:12.
acompaña á Pablo y á Barnabás, Act. 12:25; 13:5.
pero regresa á su casa, Act. 13:13.
desavenencia con respecto á él, Act. 15:36.
alabado por Pablo, 2 Tim. 4:11.
JUANA, esposa del mayordomo de Herodes, le sirve á Cristo, Luc. 8:2, 3; 24:10.
JUBAL, inventor del arpa y el órgano, Gén. 4:21.
JUDÁ, hijo de Jacob, Gén. 29:35.
su súplica dirigida á Jacob, Gén. 43:3.
á José, Gén. 44:18;—46:28.
bendecido por Jacob, Gén. 40:8.
por Moisés, Deut. 33:7.
sus descendientes, Gén. 38; 46:12; Jue. 1:1-20, 1 Crón. 2:4.
contados, Núm. 1:26; 26:19.
su herencia, Josué 15.
hacen rey á David, 2 Sam. 2:4.
y se adhieren á su casa, 1 Rey. 12; 2 Cró. 10; 11. Véase JUDÍOS.
JUDÁ, país, Dan. 5:13.

JUDAS (Lebeo, Tadeo), apóstol, Mat. 10:3; Mar. 3:18; 6:3; Luc. 6:16; Act. 1:13.
la pregunta que dirigió al Señor, Juan 14:22.
exhorta á la constancia en la fé, Jud. 3, 20.
describe á los malos discípulos y previene contra ellos, Judas 4, &c.
———, ISCARIOTE, Mat. 10:4; Mar. 3:19; Luc. 6:16; Juan 6:70.
hace traición á su Maestro, Mat. 26:14, 47; Mar. 14:10, 43; Luc. 22:3, 47; Juan 13:26; 18:2.
el remordimiento y la muerte de, Mat. 27:3; Act. 1:18.
profetizado, Sal. 109.
———, que tenía por sobrenombre Barsabás, enviado por los apóstoles á Antioquía con Pablo; su exhortación, Act. 15:22-32.
———, de Damasco, un Judío en cuya casa se alojó Pablo, Act. 9:11.
———, el Galileo, su insurrección y su muerte, Act. 5:37. Véase Luc. 13:1.
JUDEA, la región montuosa de, al sur de Jerusalem, Jos. 20:7; 21:11; Deut. 1:20; Luc. 1:39, 65.
desierto de, al oeste del Mar Muerto, Mat. 3:1; 4:1; Luc. 3:3; Jos. 15:61.
———, una de las divisiones de la tierra santa bajo la dominación del imperio romano, Luc. 3:1; Juan 7:1.
comprendía todo el antiguo reino de Judá, 1 Rey. 12:21-24.
pueblos de: Arimatea, Mat. 27:57; Juan 19:38; Azoto ó Asdod, Act. 8:40; Betania, Juan 11:1, 18; Betlehem, Mat. 2:1, 6, 16; Betfage, Mat. 21:1; Emmaús, Luc. 24:13; Efraím, Juan 11:54; Gaza, Act. 8:26; Jericó, Luc. 10:30; 19:1; Joppe, Act. 9:36; 10:5, 8; Lidda, Act. 9:32, 35, 38.
Juan el Bautista predica en, Mat. 3:1.
nuestro Señor nace en, Mat. 2:1, 5, 6.
tentado en el desierto de, Mat. 4:1.
visita frecuentemente, Juan 11:17.
á menudo sale de, para librarse de la persecución, Juan 4:1-3.
varias iglesias cristianas en, Act. 9:31; 1 Tes. 2:14.
JUDIOS (los):
descendientes de Abraham, Sal. 105:6; Juan 8:33; Rom. 9:7.
el pueblo de Dios, Deut. 32:9; 2 Sam. 7:24; Isa. 51:16.
separados para Dios, Ex. 33:16; Núm. 23:9; Deut. 4:34.
amados por amor de sus padres, Deut. 4:37; 10:15, con Rom. 11:28.
Cristo descendió de, Juan 4:22; Rom. 9:5.
SON OBJETOS DE:
el amor de Dios, Deut. 7:8; 23:5; Jer. 31:3.
la elección de Dios, Deut. 7:6.
la protección de Dios, Sal. 105:15; Zac. 2:8.
el pacto establecido con, Ex. 6:4; 24:6-8; 34:27.
PROMESAS ACERCA DE, HECHAS Á:
Abraham, Gén. 12:1-3; 13:14-17; 15:18; 17:7, 8.
Isaac, Gén. 26:2-5, 24.
Jacob, Gén. 28:12-15; 35:9-12.
ellos mismos, Exod. 6:7, 8; 19:5, 6; Deut. 26:18, 19.
privilegios de, Sal. 76:1, 2; Rom. 3:1, 2; 9:4, 5.
CASTIGADOS Á CAUSA DE:
su idolatría, Isa. 65:3-7.
su incredulidad, Rom. 11:20.
haber quebrantado el pacto, Isa. 24:5; Jer. 11:10.
haber conculcado la ley, Isa. 1:4, 7; 24:5, 6.

matar á los profetas, Mat. 23:37, 38.
imprecar que sea sobre sí la sangre de Cristo, Mat. 27:25.
dispersados en las naciones, Deut. 28:64; Ezeq. 6:8; 36:19.
despreciados por las naciones, Ezeq. 36:3.
su patria hollada por los gentiles, Deut. 28:49-52; Luc. 21:24.
sus casas desiertas, Mat. 23:38.
privados de privilegios civiles y religiosos, Ose. 3:4.
AMENAZAS DIRIGIDAS Á LOS QUE:
maldijesen á, Gén. 27:29; Núm. 24:29.
riñesen con, Isa. 41:11; 49:25.
oprimiesen á, Isa. 49:26; 51:21-23.
aborreciesen á, Sal. 129:5; Ezeq. 35:5, 6.
agravasen las aflicciones de, Zac. 1:14.
matasen, Sal. 79:1-7; Ezeq. 35:5, 6.
Dios no se olvida de, Sal. 98:3; Isa. 49:15, 16.
Cristo fué enviado á, Mat. 15:24; 21:37; Act. 3:20, 22, 26.
la compasión de Cristo para con, Mat. 23:37; Luc. 19:41.
el evangelio predicado á, primero, Mat. 10:6; Luc. 24:47; Act. 1:8.
la bienaventuranza de los que bendicen á, Gén. 27:29.
ó hacen favores á, Gén. 12:3; Sal. 122:6.
orad á porfía por, Sal. 122:6; Isa. 62:1, 6, 7; Jer. 31:7; Rom. 10:1.
los santos se acuerdan de, Sal. 102:14; 137:5; Jer. 51:50.
PROMESAS RELATIVAMENTE Á:
la efusión del Espíritu Santo, Ezeq. 39:29; Zac. 12:10.
la cesación de su ceguedad, Rom. 11:25; 2 Cor. 3:14-16.
su vuelta á Dios y en busca de El, Ose. 3:5.
su humillación por haber recusado á Cristo, Zac. 12:10.
el perdón del pecado, Rom. 11:27.
la salvación, Isa. 59:20, con Rom. 11:26.
la santificación, Jer. 33:8; Ezeq. 36:25; Zac. 13:1, 9.
gozo causado por la conversión de, Isa. 44:23; 49:13; 52:8, 9; 66:10.
los gentiles bendecidos á resultas de la conversión de, Isa. 2:1-5; 60:5; 66:19; Rom. 11:12, 15.
reunión de, Jer. 3:18; Ezeq. 37:16, 17, 20-22; Ose. 1:11; Miq. 2:12.
restauración de, á su patria, Isa. 11:15, 16; 14:1-3; 27:12, 13; Jer. 16:14, 15; Ezeq. 36:24; 37:21, 25; 39:25, 28; Luc. 21:24.
los gentiles coadyuvan á su restauración, Isa. 49:22, 23; 60:10, 14; 61:4-6.
sujeción de los gentiles á, Isa. 60:11-14.
gloria futura de, Isa. 60:19; 62:3, 4; Sof. 3:19; Zac. 4:2.
futura prosperidad de, Isa. 60:6, 7, 9, 17; 61:4-6; Ose. 14:5, 6.
que Cristo aparecerá en medio de, Isa. 59:20; Zac. 14:4.
morará entre, Ezeq. 43:7, 9; Zac. 2:11.
reinará á, Ezeq. 34:23, 24; 37:24, 25.
conversión de, explicada con ejemplos, Ezeq. 37:1-14; Rom. 11:24.
jornadas de, de Egipto, Ex. 12:37; 13:20; 14:2; 15:23, 27; 16; 17; Núm. 10:28; 33; Jos. 1, &c.
JUECES (los) que se debían nombrar, Deut. 16:18; Ezra 7:25.
deber de, Ex. 18:21; 23:3; Lev. 19:15; Deut. 1:16; 17:8; 2 Crón. 19:6; Sal. 82; Prov. 18:5; 24:23; 31:8.
las ordenes que Josafat dió á, 2 Crón. 19:6.

injustos, 1 Sam. 8:3; Isa. 1:23; Miq. 7:3; Luc. 18:2; aborrecibles para con Dios, Prov. 17:15; 24:24; Isa. 5:20; 10:1.

EXTRAORDINARIOS:
creados para librar á Israel, Jue. 2:16.
durante 450 años, Act. 13:20.
sostenidos por Dios, Jue. 2:18.
notables por su fé, Heb. 11:32.
ejemplos, Jue. 3-16; 1 Sam. 3:19.
fin de sus trabajos, Jue. 2:17-19.

nombres de:
Otoniel, Jue. 3:9, 10.
Aod, Jue. 3:15.
Samgar, Jue. 3:31.
Débora, Jue. 4:4.
Gedeón, Jue. 6:11.
Abimelec, Jue. 9:6.
Tola, Jue. 10:1.
Jaír, Jue. 10:3.
Jefté, Jue. 11:1.
Ibzán, Jue. 12:8.
Elón, Jue. 12:11.
Abdón, Jue. 12:13.
Samsón, Jue. 12:24, 25; 16:31.
Elí, 1 Sam. 4:18.
Samuel, 1 Sam. 7:6, 15-17.

JUEGOS públicos—tales como las carreras, los torneos, &c., alusiones á, 1 Cor. 9:24; Filip. 3:12; 1 Tim. 6:12; 2 Tim. 2:5; 4:7; Heb. 12:1.

JUEZ de todas las cosas, Dios, Gén. 18:25; Jue. 11:27; Sal. 9:7; 50; 58:11; 68:5; 75:7; 94:2; Ecl. 3:17; 11:9; 12:14; Heb. 12:23; Rev. 11:18; 18:8; 19:11.

Cristo el Juez. Véase JUICIO.

JUICIO, precipitado, prohibido, Mat. 7:1; Luc. 6:37; 12:57; Juan 7:24; 8:7; Rom. 2:1; 14; Sant. 4:11.

JUICIO final (el):
predicho en el Antiguo Testamento, 1 Crón. 16:33; Sal. 9:7; 96:13; Ecl. 3:17.
principio fundamental del evangelio, Heb. 6:2.
un día señalado, Act. 17:31; Rom. 2:16.
el tiempo de, lo ignoramos, Mar. 13:32.

LLAMADO:
el día de la ira, Rom. 2:5; Rev. 6:17.
la manifestación del justo juicio de Dios, Rom. 2:5.
día del juicio y de la perdición de hombres impíos, 2 Ped. 3:7.
día de la destrucción, Job 21:30.
juicio del gran día, Judas 6.
será celebrado por Cristo, Juan 5:22, 27; Act. 10:42; Rom. 14:10; 2 Cor. 5:10.
los santos se sentarán con Cristo en, 1 Cor. 6:2; Rev. 20:4.
tendrá lugar á la venida de Cristo, Mat. 25:31; 2 Tim. 4:1.
de los paganos, según la ley de la conciencia, Rom. 2:12, 14, 15.
de los Judíos, según la ley de Moisés, Rom. 2:12.

SE CELEBRARÁ:
para todas las naciones, Mat. 25:32.
para todos los hombres, Heb. 9:27; 12:23.
para los pequeños y los grandes, Rev. 20:12.
para los buenos y los malos, Ecl. 3:17.
para los vivos y los muertos, 2 Tim. 4:1; 1 Ped. 4:5.
será con justicia, Sal. 98:9; Act. 17:31.
los libros serán abiertos, Dan. 7:10.
SERÁ DE TODAS las acciones, Ecl. 11:9; 12:14; Rev. 20:13.
las palabras, Mat. 12:36, 37; Jud. 15.
los pensamientos, Ecl. 12:14; 1 Cor. 4:5.
ninguno, por naturaleza, puede justificarse en, Sal. 130:3; 143:2; Rom. 3:19.

los santos podrán justificarse en, por medio de Jesu-Cristo, Rom. 8:33, 34.
Cristo reconocerá á los santos en, Mat. 25:34-40; Rev. 3:5.
el amor perfecto nos dará confianza en, 1 Juan 4:17.
los santos serán premiados en, 2 Tim. 4:8; Rev. 11:18.
los malos serán condenados en, Mat. 7:22, 23; 25:41.
el castigo final de los malos se seguirá á, Mat. 13:40-42; 25:46.
la palabra de Cristo servirá de testigo contra los malos en, Juan 12:48.
las sentencias en, irrevocables, Rev. 22:11.
LA CERTEZA DE, ES UN INCENTIVO PARA:
el arrepentimiento, Act. 17:30, 31.
la fé, Isa. 28:16, 17.
la santidad, 2 Cor. 5:9, 10; 2 Ped. 3:11, 14.
la oración y la vigilancia, Mar. 13:33.
amonestad á los malos relativamente á, Act. 24:25; 2 Cor. 5:11.
los malos temen, Act. 24:25; Heb. 10:27.
el descuido de las ventajas que tenemos á nuestro alcance agrava la condenación de, Mat. 11:20-24; Luc. 11:31, 32.
los diablos serán condenados en, 2 Ped. 2:4; Judas 6.

JUICIOS:
provienen de Dios, Deut. 32:39; Job 12:23; Amós 3:6; Miq. 6:9.
DIFERENTES ESPECIES DE:
el borrar el nombre, Deut. 29:20.
el abandono de parte de Dios, Ose. 4:17.
la maldición de las bendiciones, Mal. 2:2.
la peste, Deut. 28:21, 22; Amós 4:10.
los enemigos, 2 Sam. 24:13.
el hambre, Deut. 28:38-40; Amós 4:7-9.
hambre de oir la palabra, Amós 8:11.
la espada, Ex. 22:24; Jer. 19:7.
el cautiverio, Deut. 28:41; Ezeq. 39:23.
pesares prolijos, Sal. 32:10; 78:32, 33; Ezeq. 24:23.
la desolación, Ezeq. 33:29; Joel 3:19.
la destrucción, Job 31:3; Sal. 34:16; Prov. 2:22; Isa. 11:4.
INFLIGIDOS Á:
las naciones, Gén. 15:14; Jer. 51:20, 21.
los individuos, Deut. 29:20; Jer. 23:34.
los dioses falsos, Ex. 12:12; Núm. 33:4.
la posteridad de los pecadores, Exod. 20:5; Sal. 37:28; Lam. 5:7.
todos los enemigos de los santos, Jer. 30:16.
por vía de corrección, Job 37:13; Jer. 30:11.
enviados para el rescate de los santos, Ex. 6:6.
ENVIADOS COMO CASTIGO POR:
la desobediencia para con Dios, Lev. 26:14-16; 2 Crón. 7:19, 20.
el desacato de las amonestaciones de Dios, 2 Crón. 36:16; Prov. 1:24-31; Jer. 44:4-6.
la murmuración, Núm. 14:29.
la idolatría, 2 Rey. 22:17; Jer. 16:18.
la iniquidad, Isa. 26:21; Ezeq. 24:13, 14.
la persecución de los santos, Deut. 32:43.
los pecados de los gobernantes, 1 Crón. 21:2, 12.
ponen de manifiesto la justicia de Dios, Exod. 9:14-16; Ezeq. 39:21; Dan. 9:14.
son en toda la tierra, 1 Crón. 16:14.
son á menudo templados con la justicia, Jer. 4:27; 5:10, 15-18; Amós 9:8.
DEBEN CONDUCIR Á:
la humildad, Jos. 7:6; 2 Crón. 12:6; Lam. 3:1-20; Joel 1:13; Jon. 3:5, 6.
la oración, 2 Crón. 20:9.
la contrición, Neh. 1:4; Est. 4:3; Isa. 22:12.

el conocimiento de la justicia, Isa. 26:9.
el escarmiento de los demás, Luc. 13:35.

PUEDEN ALEJARSE POR MEDIO DE:
la humildad, Ex. 33:3, 4, 14; 2 Crón. 7:14.
la oración, Jue. 3:9–11; 2 Crón. 7:13, 14.
la enmienda, Jer. 18:7, 8.
el tornar á Dios, Deut. 30:1–3.

LOS SANTOS son preservados durante, Job 5:19, 20; Sal. 91:7; Isa. 26:20; Ezeq. 9:6; Rev. 7:3.
tienen provistas sus necesidades durante, Gén. 47:12; Sal. 33:19; 37:19.
oran por los que sufren bajo, Ex. 32:11–13; Núm. 11:2; Dan. 9:3.
se compadecen de los que sufren bajo, Jer. 9:1; 13:17; Lam. 3:48.
reconocen la justicia de, 2 Sam. 24:17; Ezra 9:13; Neh. 9:33; Jer. 14:7.

infligidos á las naciones, ejemplos de: el mundo antiguo, Gén. 6:7, 17. Sodoma, &c., Gén. 19:24. Egipto, Exod. 9:14. Israel, Núm. 14:29, 35; 21:6. La gente de Asdod, 1 Sam. 5:6. La gente de Bet-samés, 1 Sam. 6:19. Los Amalecitas, I Sam. 15:3.

infligidos á los individuos, ejemplos de: Caín, Gén. 4:11, 12. Canaán, Gén. 9:25. Coré, &c., Núm. 16:33–35. Acán, Jos. 7:25. Ofni, &c., 1 Sam. 2:34. Saúl, 1 Sam. 15:23. Oza, 2 Sam. 6:7. Jeroboam, 1 Rey. 13:4. Achab, 1 Rey. 22:38. Giezi, 2 Rey. 5:27. Jezabel, 2 Reyes 9:35. Nabucodonosor, Dan. 4:31. Baltasar, Dan. 5:30. Zacarías, Luc. 1:20. Ananías, &c., Act. 5:1–10. Herodes, Act. 12:23. Elimas, Act. 13:11.

preservación durante, ejemplos de: Noé, Gén. 7:1, 16. Lot, Gén. 19:18–17. José, &c., Gén. 45:7. Elías, 1 Rey. 17:9. Eliseo, &c., 2 Rey. 4:38–41. La Sunamita, 2 Rey. 8:1–2.

JULIA, Rom. 16:15.

JULIO, un centurión con Pablo, Act. 27; 28:16.

JUNCO, Job 8:11; Isa. 35:7; 58:5.
arquilla de, Exod. 2:3.
barcos de, Isa. 18:2.

JUNIAS, pariente de Pablo, Rom. 16:7.

JÚPITER, Barnabás llamado así, Act. 14:12;—19:35.

JURAMENTO, el pacto y los designios de Dios confirmados con, Luc. 1:73; Act. 2:30; Heb. 6:17. Véase Gén. 22:16 ; Exod. 17:16; Deut. 4:21; 1 Sam. 3:14; Sal. 89:35; 95:11; 110:4; Isa. 14:24; 54:9; 62:8; Jer. 44:26.

JURAMENTOS, leyes con respecto á los, Lev. 6:3; 19:12; Núm. 30:2; Sal. 15:4. Véase Mat. 5:33; Sant. 5:12.
prescritos, Ex. 22:11; Núm. 5:21; 1 Reyes 8:31; Ezra 10:5.
ejemplos de, Gén. 14:22; 21:31; 24:2; Jos. 6:26; 14:9; 1 Sam. 20:42; 28:10; Sal. 132:2.
inconsiderados: de Esaú, Gén. 25:35; de Israel, Jos. 9:19; de Jefté, Jue. 11:30; de Saúl, 1 Sam. 14:24; de Herodes, Mat. 14:7; de los Judíos, Act. 23:21.

JURAR (el) **EN FALSO:**
prohibido, Lev. 19:12; Núm. 30:2; Mat. 5:33.
aborrecible ante Dios, Zac. 8:17.
debemos no amar, Zac. 8:17.
el fraude conduce muchas veces á, Lev. 6:2, 3.
los santos se abstienen de, Jos. 9:20; Sal. 15:4.
la bienaventuranza que resulta de abstenerse de, Sal. 24:4, 5.

LOS MALOS son adictos á, Jer. 5:2; Ose. 10:4.
aducen excusas para, Jer. 7:9, 10.
serán juzgados á causa de, Mat. 3:5.
destruidos por, Zac. 5:4.
atraerán maldición sobre sus casas por, Zac. 5:4.

los testigos falsos se hacen culpables de, Deut. 19:16, 18.
ejemplos de: Saúl, 1 Sam. 19:6, 10. Semei, 1 Reyes 2:41–43. Los Judíos, Ezeq. 16:59. Sedecías, Ezeq. 17:13–19. Pedro, Mat. 26:72.

JURAR (el) **PROFANO, ó MALDECIR:**
de toda especie es profanar el nombre de Dios, Mat. 5:34, 35; 23:21, 22.
prohibido, Ex. 20:7; Mat. 5:34–36; Sant. 5:12.
los santos piden á Dios los guarde de, Prov. 30:9.

LOS MALOS son adictos á, Sal. 10:7; Rom. 3:14.
aman, Sal. 109:17.
se revisten de, Sal. 109:18.
se hacen culpables de, Ex. 20:7; Deut. 5:11.
ai! de los que se hacen culpables de, Mat. 23:16.
las naciones sufren por, Jer. 23:10; Ose. 4:1–3.
el castigo de, Lev. 24:16, 23; Sal. 59:12; 109:17, 18.

ejemplos de: José, Gén. 42:15, 16. El hijo de la mujer israelita, Lev. 24:11. Saúl, 1 Sam. 28:10. Giezi, 2 Reyes 5:20. Joram, 2 Reyes 6:31. Pedro, Mat. 26:74. Herodes, Mar. 6:23, 26. Los enemigos de Pablo, Act. 23:21. Véase **JURAMENTOS**.

JUSTICIA (equidad):
prescrita, Deut. 16:20; Isa. 56:1.
Cristo, ejemplo de, Sal. 98:9; Isa. 11:4; Jer. 23:5.
exígese particularmente á los gobernantes, Deut. 1:16; 2 Sam. 23:3; Prov. 29:14; Ezeq. 45:9.

DEBE EJERCERSE:
en la administración de los juicios, Deut. 16:18; Jer. 21:12.
en el tráfico, Lev. 19:36; Deut. 25:15.
para con los pobres, Prov. 29:14: 31:9.
para con los huérfanos y las viudas, Isa. 1:17.
para con los criados, Col. 4:1.
las dádivas trastornan la, Ex. 23:8.
Dios la exige, Miq. 6:8.
le da mucho valor á la, Prov. 21:3.
se complace en la, Prov. 11:1.
da sabiduría para ejecutar, 1 Reyes 3:11, 12; Prov. 2:6, 9.
se ofende de la falta de, Ecl. 5:8.
trae consigo su propio galardón, Jer. 22:15.

LOS SANTOS DEBEN:
estudiar los principios de la, Filip. 4:8.
recibir instrucción en, Prov. 1:3.
pedir á Dios sabiduría para ejecutar, 1 Reyes 3:9.
ejercer siempre, Sal. 119:121; Ezeq. 18:8, 9.
complacerse en ejercer, Prov. 21:15.
enseñar á otros á ejercer, Gén. 18:19.
promesas relativamente á, Isa. 33:15, 16; Jer. 7:5, 7.

LOS MALOS:
se burlan de, Prov. 19:28.
aborrecen la, Miq. 3:9.
no piden, Isa. 59:4.
alejan la, Isa. 59:14.
pasan por alto la, Luc. 11:42.
afligen á los que obran con, Job 12:4; Amós 5:12.

ejemplos de: Moisés, Núm. 16:15. Samuel, 1 Sam. 12:4. David, 2 Sam. 8:15. Salomón, 1 Rey. 3:16–27. Josías, Jer. 22:15. José, Luc. 23:50, 51. Los apóstoles, 1 Tes. 2:10.

JUSTICIA (rectitud ó conformidad á la voluntad de Dios, lo cual verdaderamente incluye todas las virtudes cristianas):
es obediencia de la ley de Dios, Deut. 6:25, con Rom. 10:5.
Dios ama, Sal. 11:7.

Dios espera, Isa. 5:7.
CRISTO es el Sol de, Mala. 4:2.
ama, Sal. 45:7, con Heb. 1:9.
estaba ceñido de, Isa. 11:5.
vistióse de, como de loriga, Isa. 59:17.
fué sostenido por la, Isa. 59:16.
predicó, Sal. 40:9.
cumplió toda, Mat. 3:15.
es hecho, para con su pueblo, 1 Cor. 1:30.
es el fin de la ley para, Rom. 10:4.
ha traido eterna, Dan. 9:24.
juzgará con, Sal. 72:2; Isa. 11:4; Act. 17:31; Rev. 19:11.
reinará en, Sal. 45:6; Isa. 32:1; Heb. 1:8.
ejecutará, Sal. 99:4; Jer. 23:5.
ningunos poseen por naturaleza la, Job 15:14; Sal. 14:3, con Rom. 3:10.
no puede ser por la ley, Gál. 2:21; 3:21.
no hay justificación por medio de las obras de, Rom. 3:20; 9:31, 32; Gál. 2:16.
no hay salvación por medio de las obras de, Efes. 2:8, 9; 2 Tim. 1:9; Tit. 3:5.
el hombre que aún no se ha convertido quiere justificarse con las obras de, Luc. 18:9; Rom. 10:3.
la bendición de Dios no debe atribuirse á nuestras obras de, Deut. 9:5.
LOS SANTOS:
poseen, en Cristo, Isa. 45:24; 54:17; 2 Cor. 5:21.
poseen, imputada, Rom. 4:11, 22.
están arropados con el manto de la, Isa. 61:10.
reciben, de Dios, Sal. 24:5.
son renovados en, Efes. 4:24.
son conducidos por las sendas de, Sal. 23:3.
son siervos de, Rom. 6:16, 18.
son distinguidos por la, Gén. 18:25; Sal. 1:5, 6.
conocen la, Isa. 51:7.
hacen, 1 Juan 2:29; 3:7.
obran, por la fé, Heb. 11:33.
van en pos de la, Isa. 51:1.
se revisten de, Job 29:14.
aguardan la esperanza de, Gál. 5:5.
piden á Dios les dé un espíritu de, Sal. 51:10.
tienen hambre y sed de, Mat. 5:6.
caminan ante Dios en, 1 Rey. 3:6.
ofrecen el sacrificio de, Sal. 4:5; 51:19.
no confían en su propia, Filip. 3:6–8.
consideran la suya como trapo de inmundicia, Isa. 64:6.
deben buscar, Sof. 2:3.
vivir en, Tit. 2:12; 1 Ped. 2:24.
servir á Dios en, Luc. 1:75.
presentar sus miembros como instrumentos de y como siervos de, Rom. 6:13, 19.
ponerse la coraza de la justicia, Efes. 6:14.
recibirán una corona de, 2 Tim. 4:8.
verán el rostro de Dios en, Sal. 17:15.
de los santos dura para siempre, Sal. 112:3, 9, con 2 Cor. 9:9.
es una prueba del renacimiento, 1 Juan 2:29.
el reino de Dios es, Rom. 14:17.
el fruto del Espíritu es en todos, Efes. 5:9.
las Escrituras instruyen en, 2 Tim. 3:16.
los juicios tienen por objeto conducirnos á, Isa. 26:9.
las penas correccionales producen el fruto de, Heb. 12:2.
no se hermana con la injusticia, 2 Cor. 6:14.
LOS MINISTROS DEBEN:
ser predicadores de, 2 Ped. 2:5.
razonar de, Act. 24:25.
seguir la, 1 Tim. 6:11; 2 Tim. 2:22.
revestirse de, Sal. 132:9.
armarse de, 2 Cor. 6:7.

orar por el fruto de, de parte de su grey, 2 Cor. 9:10; Filip. 1:11.
mantiene á los santos en la buena senda, Prov. 11:5; 13:6.
el juicio debe ejecutarse en, Lev. 19:15.
LOS QUE ANDAN EN, Y LA SIGUEN:
son justos, 1 Juan 3:7.
son los fuertes (ó nobles) de la tierra, Sal. 16:3, con Prov. 12:26.
son aceptados de Dios, Act. 10:35.
son amados de Dios, Sal. 146:8; Prov. 15:9.
son bendecidos por Dios, Sal. 5:12.
están bajo la vigilancia paternal de Dios, Job 36:7; Sal. 34:15; 1 Ped. 3:12.
Dios los prueba, Sal. 11:5.
Dios los ensalza, Job 36:7.
moran en seguridad, Isa. 33:15, 16.
son valientes como el león, Prov. 28:1.
son librados de todos los trabajos, Sal. 34:19; Prov. 11:8.
nunca los abandona Dios, Sal. 37:25.
serán provistos con abundancia, Prov. 13:25.
son enriquecidos, Sal. 112:3; Prov. 15:6.
piensan en el bien y lo anhelan, Prov. 11:23; 12:5.
saben el secreto del Señor, Prov. 3:32.
sus oraciones son oídas, Sal. 34:17; Prov. 15:29; 1 Ped. 3:12.
sus deseos son concedidos, Prov. 10:24.
la hallan con la vida y la honra, Prov. 21:21.
detendrán su carrera, Job 17:9.
nunca serán movidos, Sal. 15:2, 5; 55:22; Prov. 10:30; 12:3.
serán en eterna memoria, Sal. 112:6.
reverdecerán como ramos, Prov. 11:28.
se regocijarán en el Señor, Sal. 64:10.
lleva consigo su propio galardón, Prov. 11:18; Isa. 3:10.
es para vida, Prov. 11:19; 12:28.
la obra de la, será la paz, Isa. 32:17.
el efecto de la, es sosiego para siempre, Isa. 32:17.
es para el anciano una corona de gloria, Prov. 16:31.
LOS MALOS:
están lejos de la, Sal. 119:150; Isa. 46:12.
libres de la, Rom. 6:20.
son enemigos de la, Act. 13:10.
dejan la, Amós 5:7, con Sal. 36:3.
no siguen la, Rom. 9:30.
no hacen, 1 Juan 3:10.
no obedecen la, Rom. 2:8, con 2 Tes. 2:12.
aman la mentira más que la, Sal. 52:3.
hacen mención del Dios de Israel, no en, Isa. 48:1.
aunque favorecidos, no aprenden, Isa. 26:10, con Sal. 106:43.
hablan con desprecio de los que siguen, Sal. 31:18.
aborrecen á los que siguen, Sal. 34:21.
matan á los que siguen, Sal. 37:32; 1 Juan 3:12, con Mat. 23:35.
se libran del pecado por medio de la, Dan. 4:27.
deben despertarse para practicar la, 1 Cor. 15:34.
sembrar para sí mismos en, Ose. 10:12.
en vano desean morir como los que siguen, Núm. 23:10.
el trono de los reyes establecido por, Prov. 16:12; 25:5.
las naciones ensalzadas por, Prov. 14:34.
LA BIENAVENTURANZA DE:
los que poseen la, imputada sin obras, Rom. 4:6.

los que hacen la, Sal 106:3.
los que tienen hambre y sed de, Mat. 5:6.
los que sufren por la, 1 Ped. 3:14.
los que son perseguidos á causa de la, Mat. 5:10.
los que encaminan á otros á la, Dan. 12:3.
prometida á la iglesia, Isa. 32:16; 45:8; 61:11; 62:1.
prometida á los santos, Isa. 60:21; 61:3.
ejemplos de: Jacob, Gén. 30:33. David, 2 Sam. 22:21. Zacarías, &c. Luc. 1:6. Abel, Heb. 11:4. Lot. 2 Ped. 2:8.
JUSTICIA DE DIOS:
es uno de sus atributos, Deut. 32:4; Isa. 45:21; Sal. 7:9; 116:5; 119:137.
LAS ESCRITURAS ENSEÑAN QUE ES:
abundante, Job 37:23; Sal. 48:10.
elevadísima, Sal. 71:19.
sin medida, Sal. 71:15.
eterna, Sal. 119:142.
perdurable, Sal. 111:3.
incomparable, Job 4:17.
incorruptible, Deut. 10:17; 2 Crón. 19:7.
imparcial, 2 Crón. 19:7; Jer. 32:19.
sin falta, Sof. 3:5.
recta, Job 8:3; 34:12.
sin acepción de personas, Rom. 2:11; Col. 3:25; 1 Ped. 1:17.
el asiento de su trono, Sal. 89:14; 97:2.
no se debe pecar contra, Jer. 50:7.
negada por los impíos, Ezeq. 33:17, 20.
reconoced, Sal. 51:4, con Rom. 3:4.
ensalzad, Sal. 98:9; 99:3, 4.
Cristo la reconoció, Juan 17:25.
Cristo encomendó su causa á, 1 Ped. 2:23.
los angeles reconocen, Rev. 16:5.
SE MANIFIESTA EN:
el perdon de los pecados, 1 Juan 1:9.
la redención, Rom. 3:26.
su gobierno, Sal. 9:4; 96:13; 98:9; Jer. 9:24.
sus juicios, Gén. 18:25; Sal. 19; 119:7, 62; Rev. 19:2.
todos sus caminos, Sal. 145:17; Eze. 18:25, 29.
el juicio final, Act. 17:31.
sus testimonios, Sal. 119:138, 144.
sus mandamientos, Deut. 4:8; Sal. 119:172.
su palabra, Sal. 119:123.
sus actos, Jue. 5:11; 1 Sam. 12:7.
el evangelio, Sal. 85:10, con Rom. 3:25, 26.
el castigo de los malos, Rom. 2:5; 2 Tes. 1:6; Rev. 16:7; 19:2.
se manifiesta á la posteridad de los santos, Sal. 103:17.
ha sido descubierta ante los gentiles, Sal. 98:2.
Dios se complace en el ejercicio de, Jer. 9:24.
los cielos declararán, Sal. 50:6; 97:6.
LOS SANTOS:
le adscriben, Job 36:3; Dan. 9:7.
reconocen, en sus designios, Ezra 9:15.
reconocen, aunque prosperen los malos, Jer. 12:1, con Sal. 73:12-17.
reconocen en el cumplimiento de sus promesas, Neh. 9:8.
tienen confianza de contemplar, Miq. 7:9.
son sostenidos por, Isa. 41:10.
no ocultan, Sal. 40:10.
hacen memoria de, de Dios sólo, Sal. 71:16.
hablan de, Sal. 35:28; 71:15, 24.
declaran, á los demás, Sal. 22:31.
ensalzan, Sal. 7:17; 51:14; 145:7.
alegan, en sus plegarias, Sal. 143:11; Dan. 9:16.
es motivo de que ame la justicia, Sal. 11:7.
DEBEMOS ROGAR Á DIOS QUE:
nos guíe en, Sal. 5:8.

nos avive en, Sal. 119:40.
nos libre en, Sal. 31:1; 71:2.
nos conteste en, Sal. 143:1.
nos juzgue según, Sal. 35:24.
nos continúe la manifestación de, Sal. 36:10.
el cuidado y protección divinas tienen por objeto darnos á conocer, Miq. 6:4, 5.
los malos no sienten interés en, Sal. 69:27.
comparada, Sal. 36:6.
JUSTICIA imputada:
predicciones acerca de, Isa. 46:13; 51:5; 56:1.
revelada en el evangelio, Rom. 1:17.
es del Señor, Isa. 54:17.
DESCRÍBESE COMO:
la justicia de la fé, Rom. 4:13; 9:30; 10:6.
de Dios, sin la ley, Rom. 3:21.
de Dios por la fé en Cristo, Rom. 3:22.
Cristo hecho justicia para nosotros, 1 Cor. 1:30.
el ser hechos nosotros justicia de Dios en Cristo, 2 Cor. 5:21.
Cristo es el fin de la ley para, Rom. 10:4.
Cristo llamado EL SEÑOR JUSTICIA NUESTRA á razón de, Jer. 23:6.
es una justicia eterna, Dan. 9:24.
es un don gratuito, Rom. 5:17.
jamás será abolida, Isa. 51:6.
las promesas hechas por medio de, Rom. 4:13-16.
LOS SANTOS:
poseen, al creer, Rom. 4:5, 11, 24.
se revisten de, Isa. 61:10.
son hechos justos por, Rom. 5:19.
son justificados por, Rom. 3:26.
son ensalzados en, Sal. 89:16.
desean ser hallados en, Filip. 3:9.
se glorian de poseer, Isa. 45:24, 25.
exhortación á que solicitemos, Mat. 6:33.
los gentiles han alcanzado, Rom. 9:30.
bienaventurados los que poseen, Rom. 4:6.
LOS MALOS:
ignoran qué es, Rom. 10:3.
tropiezan en, Rom. 9:32.
no se someten á, Rom. 10:3.
son excluidos de, Sal. 69:27.
ejemplos de: Abraham, Rom. 4:9, 22; Gál. 3:6. Pablo, Filip. 3:7-9.
JUSTIFICACIÓN (la) PROPIA Ó DE SÍ MISMO:
el hombre es inclinado á, Prov. 20:6; 30:12.
aborrecible á Dios, Luc. 16:15.
ES VANA PORQUE LA JUSTICIA DEL HOMBRE es sólo externa, Mat. 23:25-28; Luc. 11:39-44.
es sólo en parte, Mat. 23:25; Luc. 11:42.
es sólo como trapo de inmundicia, Isa. 64:6.
es ineficaz para alcanzar la salvación, Job 32:1; 42:5; Mat. 5:20, con Rom. 3:20.
no es de ningún provecho, Isa. 57:12.
es jactanciosa, Mat. 23:30.
LOS QUE SON DADOS Á, se acercan á Dios con audacia, Luc. 18:11.
procuran justificarse á sí mismos á todo trance, Luc. 10:29.
ante los hombres, Luc. 16:15.
rechazan la justicia de Dios, Rom. 10:3.
condenan á otros, Mat. 9:11-13; Luc. 7:39.
piensan que sus propios caminos son rectos, Prov. 21:2.
desprecian á los demás, Isa. 65:5; Luc. 18:9.
hacen alarde de su propia bondad, Prov. 20:6.
son puros ante sí mismos, Prov. 30:12.
son abominables ante Dios, Isa. 65:5.
lo insensato de, Job 9:20.
los santos renuncian, Filip. 3:7-10.
admonición con respecto á, Deut. 9:4.
censura solemne de, Mat. 23:27, 28.

explicada con un ejemplo, Luc. 18:10–12.
ejemplos de: Saúl, 1 Sam. 15:13. Un joven,
Mat. 19:20. Un doctor de la ley, Luc. 10:25,
29. Los Fariseos, Luc. 11:39; Juan 8:33;
9:28. Israel, Rom. 10:3. La iglesia de Laodicea, Rev. 3:17.
JUSTIFICACIÓN ante Dios:
prometida en Cristo, Isa. 45:25; 53:11.
es un acto de Dios, Isa. 50:8; Rom. 8:33.
bajo la ley, exige obediencia perfecta, Lev.
18:5, con Rom. 2:13; 10:5; Sant. 2:10.
bajo la ley, el hombre no puede alcanzarla, Job
9:2, 3, 20; 15:4; Sal. 130:3; 143:2, con Rom.
3:20; 9:31, 32.
BAJO EL EVANGELIO:
no es por las obras, Act. 13:39; Rom. 8:3;
Gál. 2:16; 3:11.
ni es tampoco por la fé ni por las obras jun-
tas, Act. 15:1–29; Rom. 3:28; 11:6; Gál.
2:14–21; 5:4.
es por la fé sola, Juan 5:24; Act. 13:39; Rom.
3:20; 5:1; Gál. 2:16.
es de la gracia, Rom. 3:24; 4:16; 5:17–21.
es en el nombre de Cristo, 1 Cor. 6:11.
es por medio de la imputación de la justicia
de Cristo, Isa. 61:10; Jer. 23:6; Rom. 3:22;
5:18; 1 Cor. 1:30: 2 Cor. 5:21.
por la sangre de Cristo, Rom. 5:9.
por la resurrección de Cristo, Rom. 4:25;
1 Cor. 15:17.
bienaventuranza de, Sal. 32:1, 2, con Rom.
4:6–8.
libra de la condenación, Isa. 50:8, 9; 54:17,
con Rom. 8:33, 34.
da derecho á una herencia, Tit. 3:7.
hace segura la glorificación, Rom. 8:30.
los malos no alcanzarán, Ex. 23:7.
POR LA FÉ:
revelada bajo el régimen del Antiguo Testamento, Hab. 2:4, con Rom. 1:17.
excluye la jactancia, Rom. 3:27; 4:2; 1 Cor.
1:29, 31.
no anula la ley, Rom. 3:30, 31; 1 Cor. 9:21.
simbolizada, Zac. 3:4, 5.
comparada, Luc. 18:14.
ejemplos de: Abram, Gén. 15:6. Pablo, Filip.
3:8, 9.
Véase FÉ.
JUSTO, Act. 18:7; Barsabás, Act. 1:23; Jesús,
Col. 4:11.

L.

LABÁN, hospitalidad de, Gén. 24:29.
le da á Jacob sus dos hijas, Gén. 29.
obra de mala fé con él, Gén. 30:27; 31:1.
su pacto con él, Gén. 31:43.
LABORIOSIDAD (la):
prescrita, Efes. 4:28; 1 Tes. 4:11.
exigida del hombre en su estado de inocencia,
Gén. 2:15.
después de la caída, Gén. 3:23.
se debe suspender Domingo, Ex. 20:10.
es un rasgo de las mujeres piadosas, Prov.
31:13, &c.
el madrugar es necesario para, Prov. 31:15.
indispensable para suplir nuestras propias necesidades, Act. 20:34; 1 Tes. 2:9.
y las necesidades de los demás, Act. 20:35;
Efes. 4:28.
los perezosos están destituidos de, Prov.
24:30, 31.
CONDUCE: al aumento de bienes, Prov. 13:11.
al afecto de los parientes, Prov. 31:28.
á la alabanza general, Prov. 31:31.

explicada con un ejemplo, Prov. 6:6–8.
ejemplos de: Raquel, Gén. 29:9. Jacob, Gén.
31:6. Las hijas de Jetró, Exod. 2:16. Rut,
Rut 2:2, 3. Jeroboam, 1 Rey. 11:28. David,
1 Sam. 16:11. Los ancianos judíos, Ezra
6:14, 15. Dorcas, Act. 9:39. Pablo, Act.
18:3; 1 Cor. 4:12.
Véase DILIGENCIA.
LABRADOR, mencionado figurativamente, Juan
15:1; 2 Tim. 2:6; Sant. 5:7.
parábola de los labradores, Mat. 21:33; Mar.
12:1; Luc. 20:9.
LABRANZA. Véase AGRICULTURA.
LADRILLOS en el edificar la torre de Babel,
Gén. 11:3; las ciudades de los ba-timentos
en Egipto, Ex. 1:11, 14; las casas, Isa. 9:10 ;
la idolatría, Isa. 65:3.
fabricación de, 2 Sam. 12:31; Jer. 43:9; Neh.
3:14; por los Israelitas, Ex. 15:17–19.
LADRÓN, castigo del, Exod. 22:2; Deut. 24:7;
Zac. 5:4; 1 Cor. 6:10; 1 Ped. 4:15.
descripción de su conducta, Job 24:14; Jer.
2:26; 49:9; Luc. 10:30; Juan 10:1.
la segunda venida de Cristo simbolizada por,
Mat. 24:43; Luc. 12:39; 1 Tes. 5:2; 2 Ped.
3:10; Rev. 3:3; 16:15.
LADRONES, Cristo crucificado entre dos, Mat.
27:38; Mar. 15:27.
uno de ellos le confiesa, Luc. 23:40.
LAGAR, de la ira de Dios, Rev. 14:19; 19:15.
Véase Isa. 5:2; 63:3; Lam. 1:15; Mat. 21:32.
LAGARTOS, inmundos, Lev. 11:30.
LAGO de fuego, quiénes han de ser arrojados
ahí, Rev. 19:20; 20:10; 21:8.
de Genesaret (Galilea), Luc. 5:1.
LAIS, tomada por medio de una treta, Jue.
18:14; Isa. 10:30.
LAMEC, descendiente de Caín, sus esposas y sus
hijos, Gén. 4:18.
——, padre de Noé, su profecía, Gén. 5:25, 29.
LAMENTACIÓN por Jacob, Gén. 50.
de David por Saúl y Jonatán, 2 Sam. 1:17.
por Abner, 2 Sam. 3:31.
por Josías, 2 Crón. 35:25.
por Tiro, Ezeq. 26:17; 27:30; 28:12.
por Faraón, Ezeq. 32.
por Cristo, Luc. 23:27.
por Babilonia, Rev. 18:10.
de Jeremías, Lam. 1, &c.
LAMENTAR (el), hacer duelo, llorar, en qué
ocasiones es bendito, Mat. 5:4; Luc. 6:21.
por los muertos, Gén. 50:3; Núm. 20:29; Deut.
14:1; 2 Sam. 1:17; 3:31; 12:16; 18:33; 19:1;
Ecl. 12:5; Jer. 6:26; 9:17; 22:18.
de los sacerdotes, Lev. 21:1; Ezeq. 44:25.
LAMMA SABACTHANI, Mat. 27:46; Mar. 15:34.
Véase Sal. 22:1.
LÁMPARA, (Gén. 15:17):
en la versión de Valera el vocablo original ha
sido traducido antorcha en Jer. 25:10: Sof.
1:12: Juan 18:3: candela en Prov. 31:18;
candileja en Exod. 23:37; hacha, Nah. 2:4;
Zac. 12:6; tizón, Jue. 15:4.
usada para alumbrar: el tabernáculo, Exod.
25:37; las habitaciones, Act. 20:8; los carros
de guerra por la noche, Nah. 2:3, 4; los cor-
tejos de bodas, Mat. 25:1; á las personas que
salían de noche, Sal. 119:105.
se mantenía encendida toda la noche, Prov.
31:18.
se ponía sobre un velador para que alumbrara
toda la casa, Mat. 5:15.
para arder perpétuamente, Ex. 27:20; 25:37;
30:7; Lev. 24:2, &c.; Núm. 8.

lámpara en el cielo, Zac. 4:2; Rev. 4:5.
parábola acerca de, Mat. 25:1.
LANA hilada para hacer ropa, Lev. 13:47-52;
Ezeq. 34:3; Ose. 2:5, 9.
no se había de mezclar con el lino, Deut. 22:11.
exportada de Damasco, Ezeq. 27:18.
el primer vellón se había de dar al sacerdote,
Deut. 18:4.
LANGOSTAS, plaga de, Ex. 10:4; Deut. 28:38;
Sal. 105:34; Rev. 9:3.
descritas, Prov. 30:27; Isa. 33:4; Joel 1:2-7;
2:3; Nah. 3:17; Rev. 9:7.
usadas como alimento, Lev. 11:22; Mat. 3:4.
enviadas, Amós 7:1.
LANZA, Jos. 8:18; 2 Sam. 23:8, 18.
la de Goliat, 1 Sam. 17:7, &.
Cristo fué traspasado con, Juan 19:34.
——, media lanza, Núm. 25:7; 1 Sam. 18:10;
19:10. Véase DARDO.
LANZADERA de tejedor, Job 7:6.
LAODICENSES, epístola dirigida á, Rev. 1:11;
3:14. Véase Col. 2:1; 4:13, 16.
LAPIDACIÓN (la), como castigo, Lev. 20:2;
24:14; Deut. 13:10; 17:5; 22:21, &c.
de Acán, Jos. 7:25.
de Nabot, 1 Reyes 21.
de Esteban, Act. 7:58.
de Pablo, Act. 14:19; 2 Cor. 11:25.
LAQUIS vencida, Jos. 10:31; 12:11. Véase 2 Re-
yes 14:19; 18:14; Jer. 34:7; Miq. 1:13.
LASAÑAS. Véase OBLEAS.
LASCIVIA (la), de dónde dimana. Mar. 7:21;
Gál. 5:19.
censurada, 2 Cor. 12:21; Efes. 4:19; 1 Ped. 4:3;
Judas 4.
LASEA, Act. 27:8.
LATÍN, el idioma romano, Luc. 23:38; Act. 2:10.
LAUREL. Sal. 37:35.
LAVATORIO, prescrito por la ley, Exod. 29:4;
Lev. 6:27; 13:54; 14:8; Deut. 21:6; 2 Cró. 4:6.
tradicional, Mar. 7:3; Luc. 11:38.
de los piés, señal de hospitalidad y de reveren-
cia, Gén. 18:4; 24:32; 43:24; 1 Sam. 25:41;
Luc. 7:38; 1 Tim. 5:10.
Cristo lava los piés á sus discípulos, Juan 13.
de las manos, en señal de inocencia, Deut. 21:6;
Sal. 26:6; Pilato fué un ejemplo, Mat. 27:24.
mencionado en sentido figurado, Job 9:30;
Isa. 1:16; 4:4; Tit. 3:5; Heb. 10:22.
por medio de la sangre de Cristo, 1 Cor. 6:11;
Rev. 1:5; 7:14.
LÁZARO y el rico, Luc. 16:19.
——, hermano de María y de Marta, resucitado de entre los muertos, Juan 11; 12:1.
LAZO (garlito). Amós 3:5.
por vía de comparación, Job 18:8, 10; Sal. 91:3;
Jer. 52:18.
LAZOS. Véase CUERDAS.
LEA, los hijos que Jacob tuvo de, Gén. 29:31;
30:17; 31:4; 33:2; 49:31. Véase Rut 4:11.
LEALTAD, haciendo lo bueno, Tit. 2:10. Véanse FIDELIDAD, HONRADEZ, SIERVOS.
LEBEO, Mat. 10:3. Véase JUDAS.
LEBREL, Prov. 30:31.
LECHE, como alimento, Gén. 18:8; Jue. 5:25.
de vaca, Deut. 32:14; 1 Sam. 6:7.
de camello, Gén. 32:15.
de cabra, Prov. 27:27.
de oveja, Deut. 35:14.
convertida en mantequilla, Prov. 30:33.
y en queso, Job 10:10.
metáfora de la fertilidad, Jos. 5:6.
de la instrucción, Isa. 55:1; 1 Cor. 3:2; Heb.
5:12; 1 Ped. 2:2. Véase Cant. 4:11; Isa.
7:22; 60:16.

LECTURA de la ley por Moisés, Ex. 24:7.
por Josué, Jos. 8:34.
por mandato de Josías, 2 Rey. 23.
por Ezra, Neh. 8; 9.
—— de los profetas, Luc. 4:16.
—— de las epístolas, Col. 4:16; 1 Tes. 5:27.
Véase Act. 13:15.
LEGAÑOSO (el), no debía desempeñar el sacerdocio, Lev. 21:20.
LEGIÓN (una división del ejército romano, la
cual se componía de 6,000 hombres):
de demonios, Mar. 5:9; Luc. 8:30.
de ángeles, Mat. 26:53.
LEGISLADOR, Dios, Isa. 33:22; Sant. 4:12.
LEGUMBRES, Dan. 1:12, 16.
LEMUEL, rey, sus palabras, Prov. 31.
LENGUA (la):
índice del corazón, Isa 32:6; Mat. 12:35; Luc.
6:45.
la muerte y la vida en poder de, Prov. 18:21.
la felicidad depende de, Prov. 21:23; Am. 5:13.
beneficios que resultan de gobernar, 2 Crón.
10:7; Prov. 12:14; 15:23; 18:20.
males de, sin gobernar, Prov. 12:13.
mala y buena, contraste de, Prov. 10; 14:3; 15;
Ecl. 9:17; 10:12; Sant. 3.
el prudente refrenamiento de, Prov. 30:32;
Ecl. 10:20; Miq. 7:5; Sant. 1:19.
MALA, molestosa, Sal. 55:21; Jer. 9:8.
molestosa, Sal. 10:7; 52:2.
indomable, Sant. 3:7, 8.
hipócrita, Sal. 57:4; Prov. 11:9.
llena de ponzoña, Rom. 3:13; Sant. 3:8.
blasfemadora, Luc. 22:65.
aduladora, Job 17:5; Sal. 12:2.
perversa, Prov. 4:24; 6:12; 10:31.
un mundo de maldad, Sant. 3:6.
inflamada del infierno, Sant. 3:6.
espada aguda, Sal. 57:4.
llama de fuego, Prov. 16:27.
BUENA, ES gracia, Ecl. 10:12; Luc. 4:22.
fuerte y recta, Job 6:25.
sabia y justa, Sal. 37:30.
sana, Tit. 2:8.
pacificadora, Prov. 15:1.
conveniente y oportuna, Prov. 15:23; 25:11.
clemente, Prov. 31:26.
medicina, Prov. 12:18.
sin engaño, 1 Ped. 2:21; 3:10.
modesta, Job 32:11.
veraz, Sal. 15:2; Prov. 8:7.
como un árbol de vida, Prov. 15:4.
una vena de vida, Prov. 10:11.
un arroyo reverdiente, Prov. 18:4.
plata escogida, Prov. 10:20.
panal de miel, Prov. 16:24.
vaso precioso, Prov. 20:15.
ABUSA EL HOMBRE DE, mintiendo, Sal. 15:2;
34:13.
jurando, Mat. 5:34; Sant. 5:12.
dando falso testimonio, Prov. 25:18.
tomando en vano el nombre de Dios, Exod.
20:7; 2 Tim. 2:16.
calumniando á escondidas, Sal. 101:5.
sirviendo de testigo sin causa, Prov. 24:28.
censurando sin reflexión, Mat. 7:1; Sant. 4:11.
hablando mal del prójimo, Tit. 3:2; 1 Ped. 2:1.
maldiciendo, 1 Cor. 6:10; 1 Ped. 3:9; Jud. 9.
ultrajando, Jud. 8.
usando palabras torpes, Col. 3:8; 2 Ped. 2:7.
murmurando, Rom. 1:30; 1 Cor. 10:10.
chismeando, Lev. 19:16; Prov. 18:8.
menospreciando, Sal. 123:3; Jud. 18.
hablando necedades, Ecl. 10:13.
haciendo burla, Prov. 26:18; Efes. 5:4.

en alabanza propia, Prov. 25:14, 27.
usando locuacidad, Prov. 10:19; 29:11.
en la jactancia, Prov. 25:14.
en la maledicencia y la amargura, Rom. 3:14.
en cuestiones inútiles, 1 Tim. 1:4.
HACEMOS BUEN USO DE, orándole á Dios, Sal. 27:7; 28:2; Mar. 10:47.
alabando á Dios, Sal. 71:23; Heb. 13:15.
confesando el pecado, Job 33:27.
dando razón de su esperanza, 1 Ped. 3:15.
bendiciendo, Gén. 47:10; 2 Sam. 6:18.
consolando, Job 16:5; Mat. 9:2; 14:27.
censurando el pecado, Lev. 19:17; 1 Tim. 5:20.
enseñando, Prov. 9:9; 10:20; 15:2, 7; 16:23; Mat. 13:52.
edificando, Efes. 4:29.
exhortando, 1 Tes. 5:11.
dando consejos, Job 29:21.
defendiendo la razón, Job 29:12; Sal. 72:12.
promoviendo la comunión de los cristianos, Mal. 3:16.
usando siempre con gracia, Col. 4:6.
castigo de la mala, Sal. 52:4.
LENGUAS, confusión de, Gén. 11.
don de, Act. 2:3-18; 10:46; 19:6.
reglas con respecto al uso de ese don, 1 Cor. 12:10; 13:1; 14:2-40.
LENGUÁZ, Ecl. 10:11. Véase PALABRERO.
LENTEJAS, legumbre, Gén. 25:34; 2 Sam. 17:28; 23:11; Ezeq. 4:9.
LEÓN:
cualidades de: fuerte, Jue. 14:18; Prov. 30:30; activo, Deut. 33:32; valiente, 2 Sam. 17:10; impávido, Isa. 31:4; Nah. 2:11; fiero, Job 10:16; 28:8; voraz y astuto, Sal. 17:12.
muerto por Samsón, Jue. 14:5.
por David, 1 Sam. 17:34.
el profeta desobediente muerto por un, 1 Rey. 13:24; 20:36.
Daniel salvado de garras de los, Dan. 6:18.
enigma de, Jue. 14:14, 18.
proverbio de, Ecl. 9:4.
imagen de, en visiones, Ezeq. 1:10; 10:14; Dan. 7:4; Rev. 4:7.
parábola de, Ezeq. 19.
mencionado en sentido figurado, Gén. 49:9 (Rev. 5:5); 2 Sam. 17:10; Job 4:10.
Satanás comparado á un, 1 Ped. 5:8.
LEOPARDO, ó tigre, en visiones, Dan. 7:6; Rev. 13:2.
en sentido metafórico, Isa. 11:6 ; Ose. 13:7.
LEPRA (la), señales para distinguir, Lev. 13.
ritos que se observaban para limpiar, Lev. 14; 22:4; Deut. 24:8.
en una habitación, Lev. 14:33.
de María, Núm. 12:10.
de Naamán, 2 Reyes 5.
de Ozías, 2 Crón. 26:19.
curada por Cristo, Mat. 8:3; Mar. 1:41; Luc. 5:12; 17:12.
LEPROSOS, expulsados del campamento, Lev. 13:46; Núm. 5:2; 12:14.
cuatro de Samaria, 2 Reyes 7:3.
LESEM, Jos. 19:47; Jue. 18.
LESNA, Ex. 21:6; Deut. 15:17.
LETRA (la), y el Espíritu, 2 Cor. 3:6; Rom. 2:27; 7:6.
LEVADURA, no debía usarse en la Pascua, Ex. 12:15; 13:7.
ni en las ofrendas, Lev. 2:11; 6:17; 10:12.
mencionada en sentido metafórico, Mat. 13:33; 16:6; Luc. 13:20; 1 Cor. 5:6.
LEVÍ, hijo de Jacob, Gén. 29:34.
se venga de Dina, Gén. 34:25; 49:5.

sus descendientes, Gén. 46:11.
——, apóstol. Véase MATEO.
LEVIATÁN, Job 3:8 (original heb.); se supone que era un crocodilo, Job 41; una serpiente, Sal. 104:26.
por vía de comparación, Job 41:10; Isa. 27:1.
LEVITAS (los), matan á los idólatras, Ex. 32:26.
separados para el servicio de Dios, Núm. 1:47.
dados en lugar de los primogénitos, Núm. 3:12; 8:16.
contados, Núm. 3:15; 26:57.
consagrados, Núm. 8:5.
empezaban á servir á los veinticinco años de edad, Núm. 8:24.
á los treinta se les reputaba como ministros, Núm. 4:3, 23.
retirados á los cincuenta, Núm. 8:25.
se les imponían deberes menos árduos, Núm. 8:26.
sus funciones, Núm. 3:23; 4; 8:23; 18.
su herencia, Núm. 35; Deut. 18; Jos. 21.
deber para con, Deut. 12:19; 14:27.
genealogías de, 1 Crón. 6; 9.
servicios prescritos por David, 1 Crón: 23-27.
debían ser mantenidos por la nación desde que llegaban á la edad de un mes, Núm. 18:20-24; 26:62.
se les dieron cuarenta y ocho ciudades, Núm. 35 2-8.
cuando estaban en servicio activo moraban al rededor del templo, 1 Crón. 9:27.
castigado con pena de muerte por arrogarse funciones sacerdotales, Núm. 18:3.
castigo de Coré, Núm. 16:1-35.
censurados, Mal. 1; 2.
LEY (la) de Dios:
es absoluta y perpétua, Mat. 5:18.
DADA á Adam, Gén. 2:16, 17, con Rom. 5:12-14.
á Noé, Gén. 9:6.
á los israelitas, Ex. 20: Sal. 78:5.
por medio de Moisés, Ex. 31:18; Juan 7:19.
por medio del ministerio de los ángeles, Act. 7:53; Gál. 3:19; Heb. 2:2.
DESCRITA como:
pura, Sal. 19:8.
espiritual, Rom. 7:14.
santa, justa y buena, Rom. 7:12.
ancha en gran manera, Sal. 119:96.
perfecta, Sal. 19:7; Rom. 12:2.
verdad, Sal. 119:142.
que no es grave, 1 Juan 5:3.
requiere la obediencia del corazón, Sal. 51:6; Mat. 5:28; 22:37.
perfecta, Deut. 27:26; Gál. 3:10; Sant. 2:10.
el amor es cumplimiento de, Rom. 13:8, 10; Gál. 5:14; Sant. 2:8.
es deber del hombre guardar. Ecl. 12:13.
el hombre por naturaleza no se sujeta á, Rom. 7:5; 8:7.
el hombre no puede rendir una obediencia perfecta á, 1 Rey. 8:46; Ecl. 7:20; Rom. 3:10.
el pecado es una transgresión de, 1 Juan 3:4.
todos los hombres han quebrantado, Rom. 3:9, 19.
el hombre no puede ser justificado por, Act. 13:39; Rom. 3:20, 28; Gál. 2:16; 3:11.
da á conocer el pecado, Rom. 3:20; 7:7.
obra la ira, Rom. 4:15.
la conciencia da testimonio de, Rom. 2:15.
tiene por objeto encaminarnos hacia Cristo Gál. 3:24.
LA OBEDIENCIA Á:
es un distintivo de los santos, Rev. 12:17.
es una prueba de amor, 1 Juan 5:3.
de primera importancia, 1 Cor. 7:19.

bienaventurados los que guardan, Sal. 119:1;
  Mat. 5:19; 1 Juan 3:22. 24; Rev. 22:14.
CRISTO vino á cumplir, Mat. 5:17.
  enalteció, Isa. 42:21.
  explicó, Mat. 7:12; 22:37-40.
el amor á, produce paz, Sal. 119:165.
LOS SANTOS:
  están libres de la servidumbre de, Rom. 6:14;
    7:4, 6; Gál. 3;13.
  están libres de la maldición de, Gál. 3:13.
  tienen, escrita en sus corazones, Jer. 31:33,
    con Heb. 8:10.
  aman, Sal. 119:97, 113.
  se deleitan en, Sal. 119:77; Rom. 7:22.
  preparan sus corazones para, Ezra 7:10.
  se comprometen á caminar en, Neh. 10:29.
  guardan, Sal. 119:55.
  piden á Dios les haga entender, Sal. 119:18.
  les dé aptitud de guardar, Sal. 119:14.
  deben acordarse de, Mal. 4:4.
  deben conversar de, Ex. 13:9.
  lamentan el que otros violen, Sal. 119:136.
LOS MALOS:
  desprecian, Amós 2:4.
  olvidan, Ose. 4:6.
  abandonan, 2 Crón. 12:1; Jer. 9:13.
  se niegan á oir, Isa. 30:9; Jer. 6:19.
  á andar en, Sal. 78:10.
  desechan, Isa. 5:24.
es la regla de vida para los santos, 1 Cor. 9:21;
  Gál. 5:13, 14.
servirá de regla para el juicio, Rom. 2:12.
debe usarse de ella lícitamente, 1 Tim. 1:8.
establecida por la fé, Rom. 3:31.
castigo por la desobediencia á, Neh. 9:26, 27;
  Isa. 65:11-13; Jer. 9:13-16.
  ——— levítica, promulgada, Ex. 21,'&c.; Lev.
  1, &c.; Núm. 3, &c.; Deut. 12, &c.; y escrita
  en piedra, Deut. 27:1; Jos. 8:32.
colocada en el arca, Deut. 31:24.
leída cada siete años, Deut. 31:9.
había de ser copiada por el rey, Deut. 17:18.
leída públicamente por Josué, Jos. 8:34; por
  Ezra, Neh. 8.
libro de, hallado por Helcías, 2 Rey. 22:8.
leída por Josías, 2 Rey. 23:2.
  ———, el rito judaico, abolida por Cristo, Act.
  15:24; 28:23; Gál. 2-6; Efes. 2:15; Col. 2:14;
  Heb. 7.
LEY, de la conciencia, Rom. 1:19; 2:15.
LIBACIONES, ú ofrendas de derramamiento,
  Ex. 29:40; Lev. 23:13; Núm. 6:17; 15:5 (Gén.
  35:14).
idólatras, Isa. 57:6; Jer. 7:18; 44:17; Ezeq.
  20:28.
LÍBANO, montaña y bosque del, Deut. 3:25;
  Jue. 3:3; 1 Rey. 5:14.
los cedros del, 2 Rey. 14:9; 2 Cró. 2:8; Sal.
  92:12; Cant. 3:9; Isa. 40:16; Ose. 14:5.
LIBERALIDAD (la):
agradable á Dios, 2 Cor. 9:7; Heb. 13:16.
Dios nunca olvida, Heb. 6:10.
Cristo nos ha dado ejemplo de, 2 Cor. 8:9.
es una cualidad de los santos, Sal. 112:9;
  Isa. 32:8.
inútil sin el amor, 1 Cor. 13:3.
DEBE EJERCERSE en el servicio de Dios, Exod.
  35:21-29.
  para con los santos, Rom. 12:13; Gál. 6:10.
  con los criados, Deut. 15:12-14.
  con los pobres, Deut. 15:11; Isa. 58:7.
  con los forasteros, Lev. 35:35.
  con los enemigos, Rev. 25:21.
  con todos los hombres, Gál. 6:10.
  prestando á los menesterosos, Mat. 5:42.

dando limosnas, Luc. 12:33.
socorriendo á los desvalidos, Isa. 58:7.
promoviendo las misiones, File. 4:14-16.
haciendo servicios personales, File. 2:30.
sin ostentación, Mat. 6:1-3.
con sencillez, Rom. 12:8.
de acuerdo con las facultades de cada uno,
  Deut. 16:10, 17; 1 Cor. 16:2.
voluntariamente, Ex. 25:2; 2 Cor. 8:12.
abundantemente, 2 Cor. 8:7; 9:11-13.
el ejercicio de, incita á otros á, 2 Cor. 9:2.
trabajar á fin de poder ejercer, Act. 20:35;
  Efes. 4:28.
LA FALTA DE, acarrea maldiciones, Prov. 28:27.
  es prueba de falta de amor á Dios, 1 Juan
  3:17.
  de carencia de fé, Sant. 2:14-16.
bendiciones que se relacionan con, Sal. 41:1;
  Prov. 22:9; Act. 20:35.
promesas respecto de, Sal. 112:9; Prov. 11:25;
  28:27; Ecl. 11:1; Isa. 58:10; Luc. 6:38.
exhortaciones al ejercicio de, Luc. 3:11; 11:41;
  Act. 20:35; 1 Cor. 16:1; 1 Tim. 6:17, 18.
ejemplos de: los Príncipes de Israel, Núm.
  7:2. Booz, Rut. 2:16. David, 2 Sam. 9:7, 10.
  Berzellai, 2 Sam. 17:28. Areuna, 2 Sam.
  24:22. La Sunamita, 2 Rey. 4:8, 10. Judá,
  2 Cró. 24:10, 11. Nehemías, Neh. 7:70. Los
  Judíos, Neh. 7:71, 72. Job, Job 29:15, 16.
  Nabuzardán, Jer. 40:4, 5. Juana, &c., Luc.
  8:3. Zaqueo, Luc. 19:8. Los cristianos primitivos, Act. 2:42. Barnabás, Act. 4:36, 37.
  Dorcas, Act. 9:36. Cornelio, Act. 10:2. La
  iglesia de Antioquía, Act. 11:29, 30. Lidia,
  Act. 16:12. Pablo, Act. 20:34. Estefanas,
  &c., 1 Cor. 16:17.
extraordinaria, ejemplos de: Israelitas, Exod.
  36:5. La pobre viuda, Mar. 12:42-44. Las
  iglesias de Macedonia, 2 Cor. 8:1-5.
LIBERTAD natural, Ex. 21:2-11, 26, 27; Deut.
  15:12-18; Jer. 34:9, &c.; Mar. 17:26; Act.
  22:28; 1 Cor. 7:21-23.
  ——— cristiana:
predicha, Isa. 42:7; 61:1.
CONFERIDA POR Dios, Col. 1:13.
  por Cristo, Gal. 4:3-5; 5:1.
  por el Espíritu, Rom. 8:15; 2 Cor. 3:17.
  por medio del evangelio, Juan 8:32.
confirmada por Cristo, Juan 8:36.
proclamada por Cristo, Isa. 61:1; Luc. 4:18.
el servicio de Cristo es, 1 Cor. 7:22; Efes. 3:12;
  Heb. 10:19.
ES EMANCIPACIÓN DE:
  la ley, Rom. 7:6; 8:2.
  la maldición de la ley, Gál. 3:13.
  el temor de la muerte, Heb. 2:15.
  el pecado, Heb. 2:15.
  la corrupción, Rom. 8:21.
  la servidumbre del hombre, 1 Cor. 6:19.
  los ritos judaicos, Gál. 4:3; Col. 2:20.
llamada la libertad gloriosa de los hijos de
  Dios, Rom. 8:21.
los santos son llamados á, Gál. 5:13.
LOS SANTOS DEBEN:
  alabar á Dios por, Sal. 116:16, 17.
  hacer valer su, 1 Cor. 10:29.
  andar en, Sal. 119:45.
  permanecer firmes en, Gál. 2:5; 5:1.
  no abusar, Gál. 5:13; 1 Ped. 2:16.
  no ofender á los demás con, 1 Cor. 8:9
    10:29, 32.
  el evangelio es la ley de, Sant. 1:25; 2:12.
LOS FALSOS MAESTROS abusan, Jud. 4.
  prometen, á los demás, 2 Ped. 2:19.
  procuran destruir, Gál. 2:4.

los malos destituidos de, Juan 8:34, con Rom. 6:20.
simbolizada, Lev. 25:10–17; Gál. 4:22–26, 31.
LIBERTINOS, sinagoga de los, Act. 6:9.
LIBIA, profecías acerca de, Ezeq. 30:5; Jer. 46:9; Dan. 11:43; Act. 2:10.
LIBRA (Gr. litra), cerca de 12 onzas Juan 12:3; 19:30.
LIBRAMIENTO de Lot, Gén. 14:19.
de Moisés, Exod. 2.
de Israel, Exod. 14; Jue. 4; 7; 15; 1 Sam. 7; 14; 17; 2 Rey. 19; 2 Crón. 14:20, &c.
de Daniel, &c., Dan. 2; 6.
de Sidrac, &c., Dan. 3.
de los apóstoles, Act. 5:19; 12:7; 16:26; 28:1; 2 Tim. 4:17.
de las enfermedades es por el poder de Dios, Deut. 7:15; Job 33:25; Sal. 91:3–6; 103:3.
del pecado, Sal. 39:8; 51:14; 79:9.
de manos de los enemigos, Deut. 23:14; 2 Rey. 17:39; 20:6; Sal. 106:43.
del castigo, Ezra 9:13.
de seis tribulaciones, Job 5:19; Sal. 54:7.
de la muerte, Sal. 56:13; 86:13.
de la opresión, Ez. 3:8; 12:27.
POR MEDIO DE CRISTO: Isa. 59:20; Rom. 11:26.
de este mundo malvado, Gál. 1:4.
de la ira que ha de venir, 1 Tes. 1:10.
del temor de la muerte, Heb. 2:15.
de la ley, Rom. 7:6.
del cuerpo de la muerte, Rom. 7:24.
de la servidumbre de la corrupción, Rom. 8:21.
oraciones acerca de, Gén. 32:11; Sal. 6:4; 40:13; 107:6; Mat. 6:13.
obtenido para beneficio del pueblo de Dios, Sal. 33:18; 34:18; Ezeq. 14:16; Joel 2:32.
LIBRE (la) y la sierva, alegoría de, Gál. 4:22.
LIBRO. Véase ROLLO.
LIBROS (los), origen probable de, Job 19:23, 24.
materiales de, Isa. 19:7; 2 Tim. 4:13.
forma de, Isa. 34:4; Jer. 32:2; Ezeq. 2:9; Rev. 6:14.
de hojas ó pliegos, Jer. 36:23; Rev. 5:1–3.
escritos con pluma y tinta, Jer. 36:18; 3 Jua. 13.
escritos en ambos lados, Eze. 2:9, 10; Rev. 5:1.
sellados, Isa. 29:11; Dan. 12:4; Rev. 5:1.
antigüedad de, Gén. 5:1; Job 19:23; 31:35.
numerosos, Ecl. 12:12.
de hechicería, costosos, Act. 19:19.
LISTA DE:
Generación de Adam, Gén. 5:1.
Ley de Moisés, Deut. 31:9, 19, 24, 26.
Batallas de Jehová, Ex. 17:14; Núm. 21:14.
del Derecho (Jasher), Jos. 10:13; 2 Sam. 1:18.
describiendo la Palestina, Jos. 18:9.
de Samuel, 1 Sam. 10:15.
de Samuel, Natán y Gad, 1 Crón. 29:29.
de los Reyes, 1 Crón. 9:1; 2 Crón. 24:27.
de las Crónicas de David, 1 Crón. 27:24.
de los Actos de Salomón, 1 Rey. 11:41.
de los Reyes de Judá y de Israel, 2 Crón. 16:11; 25:26; 27:7; 28:26; 35:27; 36:8.
de los Reyes de Israel, 1 Reyes 14:19; 2 Cró. 20:34; 33:18.
de Jehú, 2 Crón. 20:34.
de Isaías, 2 Crón. 26:22; 32:32; Isa. 8:1.
de Jeremías, Jer. 30:2–8; 36.
de Lamentaciones, 2 Crón. 35:25.
de las Palabras de los Videntes, 2 Cró. 33:19.
de las Historias, Ezra 4:15; 6:1, 2.
de las Memorias, Est. 6:1; 9:32.
de Hechicería, Act. 19:19.
del Juicio, Dan. 7:10; Rev. 20:12.
hallado y leído, 2 Rey. 22:8; Neh. 8:8.
destruído por Joaquim, Jer. 36:20–25.

malos, quemados por los conversos, Actos 19:18, 19.
en sentido figurado: el Libro de Dios, Exod. 32:32, 33; Sal. 56:8; 139:16; Rev. 20:12; de memoria, Mal. 3:16; de la vida ó de los vivientes, Sal. 69:28; Dan. 12:1; Filip. 4:3; Rev. 3:5; 13:8; 17:8; 20:12, 15; 21:27; 22:19.
simbólicos, Zac. 5:1; Rev. 5:1.
el comérselos, significa estudiarlos con cuidado, Jer. 15:16; Ezeq. 2:8; 3:1–3; Rev. 10:2–10.
LICAONIA, el evangelio allí, Act. 14:6.
LICIA, Act. 27:5.
LIDDA, los discípulos en ese lugar, Act. 9:32.
LIDIA, su fé y su caridad, Act. 16:14, 40.
——, una provincia poblada por los descendientes de Lud, Gén. 10:22.
LIEBRE, Lev. 11:6; Deut. 14:7.
LIENZOS, 1 Rey. 10:28; 2 Crón. 1:16.
LIGA. Véase ALIANZA.
LIMOSNAS, instrucciones respecto al modo de dar, Mat. 6:1; Luc. 11:41; 12:33.
ejemplos de, Act. 3:2; 10:2; 24:17. Véase LIBERALIDAD, POBRES.
LIMPIAMENTO. Véase ABLUCIÓN.
LIMPIOS, animales, &c., Lev. 11; Deut. 14:4; 10:12.
LINDEROS, no los habían de quitar, Deut. 19:14; 27:17; Prov. 22:28; 23:10; Job 24:2.
LINO, planta del, Exod. 9:31; Jos. 2:6; Prov. 31:13; Isa. 19:9; Ose. 2:5, 9.
fábrica de, 1 Crón. 4:21; por las mujeres, Prov. 31:24.
traído de Egipto, Ezeq. 27:7; y de Siria, Ezeq. 27:16.
ropa hecha de, para hombre, Gén. 41:42; Est. 8:15; para mujer, Jer. 16:10, 13.
ceñidores hechos de, Jer. 13:1.
ropa de cama, Prov. 7:16.
no había de tejerse con lana, Lev. 19:19; Deut. 22:11.
el cuerpo de Cristo envuelto en, Mar. 15:46; Juan 20:5.
empleado en las vestiduras del sacerdote, Ex. 28:42; Lev. 6:10; 1 Sam. 2:18; 22:18. Véase Rev. 15:6; 19:8, 14.
LINTERNA, Juan 18:3.
LIRIO, Cant. 2:1; Ose. 14:5; Mat. 6:28; Luc. 12:27.
LISANIA, Luc. 3:1.
LISONJA. Véase ADULACIÓN.
LISTRA, un cojo curado en, Act. 14:8.
Pablo, &c., considerados como dioses en, Act 14:11.
Pablo lapidado en, Act. 14:9.
LITERA, Isa. 66:20.
LO-AMMI y Lo-ruhama, Ose. 1; 2.
LOBNA, Lebna ó Libna, tomada, Jos. 10:29; 21:13.
se rebela, 2 Rey. 8:22.
sitiada por los Sirios, 2 Rey. 19:8; Isa. 37:8.
LOBO, (el):
es rapaz por naturaleza, Gén. 49:27.
particularmente feroz por la tarde cuando busca su presa, Jer. 5:6; Heb. 1:8.
causa destrucción en medio de los rebaños de ovejas, Juan 10:12.
símile de los malos, Mat. 10:16; Luc. 10:3.
de los malos gobernantes, Ezeq. 22:27; Sof. 3:3.
de los falsos maestros, Mat. 7:15; Act. 20:29.
del diablo, Juan 10:12.
de la tribu de Benjamín, Gén. 49:27.
de los enemigos feroces, Jer. 5:6; Hab. 1:8.
(el domar el) del cambio efectuado por la conversión, Isa. 11:6; 65:25.

LOCURA, fingida por David, 1 Sam. 21:13.
amagos de, Deut. 28:28. Véase Ecl. 1:17;
2:12, &c.
curada por Cristo, Mat. 4:24; 17:15.
Cristo acusado de, Juan 10:20; Pablo, Act. 26:24.
LODO (ó barro), empleado para sellos, Job
38:14; por el alfarero, Isa. 29:16; Cristo unta
de, Juan 9:6-15; en estilo figurado, Job 4:19;
13:12; 33:6; Isa. 64:8; Jer. 18:6; Hab. 2:6.
LOG (Scio, sextario) medida de capacidad,
Lev. 14:10, &c.
LOIDA, alabada, 2 Tim. 1:5.
LONGANIMIDAD (la) de Dios:
es uno de sus atributos, Ex. 34:6; Núm. 14:18;
Sal. 86:15.
la salvación es el objeto de, 2 Ped. 3:15.
por medio de la intercesión de Cristo, Luc. 13:8.
debe encaminarnos al arrepentimiento, Rom.
2:4; 2 Ped. 3:9.
un incentivo para arrepentirnos, Joel 2:13.
se manifiesta en el perdón de los pecados,
Rom. 3:25.
ejercida hacia su pueblo, Isa. 30:18; Eze. 20:17.
hacia los malos, Rom. 9:22; 1 Ped. 3:20.
alegad en la oración, Jer. 15:15.
límites señalados á, Gén. 6:3; Jer. 44:22.
LOS MALOS abusan de, Ecl. 8:11; Mat. 24:48, 49.
desprecian, Rom. 2:4.
son castigados por despreciar, Neh. 9:30;
Mat. 24:48-51; Rom. 2:5.
explicada con un ejemplo, Luc. 13:6-9.
ejemplificada: Manassés, 2 Crón. 33:10-13.
Israel, Sal. 78:38; Isa. 48:9. Jerusalem,
Mat. 23:37. Pablo, 1 Tim. 1:16.
LOOR. Véase ALABANZA.
LORIGA, Jer. 46:4; 51:3. Véase ARMADURA.
LOT, su elección, Gén. 13:10.
libertado por Abram, Gén. 14.
hospeda á unos angeles, Gén. 19:1,
librado de Sodoma, Gén. 19:16.
el castigo de su esposa, Gén. 19:26. Véase
Luc. 17:28, 32; 2 Ped. 2:7.
LOTE. Véase SUERTE.
LUCAS, compañero de Pablo, 2 Tim. 4:11; File.
24; Col. 4:14 (Act. 16:12; 20:5, &c.
LUCERO DE LA MAÑANA que sale en el cora-
zón, 2 Ped. 1:19.
——— (ó Lucifer), epíteto aplicado á Nabuco-
donosor, Isa. 14:12.
LUCHA de Jacob, Gén. 32:24.
LUCIO de Cirene, maestro, Act. 13:1; Rom.16:21.
LUDIM, un pueblo de África, descendiente de
Lud, Gén. 10:13; Isa. 66:19; Jer. 46:9; Ezeq.
27:10; 30:5.
LUJURIA y LUJURIAS. Véase CONCUPISCENCIA
y CONCUPISCENCIAS.
LUNA (la), creada, Gén. 1:16.
su orden, Gén. 1:14; Sal. 8:3; 89:37; 104:19;
148:3.
fiesta de la luna nueva (Núm. 10:10; 28:11),
1 Sam. 20:5; Sal. 81:3; 1 Crón. 23:31; Isa.
Isa. 1:13; Ose. 5:11.
adorada, Deut. 17:3; 2 Rey. 23:5; Job 31:26;
Jer. 8:2; 44:17.
LUNÁTICOS, Mat. 4:24; 17:15.
LUNETAS, adornos de figura de media luna,
Isa. 3:18.
LUZ, creada, Gén. 1:3; Jer. 31:35.
símile del favor de Dios, Ex. 10:23; Sal. 4:6;
27:1; 97:11; Isa. 9:2; 60:19.
Dios es Luz, 1 Juan 1:5; 1 Tim. 6:16.
Cristo es la luz del mundo, Luc. 2:32; Juan
1:4; 3:19; 8:12; 12:35; Rev. 21:23.
la palabra de Dios es, Sal. 19:8; 119:105, 130;
Prov. 6:23.

los discípulos llamados hijos de, Efes. 5:8;
1 Tes. 5:5; 1 Ped. 2:9.
milagrosa, Mat. 17:2; Act. 9:3.
LUZA (Betel), Gén. 28:19, &c.

LL.

LLAMAMIENTO (el) de Noé, Gén. 6:13; de
Abraham, Gén. 12; de Jacob, Gén. 28:2, 12;
de Moisés, Ex. 3; de Gedeón, Jue. 6:11; de
Samuel, 1 Sam. 3; de Elías, 1 Reyes 17; de
Eliseo, 1 Rey. 19:16, 19; de Jonás, Jon. 1; de
Isaías, Isa. 6; de Jeremías, Jer. 1; de Ezequiel, Ezeq. 1; de Osea, Ose. 1; de Amós,
Amós 1; 7:14. Véase Miq. 1:1; Sof. 1:1;
Agg. 1:1; Zac. 1:1; de Pedro, &c., Mat. 4:18;
Mar. 1:16; Luc. 5; Juan 1:39; de Pablo, Act.
5; Rom. 1:1; Gál. 1:1, 11; 1 Tim. 1.
LLAMAMIENTO (el) DE DIOS:
por medio de Cristo, Isa. 55:5; Rom. 1:6.
de su Espíritu, Rev. 22:17.
de sus obras, Sal. 19:2, 3; Rom. 1:20.
de sus ministros, Jer. 35:15; 2 Cor. 5:20.
de su evangelio, 2 Tes. 2:14.
para que salgamos de las tinieblas, 1 Ped. 2:9.
dirigido á todos, Isa. 45:22; Mat. 20:16.
la mayor parte lo desoyen, Prov. 1:24; Mat.
20:16.
eficaz por lo que respecta á los santos, Sal.
110:3; Act. 13:48; 1 Cor. 1:24.
no es á muchos sabios, 1 Cor. 1:26.
Á LOS SANTOS, es de la gracia, Gál. 1:5; 2 Tim.
1:9.
conforme al propósito de Dios, Rom. 8:28;
9:11, 23, 24.
sin arrepentimiento, Rom. 11:20.
elevado, Filip. 3:14.
santo, 2 Tim. 1:9.
celestial, Heb. 3:1.
para gozar de comunión con Cristo, 1 Cor. 1:9.
la santidad, 1 Tes. 4:7.
obtener un premio, Filip. 3:14.
libertad, Gál, 5:13.
paz, 1 Cor. 7:15; Col. 3:15.
disfrutar de gloria y practicar la virtud,
2 Ped. 1:3.
la gloria eterna de Cristo, 2 Tes. 2:14; 1 Ped.
5:10.
entrar á la vida eterna, 1 Tim. 6:12.
los que reciben, justificados, Rom. 8:30.
caminad de una manera digna de, Efes. 4:1;
2 Tes. 1:11.
dicha de recibir, Rev. 19:9.
será seguro, 2 Ped. 1:10.
alabad á Dios por, 1 Ped. 2:9.
un ejemplo de, Prov. 8:3, 4.
EL DESACATO DE, LLEGA Á SER CAUSA DE:
ceguedad espiritual, Isa. 6:9; Act. 28:24-27;
Rom. 11:8-10.
el engaño, Isa. 66:4; 2 Tes. 2:10, 11.
la privación de los medios de gracia, Jer.
26:4-6; Act. 13:46; 18:6; Rev. 2:5.
juicios temporales, Isa. 28:12; Jer. 6:16, 19;
35:17; Zac. 7:12-14.
la privación de los beneficios del evangelio,
Luc. 12:24.
ser desechados por Dios, Prov. 1:24-32; Jer.
6:19, 30.
la condenación, Juan 12:48; Heb. 2:1-3;
12:25.
la destrucción, Prov. 29:1; Mat. 22:3-7.
LLANTO de Agar, Gén. 21:16.
de Esaú, Gén. 27:38.
de Jacob y Esaú, Gén. 33:4.
de Jacob, Gén. 37:35.

113

de José, Gén. 42:24; 43:30; 45:2, 14; 46:20; 50:1, 17.
de los Israelitas, Núm. 11:4; 14:1; Deut. 34:8; Jue. 2:4; 20:23; 21:2.
de Anna, 1 Sam. 1:7.
de Jonatán y de David, 1 Sam. 20:41.
de David, 2 Sam. 1:17; 3:22; 13:36; 15:23, 30; 18:33.
de Ezequías, 2 Rey. 20:3; Isa. 38:3.
de Jesús, Luc. 19:41; Juan 11:35.
de Pedro, Mat. 26:75; Mar. 14:72; Luc. 22:62.
de María, Luc. 7:38; Juan 11:2, 33; 20:11.
de Pablo, Act. 20:19; Filip. 3:18.
por el pecado, Jer. 50:4; Joel 2:12.
en la siembra, Sal. 126:5, 6.
por los pecados de los demás, Jer. 9:1.
por Sara, Gén. 23:2.
por Saúl, 2 Sám. 1:24.
de endechadores asalariados, Ecl. 12:5; Jer. 9:17.
por la cautividad, Jer. 22:10.
por diversos juicios, Amós 5:16.
prohibido á Ezequiel, Ezeq. 24:16.
por una joven muerta, Mar. 5:39.
por Lázaro, Juan 11:33.
por Cristo, Juan 20:13.
no habrá en el cielo, Rev. 7:17; 21:4.
exhortaciones con respecto á, Rom. 12:15; 1 Cor. 7:30; 1 Tes. 4:13. Véase Luc. 6:21; Joel 2:17.
LLAVE de David, Isa. 22:22; Rev. 3:7.
LLAVES del cielo, Mat. 16:19.
del infierno, Rev. 1:18; 9:1.
LLEGARSE, unirse á, Gén. 2:24; Deut. 4:4; Jos. 23:8; Mat. 19:5; Act. 11:23.
LLUVIA, enviada en castigo, Gén. 7; Ex. 9:34; 1 Sam. 12:17; Sal. 105:32.
retardada en castigo, 1 Rey. 17; Sant. 5:17; Zac. 14:17.
desolación á consecuencia de, Jer. 14, &c.
símbolo de la bendición de Dios, Lev. 26:4; Deut. 32:12; 2 Sam. 23:4; Sal. 68:9; Ose. 10:12.

M.

MAACA, reina, privada de sus dignidades á causa de su idolatría, 1 Rey. 15:13; 2 Crón. 15:16.
———, rey de Get, padre de Aquís, 1 Rey. 2:39.
———, esposa de David, madre de Absalom, 2 Sam. 3:3; 1 Crón. 3:2.
———, ó Maacati, comarca de Siria, Deut. 3:14; Jos. 12:5; 13:11, 13; 2 Sam. 10:6, 8; 1 Crón. 19:6, 7.
MACEDA, una ciudad, Jos. 10:28; 12:16; 15:41.
una cueva, Jos. 10:10, 16–27.
MACEDONIA, Pablo es enviado á predicar en ese país, Act. 16:9; 17.
iglesias de, Filip., y 1 y 2 Tes.
su liberalidad, 2 Cor. 8; 9; 11:9; Filip. 4:15.
MACMAS, 1 Sam. 13:5; Neh. 11:31: Ezra. 2:27.
el paso de, 1 Sam. 13:2–23; 14:5, 31; Isa. 10:28.
MACPELA, campo de, comprado por Abraham, Gén. 23.
los patriarcas son sepultados allí, Gén. 23:19; 25:9; 35:29; 49:30;50:12.
MACTES, se supone que era un barrio de Jerusalem ocupado por los comerciantes, Sof. 1:11.
MADAI, hijo de Jafet, Gén. 10:2; 1 Crón. 1:5.
MADIÁN, hijo de Abraham, Gén. 25:2.
SUS DESCENDIENTES, Gén. 25:4.
sus habitaciones, Ex. 2:15; 3:1; Núm. 22:1, 4; Hab. 3:7.
les ponen lazo á los Israelitas, Núm. 25:6.
despojados, Núm. 31:1.

oprimen á Israel y son subyugados por Gedeón, Jue. 6–8. Véase Sal. 83:9; Isa. 9:4; 10:26; 60:6.
MADIÁN, tierra de, Moisés se refugia allí, Ex. 2:15.
MADRE de todos, EVA, Gén. 3:20.
MADRE de los animales, cuando se han de separar á los hijos de, Ex. 22:30; Lev. 22:27.
MADRES, amor de, Isa. 49:19; 66:13.
ejemplos de, Gén. 21:10, 16; Ex. 2; 1 Sam. 1:22; 1 Reyes 3:26; 2 Tim. 1:5; 2 Juan.
deberes para con, Ex. 20:12; Prov. 1:8; 19:26; 23:22; Efes. 6:1, &c.
Dios cuida de, Gén. 49:25; Ex. 21:22; Deut. 7:13; 1 Tim. 2:15.
MADRUGAR (el):
Cristo nos puso un ejemplo de, Mar. 1:35; Luc. 21:38; Juan 8:2.
ES NECESARIO PARA:
redimir el tiempo, Efes. 5:16.
la devoción, Sal. 5:3; 59:16; 63:1; 88:13; Isa. 26:9.
la comunión con Cristo, Cant. 7:12.
ejecutar los mandamientos de Dios, Gén. 22:3.
el cumplimiento de los deberes de cada día, Prov. 31:15.
el dejar de, conduce á la pobreza, Prov. 6:9–11.
PRACTICADO POR LOS MALOS PARA:
el engaño, Prov. 27:14.
la embriaguez, Isa. 5:11.
corromper sus obras, Sof. 3:7.
ejecutar sus malévolos proyectos, Miq. 2:1.
sirve de ejemplo para explicar la diligencia espiritual, Rom. 13:11, 12.
ejemplos de: Abraham, Gén. 19:27. Isaac, &c., Gén. 26:31. Jacob, Gén. 28:18. Josué, &c., Jos. 3:1. Gedeón, Jue. 6:38. Samuel, 1 Sam. 15:12. David, 1 Sam. 17:20. El criado de Eliseo, 2 Rey. 6:15. María, &c., Mar. 16:2. Apóstoles, Act. 5:21.
MAESTRESALA, ó copero, Gén. 40:1, 11; 1 Reyes 10:5; 2 Crón. 9:4; Neh. 1:11; 2:1.
MAESTROS, nombrados en Israel, Núm. 11:25; 2 Crón. 17:7; Ezra 7:10, &c.
en la iglesia cristiana, Act. 13:1; Rom. 12:7; 1 Cor. 12:28; Efes. 4:11; Col. 1:28; 3:16; 1 Tim. 3; Tit. 1:5.
deberes para con los, 1 Cor. 9:1–14; Gál. 6:6; 1 Tim. 5:17.
FALSOS. Véase DOCTRINAS.
MAGDAL, Ex. 14:2; Núm. 33:7; Jer. 44:1; 46:14.
MAGDALA, Mat. 15:39.
MÁGEDO, Jos. 17:11; Jue. 1:27; 5:19; Zac. 12:11.
Ocozías, 2 Reyes 9:27, y Josías mueren en ese lugar, 2 Rey. 23:29; 2 Crón. 35:22.
MAGISTRADOS (los):
son ordenados de Dios, Rom. 13:1.
son ministros de Dios, Rom. 13:4, 6.
para qué son ordenados, Rom. 13:4; 1 Ped. 2:14.
causan terror á los malos, Rom. 13:3.
han de elegirse por su abilidad, integridad, y cordura, Ex. 18:21; Deut. 1:13; 2 Sam. 23:3; Ezra 7:25.
debemos rogar á Dios por ellos, 1 Tim. 2:1, 2.
ESTÁN EN EL DEBER DE:
gobernar en el temor de Dios, 2 Crón. 19:7.
conocer la ley de Dios, Ezra 7:25.
practicar la templanza, Prov. 31:4; Ecl. 10:16; Isa. 5:22; 28:1, 7.
ser fieles, Dan. 6:4.
hacer ejecutar las leyes, Ezra 7:26.
fomentar la moralidad y la piedad del pueblo, 2 Crón. 14; 2 Reyes 23; Ezra 9; Neh. 1–10.

aborrecer la codicia, Ex. 18:21,
rehusar el cohecho, Ex. 23:8; Deut. 16:19.
defender á los pobres, &c., Job 29:12, 16.
juzgar en lugar de Dios, no del hombre, 2 Crón. 19:6.
juzgar rectamente, Deut. 1:16; 16:18; 25:1.
ser imparciales, Ex. 23:6; Deut. 1:17.
ser diligentes en gobernar, Rom. 12:8.
prescripción del sometimiento á su autoridad, Rom. 13:1; 1 Ped. 2:13. 14; 2 Ped. 2:10.
la desobediencia á la autoridad de, cuándo es justificable, Exod. 1:15; 2 Crón. 10:17; Dan. 3:15; 6:7; Act. 4:18; 5:27.
malos, comparación de, Prov. 28:15.
buenos, ejemplos de: José, Gén. 41:46. Gedeón, Jue. 8:35. Samuel, 1 Sam. 12:3, 4; Ezra 10:1-9. Nehemías, Neh. 13:15. Job, Job 29:16. Daniel. Dan. 6:3.
malos, ejemplos de: Dos hijos de Samuel, 1 Sam. 8:3. Pilato, Mat. 27:24, 26. Los Magistrados de Filipos, Act. 16:22, 23. Galión, Act. 18:16, 17. Félix, Act. 24:26.
Véase JUECES.
MAGOG, hijo de Jafet, Gén. 10:2; 1 Crón. 1:5.
profecía con respecto á, Ezeq. 38:2; 39:6.
como símbolo, Rev. 20:8.
MAGOR-MISSABIB (el terror rodea), Jer. 20:3.
MAGOS, ó SABIOS, Gén. 41:8; los de Egipto imitan milagros, Ex. 7:11; los desconcertados, Ex. 8:19.
de Caldea son preservados, Dan. 2; 4:7.
del Oriente adoran al niño Jesús, Mat. 2:1-12.
MAGRÓN, 1 Sam. 14:2; Isa. 10:28.
MAHALAT, esposa de Roboam, 2 Crón. 11:18.
——, una especie de laúd, epígrafe de Salmos 53 y 88.
MAHALÓN y Quelión (ó Chelión), Rut. 1.
MAHANAIM, la visión de Jacob en, Gén. 32.
MAHANEH-DAN, Jue. 13:25; 18:12.
MAHER-SALAL-HAS-BAZ ("Dáte priesa al despojo, apresúrate á la presa"), profecía acerca de, Isa. 8:1.
MAJESTAD (la) de Dios, 1 Crón. 29:11; Job 37:22; Sal. 93; 96; Isa. 24:14; Nah. 1; Hab. 1.
de Cristo, 2 Ped. 1:16. Véase JESU-CRISTO.
MALAQUÍAS, se queja de la ingratitud y profanidad de Israel, Mal. 1.
reprende á los sacerdotes y al pueblo, Mal. 2.
predice la venida de Cristo y de Juan el Bautista, Mal. 3; 4.
MALAS COMPAÑIAS, perjuicios que resultan de las: Los Sodomitas, Gén. 13:13; 19:9, 15. Los Siquemitas, Gén. 34:1. Moabitas, Núm. 25; Sal. 106:28. Dalila, Jue. 16:1-21. Los consejeros de Roboam, 1 Rey. 12:8. Manasés, 2 Reyes 21:9. Ocozías, 2 Crón. 20:37; 22:3-5. Las mujeres de Salomón, Neh. 13:26. Amasías, 2 Crón. 25:7-9.
MALASAR favorece á Daniel, Dan. 1:11.
MALCO herido por Pedro, Juan 18:10; Mat. 26:51; Mar. 14:47.
sanado, Luc. 22:51.
MALDECIR (el), prohibido, Exod. 21:17; Lev. 24:15; Prov. 30:11; Sal. 109:17; Mat. 5:44; Rom. 12:14; 1 Cor. 5:11; 1 Tim. 6:4; 1 Ped. 3:9; 2 Ped. 2:11; Jud. 9; Sant. 3:10.
ejemplos de, 1 Sam. 25:14; 2 Sam. 16:7; Mar. 15:29, &c.
MALDICIÓN sobre la tierra á causa de la caída, Gén. 3:17.
sobre Caín, Gén. 4:11.
sobre los que quebrantan la ley, Lev. 26:14; Deut. 11:26; 27:13; 28:15; 29:19; Jos. 8:34; Prov. 3:33; Mala. 2:2.

Cristo nos redime de, Deut. 21:23; 2 Cor. 5:21; Gál. 3:10, 13; Rev. 22.
MALDICIONES pronunciadas por:
Noé, Gén. 9:25.
seis tribus sobre el Monte Hebal, Deut. 27:13-26.
Joatam, Jue. 9:29, 57.
Semei, 2 Sam. 16:5-8.
Eliseo sobre los niños, 2 Rey. 2:24.
Job, Job 3:1.
David en una profecía, Sal. 109:6, &c.
Jeremías, Jer. 20:14.
MALDITOS, á quiénes se les llama así:
á la mujer adúltera, Núm. 5:21.
diversas clases de pecadores, Deut. 27:15.
los avaros, Prov. 11:26.
los hipócritas, Prov. 27:14; Isa. 65.
los desobedientes, Jer. 11:3.
los que confían en el hombre, Jer. 17:5.
los perseguidores, Lam. 3:65.
los ladrones y los que juran en falso, Zac. 5:3.
los engañadores, Mal. 1:14.
los malos el día del juicio, Mat. 25:41; Sal. 37:22. Gál. 1:8, 9. Véase ANATEMA.
MALEVOLENCIA, castigo de la, Sal. 7:14; 9:15; 240:2; Prov. 11:27; Isa. 33:1; Act. 13:10.
MALHECHORES (los) no habían de permanecer colgados durante la noche, Deut. 21:22.
Cristo fué crucificado entre dos, Luc. 23:32.
MALICIA (la):
prohibida, 1 Cor. 14:20; Col. 3:8.
impide el crecimiento en la gracia, 1 Ped. 2:1, 2.
incompatible con el culto de Dios, 1 Cor. 5:7, 8.
la libertad cristiana no ha de usarse para cubrir, 1 Ped. 2:16.
los santos evitan, Job 31:29, 30; Sal. 35:12-14.
LOS MALOS hablan con, 3 Juan 10.
viven en, Tit. 3:3.
conciben, Sal. 7:14.
están llenos de, Rom. 1:29.
tratan á los santos con, Sal. 83:3; Mat. 22:6.
orad por los que os hacen perjuicios por, Mat. 5:44.
lleva en su seno su propio castigo, Sal. 7:15, 16.
Dios venga, Sal. 10:14; Ezeq. 36:5.
el castigo de, Amós 1:11, 12; Abd. 10-15.
ejemplos de: Caín, Gén. 4:5. Esaú, Gén. 27:41. Los hermanos de José, Gén. 37:19, 2). Saúl, 1 Sam. 18:9-11. Sanaballat, &c., Neh. 2:10. Amán, Est. 3:5, 6. Los Idumeos (Edomitas), Ezeq. 35:5. Los presidentes, &c., Dan. 6:4-9. Herodias, Mar. 6:19. Los Escribas, &c., Mar. 11:18; Luc. 11:54. Los Judíos, Juan 7:45; 8:59; 19; Act. 7:54; 23:12. Diótrefes, 3 Juan 10.
MALOS (los), SON COMPARADOS CON:
abrojos y espinas, Isa. 55:13; Ezeq. 2:6.
árboles malos, Luc. 6:43.
áspides sordos, Sal. 58:4.
bestias, Sal. 49:12; 2 Ped. 2:12.
caballos que se lanzan en la batalla, Jer. 8:6.
cabritos, Mat. 25:32.
cebo del fuego, Isa. 9:19.
ceniza debajo de las plantas, Mal. 4:3.
cera que se derrite, Sal. 68:2.
ciegos, Sof. 1:17; Mat. 15:14.
cobre, hierro, &c., Jer. 6:28; Ezeq. 22:18.
cuerpo muerto hollado, Isa. 14:19.
escoria, Sal. 119:119; Ezeq. 22:18, 19.
escorpiones (en el original), Sal. 118:12.
estrellas erráticas, Jud. 13.
fieras ondas del mar, Jud. 13.
fuego de espinas, Sal. 118:12.
higos malos, Jer. 24:8.
hornos de fuego, Sal. 21:9; Ose. 7:4.
huerto sin agua, Isa. 1:30.

8

humo, Ose. 13:3.
ídolos, Sal. 115:8.
insensatos que edifican sobre arena, Mat. 7:26.
laurel verde, Sal. 37:35.
leones que desean hacer presa, Sal. 17:12.
mar agitado, Isa. 57:20.
muchachos perdidos, Mar. 11:16.
niebla de la mañana, Ose. 13:3.
nubes sin agua, Jud. 12.
olmos sin hojas, Isa. 1:30.
paja, Job 21:18.
peces malos, Mat. 13:48.
pedregales, Mat. 13:5.
perros, Prov. 26:11; Mat. 7:6; 2 Ped. 2:22.
plata desechada, Jer. 6:30.
pollinos de asnos monteses, Job 11:12.
pozos sin agua, 2 Ped. 2:17.
renuevos verdes, Sal. 37:2.
retama en el desierto, Jer. 17:6.
rocío de la madrugada, que se pasa, Ose. 13:3.
ropa comida de la polilla, Isa. 50:9; 51:3.
sepulcros blanqueados, Mat. 23:27.
serpientes, Sal. 58:4; Mat. 23:33.
tamo, Job 21:18; Sal. 1:4; Mat. 3:12.
tiestos de escoria, Prov. 26:23.
torbellino, Sal. 83:13.
torbellino que pasa, Prov. 10:25.
toros de Basán, Sal. 22:12.
troncos abominables, Isa. 14:19.
visiones nocturnas, Job 20:8.
yerba, Sal. 37:2; 92:7.
yerba en el tejado, 2 Rey. 19:26.
zizaña, Mat. 13:38.
MALVA, una planta, Job 30:4.
MAMRE (Scio, MAMBRÉ), Abram habita allí, Gén. 13:18; 14:13; 18; 23:17; 35:27.
MANÁ, prometido, Ex. 16:4.
enviado, Ex. 16:14; Deut. 8:3; Neh. 9:20; Sal. 78:24; Juan 6:31.
guárdase un gomer, Ex. 16:32; Heb. 9:4.
los Israelitas murmuran á causa del, Núm. 11:6.
cesa, Jos. 5:12.
el maná escondido, Rev. 3:17.
MANADAS, de ganado vacuno, Gén. 18:7; 47:18; Ex. 10:9; 1 Sam. 11:5; 2 Sam. 12:4; Isa. 65:10; Hab. 3:17.
de puercos, Mat. 8:30.
MAÑADERO, de vida, Prov. 16:22.
de sabiduría, Prov. 18:4.
MANAHEM, rey de Israel, su mal gobierno, 2 Rey. 15:14.
MANANTIALES. Véase POZOS.
MANASSÉS, hijo de José, Gén. 41:51.
bendecido, Gén. 48.
sus descendientes son contados, &c., Núm. 1:34; 26:29; Jos. 22:1; 1 Crón. 5:23; 7:14.
su herencia, Núm. 32:33; 34:14; Jos. 13:29; 17.
algunos se adhieren á la casa de David, 1 Cró. 9:3; 12:19; 2 Crón. 15:9; 30:11.
———, rey de Judá, su mal gobierno, 2 Rey. 21; 2 Crón. 33.
su arrepentimiento, 2 Crón. 33:12, 18.
MANCOS curados por Cristo, Mat. 15:30.
MANDAMIENTOS (los diez):
pronunciados por Dios, Ex. 20:1; Deut. 5:4–22.
escritos por Dios, Ex. 32:16; 34:1, 28; Deut. 4:13; 5:22; 10:4.
registrados, Ex. 20:3–17.
resumidos por Cristo, Mat. 22:35–40.
la ley de, es espiritual, Mat. 5:28; Rom. 7:14. Véase LEY DE DIOS.
cumplidos, no abolidos, por Cristo, Mat. 5:17; 19:17; 22:25; Mar. 10:17–25; Luc. 10:25; 18:18.

MANDRÁGORAS, Gén. 30:14; Cant. 7:13.
MANIFESTACIÓN de Cristo, Mat. 17; Juan 1:14; 2:11; 1 Juan 3:5.
de la justicia de Dios, Rom. 5:21; y el amor, 1 Juan 4:9, &c.
del Espíritu, 1 Cor. 12:7, &c.
de los hijos de Dios, Rom. 8:19.
MANO (la) de DIOS, para bendición, 2 Cró. 30:12; Ezra 7:9; 8:18; Neh. 2:18; Sal. 37:24; 104:28; Juan 10:28, 29.
para castigo, Deut. 2:15; Rut 1:13; Job 2:10; 19:21; 1 Ped. 5:6.
es gloriosa en poder, Ex. 15:6; Isa. 59:1; Luc. 1:66.
MANO SECA de Jeroboam es sanada, 1 Rey. 13.
una sanada por Cristo, Mat. 12:10; Mar. 3; Luc. 6:6.
MANOS (las):
IMPOSICIÓN DE:
al bendecir, Gén. 48:14; Mat. 19:13; Rev. 1:17.
al obrar milagros, Mar. 6:5; 16:18; Luc. 4:40; Act. 8:17; 28:8.
al separar para el desempeño de funciones especiales, Núm. 27:22; Act. 6:6; 13:3, 1 Tim. 4:14.
al comunicar el don del Espíritu Santo, Act. 9:17; 2 Tim. 1:6.
el lavamiento de, en señal de inocencia, Deut. 21:6; Sal. 26:6; Mat. 27:24.
levantadas al orar, Ex. 17:11; Sal. 28:2; 63:4; 141:2; 143:6; 1 Tim. 2:8.
al jurar, Gén. 14:22.
MANSEDUMBRE:
Cristo nos dió ejemplo de, Sal. 45:4; Mat. 11:29; 21:5; 2 Cor. 10:1.
fruto del Espíritu, Gál. 5:22, 23.
LOS SANTOS DEBEN:
buscar, Sof. 2:3.
revestirse de, Col. 3:12, 13.
recibir la palabra de Dios con, Sant. 1:21.
manifestar, en su conducta, &c., Sant. 3:13.
responder acerca de su esperanza con, 1 Ped. 3:15.
tratar á todos los hombres con, Tit. 3:2.
restaurar con, á los que yerran, Gál. 6:1.
es preciosa á los ojos de Dios, 1 Ped. 3:4.
LOS MINISTROS DEBEN: seguir, 1 Tim. 6:11.
instruir á los adversarios con, 2 Tim. 2:24, 25.
inculcar á su grey, Tit. 3:1, 2.
es un distintivo de la verdadera sabiduría, Sant. 3:17.
virtud indispensable del cristiano, Efes. 4:1, 2.
LOS QUE ESTÁN DOTADOS DE:
son preservados, Sal. 76:9.
son ensalzados, Sal. 147:6.
son dirigidos é instruidos, Sal. 25:9.
son auxiliados con abundancia, Sal. 22:26.
son hermoseados con salud (salvación), Sal. 149:4.
aumentan su alegría, Isa. 29:19.
heredarán la tierra, Sal. 37:11.
el evangelio ha de ser predicado á los que poseen, Isa. 61:1.
bienaventuranza de, Mat. 5:5.
ejemplos de: Moisés, Núm. 12:3. David, 2 Sam. 16:9–12. Pablo, 1 Tes. 2:7.
MANTECA (de vaca), Gén. 18:8; Jue. 5:25; 2 Sam. 17:29.
MANTO, 1 Sam. 15:27; 28:14; 2 Rey. 2:8, 13.
MANUÉ, Jueces 13; 16:31.
MANZANO, Cant. 2:3, 5; Joel 1:12.
MAÓN, Jos. 15:55; Jue. 10:12.
la morada de Nabal, 1 Sam. 25:2.
el desierto de, 1 Sam. 23:24, 25.

MÁQUINAS de guerra, 2 Crón. 26:15; Jer. 6:6; Ezeq. 26:9.

MAQUIR, hijo de Manassés, Gén. 50:23.
padre de Galaad, Núm. 26:29; 36:1; Jue. 5:14.
Galaad y Basán dados á, Núm. 32:39, 40; Deut. 3:15; Jos. 13:31; 17:1.

MAR, el poder de Dios sobre, Exod. 14:16: 15; Neh. 9:11; Job 38:11; Sal. 65:7; 66:6; 89:9; 93:4; 107:23; 114; Prov. 8:29; Isa. 50:2; 51:10; Nah. 1:4.
dará en el último día los muertos que encierra en su seno, Rev. 20:13.
la tierra renovada será sin, Rev. 21:1.
aquietado por Jesús, Mat. 8:26; Mar. 4.
el fundido, en el templo, 1 Reyes 7:23; 2 Crón. 4:2.
de vidrio, en el cielo, Rev. 4:6; 15:2.
por vía de comparación, Isa. 11:9; 48:18; 57:20; Jer. 6:23; Hab. 2:14; Sant. 1:6.

MAR BERMEJO, la salvación de Israel allí, Exod. 14; 15.
llamado Mar de Egipto, Isa. 11:15.
las naves de Salomón en, 1 Rey. 9:26; 10:22; 2 Crón. 8:17, 18.
el desierto de, Ex. 13:18.

MAR MUERTO (el) llamado el Mar Salado, ó de sal, Gén. 14:3; Núm. 34:3, 12; Jos. 15:5; Mar de la Campaña, Deut. 3:17; 4:49; Jos. 3:16; Mar Oriental, Joel 2:20; Zac. 14:8.
profecía acerca de, Ezeq. 47:7–10, 18.

MARA, Rut 1:20.

MARÁ, las aguas amargas de, endulzadas, Ex. 15:23.

MARANATHA, 1 Cor. 16:22.

MARAVILLAS de Egipto, &c. Véase PLAGAS, MILAGROS, &c.

MARCOS. Véase JUAN (Marcos).

MARDOQUEO descubre la traición de Bagatán, Est. 2:21.
se malquista con Amán, Est. 3:2.
su apelación á Ester, Est. 4.
honrado por el rey, Est. 6.
su promoción después de la caída de Amán, Est. 8; 9; 10 (Ezra 2:2; Neh. 7:7).

MARES mencionados, en las Escrituras:
Adriático, ó Mar de Adria, Act. 27:27.
Mediterráneo, ó Gran Mar, Núm. 34:6; Deut. 11:24; 34:2; Zac. 14:8.
Mar Bermejo (Rojo), Ex. 10:19; 13:18; 23:31.
Mar de Joppe, ó de los Filisteos, Ezra 3:7.
Mar Salado, ó Mar Muerto, Gén. 14:3; Núm. 34:12.
Mar de Galilea, Mat. 4:18; 8:32; Juan 6:1.
Mar de Jazer, Jer. 48:32.

MARESA, Jos. 15:44; 2 Crón. 11:8; 14:9, 10; 20:37.
la profecía de, Miq. 1:15.

MARFIL, llevado de Tarsis, 1 Rey. 10:22; 2 Cró. 9:21; y Cetim, Ezeq. 27:6, 15.
el trono de Salomón hecho de, 1 Rey. 10:18; 2 Crón. 9:17.
palacios de, Sal. 45:8; Amós 3:15.
bancos de, Ezeq. 27:6.
camas de, Amós 6:4.

MARÍA, hermana de Moisés, Núm. 26:59.
su cántico, Ex. 15:20.
su sedición contra Moisés, Núm. 12.
su muerte, Núm. 20:1.
——, madre de Jesús, Gabriel enviado á, Luc. 1:26.
su fé, Luc. 1:38, 45; 2:19; Juan 2:5.
su acción de gracias, Luc. 1:46.
Cristo nacido de, Mat. 1:18; Luc. 2.
en las bodas de Caná, Juan 2:1.

pregunta por Cristo, Mat. 12:46; Mar. 3:31: Luc. 8:19.
durante la crucifixión, Mat. 27:56; Juan 19:25.
el cuidado de Cristo por, Juan 19:26; Act. 1:14.
—— MAGDALENA, Luc. 8:2.
en la crucifixión, Mat. 27:56; Mar. 15:40; Juan 19:25.
Cristo se aparece primeramente á, Mat. 28:1; Mar. 16:1; Luc. 24:10; Juan 20:1.
——, hermana de Lázaro, encomiada, Luc. 10:42.
el afecto de Cristo hacia, Juan 11:5,33.
unge los piés de Jesús, Juan 12:3; y la cabeza, Mat. 26:6; Mar. 14:3. (Algunos comentadores opinan que la que le ungió la cabeza fué otra mujer.—N. del Tr.).
——, madre de Santiago el Menor y esposa de Cleofas, Juan 19:25.
vigila el sepulcro, Mat. 27:61; Mar. 15:47.
va al sepulcro con especias, Mat. 28:1.
——, madre de Juan Marcos, Act. 12:12.
——, una discípula romana, Rom. 16:6.

MARIDO MIO, en sentido simbólico, Ose. 2:16.

MARIDOS:
no deben tener sino una sola esposa, Gén. 2:24; 1 Tim. 3:2, 12.
tienen autoridad sobre sus esposas, Gén. 3:16; 1 Cor. 11:3; Efes. 5:23.

DEBERES DE LOS, PARA CON SUS ESPOSAS:
respetarlas, 1 Ped. 3:7.
amarlas, Efes. 5:25, &c.; Col. 3:19.
considerarlas como si fueran ellos mismos, Gén. 2:23, con Mat. 19:5.
serles fieles, Prov. 5:19; Mal. 2:14, 15.
habitar con ellas de por vida, Gén. 2:24; Mat. 19:3–9.
consolarlas, 1 Sam. 1:8.
consultarlas, Gén. 31:4, 5.
no abandonarlas, aunque sean incrédulas, 1 Cor. 7:11, 12, 14, 16.
los deberes de, no deben impedir el cumplimiento de los deberes para con Cristo, Luc. 14:26, con Mat. 19:29.
buenos, ejemplos de: Isaac, Gén. 24:67. Elcana, 1 Sam. 1:4, 5.
malos, ejemplos de: Salomón, 1 Reyes 11:1. Asuero, Est. 1:10, 11.
——, Dios es de su iglesia, Isa. 54:5; Ose. 2; Rev. 21:2.

MÁRMOL, 1 Crón. 29:2; Cant. 5:15.

MARTA es instruida por Cristo, Juan 11:5, 21.
reconvenida por él, Luc. 10:38.

MARTILLO, 1 Rey. 6:7; Isa. 41:7.
por vía de comparación, Prov. 25:18; Jer. 23:29; 50:23.
——, obra de, en metal, Ex. 25:18.

MARTIRIO (el):
es la muerte sufrida por la palabra de Dios y en testimonio de Cristo, Rev. 6:9; 20:4.
LOS SANTOS están sobre aviso con respecto á, Mat. 10:21; 24:9: Juan 16:2.
no deben temer, Mat. 10:28; Rev. 2:10.
deben estar listos para, Mat. 16:24, 25; Act. 21:13.
deben resistir el pecado hasta, Heb. 12:4.
premio de, Rev. 2:10; 6:11.
á instigación del demonio, Rev. 2:10, 13.
la iglesia apóstata se hace culpable de infligir, Rev. 17:6; 18:24.
de los santos será vengado, Luc. 11:50, 51; Rev. 18:20–24.
ejemplos de: Abel, Gén. 4:8, con 1 Juan 3:12. Los profetas y los santos de la antigüedad, 1 Rey. 18:4; 19:10; Luc. 11:50, 51; Heb. 11:37. Urías, Jer. 26:23. Juan el Bautista, Mat.

117

6:27. Pedro, Juan 21:18, 19.   Esteban, Act.
7:50. Los cristianos primitivos, Act. 9:1,
con Act. 22:4; 26:10; Santiago, Act. 12:2.
Ántipas, Rev. 2:13.
MASA, ofrenda de, Núm. 15:20, 21; Neh. 10:37;
Ezeq. 44:30.
MASQUIL (instrucción), título de los Salmos 32,
42, 44, 45, 52-54, 74, 88, 89, 142.
MASSAH, la rebelión de Israel en, Exod. 17:7;
Deut. 9:22; 33:8.
MATÁN, sacerdote de Baal, recibe la muerte,
2 Reyes 11:18; 2 Crón. 23:17.
MATANÍAS. Véase SEDECÍAS.
MATEO (Leví), apóstol, su vocación, Mat. 9:9;
Mar. 2:14; Luc. 5:27.
ordenado, Mat. 10:3; Mar. 3:18; Luc. 6:15;
Act. 1:13.
MATÍAS es elegido apóstol, Act. 1.
MATRIMONIO (el), establecido, Gén. 2:18, 24.
recomendado, Gén. 2:18; Prov. 18:22.
sus obligaciones, Mat. 19:4; Rom. 7:2; 1 Cor.
6:16; 7:10; Efes. 5:31.
honorable, Heb. 13:4; Prov. 31:10; Sal. 128.
el discurso de Cristo sobre, Mat. 19; Mar. 10.
el consejo de Pablo acerca de, 1 Cor. 7; 1 Tim.
5:14.
de Isaac, Gén. 24.
de Jacob, Gén. 29.
del Cordero, Rev. 19:7.
mencionado en parábola, Mat. 22:25.
no lo hay en el cielo, Mat. 22:30; Mar. 12:23.
matrimonios ilícitos, Lev. 18.
con los incrédulos, prohibido, 2 Cor. 6:14-17.
CON LOS PAGANOS, les era prohibido á los Judíos, Ex. 34:16; Deut. 7:3; Jos. 23:12.
ejemplos: Jue. 3:5-8; 1 Rey. 11:1-12; Ezra
9:2, 12.
reformas, Neh. 13; Ezra 10.
el milagro de Cristo en, Juan 2:1.
prohibido por el Anti-Cristo, 1 Tim. 4:1.
ha de ser "en el Señor," 1 Cor. 7:39.
MATUSALEM. Gén. 5:27.
MAYORDOMO, parábola del, Luc. 16:1.
el obispo comparado á, Tito 1:7 (original).
Véase 1 Cor. 4:1: 1 Ped. 4:10.
MAZMORRA, Isa.24:22; (aljibe sin agua), Za.9:11.
MEAH, ó Emat, torre de, Neh. 3:1; 12:39.
MEDABA, Núm. 21:30; Jos. 13:9, 16; 1 Crón.
19:7-15; Isa. 15:2.
MEDAD, profetiza, Núm. 11:26.
MEDIA, diez tribus llevadas allí, 2 Rey. 17:6;
18:11; Est. 1.
los Medos subyugan á Babilonia (Isa. 21:2),
Dan. 5:28, 31.
profecía acerca de la, Dan. 8:20.
MEDIADOR, Cristo es, Efes. 2:13; 1 Tim. 2:5;
Heb. 8:6; 9:15; 12:24. Véase Job 9:33.
MEDIA-NOCHE, oración ofrecida á, Sal. 119:62;
Luc. 6:12; Act. 16:25; 20:7.
MEDICINA, en sentido figurado, Prov. 17:22;
Jer. 8:22; 30:13; 46:11; Ezeq. 47:12.
MÉDICO, Mat. 9:12; Mar. 2:17; Luc. 4:23; 5:31.
Véase Jer. 8:22.
Lucas, el amado, Col. 4:14.
MEDIDAS de capacidad:
log (Scio, SEXTARIO), Lev. 14:10, 15.
cabo, 2 Reyes 6:25.
omer, ó décima parte (1-10 de un efa), Exod.
16:36; Lev. 5:11; 14:10.
hin, Ex. 29:40.
bato, ó efa, Isa. 5:10; Ezeq. 45:11.
homer ó coro, Ezeq. 45:14.
cántaro, Juan 2:6.
——, de longitud:
anchura de la mano, Ex. 25:25; Sal. 39:5.

palmo, Ex. 28:16; 1 Sam. 17:4.
codo, Gén. 6:15, 16; Deut. 3:11.
braza, Act. 27:28.
milla, Mat. 5:41.
INJUSTAS, son abominación para con Dios,
Prov. 20:10.
los Judíos no habían de servirse de, Lev.
19:35; Deut. 25:14, 15.
á menudo se sirvieron de, Miq. 6:10.
por vía de comparación, Job 28:23, 25; Sal.
39:4; 80:5; Isa. 5:14; 40:12; Jer. 30:11; Eze.
4:11, 16; Efes. 4:13.
MEDIODÍA, rey del, la visión de Daniel, Dan. 11.
MEDIOS de gracia, ordenados, Prov. 6:23; Mar.
4:14; Luc. 10:2; 1 Cor. 1:21; 3:8.
necesarios, Ezeq. 33:8; 36:37; Rom. 10:14.
estímulos al uso de, Sal. 126:5; Dan. 12:3;
Sant. 5:20.
los verdaderos deben usarse, Jer. 23:28; Luc.
16:31; 2 Cor. 10:4; Heb. 4:12.
se hacen eficaces, Isa. 66:8; Mar. 1:17; Luc.
1:16; Juan 17:20; Act. 14:1; Gál. 4:19.
deben usarse confiando en Dios, Sal. 51:12, 13;
Zac. 4:6; Juan 15:5; 1 Cor. 3:6-9; 2 Tim. 2:25.
varían en sus efectos, Isa. 28:13; Mar. 4:3-8;
2 Cor. 2:15; Heb. 4:2.
algunos hombres no se aprovechan con, Prov.
9:7; 23:9; Mat. 7:6; 1 Juan 5:16.
MEDIR, caña de. Véase CAÑA DE MEDIR.
MEDISIÓN de la ciudad santa y de la Nueva
Jerusalem, Ezeq. 40; Zac. 2:1; Rev. 11:1,
21:15.
MEDITACIÓN (la), recomendada, Sal. 1:2; 19.14;
77:12; 107:43; 119:97.
exhortaciones á la práctica de, Jos 1:8; Sal.
4:4; Prov. 4:26; 1 Tim. 4:15.   Véase Gén.
24:63.
MEDITERRÁNEO, el mar (este nombre no se
encuentra en las Escrituras) llamado el mar
grande (Scio) ó la gran mar (Valera), Núm.
34:6, 7; Jos. 1:4; 9:1; 15:12, 47; 23:4; Ezeq.
47:10, 15, 20; 48:28; el mar de los Filisteos,
Ex. 23:31; el mar de Joppe, Ezra 3:7; el Mar,
Jos. 15:4, 46; Act. 17:14; mar occidental, Zac.
14:8; la mar postrera, Deut. 11:24; Joel 2:20.
MEDO-PERSA, REINO, se extendía desde India
hasta Etiopía, Est. 1:1.
ciudades principales: Susán, Est. 1:2; 8:15;
Acmeta, (trad. por Valera, EN UN COFRE) ó
Ecbatana, Ezra 6:2.
sus leyes eran inalterables, Dan. 6:12, 15.
reyes de, mencionados en las Escrituras: Ciro,
Ezra 1:1; Asuero ó Cambises, Ezra 4:6; Artajerjes Smerdis (usurpador), Ezra 4:7; Darío Histaspis, Ezra 6:1; Dan. 5:31; Jerjes,
Dan. 11:2; Artajerjes Longimano ó Asuero,
Ezra 6:14; 7:1; Est. 1:1.
celebre á causa de sus hombres sabios, Est.
1:13; Mat. 2:1.
la gente de era belicosa, Ezeq. 27:10; 38:5.
costumbres peculiares de, Est. 1:8: 2:12, 13.
predicciones con respecto á, Isa. 21:1, 2; 44:28;
45:1-4; Dan. 5:28: 8:4, 6, 7; 11:2, 3.
MEJILLA, Job 16:10; Lam. 3:30; Miq. 5:1; Mat.
5:39; Luc. 6:29.
MELCA, Gén. 11:29; 22:20.
MELCOM (Scio), ó POR SU REY (Valera), Dios de
los Amonitas, 1 Rey. 11:5, 23; 2 Rey. 22:13;
Sof. 1:5.
MELITA, Pablo naufraga en, Act. 28.
MELLO, casa de, Jue. 9:6.
MELONES, Núm. 11:5.
MELQUISEDEC bendice á Abraham, Gén. 14:18,
su sacerdocio superior al de Aarón, Sal. 110:4;
Heb. 5:6, 10; 6:20; 7:1.

MEMFIS, en Egipto, Ose. 9:6.
MEMORIA de los justos, Prov. 10:7.
de los malos, Sal. 109:15; Isa. 26:14.
———, ó recordación, monumentos de, prescritos, Exod. 17:14; 28:12; 30:16; Núm. 16:40.
ofrendas de, Lev. 2:2: Núm. 5:15.
MENDIGOS, y MENDIGAR, 1 Sam. 2:8; Sal. 37:25; 109:10; Prov. 20:4; Luc. 16:3.
Bartimeo, Mar. 10:46.
Lázaro, Luc. 16:20–22.
El ciego, Juan 9:8.
El cojo, Act. 3:2–5.
MENE (contar), Dan. 5:25, 26.
MENNIT, Jue. 11:33; Ezeq. 27:17.
MENSAJERO del pacto, Mal. 3:1. Véase Isa. 42:19.
MENTA, Mat. 23:23; Luc. 11:42.
MENTE (la), se ha de servir á Dios con, Mat. 22:37; Mar. 12:30; Rom. 7:25.
iluminada, Heb. 8:10: 1 Cor. 1:10; 2 Cor. 13:11.
unidad de, 1 Cor. 1:10; Filip. 2:2; 1 Ped. 3:8.
espontaneidad de, 1 Crón. 28:9; Neh. 4:6; 2 Cor. 8:12.
———, del Señor, Rom. 11:34.
de Cristo, 1 Cor. 2:16.
del Espíritu, Rom. 8:27.
Véase ÁNIMO.
MENTIRA (la):
prohibida, Lev. 19:11; Col. 3:9.
aborrecible á Dios, Prov. 6:16–19.
es para con Dios una abominación, Prov. 12:22.
sirve de traba á la oración, Isa. 59:2, 3.
el diablo es el padre de, Juan 8:44.
Satanás nos incita á, 1 Rey. 22:22; Act. 5:3.
LOS SANTOS aborrecen, Sal. 119:163; Prov. 13:5.
evitan, Isa. 63:8; Sof. 3:13.
no estiman á los que practican, Sal. 40:4.
rechazan á los que practican, Sal. 101:7.
piden á Dios que los preserve de, Sal. 119:29; Prov. 30:8.
indigna á los gobernantes, Prov. 17:7.
es malo que los gobernantes den oídos á, Prov. 29:12.
los falsos profetas le tienen afición á, Jer. 23:14; Ezeq. 22:28.
los falsos testigos practican, Prov. 14:5, 25.
los ANTINOMIANOS se hacen culpables de, 1 Juan 1:6; 2:4.
los hipócritas son aficionados á, Ose. 11:12.
son simiente de, Isa. 57:4.
LOS MALOS aman, Sal. 4:2; 52:3.
son aficionados á, desde su infancia, Sal. 58:3.
se complacen en, Sal. 62:4.
buscan, Sal. 4:2.
preparan sus lenguas para, Jer. 9:3, 5.
producen, Sal. 7:14.
están atentos á, Prov. 17:4.
señal de apostasía, 2 Tes. 2:9; 1 Tim. 4:2.
conduce al odio, Prov. 26:28.
á la afición á las malas conversaciones, Prov. 17:4.
á menudo va acompañada de crímenes horribles, Ose. 4:1, 2.
es una insensatez el ocultar el odio con, Prov. 10:18.
es vano el obtener riquezas por medio de, Prov. 21:6.
será descubierta, Prov. 12:19.
la pobreza es preferible á, Prov. 19:22.
excluye del cielo, Rev. 21:27; 22:15.
los que se hacen culpables de, serán echados en el infierno, Rev. 21:8.
castigo de, Sal. 5:6; 120:3, 4; Prov. 19:5; Jer. 50:36.
ejemplos de: el demonio, Gén. 3:4. Caín, Gén.

4:9. Sara, Gén. 18:15. Jacob, Gén. 27:19.
Los hermanos de José, Gén. 37:31, 32. Los Gabaonitas, Jos. 9:9–13. Samsón, Jue. 16:10.
Saúl, 1 Sam. 15:13. Micol, 1 Sam. 19:14.
David, 1 Sam. 21:2. El Profeta de Betel, 1 Rey. 13:18. Giezi, 2 Rey. 5:22. Los amigos de Job, Job 13:4. Los Ninivitas, Nah. 3:1.
Pedro, Mat. 26:72. Ananías, &c., Act. 5:5.
Los Cretenses, Tit. 1:12.
MERARI, hijo de Leví, Gén. 46:11.
sus descendientes, Ex. 6:19; 1 Crón. 6:1; 23:21; 24:26.
sus funciones, Núm. 4:29; 7:8; 10:17.
sus ciudades, Jos. 21:7; 1 Crón. 6:63.
MERCADERES, mencionados, Gén. 37:25; 1 Reyes 10:15; Neh. 13:20; Isa. 23:8; Ezeq. 27.
Véase Rev. 18:11.
MERCADO, ó Feria, Ezeq. 27:13–25; Mat. 21:12; Luc. 19:45; Juan 2:14, 15.
MERCANCÍAS, Deut. 24:7; Sal. 3:14; 31:18; Isa. 23:18; Ezeq. 27:9; 28:16; Mat. 22:5; Juan 2:16; Rev. 18:11, 12.
MERCURIO, Pablo llamado, Act. 14:12.
MERIBA, la rebelión de Israel allí, Ex. 17:7; Núm. 20:13; 27:14; Deut. 32:51; 33:8; Sal. 81:7.
MÉRITO, el humano, no es defensa suficiente ante Dios, Deut. 9:4; Prov. 16:2; Isa. 64:6; Rom. 4:2; 11:6; 2 Tim. 1:9; Tit. 3:5.
MEROB, hija de Saúl, 1 Sam. 14:49: 18:17.
MERODAC, un ídolo de Babilonia, Jer. 50:2.
MERODAC- (ó Berodac-) BALADÁN, su embajada ante Ezequías, 2 Rey. 20:12; 2 Crón. 32:31; Isa. 39; Jer. 50:2.
MEROM, Jos. 11:5–7.
MERÓS maldecido, Jue. 5:23.
MESA del Señor, en el tabernáculo, Ex. 25:23; 31:8; 37:10; 40:4; Ezeq. 41:22.
el pan de la proposición colocado sobre, Exod. 25:30; Lev. 24:6; Núm. 4:7.
su profanación reprobada, Mal. 1:7, 12; 1 Cor. 10:21. Véase COMUNIÓN.
MESA, Gén. 10:30; 2 Rey. 1:1; 3:4, 5, 21–27.
MESEC, ó Mosoc, Gén. 10:2.
traficantes de, Ezeq. 27:13; 32:26; 38:2; 39:1.
MESES de los Hebreos, Ex. 12:2; 13:4; Deut. 16:1; 1 Rey. 6:1; 8:2.
nombres de los:
primero, Nisán ó Abib, Ex. 13:4.
segundo, Zif, 1 Rey. 6:1, 37.
tercero, Siván, Est. 8:9.
cuarto, Tammuz, Zac. 8:19.
quinto, Ab, Zac. 7:3.
sexto, Elul, Neh. 6:15.
séptimo, Etanim, 1 Rey. 8:2.
octavo, Bul, 1 Rey. 6:38.
nono, Casleu, Zac. 7:1.
décimo, Tebet, Est. 2:16.
undécimo, Sebat, Zac. 1:7.
duodécimo, Adar, Ezra 6:15.
de los Caldeos, Neh. 1:1; 2:1, &c.
MESOPOTAMIA, Abraham parte de, Gén. 11:31; 12:1; 24:4, 10; Act. 7:2.
el rey de, opresor de Israel, es muerto, Jue. 3:8;—Act. 2:9.
METALES, sacados de la tierra, Job 28:1–6.
mencionados en las Escrituras: oro, Gén. 2:11; 12; plata, Gén. 44:2; cobre (Valera, METAL), Ex. 27:2, 4; 2 Crón. 12:10; Ezra 8:27; 2 Tim. 4:14; hierro, Núm. 35:16; Prov. 27:17; plomo, Ex. 15:10; Jer. 6:29; estaño, Núm. 31:22; Isa. 1:25.
valor comparativo de, Isa. 60:17; Dan. 2:32, &c.
muchas veces mezclados con escoria, Isa. 1:25.

la Tierra Santa tenía abundancia de, Deut. 8:9.
despojados de la escoria por medio del fuego,
Ezeq. 22:18, 20; Mal. 3:2, 3.
vaciados en moldes, Jue. 17:4; Jer. 6:29.
arcilla del Jordán usada mara moldes, 1 Reyes
7:46.
gran comercio en, Ezeq. 27:12.
METEGAMMA, 2 Sam. 8:1; 1 Crón. 18:1.
MEZCLA, argamasa, barro ó lodo, Gén. 11:3;
Exod. 1:14; Lev. 14:42, 45.
suelta, Ezeq. 13:10–15; 22:28.
MICÁS, su robo y su idolatría, Jue. 17.
sus ídolos tomados por los Danitas, Jue. 18.
Véase MIQUÉAS.
MICHTAM (Misterio), título del Sal. 16; 56–60.
MICOL, hija de Saúl, 1 Sam. 14:49.
viene á ser esposa de David, 1 Sam. 18:20.
se la quitan, 1 Sam. 25:44.
se la devuelven, 2 Sam. 3:13.
reconvenida por mirar con desprecio su religioso júbilo, 2 Sam. 6:16, 20; 1 Crón. 15:29.
MIEL de abejas, usada como alimento, Exod.
16:31; 2 Sam. 17:29; Prov. 25:27; Cant. 4:11;
Isa. 7:15; Mat. 3:4; Luc. 24:42.
no debía emplearse en los sacrificios, Lev. 2:11.
se encontraba en las rocas, Deut. 32:13; Sal.
81:6; y en los bosques, 1 Sam. 14:25.
abundaba en Canaán, Gén. 43:11; Exod. 3:8;
Lev. 20:24; Deut. 8:8; en Egipto, Núm. 16:13;
en Asiria, 2 Rey. 18:32.
exportada de Canaán, Ezeq. 27:17.
proverbio relacionado con, Jue. 14:18.
símile de la fecundidad, Deut. 8:8; Isa. 7:15,
22; de la sabiduría, Prov. 24:13, 14; de las
sagradas palabras de los santos, Cant. 4:11;
de las palabras halagüeñas, Prov. 16:24; de
los labios de una mujer extraña, Prov. 5:3.
MIEMBROS del cuerpo como símile de la iglesia,
Rom. 12:4; 1 Cor. 12:12 (Sal. 139:16); Efes.
4:25.
MIFIBOSET, hijo de Jonatán, su cojera, 2 Sam.
4:4.
la bondad de David para con, 2 Sam. 9.
la traición de Siba, 2 Sam. 16:1; 19:24.
preservado por David, 2 Sam. 21:7.
MIQUEL, ó Micael, el arcángel, protege á Israel,
Dan. 10:13, 21; 12:1; Jud. 9.
vence el dragón, Rev. 12:7.
MIJO, Ezeq. 4:9.
MILAGROS:
el poder de Dios necesario para hacer, Juan 3:2.
SE LES LLAMA maravillas, Sal. 78:12; 105:5.
hechos espantosos, Isa. 29:14.
señales y portentos, Jer. 32:21; Juan 4:48;
2 Cor. 12:12.
PONEN DE MANIFIESTO la gloria de Dios, Juan
11:4.
la gloria de Cristo, Juan 2:11; 11:4.
las obras de Dios, Juan 9:3.
eran prueba evidente de que el que los hacía
había sido comisionado por Dios, Ex. 4:1–5;
Mar. 16:20.
esperábase que el Mesías hiciese, Mat. 11:2, 3;
Juan 7:31.
Jesús probó ser el Mesías por sus, Mat. 11:4–6;
Juan 5:36; Act. 2:22.
Jesús fué seguido á causa de, Mat. 4:23–25;
Juan 6:2, 26.
don del Espíritu Santo, 1 Cor. 12:10.
FUERON HECHOS mediante el poder de Dios,
Act. 14:3; 15:12; 19:11.
mediante el poder de Cristo, Mat. 10:1.
del Espíritu Santo, Mat. 12:28; Rom. 15:19.
en el nombre de Cristo, Mar. 16:17; Act. 3:16;
4:30.

la primera predicación del evangelio fué corroborada por medio de, Mar. 16:20; Heb. 2:4.
los que los hacían negaban que era por su propia virtud, Act. 3:12.
deben producir fé, Juan 2:23; 20:30.
obediencia, Deut. 11:1–3; 29:2, 3, 9.
sirvieron de medio, al principio de la era cristiana, para la propagación del evangelio,
Act. 8:6; Rom. 15:18, 19.
se requería fé de parte de los que los hacían,
Mat. 17:20; 21:21; Juan 14:12; Act. 3:16: 6:8.
se requería fé de parte de aquellos á quienes
se hacían, Mat. 9:28; Mar. 9:22–24; Act. 14:9.
deben ser recordados, 1 Crón. 16:12; Sal. 105:5.
deben contarse á las generaciones venideras,
Ex. 10:2; Jue. 6:13.
por sí mismos no son suficientes para producir
la conversión, Luc. 16:31.
LOS MALOS:
desean ver, Luc. 11:29; 23:8.
á menudo reconocen, Juan 11:47; Act. 4:16.
no entienden, Sal. 106:7.
no consideran, Mar. 6:52.
olvidan, Neh. 9:17; Sal. 78:11.
no se dejan convencer ni por, Núm. 14:22,
Juan 12:37.
falta que consiste en rechazar la evidencia que
ofrecen los, Mat. 11:20–24; Juan 15:24.
MILAGROS de Cristo:
convierte el agua en vino, Juan 2:6–10.
cura al hijo del cortesano, Juan 4:46–53.
cura al criado del centurión, Mat. 8:5–13.
la redada de peces, Luc. 5:4–6; Juan 21:6.
echa fuera unos demonios, Mat. 8:27–32; 9:32,
33; 15:22–28; 17:14–18.
cura á la madre de la esposa de Pedro, Mat.
8:14.
limpia á unos leprosos, Mat. 8:3; Luc. 17:14.
cura á un paralítico, Mar. 2:3–12.
sana una mano seca, Mat. 12:10–13.
cura á un impedido, Juan 5:5–9.
resucita los muertos, Mat. 9:18, 19, 23–25; Luc.
7:12–15; Juan 11:11–44.
hace cesar un flujo de sangre, Mat. 9:20–22.
da la vista á los ciegos, Mat. 9:27–30; Mar.
8:22–25; Juan 9:1–7.
da el oído á los sordos y el habla á los mudos,
Mar. 7:32–35.
da de comer á la muchedumbre, Mat. 14:15;
15:32.
camina sobre las aguas del mar, Mat. 14:25–27.
hace caminar á Pedro, Mat. 14:29.
calma la tempestad, Mat. 8:23–26; 14:32.
llegada repentina de la nave, Juan 6:21.
dinero para pagar el tributo, Mat. 17:27.
cura á una mujer de una enfermedad, Luc.
13:11–13.
cura la hidropesía, Luc. 14:2–4.
hace secar una higuera, Mat. 21:19.
sana á Malco, Luc. 22:50, 51.
hace varios en presencia de los mensajeros de
Juan, Luc. 7:21, 22.
cura muchas enfermedades de diferentes clases,
Mat. 4:23, 24; 14:14; 15:30; Mar. 1:34; Luc.
6:17–19.
su resurrección, Luc. 24:6, con Juan 10:18.
se aparece á sus discípulos cuando las puertas estaban cerradas, Juan 20:19.
MILAGROS por medio de los siervos de Dios:
MOISÉS Y AARÓN: la vara se convierte en serpiente, Ex. 4:3; 7:10.
la vara es restaurada, Exod. 4:4.
la mano se cubre de lepra, Ex. 4:6.
es curada, Ex. 4:7.
el agua se convierte en sangre, Ex. 4:9, 30.

el rio se convierte en sangre, Ex. 7:20.
se hacen subir ranas, Ex. 8:6.
desaparecer las ranas, Ex. 8:13.
tornar el polvo en piojos, Ex. 8:17.
aparecer una multitud de moscas, Exod. 8:21–24.
desaparecer las moscas, Ex. 8:31.
se produce peste entre el ganado, Ex. 9:3–6.
se hace sobrevenir sarna, Ex. 9:10, 11.
una granizada, Ex. 9:23.
desaparecer el granizo, Ex. 9:23.
sobrevenir langosta, Ex. 10:13.
desaparecer la langosta, Ex. 10:19.
sobrevenir tinieblas, Ex. 10:22.
se hiere de muerte á los primogénitos, Exod. 12:29.
se divide el Mar Rojo, Ex. 14:21, 22.
los Egipcios son ahogados, Ex. 14:26–28.
se dulcifica el agua, Ex. 15:25.
se hace brotar agua de la roca de Horeb, Ex. 17:6.
Amalec es vencido, Ex. 17:11–13.
destrucción de Coré, Núm. 16:28–32.
se hace brotar agua de la peña de Cadés, Núm. 20:11.
curación por medio de la serpiente de cobre, Núm. 21:8, 9.
Josué: se dividen las aguas del Jordán, Jos. 3:10–17.
se vuelve el Jordán á su curso, Jos. 4:18.
se toma á Jericó, Jos. 6:6–20.
se hacen detener en su curso el sol y la luna, Jos. 10:12–14.
Gedeón: los Madianitas son aniquilados, Jue. 7:16–22.
Samsón: mata un león, Jue. 14:6.
mata á los Filisteos, Jue. 14:19; 15:15.
se lleva las puertas de Gaza, Jue. 16:3.
derriba la casa de Dagón, Jue. 16:30.
Samuel: sobrevienen truenos y lluvia, 1 Sam. 12:18.
El Profeta de Judá: sécasele la mano á Jeroboam, 1 Rey. 13:4.
rómpese el altar, 1 Rey. 13:5.
se le restablece la mano á Jeroboam, Reyes 13:6.
Elías: sobreviene una sequía, 1 Reyes 17:1; Sant. 5:17.
la harina y el aceite se aumentan, 1 Reyes 17:14, 16.
se restaura la vida á un niño, 1 Reyes 17:22, 23.
el sacrificio es consumido por el fuego, 1 Rey. 18:36, 38.
unos hombres son destruidos á fuego, 2 Rey. 1:10–12.
sobreviene lluvia, 1 Rey. 18:41–45; Sant. 5:18.
se dividen las aguas del Jordán, 2 Rey. 2:8.
Eliseo: se parte el Jordán, 2 Rey. 2:14.
se convierten unas aguas de malsanas en saludables, 2 Rey. 2:21, 22.
unos niños son despedazados por osos, 2 Reyes 2:24.
auméntase el aceite, 2 Rey. 4:1–7.
resucita á un niño, 2 Rey. 4:32–35.
cura á Naamán, 2 Rey. 5:10, 14.
Giezi es atacado de lepra, 2 Rey. 5:27.
hace flotar el hierro, 2 Rey. 6:6.
los Sirios atacados de ceguera, 2 Rey. 6:18.
reciben la vista otra vez, 2 Reyes 6:20.
un hombre es resucitado, 2 Rey. 13:21.
Isaías: Ezequías es curado, 2 Rey. 20:7.
la sombra vuelve atrás, 2 Reyes 20:11.
Los setenta discípulos: varios milagros, Luc. 10:9, 17.

Los Apóstoles, &c.: muchos milagros, Act. 2:43; 5:12.
Pedro: cura á un cojo, Act. 3:7.
muerte de Ananías, Act. 5:5.
muerte de Safira, Act. 5:10.
sana á unos enfermos, Act. 5:15, 16.
cura á Eneas, Act. 9:34.
resucita á Dorcas, Act. 9:40.
Esteban: grandes milagros, Act. 6:8.
Felipe: varios milagros, Act. 8:6, 7, 13.
Pablo: Elimás se vuelve ciego, Act. 13:11.
cura á un cojo, Act. 14:10.
echa afuera á un espíritu inmundo, Act. 16:18.
milagros particulares, Act. 19:11, 12.
resucita á Eutico, Act. 20:10–12.
hace que la mordedura de una víbora no produzca daño, Act. 28:5.
cura al padre de Publio, Act. 28:8.
Pablo y Bernabás: hacen varios milagros, Act. 14:3.
Milagros, empleando malos medios:
hechos mediante el poder del diablo, 2 Tes. 2:9; Rev. 16:14.
hechos en apoyo de religiones falsas, Deut. 13:1, 2.
por falsos Cristos, Mat. 24:24.
por falsos profetas, Mat. 24:24; Rev. 19:20.
señal de la apostasía, 2 Tes. 2:3, 9; Rev. 13:13.
no deben acatarse, Deut. 13:3.
engañan á los impíos, 2 Tes. 2:10–12; Rev. 13:14; 19:20.
ejemplos de: los encantadores de Egipto, Ex. 7:11, 22; 8:7. La pitonisa, ó bruja de Endor, 1 Sam. 28:7–14. Simón Mago, Act. 8:9–11.
Milagrosos. Véase Dones Milagrosos.
Milano, inmundo, Lev. 11:14; Deut. 14:13.
Véase Job 28:7; Isa. 34:15.
Milenio, profetizado, Rev. 20:2.
época de santidad general, Jer. 31:33; Zac. 14:20; Rom. 11:26, 27.
de paz, Sal. 72:3, 7; Miq. 4:3.
de conocimiento, Isa. 11:9; 29:18; 33:6; Heb. 8:11.
abundancia, Sal. 72:7; Isa. 60:5.
felicidad, Isa. 25:8; 35:10.
la renovación de todas las cosas, Isa. 11:6; 40:4; 41:18; 55:13; 65:25.
Véase Cristo el Rey.
Mileto, el discurso de Pablo á los ancianos en, Act. 20:15 (2 Tim. 4:20).
Milicia de los santos:
no es según la carne, 2 Cor. 10:3.
es buena, 1 Tim. 1:18, 19.
llamada la buena pelea de la fé, 1 Tim. 6:12.
es contra el diablo, Gén. 3:15; 2 Cor. 2:11; Efes. 6:12; Sant. 4:7; 1 Ped. 5:8; Rev. 12:17.
la carne, Rom. 7:23; 1 Cor. 9:25-27; 2 Cor. 12:7; Gál. 5:17; 1 Ped. 2:11.
los enemigos, Sal. 38:19; 56:2; 59:3.
el mundo, Juan 16:33; 1 Juan 5:4, 5.
la muerte, 1 Cor. 15:26, con Heb. 2:14, 15.
á menudo surge de la oposición de los amigos ó de los parientes, Miq. 7:6; Mat. 10:35, 36.
se debe emprender á las órdenes de Cristo quien es nuestro Capitán, Heb. 2:10.
bajo el estandarte del Señor, Sal. 60:4.
con fé, 1 Tim. 1:18, 19.
con buena conciencia, 1 Tim. 1:18, 19.
con firmeza en la fé, 1 Cor. 16:13; 1 Ped. 5:9, con Heb. 10:23.
con perseverancia, Jud. 3.
con vigilancia, 1 Cor. 16:13; 1 Ped. 5:8.
con sobriedad, 1 Tes. 5:6; 1 Ped. 5:8.

con paciencia en medio de los trabajos, 2 Tim. 2:3, 10.
con abnegación, 1 Cor. 9:25-27.
con confianza en Dios, Sal. 27:1-3.
con la oración, Sal. 35:1-3; Efes. 6:18.
sin compromisos terrenales, 2 Tim. 2:4.
los que meramente profesan la religión no mantienen, Jer. 9:3.
LOS SANTOS todos toman parte en, Filip. 1:30.
deben permanecer firmes en, Efes. 6:13, 14.
son exhortados á ser diligentes en, 1 Tim. 6:12; Jud. 3.
son alentados en, Isa. 41:11, 12; 51:12; Miq. 7:8; 1 Juan 4:4.
son auxiliados por Dios en, Sal. 118:13; Isa. 41:13, 14.
son protegidos por Dios en, Sal. 140:7.
son consolados por Dios en, 2 Cor. 7:5, 6.
reciben fuerza de Dios en, Sal. 20:2; 27:14; Isa. 41:10.
de Cristo, 2 Cor. 12:9; 2 Tim. 4:17.
son librados por Cristo en, 2 Tim. 4:18.
le dan gracias á Dios por la victoria en, Rom. 7:25; 1 Cor. 15:57.
ARMADURA PARA, el cinto de la verdad, Efe. 6:14.
la coraza de la justicia, Efes. 6:14.
la preparación del evangelio (para los piés), Efes. 6:15.
el escudo de la fé, Efes. 6:16.
el yelmo de la salvación, Efe. 6:17; 1 Tes. 5:8.
la espada del Espíritu, Efes. 6:17.
llamada la armadura de Dios, Efes. 6:11.
de la justicia, 2 Cor. 6:7.
de la luz, Rom. 13:12.
no es carnal, 2 Cor. 10:4.
poderosa ante Dios, 2 Cor. 10:4, 5.
toda se ha menester, Efes. 6:13.
es necesario que nos la pongamos, Rom. 13:12; Efes. 6:11.
debe estar á diestra y á siniestra, 2 Cor. 6:7.
LA VICTORIA EN, viene de Dios, 1 Cor. 15:57; 2 Cor. 2:14.
es por medio de Cristo, Rom. 7:25; 1 Cor. 15:27; 2 Cor. 12:9; Rev. 12:11.
es por la fé, Heb. 11:33, 37; 1 Juan 5:4, 5.
es contra el diablo, Rom. 16:20; 1 Juan 2:14.
la carne, Rom. 7:24. 25; Gál. 5:24.
el mundo, 1 Juan 5:4, 5.
todo lo que se ensalza, 2 Cor. 10:5.
la muerte y el sepulcro, Isa. 25:8; 26:19; Ose. 13:14; 1 Cor. 15:54, 55.
es grande, Rom. 8:37; 2 Cor. 10:5.
LOS QUE VENCEN EN, comerán del maná oculto, Rev. 2:17.
comerán del árbol de la vida, Rev. 2:7.
serán vestidos de ropas blancas, Rev. 3:5.
columnas en el templo de Dios, Rom. 3:12.
se sentarán con Cristo en su trono, Rev. 3:21.
tendrán una piedra blanca, y en ella un nombre nuevo escrito, Rev. 2:17.
poder sobre las naciones, Rev. 2:26.
tendrán escrito sobre sí el nombre de Dios, Rom. 3:12.
Dios les será Dios y Padre, Rev. 21:7.
tendrán la estrella de la mañana, Rev. 2:28.
heredarán todas las cosas, Rev. 21:7.
Cristo confesará delante del Padre, Rev. 3:5.
no serán dañados de la segunda muerte, Rev. 2:11.
sus nombres no serán borrados del libro de la vida, Rev. 3:5.
por vía de ilustración: Isa. 9:5; Zac. 10:5.
MINA, 15 siclos, Ezeq. 45:12.
———, (Heb. MANEH), de oro, 100 siclos, cerca de 4 libras, 1 Rey. 10:17; 2 Crón. 9:15, 16.

———, (Gr. MINA), cerca de £3. 10s., Luc. 19:13.
MINERALES mencionados en las Escrituras: diamante, Jer. 17:1; alabastro, Mat. 26:7; azufre, Gén. 19:24; cal, Isa. 27:9; Isa. 33:12; Am. 2:1; coral, Job 28:18; Ezeq. 27:16; pedernal, Deut. 8:15; Isa. 50:7; mármol, 1 Cró. 29:2 ; Cant. 5:15; salitre, Prov. 25:20 (traducido jabón), Jer. 2:22; betún, Gén. 6:14; 11:3; 14:10; Ex. 2:3; Isa. 34:9; sal, Job 6:6; Jue. 9:45.
MINISTRO:
DICTADO ATRIBUIDO á Cristo, Mat. 20:28; Rom. 15:8; Heb. 8:2, 6.
á los santos ángeles, Sal. 103:21; 104:4; Dan. 7:10; Heb. 1:14.
á los ángeles caídos, 2 Cor. 11:15.
á los magistrados, Rom. 13:4, 6.
MINISTROS:
llamados por Dios, Ex. 28:1, con Heb. 5:4.
hechos idóneos por Dios, 2 Cor. 3:5, 6.
comisionados por Cristo, Mat. 28:19.
enviados por el Espíritu Santo, Act. 13:2, 4.
reciben su autoridad de Dios, 2 Cor. 10:8; 13:10.
la autoridad de, es para edificación, 2 Cor. 10:8; 13:10.
separados para el evangelio, Rom. 1:1.
se les ha confiado el evangelio, 1 Tes. 2:4.
SE LES LLAMA embajadores de Cristo, 2 Cor. 5:20.
ministros de Cristo, 1 Cor. 4:1.
dispensadores de los misterios de Dios, 1 Cor. 4:1.
defensores de la fé, File. 1:7.
protegidos señaladamente por Dios, 2 Cor. 1:10.
lo necesario que son, Rom. 10:14.
excelencia de, Rom. 10:15.
los trabajos de, son vanos sin la bendición de Dios, 1 Cor. 3:7; 15:10.
comparados á vasijas de barro, 2 Cor. 4:7.
HAN DE SER humildes, Act. 20:19.
puros, Isa. 52:11; 1 Tim. 3:9.
santos, Lev. 21:6; Tit. 1:8.
pacientes, 2 Cor. 6:4; 2 Tim. 2:24.
irreprensibles, 1 Tim. 3:2; Tit. 1:7.
de buena voluntad, Isa. 6:8; 1 Ped. 5:2.
desinteresados, 2 Cor. 12:14; 1 Tes. 2:6.
imparciales, 1 Tim. 5:21.
benignos, 1 Tes. 2:7; 2 Tim. 2:24.
consagrados, Act. 24:24; Filip. 1:20, 21.
fuertes en la gracia, 2 Tim. 2:1.
abnegados, 1 Cor. 9:27.
sobrios, justos y templados, Tit. 1:8.
hospitalarios, 1 Tim. 3:2; Tit. 1:8.
aptos para enseñar, 1 Tim. 3:2; 2 Tim. 2:24.
estudiosos y reflexivos, 1 Tim. 4:13.
vigilantes, 2 Tim. 4:5.
aficionados á la oración, Efes. 3:14; Filip. 1:4.
estrictos en el gobierno de sus familias, 1 Tim. 3:4, 12.
afectuosos para con sus feligreses, Filip. 1:7; 1 Tes. 2:8, 11.
ejemplos de las greyes, Filip. 3:17; 2 Tes. 3:9; 1 Tim. 4:12; 1 Ped. 5:3.
NO HAN DE SER señores sobre la herencia de Dios, 1 Ped. 5:3.
codiciosos de ganancias torpes, Act. 20:33; 1 Tim. 3:3, 8; 1 Ped. 5:2.
pendencieros. 1 Tim. 3:3; Tit. 1:7.
astutos, 2 Cor. 4:2.
amantes de agradar á los hombres antes que á Dios, Gál. 1:10: 1 Tes. 2:4.
fácilmente desalentados, 2 Cor. 4:8, 9; 6:10.
engolfados en cuidados, Luc. 9:60; 2 Tim. 2:4.
entregados al vino, 1 Tim. 3:3; Tit. 1:7.
deben trabajar por la salvación de su rebaño 1 Cor. 10:33.

evitar el causar ofensas innecesarias, 1 Cor. 10:32, 33; 2 Cor. 6:3.
cumplir su ministerio, 2 Tim. 4:5.
ESTÁN OBLIGADOS á predicar el evangelio á todos, Mar. 16:15; 1 Cor. 1:17.
á apacentar el rebaño de los fieles, Jer. 3:15; Juan 21:15-17; Act. 20:28; 1 Ped. 5:2.
edificar la iglesia, 2 Cor. 12:19; Efes. 4:12.
velar por las almas, Heb. 13:17.
orar por sus greyes, Joel 2:17; Col. 1:9.
fortalecer la fé de, Luc. 22:32; Act. 14:22.
enseñar, 2 Tim. 2:2.
exhortar, Tit. 1:9; 2:15.
amonestar afectuosamente, Act. 20:31.
reconvenir, Tit. 1:13; 2:15.
consolar, 2 Cor. 1:4-6.
convencer á los que contradicen, Tit. 1:9.
lidiar buena milicia, 1 Tim. 1:18; 2 Tim. 4:7.
sufrir trabajos, 2 Tim. 2:3.
DEBEN PREDICAR á Cristo crucificado, Act. 8:5, 35; 1 Cor. 3:2.
el arrepentimiento y la fé, Act. 20:21.
conforme á los oráculos de Dios, 1 Ped. 4:11.
en todas partes, Mar. 16:20; Act. 8:4.
no con palabras seductoras de humana sabiduría, 1 Cor. 1:17; 2:1, 4.
no predicándose á sí mismos, 2 Cor. 4:5.
sin engaño, 2 Cor. 2:17; 4:2; 1 Tes. 2; 3, 5.
completamente y sin reserva, Act. 5:20; 20:20, 27; Rom. 15:19.
con valor, Isa. 68:1; Ezeq. 2:6; Mat. 10:27, 28.
con palabras claras, 2 Cor. 3:12.
con celo, 1 Tes. 2:8.
con constancia, Act. 6:4; 2 Tim. 4:2.
de una manera consecuente, 2 Cor. 1:18, 19.
con cuidado, 1 Tim. 4:16.
con buena voluntad y con amor, Fili. 1:15-17.
sin paga, si fuere posible, 1 Cor. 9:18; 1 Tes. 2:9.
ai! de aquellos que no prediquen el evangelio, 1 Cor. 9:16.
CUANDO SON FIELES se muestran como ministros de Dios, 2 Cor. 6:4.
pueden tener esperanza de que por medio de ellos se salven las almas, Mar. 1:17; 1 Tim. 4:10.
le dan gracias á Dios por los dones que El concede á sus greyes, 1 Cor. 1:4; File. 1:3; 1 Tes. 3:9.
se glorian de sus greyes, 2 Cor. 7:4.
se regocijan de la fé y la santidad de sus feligreses, 1 Tes. 2:19, 20; 3:6-9.
se recomiendan á sí mismos á las conciencias de los hombres, 2 Cor. 4:2.
son recompensados, Dan. 12:3; Mat. 24:47; Juan 4:36; 1 Ped. 5:4.
CUANDO NO SON FIELES, descritos, Isa. 56:10-12; Tit. 1:10, 11.
tratan á sus greyes con perfidia, Juan 10:12.
engañan á los hombres, Jer. 6:14.
buscan la granjería, Miq. 3:11; 2 Ped. 2:3.
serán castigados, Eze. 33:6-8; Mat; 24:48-51.
SUS FELIGRESES ESTÁN OBLIGADOS á considerarlos como mensajeros de Dios, 1 Cor. 4:1; Gál. 4:14.
á acatar sus enseñanzas, Mal. 2:7; Mat. 23:3.
á seguir su santo ejemplo, 1 Cor. 11:1; File. 3:17.
á imitar su fé, Heb. 13:7.
á tenerlos en estima, File. 2:29; 1 Tes. 5:13; 1 Tim. 5:17.
á amarlos, 2 Cor. 8:7; 1 Tes. 3:6.
á orar por ellos, Rom. 15:30; 2 Cor. 1:11; Efes. 6:19; Heb. 13:18.
á obedecerles, 1 Cor. 16:16; Heb. 13:17.

á darles gozo, 2 Cor. 1:14; 2:3.
á ayudarles, Rom. 16:9; Filip. 4:3.
á sostenerlos, 2 Crón. 31:4; 1 Cor. 9:7-11; Gál. 6:6.
orad por el aumento de, Mat. 9:38.
fieles, ejemplos: Los once apóstoles, 28:16-19.
Los Setenta, Luc. 10:1, 17. Matías, Act. 1:26. Felipe, Act. 8:5. Barnabás, Act. 11:23. Simeón, &c., Act. 13:1. Pablo, Act. 28:31. Tíquico, Efes. 6:21. Timoteo, Filip. 2:22. Epafrodito, Filip. 2:25. Arquipo, Col. 4:17. Tito, Tit. 1:5.
MINNI, en Armenia, Jer. 51:27.
MIQUEAS, ó Micás, el profeta (Jer. 26:18) anuncia la ira de Dios contra el pecado de Israel, Miq. 1-3; 6; 7.
profetiza la venida del Mesías, Miq. 4; 5; 7.
——, ó Micaías, profetiza contra Acháb, 1 Rey. 22; 2 Crón. 18.
——, hijo de Gamarías, Jer. 36:11-13.
MIRA, Act. 27:5, 6.
MIRAR (el), á Dios, atrae la luz, Sal. 5:3; 34:5; 123:2.
señala una época de gracia, Isa. 8:17; 17:7.
es un medio de obtener la salvación, Isa. 38:14; 45:22; Miq. 7:7.
MIRRA, en el aceite de ungir, Ex. 30:23.
para embalsamar, Juan 19:39.
como perfume, Est. 2:12; Sal. 45:8; Cant. 1:13, &c.
presentada á Cristo, Mat. 2:11.
vino mezclado con, recusado por Cristo, Mar. 15:23.
MIRTO. Véase ARRAYÁN.
MISAC. Véase SIDRAC.
MISERICORDIA, humana:
es en conformidad con el ejemplo de Dios, Luc. 6:36.
prescrita, Ose. 12:6; Col. 3:12.
debe grabarse en el corazón, Prov. 3:3.
pertenece á los santos, Sal 37:26: Isa. 57:1.
SE DEBE MANIFESTAR con alegría, Rom. 12:8.
á nuestros hermanos, Zac. 7:9.
á los pobres, Prov. 14:31; Dan. 4:27.
á los animales, Prov. 12:10.
sostiene el trono de los reyes, Prov. 20:28.
produce beneficios á los mismos que la ejercen, Prov. 11:17.
la bienaventuranza que resulta de manifestar, Prov. 14:21; 21:21.
alcanza la misericordia de Dios, Sal. 18:25; Mat. 5:7.
los hipócritas carecen de, Mat. 23:23.
amenazas dirigidas contra los que carecen de, Ose. 4:1, 3; Sant. 2:13.
——, de Dios:
es uno de sus atributos, Ex. 34, 6, 7; Sal. 62:12; Jon. 4:2; 2 Cor. 1:3.
SE DESCRIBE COMO rica. Efes. 2:4.
grande, Núm. 14:18; Isa. 54:7; Neh. 9:17, 27.
excelente, Sal. 36:7.
benigna, Sal. 69:16.
maravillosa, Sal. 17:7; 31:21.
repetida, Neh. 9:27; Lam. 3:32; Isa. 63:7.
abundante, Sal. 86:5, 15; 103:8; 1 Ped. 1:3.
segura, Isa. 55:3; Miq. 7:20.
eterna, 1 Crón. 16:34; Sal. 89:28; Isa. 54:8.
tierna, Sal. 25:6; Luc. 1:78.
nueva todas las mañanas, Lam. 3:23.
tan alta como el cielo, Sal. 36:5; 103:11.
soberana, Ex. 33:19; Rom. 9:15, 16.
que llena la tierra, Sal. 119:64.
sobre todas sus obras, Sal. 145:9.
mejor que la vida, Sal. 63:3.
es su delicia, Miq. 7:18.

la consideración de las obras de Dios da conocimiento de, Sal. 117:43.
SE MANIFIESTA en la salvacion, Tit. 3:5.
en haber enviado á Cristo, Luc. 1:78.
en la longanimidad, Lam. 3:22; Dan. 9:9.
á su pueblo, Deut. 32:43; 1 Rey. 8:23.
á los que le temen, Ex. 20:6; Sal. 103:17; Luc. 1:50.
á los reincidentes que vuelven al buen camino, Jer. 3:12; Joel 2:13.
á los pecadores arrepentidos, Prov 28:13; Isa. 55:7.
á los afligidos, Isa. 49:13; 54:7.
á los huérfanos, Ose. 14:3.
á quienes quiere, Ose. 2:23, con Rom. 9:15, 18.
con misericordia eterna, Isa. 54:8.
motivo de esperanza, Sal. 130:7; 147:11.
de confianza, Sal. 52:8.
DEBEMOS solicitarla para nosotros mismos, Sal. 6:2.
solicitarla para los demás, Núm. 6:25; Sal. 79:8; Gál. 6:16; 1 Tim. 1:2; 2 Tim. 1:18.
alegarla en la oración, Sal. 6:4; 25:6; 51; 1.
alejar en la oración las anteriores manifestaciones, de, Sal. 25:6; 89:49.
regocijarnos en, Sal. 31:7; 90:14.
ensalzarla, 1 Crón. 16:34; Sal. 115:1; 118:1-4, 29; Jer. 33:11.
LOS SANTOS:
desposados en, Ose. 2:19.
sostenidos con, Jer. 31:3.
guardados por, Sal. 40:11.
vivificados conforme á, Sal. 119:88.
consolados por, Sal. 119:76.
esperan piedad por medio de, Sal. 51:1.
reciben misericordia por medio de, Isa. 54:8.
son oídos conforme á, Sal. 119:149.
tienen siempre presente, Sal. 26:3; 48:9.
deben esperar, en la aflicción, Sal. 42:7, 8.
coronados de, Sal. 103:4.
jamás se priva de ella á los santos de un todo, Isa. 54:10.
ORAD POR la manifestación de, Sal. 17:7; 143:8.
la continuación de, Sal. 36:10.
la extensión de, Gén. 24:12; 2 Sam. 2:6.
alabad á Dios por, Sal. 92:2; 138:2.
anunciad á los demás, Sal. 40:10.
simbolizada, propiciatorio, Ex. 25:17.
ejemplos de: Lot, Gén. 19:16, 19. Epafrodito, Filip. 2:27. Pablo, 1 Tim. 1:13.
MISERICORDIOSOS, bienaventurados los, Prov. 11:17; Mat. 5:7.
MISIA, Act. 16:7, 8.
MISIONEROS, todos los cristianos deben ser:
conforme al ejemplo que nos dió Cristo, Act. 18:38.
las mujeres y los niños, así como los hombres, Sal. 8:2; Prov. 31; 26; Mat. 21:15, 16; Filip. 4:3; 1 Tim. 5:10; Tit. 2:3-5; 1 Ped. 3:1.
el celo de los hipócritas debe incitarnos á, Mat. 23:15.
un deber imprescindible, Jue. 5:23; Luc. 19:40.
el principio sobre que, 2 Cor. 5:14, 15.
por muy débiles que sean, I Cor. 1:27.
por razón de su vocación como santos, Exod. 19:6; 1 Ped. 2:9.
como buenos dispensadores, 1 Ped. 4:10, 11.
en la juventud, Sal. 71:17; 148:12, 13.
en la ancianidad, Deut. 32:7; Sal. 71:18.
en la familia, Deut. 6:7; Sal. 78:5-8; Isa. 38:19; 1 Cor. 7:16.
en su trato con el mundo, Mat. 5:16; Filip. 2:15, 16; 1 Ped. 2:12.
en la entrega, al principio, de sí mismos al Señor, 2 Cor. 8:5.

declarando lo que Dios ha hecho por ellos, Sal. 66:16; 116:16-19.
aborreciendo la vida por amor de Cristo, Luc. 14:26.
confesando á Cristo abiertamente, Mat. 10:32.
siguiendo á Cristo, Luc. 14:27; 18:22.
prefiriendo á Cristo á todos los parientes de ellos, Luc. 14:26.
sufriendo con gusto por Cristo, Heb. 10:34.
abandonándolo todo por Cristo, Luc. 5:11.
dando un santo ejemplo, Mat. 5:16; Filip. 2:15; 1 Tes. 1:7.
por medio de una conducta santa, 1 Ped. 2:12.
por medio de un valor santo, Sal. 119:46.
dedicándose al servicio de Dios, Jos. 24:15; Sal. 27:4.
consagrando á Dios todos sus bienes, 1 Crón. 29:2, 3, 14, 16; Ecl. 11:1; Mat. 6:19, 20; Mar. 12:44; Luc. 12:33; 18:22, 28; Act. 2:45; 4:32-34.
por medio de la conversación santa, Sal. 37:30, con Prov. 10:31; 15:7; Efes. 4:29; Col. 4:6.
hablando de Dios y de sus obras, Sal. 71:24; 77:12; 119:27; 145:11, 12.
contando las alabanzas de Jehová, Isa. 43:21.
invitando á los demás á recibir el evangelio, Sal. 34:8; Isa. 2:3; Juan 1:46; 4:29.
trabajando por la edificación de los demás, Rom. 14:9; 15:2; 1 Tes. 5:11.
amonestando, 1 Tes. 5:14; 2 Tes. 3:15.
reconviniendo, Lev. 19:17; Efes. 5:11.
enseñando y exhortando, Sal. 34:11; 51:13; Col 3:16; Heb. 3:13; 10:25.
intercediendo por los demás, Col. 4:3; 13:18; Sant. 5:16.
ayudando á los ministros, Rom. 16:3, 9; 2 Cor. 11:9; Filip. 4:14-16; 3 Juan 6.
dando razón de su fé, Ex. 12:26, 27; Deut. 6:20, 21; 1 Ped. 3:15.
alentando á los débiles, Isa. 35:3, 4; Rom. 14:1; 15:1; 1 Tes. 5:14.
visitando y aliviando á los pobres, los enfermos, &c., Lev. 25:35; Sal. 112:9, con 2 Cor. 9:9; Mat. 25:36; Act. 20:35; Sant. 1:27.
de todo corazón, Ex. 35:29; 1 Crón. 29:9, 14.
con muchísima liberalidad, Ex. 36:5-7; 2 Cor. 8:3.
incentivos para, Prov. 11:25, 30; 1 Cor. 1:27; Sant. 5:19, 20.
bienaventuranza de, Dan. 12:3.
símiles relativamente á, Mat. 25:14; Luc. 19:13, &.
ejemplos de: Anna, 1 Sam. 2:1-10. La muchacha cautiva, 2 Reyes 5:3. Las cabezas de las familias, &c., Ezra 1:5. Sidrac, &c., Dan. 3:16-18. El endemoniado, que fué restablecido, Mar. 5:20. Los pastores, Luc. 2:17. Ana, Luc. 2:38. Juan, &c., Luc. 8:3. El leproso, Luc. 17:15. Los discípulos, Luc. 19:37, 38. El Centurión, Luc. 23:47. Andrés, Juan 1:41, 42. Felipe, Juan 1:46. La mujer de Samaria, Juan 4:29. Barnabás, Act. 4:36, 37. Los santos perseguidos, Act. 8:4; 11:19, 20. Apolos, Act. 18:25. Aquila, &c., Act. 18:26. Varios individuos, Rom. 16. Onesíforo, 2 Tim. 1:16. Filemón, File. 1-6.
MISIONES, ó TRABAJOS MISIONARIOS de parte de los ministros:
prescritas, Mat. 28:19; Mar. 16:15.
autorizadas por las predicciones hechas con respecto á los paganos, &c., Isa. 42:10-12; 66:19.
están en conformidad con los designios de Dios, Luc. 24:46, 47; Gál. 1:15, 16; Col. 1:25-27.

dirigidas por el Espíritu Santo, Act. 13:2.
se requieren, Luc. 10:2; Rom. 10:14, 15.
el Espíritu Santo da vocación á los hombres para, Act. 13:2.
Cristo se ocupó de, Mat. 4:17, 23; 11:1; Mar. 1:38, 39; Luc. 8:1.
Cristo envió á sus discípulos á trabajar en, Mar. 3:14; 6:7.
obligaciones de ocuparnos de, Act. 4:19, 20; Rom. 1:13-15; 1 Cor. 9:16.
excelencia de, Isa. 52:7, con Rom, 10:15.
es menester que los afanes de este mundo no retarden, Luc. 9:59-62.
Dios nos hace idóneos para, Ex. 3:11, 18; 4:11, 12, 15.
Dios da fuerza para, Jer. 1:7-9.
la falta y el peligro de evitar, Jon. 1:3.
requieren juicio y mansedumbre, Mat. 10:16.
estad listos á emprender, Isa. 6:8.
ayudad á los que han emprendido, 2 Cor. 11:9; 3 Juan 5-8.
es menester que haya concordia entre los que toman parte en, Gál. 2:9.
EL BUEN ÉXITO DE, debemos orar por, Efes. 6:18, 19; Col. 4:3.
motivo de gozo, Act. 15:3.
motivo de alabanza, Act. 11:18; 21:19, 20.
la órbita de, no tiene límites, Mar. 16:15; Rev. 14:6.
las oportunidades de, no se deben descuidar, 1 Cor. 16:9.
ejemplos de: los Levitas, 2 Crón. 17:8, 9. Jonás, Jon. 3:2. Los setenta, Luc. 10:1, 17. Los apóstoles, Mar. 6:12; Act. 13:2-5. Felipe, Act. 8:5. Pablo, &c., Act. 13:2-4. Silas, Act. 45:40, 41. Timoteo, Act. 16:3. Noé, 2 Ped. 2:5.
MISREFOT-MAIM (aguas calientes), Jos. 11:8; 13:6.
MISTERIO (el) del reino del cielo, &c., revelado por Cristo á sus discípulos, Mar. 4:11; Efes. 1:9; 3:3; 1 Tim. 3:16.
por ellos al mundo, 1 Cor. 4:1; 13:2; 15:51; Efes. 6:19; Col. 2:2, &c.
de la iniquidad, profetizado, 2 Tes. 2:7; Rev. 17:5.
MITILENE, Act. 20:14.
MITRA de sumo sacerdote, Exod. 28:4; 29:6; 39:28.
MIZAR (montecito), Sal. 42:6.
MIZPA ó Mispha (atalaya), nombre que le dió Labán cuando hizo un pacto con Jacob, Gén. 31:23, 49.
———, ó Maspha, ciudad de Galaad, Jue. 11:29, donde moró Jefte, 11:34.
———, ó Mesphe, ciudad de Benjamín, Jos. 18:26; 20:1, 3.
fortificada por Asá, 1 Rey. 15:22.
habitada después de la cautividad, Nehe. 3:7, 15.
———, ó Masepha, pueblo de las llanuras de Judá, Jos. 15:38.
———, pueblo de Moab, 1 Sam. 22:3.
valle de, Jos. 11:3, 8.
MIZRAIM, hijo de Cam, Gén. 10:6, 13, 14; 1 Cró. 1:8, 11, 12. Nombre dado á Egipto.
MNASÓN, discípulo, Act. 21:16.
MOAB, hijo de Lot, Gén. 19:37.
sus descendientes, y su territorio, Deut. 2:9, 18; 34:5.
no habían de ser molestados, Deut. 2:9.
su temor á Israel, Núm. 22:3.
por qué eran excluidos de la congregación, Deut. 23:3; Neh. 13:1.
subyugados por Aod, Jue. 3:12-30; por David,

2 Sam. 8:2; por Josafat y Joram, 2 Reyes 1:1; 3.
unos Israelitas residen en su tierra, Rut 1.
los valientes de, son muertos, 2 Sam. 23:20.
su ruina milagrosa, 2 Crón. 20:23.
molestan otra vez á Israel, 2 Rey. 13:20; 24:2.
profecías acerca de, Exod. 15:15; Núm. 21:29; 24:17; Sal. 60:8; 83:6; Isa. 11:14, 15; 16; 25:10; Jer. 9:26; 25:21; 48; Ezra 25:8; Amós 2:1; Sof. 2:8.
MOCHUELO, Lev. 11:16; Deut. 14:15.
MODERACIÓN, exhortaciones al ejercicio de la, 1 Cor. 7:29; Filip. 4:5,
MODESTIA, atavío de, exhortación al uso de, 1 Tim. 2:9; 1 Ped. 3:3.
debemos estimar nuestro carácter y nuestros talentos con, Rom. 12:3.
MOFA (la), censurada, Prov. 17:5; 30:17; Jer. 15:17; Jud. 18.
castigada, Gén. 21:9; 2 Reyes 2:23. Véase 2 Crón. 30:10; 36:16.
de Cristo, Mat. 27:29; Luc. 23:11. Véase ES-CARNIO.
MOISÉS, su nacimiento y preservación, Ex. 2 (Act. 7:20; Heb. 11:23).
huye á Madián, Ex. 2:15.
llamado por el Señor, Ex. 3.
señales dadas á, Ex. 4.
vuelve á Egipto, Ex. 4:20.
declara á Faraón la voluntad de Dios y obra milagros, Ex. 5-12.
saca á Israel de Egipto, Ex. 14.
es llamado al monte, Ex. 19:3 (24:18).
promulga la ley, Ex. 19:25; 20-23 (Heb. 12:24; Juan 1:17); Exod. 34:10; 35:1; Lev. 1, &c.; Núm. 5; 6; 15; 27-30; 36; Deut. 13:26; 1 Reyes 8:9; &c.
recibe instrucciones relativamente al tabernáculo, Ex. 25-31; 35; 40; Núm. 4; 8-10; 18; 19.
desciende del monte, Ex. 32:7, 15.
áirase á causa de la idolatría de Israel, Exod. 32:19.
su intercesión, Ex. 32:11 (33).
ve la gloria de Dios, Ex. 33:18; 34:5.
sube otra vez al monte, Ex. 34:2.
su rostro resplandece, Ex. 34:29; Deut. 9:9, 18, (2 Cor. 3:7, 13).
consagra á Aarón, Lev. 8; 9.
cuenta el pueblo dos veces, Núm. 1; 26.
su queja, Núm. 11:11.
intercede por María, Núm. 12:13.
envía á los espías, Núm. 13.
intercede por el pueblo, Núm. 14:13.
hace resistencia á Coré, &c., Núm. 16.
á causa de su transgresión, Núm. 20:10, se le prohibe entrar en la tierra de Canaán, Núm. 20:12; 27:12; Deut. 1:35; 3:23.
guía á Israel en el desierto, Núm. 20:14; 21:31.
levanta la serpiente de bronce, Núm. 21:9, (Juan 3:14).
da órdenes á los hijos de Rubén, Núm. 32:29.
señala los límites de la tierra de promisión, Núm. 34; 35.
hace una reseña de la historia de Israel, Deut. 1-3; 5; 9; 10.
exhorta á los Israelitas á la obediencia, Deut. 4; 6; 7; 8; 10-12; 27-31.
da órdenes á Josué, Deut. 3:28; 31:7, 23.
bendice á las tribus, Deut. 33.
su muerte, Deut. 34:5; Jud. 9.
aparece durante la transfiguración de Cristo, Mat. 17:3; Mar. 9:4; Luc. 9:30.
sus cánticos, Exod. 15; Deut. 32; Sal. 90; Rev. 15:3.
su mansedumbre, Núm. 12:3.

su dignidad, Deut. 34:10.
su fidelidad, Núm. 12:7; Heb. 3:2.
Véase Sal. 103:7; 105:26; 106:16; Isa. 63:12; Jer. 15:1; Luc. 16:29; Act. 7:20; Rom. 10:5 ; Heb. 11:24, &c.
MOLINO (el), Jer. 25:10; Mat. 18:6.
formado de dos piedras, Deut. 24:6; Job 41:24.
mujeres empleadas en, Ex. 11:5; Mat. 24:41.
cautivas, Jue. 16:21; Lam. 5:13.
las piedras del, no se deben tomar en prenda, Deut. 24:6.
maná molido en, Núm. 11:8.
Abimelec es muerto con un pedazo de piedra de, Jue. 9:53.
símile: (el moler de) de degradación, Isa. 47:1, 2; (la suspensión del) de desolación, Rev. 18:22.
MOLOC, el culto de, prohibido, Lev. 18:21; 20:2.
el culto de, fomentado por Salomón, 1 Reyes 11:7;—2 Reyes 23:10; Jer. 32:35; Amós 5:26; Act. 7:43.
MONEDA. Véase DINERO.
MONOS. Véase SIMIOS.
MONTAÑAS, Gén. 7:19, 20; Isa. 40:12; 64:1, 3; Hab. 3:6.
se les hace glorificar á Dios. Sal. 148:9.
en ellas tienen su origen los manantiales y los ríos, Deut. 8:7: Sal. 104:8-10.
Canaán tenía abundancia de, Deut. 11:11.
alusiones á los fuegos volcánicos, Isa. 64:1, 2; Jer. 51:25; Nah. 1:5, 6.
mencionadas en las Escrituras:
Ararat, Gén. 8:4.
Abarim, Núm. 33:47, 48.
Amalec, Jue. 12:15.
Basán, Sal. 68:15.
Betel, 1 Sam. 13:2.
Carmelo, Jos. 15:55; 19:26; 2 Rey. 19:23.
Efraím, Jos. 17:15; Jue. 2:9.
Garizim, Deut. 11:29; Jue. 9:7.
Gilboa, 1 Sam. 31:1; 2 Sam. 1:6, 21.
Galaad, Gén. 31:21, 25; Cant. 4:1.
Haquila, 1 Sam. 23:19.
Hebal, Deut. 11:29; 27:13.
Hermón, Jos. 13:11.
Hor, Núm. 20:22; 34:7, 8.
Horeb, Ex. 3:1.
Líbano, Deut. 3:25.
Mizar, Sal. 42:6.
More, Jue. 7:1.
Moria, Gén. 22:2; 2 Crón. 3:1.
Nebo, Núm. 32:3; Deut. 34:1.
Olivar, 1 Rey. 11:7; Luc. 21:37.
Pasga ó Pisga, Núm. 21:20; Deut. 34:1.
Sefr, Gén. 14:6; 36:8.
Sinaí, Ex. 19:2, 18, 20, 22; 31:18.
Sión, 2 Sam. 5:7.
Tabor, Jue. 4:6, 12, 14.
abundan en minerales, Deut. 8:9 ; yerbas, Prov. 27:25; cosas preciosas, Deut. 33:15; piedra de construcción, 1 Rey. 5:14, 17; Dan. 2:45; bosques, 2 Rey. 19:23; 2 Cró. 2:2, 8-10; viñas, 2 Cró. 26:10; Jer. 31:5; especias, Cant. 4:6; 8:14; venados, 1 Crón. 12:8; Cant. 2:8; caza, 1 Sam. 26:20; fieras, Cant. 4:8; Hab. 2:17.
símiles de las dificultades, Isa. 40:4; Zac. 4:7; Mat. 17:20.
de la iglesia de Dios, Isa. 2:2; Dan. 2:35, 44, 45.
de la justicia de Dios, Sal. 36:6.
(prorumpiendo en cánticos) de grandísimo júbilo, Isa. 44:23; 55:12.
(el trillar de) de severos juicios, Isa. 41:15.

(destilando vino fresco) de la abundancia, Am. 9:13.
MONUMENTOS, sagrados, de Jacob, Gén. 28:18; 31:45; 35:14.
de Moisés, en el monte Sinaí, Ex. 24:4.
de Eleazar, en el desierto, Núm. 16:39.
en el monte Ebal, Deut. 27:4.
en el paso del Jordán, Jos. 4:4, 20.
de Josué, en Siquem, Jos. 24:26.
de Samuel, cerca de Mizpa, 1 Sam. 7:12.
de Absalom, 2 Sam. 18:18.
MORADA ÍNTIMA (la) del Espíritu Santo:
en la iglesia, como su templo, 1 Cor. 3:16.
en los cuerpos de los santos, como su templo, 1 Cor. 6:19; 2 Cor. 6:16.
prometida á los santos, Ezeq. 36:27.
los santos disfrutan de, Isa. 63:11; 2 Tim. 1:14.
los santos llenos de, Act. 6:5; Efes. 5:18.
SIRVE DE MEDIO PARA:
vivificar, Rom. 8:11.
guiar, Juan 16:13; Gál. 5:18.
dar fruto, Gál. 5:22.
es prueba de que uno pertenece á Cristo, Rom. 8:9.
es prueba de la adopción, Rom. 8:15; Gál. 4:6.
es constante, 1 Juan 2:27.
los que no la poseen son sensuales, Jud. 19.
están sin Cristo, Rom. 8:9.
la naturaleza carnal se le opone, Gál. 5:17.
MORALES, la victoria de David cerca de los, 2 Sam. 5:23.
MORE, Gén. 12:6; Deut. 11:20; Jue. 7:1.
MORIA, monte, Isaac allí, Gén. 22.
el sacrificio de David después de la peste, 2 Sam. 24:18; 1 Crón. 21:18; 22:1.
sitio del templo, 2 Crón. 3:1.
MORIBUNDOS, los santos, consolados, Gén. 49:18; 2 Sam. 23:5; Job 19:25; Sal. 23:4; 31:5; 48:14; 73:24, 25; Luc. 2:29; Juan 14:2; Rom. 8:38, 39; 1 Cor. 15; 2 Cor. 5:1; Filip. 1:21.
MOROSIDAD (la):
reprobada por Cristo, Luc. 9:59-62.
los santos la evitan, Sal. 27:8; 119:60.
DEBE EVITARSE EN CUANTO A oír á Dios, Sal. 95:7, 8, con Heb. 3:7, 8.
buscar á Dios, Isa. 55:6.
glorificar á Dios, Jer. 13:16.
guardar sus mandamientos, Sal. 119:60.
hacer ofrendas á Dios, Ex. 22:29.
el cumplimiento de los votos, Deut. 23:21; Ecl. 5:4.
RAZONES PARA EVITARLA:
el presente es el tiempo acepto, 2 Cor. 6:2.
el mejor tiempo, Ecl. 12:1.
lo incierto de la vida, Prov. 27:1.
lo peligroso de, ejemplificado, Mat. 5:25; Luc. 13:25.
ejemplos de: Lot, Gén. 19:16. Félix, Act. 24:25.
MORTALIDAD (la) del hombre se cambiará, 1 Cor. 15:53; 2 Cor. 4:11; 5:4. Véase Job 19:26; Rom. 6:11; 8:11.
MORTERO, el maná molido en, Núm. 11:8. Véase Prov. 27:22.
MORTIFICACIÓN, morir al pecado, Mat. 18:8; Rom. 6:8; Gál. 2:20; 2 Tim. 2:11.
MOSCAS, plaga de, Exod. 8:21, 31; Sal. 78:45; 105:31.
MOSQUITO, Mat. 23:24.
MOSTAZA. Véase GRANO DE MOSTAZA.
MUDEZ curada por Cristo, (Isa. 35:6,) Mat. 9:32 ; 12:22.
impuesta, Luc. 1:20.
no se ha de maltratar á los mudos, Prov. 31:8.

MUDO, Ex. 4:11; Prov. 31:8; Isa. 56:10.
MUERTE (la) natural, ó del cuerpo:
por Adam, Gén. 3:19; 1 Cor. 15:21, 22.
consecuencia del pecado, Gén. 2:17; Rom. 5:12.
acaece á todos, Ecl. 8:8; Heb. 9:27.
ordenada por Dios, Deut. 32:39; Job 14:5.
pone fin á los proyectos terrenales, Ecl. 9:10.
nos despoja de toda nuestra hacienda, Job 1:21; 1 Tim. 6:7.
iguala á todos los rangos sociales, Job 1:21; 3:17-19.
vencida por Cristo, Rom. 6:9; Rev. 1:18.
abolida por Cristo, 2 Tim. 1:10.
será al fin completamente destruida por Cristo, Ose. 13:14; 1 Cor. 15:26.
Cristo nos libra del temor de, Heb. 2:15.
consideradla cerca, Job 14:1, 2; Sal. 39:4, 5; 90:9; 1 Ped. 1:24.
preparáos para, 2 Rey. 20:1.
orad que estéis listos para, Sal. 39:4; 13; 90:12.
el pensamiento de, un incentivo para ser diligentes, Ecl. 9:10; Juan 9:4.
cuando se aleja por un tiempo debe aquello ser un incentivo para mayor fidelidad, Sal. 56:12, 12; 116:7-9; 118:17: Isa. 38:20.
Enoc (ó Henoch) y Elías fueron eximidos de, Gén. 5:24, con Heb. 11:5; 2 Rey. 2:11.
todos serán levantados de, Act. 24:15.
en el cielo nadie está expuesto á, Luc. 20:36; Rev. 21:4.
es un símile del cambio producido en la conversión, Rom. 6:2; Col. 2:20.
SE DESCRIBE COMO:
un sueño, Deut. 31:16; Juan 11:11.
el deshacerse de la casa terrestre de este tabernáculo, 2 Cor. 5:1; 2 Ped. 1:14.
el exigir el alma por Dios, Luc. 12:20.
ir para una región de donde no hay regreso, Job 16:22.
ser congregados con nuestros padres, Gén. 49:33.
bajar al silencio, Sal. 115:17.
entregar el espíritu, Act. 5:10.
volver al polvo, Gén. 3:19; Sal. 104:29.
ser cortado, Job 14:2.
huir como sombra, Job 14:2.
partir, Filip. 1:23.
MUERTE (la) espiritual:
extrañados de Dios, Efes. 4:18.
el ánimo carnal es, Rom. 8:6.
seguir en las culpas y pecados es, Efes. 2:1; Col. 2:13.
la ignorancia espiritual es, Isa. 9:2; Mat. 4:16; Luc. 1:79; Efes. 4:18.
la incredulidad es, Juan 6:53; 1 Juan 5:12.
vivir en el deleite es, 1 Tim. 5:6.
la hipocresía es, Rev. 3:1, 2.
es una consecuencia de la caída, Rom. 5:15.
es por naturaleza el estado de todos los hombres, Mat. 8:22; Juan 5:25; Rom. 6:13.
los frutos de, son las obras muertas, Heb. 6:1; 9:14.
una exhortación al hombre para que salga de, Efes. 5:14.
libramiento de, es por medio de Cristo, Juan 5:24, 25; Efes. 2:5; 1 Juan 5:12.
los santos son levantados de, Rom. 6:13.
amor de los hermanos, prueba de que hemos sido levantados de, 1 Juan 3:14.
explicada por medio de símiles, Ezeq. 37:2, 3; Luc. 15:24.
MUERTE (la) eterna:
la consecuencia necesaria del pecado, Rom. 6:16, 21; 8:13; Sant. 1:15.

los gajes del pecado, Rom. 6:23.
la herencia de los malos, Mat. 25:41, 46; Rom. 1:32.
el camino que conduce á, Mat. 7:13.
la confianza en la justicia propia conduce á, Prov. 14:12.
solo Dios puede infligirla, Mat. 10:28; Sant. 4:12.
SE DESCRIBE COMO:
extrañamiento de la presencia de Dios, 2 Tes. 1:9.
estar en la sociedad del diablo, Mat. 25:41.
un lago de fuego, Rev. 19:20; 21:8.
un gusano que nunca perece, Mar. 9:44.
las tinieblas exteriores, Mat. 25:30.
oscuridad de las tinieblas, 2 Ped. 2:17.
indignación, ira, &c., Rom. 2:8, 9.
SE LE LLAMA:
destrucción, Rom. 9:22; 2 Tes. 1:9; 2 Ped. 2:12.
la ira que ha de venir, 1 Tes. 1:10.
la segunda muerte, Rev. 2:11.
resurrección de condenación, Juan 5:29.
de vergüenza, &c., Dan. 12:2.
condenación del infierno, Mat. 23:33.
castigo eterno, Mat. 25:46.
será impuesta por Cristo, Mat. 25:31, 41; 2 Tes. 1:7, 8.
Cristo es el único medio de escapar de, Juan 3:16; 8:51.
los santos escaparán, Rev. 2:11; 21:27.
esforzáos para librar á otros de, Sant. 5:20.
explicada con un ejemplo, Luc. 16:23-26.
MUERTE (la) de Cristo:
predicha, Isa. 53:8; Dan. 9:26; Zac. 13:7.
ordenada por Dios, Isa. 53:6, 10; Act. 2:23.
necesaria para la redención del hombre, Luc. 24:46; Juan 12:24; Act. 17:3.
aceptable como sacrificio á Dios, Mat. 20:28; Efes. 5:2; 1 Tes. 5:10.
fué voluntaria, Isa. 53:12; Mat. 26:53; Juan 10:17, 18.
fué inmerecida, Isa. 53:9.
EL MODO DE:
predicho por Cristo mismo, Mat. 20:18, 19; Juan 12:32, 33.
prefigurado, Núm. 21:8; Juan 3:14.
ignominioso, Heb. 12:2.
maldito, Gál. 3:13.
manifestó su humildad, Filip. 2:8.
tropezadero para los Judíos, 1 Cor. 1:23.
insensatez para los gentiles, 1 Cor. 1:18, 23.
exigida por los Judíos, Mat. 27:22, 23.
infligida por los gentiles, Mat. 27:26-35.
con malhechores, Isa. 53:12, con Mat. 27:38.
con señales sobrenaturales, Mat. 27:45, 51-53.
emblema de la muerte en cuanto al pecado, Rom. 6:3-8; Gál. 2:20.
conmemorada en el sacramento de la cena del Señor, Luc. 22:19, 20.
MUERTE (la) de los santos:
un sueño en Cristo, 1 Cor. 15:18; 1 Tes. 4:14.
es bendita, Rev. 14:13.
es ganancia, Filip. 1:21.
ES LLENA de fé, Heb. 11:13.
de paz, Isa. 57:2.
de esperanza, Prov. 14:32.
algunas veces es deseada, Luc. 2:29.
aguardada, Job 14:14.
arrostrada con resignación, Gén. 50:24; Jos. 23:14; 1 Rey. 2:2.
arrostrada sin temor, Sal. 23:4.
preciosa á los ojos de Dios, Sal. 116:15.
Dios los preserva hasta, Sal. 48:14.
Dios está con ellos en, Sal. 23:4.

libra de los males que están por suceder, 2 Reyes 22:20; Isa. 57:1.
CONDUCE:
al descanso, Job 3:17; Rev. 14:13.
al consuelo, Luc. 16:25.
á la presencia de Cristo, 2 Cor. 5:8: Fil. 1:23.
una corona de vida, 2 Tim. 4:8; Rev. 2:10.
una resurrección llena de gozo, Isa. 26:19; Dan. 12:2.
desacatada por los malos, Isa. 57:1.
los deudos consolados de, 1 Tes. 4:13.
los malos codician, Núm. 23:10.
explicada con un ejemplo, Luc. 16:22.
ejemplos de: Abraham, Gén. 25:8. Isaac, Gén. 35:29. Jacob, Gén. 49:33. Aarón, Nú. 20:28. Moisés, Deut. 34:5. Josué, Jos. 24:29. Eliseo, 2 Rey. 13:14, 20. Uno de los ladrones, Luc. 23:43. Esteban, Act. 7:54. Dorcas, Act. 9:37.
MUERTE (la) de los malos:
les acaece en sus pecados, Ezeq. 3:19; Juan 8:21.
es sin esperanza, Prov. 11:7.
algunas veces sin temor, Jer. 34:5, con 2 Cor. 36:11-13.
es frecuentemente repentina é inesperada, Job 21:13, 23; 27:21; Prov. 29:1.
distinguida por el terror, Job 18:11-15; 27:19, 21; Sal. 73:19.
el castigo sigue á, Isa. 14:9; Act. 1:25.
la memoria que los vivos tienen de ellos perece con, Job 18:17; Sal. 34:16; Prov. 10:7.
Dios no tiene placer en, Ezeq. 18:23, 32.
como la muerte de los brutos, Sal. 49:14.
explicada con ejemplos, Luc. 12:20; 16:23, 23.
ejemplos de: Coré, &c., Núm. 16:32. Absalom, 2 Sam. 18:9, 10. Acháb, 1 Rey. 22:34. Jezabel, 2 Rey. 9:33. Atalía, 2 Cró. 23:15. Amán, Est. 7:10. Balsasar, Dan. 5:30. Judas, Mat. 27:5, con Act. 1:18. Ananías, &c., Act. 5:5, 9, 10. Herodes, Act. 12:23.
MUERTE (la) de los niños:
primogénitos de los Egipcios, Ex. 12:29, 30.
el hijo de David, 2 Sam. 12:14-23.
de Jeroboam, 1 Rey. 14:13.
de la viuda, 1 Rey. 17:17.
de la Sunamita, 2 Rey. 4:19, 20.
la hija de Jairo, Mat. 9:18, 24.
MUERTE, LA PENA DE, el condigno castigo por el asesinato, Gén. 4:24; 9:5, 6.
IMPUESTA POR EL CÓDIGO JUDAICO POR:
el asesinato, Núm. 35:16.
la blasfemia, Lev. 24:16; 1 Rey. 21:10.
hurto de hombre, Ex. 21:16.
la idolatría, Ex. 22:20.
seducir á la idolatría, Deut. 13:6.
el adulterio, Lev. 20:10.
la sodomía, Lev. 20:13.
el incesto, Lev. 20:14, 17.
la bestialidad, Lev. 20:15, 16.
la hechicería, Ex. 22:18.
herir á los padres, Ex. 21:15.
maldecir á los padres, Ex. 21:17.
desobedecer á los padres, Deut. 21:20.
profanar al Sábado, Ex. 31:14; 35:2.
poner en peligro la vida, Ex. 21:29.
la rebelión, Deut. 17:12.
MUERTOS (los), Job 3:18; 14:12; Sal. 6:5; 88:10; 115:17; 146:4; Ecl. 9:5; 12:7; Isa. 38:18.
resurrección de, Job 19:26; Sal. 49:15; Isa. 26:19; Juan 5:25; 1 Cor. 15:12.
resucitados por Elías, 1 Rey. 17:17; por Eliseo, 2 Rey. 4:32; 13:21; por CRISTO, Mat. 9:24; Mar. 5:41; Luc. 7:12; 8:54; Juan 11; por Pedro, Act. 9:40; por Pablo, Act. 20:10.

MUJER (la):
origen y motivo del nombre, Gén. 2:23.
HECHA ORIGINARIAMENTE por Dios á su propia imagen, Gén. 1:27.
de una de las costillas de Adam, Gén. 2:21, 22.
para el hombre, 1 Cor. 11:9.
para serle ayuda al hombre, Gén. 2:18, 20.
en sujeción al hombre, 1 Cor. 11:3.
para ser gloria del hombre, 1 Cor. 11:7.
engañada por Satanás, Gén. 3:1-6; 2 Cor. 11:3; 1 Tim. 2:14.
condujo al hombre á desobedecer á Dios, Gén. 3:6, 11, 12.
se promete la salvación por medio de la simiente de, Gén. 3:15. Véase Isa. 7:14.
seguridad en el parto prometida á las mujeres fieles y santas, 1 Tim. 2:5.
SON CARACTERES DISTINTIVOS DE: el ser más débil que el hombre, 1 Ped. 3:7.
el ser tímida, Isa. 19:16; Jer. 50:37; 51:30; Nah. 3:13.
el ser amorosa y afectuosa, 2 Sam. 1:26.
el ser tierna y constante para con sus hijos, Isa. 49:15; Lam. 4:10.
han de usar el cabello largo en lugar de velo, 1 Cor. 11:15.
buena y virtuosa, descrita, Prov. 31:10-28.
virtuosa, altamente estimada, Rut 3:11; Prov. 31:10-30.
EN MUCHOS CASOS amantes del deleite, Isa. 32:9-11.
astutas y engañadoras, Prov. 7:10; Ecl. 7:26.
tontas y que se dejan fácilmente llevar al error, 2 Tim. 3:6.
activas para promover la superstición y la idolatría, Jer. 7:18; Ezeq. 13:17, 23.
activas para instigar á la práctica de la iniquidad, Núm. 31:15, 16; 1 Rey. 21:25; Neh. 13:26.
generalmente usaba un velo en la presencia del otro sexo, Gén. 24:65.
generalmente vivía en una habitación ó tienda separada, Gén. 18:9; 24:67; Est. 2:9, 11.
obediente y respetuosa para con su marido, 1 Ped. 3:6, con Gén. 18:12.
JOVEN, alegre y de buen humor, Jue. 11:34; 21:21; Jer. 31:13; Zac. 9:17.
bondadosa y cortés para con los forasteros, Gén. 24:17.
amante de adornos, Gén. 2:32.
debe aprender de sus mayores, Tit. 2:4.
no se podía casar sin el consentimiento de sus padres, Gén. 24:3, 4; 34:6; Ex. 22:17.
el que no se casara se consideraba una calamidad, Jue. 11:37; Sal. 78:63; Isa. 4:1.
en muchos casos hecha cautiva, Lam. 1:18; Ezeq. 30:17, 18.
castigo por seducirla cuando estaba desposada, Deut. 22:23-27.
cuando no estaba desposada, Ex. 22:16, 17; Deut. 22:28, 29.
á menudo era tratada con mucha crueldad en la guerra, Deut. 32:25; Lam. 2:21; 5:11.
se le exigía el que oyera y obedeciera la ley, Jos. 8:35.
se le reservaba parte del tabernáculo, Ex. 38:8; 1 Sam. 2:22.
se les permitía, desde el tiempo de David, el tomar parte en la música del templo, 1 Crón. 25:5, 6; Ezra 2:65; Neh. 7:67.
debe guardar silencio en la iglesia, 1 Cor. 14:34; 1 Tim. 2:11.
Á MENUDO SE OCUPA en los quehaceres domés ticos, Gén. 18:6; Prov. 31:15.
en la agricultura, Rut 2:8; Cant. 1:6.

en cuidar los rebaños, Gén. 29:9; Ex. 2:16.
en sacar y transportar agua, Gén. 24:11, 13, 15, 16; 1 Sam. 9:11; Juan 4:7.
en moler grano, Mat. 24:41; Luc. 17:35.
en hilar, Prov. 31:13, 19.
en bordar, Prov. 31:22.
en celebrar las victorias de la nación, Exod. 15:20, 21; Jue. 11:34; 1 Sam. 18:6, 7.
en asistir á los entierros como plañidera, Jer. 9:17, 20.
los votos de la casada no obligaban al marido, Núm. 30:6–8.
la infidelidad de la casada se determinaba por las aguas de los celos, Núm. 5:14–28.
castigo por hacerle daño cuando estaba en cinta, Ex. 21:22–25.
el ser gobernado por, se consideraba entre los Judíos como una calamidad, Isa. 3:12.
el ser muerto por, se consideraba como una deshonra muy grande, Jue. 9:54.
se consideraba en la guerra como un botín muy valioso, Deut. 20:14; 1 Sam. 30:2.
muchas veces la trataban con mucha crueldad en la guerra, 2 Rey. 8:12; Lam. 5:11; Ezeq. 9:6; Ose. 13:16.
la benevolencia de, Prov. 31:20; Mar. 12:43.
el amor de, para con Cristo, Mat. 27:55; Luc. 10:39; 24:1; Juan 11.
Cristo la simiente de, Gén. 3:15; Gál. 4:4.
SÍMILE (espléndidamente ataviada) de la iglesia de Cristo, Sal. 45:13; Gál. 4:26, con Rev. 12:1.
(delicada) de Israel en su reincidencia, Jer. 6:2.
(casta y santa) de los santos, Cantares de Salomón; 2 Cor. 11:2; Rev. 14:4.
(impura) de la apostasía romana, Rev. 17:4, 18.
(sabia) de los santos, Mat. 25:1, 2, 4.
(insensata) de los que profesan la religión, pero no la practican, Mat. 25:1–3.
(tranquila é indiferente) de un estado de seguridad carnal, Isa. 32:9, 11.
(abandonada) de la iglesia de Israel en su cautiverio, Isa. 54:6.
Véase ATAVÍO, ESPOSAS.
MUJERES EXTRANJERAS, ó extrañas, el pecado de Salomón respecto de, 1 Rey. 11:1.
admoniciones en cuanto á, Prov. 2:16; 5:3, 20; 6:24; 23:27.
MULO, ó mula, empleado para montar, 2 Sam. 13:29; 18:9; 1 Rey. 1:33.
para llevar cargas, 2 Rey. 5:17; 1 Cró. 12:40.
para llevar correos y mensajeros, Est. 8:10, 14.
en la guerra, Zac. 14:15.
para tributo, 1 Rey. 10:25.
MUNDANALIDAD (ó apego á los placeres y los bienes del mundo), descrita, Ecl. 2:1, 3, 10; 11:9; 1 Juan 2:15, 16.
reprobada, Isa. 32:10; Amós 6:3–7.
admoniciones con respecto á, Mat. 16:26; Luc. 21:34; 1 Cor. 7:29, 30.
MUNDO (el) creado, Gén. 1; 2. Véase Juan 1:10; Col. 1:16; Heb. 1:2, &c.
corrompido por la caída, Rom. 5:12; 8:22.
exhortaciones á que se evite la conformidad con el, Rom. 12:2; Gál. 6:14; Sant. 1:27; 4:4; 1 Juan 2:15.
MURCIÉLAGO, Lev. 11:19; Deut. 14:18; Isa. 2:20.
MURMURACIÓN (la):
prohibida, Sal. 15:3; Rom. 1:30; Prov. 25:23; 1 Cor. 10:10; 2 Cor. 12:20; Filip. 2:14.
CONTRA Dios, Prov. 19:3.
la supremacía de Dios, Rom. 9:19, 20.

el servicio de Dios, Mal. 3:14.
Cristo, Juan 6:41–43, 52.
los ministros de Dios, Ex. 17:3; Núm. 16:41.
los discípulos de Cristo, Mar. 7:2; Luc. 5:30.
lo irracional de, Lam. 3:39.
tienta á Dios, Ex. 17:2.
desagrada á Dios, Núm. 14:2, 11; Deut. 9:8, 22.
los santos se dejan de, Isa. 29:23, 24.
es un distintivo de los malos, Jud. 16.
maldad de apoyar á los demás en, Núm. 13:31–33, con Núm. 14:36, 37.
el castigo de, Núm. 11:1; 14:27–29; 16:45, 46; Sal. 106:25, 26.
ejemplos de: Caín, Gén. 4:13, 14. Moisés, Ex. 5:22, 23. Los Israelitas, Exod. 14:11; Núm. 21:5. Aarón, &c., Núm. 12:1, 2, 8. Coré, &c., Núm. 16:3. Elías, 1 Reyes 19:4. Job, Job 3:1, &c. Jeremías, Jer. 20:14–18. Jonás, Jon. 4:8, 9. Los discípulos, Mar. 14:4, 5; Juan 6:61. Los Fariseos, Luc. 15:2; 19:7. Los Judíos, Juan 6:41–43. Unos Griegos, Act. 6:1.
MUROS, para defensa, 1 Sam. 25:16.
DE LAS CIUDADES: altos, Deut. 1:28.
grandemente fortificados, Isa. 25:12.
con torres, Sal. 48:12; Cant. 8:10.
tenían casas encima, Jos. 2:15.
anchos para paseos y como lugares de concurrencia, 2 Rey. 6:26, 30; Sal. 55:10.
fuertemente guarnecidos de gente en tiempo de guerra, 2 Rey. 18:26.
vigilados por guardas ó celadores de noche y de día, Cant. 5:7; Isa. 62:6.
eran demolidos por el enemigo, 2 Sam. 20:15; Ezeq. 4:2, 3.
en algunos casos eran quemados, Jer. 49:27; Amós 1:7.
era costumbre dedicar, Neh. 12:27.
espías descolgados desde, Jos. 2:15.
Pablo descolgado desde, Act. 9:24, 25.
por vía de comparación. Sal. 62:3; Prov. 18:11; Cant. 2:9; 8:9, 10; Isa. 5:5; 26:1; 60:18; Jer. 15:20; Ezeq. 13:10–15; Zac. 1:5; Act. 23:3; Efes. 2:14.
MÚSICA, instrumentos de, inventados, Gén. 4:21.
empleada en las solemnidades religiosas, 2 Sam. 6:5, &c.; 1 Crón. 15:28; 16:42; 2 Cró. 7:6; 29:25; Sal. 33; 81; 92; 108; 150; Dan. 3:5.
para regocijos, Isa. 5:12; 14:11; Amós 6:5; Luc. 15:25; 1 Cor. 14:7.
alivia á Saúl, 1 Sam. 16:14.
en el cielo, Rev. 5:8; 14:2, &c.
INSTRUMENTOS DE:
adufe, Exod. 15:20; I Sam. 10:5; Sal. 68:25; Isa. 24:8.
arpa, Sal. 137:2; Ezeq. 26:13.
bocina ó corneta, Sal. 98:6; Ose. 5:8.
címbalos, 1 Cró. 16:5; Sal. 150:5; 1 Cor. 13:1.
flauta, 1 Rey. 1:40; Isa. 5:12; Jer. 48:36.
órgano, Gén. 4:21; Job 21:12; Sal. 150:4.
pífano, Dan. 3:5.
salterio, Sal. 33:2; 71:22.
sinfonía, Dan. 3:5.
trompeta, 2 Rey. 11:14; 2 Cró. 29:27.
vihuela, Isa. 14:11; Amós 5:23.
construidos de madera de haya, 2 Sam. 6:5; de almugín, 1 Reyes 10:12; de cobre, 1 Cor. 13:1 (Valera, METAL); de plata, Núm. 10:2; de los cuernos de los animales, Jos. 6:8; con cuerdas, Sal. 33:2; 150:4,
MUT-LABÉN (muerte del hijo) supónese que esta era la música del Salmo 9.

N.

NAAMÁN, el Sirio, le curan de la lepra, 2 Rey. 5. Véase Luc. 4:27.

NAÁS Amonita, subyugado por Saúl, 1 Sam. 11.

NABAJOT, Gén. 25:13; 1 Crón. 1:29; Isa. 60:7.

NABAL, su brusquedad, 1 Sam. 25:10.
la intercesión de Abigaíl por, 1 Sam. 25:18.
su muerte, 1 Sam. 25:38.

NABAT, 1 Rey. 11:26.

NABOT, rehusa vender su viña, y es muerto por Jezabel, 1 Rey. 21.
su muerte vengada, 2 Rey. 9:21.

NABUCODONOSOR, rey de Babilonia, profecías relativamente á, Jer. 20; 21; 25; 27; 28; 32; 34; Ezeq. 26:7; 29:19.
subyuga á Judea, y toma á Jerusalem, 2 Rey. 24; 25; 2 Crón. 36; Jer. 37-39; 52; Dan. 1:1.
su bondad hacia Jeremías, Jer. 39:11.
sus sueños son interpretados, Dan. 2:4.
su idolatría y su tiranía, Dan. 3.
su orgullo, su degradación y su restauración, Dan. 4:28.
su confesión, Dan. 4:34.

NABUZARADÁN, capitán de los Caldeos, 2 Reyes 25, &c.
su bondad hacia Jeremías, Jer. 39:11: 40:1.

NACHOR, hermano de Abraham, Gén. 11:26; 24:10.
descendientes de, Gén. 22:20.

NACIDO DE DIOS, Juan 1:13; 3:3; 1 Ped. 1:23; 1 Juan 3:9; 5:1. Véase REGENERACIÓN.

NACIMIENTOS profetizados:
de Ismael, Gén. 16:11.
de Isaac, Gén. 18:10.
de Samsón, Jue. 13:3.
de Samuel, 1 Sam. 1:11, 27.
de Josías, 1 Rey. 13:2.
del hijo de la Sunamita, 2 Rey. 4:16.
de Juan el Bautista, Luc. 1:13.
de Cristo, Gén. 3:15; Isa. 7:14; Miq. 5; Luc. 1:31.

NACIONES (las), origen de, Gén. 10.

NACÓN, la era de, 2 Sam. 6:6,7. Véase 1 Crón. 13:9.

NADAB, hijo de Aarón, su trangresión y su muerte, Lev. 10.
———, rey de Israel, su mal gobierno; matado por Baasa, 1 Rey. 14:20; 15:25.

NAHAL-SOREC, Jue. 16:4.

NAHUM declara la bondad y majestad de Dios, Nah. 1.
predice la caída de Nínive, Nah. 2:3.

NAÍN, el hijo de la viuda resucitado en, Luc. 7.

NAJOT, 1 Sam. 19:18-24.

NARCISO, Rom. 16:11.

NARDO puro, Cristo fué ungido con, Mar. 14:3; Luc. 7:37; Juan 12:3.

NATALICIO. Véase DÍA DEL NACIMIENTO.

NATÁN, el profeta, prohibe á David que edifique el templo, 2 Sam. 7.
parábola en condenación de David, 2 Sa. 12:1.
proclama rey á Salomón, 1 Rey. 1:8, &c.
Véase 1 Crón. 29:29; 2 Crón. 9:29.
———, hijo de David, 2 Sam. 5:14; Zac. 12:12; Luc. 3.

NATANAEL, Juan 1:45; 21:2.

NATINEOS, 1 Cró. 9:2; Ezra 2:43; 7:7, 24; 8:17.

NATURALEZA (la), los preceptos de, no se deben desacatar, 1 Cor. 11:14.

NATURALEZA HUMANA de Cristo:
era necesaria para el desempeño de sus funciones como Mediador, 1 Tim. 2:5; Heb. 2:17.
EXISTEN DE ELLA LAS SIGUIENTES PRUEBAS:
el haber sido concebido él en el vientre de la virgen María, Mat. 1:18; Luc. 1:31.

su nacimiento, Mat. 1:16, 25; 2:2; Luc. 2:7.
el haber participado de la carne y de la sangre, Juan,1:14; Heb. 2:14.
el tener una alma humana, Mat. 26:38; Luc. 23:46; Act. 2:31.
su circuncisión, Luc. 2:21.
su crecimiento en sabiduría y en estatura, Luc. 2:52.
su llanto, Luc. 19:41; Juan 11:35.
su hambre, Mat. 4:2; 21:18.
su sed, Juan 4:7; 19:28.
su sueño, Mat. 8:24; Mar. 4:38.
su propensión al cansancio, Juan 4:6.
el ser varón de dolores, Isa. 53:3, 4; Luc. 22:44; Juan 11:33; 12:27.
el haber sido abofeteado, Mat. 26:67; Luc. 22:64.
escarnecido, Luc. 23:11.
azotado, Mat. 27:26; Juan 19:1.
clavado en la cruz, Sal. 22:16, con Luc. 23:33.
su muerte, Juan 19:30.
el haberle herido el costado, Juan 19:34.
su entierro, Mat. 27:59, 60; Mar. 15:46.
su resurrección, Act. 3:15; 2 Tim. 2:8.
fué como nosotros en todo, menos en el pecado, Act. 3:22; Filip. 2:7, 8; Heb. 2:17.
fué sin pecado, Heb. 7:26, 28; 1 Juan 3:5.
le sometieron al examen de los sentidos, Luc. 24:39; Juan 20:27; 1 Juan 1:1, 2.
fué DE LA SIMIENTE de la mujer, Gén. 3:15; Isa. 7:14; Jer. 31:22; Luc. 1:31; Gal. 4:4.
fué de la simiente de Abraham, Gén. 22:18, con Gál. 3:16; Heb. 2:16.
fué de la simiente de David, 2 Sam. 7:12, 16; Sal. 89:35, 36; Jer. 23:5; Mat. 22:42; Mar. 10:47; Act. 2:30; 13:23; Rom. 1:3.
genealogía de, Mat. 1; Luc. 3.
Cristo mismo da testimonio de ella, Mat. 8:20; 16:13.
reconocimiento de, prueba de que somos de Dios, 1 Juan 4:2.
reconocida por los hombres, Mar. 6:3; Juan 7:27; 19:5; Act. 2:22.
negada por el anticristo, 1 Juan 4:3; 2 Juan 7.

NAUFRAGIO, el de Pablo, Act. 27. Véase 2 Cor. 11:25.

NAVAJA, Nú. 6:5; Sal. 55:2; Isa. 7:20; Eze. 5:1.

NAVE. Véase NAVÍOS.

NAVEGACIÓN de Pablo, Act. 27.

NAVÍOS, mencionados por primera vez, Gén. 49:13; Núm. 24:24; Jue. 5:17.
partes de, mencionadas en las Escrituras:
la proa, Act. 27:30, 41.
la popa, Act. 27:29, 41.
la bodega (indirectamente), Jon. 1:5.
el mástil, Prov. 23:34; Isa. 33:23; Ezeq. 27:5.
las velas, Isa. 33:23; Ezeq. 27:7.
los aparejos, Isa. 33:23; Act. 27:19.
el timón ó gobernalle, Sant. 3:4.
las ataduras, Act. 27:40.
las anclas, Act. 27:29, 40.
los botes ó esquifes, Act. 27:30, 32.
los remos, Isa. 33:21; Ezeq. 27:6.
marina formada por Salomón, 1 Rey. 9:26.
por Josafat, 1 Rey. 22:48.
de Tarsis, Sal. 48:7; Isa 2:16; 23:1; 60:9; Ezeq. 27:25, &c.
mercantes, 1 Rey. 10:11, 22; 2 Crón. 8:17; 9:21; Prov. 31:14.
de guerra, Núm. 24:24; Dan. 11:30, 40.
en las borrascas, Jon. 1; Mat. 8:23; 14:24; Mar. 4:37; Luc. 8:22; Juan 6:18; Act. 27.
el cuidado que la Providencia tiene de, Sal. 107:23; Act. 27:21.

capitán del navío, Jon. 1:6; Rev. 18:17.

NAZARENO, gentilicio aplicado á Cristo, Mat. 2:23; á los Cristianos, Act. 24:5.

NAZAREOS, ley respecto de los, Núm. 6.
Samsón era uno de ellos, Jue. 13:7; Samuel, 1 Sam. 1:11.
símile de Cristo, Heb. 7:26; y de los santos, 2 Cor. 6:17; Sant. 1:27.

NEÁPOLIS, Act. 16:11.

NEBO, ó Nabo, ídolo de Babilonia, Isa. 46:1; forma parte de otros nombres, como Nabucodonosor.

———, monte, en Moab, del cual Pisga, ó Pasga, era una de las cumbres, Deut. 32:49, 50; 34:1.

———, comarca y pueblo de Moab, Núm. 32:3, 38; 1 Crón. 5:8.
profecía contra, Isa. 15:2; Jer. 48:1, 22.

NECESIDADES que padecieron los apóstoles, &c., 2 Cor. 6; 12:10.

NECROMANCIA (evocación de los muertos), prohibida, Deut. 18:11; 26:14; Isa. 8:19.
ejemplo de, 1 Sam. 28.

NEFTALÍ, hijo de Jacob, Gén. 30:8; 35:25.
bendecido por Jacob, Gén. 49:21.
y por Moisés, Deut. 33:23.
SUS DESCENDIENTES, Gén. 46:24.
contados, &c., Núm. 1:42; 10:27; 13:14; 26:48; Jue. 1:33.
subyugan á los Cananeos, Jue. 4:19; 5:18; 6:35; 7:23.
su herencia, Jos. 19:32; 20:7; 21:32; 1 Reyes 15:20; 2 Crón. 34:6.
su liberalidad, 1 Crón. 12:40.
llevados en cautiverio, 2 Rey. 15:29.
profecía acerca de, Isa. 9:1. Véase Mat. 4:13.

NEFTOA, Jos. 15:9; 18:15.

NEGAR Á CRISTO:
en doctrina, Mar. 8:38; 2 Tim. 1:8.
en práctica, Filip. 3:18, 19; Tit. 1:16.
rasgo de los falsos maestros, 2 Ped. 2:1; Jud. 4.
el espíritu del anticristo, 1 Juan 2:22, 23; 4:3.
Cristo negará á los que se hagan culpables de, Mat. 10:33; 2 Tim. 2:12.
conduce á la ruina, 2 Ped. 1:9; Jud. 4, 15.
ejemplos de: Pedro, Mat. 26:69-75. Los Judíos, Juan 18:40; 19:15; Act. 3:13, 14.

NEGINOT (instrumentos de cuerdas), título de Sal. 4, 61, 67, 76; Hab. 3:19 (trad. "instrumentos de música"),

NEGRO (lo), simbólico del dolor, Job 30:30; Joel 2:6.

NEGUILLA, Job 31:40.

NEHEMÍAS, su tristeza y su oración por Jerusalem, Neh. 1.
su súplica á Artajerjes, Neh. 2:5.
llega á Jerusalem, Neh. 2:9.
su exhortación, Neh. 2:17.
resiste á los enemigos, Neh. 4.
reconviene á los usureros, Neh. 5:6.
su fé y su valor, Neh. 6.
consuela á la gente, Neh. 8:9.
sella el pacto, Neh. 10.
purifica el templo, Neh. 13:1.
castiga á los profanadores del Sábado, Neh. 13:15.
anula matrimonios ilícitos, Neh. 13:23.

NEHILOT (destinos ó fortunas) título del Sal. 5.

NEHUSTÁN (la serpiente de cobre), destruida por Ezequías, 2 Rey. 18:4.

NEÓFITO, recien convertido, 1 Tim. 3:6.

NER, padre de Abner, y tío de Saúl, 1 Sam. 14:50; ó abuelo, 1 Crón. 8:33; 9:36, 39.

NERGEL, un ídolo, 2 Rey. 17:30.

NERÓN. Véase CÉSAR.

NESROC, dios de Asiria, 2 Reyes 19:37; Isa. 37:38.

NEIOFATI, 1 Crón. 9:16; Ezra 2:22; Neh. 7:26; Jer. 40:8.

NICANOR, diácono, Act. 6:5.

NICODEMO visita á Jesús, Juan 3:1.
le defiende ante los Fariseos, Juan 7:50.
en el entierro de Cristo, Juan 19:39.

NICOLAITAS (los), sus doctrinas reprobadas, Rev. 2:6, 15.

NICOLÁS, uno de los siete diáconos, Act. 6:5, 6.

NICÓPOLIS, Tit. 3:12.

NIEVE, en Palestina, 2 Sam. 23:20; en Huz, Job 6:16; 9:30; en el Líbano, Jer. 18:14.

NILO, rio de Egipto, Isa. 23:3; Jer. 2:18.
llamado El Rio, Isa. 11:15; 19:5-10; Amós 8:8; Los Rios, Ezeq. 29:3.

NIMFAS, Col. 4:15.

NIMRIM, Isa. 15:6; Jer. 48:34.

NIMROD, nieto de Cam, Gén. 10:8-10; 1 Crón. 1:10; Miq. 5:6.

NIÑA del ojo, Deut. 32:10; Sal. 17:8; Prov. 7:2; Lam. 2:18; Zac. 2:8.

NÍNEVE, la profecía de Jonás con respecto á, Jon. 1:1; 3:2.
su arrepentimiento, Jon. 3:5 (Mat. 12:41; Luc. 11:32).
su destrucción predicha, Nah. 1:1; 2; 3.

NIÑEZ (la), una edad importante, Prov. 8:17; 22:6; Ecl. 12:1.

NIÑOS: infantes ó párvulos, Ex. 2:6; Luc. 2:12.
los creyentes débiles, Rom. 2:20; 1 Cor. 3:1; Heb. 5:13.
creyentes humildes y dóciles, Sal. 8:2; Mat. 11:25; Luc. 10:21; 1 Ped. 2:2.
bendecidos por Cristo, Mat. 19:14; Mar. 9:36; 10:14; Luc. 18:15.
Cristo sirvió de ejemplo á, Luc. 2:51; Juan 21:15, 16, 27.
pueden glorificar á Dios, Sal. 148:12, 13; Mat. 21:15, 16.

TENEMOS PARA CON ELLOS EL DEBER DE:
conducirlos á Cristo, Mar. 10:13-16.
llevarlos desde su más tierna edad á la casa de Dios, 1 Sam. 1:24.
instruirlos en las cosas divinas, Deut. 31:12, 13; Prov. 22:6.
corregirlos, Prov. 22:15; 29:17.
orar por ellos, Gén. 17:18, 20; 2 Sam. 12:16, 21; Job 1:5.

DEBEN:
acordarse de Dios, Ecl. 12:1.
respetar á sus mayores, Lev. 19:32; 1 Ped. 5:5.
de Betlehem, inmolados, Mat. 2:16 (Jer. 31:15).

——— (los), buenos:
el Señor está con, 1 Sam. 3:19.
saben las Escrituras, 2 Tim. 3:15.
observan su ley de Dios, Prov. 28:7.
honran á los ancianos, Job 32:6, 7.
el carácter de, ejemplifica la conversión, Mat. 18:3.
ejemplifican la docilidad, Mat. 18:4.
ejemplos de: Daniel, Dan. 1:6. Juan el Bautista, Luc. 1:80. Los niños en el templo, Mat. 21:15, 16. Timoteo, 2 Tim. 3:15.

——— (los), malos:
menosprecian á sus mayores, Job 19:18.
ejemplo de: los niños de Betel, 2 Rey. 2:23.

NISÁN, mes de, Neh. 2:1; Est. 3:7.

NO, en Egipto, profecía acerca de, Jer. 46:25 (Valera, ALEJANDRIA; Ezeq. 30:14; Nah. 3:8.

NOADÍAS, Neh. 6:14.

NOBE, ciudad de los sacerdotes, destruida por

Saúl por haber socorrido á David, 1 Sam. 21:1; 22:19;—Neh. 11:32; Isa. 10:32.
NOCHE, establecida, Gén. 1:5; Sal. 19:2.
dividida por los Romanos en cuatro velas, Mat. 14:25; Mar. 13:35; en horas, Act. 23.23.
en sentido metafórico, Juan 9:4; Rom. 13:12; 1 Tes. 5:5.
ninguna en el cielo, Rev. 21:25 (Isa. 60:20).
NOÉ, la profecía de Lamec con respecto á, Gén. 5:29.
su carácter, Gén. 6:8.
construye el arca, Gén. 6:14, &c.
entra en ella, Gén. 7:7.
sale de ella, Gén. 8:18.
el pacto de Dios con, Gén. 9:1.
su pecado, Gén. 9:20-24.
maldice á Canaán, y bendice á Sem y Jafet, Gén. 9:25-27.
su muerte, Gén. 9:29.
su posteridad, Gén. 10; 11; 1 Crón. 1:4, &c.
Véase Ezeq. 14:14, 20; Mat. 24:37; Luc. 17:26; Heb. 11:7; 1 Ped. 3:20; 2 Ped. 2:5.
NOD (errante) tierra en que habitó Caín, Gén. 4:16.
NODRIZAS. Véase AMAS.
NOEMI, sus adversidades y su regreso á Betlehem, Rut 1.
el consejo que le dió á Rut, Rut 3.
su buen éxito, Rut 4.
NOF, la profecía cerca de, Isa. 19:13; Jer. 2:16; 46:14; Ezeq. 30:13.
NOMBRE de Dios proclamado, Exod. 34:5, 14.
Véase Ex. 6:3; 15:3; Sai. 83:18.
ha de ser reverenciado, Ex. 20:7; Deut. 5:11; 28:58; Sal. 111:9; Miq. 4:5; 1 Tim. 6:1, &c.
y alabado, Sal. 34:3; 72:17.
———, de JESU-CRISTO (Isa. 7:14; 9:6); Mat. 1:21; Luc. 1:31; 2:21; 1 Cor. 5:4; 6:11; Filip. 2:9; Col. 3:17; Rev. 19:16.
ha de ser confesado, 2 Tim. 2:19.
oración en, Juan 14:13; 16:23; Rom. 1:8; Efes. 5:20; Col. 3:17; Heb. 13:15.
milagros hechos en, Act. 3:6; 4:10; 19:13.
el bautismo en, Mat. 28:19; Act. 2:38.
———, dado á los niños cuando eran circuncidados, Luc. 1:59; 2:21.
——— muchos tenían una significación profética, como Set (reemplazo), Gén. 4:25; Noé (descanso), Gén. 5:29; Jesús (Salvador), Mat. 1:21.
——— dado con referencia á circunstancias del nacimiento, &c.; como Eva (vida), Gén. 3:20; Isaac (risa), Gén. 21:3, 6; Moisés (sacado), Exod. 2:10; Salomón (paz), 1 Crón. 22:9; Jabés (triste), 1 Crón. 4:9.
———, el valer de un buen, Prov. 22:1; Ecl. 7:1.
NOMBRES dados por Adam, Gén. 2:20.
cambiados por Dios, Gén. 17:5, 15; 32:27; 2 Sam. 12:25.
por el hombre, Dan 1:7.
Véase TÍTULOS.
NORTE y Sur, profecía acerca de los reyes de, Dan. 11.
creados, Job 26:7; Sal. 89:12.
NUBE, columna de, Israel guiado por una, Ex. 13:21; 14:19; 40:34; Núm. 9:17; Neh. 9:19; Sal. 78:14; 105:39; Isa. 4:5; 1 Cor. 10:1,
aparición del Señor en una, 2 Sam. 22:12; Rev. 14:14; en el monte Sinaí, Ex. 24:15; 34:5; en el tabernáculo, Núm. 11:25; 12:5; en el propiciatorio, Lev. 16:2; en el templo, 1 Rey. 8:10; Ezeq. 10:4; de la parte del aquilón, Ezeq. 1:4; en el monte de la transfiguración, Mat. 17:5; en el último día, Luc. 21:27.

NUBES, multitud, Isa. 60:8; Jer. 4:13; Heb. 12:1.
NÚMERO, de la Bestia, 666, Rev. 18:18.
En el Hebreo, en el Griego y en el Latin, las letras, como I, V, X, &c., se usaban en lugar de nuestros guarismos 1, 5, 10, &c.
El número de la bestia es la suma de todas las letras de un nombre contadas como guarismos, la cual debe montar á 666.

O.

OBED-EDOM bendecido en tanto que guardaba el arca, 2 Sam. 6:10; 1 Crón. 13:14; 15:18, 24; 16:5.
su hijo, 1 Crón. 26:4.
OBEDIENCIA de los Recabitas, Jer. 35.
de CRISTO, Rom. 5:19; Filip. 2:8; Heb. 5:8.
de la fé, Rom. 1:5; 16:26, &c.; 2 Cor. 7:15; 1 Ped. 1:2.
que se debe á los padres, Efes. 6:1; Col. 3:20.
á los maridos, Tit. 2:5.
á los amos, Efes. 6:5; Col. 3:22; Tit. 2:9.
á los magistrados, &c., Tit. 3:1; Heb. 13:17.
Véase DESOBEDIENCIA.
OBEDIENCIA á Dios:
prescrita, Deut. 13:4.
sin la fé es imposible, Heb. 11:6.
INCLUYE el obedecer su voz, Exod. 19:5; Jer. 7:23.
su ley, Deut. 1:27; Isa. 42:24.
á Cristo, Ex. 23:21; 2 Cor. 10:5.
el evangelio, Rom. 1:5; 6:17; 10:16, 17.
el guardar sus mandamientos, Ecl. 12:13.
la sujeción á las potestades superiores, Rom. 13:1.
es mejor que el sacrificio, 1 Sam. 15:22.
justificación por medio de la de Cristo, Rom. 5:19.
Cristo, ejemplo de, Juan 15:10; Filip. 2:5-8; Heb. 5:8.
los ángeles se ocupan de, Sal. 103:20.
un distintivo de los santos, 1 Ped. 1:14.
los santos elegidos para, 1 Ped. 1:2.
obligaciones de practicar, Act. 4:19, 20; 5:29.
exhortaciones á, Jer. 26:13; 38:20.
DEBE emanar del corazón, Deut. 11:13; Rom. 6:17.
ser espontánea, Sal. 18:44; Isa. 1:19.
ser sin reserva, Jos. 22:2, 3.
sin desvío, Deut. 28:14.
constante, Filip. 2:12.
resolvéos á ejercer, Ex. 24:7; Jos. 24:24.
confesad vuestras faltas en cuanto á, Dan. 9:10.
preparad el corazón para, 1 Sam. 7:3; Ezra 7:10.
pedid á Dios que os enseñe, Sal. 119:35; 143:10.
promesas á los que practican, Ex. 23:22; 1 Sam. 12:14; Isa. 1:19; Jer. 7:23.
será universal en los postreros días, Dan. 7:27.
bienaventuranza que resulta de, Deut. 11:27; 28:1-14; Luc. 11:28; Sant. 1:25.
los malos rehusan, Ex. 5:2; Neh. 9:17.
castigo al que rehusare, Deut. 11:28; 28:15-63; Jos. 5:6; Isa. 1:20.
ejemplos de: Noé, Gén. 6:22. Abraham, Gén. 12:1-4, con Heb. 11:8; Gén. 22:3, 12. Los Israelitas, Ex. 12:28; 24:7. Moisés, Ex. 34:4. Caleb, &c., Núm. 32:12. Asa, 1 Rey. 15:11. Elías, 1 Reyes 17:5. Ezequías, 1 Reyes 18:6. Josías, 2 Crón. 35:26. David, Sal. 119:16. Zorobabel, Agg. 1:12. José, Mat. 1:24. Los Magos, Mat. 2:12. Zacarías, &c., Luc. 1:6, Pablo, Act. 26:19. Los santos de Roma, Rom. 16:19.

OBISPO, requisitos del, 1 Tim. 3; Tit. 1:7-9. Véase Filip. 1:1.
——, de las almas (Cristo), 1 Ped. 2:25.
OBLACIONES, Lev. 2; 3, &c.
de los despojos, Núm. 31:28.
OBLEAS (Valera, Hojaldres ;—Scio, Lasañas), usadas como ofrendas, Exod. 29:2, 23; Lev. 2:4; 8:26; Núm. 6:15.
ÓBOLO, una medida, Exod. 30:13; Lev. 27:25; Núm. 3:47; como 8½ decigramos.
OBRAS de Dios, su grandeza y majestad, Job 9:37-41; Psa. 8; 19; 89; 104; 111; 145; 147; 148; Ecl. 8:17; Jer. 10:12; Rev. 15:3.
—— de la ley, insuficiencia de, Rom. 3:20; 4:2; Gál. 3, &c.
——, BUENAS:
Cristo ejemplo de, Juan 10:32; Act. 10:38.
LLAMADAS buenos frutos, Sant. 3:17.
frutos dignos para arrepentimiento, Mat. 3:8.
frutos de justicia, Filip. 1:11.
obras y trabajos de amor, Heb. 6:10.
son por Jesu-Cristo, para gloria y loor de Dios, Fil. 1:11.
sólo los que permanecen en Jesu-Cristo pueden ejecutar, Juan 15:4, 5.
obradas por Dios en nosotros, Isa. 26:12; Filip. 2:13.
las Escrituras tienen por objeto el conducirnos á, 2 Tim. 3:16, 17; Sant. 1:25.
se deben hacer en el nombre de Cristo, Col. 3:17.
la sabiduría celestial está llena de, Sant. 3:17.
la justificación no se puede alcanzar por medio de, Rom. 3:20; Gál. 2:16.
la salvación no se puede alcanzar por medio de, Efes. 2:8:9; 2 Tim. 1:9; Tit. 3:5.
LOS SANTOS son creados en Cristo para, Efes. 2:10.
son predestinados para caminar en, Efe. 2:10.
son exhortados á revestirse de, Col. 3:12-14.
están llenos de, Act. 9:36.
son seguidores de, Tit. 2:14.
deben ser perfectamente instruidos para, 2 Tim. 3:17.
deben ser ricos en, 1 Tim. 6:18.
procurar el sobresalir en, Tit. 3:8, 14.
ser confirmados en, 2 Tes. 2:17.
ser fecundos en, Col. 1:10.
ser perfectos en, Heb. 13:21.
estar preparados para todas las, 2 Tim. 2:21.
abundar para todas las, 2 Cor. 9:8.
estar listos para todas las, Tit. 3:1.
manifestar, con mansedumbre, Sant. 3:13.
estimularse mutuamente á la ejecución de, Heb. 10:24.
evitar la ostentación en, Mat. 6:1-18.
traer á la luz sus, Juan 3:21.
seguidos á la tumba por sus, Rev. 14:13.
las mujeres santas deben manifestar, 1 Tim. 2:10; 5:10.
Dios se acuerda de, Neh. 13:14, con Heb. 6:9, 10.
serán traídas en juicio, Ecl. 12:14, con 2 Cor. 5:10.
en el juicio serán pruebas de la fé, Mat. 25:34-40, con Sant. 2:14-20.
los ministros han de ser dechados de, Tit. 2:7.
los ministros deben exhortar á la ejecución de, 1 Tim. 6:17, 18; Tit. 3:1, 8, 14.
Dios es glorificado con, Juan 15:8.
conduce á los demás á glorificar á Dios, Mat. 5:16; 1 Ped. 2:12.
la bendición del cielo sigue á, Sant. 1:25.
los malos son reprobados para todas las, Tito 1:16.
símile de, Juan 15:5.

OBSTINACIÓN (la), prohibida, 2 Cró. 30:8; Sal. 32:9; 75:4.
castigo de, Deut. 21:18; Prov. 1:24; 29:1.
de los Judíos, 2 Reyes 17:14; Jer. 5:3; 7:28; 32:33.
Véase DESOBEDIENCIA.
OCIOSIDAD (la) y pereza:
prohibida, Rom. 12:11; Heb. 6:12.
produce apatía, Rev. 12:27; 26:15.
se hermana con la prodigalidad, Prov. 18:9.
va acompañada de la presunción, Prov. 26:16.
CONDUCE Á:
la pobreza, Prov. 10:4; 20:13.
la necesidad, Prov. 20:4; 24:34.
la servidumbre, Prov. 12:24.
la esperanza burlada, Prov. 13:4; 21:25.
la ruina, Prov. 24:30, 31; Ecl. 10:18.
parlar y entremeterse, 1 Tim. 5:13.
los efectos de, sirven de aleccionamiento á otros, Prov. 24:30-32.
amonestación relativamente á, Prov. 6:6-9.
excusas mentirosas con respecto á, Prov. 20:4; 22:13.
patentizada por medio de comparaciones, Prov. 26:14; Mat. 25:18, 26.
ejemplos de: los atalayas, Isa. 56:10. Los Atenienses, Act. 17:21. Los Tesalonicenses, 2 Tes. 3:11.
OCOZÍAS, rey de Judá, su mal gobierno, 2 Rey. 8:25.
muerto por Jehú, 2 Rey. 9:21; 2 Crón. 22.
——, rey de Israel, 1 Rey. 22:40, 51-53.
su enfermedad y su idolatría, 2 Rey. 1.
su muerte denunciada por Elías, 2 Rey. 1.
ODED, profeta, 2 Crón. 28:9.
ODIO (el):
prohibido, Lev. 19:17; Col. 3:8.
es homicidio, 1 Juan 3:15.
obra de la carne, Gál. 5:20.
encubierto por el engaño, Prov. 10:18; 26:26.
conduce al engaño, Prov. 26:24, 25.
suscita rencillas, Prov. 10:12.
amarga la vida, Prov. 15:17.
incompatible con el conocimiento de Dios, 1 Juan 2:9, 11.
con el amor de Dios, 1 Juan 4:20.
los mentirosos propensos á, Prov. 26:28.
LOS MALOS MANIFIESTAN:
hacia Dios, Rom. 1:30.
los santos, Sal. 25:19; Prov. 29:10.
unos con otros, Tit. 3:3.
Cristo lo experimentó, Sal. 35:19, con Juan 15:25.
LOS SANTOS DEBEN:
esperarlo, Mat. 10:22.
no maravillarse de, 1 Juan 3:13.
tornar bien por, Ex. 23:5; Mat. 5:44.
no alegrarse de las calamidades de los que lo manifiestan, Job 31:29, 30; Sal. 35:13, 14.
no dar motivo para, Prov. 25:17.
castigo de, Sal. 34:21; 44:7; 89:23; Amós 1:11.
ESTAMOS EN EL DEBER DE MANIFESTAR HACIA:
los falsos caminos, Sal. 119:104, 128.
la mentira, Sal. 119:163.
el mal, Sal. 97:10; Prov. 8:13.
las reincidencias, Sal. 101:3.
la oposición á Dios, Sal. 139:21, 22.
ejemplos de: Caín, Gén. 4:5, 8. Esaú, Gén. 27:41. Los hermanos de José, Gén. 37:4. Los hombres de Galaad, Jue. 11:7. Saúl, 1 Sam. 18:8, 9. Achab, 1 Rey. 22:8. Amán, Est. 3:5, 6. Los enemigos de los Judíos, Est. 9:1, 5; Ezeq. 35:5, 6. Los Caldéos, Dan. 3:12. Los enemigos de Daniel, Dan. 6:4-15. Herodías, Mat. 14:3, 8. Los Judíos, Act. 23:12, 14.

——, hacia Cristo:
es sin motivo, Sal. 69:4, con Juan 15:25.
es á causa de su testimonio contra el mundo, Juan 7:7.
implica odio hacia su Padre, Juan 15:23, 24.
odio hacia su pueblo, Juan 15:18.
castigo de, Sal. 2:2, 9; 21:8.
no hay escape para los que perseveran en, 1 Cor. 15:25; Heb. 10:29-31.
aclarado con ejemplos, Luc. 19:12-14, 17.
ejemplos de: los príncipes de los sacerdotes, &c. Mat. 27:1, 2; Luc. 22:5. Los Judíos, Mat. 27:22, 23. Los Escribas, &c., Mar. 11:18; Luc. 11:53, 54.

ODOLLA. Véase Adullam.

ODRE. Véase Cuero.

OFENSA (piedra de tropiezo). Véase Escándalo.

OFENSAS contra el Espíritu Santo:
exhortaciones relativamente á, Efes. 4:30 ; 1 Tes. 5:19.
consisten en tentarle, Act. 5:9.
en enojarle, Isa. 63:10.
en contristarle, Efes. 4:30.
en apagarle, 1 Tes. 5:19.
en mentirle, Act. 5:3, 4.
en hacerle resistencia, Act. 7:51.
en menospreciar sus dones, Act. 8:19, 20.
en hacerle ultraje, Heb. 10:29.
en desoír su testimonio, Neh. 9:30.
la blasfemia contra El es imperdonable, Mat. 12:31, 32; 1 Juan 5:16.

OFERA ó EFRA, pueblo de Benjamín, Jos. 18:23.
Véase 1 Sam. 13:17.
——, pueblo de Manassés, Gedeón es visitado por el ángel en, Jue. 6:11.
construye allí un altar, Jue. 6:24.
es sepultado en, Jue. 8:32. Véase Jue. 9:5.

OFICIO, Act. 18:3; 19:25, 27; Rev. 18:22.
Véase Artes.

OFICIOS, ó profesiones. Véase Artes.

OFIR, Gén. 10:29.
oro de, 1 Rey. 9:28: 10:11; 22:48; 1 Crón. 29:4; 2 Cró. 8:18; Job 22:24; Sal. 45:9; Isa. 13:12.

OFNI Y FINEÉS, hijos de Elí, 1 Sam. 1:3.
su maldad, 1 Sam. 2:12, 22.
amenazados, 1 Sam. 2:27; 3:11.
muertos, 1 Sam. 4:11.

OFRENDAS: leyes sobre las, Lev. 1, &c.
han de presentarse de voluntad, Lev. 22:19.
sin tacha, Lev. 22:21; Deut. 15:21; Mal. 1:14.
á Dios solamente, Ex. 22:20; Jue. 13:16.
en amor y caridad, Mat. 5:23.
con gratitud, Sal. 50:8, 14.
con un corazón recto, Isa. 1:13; Mal. 3:3.
según los medios de cada uno, Lev. 5:7.
símbolo de Cristo, Efes. 5:2; Heb. 9:10.
diferentes especies de:
holocausto, Lev. 1:3-17; Sal. 66:15.
expiación, ó por el pecado, Lev. 4; 6:25; 10:17.
expiación de la culpa, Lev. 5:6-19; 6:6; 7:1; 12; 14; 15; Núm. 5.
de las paces, Lev. 3:1-17; 7:11.
elevadas ó mecidas, Ex. 29:24, 26; Lev. 7:30; 8:27; 23:11, 20; Núm. 5:25; 6:20, &c.
de apartamiento (tr. meramente ofrenda), Ex. 29:27; Lev. 7; Núm. 15.
de presente, Lev. 2; 3; 6:14; Núm. 15:4; Neh. 10:33; Isa. 57:6.
libación (ó derramadura), Gén. 35:14; Exod. 29:40.
de acción de gracias, Lev. 7:12; 22:29; Sal. 50:14.
voluntarias, Lev. 22:18 ; 23:38; Núm. 15:3 ; Deut. 16:10; 23:23; Ezra 3:5.

de incienso, Ex. 30:8; Mal. 1:11; Luc. 1:9.
de primicias, Ex. 22:29; Deut. 18:4.
de diezmos, Lev. 27; Núm. 18; Deut. 14.
de dones, Ex. 35:22; Núm. 7.
de celos, Núm. 5:15.
de redención personal, Ex. 30:13, 15.

OG, rey de Basán, subyugado, Núm. 21:33; Deut. 3:1; Sal. 135:11; 136:20.

OÍDOS (ú orejas) el que tiene para oír, Mat. 11:15; 13:16; Mar. 4:9, 23; 7:16.
tienen, pero no oyen, Sal. 115:6; Isa. 42:20; Ezeq. 12:2; Mat. 13:12; Mar. 8:18; Rom. 11:8.
abiertos por Dios, Job 33:16; 36:15; Sal. 40:6; Mar. 7:35.
los del Señor, abiertos para escuchar la oración, 2 Sam. 22:7; Sal. 18:6; 34:15; Sant. 5:4; 1 Ped. 3:12.

OJOS del Señor, ó de Jehová, están en todas partes, &c., Deut. 11:12; 2 Crón. 16:9; Prov. 15:3.
sobre los justos, Ezra 5:5; Sal. 32:8; 33:18; 34:15; 1 Ped. 3:12.
del hombre, deben usarse con moderación, Job 31:3 ; Sal. 119:37 ; Prov. 4:25 ; 23:31; Mat. 5:29; 18:9. Véase Gén. 29:17; Exod. 21:26; Deut. 10:10; 20:12; Mat. 19:24; 1 Cor. 12:16.
emblemas del pensamiento, del juicio, de la inteligencia, de la intención, Deut. 15:9; 16:19 ; 28:56 ; Prov. 17:8, 24; 27:20; 30:17; Ecl. 2:14; Zac. 9:1; Mat. 7:3; Efes. 1:18.
el ojo maligno, Prov. 23:6; 28:22; Mar. 7:22.
ciegos, abiertos, Juan 9:32: 10:21.

OLIVARES, Jos. 24:13; 1 Sam. 8:14; 2 Reyes 5:26; Neh. 5:11; 9:25.

OLIVAS, Monte de las, ó Monte Olivar, monte á que subió David en su dolor, 2 Sam. 15:30.
también Cristo, Mat. 21:1; 24:3; Mar. 11:1; 13:3; Luc. 21:37; Juan 8:1; Act. 1:12.

OLIVOS, dos vistos en una visión, Zac. 4:3; Rev. 11:4.

OLMO, Ose. 4:13—traducido "alcornoque," Gén. 35:4; Jue. 6:11.

OLOR, Lev. 26:31; 2 Crón. 16:14; Dan. 2:46; Juan 12:3.
——, suave, de los sacrificios, Gén. 8:21; Ex. 29:18, &c.; tipo de Cristo, 2 Cor. 2:14, 15; Efes. 5:2.

OLVIDARSE (el) DE DIOS:
es característico de los malos, Prov. 2:17; Isa. 65:11.
los reincidentes cometen el pecado de, Jer. 2:32; 3:21.
es olvidarse de:
su pacto, Deut. 4:23; 2 Rey. 17:38.
sus obras, Sal. 78:7, 11; 106:13.
sus beneficios, Sal. 103:2; 106:7.
su palabra, Heb. 1:25; Sant. 1:25.
su ley, Sal. 119:153, 177; Ose. 4:6.
su iglesia, Sal. 137:5.
las ocasiones en que los libró, Isa. 51:13-15.
los falsos maestros inducen á, Jer. 23:27.
la prosperidad motiva, Deut. 8:12-14; Ose. 13:6.
los sufrimientos no deben conducir á, Sal. 44:17-20.
resolución en contra de, Sal. 119:16, 93.
advertencias con respecto á, Deut. 6:12; 8:11.
exhortación á los que cometen, Sal. 50:22.
castigo de, Job 8:12, 13; Sal. 9:17; Isa. 17:10, 11; Ezeq. 23:35; Ose. 8:14.
amenazas, Job 8:13; Sal. 9:17; 50:22; Isa. 17:10; Jer. 2:32; Ose. 8:14.

OMEGA, la última letra del alfabeto griego, usada metafóricamente para denotar "el último;" epíteto dado á Cristo, Rev. 1:8, 11; 21:6; 22:13.

OMNIPOTENCIA, omnipresencia y omnisciencia.
Véase DIOS.
ON (sol) ciudad de Egipto, supónese que es Heliópolis (ciudad del sol), Gén. 41:45, 50; 46:20.
Betsemes (casa del sol) se supone que es el mismo lugar, Jer. 43:13.
ONÁN, hijo de Judá, Gén. 38:4-9; 46:12; Núm. 26:19.
ONESÍFORO, 2 Tim. 1:16.
ONÉSIMO, Pablo intercede por, File.; Col. 4:9.
ONIX, piedra preciosa, Ex. 28:20; 39:13.
ONO, 1 Crón. 8:12; Neh. 6:2; 11:35.
OOLIAB inspirado para construir el tabernáculo, Ex, 35:34; 36, &c.
OPRESIÓN, de los emigrados ó forasteros, Ex. 22:21; Deut. 23:16.
en el tráfico, Lev. 25:14; Prov. 28:8.
de los criados, Deut. 24:14; Sant. 5:4.
de los pobres, ofende á Dios, Prov. 14:31.
prevalece, Ecl. 4:4.
no confiéis en la, Sal. 62:10.
la ganancia de, debe despreciarse, Isa. 33:15.
se debe aliviar á los que padecen, Isa. 1:17; 58:6.
no imitéis ó envidiéis á los que ejercen, Prov. 3:31.
librad á los que sufren, Jer. 21:12.
herencia de, Job 27:13-19.
acarrea miseria, Prov. 22:16.
ai! de los que ejercen, Isa. 5:8; Miq. 2:1.
es cual lluvia torrentosa, Prov. 28:3.
acorta la vida, Jer. 17:11.
Dios es un refugio de, Sal. 9:9.
oraciones en contra de, Sal. 17:9; 44:24; 119:121, 134; Isa. 38:14.
Dios ha prometido socorrer á los que sufren, Sal. 12:5; 72:4, 14; Jer. 50:34.
Dios juzgará, Sal. 103:6; Ecl. 5:8; Isa. 10; Jer. 22:17; Ezeq. 22:7; Amós 4:1; Miq. 2:2; Mal. 3:5; Sant. 5.
nacional, Dios juzga, Act. 7:7.
nacional, remediada, Ex. 3:9; Deut. 26:7; Jue. 2; 4; 6; 8; 10; 2 Rey. 13; Isa. 52:4.
ORACIÓN (la):
prescrita, Isa. 55:6; Filip. 4:6.
SE HA DE OFRECER á Dios, Sal. 5:2; Mat. 4:10.
á Cristo, Luc. 23:42; Act. 7:59.
al Espíritu Santo 2 Tes. 3:5.
por medio de Cristo, Efes. 2:18; Heb. 10:19.
Dios oye, Sal. 10:17; 65:2.
Dios concede, Sal. 99:6; Isa. 58:9.
SE DESCRIBE COMO el hincar de las rodillas, Efes. 3:14.
esperar, Sal. 5:3.
elevar el alma, Sal. 26:1.
el corazón, Lam. 3:41.
derramar el corazón, Lam. 3:41.
el alma, 1 Sam. 1:15.
invocar el nombre del Señor, Gén. 12:8; Sal. 116:4; Act. 22:16.
llamar á Dios, Sal. 73:28; Heb. 10:22.
clamar al cielo, 2 Crón. 32:20.
suplicarle al Señor, Ex. 32:11.
buscar á Dios, Job 8:5.
el rostro del Señor, Sal. 27:8.
hacer súplica, Job 8:5; Jer. 36:7.
es aceptable por medio de Cristo, Juan 14:13, 14; 15:16; 16:23, 24.
asciende al cielo, 2 Crón. 30:27; Rev. 5:8.
la gracia vivificante es necesaria para, Sal. 80:18.
EL ESPÍRITU SANTO ha sido prometido:
como Espíritu de, Zac. 12:10.
como Espíritu de adopción conduce á, Rom. 8:15; Gál. 4:6.

ayuda nuestra flaqueza en, Rom. 8:26.
una de las pruebas de la conversión, Act. 9:11.
del justo puede mucho, Sant. 5:16.
de los rectos, es para Dios una delicia, Prov. 15:8.
SE HA DE OFRECER en el Espíritu Santo, Efes. 6:18; Judas 20.
en la fé, Mat. 21:22; Heb. 11:6; Sant. 1:6.
en la plena certidumbre de la fé, Heb. 10:22.
con voluntad de perdonar, Mat. 6:12; Mar 11:25,
con el corazón, Jer. 29:13; Lam. 3:41.
con todo el corazón, Sal. 119:53, 145.
con un corazón preparado, Sal. 119:58, 145.
verdadero, Heb. 10.22.
con el alma, Sal. 42:4.
con el espíritu y con la inteligencia, Juan 4:22-24; I Cor. 14:15.
con confianza en Dios, Sal. 56:9; 8:67; 1 Juan 5:14.
con sumisión á Dios, Luc. 22:42.
teniendo en cuenta principalmente la gloria de Dios, 1 Rey. 18:36; Sal. 79:9; Isa. 37:20
con labios sin engaño, Sal. 17:1.
sin precipitación, Ecl. 5:2.
con santidad, 1 Tim. 2:8.
con humildad, 2 Crón. 7:14; 33:12.
con verdad, Sal. 145:18; Juan 4:24.
con el deseo de ser oido, Neh. 1:6; Sal. 17:1; 55:1, 2; 61:1.
de obtener respuesta, Sal. 27:7; 102:2; 108:6; 143:1.
confiadamente, Heb. 4:16.
encarecidamente, 1 Tes. 3:10; Sant. 5:17.
con tesón, Gén. 32:26; Luc. 11:8, 9; 18:1-7.
con perseverancia, Sal. 40:1; Efes. 6:18.
noche y día, 1 Tim. 5:5.
sin cesar, 1 Tes. 5:17.
en todas las cosas, Filip. 4:6.
en todas partes, 1 Tim. 2:8.
por bendiciones temporales, Gén. 28:20; Prov. 30:8; Mat. 6:11.
espirituales, Mat. 6:33; Col. 3:1.
por gracia en tiempo de necesidad, Heb. 4:16.
modelo ó norma de, Mat. 6:9-13.
las vanas repeticiones en, prohibidas, Mat. 6:7.
la ostentación en, prohibida, Mat. 6:5.
ACOMPAÑADA del arrepentimiento 1 Rey. 8:33; Jer. 36:7.
de la confesión, Neh. 1:4, 7; Dan. 9:4-11.
de la propia humillación, Gén. 18:27.
de llanto, Jer. 31:9; Ose. 12:4.
de ayuno. Neh. 1:4; Dan. 9:3; Act. 13:3.
de la vigilancia, Luc. 21:36; 1 Ped. 4:7.
de la alabanza, Sal. 66:17.
de acción de gracias, Filip. 4:6; Col. 4:2.
de la obediencia, Juan 9:31; 1 Juan 3:22.
de la beneficencia, Prov. 21:13; Isa. 58:7.
ALEGAD EN, las promesas de Dios, Gén. 32:9-12; Ex. 32:13; 1 Rey. 8:26; Sal. 119:49.
al pacto de Dios, Jer. 14:21.
la fidelidad de Dios, Sal. 143:1.
su misericordia, Sal. 51:1; Dan. 9:18.
y su justicia, Dan 9:16,
levantáos temprano para, Sal. 5:3; 119:147.
solicitad la luz divina para, Luc. 11:1.
no desmayéis en, Luc. 18:1.
sed constantes en, Rom. 12:12.
evitad todo lo que impida, 1 Ped. 3:7.
propia en el pesar, Isa. 26:16; Sant. 5:13.
la brevedad del tiempo es un incentivo para, 1 Ped. 4:7.
LAS POSTURAS DURANTE : de pié, 1 Rey. 8:22; Mar. 11:25.
inclinado, Sal. 95:6; sentado, 2 Sam. 7:18.

de rodillas, 2 Crón. 6:13; Sal. 95:6; Luc. 22:41; Act. 20:36.
postrado sobre el rostro, Núm. 16:22 ; Jos. 5:14; 1 Crón. 21:16; Mat. 26:39.
con las manos extendidas, Isa. 1:15.
alzando las manos, Sal. 28:2 ; Lam. 2:19; 1 Tim. 2:8.
las promesas de Dios nos animan al ejercicio de, Isa. 65:24; Am. 5:4; Zac. 13:9.
de Cristo nos animan al ejercicio de, Luc. 11:9, 10; Juan 14:13, 14.
las misericordias recibidas en tiempos pasados sirven de incentivo para el ejercicio de, Sal. 4:1; 116:2.
DESCUIDADA por los malos, Job 21:15.
los orgullosos, Sal. 10:4.
los hacedores de la iniquidad, Sal. 14:4 ; 53:4.
los reincidentes, Isa. 43:22; Dan. 9:13.
ORACIÓN (la) de los hipócritas, reprobada, Sal. 109:7; Prov. 1:28; 28:9; Mat. 6:5; Sal. 66:18.
ORACIÓN privada:
Cristo era constante en, Mat. 14:23; 26:36, 39; Mar. 1:35; Luc. 9:18, 29.
prescrita, Mat. 6:6.
SE HA DE OFRECER por la tarde, por la mañana y al medio día, Sal. 55:17.
día y noche, Sal. 88:1.
sin cesar, 1 Tes. 5:17.
será oída, Job 22:27.
premiada en público, Mat. 6:6.
una de las pruebas de la conversión. Act. 9:11.
nada debe impedir, Dan. 6:10.
ejemplos de: Lot, Gén. 19:20. Eliézer, Gén. 24:12. Jacob, Gén. 32:9-12. Gedeón, Jue. 6:22, 36, 39. Anna, 1 Sam. 1:10. David, 2 Sam. 7:18-29. Ezequías, 2 Reyes 20:2. Isaías, 2 Reyes 20:11. Manassés, 2 Crón. 33:18, 19. Ezra, Ezra 9:5, 6. Nehemías, Neh. 2:4. Jeremías, Jer. 32:16-25. Daniel, Dan. 9:3, 17. Jonás, Jon. 2:1. Habacuc, Hab. 1:2. Ana, Luc. 2:37. Pablo, Act. 9:11. Pedro, Act. 9:40; 10:9. Cornelio, Act. 10:30.
ORACIÓN, en reuniones y de familia:
promesa de que será concedida, Mat. 18:19.
Cristo promete estar presente en, Mat. 18:20.
castigo del descuido de, Jer. 10:25.
ejemplos de : Abraham, Gén. 12:5, 8. Jacob, Gén. 35:2, 3, 7. Josué, Jos. 24:15. David, 2 Sam. 6:20. Job, Job 1:5. Los discípulos, Act. 1:13, 14. Cornelio, Act. 10:2. Pablo y Silas, Act. 16:25. Pablo, Act. 20:36 ; 21:5.
ORACIÓN pública (en el culto público):
aceptable á Dios, Isa. 56:7.
Dios promete oir, 2 Crón. 7:14, 16.
bendecir en, Ex. 24:24.
CRISTO santifica con su presencia, Mat. 18:20.
asistió á, Mat. 12:9; Luc. 4:16.
promete conceder, Mat. 18:19.
dió un modelo para, Luc. 11:2.
no se debe hacer en lengua desconocida, 1 Cor. 14:14-16.
los santos se complacen en, Sal. 42:4; 122:1.
exhortación al ejercicio de, Heb. 10:25.
recomendad á los demás el ejercicio de, Sal. 95:6; Zac. 8:21.
ejemplos de: Josué, &c., Jos. 7:6-9. David, 1 Crón. 29:10-19. Salomón, 2 Crón. 6. Josafat, &c., 2 Crón. 20:5-13. Jesuá, &c., Neh. 9. Los Judíos, Luc. 1:10. Los primeros cristianos, Act. 2:46; 4:24; 12:5, 12. Pedro, &c., Act. 3:1. Los maestros y los profetas de Antioquía, Act. 13:3. Pablo, &c., Act. 16:16.

ORACIÓN intercesoria:
Cristo nos dió ejemplo en cuanto á, Luc. 22:32; 23:34; Juan 17:9-24.
prescrita, 1 Tim. 2:1; Sant. 5:14-16.
SE DEBE OFRECER por los reyes, 1 Tim. 2:2.
por todos los que están en autoridad, 1 Tim. 2:2.
por los ministros, 2 Cor. 1:11; Filip. 1:19.
la iglesia, Sal. 122:6; Isa. 62:6, 7.
todos los santos, Efes. 6:18.
todos los hombres, 1 Tim. 2:1.
los amos, Gén. 24:12-14.
los criados, Luc. 7:2, 3.
los hijos, Gén. 17:18; Mat. 15:22.
los amigos, Job 42:8.
nuestros compatriotas, Rom. 10:1.
los enfermos, Sant. 5:14.
los perseguidores, Mat. 5:44.
nuestros enemigos, Jer. 29:7.
los que nos tienen envidia, Núm. 12:13.
los que nos abandonan, 2 Tim. 4:16.
los que murmuran contra Dios, Núm. 11:1, 2; 14:13-19.
de los ministros por su grey, Efes. 1:16; 3:14-19; Filip. 1:4.
incentivos para el ejercicio de, Sant. 5:16; 1 Juan 5:16.
aprovecha al que la ofrece, Job. 42:10.
es pecado descuidarla, 1 Sam. 12:23.
procurad que se haga mención de vosotros en, 1 Sam. 12:19; Heb. 13:18.
ineficaz para con los impenitentes obstinados, Jer. 7:13-16; 14:10, 11.
ejemplos de: Abraham, Gén. 18:23-32. El criado de Abraham, Gén. 24:12-14. Moisés, Exod. 8:12; 32:11-13. Samuel, 1 Sam. 7:5. Salomón, 1 Rey. 8:30-36. Eliseo, 2 Rey. 4:33. Ezequías, 2 Crón. 30:18. Isaías, 2 Crón. 32:20. Nehemías, Neh. 1:4-11. David, Sal. 25:22. Ezequiel, Ezeq. 9:8. Daniel, Dan. 9:3-19. Esteban, Act. 7:60. Pedro y Juan, Act. 8:15. La iglesia de Jerusalem, Act. 12:5. Pablo, Col. 1:9-12; 2 Tes. 1:11. Epafras, Col. 4:12; File. 22.
ORACIÓN, respuestas á la:
Dios da, Deut. 4:7; Sal. 99:6; 118:5; 138:3.
Cristo da, Juan 4:10, 14; 14:14.
obtuvo, Juan 11:42; Heb. 5:7.
CONCEDIDAS por la gracia de Dios, Isa. 30:19.
algunas veces inmediatamente, Isa. 65:24; Dan. 9:21, 23; 10:12.
con tardanza, Luc. 18:7.
de un modo distinto del que deseabamos, 2 Cor. 12:8, 9.
más de lo que esperabamos, Jer. 33:3; Efes. 3:20.
prometidas, Isa. 58:9; Jer. 29:12; Mat. 7:7.
especialmente en tiempos de angustia, Sal. 50:15; 91:15.
ALCANZADAS POR LOS QUE buscan á Dios, Sal. 34:4.
buscan á Dios de todo corazón, Jer. 29:12, 13.
esperan en Dios, Sal. 40:1.
vuelven á Dios, 2 Crón. 7:14; Job 22:23, 27.
piden en la fé, Mat. 21:22; Sant. 5:15.
en el nombre de Cristo, Juan 14:13.
de acuerdo con la voluntad de Dios, 1 Juan 5:14.
invocan á Dios con verdad, Sal. 145:18.
le temen á Dios, Sal. 145:19.
ponen su voluntad en Dios, Sal. 145:18.
guardan sus mandamientos de Dios, 1 Juan 3:22.
claman á Dios en la opresión, Isa. 19:20.
en el dolor, Sal. 18:6; 106:44; Isa. 30:19, 20.

permanecen en Cristo, Juan 15:7.
se humillan, 2 Crón. 7:14; Sal. 9:12.
son rectos, Sal. 34:15; Sant. 5:16.
son pobres y menesterosos, Isa. 41:17.
LOS SANTOS tienen certidumbre de, 1 Juan 5:15.
aman á Dios por, Sal. 116:1.
bendicen á Dios por, Sal. 66:20.
alaban á Dios por, Sal. 116:17; 118:21.
son un incentivo para la oración constante, Sal. 116:2.
REHUSADAS Á LOS QUE piden mal, Sant. 4:3.
ven iniquidad en su corazón, Sal. 66:18.
viven en el pecado, Isa. 59:2; Juan 9:31.
ofrecen á Dios servicios indignos, Mal. 1:7-9.
dejan á Dios, Jer. 14:10, 12.
resisten la vocación de Dios, Prov. 1:24, 25, 28.
no oyen la ley, Prov. 28:9; Zac. 7:11-13.
desoyen el grito del pobre, Prov. 21:13.
derraman sangre, Isa. 1:15; 59:3.
son idólatras, Jer. 11:11-14; Ezeq. 8:15-18.
indecisos, Sant. 1:6, 7.
hipócritas, Job 27:8, 9.
orgullosos, Job 35:12, 13.
hacen alarde de su justicia, Luc. 18:11, 12, 14.
son enemigos de los santos, Sal. 139:40, 41.
oprimen cruelmente á los santos, Miq. 3:2-4.
ejemplos de: Abraham, Gén. 17:20. Lot, Gén. 19:19-21. El criado de Abraham, Gén. 24:15-27. Jacob, Gén. 32:24-30. Los Israelitas, Ex. 2:23, 24. Moisés, Exod. 17:4-6, 11-13; 32:11-14. Samsón, Jue. 15:18, 19. Anna, 1 Sam. 1:27. Samuel, 1 Sam. 7:9. Salomón, 1 Reyes 3:9, 12. Un hombre de Dios, 1 Reyes 13:6. Elías, 1 Rey. 18:36-38; Sant. 5:17, 18. Eliseo, 2 Rey. 4:33-35. Joacaz, 2 Rey. 13:4. Ezequías, 2 Reyes 19:20. Jabés, 1 Cró. 4:10. Asa, 2 Cró. 14:11, 12. Josafat, 2 Cró. 20:6-17. Manassés, 2 Crón. 33:13, 19. Ezra, &c., Ezra 8:21-23. Nehemías, Neh. 4:9, 15. Job, Job 42:10. David, Sal. 18:6. Jeremías, Lam. 3:55, 56. Daniel, Dan. 9:20-23. Jonás, Jon. 2:2, 10. Zacarías, Luc. 1:13. El ciego, Luc. 18:38, 41-43. El ladrón en la cruz, Luc. 23:42, 43. Los apóstoles, Act. 4:29, 31. Cornelio, Act. 10:4, 31. Los cristianos primitivos, Act. 12:5, 7. Pablo y Silas, Act. 16:25, 26. Pablo, Act. 28:8.
negativa de, ejemplos : Saúl, 1 Sam. 28:15. Los ancianos de Israel, Ezeq. 20:3. Los fariseos, Mat. 23:14. Véase AFLICCIÓN.
ORACIONES de Cristo:
en una montaña, Mat. 14:23; Mar. 6:46; Luc. 6:12; 9:28.
en Getsemaní, Mat. 26:36 ; Mar. 14:32; Luc. 22:45.
la oración dominical, Mat. 6:11; Luc. 11:1.
antes de amanecer, Mar. 1:35.
en angustia, Juan 12:27; Heb. 5:7.
en el desierto, Luc. 5:16.
por Pedro, &c., Luc. 22:31; Juan 14:16.
después de la cena, Juan 17.
ORÁCULOS, las Escrituras, Act. 7:38; Rom. 3:2; Heb. 5:12; 1 Ped. 4:11.
ORADOR, Isa. 3:3; Act. 24:1.
ORATORIO, 1 Reyes 6:16; 8:6; 2 Crón. 4:20; Sal. 28:2.
ORDEN, ha de observarse en la iglesia, 1 Cor. 14:40; Tit. 1:5.
de la marcha de los Israelitas, Núm. 10:14.
ORDENACIÓN de los diáconos, ancianos, &c., Act. 6:6; 14:23; 1 Tim. 2:7; 3; 4:14; 5:22; 2 Tim. 2:2; Tit. 1:5.
de los apóstoles, Mat. 10:1; Mar. 3:13; Luc. 6:13.

ORDENANZAS de Dios, Exod. 18:20; Lev. 18:4; Job 38:33; Sal. 119:91; Jer. 31:35, 36; Mal. 3:7, 14; Rom. 13:2; Heb. 9:1, 10.
OREB, Jue. 7:25; 8:3; Sal. 83:11; Isa. 10:26.
OREJA (la), 2 Sam. 7:22; Sal. 45:10; 78:1; 94:9; Prov. 15:31; 20:12; 22:17; Isa. 50:4; 55:3; Mat. 10:27. Véase OÍDOS.
ÓRGANO, inventado por Jubal, Gén. 4:21.
usado en las diversiones, Job 21:12; 30:31.
para alabar á Dios, Sal. 150:4.
ORGULLO (el):
es pecado, Prov. 21:4.
es aborrecible ante Dios, Prov. 6:16, 17; 16:5.
ante Cristo, Prov. 8:12, 13.
Á MENUDO TIENE SU ORIGEN en la confianza que el hombre tiene en su propia justicia, Luc. 18:11, 12.
en los privilegios religiosos, Sof. 3:11.
en la ciencia sin santidad, 1 Cor. 8:1.
en la falta de experiencia, 1 Tim. 3:6.
en la posesión del poder, Lev. 26:19; Ezeq. 30:6.
de las riquezas, 2 Rey. 20:13.
prohibido, 1 Sam. 2:3; Rom. 12:3, 16.
contamina al hombre, Mar. 7:20, 22.
endurece el espíritu, Dan. 5:20.
LOS SANTOS no se entregan á, Sal. 131:1.
no admiran en los demás, Sal. 40:4.
lamentan en los demás, Jer. 13:17.
aborrecen en los demás, Sal. 101:5.
es obstáculo que nos impide buscar á Dios, Sal. 10:4; Ose. 7:10.
es obstáculo que impide el progreso, Prov. 26:12.
ES UN DISTINTIVO del diablo, 1 Tim. 3:6.
del mundo, 1 Juan 2:16.
de los falsos maestros, 1 Tim. 6:3, 4.
de los malos, Hab. 2:4, 5; Rom. 1:30.
procede del corazón, Mar. 7:21-23.
los malos se revisten de, Sal. 73:6.
CONDUCE Á LOS HOMBRES á menospreciar y rechazar á los ministros y la palabra de Dios, Jer. 43:2.
al deseo de perseguir, Sal. 10:2.
á la saña, Prov. 21:24.
á la contención, Prov. 13:10; 28:25.
al engaño de sí mismos, Jer. 49:16; Abd. 3.
exhortación á que nos guardemos de, Jer. 13:15.
VA SEGUIDO DE la vergüenza, Prov. 11:2.
la degradación, Prov. 29:23; Isa. 28:3.
la destrucción, Prov. 16:18; 18:12.
abundará en los postreros días, 2 Tim. 3:2.
ai de, Isa. 28:1, 3.
LOS QUE SE HACEN CULPABLES DE, SERÁN resistidos, Sant. 4:6.
abatidos, Dan. 4:37, con Mat. 23:12.
recompensados, Sal. 31:23.
subyugados, Ex. 18:11; Isa. 13:11.
rebajados, Sal. 18:27; Isa. 2:12.
dispersados, Luc. 1:51.
castigados, Sof. 2:10, 11; Mal. 4:1.
y será dañada su soberbia, Jer. 13:9.
ejemplos de: Achitofel, 2 Sam. 17:23. Ezequías, 2 Crón. 32:25. Faraón, Nehe. 9:10. Amán, Est. 3:5. Moab, Isa. 16:6. Tiro, Isa. 23:9. Israel, Isa. 28:1; Ose. 5:5, 9. Judá, Jer. 13:9. Babilonia, Jer. 50:29, 32. Asiria, Ezeq. 31:3, 10. Nabucodonosor, Dan. 4:30; 5:20. Balsasar, Dan. 5:22, 23. Edom, Abd. 3. Los Laodiceos Rev. 3:17.
Véase HUMILDAD.
ORIENTE, tierra del, Job 1:3.
sabios del, Mat. 2:1.
gloria de Dios del, Ezeq. 43:2; 47:8.

ORÍFICE, ó artista que trabaja en oro, 2 Crón. 2:7, 14; Neh. 3:31, 32; Isa. 40:19; 46:6.

ORIÓN, Job 9:9; 38:31; Amós 5:8.
tr. luceros en Isa. 13:10.

ORLA. Véase FIMBRIA.

ORNÁN. Véase AREUNA.

ORO, sacado de la tierra, Job 28:1, 6.
abundaba en Hevilah, Gén. 2:11; en Ofir, 1 Reyes 9:28; Sal. 45:9; en Saba (ó Xebá), Sal. 72:15; Isa. 60:6; en Parvaim, 2 Crón. 3:6; en Ufaz, Jer. 10:9.
pertenece á Dios, Joel 3:5; Agg. 2:8.
SE DESCRIBE COMO:
amarillo, Sal. 68:13.
maleable, Ex. 39:3; 1 Rey. 10:16, 17.
fundible, Ex. 32:3, 4; Prov. 17:3.
precioso, Ezra 8:27; Isa. 13:12.
valioso, Job 28:15, 16.
refinado y cateado por medio del fuego, Zac. 13:9; 1 Ped. 1:7.
los patriarcas tenían riquezas en, Gen. 13:2.
abundancia de, en el reino de Salomón, 2 Crón. 1:15.
USADO como dinero, Mat. 10:9; Act. 3:6.
para ornato del tabernáculo, Ex. 36:24, 38.
ornato del templo, 1 Rey. 6:21, 22.
los enseres sagrados, Ex. 25:29, 38; 2 Crón. 4:19-22.
coronas 2 Sam. 12:30; Sal. 21:3.
cetros, Est. 4:11.
cadenas, Gén 41:42; Dan. 5:29.
anillos, Cant. 5:14; Sant. 2:2.
zarcillos, Jue. 8:24, 26.
otros adornos, Jer. 4:30.
escudos, 2 Sam. 8:7; 1 Rey. 10:16, 17.
vasijas, 1 Rey. 10:31; Est. 1:7.
ídolos, Ex. 20:23; Sal. 115:4; Dan. 5:4.
lechos, Est. 1:6.
estrados, 2 Crón. 9:18.
los reyes de Israel no habían de aumentarlo, Deut. 17:17; Isa. 2:7; Ecl. 2:8, 11.
por vía de comparación, Job 23:10; Dan. 2:38; 1 Cor. 3:12; 1 Ped. 1:7; Rev. 3:18.

ORPA, ú Orfa, Rut 1:1-14.

ORUGA, gusanillo que se adhiere á las plantas, Joel 1:4; 2:25; Amós 4:9.

ÓSCULO, de amor (santo), 1 Ped. 5:14; Rom. 16:16; 1 Cor. 16:20; 2 Cor. 13:12; 1 Tes. 5:26.
dado en prueba de cariño, Gén. 27:27; 29:11; 45:15; 48:10; 1 Sam. 10:1; 20:41; Luc. 7:38; 15:20; Act. 20:37.
dado para hacer traición, 2 Sam. 20:9; Mat. 26:48; Luc. 22:48.
por idolatría, 1 Rey. 19:18; Job 31:27; Ose. 13:2.

OSCURIDAD, ordenada, Gén. 1:2, 5; Isa. 45:7.
sobrenatural, Gén. 15:12; Ex. 10:21; 14:20; Jos. 24:7; Rev. 8:12; 9:2; 16:10.
durante la crucifixión, Luc. 23:44.
en sentido METAFÓRICO representa el castigo, Mat. 8:12; 22:13; 2 Ped. 2:4, 17; Jud. 6.
representa también la inescrutabilidad de Dios, 2 Sam. 22:10, 12; 1 Reyes 8:12; Sal. 97:2.
DE LA MENTE:
ignorancia, Job 27:19; Isa. 9:2; Juan 3:19.
tristeza, Isa. 8:22; 42:7; Joel 2:2.
pecado, Prov. 2:13; Juan 1:5; Rom. 13:12; 1 Cor. 4:5; 2 Cor. 6:14; 1 Juan 2:9.
Cristo nos libra de, Juan 8:12; 12:33; 1 Ped. 2:9; 1 Juan 1:5.
obras de, Job 24:14; Prov. 7:6; Isa. 29:15; Ezeq. 8:12; Efes. 5:11.
potencias de, Luc. 22:53; Efes. 5:11; 6:12; Col. 1:13. Véase LUZ.

OSÉAS, su matrimonio simbólico, Ose. 1.

declara la ira de Dios contra Israel, Ose. 4:7-10.
y su misericordia, Ose. 1:10; 2:14; 11; 13:14.

OSÉE, ú Oséas, último rey de Israel, su conspiración, mal gobierno, y cautividad, 2 Reyes 15:30; 17.

OSO, 1 Sam. 17:34; 2 Sam. 17:8; 2 Rey. 2:24; Prov. 17:12; Isa. 59:11; Amós 5:19.
en sentido metafórico, Prov. 28:15; Isa. 11:7; Lam. 3:10; Dan. 7:5; Ose. 13:8; Rev. 13:2.

OSTENTACIÓN (la) al orar y al dar limosnas, Mat. 6:1; Prov. 25:14; 27:2.

OTONIEL, Jos. 15:16; Jue. 1:13.
liberta y juzga á Israel, Jue. 3:9.

OVEJAS, empleadas en los sacrificios, Gén. 4:4; 8:20; 15:9; Ex. 20:24; Lev. 1:10; 1 Rey. 8:63; 2 Crón. 30:24.
formaban gran parte de la riqueza de los patriarcas, Gén. 24:35; 26:14.
la carne y la leche de, se usaban como alimento, Deut. 32:14; 1 Rey. 1:19; 4:23.
las pieles y la lana de, se usaban para vestidos, Job 31:20; Prov. 31:13; Heb. 11.37.
los rebaños eran cuidados por miembros de la familia, Gén. 29.6; Ex. 2:16; 1 Sam. 16:11.
eran cuidados por los siervos, 1 Sam. 17:20; Isa. 61:5.
eran guardados en apriscos, 1 Sam. 24:3; Juan 10:1.
eran conducidos á pasturajes abundantes, Sal. 23:2.
pastaban en las montañas, Exod. 3:1; Ezeq. 34:6, 13.
pastaban en los valles, Isa. 65:10.
se las abrevaba todos los días, Gén. 29:8-10; Ex. 2:16, 17.
se les hacía descansar á medio día, Sal. 23:2; Cant. 1:7.
seguían al pastor, Juan 10:4, 27.
huían de los extraños, Juan 10:5.
la iglesia ha sido comparada, á 2 Sam. 24:17; Sal. 74:1; 79:13; 95:7; 100:3; Ezeq. 34; 36:38; Miq. 2:12; Mat. 15:24; 25:32; Juan 10:2; 1 Ped. 2:25, &c.
símbolo de Cristo, Isa. 53:7; Act. 8:32.

OZA, su pecado y su muerte, 2 Sam. 6:3; 1 Cró. 13:7.

OZIAS. Véase AZARÍAS.

OZIEL, hijo de Caat, Ex. 6:18; Núm. 3:19.

P.

PABLO (Saúlo, Act. 13:9), nació en Tarso, era ciudadano romano libre, y fué educado por Gamaliel, Act. 22:3, 25-29.
persigue la iglesia, Act. 7:58; 8:1; 9:1; 22:4; 26:9; 1 Cor. 15:9; Gál. 1:13; Filip. 3:6; 1 Tim. 1:13.
su conversión milagrosa, Act. 9:3; 22:6; 26:12.
PREDICA en Damasco, Act. 9:19 (2 Cor. 11:32; Gál. 1:17).
en Jerusalem, Act. 9:29.
en Antioquía, Act. 13:1, 14.
en Salamina, Act. 13:5.
en Iconio, Act. 14:1.
en Listra y es lapidado, Act. 14:8, 19 (2 Tim. 3:11).
vuelve á Jerusalem, Act. 15 (Gál. 2:1).
reconviene á Pedro, Gál. 2:14.
tiene una desavenencia con Bernabé, Act. 15:36.
es perseguido en Filipos, Act. 16.
predica en Tesalónica, Berea y Atenas, Act. 17.
en Corinto, Act. 18.
el Espíritu Santo es comunicado por medio de sus manos, Act. 19:6.

predica en Éfeso, Act. 19:21.
celebra la cena del Señor en Troas, Act. 20:7.
resucita á Eutico, Act. 20:10.
su exhortación en Mileto, Act. 20:17.
su viaje á Jerusalem, Act. 21.
es perseguido allí, Act. 21:27.
SU DEFENSA ante el pueblo, Act. 22.
    ante el concilio, Act. 23.
    ante Félix, Act. 24.
    ante Festo, Act. 25.
    ante Agripa, Act. 26.
su viaje por agua y su naufragio, Act. 27.
milagros en Melita, Act. 28:3, 8.
llega á Roma, Act. 28:14.
arguye con los Judíos, Act. 28:17.
sus sufrimientos, 1 Cor. 4:9; 2 Cor. 11:23; 12:7;
    Filip. 1:12; 2 Tim. 2:11, &c.
revelaciones de Dios á, 2 Cor. 12:1.
su amor hacia las iglesias, Rom. 1:8; 15: 1 Cor.
    1:4; 4:14, &c.: 2 Cor. 1; 2; 6; 7, &c.; Filip.
    1; Col. 1, &c.
defiende los derechos de su apostolado, 1 Cor.
    9; 2 Cor. 11; 12; 2 Tim. 3:10.
intercede por Onésimo, File.
encomia á Timoteo, &c., 1 Cor. 16:10; Filip.
    2:19; 1 Tes 3:2.
encomia á Tito, 2 Cor. 7:13; 8:23.
el testimonio de Pedro con respecto á, 2 Ped.
    3:15.
    Véase ROMANOS, CORINTIOS, &c.
PACEE, rey de Israel, su conspiración y su mal
    gobierno, 2 Rey. 15:25.
gran matanza en Judá, 2 Crón. 28:6.
profecía en contra de, Isa. 7:1.
PACEÍA, rey de Israel, 2 Rey. 15:22.
PACES, ofrendas de las, ó pacíficas, Ex. 20:24;
    24:5; Lev. 3; 6; 7:11; 19:5, &c.
ofrecidas por los príncipes, Núm. 7:17.
    por Josué, Jos. 8:31.
    por David, 2 Sam. 6:17; 24:25.
PACIENCIA (la):
el Todopoderoso es el Dios de, Rom. 15:5.
Cristo es ejemplo de, Isa. 53:7, con Act. 8:32;
    Mat. 27:14.
prescrita, Tit. 2:2; 2 Ped. 1:6.
debe tener su obra perfecta, Sant. 1:4.
los trabajos de los santos conducen á, Rom. 5:3;
    Sant. 1:3.
produce experiencia, Rom. 5:4.
    esperanza, Rom. 15:4.
el sufrir con, por hacer el bien, es aceptable
    con Dios, 1 Ped. 2:20.
SE DEBE EJERCER corriendo la carrera que nos
    es propuesta, Heb. 12:1.
    produciendo frutos, Luc. 8:15.
    haciendo el bien, Rom. 2:7; Gál. 6:9.
    esperando en Dios, Sal. 37:7; 40:1.
    esperando á Cristo, 1 Cor. 1:7; 2 Tes. 3:5.
    aguardando la esperanza del evangelio, Rom.
      8:25; Gál. 5:5.
    la salvación que de Dios procede, Lam. 3:26.
    llevando el yugo, Lam. 3:27.
    sobrellevando la tribulación, Luc. 21:19 ;
      Rom. 12:12.
necesaria para obtener la herencia de las pro-
    mesas, Heb. 6:12, 15; 10:36.
ejercida hacia todos, 1 Tes. 5:14.
los que están en autoridad deben ejercer, Mat.
    18:26; Act. 26:3.
los ministros deben seguir, 1 Tim. 6:11.
    se distinguen por, 2 Cor. 6:4; 12:12.
DEBE IR ACOMPAÑADA DE la piedad, 2 Ped. 1:6.
    la esperanza, Rom. 8:25.
    la fé, 2 Tes. 1:4; Heb. 6:12; Rev. 13:10.
    la templanza, 2 Ped. 1:6.

la longanimidad y el júbilo, Col. 1:11. ꞏ
los santos son corroborados para, Col. 1:11.
alabada, Ecl. 7:8; Rev. 2:2, 3.
explicada con un ejemplo: Job, Job 1:21; Sant.
    5:11. Simeón, Luc. 2:25. Pablo, 2 Tim. 3:10.
    Abraham, Heb. 6:15. Los profetas, Sant.
    5:10. Juan, Rev. 1:9.
todos los santos tienen interés en, Sal. 25:14;
    89:29-37; Heb. 8:10.
los malos no tienen interés en, Efes. 2:12.
bendiciones que resultan de, Isa. 56:4-7; Heb.
    8:10-12.
Dios es fiel á, Deut. 7:9; 1 Rey. 8:23; Neh. 1:5;
    Dan. 9:4.
Dios tiene siempre presente, Sal. 105:8; 111:5;
    Luc. 1:72.
tened presente, 1 Crón. 16:15.
advertencia para que no se olvide, Deut. 4:23.
alegad, en vuestras oraciones, Sal. 74:20; Jer.
    14:21.
castigos al que tenga en poco, Heb. 10:29, 30.
——, señales de: la sal, Lev. 2:13; Nú. 18:19;
    2 Crón. 13:5. El Sábado, Ex. 31:12.
libro de, Ex. 24:7; 2 Rey. 23:2; Heb. 9:19.
ENTRE Abraham y Abimelec, Gén. 21:27.
    Josué y los Israelitas, Jos. 24:25.
    David y Jonatán, 1 Sam. 18:3; 20:16; 23:18.
PACTO, concierto ó alianza, de Dios:
con Noé, Gén, 6:18; 9:8.
con Abraham, Gén. 15:7; 17:2 (Luc. 1:72; Act.
    3:25; Gál. 3:16).
con Isaac, Gén. 17:19; 26:3.
con Jacob, Gén. 28:13 (Ex. 2:24; 6:4; 1 Crón.
    16:16).
con los Israelitas, Exod. 6:4; 19:4; 24; 34:27;
    Lev. 26; Deut. 5:2; 9:9; 26:16; 29; Jue. 2:1;
    Jer. 11; 31:33; Act. 3:25.
con Finées, Núm. 25:13.
con David, 2 Sam. 23:5; Sal. 89:3.
    Véase 2 Sam. 25:14.
PACTO, el Nuevo:
Cristo es la sustancia de, Isa. 42:6; 49:8.
el Mediador de, Heb. 8:6; 9:15; 12:24.
el Mensajero de, Mal. 3:1.
CELEBRADO CON:
    Abraham, Gén. 15:7-18; 17:2-14; Luc. 1:72-75;
      Act. 3:25; Gál. 3:16.
    Isaac, Gén. 17:19, 21; 26:3, 4.
    Jacob, Gén. 28:13, 14, con 1 Crón. 16:16, 17.
    Israel, Ex. 6:4; Act. 3:25.
    David, 2 Sam. 23:5; Sal. 89:3, 4.
renovado bajo el régimen del evangelio, Jer.
    31:31-33; Rom. 11:27; Heb. 8:8-10, 13.
cumplido en Cristo, Luc. 1:68-79.
confirmado por la sangre de Cristo, Gál. 3:17;
    Heb. 9:15-16, 23.
es un pacto de paz, Isa. 54:9, 10; Ezeq. 34:25;
    37:26.
es inalterable, Sal. 89:34; Isa. 54:10; 59:21;
    Gál. 3:17.
es eterno, Sal. 111:9; Isa. 55:3; 61:18; Ezeq.
    16:60-63; Heb. 13:20.
PADÁN-ARAM, Jacob en. Gén. 28:1.
PADRE (el), DIOS, 1 Crón. 29:10; Isa. 9:6; 63:16;
    64:8; Mat. 6:9; Luc. 11:2; Juan 20:17; 2 Cor.
    6:18, &c.
PADRE (el—según la carne), tiene los siguien-
    tes deberes con sus hijos:
no provocarlos á ira, sino criarlos en el te-
    mor del Señor, Prov. 22:6; Efes. 6:14; Col.
    3:21.
castigar los contumaces, Deut. 21:18.
instruirlos, Deut. 4:9; 5:31; 6:7; 11:19; Prov.
    1:18.

corregirlos, Prov. 3:12; 13:24; 19:18; 22:15; 23:13; 29:15; Heb. 12:9.
ponerles buen ejemplo, Prov. 20:7.
mantenerlos, Luc. 11:11; 1 Tim. 5:8.
—— celestial, Mat. 6:14, 15, 18; Luc. 11:2, 13.
—— de familia, Mat. 13:52; 20:1; 21:33.
PADRES (los, padre y madre):
reciben á sus hijos de manos de Dios, Gén. 33:5; 1 Sam. 1:27; Sal. 127:3.
SUS DEBERES PARA CON SUS HIJOS SON:
amarlos, Tit. 2:4.
encaminarlos á Cristo, Mat. 19:13, 14.
criarlos para Dios, Prov. 22:6; Efes. 6:4.
instruirlos en la palabra de Dios, Deut. 4:9; 11:19; Isa. 38:19.
hablarles de los juicios de Dios, Joel 1:3.
de las obras milagrosas de Dios, Ex. 10:2; 10:2; Sal. 78:4.
mandarles obedecer á Dios, Deut. 32:46; 1 Crón. 28:9.
bendecirlos, Gén. 48:15; Heb. 11:20.
compadecerlos, Sal. 103:13.
velar por su seguridad, Gén. 19:14.
proveerles lo necesario, Job 42:15; Luc. 11:11; 2 Cor. 12:14; 1 Tim. 5:8.
gobernarlos, 1 Tim. 3:4, 12.
corregirlos, Prov. 13:24; 19:18; 23:13; 29:17; Heb. 12:7.
no provocarlos á ira, Efes. 6:4; Col. 3:21.
no hacerles entrar en relaciones con los impíos, Gén. 24:1-4; 28:1, 2.
los hijos malos causan dolor á, Prov. 10:1; 17:25.
malos resultados de la parcialidad, Gén. 21:10; 25:28; 37:3.
DEBEN ORAR POR SUS HIJOS:
para su bien espiritual, Gén. 17:18; 1 Crón. 29:19.
cuando estén en tentación, Job 1:5.
cuando estén enfermos, 2 Sam. 12:16; Mar. 5:23; Juan 4:46, 49.
cuando son fieles, son bendecidos por sus hijos, Prov. 31:28.
legan á sus hijos una bendición, Sal. 112:2; Prov. 11:21; Isa. 65:23.
los pecados de, visitados sobre sus hijos, Exod. 20:5; Isa. 14:20; Lam. 5:7.
el descuido de, castigado severamente, 1 Sam. 3:13.
CUANDO SON MALOS:
nutren á sus hijos en el mal, Jer. 9:14; 1 Ped. 1:18.
ponen mal ejemplo á sus hijos, Ezeq. 20:18; Amós 2:4.
acarrean males á sus hijos, Ex. 20:5; 34:7; Núm. 14:18, 33; Job 21:19; Jer. 32:18.
Véase 2 Sam. 12:14, 15.
buenos, ejemplos de: Abraham, Gén. 18:19. Jacob, Gén. 44:20, 30. José, Gén. 48:13-20. La madre de Moisés, Exod. 2:2, 3. Manué, Jue. 13:8. Anna, 1 Sam. 1:28. David, 2 Sam. 18:5, 33. La Sunamita, 2 Rey. 4:19, 20. Job, Job 1:5. La madre de Lemuel, Prov. 31:1. El cortesano, Juan 4:49. Loida y Eunice, 2 Tim. 1:5.
malos, ejemplos de: La madre de Micás, Jue. 17:3. Elí, 1 Sam. 3:13. Saúl, 1 Sam. 20:33. Atalía, 2 Crón. 22:3. Manassés, 2 Crón. 33:6. Herodías, Mar. 6:24.
PADRES, deberes para con los. Véase HIJOS.
PAFO visitado por Pablo, Act. 13:6.
Élimas es herido de ceguedad, Act. 13:11.
PAGANOS (los):
están sin Dios y sin Cristo, Efes. 2:12.
son ignorantes, 1 Cor. 1:21; Efes. 4:18.

idólatras, Sal. 135:15; Rom. 1:23, 25.
adoradores del diablo, 1 Cor. 10:20.
crueles, Sal. 74:20; Rom. 1:31.
sucios, Ezra 6:21; Efes. 4:19; 5:12.
perseguidores, Sal. 2:1, 2; 2 Cor. 11:26.
hacen escarnio de los santos, Sal. 79:10.
degradación de, Lev. 25:44.
TIENEN:
pruebas del poder de Dios, Rom. 1:19, 20.
de la bondad de Dios, Act. 14:17.
el testimonio de la conciencia, Rom. 2:14, 15.
lo malo de imitar á, 2 Rey. 16:3; Ezeq. 11:12.
guardáos de imitar á, Jer. 10:2; Mat. 6:7.
lo peligroso del trato con, Sal. 106:35.
ompleados para castigar á la iglesia, Lev. 26:33; Jer. 49:14; Lam. 1:3; Ezeq. 7:24; 25:7; Dan. 4:27; Hab. 1:5-9.
la iglesia se vengará de, Sal. 149:7; Jer. 10:25; Abd. 15.
DIOS:
gobierna á, 2 Crón. 20:6; Sal. 47:8.
anula el consejo de, Sal. 33:10.
será ensalzado entre, Sal. 46:10; 102:15.
castiga á, Sal. 44:2; Joel 3:11-13; Miq. 5:15; Hab. 3:12; Zac. 14:18.
juzgará finalmente á, Rom. 2:12 16.
dados á Cristo, Sal. 2:8; Dan. 7:14.
salvación de, predicha, Gén. 12:3, con Gál. 3:8; Isa. 2:2-4; 52:10; 60:1-8.
se ha provisto salvación para, Act. 23:28; Rom. 15:9-12.
la gloria de Dios será declarada en medio de, 1 Crón. 16:24; Sal. 96:3.
el evangelio ha de ser predicado á, Mar. 24:14; 28:19; Rom. 16:26; Gál. 1:16.
necesario á, Rom. 10:14.
recibido por, Act. 11:1; 13:48; 15:3, 23.
el bautismo instituido para, Mat. 28:19.
el Espíritu Santo derramado sobre, Act. 10:44, 45; 15:8.
alabad á Dios por el buen éxito del evangelio entre, Sal. 98:1-3; Act. 11:18.
orad por, Sal. 67:2-5.
auxiliad las misiones establecidas entre, 2 Cor. 11:9; 3 Juan 6:7.
la conversión de, aceptable á Dios, Act. 10:35; Rom. 15:16.
PAJA, ó tamo, por vía de ejemplo, Job 21:18; Sal. 1:24; Isa. 5:24; 17:13; Os. 13:3; Mat. 3:12.
PAJARILLO. Véase GORRIÓN.
PÁJAROS. Véase AVES.
PAJITA. Véase ARISTA.
PALA, Ex. 27:3; Jer 52:18.
el grano era aventado con, Isa. 30:24.
PALABRA, ó VERBO, DE DIOS, nombre dado á Jesu-Cristo, Juan 1:1, 14; 1 Juan 1:1; 5:7; Rev. 19:13.
——, la Biblia. Véase ESCRITURAS.
PALABRAS, los hombres serán juzgados por sus, Ecl. 5:2; Ezeq. 35:13; Mala. 2:17; 3:13; Mat. 12:37.
PALABRERO. Act. 17:18. Véase LENGUAZ.
PALACIO de Dios, el templo, 1 Crón. 29:1; Sal. 48:3; 78:69; 122:7.
de Babilonia, Dan. 4:29; 5:5; 6:18.
de Susán, Neh. 1:1; Est. 1:2; 7:7; Dan. 8:2.
de Marfil, 1 Rey. 22:39; Sal. 45:8; Amós 3:15.
llamado "Casa del huerto," 2 Rey. 9:27; "Casa de verano," Amós 3:15; Casa de invierno, Jer. 36:22.
contenía tesoros y decretos reales, 1 Rey. 15:18; Ezra 6:2.
PALACIOS, Jerusalem era célebre por sus, Sal. 48:3, 13; de David, 2 Sam. 7:2; de Salomón, 1 Rey. 7:1-12.

PALEG (división), Gén. 10:25.
PALESTINA, llamada:
Canaán, Gén. 11:31.
Palestina, Exod. 15:14.
TIERRA de Israel, 1 Sam. 13:19.
de los Hebreos, Gén. 40:15.
de Judea, Act. 10:39.
de la promesa, Heb. 11:9.
santa, Zac. 2:12.
deseable, Dan. 8:9; 11:16.
de Jehová, Ose. 9:3.
de Emmanuel, Isa. 8:8.
de Beula y Chefziba, Isa. 62:4.
límites de, Jos. 16–19.
DIVIDIDA entre las doce tribus, Jos. 14–19.
en doce provincias por Salomón, 1 Reyes 4:7–19.
en dos reinos, Judá ó Israel, 1 Rey. 11:35, 36; 12:16–21.
provincias romanas, Luc. 3:1; Juan 4:4
descripción de, Gén. 13:10 ; Deut. 8:7–10; 11:10–12.
profecías acerca de, Exod. 15:14; Sal. 92:12; Isa. 14:29.
PALMA, Exod. 15:27.
en las fiestas, Lev. 23:40; Juan 12:13; Rev. 7:9
la ciudad de las palmas, Deut. 34:3; Jue. 1:16; 3:13; 2 Crón. 28:15.
en sentido metafórico, Sal. 92:12; Cant. 7:7, 8; Jer. 10:5; Rev. 7:9.
PALMO, medida de longitud, Ex. 28:16.
PALOMA (la), naturaleza y hábitos, Sal. 68:13; Cant. 1:15; 2:14; 5:12; Isa. 38:14; 59:11; 60:8; Jer. 48:28; Nah. 2:7; Mat. 10:16.
enviada desde el arca, Gén. 8:8.
palomas usadas en sacrificios, Gén. 15:9; Lev. 12:6; 14:22, &c.
mencionada en sentido figurado, Sal. 68:13; 74:19; Cant. 1:15; 2:14, &c.
el Espíritu Santo descendió en figura de, Mat. 3:16.
PALOMINOS, ofrecidos después de un parto, &c., Lev. 1:14; 12:6; Luc. 2:24; Núm. 6:10.
PAMFILIA, Pablo predica allí, Act. 13:13; 14:24.
PAN, el hombre sentenciado á trabajar por el, Gén. 3:19.
enviado del cielo (maná), Ex. 16:4.
de trigo, Ex. 29:2; Sal. 81:16; de cebada, Jue. 7:13; Juan 6:9; de avena, mijo, habas, &c., Ezeq. 4:9.
fabricación de, Gén. 18:6; Exod. 12:34; Lev. 23:17; Isa. 44:19; Jer. 7:18; Ose. 7:4; Mat. 13:33; Juan 21:9.
diferentes géneros de, Ex. 16:31: 29:23; 1 Sam. 17:17; 2 Sam. 6:19; 1 Rey. 17:13.
vendido, Lev. 26:26; Ezeq. 4:16; Juan 6:5.
regalado, 1 Sam. 25:18; 2 Sam. 16:2; 1 Crón. 12:40.
suministrado milagrosamente, 2 Reyes 4:42; Juan 6, &c.
emblema de Cristo, Juan 6:31; 1 Cor. 10:16.
ofrecido delante del Señor, Exod. 25:30; Lev. 8:26; 24:5; Núm. 4:7; 1 Sam. 21:4.
en los funerales, Ezeq. 24:17, 22.
empleado en la cena del Señor, Luc. 22:19; 24:30; Act. 2:42; 20:7; 1 Cor. 10:16; 11:23.
sin levadura, Gén. 19:3; Ex. 12:8; 1 Sam. 28:24; 2 Reyes 23:9; 1 Cor. 5:8.
en sentido figurado: Deut. 8:9 ; Sal. 80:5; Prov. 9:5; Ezeq. 16:49; Ose. 9:4; Mat. 15:26; Juan 6:33–35; 1 Cor. 5:8; 10:17.
PAN AZIMO, ó sin levadura, en qué casos se había de usar, Ex. 12:39; 13:7; 23:18; Lev. 2:4; 7:12; 8:26; Núm. 6:19.
simbólico, 1 Cor. 5:7.

PAN DE LA PROPOSICIÓN, doce tortas de harina fina, Lev. 24:5.
llamado pan sagrado, 1 Sam. 21:4.
colocado sobre la mesa en dos hileras por los sacerdotes, Ex. 25:30; 40:23; Lev. 24:6.
lo cambiaban todos los Sábados, Lev. 24:8.
después de quitarlo lo daban á los sacerdotes, Lev. 24:9.
solamente á los sacerdotes les era permitido el comerlo, excepto en casos de mucha necesidad, 1 Sam. 21:4–6; Mat. 12:3, 4; Mar. 2:25; Luc. 6:3.
símile de Cristo, el pan de la vida, Juan 6:48, y de la iglesia, 1 Cor. 5:7; 10:17.
mesa de, descripción, Ex. 25:23–30.
colocada en el Lugar Santo, Exod. 40:22; Heb. 9:2.
hecha por Salomón, 1 Reyes 7:48, 50; 2 Crón. 4:19.
PAN MOJADO, ó sopa, Juan 13:26, 27.
PANADERO, de Faraón, Gén. 40.
PANDERO. Véase ADUFE.
PANNAG (dulce), un lugar donde se cultivaba el trigo, Ezeq. 27:17.
PAÑALES, ó mantillas, Ezeq. 16:4; Luc. 2:7.
PAÑETES, ó calzoncillos, de lino, Lev. 16:4; Ex. 28:42.
PAPEL, 2 Juan 12.
PARÁBOLAS (Véase Núm. 23:7; Job 27:1; Sal. 78:2; Prov. 26:7).
de Joatám, Jue. 9:7.
de Natán, 2 Sam. 12:1.
de la mujer de Tecua, 2 Sam. 14:5.
de un profeta, 1 Rey. 20:39.
de Joas, 2 Rey. 14:9; 2 Crón. 25:18.
de los profetas, Isa. 5:1 (Jer. 13:1; 18; 24; 27); Ezeq. 16; 17; 19; 23; 24; 31; 33; 39.
— de CRISTO:
del edificador prudente y el insensato, Mat. 7:24–27.
los que están de bodas, Mat. 9:15; Mar. 2:18.
paño en vestido viejo, Mat. 9:16.
vino nuevo en odres viejos, Mat. 9:17.
los muchachos en las plazas, Mat. 11:16–19.
la oveja caída en una fosa, Mat. 12:11, 12.
espíritu inmundo, Mat. 12:43.
sembrador, Mat. 13:3, 18; Luc. 8:5, 11.
la zízaña, Mat. 13:24–30, 36–43.
grano de mostaza, Mat. 13:31, 32; Luc. 13:19.
la levadura, Mat. 13:33; Luc. 13:20, 21.
tesoro escondido en un campo, Mat. 13:44.
perla de gran precio, Mat. 13:45, 46.
la red arrojada en el mar, Mat. 13:47–50.
el prudente padre de familia, Mat. 13:51, 52.
alimentos que no contaminan, Mat. 15:10–15.
el siervo sin clemencia, Mat. 18:23–35.
los trabajadores empleados á diversas horas, Mat. 20:1–16.
los dos hijos, Mat. 21:28–32.
los labradores malos, Mat. 21:33–45.
las bodas del hijo del rey, Mat. 22:2–14.
la higuera echando hojas, Mat. 24:32–34.
el padre de familia vigilante, Mat. 24:43.
siervos fieles y siervos malos, Mat. 24:45–51.
las diez vírgenes, Mat. 25:1–13.
los talentos, Mat. 25:14–30.
reino dividido contra sí mismo, Mar. 3:24.
casa dividida contra sí misma, Mar. 3:25.
el valiente con armas, Mar. 3:27; Luc. 11:21.
la semilla que crece en oculto, Mar. 4:26–29.
la vela encendida, Mar. 4:21; Luc. 11:33–36.
el pan de los hijos, Mar. 7:27–29.
el hombre que partió lejos, Mar. 13:34–37.
un ciego guiando á otro ciego, Luc. 6:39.

la arista y la viga en el ojo, Luc. 6:41, 42.
el árbol y su fruto, Luc. 6:43-45.
el acreedor y los deudores, Luc. 7:41-47.
el buen Samaritano, Luc. 10:30-37.
el amigo importuno, Luc. 11:5-9.
el rico insensato, Luc. 12:16-21.
los siervos en vela, Luc. 12-35:40.
el mayordomo prudente, Luc. 12:41-48.
la nube y el viento, Luc. 12:54-57.
la higuera estéril, Luc. 13:6-9.
los hombres invitados á un festín, Luc. 14:7-11.
la gran cena, Luc. 14:15-24.
el construcior de una torre, Luc. 14:28-30, 38.
el rey que va á la guerra, Luc. 14:31-33.
el sabor de la sal, Luc. 14:34, 35.
la oveja perdida, Luc. 15:3-7.
la moneda perdida, Luc. 15:8-10.
el hijo pródigo, Luc. 15:11-32.
el mayordomo injusto, Luc. 16:1-8.
el rico y Lázaro, Luc. 16:19-31.
los siervos inútiles, Luc. 17:7-10.
la viuda importuna, Luc. 18:1-8.
el Fariseo y el publicano, Luc. 18:9-14.
las minas, Luc. 19:12-27.
el viento que sopla donde quiere, Juan 3:8.
el buen pastor, Juan 10:1-6.
la puerta y el asalariado, Juan 10:7-16.
la vid y los sarmientos, Juan 15:1-5.
la mujer de parto, Juan 16:21.
PARAISO (jardín de Eden) descrito, Gén. 2:8
   Rev. 2:7.).
el hombre desterrado de, Gén. 3:22. Véase
   Luc. 23:43; 2 Cor. 12:4.
PARÁN, monte, Ismael se crió cerca de, Gén.
   21:21.
el viaje de los Israelitas á, Núm. 10:12; 12:16;
   13:26; Deut. 33:2; Hab. 3:3.
PARATONITA, Jue. 12:13-15; 1 Crón. 11:31.
PARCIALIDAD, prohibida, al juzgar, Lev. 19:15;
   Deut. 1:17; 16:19; Prov. 18:5; 24:23; Mal.
   2:9.
entre los hermanos, 1 Tim. 5:21.
hacia los ricos, Sant. 2:4; 3:17; Jud. 16
PAREDES, hechas para separar, Eseq. 43:8.
hechas de piedra y de madera, Ezra 5:8; Hab.
   2:11.
afianzadas con hierro y con cobre, Jer 15:20;
   Ezeq. 4:3.
Véase MUROS.
PARIENTE, derecho del, Rut 3:14.
ejercido, Rut 4.
PÁRMENAS, uno de los siete diáconos, Act. 6:5.
PÁRPADOS (los), Job 16:16; 41:18; Sal. 132:4;
   Prov. 6:4, 25; 30:13; Jer. 9:18; Ezeq. 23:40.
PARRA SILVESTRE (Scio, COLOQUINTIDA),
   planta de fruto venenoso, 2 Rey. 4:39.
PARRICIDIO, caso de, 2 Rey. 19:37.
PARTERAS en Egipto, Ex. 1:15, 16.
bendecidas por Dios, Ex. 1:20.
PARTES de los bienes dados á los hijos, Gén.
   25:5, 6; 48:21, 22; Deut. 21:15-17.
PARTO, leyes de la purificación, Lev. 12. Véase
   Luc. 2:22.
PARTOS, Act. 2:9.
PARVAIM, una región aurífera, 2 Crón. 3:6.
PÁRVULOS. Véase NIÑOS.
PASAR, un buen (lo suficiente para vivir bien),
   Gén. 28:28; Prov. 30:8; 1 Tim. 6:8.
PASAS, se usaban comunmente como alimento,
   1 Sam. 25:18; 30:12; 2 Sam. 16:1; 1 Crón.
   12:40.
PASCUA, el cordero pascual:
tipo de Cristo, Ex. 12:3; 1 Cor. 5:7.
macho de un año, Ex. 12:5; Isa. 9:6.

sin mancha, Ex. 12; Heb. 2:14, 17.
tomado del rebaño, Ex. 12; Heb. 2:14, 17.
escogido con anticipación, 1 Ped. 2:4.
inmolado por el pueblo, Act. 2:23.
en el templo, Deut. 16:2-7; 2 Crón. 35:1; Luc.
   13:33.
por la tarde, Ex. 12:6; Mar. 15:34.
se rociaba la sangre de, Ex. 12:22; Heb. 9:13;
   10; 22: 1 Ped. 1:2.
ni un solo hueso fué quebrado, Juan 19:36.
no se comía crudo, 1 Cor. 11:28, 29.
asado en el fuego, Sal. 22:14, 15.
COMIDO con yerbas amargas, Zac. 12:10.
con pan sin levadura, Ex. 12:39; 1 Cor. 5:7,
   8; 2 Cor. 1:12.
de prisa, Ex. 12:11; Heb. 6:18.
con los lomos ceñidos, Luc. 12:35; 1 Ped. 1:13.
con el báculo en la mano, Ex. 12:11; Sal.
   23:4.
con los zapatos puestos, Ex. 12:11; Efes. 6:15.
en la casa, Ex. 12:46; Efes. 3:17.
las sobras eran quemadas, Mat. 7:6; Luc. 11:3.
—, la fiesta de la, Ex. 12:13.
las leyes relativas á, Lev. 23:4; Núm. 9; 28:16;
   Deut. 16.
OBSERVADA por Josué, Jos. 5:10.
por Ezequías, 2 Crón. 30.
por Josías, 2 Rey. 23:21; 2 Crón. 35.
por Ezra, Ezra 6:19.
por Cristo, Mat. 26:19, &c.; Mar. 14:12; Luc.
   22:7; Juan 13.
PASGA (ó Pisga), monte, Núm. 23:14.
Moisés asciende, Deut. 3:27; 34:1.
PASIÓN de Cristo, Act. 1:3.
PASTOR (de Israel), Sal. 23:1; 77:20; 89:1; Eze.
   34:11.
Cristo es el buen PASTOR, Juan 10:14; Heb.
   13:20; 1 Ped. 2:25; 5:4.
PASTORES, primeros, Gén. 4:2.
los patriarcas eran, Gén. 13:5; 30:37.
empleaban, Gén. 13:7, 8; 26:20.
varones y hembras, Gén. 29:6; 1 Sam. 16:11.
los reyes empleaban, 1 Sam. 21:7.
asalariados, 1 Sam. 17:20; Juan 10:12.
el profeta Amós fué uno de los de Tecua,
   Amós 1:1.
conocen sus ovejas, Juan 10:14.
buscan buen pasturaje, 1 Crón. 4:39.
cuentan sus ovejas, Jer. 33:13.
las cuidan, Gén. 31:40; Luc. 2:8.
las defienden, 1 Sam. 17:34; Amós 3:12.
protegen las débiles, Gén. 33:13; Sal. 78:71.
buscan las que se han perdido, Ezeq. 34:12;
   Luc. 15:4.
PASTORES de los Judíos censurados, Jer. 2:8;
   10:21; 23.
PASTURAJE, en sentido figurado, Sal. 23:2;
   74:1; 79:13; 95:7; 100; Ezeq. 34:14; Juan
   10:9.
PASUR, profecía adversa á, Jer. 20.
PÁTARA, Pablo vá á, Act. 21:1.
PATIO de la casa, Est. 1:5; Luc. 5:18.
del tabernáculo, Ex. 27:9; 38:9.
del templo, 2 Crón. 4:9; 1 Rey. 7:12; Jer. 19:14;
   26:2.
PATMOS, Juan desterrado á, Rev. 1:9.
PATRIARCAS, Act. 2:29; 7:8, 9; Heb. 7:4.
historia de los, Gén. 5.
PATURES, ó Petros, en Egipto, Isa. 11:11 (tr.
   en Valera erradamente PARTIA); Jer. 44:1,
   15; Ezeq. 29:14; 30:14.
PAVO, 2 Crón. 9:21; Job 39:13.
PAZ:
Dios es el autor de, Sal. 147:14; Isa. 45:7;
   1 Cor. 14:33.

RESULTA DE la sabiduría celestial, Sant. 3:17.
el gobierno de Cristo, Isa. 2:4.
orar por los gobernantes, 1 Tim. 2:2.
mirar por la paz de aquellos con quienes vivimos, Jer. 29:7.
necesaria para el goce de la vida, Sal. 34:12, 14, con 1 Ped. 3:10, 11.
DIOS LA OTORGA Á LOS QUE le obedecen, Lev. 26:6.
le agradan, Prov. 16:7.
sufren sus castigos correccionales, Job 5:17, 23, 24.
es un vínculo de unión, Efes. 4:3.
el fruto de la justicia debe sembrarse en, Sant. 3:18.
la iglesia gozará de, Sal. 125:5; 128:6; Isa. 2:4; Ose. 2:18.
LOS SANTOS DEBEN amar, Zac. 8:19.
buscar, Sal. 34:14, con 1 Ped. 3:11.
seguir, 2 Tim. 2:22.
seguir lo que hace á, Rom. 14:19.
cultivar, Sal. 120:7.
hablar, Est. 10:3.
vivir en, 2 Cor. 13:11.
tener unos con otros, Mar. 9:50; 1 Tes. 5:13.
procurar tener con todos, Rom. 12:18; Heb. 12:14.
orad por la de la iglesia, Sal. 122:6-8.
exhortad á los demás á, Gén. 45:24.
los ministros deben exhortar á que se guarde, 2 Tes. 3:12.
ventajas de, Prov. 17:1; Ecl. 4:6.
bienaventuranza que resulta de, Sal. 133:1; y de promoverla, Mat. 5:9.
LOS MALOS hablan con hipocresía de, Sal. 28:3.
no hablan de, Sal. 35:20.
no gozan de, Isa. 48:22; Ezeq. 7:25.
se oponen á, Sal. 120:7.
aborrecen, Sal. 120:6.
abundará en los postreros días, Isa. 2:4; 11:13; 32:18.
ejemplificada : Abraham, Gén. 13:8, 9. Abimelec, Gén. 26:29. Mardoqueo, Est. 10:3. David, Sal. 120:7.
—— espiritual:
el Todopoderoso es el Dios de, Rom. 15:33; 2 Cor. 13:11; 1 Tes. 5:23; Heb. 13:20.
Dios ordena, Isa. 26:12.
habla, á sus santos, Sal. 85:8.
Cristo es el Señor de, 2 Tes. 3:16.
es el Príncipe de, Isa. 9:6.
da, 2 Tes. 3:16.
guía por el camino de, Luc. 1:79.
es nuestra, Efes. 2:14.
es por medio de la expiación de Cristo, Isa. 53:5; Efes. 2:14, 15; Col. 1:20.
PREDICADA por Cristo, Efes. 2:17.
por medio de Cristo, Act. 10:36.
por los ministros, Isa. 52:7, con Rom. 10:15.
anunciada por los ángeles, Luc. 2:14.
sigue á la justificación, Rom. 5:1.
es uno de los frutos del Espíritu, Rom. 14:17; Gál. 5:22.
la sabiduría divina es el sendero de, Prov. 3:17.
ACOMPAÑA á la fé, Rom. 15:13.
á la justicia, Isa. 32:17.
á la comunicación con Dios, Job 22:21.
al amor á la ley de Dios, Sal. 119:165.
al ánimo espiritual, Rom. 8:6.
establecida por medio de un pacto, Isa. 54:10; Ezeq. 34:25; Mal. 2:5.
PROMETIDA á la iglesia, Isa. 66:12.
á los gentiles, Zac. 9:10.
á los santos, Sal. 72:3, 7; Isa. 55:12.
á los mansos, Sal. 37:11.

á los que confían en Dios, Isa. 26:3.
á los reincidentes que tornan al buen camino, Isa. 57:18, 19.
debemos amar, Zac. 8:19.
la bendición de los ministros debe ser, Núm. 6:26; Luc. 10:5.
LOS SANTOS tienen, en Cristo, Juan 16:33.
tienen, con Dios, Isa. 27:5; Rom. 5:1.
gozan, Sal. 119:165.
descansan en, Sal. 4:8.
son bendecidos con, Sal. 29:11.
son guardados en perfecta, Isa. 26:3.
son gobernados por, Col. 3:15.
son guardados por, Filip. 4:7.
mueren en, Sal. 37:37; Luc. 2:29.
se desean unos á otros, Gál. 6:16; Filip. 1:2; Col. 1:2; 1 Tes. 1:1.
DE LOS SANTOS, grande, Sal. 119:165; Isa. 54:13.
abundante, Sal. 72:7; Jer. 33:6.
asegurada, Job 34:29.
sobrepuja todo entendimiento, Filip. 4:7.
perfeccionada después de la muerte, Isa. 57:2.
el evangelio es buenas nuevas de, Rom. 10:15.
LOS MALOS no conocen la senda de, Isa. 59:8; Rom. 3:17.
no conocen lo que toca á su, Luc. 19:42.
se prometen á sí mismos, Deut. 29:19.
les es prometida por los falsos maestros, Jer. 6:14.
no hay para, Isa. 48:22; 57:21.
lo sostiene á uno en el dolor, Juan 14:27; 16:33.
PEANA. Véase ESTRADO.
PECADO:
es la transgresión de la ley, 1 Juan 3:4.
procede del diablo, 1 Juan 3:8, con Juan 8:44.
toda iniquidad es, 1 Juan 5:17.
dejar de hacer lo bueno, Sant. 4:17.
todo lo que no es de fé es, Rom. 14:23.
el mal pensamiento del insensato es, Prov. 24:9.
todo intento del corazón no renovado es, Gén. 6:5; 8:21.
SE DESCRIBE COMO procedente del corazón, Mat. 15:19.
el fruto de la concupiscencia, Sant. 1:15.
el aguijón de la muerte, 1 Cor. 15:56.
rebelión contra Dios, Deut. 9:7; Jos. 1:18.
obras de las tinieblas, Efes. 5:11.
obras muertas, Heb. 6:1; 9:14.
la abominación que Dios aborrece, Prov. 15:9; Jer. 44:4, 11.
contaminador, Prov. 30:12; Isa. 59:3.
engañoso, Heb. 3:13.
deshonroso, Prov. 14:34.
enorme, á menudo, Ex. 32:30; 1 Sam. 2:17.
poderoso, á menudo, Amós 5:12.
repetido, á menudo, Amós 5:12.
presuntuoso, en muchos casos, Sal. 19:3.
á veces manifiesto, 1 Tim. 5:24.
á veces secreto, Sal. 90:8; 1 Tim. 5:24.
que cerca ó rodea, Heb. 12:1.
semejante á la grana y al carmesí, Isa. 1:18.
que llega hasta el cielo, Rom. 18:5.
entró en el mundo por Adam, Gén. 3:6, 7, con Rom. 5:12.
todos los hombres son concebidos y nacidos en, Gén. 5:3; Job 15:14; 25:4; Sal. 51:5.
son formados en, Sal. 51:5.
las Escrituras incluyen á todos bajo, Gál. 3:22.
nadie es sin, 1 Rey. 8:46; Ecl. 7:20.
Cristo sólo fué sin, 2 Cor. 5:21; Heb. 4:15; 7:26; 1 Juan 3:5.
DIOS abomina, Deut. 25:16; Prov. 6:16-19.
observa, Job 10:14.
tiene presente, Rev. 18:5.
provocado á ira por, 1 Rey. 14:22; 16:2.

solo puede perdonar, Ex. 34:7; Dan. 9:9; Miq. 7:18; Mar. 2:7.

recompensa, Jer. 16:18; Rev. 18:6.

castiga, Isa. 13:11; Amós 3:2.

LA LEY es violada con todo, Sant. 2:10, 11, con 1 Juan 3:4.

da conocimiento de, Rom. 3:20; 7:7.

pone manifiesto lo excesivamente malo de, Rom. 7:13.

hecha para restringir, 1 Tim. 1:9, 10.

con su severidad despierta el, Rom. 7:5, 8, 11.

es la fuerza del, 1 Cor. 15:56.

maldice á los que se hacen culpables de, Gál. 3:10.

ningún hombre puede limpiarse de, Job 9:30, 31; Prov. 20:9; Jer. 2:22.

hacer expiación satisfactoria por, Miq. 6:7.

Dios ha abierto un manantial contra, Zac. 13:1.

Cristo se manifestó para quitar, Juan 1:29; 1 Juan 3:5.

la sangre de Cristo redime de, Efes. 1:7.

limpia de, 1 Juan 1:7.

LOS SANTOS son librados de, Rom. 6:18.

están muertos al, Rom. 6:2, 11; 1 Ped. 2:24.

profesan haber cesado del, 1 Ped. 4:1.

no pueden vivir en, 1 Juan 3:9; 5:18.

resuelven no cometer más, Job 34:32.

se avergüenzan de haber cometido, Rom. 6:21.

se aborrecen á sí mismos á causa del, Job 42:6; Ezeq. 20:43.

tienen todavía en sí los restos del, Rom. 7:17, 23, con Gál. 5:17.

el temor de Dios reprime, Ex. 20:20; Sal. 4:4; Prov. 16:6.

la palabra de Dios guarda de, Sal. 119:11.

el Espíritu Santo convence de, Juan 16:8, 9.

si dijéremos que no tenemos, nos engañamos á nosotros mismos y no hay verdad en nosotros, 1 Juan 1:8.

si dijéremos que no tenemos, hacemos á Dios mentiroso, 1 Juan 1:10.

la confusión del rostro es de los que caen en, Dan. 9:7, 8.

ESTAMOS EN EL DEBER de confesarlo, Job 33:27; Prov. 28:13.

de sentir pesar por, 2 Crón. 6:29; Mar. 3:5.

de lamentarlo, Sal. 38:18; Jer. 3:21.

de aborrecerlo, Sal. 97:10; Prov. 8:13; Amós 5:15; Rom. 12:9.

de desecharlo, Job 11:14.

de apartarnos de él, Sal. 34:14; 2 Tim. 2:19.

de evitarlo aun en la apariencia, 1 Tes. 5:22.

de guardarnos de él, Sal. 4:4; 39:1.

de luchar contra él, Heb. 12:4.

de mortificarlo, Rom. 8:13; Col. 3:5.

de destruirlo de un todo, Rom. 6:6.

luchad particularmente contra los pecados dominantes, Heb. 12:1.

se agrava cuando uno descuida las ventajas de que goza, Luc. 12:47; Juan 15:22.

es un crimen el ocultarlo, Job 31:33; Prov. 28:13.

DEBEMOS PEDIRLE Á DIOS que examine si hay en nosotros, Sal. 139:23, 24.

que nos dé á conocer nuestro, Job 13:23.

perdone nuestro, Ex. 34:9; Luc. 11:4.

guarde de, Sal. 19:13.

libre de, Mat. 6:13.

limpie de, Sal. 51:2.

sirve de obstáculo á la oración, Sal. 66:18; Isa. 59:2.

impide el logro de las bendiciones, Jer. 5:25.

LOS MALOS son siervos de, Juan 8:34; Rom. 6:16.

están muertos en, Efes. 2:1.

caen en, en todo lo que hacen, Prov. 21:4; Ezeq. 21:24.

alegan que es por necesidad, 1 Sam. 13:11, 12.

se excusan por, Gén. 3:12, 13; 1 Sam. 15:13.

se afirman á sí mismos en, Sal. 64:5.

se encaran audazmente contra el mismo Dios al cometer, Isa. 5:18, 19.

se jactan de, Isa. 3:9.

hacen burla de, Prov. 14:9.

esperan la impunidad en, Sal. 50:21; 94:7.

no pueden dejar de cometer, 2 Ped. 2:14.

amontonan, Sal. 78:17; Isa. 30:1.

la prosperidad los impulsa á cometer más, Prov. 10:16.

son impelidos por la desesperación á continuar en, Jer. 18:12.

procuran ocultar de los ojos de Dios, Gén. 3:8, 10, con Job 31:33.

echan á Dios la culpa de su, Gén. 3:12; Jer. 7:10.

echan á los demás la culpa de, Gén. 3:12, 13; Ex. 32:22–24.

tientan á los demás á, Gén. 3:6; 1 Rey. 16:2.

se complacen con los que cometen, Rom. 1:32.

llevarán la vergüenza de, Ezeq. 16:52.

alcanzará á los malos, Núm. 32:23.

los ministros deben amonestar á los malos para que abandonen, Ezeq. 33:9; Dan. 4:27.

CONDUCE á la vergüenza, Rom. 6:21.

á la zozobra, Sal. 38:3.

á las enfermedades, Job 20:11.

la tierra (el suelo) fué maldecida á causa de, Gén. 3:17, 11.

el labor y el dolor originaron en, Gén. 3:16, 17, 19, con Job 14:1.

excluye del cielo al hombre, Gál. 5:19–21; Efes. 5:5; Rev. 21:27.

contra el Espíritu Santo, Mat. 12:31; Mar. 3:28; Luc. 12:10. Véase Heb. 6:4; 10:26; 1 Juan 5:16.

siendo cumplido engendra muerte, Sant. 1:15.

la muerte es los gajes de, Rom. 6:23.

el castigo de, Gén. 2:17; Ezeq. 18:4.

PECADOS NACIONALES:

en muchos casos penetran todas las capas sociales, Isa. 1:5; Jer. 5:1–5; 6:13.

muchas veces los gobernantes fomentan, 1 Rey. 12:26–33; 2 Crón. 21:11–13.

son causados por la prosperidad, Deut. 23:15; Ezeq. 28:5.

CONTAMINAN la tierra, Lev. 18:25; Isa. 24:5.

al pueblo, Lev. 18:24; Ezeq. 14:11.

el culto nacional, Ag. 2:14.

los privilegios los hacen más graves, Isa. 5:4–7; Ezeq. 20:11–13; Mat. 11:21–24.

conducen á los paganos á la blasfemia, Rom. 2:24.

son afrenta de los pueblos, Prov. 14:34.

ES UN DEBER arrepentirse de, Jer. 18:18; Jon. 3:5.

lamentar, Joel 2:12.

confesar, Jue. 10:10.

apartarse de, Isa. 1:16; Jon. 3:10.

los santos particularmente sienten pesar por, Sal. 119:136; Ezeq. 9:4.

LOS MINISTROS DEBEN lamentar, Ezra 10:6; Ezeq. 6:11; Joel 2:17.

protestar contra, Isa. 30:8, 9; Ezeq. 2:3–5; 22:2; Jon. 1:2.

tratar de apartar al pueblo de, Jer. 23:22.

orar por el perdón de, Ex. 32:31, 32; Joel 2:17.

las plegarias nacionales desechadas á causa de, Isa. 1:15; 59:2.

el culto nacional desechado á causa de, Isa. 1:10-14; Jer. 6:19, 20.

son causa de que se retiren las prerogativas, Lam. 2:9; Amós 8:11.

acarrean juicio sobre, Mat. 23:35, 36; 27:25.

protestas contra, Isa. 1:24; 30:1; Jer. 5:9; 12:17.

el castigo de, Isa. 3:8; Jer. 12:17; 25:12; Ezeq. 28:7-10.

el castigo de, detenido cuando hay arrepentimiento, Jue. 10:15, 16; 2 Crón. 12:6, 7; Jon. 3:10.

ejemplos de: Sodoma y Gomorra, Gén. 18:20; 2 Ped. 2:6. Los hijos de Israel, Exod. 16:8; 32:31. Las naciones de Canaán, Deut. 9:4. El reino de Israel, 2 Rey. 17:8-12; Ose. 4:1, 2. El reino de Judá, 2 Reyes 17:19; Isa. 1:2-7. Moab, Jer. 48:29, 30. Babilonia, Jer. 51:6, 13, 52. Tiro, Ezeq. 28:2. Nínive, Nah. 3:1.

PECES, creados, Gén. 1:20.

limpios é inmundos, Lev. 11:9-12; Deut. 14:9.

vendidos, 2 Crón. 33:14; Neh. 13:16; Sof. 1:10.

para alimento, Gén. 9:2, 3; Núm. 11:5; Mat. 7:10; 14:17; Luc. 24:42; Juan 21:9.

cómo los cogían, Job 41:7; Ecl. 9:2; Amós 4:2.

de Egipto, mueren, Ex. 7:19.

Jonás es tragado por un, Jon. 1:17.

pescas milagrosas de, Mat. 17:27; Luc. 5:6; Juan 21:6. Véase también Sal. 8:8; Isa. 19:10; Ezeq. 29:4, 5; 47:9, 10; 1 Cor. 15:39.

PECTORAL del sumo sacerdote descrito, Exod. 28:15; 39:8; Lev. 8:8.

PECULIAR (ó propio de Dios) pueblo, Israel llamado así, Deut. 14:2; Sal. 135:4. Véase Tit. 2:14; 1 Ped. 2:9.

PEDRO, el apóstol, vocación de, Mat. 4:18; Mar. 1:16; Luc. 5; Juan 1:35.

ordenado, Mat. 10:2; Mar. 3:16; Luc. 6:14.

camina sobre el agua, Mat. 14:29.

su confesión de Cristo, Mat. 16:16; Mar. 8:29; Luc. 9:20.

presente en la transfiguración, Mat. 17; Mar. 9; Luc. 9:28; 2 Ped. 1:16.

reconvenido á causa de su confianza en sí mismo, Luc. 22:31; Juan 13:36.

hiere al siervo del sumo sacerdote, Mat. 26:51; Mar. 14:47; Luc. 22:50; Juan 18:10.

niega á Cristo y se arrepiente, Mat. 26:69; Mar. 14:66; Luc. 22:54; Juan 18:15.

su discurso dirigido á los discípulos, Act. 1:15.

les predica á los Judíos, Act. 2:14; 3:12.

su intrepidez ante el concilio, Act. 4.

censura á Ananías y Safira, Act. 5; y á Simón el Mago, Act. 8:18.

resucita á Tabita, Act. 9:32.

es enviado á instruir á Cornelio, Act. 10.

es censurado por Pablo, Gál. 2:11-14.

es puesto en libertad por un ángel, Act. 12.

su consejo acerca de la ley, Act. 15:7.

testifica acerca de Pablo, 2 Ped. 3:15.

consuela á los discípulos dispersos, y los exhorta á la caridad y las buenas obras, 1 Ped. 1; 2; 2 Ped. 1; y á obedecer á los magistrados, &c., 1 Ped. 2:13.

da á conocer los deberes de las esposas, &c., 1 Ped. 3.

exhorta á los ancianos, 1 Ped. 5.

predice la maldad y el castigo de los falsos maestros, 2 Ped. 2.

y el incendio del mundo, 2 Ped. 3.

PEHOR (no Phogor), monte, el pecado de Israel en, Núm. 23:28; 25:18; Jos. 22:17.

PELCÍAS, Ezeq. 11:1, 13.

PELEA de fé. Véase COMBATE.

PELETEOS, parte de la guardia de David, 2 Sam. 8:18; 20:7, 23; 1 Reyes 1:38; 1 Crón. 18:17.

fiel en la rebelión de Absalom, 2 Sam. 15:18.

PELÍCANO, inmundo, Lev. 11:18; Deut. 14:17. Véase Sal. 102:6; Isa. 34:11.

PELO. Véase CABELLO.

PELUDO (Valera, fauno), Isa. 13:21; 34:14.

PENAS. Véase CASTIGO.

PENSAMIENTOS del hombre, malos, Gén. 6:5; 8:21; Deut. 31:21; Jer. 23:14; Luc. 1:51.

PENTECOSTES, fiesta de las semanas, leyes relativas al, Lev. 23:15; Deut. 16:9.

descendimiento del Espíritu Santo el día de, Act. 2. Véase Act. 20:16; 1 Cor. 16:8.

PENUEL, ó Panuel, Jacob lucha allí con el Ángel, Gén. 32:22.

Gedeón lo castiga, Jue. 8:8. Véase 1 Reyes 12:25.

PEÑA (ó roca) de pedernal, agua de, Núm. 20:11; Deut. 8:15; Sal. 114:8; 1 Cor. 10:4. Véase ROCA.

PEPINO, Núm. 11:5.

PERDICIÓN, lo que conduce á la, Filip. 1:28; 1 Tim. 6:9; Heb. 10:39; 2 Ped. 3:7; Rev. 17:8.

el hijo de, Juan 17:12; 2 Tes. 2:3.

PERDIZ, 1 Sam. 26:20; Jer. 17:11.

PERDÓN (el) del pecado, dimana de Dios, Exod. 34:7; Sal. 86:5; 103:3; 130:4; Isa. 43:25; Jer. 31:34; Dan. 9:9; Miq. 7:18; Mat. 9:6; Mar. 2:7; Luc. 5:21; 7:47, 48.

prometido, Isa. 1:18; Jer. 31:34, cotéjese con Heb. 8:12; Jer. 50:20.

prometido á los que se arrepientan, 2 Cró. 7:14; Prov. 28:13; Isa. 1:18; 33:24; 55:7; Jer. 3:12; 33:8; Mar. 1:4; Luc. 1:77; 3:3; 24:47; Act. 2:38; 3:19; 5:31; 11:18; 26:18; 2 Cor. 7:10; Heb. 8:12; 1 Juan 1:9.

no lo hay sin derramamiento de sangre, Lev. 17:11, coteja con Heb. 9:22.

los sacrificios de la ley no son eficaces para obtener, Heb. 10:4.

las purificaciones externas tampoco son eficaces, Job 9:30, 31; Jer. 2:22.

sólo la sangre de Cristo es eficaz, Zac. 13:1, con 1 Juan 1:7.

ES CONCEDIDO:

por Dios solo, Dan. 9:9; Mar. 2:7.

por Cristo, Mar. 2:5; Luc. 7:48.

por medio de la gracia, Isa. 53:5; Mat. 1:21; 26:28; Luc. 1:69, 77; 24:47; Act. 5:31; 13:38; Rom. 3:25; 1 Cor. 15:3; Efe. 1:7; Col. 1:14; 1 Juan 1:7; 2:1, 2.

por medio de la sangre de Cristo, Mat. 26:28; Rom. 3:25; Col. 1:14.

por causa del nombre de Cristo, 1 Juan 2:12.

por las riquezas de su gracia, Efes. 1:7.

en la exaltación de Cristo, Act. 5:31.

gratuitamente, Isa. 43:25.

de muy buena voluntad, Neh. 9:17; Sal. 86:5.

abundantemente, Isa. 55:7; Rom. 5:20.

á los que confiesan sus pecados, 2 Sam. 12:13; Sal. 32:5; 1 Juan 1:9.

á los que se tornan á Dios, Isa. 55:7.

creen, Act. 10:43.

se debe predicar en el nombre de Cristo, Luc. 24:47.

MANIFIESTA:

la compasión de Dios, Miq. 7:18, 19; Sal. 51:4.

la gracia, Rom. 5:15, 16; Heb. 2:9.

la misericordia, Ex. 34:7; Sal. 51:1.

la bondad, 2 Crón. 30:18; Sal. 86:5.

la clemencia, Rom. 3:25.

la justicia, 1 Juan 1:9.

la fidelidad, 1 Juan 1:9.

EXPRESIONES VARIAS PARA DENOTARLO:
cubrir el pecado, Sal. 32:1.
perdonar la rebelión, Sal. 32:1.
alejar nuestras rebeliones, Sal. 103:12.
raer nuestras rebeliones, Isa. 43:25; Act. 3:19.
ser propicio á nuestras injusticias, Heb. 8:12.
deshacer nuestros pecados, Isa. 44:22.
echar los pecados (del hombre) tras las espaldas (de Dios), Isa. 38:17.
echar nuestros pecados en lo profundo de la mar, Miq. 7:19.
no imputar pecado, Rom. 4:8.
limpiar del pecado, Isa. 1:18; Jer. 33:8.
no venirle (á Dios) en memoria las rebeliones, Ezeq. 18:22.
no acordarse más de nuestros pecados, Heb. 10:17.
todos los santos gozan de, Col. 2:13; 1 Juan 2:12.
bienaventuranza de, Sal. 32:1, cotejado con Rom. 4:7.
DEBIERA CONDUCIRNOS Á:
tornar á Dios, Isa. 44:22.
amar, Luc. 7:47.
temer, Sal. 130:4.
alabar, Sal. 103:2, 3.
se ha nombrado á los ministros para proclamarlo, Isa. 40:1, 2; 2 Cor. 5:19.
orad á Dios por, para vosotros mismos, Sal. 25:11, 18; 51:1; Mat. 6:12; Luc. 11:4.
para los demás, Ex. 32 31; Núm. 14:19; Luc. 23:34; Sant. 5:15; 1 Juan 5:16.
incentivos para orar por, 2 Crón. 7:14.
se debe solicitar, Deut. 4:29; 1 Cró. 28:9; 2 Cró. 7:14; Sal. 119:2; Jer. 29:13; Act. 8:22.
SE REHUSA Á:
los que no perdonan, Mar. 11:26; Luc. 6:37.
los incrédulos, Juan 8:21, 24.
los impenitentes, Luc. 13:2-5.
los que blasfeman del Espíritu Santo, Mat. 12:32; Mar. 3:28, 29.
los apóstatas, Heb. 10:26, 27; 1 Juan 5:16.
explicado con ejemplos, Luc. 7:42; 15:20-24.
ejemplificado: los israelitas, Núm. 14:20. David, 2 Sam. 12:13. Manassés, 2 Crón. 33:13. Ezequías, Isa. 38:17. El paralítico, Mat. 9:2. La pecadora penitente, Luc. 7:47.
DE LAS INJURIAS:
Cristo nos dió ejemplo de, Luc. 23:34.
prescrito, Mar. 11:25; Rom. 12:19.
ilimitado, Mat. 18:22; Luc. 17:4.
es característico de los santos, Sal. 7:4.
INCENTIVOS PARA EJERCERLO:
la misericordia de Dios, Luc. 6:36.
la necesidad que nosotros mismos tenemos del perdón, Efes. 4:32.
el perdón que Cristo nos ha concedido, Col. 3:13.
es una gloria para los santos, Prov. 19:11.
DEBE IR ACOMPAÑADO DE:
la indulgencia, Col. 3:13.
la bondad, Gén. 45:5-11; Rom. 12:20.
la bendición y la oración, Mat. 5:44.
promesas relativamente á, Mat. 6:14; Luc. 6:37.
no hay perdón sin, Mat. 6:15; Sant. 2:13.
explicado con un ejemplo, Mat. 18:23-35.
ejemplificado: José, Gén. 50:20, 21. David, 1 Sam. 24:7; 2 Sam. 18:5; 19:23. Solomón, 1 Reyes 1:53. Esteban, Act. 7:20. Pablo, 2 Tim. 4:16.
PEREGRINOS y forasteros:
descritos, Juan 17:16.
á los santos se les manda que sean, Gén. 12:1, con Act. 7:3; Luc. 14:26, 27, 33.
todos los santos son, Sal. 39:12; 1 Ped. 1:1.

los santos confiesan que son, 1 Cró. 29:15; Sal. 39:12; 119:19; Heb. 11:13.
LOS SANTOS EN EL CARÁCTER DE, tienen el ejemplo de Cristo, Luc. 9:58.
reciben fuerza de Dios, Deut. 33:25; Sal. 84:6, 7.
son movidos por la fé, Heb. 11:9.
tienen vueltas las caras hacia Sión, Jer. 50:5.
no pierden de vista las promesas, Heb. 11:13.
lo abandonan todo por Cristo, Mat. 19:27.
anhelan una patria celestial, Heb. 11:16.
una ciudad celestial, Heb. 11:10.
pasan su peregrinación en el temor, 1 Ped. 1:17.
se regocijan en los estatutos de Dios, Sal. 119:54.
piden á Dios los dirija, Sal. 43:3; Jer. 50:5.
su morada es en los cielos, Filip. 3:20.
aborrecen la compañía mundana, Sal. 120:5, 6.
no se acuerdan de este mundo, Heb. 11:15.
habitan en este mundo como en tierra ajena, Heb. 11:9.
brillan como luces en el mundo, Filip. 2:15.
invitan á otros á ir con ellos, Núm. 10:29.
están expuestos á la persecución, Sal. 120:5-7; Juan 17:14.
deben abstenerse de las concupiscencias, 1 Ped. 2:11.
deben tener su tesoro en el cielo, Mat. 6:19; Luc. 12:33; Col. 3:1, 2.
no deben afanarse por las cosas de este mundo, Mat. 6:25.
anhelan que termine su peregrinación, Sal. 55:6; 2 Cor. 5:1-8.
mueren en la fé, Heb. 11:13.
el mundo no es digno de, Heb. 11:38.
á Dios se le llama su Dios, Heb. 11:16.
símbolo de: Israel, Ex. 6:4; 12:11.
ejemplos de: Abraham, Gén. 23:4; Act. 7:4, 5. Jacobo, Gén. 47:9. Los santos de la antigüedad, 1 Crón. 29:15; Heb. 11:13, 38. David, Sal. 39:12. Los apóstoles, Mat. 19:27.
PERES (dividir), Dan. 5:28.
PEREZA (la) censurada, Prov. 12:24, 27; 15:19; 21:25; 26:13-16; Mat. 25:26; Rom. 11:8.
conduce á la miseria, Prov. 18:9; 19:15; 20:4; 24:30; Ecl. 10:18.
á sus ojos los obstáculos parecen mucho más grandes de lo que son en realidad, Prov. 15:19; 22:13.
de los ministros, Isa. 56:10; Ezeq. 34:2.
exhortaciones en contra de, Prov. 6:4; Rom. 12:11; 13:11; 1 Tes. 5:6; Heb. 6:12. Véase OCIOSIDAD.
PEREZEOS, Gén. 13:7; 15:20.
subyugados, Jue. 1:4; 2 Crón. 8:7.
PEREZOSO (el), descrito, Prov. 6:0; 10:26; 13:4; 20:4; 26:16.
PEREZ—UZZAH (brecha de Uzzah), 2 Sam. 6:8; 1 Crón. 13:11.
PERFECCIÓN de Dios, Deut. 32:4; 2 Sam. 22:31; Job 36:4; Mat. 5:48.
de CRISTO, Heb. 2:10; 5:9; 7:28.
de las leyes de Dios, Sal. 19:7; Sant. 1:25.
—— de los santos:
es de Dios, Isa. 18:32; 138:8.
todos los santos poseen, en Cristo, 1 Cor. 2:6; Filip. 3:15; Col. 2:10.
la perfección de Dios es la norma de, Mat. 5:48.
implica una consagración completa, Mat. 19:21.
pureza y santidad en el hablar, Sant. 3:2.
se manda á los santos que aspiren á, Gén. 17:1; Deut. 18:13.
los santos no se atribuyen el don de, Job 9:20; Filip. 3:12.

siguen, Prov. 4:18; Fil. 3:12.
los ministros han sido puestos para conducir á los santos á, Efes. 4:12; Col. 1:28.
exhortación á, 2 Cor. 7:1; 13:11.
lo imposible de alcanzar, 2 Cró. 6:36; Job 9:20; Sal. 19:12; 119:96; Ecl. 7:20; Mat. 6:12; Juan 1:8.
la palabra de Dios es la regla de, Sant. 1:25; y tiene por objeto conducirnos á, 2 Tim. 3:16.
la caridad es el vínculo de, Col. 3:14.
la paciencia conduce á, Sant. 1:4.
orad por, Heb. 13:20, 21; 1 Ped. 5:10.
la iglesia alcanzará, Juan 17:23; Efes. 4:13.
bienaventuranza de, Sal. 37:37; Prov. 2:21.
PERFUMADOR, Ex. 30:35; Ecl. 10:1.
PERFUME, sagrado, Ex. 30:34.
PERFUMERO, 1 Sam. 8:13.
PERGA, Pablo en, Act. 13:14; 14:25.
PERGAMINOS, 2 Tim. 4:13.
PÉRGAMO, epístola á la iglesia de, Rev. 1:11; 2:12.
PERJURIO, prohibido, Exod. 20:16; Lev. 6:3; 19:12; Deut. 5:20; Ezeq. 17:16; Zac. 5:4; 8:17; 1 Tim. 1:10.
PERLAS, mencionadas, Mat. 7:6; 13:45. Véase 1 Tim. 2:9; Rev. 17:4.
PERROS, su naturaleza y hábitos, 1 Rey. 14:11; 22:38; 2 Rey. 9:36; Prov. 26:17; Luc. 16:21; 2 Ped. 2:22.
perros de ganado, Job 30:1; perros callejeros, Sal. 59:6, 14; 1 Rey. 21:19; perros caseros, Mat. 15:27.
ley con respecto á, Deut. 23:18.
representación de los enemigos, Sal. 22:16.
de los falsos maestros, Isa. 56:10; Fil. 3:2.
epíteto deshonroso, 2 Sam. 9:8; Mat. 15:27.
que denota la falta de arrepentimiento, Prov. 26:11; 2 Ped. 2:22; Rev.22:15.
PERSECUCIÓN:
Cristo sufrió, Sal. 69:26; Juan 5:16.
se sometió voluntariamente á, Isa. 50:6.
fué paciente en, Isa. 53:7.
los santos padecen á veces, Mar. 10:30; Luc. 21:12; Juan 15:20.
sufren por amor de Dios, Jer. 15:15.
de los santos es virtualmente una persecución de Cristo, Zac. 2:8, con Act. 9:4, 5.
todos los que viven piamente en Cristo sufren, 2 Tim. 3:12.
DIMANA DE la ignorancia de Dios y de Cristo, Juan 16:3.
del odio hacia Dios y hacia Cristo, Juan 15:20, 24.
del odio hacia el evangelio, Mat. 13:21.
del orgullo, Sal. 10:2.
del celo desatinado, Act. 13:50; 26:9–11.
es incompatible con el espíritu del evangelio, Mat. 26:52.
á los hombres, por naturaleza, les gusta ejercer, Gál 4:29.
los predicadores del evangelio están expuestos á, Gál. 5:11.
es algunas veces hasta la muerte, Act. 22:4.
Dios no abandona á los santos cuando sufren, 2 Cor. 4:9.
Dios libra de, Dan. 3:25, 28; 2 Cor 1:10; 2 Tim. 3:11.
no puede separarnos de Cristo, Rom. 8:35.
pueden usarse medios lícitos para escapar, Mat. 2:13; 10.23· 12:14, 15.
LOS SANTOS QUE PADECEN DEBEN:
encomendarse á Dios. 1 Ped. 4:19.
manifestar paciencia, 1 Cor. 4:12.
regocijarse, Mat. 5:12; 1 Ped. 4:13.
glorificar á Dios, 1 Ped. 4:16.

pedir á Dios que los libre, Sal. 7:1; 119:86.
orar por los que ejercen, Mat. 5:44.
bendecir á los que ejercen, Rom. 12:14.
la esperanza de la bienaventuranza venidera nos sostiene en medio de, 1 Cor. 15:19, 32; Heb. 10:34, 35.
la bienaventuranza que resulta de sufrir, por amor de Cristo, Mat. 5:10; Luc. 6:22.
orad por los que padecen, 2 Tes. 3:2.
los hipócritas no pueden aguantar, Mar. 4:17.
los falsos maestros le huyen á, Gál. 6:12.
LOS MALOS se complacen en ejercer, Sal. 10:2; 69:26.
son activos en, Sal. 143:3; Lam. 4:19.
se animan mutuamente en el ejercicio de, Sal. 71:11.
se regocijan de su buen éxito, Sal. 13:4; Rev. 11:10.
el castigo de, Sal. 7:13; 2 Tes. 1:6.
explicada con un ejemplo, Mat. 21:33–39.
el espíritu de, ejemplificado: Faraón, &c., Ex. 1:8–14. Saúl, 1 Sam. 26:18. Jezabel, 1 Rey. 19:2. Sedecías, &c., Jer. 38:4–6. Los Caldeos, Dan. 3:8, &c. Los Fariseos, Mat. 12:14. Los Judíos, Juan 5:16; 1 Tes. 2:15. Herodes, Act. 12:1. Los Gentiles, Act. 14:5. Pablo, Filip. 3:6; 1 Tim. 1:13.
el sufrimiento de, ejemplificado: Miqueas, 1 Reyes 22:27. David, Sal. 119:161. Jeremías, Jer. 32:2. Daniel, Dan. 6:5–17. Pedro, &c., Act. 4:3. Los apóstoles, Act. 5:18. Los profetas, Act. 7:52. La iglesia primitiva, Act. 8:1. Pablo y Bernabé, Act. 13:50. Pablo y Silas, Act. 16:23. Hebreos, Heb. 10:33. Los santos de la antigüedad, Heb. 11:36.
PERSEVERANCIA, la:
prueba de la reconciliación con Dios, Col. 1:21–23.
de que pertenecemos á Cristo, Juan 8:31; Heb. 3:6, 14.
cualidad de los santos, Prov. 4:18.
HA DE MANIFESTARSE buscando á Dios, 1 Cró. 16:11.
esperando en Dios, Ose. 12:6.
orando á Dios, Rom. 12:12; Efes. 6:18.
haciendo lo bueno, Rom. 2:7; 2 Tes. 3:13.
continuando en la fé, Act. 14:22; Col. 1:23; 2 Tim. 4:7.
aferrándose firmemente á la esperanza, Heb. 3:6.
SE SOSTIENE por medio del poder de Dios, Sal. 37:24; Filip. 1:6.
por medio del poder de Cristo, Juan 10:28.
de la intercesión de Cristo, Luc. 22:31, 32; Juan 17:11.
del temor de Dios, Jer. 33:40.
de la fé, 1 Ped. 1:5.
prometida á los santos, Job 17:9.
conduce á mayores conocimientos, Jua. 8:31, 32.
en el bien hacer: conduce á la certidumbre de la esperanza, Heb. 6:10, 11.
no es en vano, 1 Cor. 15:58; Gál. 6:9.
los ministros deben exhortar á la práctica de Act. 13:43; 14:22.
incentivos con relación á, Heb. 12:2, 3.
promesas, Mat. 10:22; 24:13; Rev. 2:26–28.
buenaventuranza que resulta de, Sant. 1:25.
LA FALTA DE, excluye de los beneficios del evangelio, Heb. 6:4–6.
es castigada, Juan 15:6; Rom. 11:22.
aclarada con un ejemplo, Mar. 4:5, 17.
PERSIA, el reino de, sucede al de Babilonia, 2 Cró. 36:20; Dan. 6; Est. 1; Ezeq. 27:10; 38:5.
profecías con respecto á, Isa. 21:2; Dan. 5:28; 8:20; 10:13; 11:2.

147

PÉRSIDE, encomiada, Rom. 16:12.

PERSONALIDAD del Espíritu Santo:
EL crea y da vida, Job 33:4.
nombra y comisiona á los ministros, Isa. 48:16; Act. 13:2; 20:28.
dirige á los ministros en cuanto á donde han de predicar, Act. 8:29; 10:19, 20.
y donde no han de predicar, Act. 16:6, 7.
los instruye en cuanto á qué han de predicar, 1 Cor. 2:13.
habló en los profetas y por medio de ellos, Act. 1:16; 1 Ped. 1:11, 12; 2 Ped. 1:21.
contiende con los pecadores, Gén. 6:3.
reprende, Juan 16:8.
consuela, Act. 9:31.
ayuda nuestra flaqueza, Rom. 8:26.
enseña, Juan 14:26; 1 Cor. 12:3.
guía, Juan 16:13.
santifica, Rom. 15:16; 1 Cor. 6:11.
testifica acerca de Cristo, Juan 15:26.
glorifica á Cristo, Juan 16:14.
tiene poder propio, Rom. 15:13.
lo escudriña todo, Rom. 11:33, 34, con 1 Cor. 2:10, 11.
obra de acuerdo con su propia voluntad, 1 Cor. 12:11.
mora con los santos, Juan 14:17.
el hombre puede contristarle, Efes. 4:30.
airarle, Isa. 63:10.
resistirle, Act. 7:51.
tentarle, Act. 5:9.

PERSONAS, Dios no hace acepción de, Deut. 10:17; 2 Crón. 19:7; Job 34:19; Act. 10:34; Rom. 7:11; Gál. 2:6; Efes. 6:9; Col. 3:25; 1 Ped. 1:17. Véase PARCIALIDAD.

PERVERSIDAD (la) censurada, Deut. 32:20; 2 Sam. 22:27; Job 5:13; Prov. 2:12; 3:32; 4:24; 10:31; 11:20; 16:28; 17:20; 21:8; 22:5. Véase también Prov. 11:3; Ezeq. 9:9.

PESADUMBRE, contraste de la que es según Dios y la que es del mundo, 2 Cor. 7:10; 1 Tes. 4:13. Véase AFLICCIÓN.

PESAS justas, prescritas, Lev. 19:35; Deut. 25:13; Prov. 11:1; 16:11; 20:10, 23; Ezeq. 45:10; Miq. 6:10. Véase BALANZAS.

PESCADORES, los apóstoles, Mat. 4:18; Mar. 1:16; Luc. 5; Juan 21:7.

PESEBRE, Job 39:9; Prov. 14:4 (trad. ALFOLÍ); Isa. 1:3; Luc. 13:15.
Jesús fué puesto en un, Luc. 2:7, 12, 16.

PESTE, amagos de, á causa de la desobediencia, Lev. 26:25; Núm. 14:12; Deut. 28:21; Jer. 14:12; 27:13; Ezeq. 5:12; 6:11; 7:15, &c.; Mat. 24:7; Luc. 21:11.
infligida, Núm. 14:37; 16:46; 25:9; 2 Sam. 24:15; Sal. 78:50.
detenida, Núm. 16:47; 2 Sam. 24:16.
gravísima del ganado, Ex. 9:3.

PETOR, Núm. 22:5; Deut. 23:4.

PIADOSOS, hombres llamados así, Simeón, Luc. 2:25; Cornelio, Act. 10:2; Ananías, Act. 22:12.

PIEDAD en el hogar, 1 Tim. 5:4. Véase SANTIDAD.

PIEDRA, ó Roca (la), llamada Petra por los Griegos, 2 Rey. 14:7; Isa. 16:1.

PIEDRA ANGULAR, ó de la esquiña, Job 38:6; Sal. 144:12; nombre dado á Cristo, Sal. 118:22; Isa. 28:16; Mat. 21:42; Mar. 12:10; Efes. 2:20; 1 Ped. 2:6.

PIEDRAS PRECIOSAS, sacadas de la tierra, Job 28:5, 6.
transportadas desde Ofir y Saba, 1 Rey. 10:1, 2, 11; 2 Crón. 9:10; Ezeq. 27:22.

de gran variedad y de diversos colores, 1 Crón. 29:2; Rev. 21:11, 19, 20.
del pectoral, Ex. 28:17; 39:10–14.
empleadas en el templo, 1 Crón. 29:2; 2 Crón. 3:6, &c.
en la nueva Jerusalem, Rev. 21:11, 19.
mencionadas en las Escrituras:
amatista, Ex. 28:19; Rev. 21:20.
berilo, Rev. 21:20.
calcedonia, Rev. 21:19.
carbúnculo, Ex. 28:18; Isa. 54:12.
coral, Job 28:18.
crisopraso, Rev. 21:20.
diamante, Ex. 28:18; Jer. 17:1; Ezeq. 28:13.
esmeralda, Ezeq. 27:16; Rev. 4:3.
jacinto, Rev. 9:17; 21:20.
jaspe, Rev. 4:3; 21:11, 19.
ónix, Ex. 28:20; Job 28:16.
perla, Job 28:18; Mat. 13:45, 46; Rev. 21:21.
piedras preciosas—en la versión de Valera. (PERLAS según unos, RUBÍES según otros) Job 28:18; Prov. 3:15; 8:11; 20:15; 31:10; Lam. 4:7.
rubí, Ex. 28:17.
sardonia ó sardio, Rev. 4:3; 21:20.
sardónica, Rev. 21:20.
topacio, Job 28:19; Rev. 21:20.
turquesa, Ex. 28:19.
zafiro, Ex. 24:10; Ezeq. 1:26.
el arte de grabar en, era conocido de los Judíos desde tiempos muy antiguos, Ex. 28:9, 11, 21.
el arte de engastar era conocido, Ex. 28:20; Cant. 5:12.
por vía de comparación, Isa. 28:16; 54:11, 12; Ezeq. 28:13–16; Mal. 3:17; 1 Cor. 3:12; 1 Ped. 2:2; Rev. 17:4; 18:16; 21:11, 19.

PIEL, túnicas de, Gén. 3:21.
cubierta de, para el tabernáculo, Ex. 25:5; Núm. 4:8–14.

PIÉS (los), el lavatorio de, Gén. 18:4; 19:2; 24:32; 43:24; 1 Sam. 25:41; 2 Sam. 11:8; Cant. 5:3; Luc. 7:44; Juan 11:2; 13:5–14; 1 Tim. 5:10.
el descubrir de, Ex. 3:5; Jos. 5:15.
polvo de, Isa. 49:23; Nah. 1:3; Mat. 10:14; Mar. 6:11; Act. 13:51.
ornamentos de, Isa. 3:16, 18.
de los santos, 1 Sam. 2:9; 2 Sam. 22:34, 37; Sal. 31:8; 40:2; 66:9. 116:8; 119:105; 121:3; Luc. 1:79; Efes. 6:15.
de los malos, Job 18:8; Sal. 9:15; Prov. 1:16; 6:13, 18; Rom. 3:15.
en el estilo figurado, Gén. 49:10; Deut. 33:24; Job 12:5; Sal. 38:16; 68:23; 94:18; Isa. 18:7; Lam. 1:15; Ezeq. 6:11; 25:6; Rom. 10:15; 1 Cor. 12:21; Heb. 12:13.

PIEZAS de moneda, ó monedas de plata, en el Hebreo KESITAH, como cuatro siclos, Gén. 33:19; Jos. 24:32.

PÍFANO, Dan. 3:5, 7, 10, 15.

PIGMEOS, Ezeq. 27:11.

PIHAHIROT, Ex. 14:2.

PILATO, el gobernador romano, Luc. 3:1.
castiga á los Galileos, Luc. 13:1.
declara inocente á Cristo, Mat. 27:24; Luc. 23:13; Juan 18:38.
la intercesión de su esposa, Mat. 27:19.
entrega á Cristo para que le crucifiquen, Mat. 27:26; Mar. 15:15; Luc. 23:16, 24; Juan 19.
entrega el cuerpo de Cristo á José, Mat. 27:57; Mar. 15:42; Luc. 23:50; Juan 19:38. Véase Act. 3:13; 4:27; 13:28; 1 Tim. 6:13.

PILOTO, Ezeq. 27:8, 27–29; tr. MAESTRO, Jon. 1:6.

PINO, Isa. 41:19; 44:14; 60:13.

PINTURA, figura ó imagen, Lev. 26:1; Núm. 33:52; Prov. 25:11; Isa. 2:16.
PINTURA de los ojos, practicábase, 2 Rey.9:39; Jer. 4:30; Ezeq. 28:40.
PIÑONES (pistachos), Gén. 43:11.
PIOJOS, plaga de, Ex. 8:16; Sal. 105:31.
PISIDIA, Pablo en. Act. 13:14; 14:24.
PISÓN, rio, Gén. 2:11.
PITOM, ciudad del bastimento en el Egipto, Ex. 1:11.
PLACERES, vanidad de los, Ecl. 2, &c.
exhortaciones en contra de, Luc. 8:14; 16:19; Filp. 3:19; 2 Tim. 3:4; Tit. 3:3; Heb. 11:25; Sant. 5; 1 Ped. 4; 2 Ped. 2:13.
PLAGAS de Egipto, Ex. 7–12.
infligidas á Israel, Núm. 11:33; 16:46.
amenazas de, Lev. 26:21; Deut. 28:59; Rev. 8; 9; 11; 16. Véase PESTE.
PLANTA, Sal. 128:3; 144:12; Cant. 4:13; Isa. 5:7; 53:2; Jer. 2:21; Ezeq. 34:29; Mat. 15:13.
PLAÑIDO, Est. 4:3; Jer. 9:10, 18; Ezeq. 27:31; Mar. 5:38.
PLATA, empleada en el tabernáculo, Ex. 26:19; Núm. 7:13.
como dinero, Gén. 23:15; 44:2; Deut. 22:19; 2 Rey. 5:22, &c.
convertida en copas, Gén. 44:2; en platos y jarros, Núm. 7:13–84; en planchas delgadas, Jer. 10:9; en cadenas, Isa. 40:19; alambres, Ecl. 12:6; en candeleros y mesas, 1 Crón. 28:15, 16; en camas ó lechos, Est. 1:6; en ídolos, Sal. 115: 4; Isa. 2:20; 30:22; adornos del cuerpo, Ex. 3:22,
por vía de comparación, Sal. 12:6 ; 66:10 ; Prov. 3:14; 8:19; 10:20; 16:16; Isa. 1:22, 23; Jer. 6:30; Ezeq. 22:18; Zac. 13:9.
Cristo traicionado por, Zac. 11:12; Amós 2:6; Mat. 26:15.
platero, Act. 19:24.
PLATO, Núm. 7:13; Ezra 1:9; Mat. 14:8; 23:25; Mar. 6:25; 14:20; Luc. 11:39.
usado en el tabernáculo, Ex. 25:29.
PLAZA (la), Mat. 23:7; en las puertas de las ciudades, Gén. 23:10, 16; 34:20; Rut 4:1; 2 Rey. 7:1, 18; se emplea en, Mat. 20:3; Mar. 7:4; Luc. 7:32.
Pablo fué conducido ante los jueces en, Act. 16:19.
Pablo predicó en, en Atenas, Act. 17:17.
PLEITOS de leyes, censurados, 1 Cor. 6:1.
PLENITUD (la) del tiempo, Rom. 11:25; Gál. 4:4; Efes. 1:10.
PLEYADES, grupo de estrellas, Job 9:9; 38:31; tr. ARTURO en Amós 5:8.
PLOMADA de albañil, visión de, Amós 7:8; Zac. 4:10. Véase 2 Rey. 21:13; Isa. 28:17.
PLOMO, Ex. 15:10.
empleado para hacer inscripciones, Job 19:24.
tráfico en, Ezeq. 27:12.
fundidor de, Jer. 6:29; Ezeq. 22:18, 20.
PLUMA de escribir, Sal. 45:1; Isa 8:1 (original); Jer. 8:8; 3 Juan 13. Véase CINCEL.
POBRES, los;
hechos por Dios, Job 34:19; Prov. 22:2.
lo son en conformidad con los designios de Dios, 1 Sam. 2:7; Job 1:21.
EL ESTADO DE, RESULTA MUCHAS VECES de la pereza, Prov. 20:13.
de las malas compañías, Rev. 28:19.
de la embriaguez y la glotonería, Prov. 23:21.
DIOS no se olvida de, Sal. 9:18.
los considera igualmente que á los ricos, Job 34:19.
oye á, Sal. 69:33; Isa. 41:17.
sostiene los derechos de, Sal. 140:12.

libra á, Job. 36:15; Sal. 35:10.
protege á, Sal. 12:5; 109:31.
ensalza á, 1 Sam. 2:8; Sal. 107:41.
provee á las necesidades de, Sal. 68:10; 146:7.
no desdeña la oración de, Sal. 102:17.
es el refugio de, Sal. 14:6.
no faltarán jamás de la tierra, Deut. 15:11; Sof. 3:12; Mat. 26:11.
PUEDEN SER ricos en la fé, Sant. 2:5.
liberales, Mar. 12:42; 2 Cor. 8:2.
prudentes, Prov. 28:11.
rectos, Prov. 19:1.
Cristo vivió como uno de ellos, Mat. 8:20.
predicó á, Luc. 4:18.
libra á, Sal. 72:12.
las ofrendas de, son aceptables á Dios, Mar. 12:42-44; 2 Cor. 8:2, 12.
DEBEN regocijarse en Dios, Isa. 29:19.
esperar en Dios, Job 5:16.
encomendarse á Dios, Sal. 10:14.
cuando se convierten, regocijarse en su ensalzamiento, Sant. 1:9.
eran socorridos bajo la ley, Exod. 23:11; Lev. 19:9, 10.
NO CUIDARSE DE, es no cuidarse de Cristo, Mat. 25:42-45.
es incompatible con el amor para con Dios, 1 Juan 3:17.
es prueba de incredulidad, Sant. 2:15, 17.
no les robéis á, Prov. 22:22.
no los perjudiquéis, en la litigación, Ex. 23:6.
no toméis usura de, Lev. 25:36.
no adurézcais vuestro corazón contra, Deut. 15:7.
no los goberneis con rigor, Lev. 25:39, 43.
no oprimais, Deut. 24:14; Zac. 7:10.
no despreciéis á, Prov. 14:21; Sant. 2:2-4.
socorred á, Lev. 25:35; Mat. 19:21.
defended á, Sal. 82:3; Jer. 22:3, 16.
EL CUIDAR á, es un distintivo de los santos, Sal. 112:9, con 2 Cor. 9:9; Prov. 29:7.
es uno de los frutos del arrepentimiento, Luc. 3:11.
debe encarecerse, 2 Cor. 8:7, 8; Gál. 2:10.
DAD á, no de mala gana, Deut. 15:10; 2 Cor. 9:7.
con largueza, Deut. 14:29; 15:8, 11.
con gusto, 2 Cor. 8:12; 9:7.
sin ostentación, Mat. 6:1.
mayormente á los santos, Rom. 12:13; Gál. 6:10.
orad por, Sal. 74:19, 21.
LOS QUE EN LA FÉ SOCORREN á, son felices, Prov. 14:21.
son bendecidos, Deut. 15:10; Sal. 41:1; Prov. 22:9; Act. 20:35.
tienen el favor de Dios, Heb. 13:16.
tienen promesas, Prov. 19:17; 28:27; Luc. 14:13, 14.
oprimiendo á, se afrenta á Dios, Prov. 14:31; burlándose de, Prov. 17:5.
LOS MALOS no se cuidan de, Juan 12:6.
oprimen á, Job 24:4-10; Ezeq. 18:12.
hacen violencia á, Ezeq. 22:29.
no respetan el derecho de, Prov. 29:7.
venden á, Amós 2:6.
quebrantan á, Amós 4:1.
huellan á, Amós 5:11.
muelen las caras de, Isa. 3:15.
devoran á, Hab. 3:14.
persiguen á, Sal. 10:2.
defraudan, Amós 8:5, 6.
desdeñan el consejo de, Sal. 14:6.
los ricos se hacen reos de fraude hacia, Sant. 5:4.

CASTIGO á los que oprimen á, Prov. 22:16; Ezeq. 22:29, 31.
á los que despojan á, Isa. 3:13–15.
rehusan auxiliar á, Job 22:7, 10; Prov. 21:13.
se conducen injustamente hacia, Job 20:19, 29; 22:6, 10; Isa. 10:1–3; Am. 5:11, 12.
la opresión de, explicada con un ejemplo, 2 Sam. 12:1–6.
el cuidado de, explicado con un ejemplo, Luc. 10:33–35.
ejemplos de: Gedeón, Jue. 6:15. Rut, Rut 2:2. La viuda de Sarepta, 1 Rey. 17:12. La viuda del profeta, 2 Rey. 4:2. Los santos de la antigüedad, Heb. 11:37.
el miramiento hacia, ejemplificado: Booz, Rut 2:14. Job, Job 29:12–16. Nabuzardán, Jer. 39:10. Zaqueo, Luc. 19:8. Pedro y Juan, Act. 3:6. Dorcas, Act. 9:36, 39. Cornelio, Act. 10:2. Iglesia de Antioquía, Act. 11:29, 30. Pablo, Rom. 15:25. Iglesias de Macedonia y Acaya, Rom. 15:26; 2 Cor. 8:1–5.
POBRES (los) en espíritu, bienaventurados, Mat. 5:3; Luc. 6:20; Isa. 66:2.
PODADERAS (algunas veces en Valera HOCES), Isa. 2:4; 18:5; Joel 3:10.
por vía de comparación, Juan 15 2.
PODER de Dios:
es uno de sus atributos, Sal. 62:11.
EXPRESADO con la voz de Dios, Sal. 29:3, 5; 68:33.
con el dedo de Dios, Ex. 8:19; Sal. 8:3.
con la mano de Dios, Ex. 9:3, 15; Isa. 48:13.
con el brazo de Dios, Job 40:9; Isa. 52·10.
con trueno de su potencia, &c., Job 26:14.
DESCRITO COMO grande, Sal. 79:11; Nah. 1:3.
fuerte, Job 9:24; Sal. 89:13; 136:12.
glorioso, Ex. 15:6; Isa. 63:12.
eterno, Isa; 26:4; Rom. 1:20.
soberano, Rom. 9:21.
eficaz, Isa. 43:13; Efes. 3:7.
irresistible, Deut. 32:39; Dan. 4:35.
incomparable, Ex. 15:11, 12; Deut. 3:24; Job 40:9; Sal. 89:8.
inescrutable, Job 5:9; 9:10.
incomprensible, Job 26:14; Ecl. 3:11.
todo es posible para, Mat. 19:26.
nada es demasiado difícil para, Gén. 18:14; Jer. 32:27.
puede salvar con muchos ó con pocos, 1 Sam. 14:6.
es la fuente de toda fuerza, 1 Crón. 29:12; Sal. 68:35.
SE MANIFIESTA en la creación, Sal. 102:25; Jer. 10:12.
en la obra de establecer y gobernar todas las cosas, Sal. 65:6; 66:7.
en los milagros de Cristo, Luc. 11:20.
en la resurrección de Cristo, 2 Cor. 13:4; Col. 2:12.
de los santos, 1 Cor. 6:14.
en el hecho de hacer eficaz el evangelio, Rom. 1:16; 1 Cor. 1:18, 24.
en la emancipación de su pueblo, Sal. 106:8.
en la destrucción de los malos, Ex. 9:16; Rom. 9:22.
LOS SANTOS desean ardientemente las manifestaciones de, Sal. 63:1, 2.
tienen confianza en, Jer. 20:11.
reciben el aumento de la gracia por, 2 Cor. 9:8.
son fortalecidos por, Efes. 6:10; Col. 1:11.
son sostenidos por, Sal. 37:17; Isa. 41:10.
en la aflicción, 2 Cor. 6:7; 2 Tim. 1:8.
son librados por, Neh. 1:19; Dan. 3:17.

son ensalzados por, Job 36:22.
son preservados por, hasta la salvación, 1 Ped. 1:5.
ejercido á favor de los santos, 2 Crón. 16:9.
obra en los santos y por ellos, 2 Cor 13:4; Efes. 1:19; 3:20.
la fé de los santos estriba en, 1 Cor. 2:5.
DEBE SER reconocido, 1 Crón. 29:11; Isa. 33:13.
alegado en la oración, Sal. 79:11; Mat. 6:13.
temido, Jer. 5:22; Mat. 10:28.
ensalzado, Sal. 21:13; Jud. 25.
la eficiencia de los ministros es por, 1 Cor. 3:6–8; Gál. 2:8; Efes. 3:7.
es motivo de confianza, Isa. 26:4; Rom. 4:21.
LOS MALOS no conocen, Mat. 22.29.
tienen en su contra, Ezra 8:22.
serán destruidos por, Luc. 12:5.
las huestes celestiales ensalzan, Rev. 4:11; 5:13; 10:17.
PODER, que Dios da á su pueblo, Isa. 40:29; Act. 6:8; Rom. 15:18; 1 Cor. 5:4; 2 Cor. 12:8; Efes. 1:19.
PODER de Cristo:
como Hijo de Dios, su poder es el de Dios, Juan 5:17–19; 10:28–30.
como hombre, su poder procede del Padre, Act. 10:38.
SE DESCRIBE COMO supremo, Efes. 1:20, 21; 1 Ped. 3:22.
sin límites, Mat. 28:18.
sobre toda carne, Juan 17:2.
todas las cosas, Juan 3:25; Efes. 1:22.
glorioso, 2 Tes. 1:9.
eterno, 1 Tim. 6:16.
puede subyugarlo todo, Filip. 3:21.
SE MANIFIESTA en la creación, Juan 1:3, 19; Col. 1:16.
en que sostiene todas las cosas, Col. 1:17; Heb. 1:3.
en la salvación, Isa. 63:1; Heb. 7:25.
en sus enseñanzas, Mat. 7:28, 29; Luc. 4:32.
en sus milagros, Mat. 8:27; Luc. 5:17.
en que dió poder á otros para hacer milagros, Mat. 10:1; Mar. 16:17, 18; Luc. 10:17.
en el hecho de perdonar los pecados, Mat. 9:6; Act. 5:31.
de dar vida espiritual, Juan 5:21, 25, 26.
de dar vida eterna, Juan 17:2.
en que resucitó de entre los muertos, Juan 2:19; 10:18.
venciendo al mundo, Juan 16:33.
á Satanás, Col. 2:15; Heb. 2:14.
destruyendo las obras de Satanás, 1 Juan 3:8.
los ministros deben dar á conocer, 2 Ped. 1:16.
LOS SANTOS se hacen voluntarios por, Sal. 110:3.
son socorridos por, Heb. 2:18.
son fortalecidos por, Filip. 4:18: 2 Tim. 4:17.
son preservados por, 2 Tim. 1:12; 4:18.
los cuerpos de, serán cambiados por, Filip. 3:21.
se manifiesta en los santos, 2 Cor. 12:9.
está presente en la reunión de los santos, 1 Cor. 5:4.
se manifestará particularmente en su segundo advenimiento, Mar. 13:26; 2 Ped. 1:16.
subyugará toda potencia, 1 Cor. 15:24.
los malos serán destruidos por, Sal. 2:9; Isa. 11:4; 63:3; 2 Tesl. 1:9.
PODER del Espíritu Santo:
es el poder de Dios, Mat. 12:28, con Luc. 11:20.
Cristo comenzó su ministerio en, Luc. 4:14.
obró sus milagros por, Mat. 12:28.
SE MANIFIESTA en la creación, Gén. 1:2; Job 26:13; Sal. 104:30.

en la concepción de Cristo, Luc. 1:35.
en la resurrección de Cristo de entre los muertos, 1 Ped. 3:18.
dando vida espiritual, Ezeq. 37:11–14, con Rom. 8:11.
obrando milagros, Rom. 15:19.
haciendo eficaz el evangelio, 1 Cor. 2:4; 1 Tes. 1:5.
venciendo todas las dificultades, Zac. 4:6, 7.
prometido por el Padre, Luc. 24:49.
por Cristo, Act. 1:8.
LOS SANTOS son sostenidos por, Sal. 51:12.
son fortalecidos por, Efes. 3:16.
son puestos en aptitud de hablar valientemente la verdad por, Miq. 3:8; Act. 6:5, 10; 2 Tim. 1:7, 8.
son auxiliados en la oración por, Rom. 8:26.
abundan en la esperanza por, Rom. 15:13.
hace idóneos á los ministros, Luc. 24:49; Act. 1:8, 9.
la palabra de Dios es el instrumento de, Efes. 6:17.
PODERES, ó virtudes, del cielo, Mat. 24:29; Efes. 3:10.
de este mundo, debemos someternos á, Rom. 13; Tit. 3; 1 Ped. 2:13.
Véase MAGISTRADOS, &c.
POETAS paganos, citas de los, Act. 17:28 (1 Cor. 15:33); Tit. 1:12.
POLIGAMIA, prohibida, Deut. 17:16, 17; Mala. 2:15; Mat. 19:4, 5; Mar. 10:2–8; 1 Tim. 3:2, 12.
ejemplos de : Lamec, Gén. 4:19. Abraham, Gén. 16. Esaú, Gén. 26:34; 28:9. Jacob, Gén. 29:30. Asur, 1 Crón. 4:5. Gedeón, Jue. 8:30. Elcana, 1 Sam. 1:2. David, 2 Sam. 3:2–5. Salomón, 1 Rey. 11:1–8. Roboam, 2 Crón. 11:18–23. Abías, 2 Crón. 13:21. Joram, 2 Crón. 21:14. Joás, 2 Crón. 24:3. Acháb, 2 Rey. 10:1. Joaquín, 2 Rey. 24:15. Balsasar, Dan. 5:2.
ley con respecto al primogénito, Deut. 21:15–17.
POLILLA, mencionada en sentido figurado, Sal. 39:11; Job 27:18; Isa. 50:9; Ose. 5:12; Mat. 6:19; Sant. 5:2.
POLLINO. Véase ASNO.
POLUCIONES. Véase CONTAMINACIÓN.
POLUX. Véase CASTOR, Act. 28:11.
POLVO, el hombre ha sido formado del y vuelve al, Gén. 2:7; 3:19; 18:27; Job 10:9; 34:15; Sal 103:14; 104:29; Ecl. 12:7; 1 Cor. 15:47.
esparcido en la cabeza en señal de duelo, Jos. 7:6; Job 2:12; Lam. 2:10.
emblema de degradación, Gén. 3:14; 1 Sam. 2:8; Job 42:6; Sal. 72:9; Nah. 3:18.
emblema de un gran número, una multitud, Gén. 13:16; Núm. 23:10; Job 22:24; Sal. 78:27.
PONTO, Act. 2:9; 1 Ped. 1:1.
PONZOÑA. Véase VENENO.
PORTA-ESTANDARTE, Cant. 5:10 (original); Isa. 10:18.
por vía de comparación, Cant. 2:4; Isa. 5:26; 11:10.
PORTAL, Jue. 3:23 (Valera, PATIO); 1 Cró. 28:11; 2 Crón. 29:17.
PORTEROS, 1 Crón. 9:17–32; 23:5; 2 Crón. 35:15; Neh. 12:25.
POSADA. Véase MESÓN.
POTAJE, ó guisado, de lentejas, primogenitura vendida por un, Gén. 25:29.
hecho inócuo por Eliseo, 2 Rey. 4:38.
POTIFAR, un Egipcio, José sujeto á, Gén. 39.
POTIFERA, padre de la esposa de José, Gén. 41:45.

POZO del abismo, Rev. 9:1; 11:7; 17:8.
Satanás será atado ahí, Rev. 20:1.
POZO DE JACOP, Juan 4:5.
POZOS cavados por Abraham, Gén. 21:25–30; y por Isaac, Gén. 26:15–22;
el pozo de Jacob, Juan 4:6.
para abrevar los rebaños, Gén. 24:10–20.
para los peces, Cant. 7:4; Isa. 19:10.
propiedad del público, Gén. 24:13; 2 Rey. 20:20.
privada, Gén. 21:25, 30; 2 Sam. 17:18.
SÍMILES DE:
los ritos de la iglesia, Isa. 12:3.
la morada interna del Espíritu Santo, Cant. 4:15; Juan 4:14.
pozos sin agua, 2 Ped. 2:17.
PRECIO, la sangre de Cristo fué el precio de la redención, 1 Cor. 6:20; 7:23; 1 Ped. 1:19.
Véase Zac. 11:12.
PRECIPITACIÓN (la), en las palabras, &c., Prov. 14:29; 29:20; Ecl. 5:2; Dan. 2:15.
para hacerse rico es peligrosa, Prov. 28:22.
PRECURSOR, epíteto dado á Cristo, Heb. 6:20.
PREDESTINACIÓN de los santos, Rom. 8:29; 9; 10; 11; Efes. 1:5.
PREDICADOR y profeta, Cristo:
SE PREDIJO ACERCA DE EL QUE sería como Moisés, Deut. 18:18; Act. 3:22.
predicaría justicia, Sal. 40:9.
sería una gran luz, Isa. 9:2; 42:6.
el Consejero, Isa. 9:6.
proclamaría la paz, Isa. 52:7; Luc. 4:18.
serviría de testigo á los pueblos, Isa. 55:4.
predicaría nuevas de gran gozo, Isa. 61:1.
sería el sol de justicia, Mala. 4:2.
EJERCIÓ SUS FUNCIONES PROFÉTICAS inspirando á los profetas del Antiguo Testamento, 1 Ped. 1:10–12.
hablando por medio de ellos, Mat. 23:37; Luc. 13:33, 34.
siendo el Verbo de Dios, Juan 1:1.
la Luz del mundo, Juan 1:5; 8:12.
revelando al Padre, Mat. 11:27.
predicando el evangelio, Luc. 4:43; 6:20.
hablando las palabras de Dios, Juan 3:34.
enseñando la doctrina de Dios, Juan 7:16; 12:50; 14:20; 15:14.
proclamando la salvación, Heb. 2:3.
SU PREDICACIÓN FUÉ con autoridad, Mat. 7:28.
ambulante, Mat. 4:23.
asombrosa por su sabiduría, Mat. 13:54.
sin igual, Juan 7:46.
convincente, Luc. 11:3; Juan 4; 8:9.
atrayente, Luc. 4:20–22.
por parábolas, Mat. 13:34.
con exposición, Mar. 4:34.
debemos oir, Luc. 9:35.
Véase DISCURSOS de Cristo.
PREDICACIÓN del arrepentimiento, por Jonás, Jon. 3.
por Juan el Bautista, Mat. 3; Mar. 1:4; Luc. 3
——, del EVANGELIO, por los apóstoles, Mat. 28:19; Mar. 16:15; Luc. 9:60; 24:47; Act. 2:14; 3:12; 4:8; 10:42; 13:16, &c. Véase Rom. 10:8; 1 Cor. 1:17; 2, &c.; 15:1; Gál. 1; Efes. 1–3, &.
PREGONERO, Deut. 20:10; Dan. 3:4.
PREMIO, por vía de comparación, 1 Cor. 9:24; Filip. 3:14.
Véase GALARDÓN.
PRENDAS, qué se prohibía tomar en, Exod. 22:26; Deut. 24:6. Véase Job 22:6; 24:3; Ezeq. 18:7; Amós 2:8.
PREPARACIÓN (día de la) el día anterior al Sábado, Mat. 27:62; Mar. 15:42; Luc. 23:54; Juan 19:14, 31, 42.

151

PREPÓSITO, Jer. 37:13.

PRESBITERIO, 1 Tim. 4:14.

PRESCIENCIA (la) de Dios, Act. 2:23; 3:18; 4:28; Rom. 8:29; 11:2; Gál. 3:8; 1 Ped. 1:2.

PRESENCIA (la) de Dios, descrita, 1 Cró. 16:27; Sal. 16:11; 18:7; 68:8; Isa. 64:1; Jer. 5:22; Ezeq. 1; Dan. 7:9; Nah. 1; Hab. 3; Rev. 1.

Adam arrojado de, Gén. 3:8, 24.

los redimidos serán conducidos á, Heb. 6:24; Jud. 24; Rev. 7; 14:1.

los ángeles están en, Luc. 1:19; Rev. 5:11.

—— DE CRISTO con su pueblo:

donde dos ó tres se reunen, Mat. 18:20.

hasta el fin del mundo, Mat. 28:20.

con los que le aman, Juan 14:21.

para consolarlos, Juan 14:18.

protegerlos, Act. 18:10; 23:11.

tener comunión con ellos, 1 Juan 1:3.

cenar con ellos, Rev. 3:20.

ayudarles á predicar el evangelio á todas las criaturas, Mat. 28:20; 2 Tim. 4:17.

en la muerte, Act. 7:59; Filip. 1:23.

PRESENTES con Cristo, los creyentes estarán, Juan 17:24; Col. 3:4; 1 Tes. 4:17; Rev. 3:4, 21; 14:4.

PRESENTES ó regalos se daban en los casamientos, Gén. 24:53; Est. 2:18; Sal. 45:12.

al recobrar la salud, 2 Reyes 20:12; Job 42:10, 11.

al separarse de los amigos, Gén. 45:22, 23.

en los regocijos públicos, Est. 9:19.

para ratificar los pactos, Gén. 21:28–30; 1 Sam. 18:3, 4.

para grangearse la buena voluntad, Gén. 32:20; Prov. 21:14.

para recompensar servicios, Dan. 5:7.

CONSISTÍAN DE ganado vacuno y caballos, Gén. 32:14, 15.

alimento, Gén. 43:11, 34; 1 Rey. 14:3.

ropa, armas y armadura, Jue. 14:12; 1 Sam. 18:4; 2 Rey. 5:5; Est. 6:8; Dan. 5:7.

oro y plata, 1 Rey. 10:25.

joyas, Gén. 24:22, 53.

terrenos, Gén. 48:22.

dinero, Job 42:11.

criados, Gén. 20:14.

especias, 1 Rey. 10:2.

SE DABAN á los profetas, 1 Sam. 9:7; 2 Reyes 4:42.

á los jueces, Prov. 17:23; Amós 2:6.

á los reyes, 1 Rey. 15:18.

por los reyes unos á otros, 1 Reyes 10:10, 25; 2 Crón. 9:23, 24; Sal. 72:10.

la recepción de, era señal de buena voluntad, 1 Sam. 25:35; Mala. 1:8.

ejemplos de, Gén. 32:13; 33:10; 43:11; Jue. 3:15; 1 Sam. 9:7; 2 Rey, 8:8; 20:12; Mat. 2:11, &c.

PRESERVADOR de los hombres, Jos. 24:17; 2 Sam. 8:6; Job 7:20; Sal. 31:23; 36:6; 37:28; 97:10; 116:6; 145:20; 146:9; Prov. 2:8; Lam. 3:22; 1 Tes. 5:23.   Véase BONDAD, MISERICORDIA.

PRESIDENTE, 1 Rey. 22:47; Dan. 3:2, 3.

PRÉSTAMO, ley con respecto al, Ex. 22:14; Deut. 15:1; Mat. 5:42.

sus resultados, 2 Rey. 6:5; Prov. 22:7.

de Israel en Egipto, Ex. 3:22; 12:35.

PRÉSTAMOS, leyes acerca de los, Exod. 22:25; Lev. 25:37; Deut. 15:2; 23:19; 24:10. Véase Luc. 6:34; Sal. 37:26.

PRESUNCIÓN:

improbada, Prov. 3:7; 18:11; 26:5; 12:15; 28:11; Isa. 5:21; Luc. 18:9, 14; Juan 7:18; Act. 5:36; Rom. 11:25; 12:16; 2 Cor. 10:18; Filip. 2:3–8; Rev. 18:7.

distintivo de los malos, 2 Ped. 2:10.

del anticristo, 2 Tes. 2:4.

SE MANIFIESTA en la oposición á Dios, Job 15:25, 26.

en la comisión involuntaria del pecado, Rom. 1:32.

en creerse justo el hombre, Ose. 12:8; Rev. 3:17.

en el orgullo espiritual, 65:5; Luc. 18:11.

en creer que nuestros propios caminos son rectos, Prov. 12:15.

en querer se nos dé precedencia, Luc. 14:7–11.

en formar planes para el porvenir, Luc. 12:18; Sant. 4:13.

en pretender profetizar, Deut. 18:22.

pecados de, censurados, Ex. 21:14; Núm. 15:30; Deut. 17:12.   Véase 2 Ped. 2:10.

orad que se nos guarde de los pecados de, Sal. 19:13.

los santos evitan, Sal. 131:1.

castigo de, Núm. 15:30; Rev. 18:7, 8.

ejemplos de: Los que edificaron la torre de Babel, Gén. 11:4.   Los Israelitas, Núm. 14:44. Coré, &c., Núm. 16:3, 7.   Los habitantes de Bet-sames, 1 Sam. 6:19.   Oza, 2 Sam. 6:6. Jeroboam, 1 Reyes 13:4.   Ben-adad, 1 Reyes 20:10.   Ozías, 2 Crón. 26:16.   Senaquerib, 2 Crón. 32:13, 14.   Teudas, Act. 5:36.   Los hijos de Sceva, Act. 19:13, 14.   Diótrefes, 3 Juan 9.

PRETORIO (el), Mat. 27:27; Juan 18:28, 33; 19:9.   Traducido (Valera) sala en Mar. 15:16; y audiencia en Act. 23:35.

PREVARICACIÓN, Gén. 12:11; 20:2, 9; 26:7, 18; 2 Reyes 5:25; Act. 5:1, &c.   Véase MENTIRA.

PRIMAVERA (la), promesa de, Gén. 8:22.

descrita, Sal. 65:10; Prov. 27:25; Cant. 2:11–13.

PRIMERO Y POSTRERO, Dios es, Isa. 41:4; 44:6; 48:12.

Cristo es, Rev. 1:4, 8, 17; 22:13.

PRIMICIAS, ó primeros frutos, ofrenda de, Ex. 22:29; 23:16; 34:26; Lev. 23:9; Núm. 28:26.

protestación que debe hacerse en, Deut. 26:5.

entregadas á los sacerdotes, Núm. 18:12; Deut. 18:4.   Véase también 2 Reyes 4:42; 2 Crón. 31:15; Neh. 10:35; 12:44; Prov. 3:9; Ezeq. 20:40; 48:14; Rom. 8:22; 11:16; 1 Cor. 15:20; Sant. 1:18; Rev. 14:4.

PRIMOGÉNITO, prerogativas del, Gén. 43:33; Deut. 21:15; 2 Crón. 21:3; Col. 1:15 (Heb. 12:23).

dedicado al Señor, Ex. 13:2, 12; 22:29; 34:19; Deut. 15:19.

rescate de, Ex. 34:20; Núm. 3:41; 8:18.

los de Egipto son inmolados, Ex. 11:4; 12:29.

PRIMOGENITURA, Gén. 43:33; Col. 1:18.

ley con respecto á, Deut. 21:15.

la de Manassés es trastrocada, Gén. 48:17.

Rubén pierde la suya, 1 Crón. 5:1.

despreciada por Esaú, Gén. 25:31; 27:36; Heb. 12:16.

PRINCIPADOS, Cristo es la cabeza de todos los, Efes. 1:21; Col. 1:16; 2:10.

PRÍNCIPE de la paz, Isa. 9:6.

de la vida, Act. 3:15.

del ejército de Jehová, Jos. 5:14.

——, de este mundo, Juan 12:31; 14:30; 16:11.

de la potestad del aire, Efes. 2:2.

de los demonios, Mat. 9:34.

——, del pueblo de Israel, 1 Sam. 9:16.

PRÍNCIPES de las tribus, Núm. 1:5; 25:4; Jos. 23:2; 1 Crón. 12:32.

sus ofrendas, Núm. 7.

————, nombrados por Moisés, Ex. 18:25. Véase REYES, MAGISTRADOS, &c.
PRÍNCIPES DE LOS SACERDOTES, Herodes los consulta, Mat. 2:4.
persiguen á Cristo, Mat. 16:21; Mar. 14:1; 15:31; Juan 7:32.
PRINCIPIO (el), dictado de Cristo, Rev. 1:8; 3:14.
del tiempo, Gén. 1:1; Juan 1:1.
de los milagros, Juan 2.
PRISIONES, antigüedad de las, Gén. 39:20.
diferentes clases de, mencionadas:
cárcel del rey, Gén. 39:20.
pública, Act. 5:18.
de más adentro, Act. 16:24.
mazmorra, Jer. 38:6; Zac. 9:11.
USADAS PARA los criminales, Luc. 23:19.
los herejes, Act. 4:3; 5:18; 8:3.
las personas sospechosas, Gén. 42:19.
los deudores, Mat. 5:23; 18:30.
los cautivos, Jue. 16:21; 2 Rey. 17:4; Jer. 52:11.
las personas que desagradaban al rey, 1 Rey. 22:27; 2 Crón. 16:10; Mar. 6:17.
LOS ENCARCELADOS ERAN puestos en mazmorras, Jer. 38:6; Act. 16:24.
atados con cadenas, Gén. 42:19; Ezeq. 19:9; Mar. 6:17.
encadenados con los soldados, Act. 12:6; 28:16, 30.
sometidos á trabajo duro, Jue. 16:21.
á gran sufrimiento, Sal. 79:11; 102:20.
alimentados de pan y agua, 1 Rey. 22:27.
vestidos de ropas particulares, 2 Rey. 25:29.
visitados algunas veces por sus amigos, Mat. 11:2; 25:36; Act. 24:23.
ejecutados en, Gén. 40:22; Mat. 14:10.
LOS ALCAIDES DE, eran responsables por los prisioneros, Act. 12:6, 19; 16:23, 27.
algunas veces eran severos, Jer. 37:16, 20; Act. 16:24.
bondadosos, Gén. 39:21; Act. 16:33, 34.
por vía de comparación, Sal. 142:7; Isa. 42:7; 49:9; 61:1; Rev. 20:7.
PRIVILEGIOS de los santos:
permanecer en Cristo, Juan 15:4, 5.
participar de la naturaleza divina, 2 Ped. 1:4.
tener acceso hasta Dios por medio de Cristo, Efes. 3:12.
ser de la familia de Dios, Efes. 2:19.
ser miembros de la iglesia de los primogénitos, Heb. 12:23.
tener á Cristo como pastor, Isa. 49:11, con Juan 10:14, 16.
á Cristo como intercesor, Rom. 8:34; Heb. 7:25; 1 Juan 2:1.
las promesas de Dios, 2 Cor. 7:1; 2 Ped. 1:4.
posesión de todas las cosas, 1 Cor. 3:21, 22.
que todas las cosas conspiren para su bien, Rom. 8:28; 2 Cor. 4:15–17.
que sus nombres sean escritos en el libro de la vida, Rev. 13:8; 20:15.
TENER Á DIOS COMO rey, Sal. 5:2; 44:4; Isa. 44:6.
gloria, Sal 3:3; Isa. 60:19.
salvación, Sal. 18:2; 27:1.
padre, Sal. 32:6; Isa. 64:8.
redentor, Sal. 19:14; Isa. 43:14.
amigo, 2 Crón. 20:7, con Sant. 2:23.
ayudador, Sal. 33:20; Heb. 13:6.
guardador, Sal. 121:4, 5.
libertador, 2 Sam. 22:2; Sal. 18:2.
fuerza, Sal. 18:2; 46:1.
refugio, Sal. 46:1, 11; Isa. 25:4.
escudo, Gén. 15:1; Sal. 84:11.

torre, 2 Sam. 22:3; Sal. 61:3.
luz, Sal. 27:1; Isa. 60:19.
guía, Sal. 48:14; Isa. 58:11.
legislador, Neh. 9:13, 14; Isa. 33:22.
morada, Sal. 90:1; 91:9.
herencia, Sal. 73:26; Lam. 3:24.
tener unión en Dios y en Cristo, Juan 17:21.
encomendarse á Dios, Sal. 31:5; Act. 7:59; 2 Tim. 1:12.
invocar á Dios en tiempo de angustia, Sal. 50:15.
sufrir por Cristo, Act. 5:41; Filip. 1:29.
recibir provecho del castigo correccional, Heb. 12:10, 11.
alegar la validez del pacto, Jer. 14:21.
estar á salvo durante las calamidades públicas, Job 5:22, 23; Sal. 91:5–7.
interceder por otros, Gén. 18:23–33; Isa. 62:7; Sant. 5:10.
PROCLAMACIÓN, hecha por el rey por medio de cartas, 2 Crón. 30:1:10; Ezra 1:1–4; Est. 1:22; 8:10–14; ó por heraldo, Est. 6:9; Dan. 5:29.
———— de Ciro para la construcción del templo, 1 Crón. 36:22; Ezeq. 6:3.
por vía de comparación, Isa. 40:3, 9.
PROCÓNSUL, Act. 13:7; 18:12; 19:38.
PROCORO, uno de los siete diáconos, Act. 6:5.
PRÓDIGO, el hijo, Luc. 15:11.
PROFANACIÓN (la), prohibida, Lev. 18:31; 19:12; Neh. 13:18; Ezeq. 22:8; Mala. 1:12.
PROFECÍA:
es la predicción de los acontecimientos futuros, Gén. 49:1; Núm. 24:14.
Dios es el autor de, Isa. 44:7; 45:21.
Dios da, por medio de Cristo, Rev. 5:1.
don de Cristo, Efes. 4:11; Rev. 11:3.
don del Espíritu Santo, 1 Cor. 12:10.
no vino por voluntad del hombre, 2 Ped. 1:21.
dada desde el principio, Luc. 1:70.
es palabra segura, 2 Ped. 1:19.
LOS QUE LA PROFIRIERON fueron levantados por Dios, Amós 2:11.
ordenados por Dios, 1 Sam. 3:20; Jer. 1:5.
enviados por Dios, 2 Cró. 36:15; Jer. 7:25.
enviados por Cristo, Mat. 23:34.
llenados del Espíritu Santo, Luc. 1:67.
movidos por el Espíritu Santo, 2 Ped. 1:21.
hablaron por el Espíritu Santo, Act. 1:16; 11:28; 28:25.
hablaron en el nombre del Señor, 2 Crón. 33:18; Sant. 5:10.
hablaron con autoridad, 1 Rey. 17:1.
Dios hace cumplir, Isa. 44:26; Act. 3:18.
Cristo es el gran asunto de, Act. 3:22–24; 10:43; 1 Ped. 1:10, 11.
cumplida en cuanto á Cristo, Luc. 24:44.
el don de, prometido, Joel 2:28, con Act. 2:16.
es para provecho de las generaciones futuras, 1 Ped. 1:12.
es una luz en un lugar tenebroso, 2 Ped. 1:19.
no es de interpretación privada, 2 Ped. 1:20.
no despreciéis, 1 Tes. 5:20.
acatad, 2 Ped. 1:19.
recibid en la fe, 2 Crón. 20:20; Luc. 24:25.
bienaventuranza de leer, oir y guardar, Rev. 1:8; 22:7.
maldad de los que pretenden poseer el don de Jer. 14:14; 23:13, 14; Ezeq. 13:2, 3.
CASTIGO á los que no dan oídos á, Neh. 9:30.
á los que se añaden ó le quitan á, Rev. 22:18, 19.
á los que pretenden poseer el don de, Deut. 18:20; Jer. 14:15; 23:15.
á veces se pronuncia por medio de hombres no

convertidos, Núm. 24:2–9; 1 Sam. 19:20–23; Mat. 7:22; Juan 11:49–51; 1 Cor. 13:2.

cómo se prueba su legitimidad, Deut. 13:1–3; 18:22.

PROFECÍAS CUMPLIDAS:

Israel en Egipto, Gén. 15:13;—Ex. 2:23; 6; 12:40.

nacimiento de Isaac, Gén. 18:10:—21:1.

el sueño de José, Gén. 37:5;—42:6.

el constructor de Jericó, Jos. 6:26;—1 Reyes 16:34.

los hijos de Elí, 1 Sam. 2:34;—4:11.

derrota y muerte de Saúl, 1 Sam. 28:19; 31:2.

de un profeta en Betel, 1 Rey. 13;—2 Rey. 23.

la casa de Jeroboam, 1 Rey. 14:10;—15:29.

la casa de Baasa, 1 Rey. 16:3;—11:12.

la sequía de tres años, 1 Rey. 17:1;—18:41.

regreso del rey de Siria, 1 Rey. 20:22,—26.

la muerte de Acháb, &c., 1 Rey. 21:19;—22:38; 2 Rey. 9:34; 10:11.

avenida milagrosa, 2 Rey. 3:17,—26.

abundancia en Samaria, 2 Rey. 7:1,—18.

familia de Jehú, 2 Rey. 10:30;—15:12.

la muerte de Rabsacés, 2 Rey. 19:7;—37.

la cautividad en Babilonia, 2 Reyes 20:17;—24:13; 25:13.

el atamiento de Pablo, Act. 21:11,—33.

——— CON RESPECTO Á CRISTO:

como Hijo de Dios, Sal. 2:7;—Luc. 1:32, 35.

como simiente de la mujer, Gén. 3:15;—Gál. 4:4.

de Abraham, Gén. 17:7; 22:18;—Gál. 3:16.

de Isaac, Gén. 21:12;—Heb. 11:17–19.

de David, Sal. 1:32:11; Jer. 23:5;—Act.13:25; Rom. 1:3.

su venida en un tiempo determinado, Gén. 49:10; Dan. 9:24, 25;—Luc. 2:1.

sería nacido de una virgen, Isa. 7:14 ;—Mat. 1:18; Luc. 2:7.

llamado Emmanuel, Isa. 7:14;—Mat. 1:22, 23.

nacido en Betlehem de Judea, Miq. 5:2;—Mat. 2:1; Luc. 2:4–6.

grandes personajes habrían de venir á adorarle, Sal. 72:10;—Mat. 2:1–11.

la matanza de los niños de Betlehem, Jer. 31:15;—Mat. 2:16–18.

sería llamado de Egipto, Ose. 11:1;—Mat. 2:15.

precedido de Juan el Bautista, Isa. 40:3; Mal. 3:1;—Mat. 3:1, 3: Luc. 1:17.

ungido del Espíritu, Sal. 45:7; Isa. 11:2; Cl:1;—Ma† 3:16; Juan 3:34; Act. 10:38.

un profeta semejante á Moisés, Deut. 18:15–18;—Act. 3:20–22.

sacerdote según el orden de Melquisedec, Sal. 110:4;—Heb. 5:5, 6.

el comienzo de su ministerio público, Isa. 61:1, 2;—Luc. 4:16–21, 43.

su ministerio empezando en Galilea, Isa. 9:1, 2;—Mat. 4:12–16, 23.

su entrada pública en Jerusalem, Zac. 9:9;—Mat. 21:1–5.

su entrada en el templo, Ag. 2:7, 9; Mal. 3:1;—Mat. 21:12: Luc. 2:27–32; Juan 2:13–16.

su pobreza, Isa. 53:2;—Mar. 6:3; Luc. 9:58.

su mansedumbre y carencia de ostentación, Isa. 42:2;—Mat. 12:15, 16, 19.

su ternura y compasión, Isa. 40:11; 42:3;—Mat. 12:15, 20; Heb. 4:15.

su carencia de todo engaño, Isa. 53:9;—1 Ped. 2:22.

su celo, Sal. 69:9;—Juan 2:17.

su predicación por medio de parábolas, Sal. 78:2;—Mat. 13:34, 35.

la ejecución de milagros, Isa. 35:5, 6;—Mat. 11:4–6; Juan 11:47.

sufriría vituperios, Sal. 22:6; 69:7, 9, 20;—Rom. 15:3.

sería rechazado por sus hermanos, Sal. 69:8; Isa. 53:3;—Juan 1:11; 7:5.

para los Judíos piedra de tropiezo, Isa. 8:14; —Rom. 9:32; 1 Ped. 2:8.

aborrecido de los Judíos, Sal. 69:4 ; Isa. 49:7;—Juan 15:24, 25.

rechazado por los gobernantes judíos, Sal. 118:22;—Mat. 21:42; Juan 7:48.

los Judíos y los Gentiles se ligarían contra él, Sal. 2:1, 2;—Luc. 23:12; Act. 4:27.

sería traicionado por uno de sus adeptos, Sal. 41:9; 55:12–14;—Juan 13:18, 21.

sus discípulos le abandonarían, Zac. 13:7;—Mat. 26:31, 56.

sería vendido por treinta monedas de plata, Zac. 11:12;—Mat. 26:15.

el precio á que sería vendido sería arrojado en el templo, Zac. 11:13;—Mat. 27:7.

lo intenso de sus sufrimientos, Sal. 22:14, 15;—Luc. 22:42, 44.

sus sufrimientos serían por otros, Isa. 53:4–6, 12; Dan. 9:26;—Mat. 20:28.

su paciencia y su silencio en medio de sus sufrimientos, Isa. 53:7;—Mat. 26:63; 27:12–14.

sería herido en la mejilla, Miq. 5:1 ;—Mat. 27:30.

su aspecto sería desfigurado, Isa. 52:14; 53:3;—Juan 19:5.

sería escupido y azotado, Isa. 50:6;—Mar. 14:65; Juan 19:1.

le clavarían á la cruz las manos y los piés, Sal. 22:16;—Juan 19:18; 20:25.

sería abandonado de Dios, Sal. 22:1 ;—Mat. 27:46.

sería escarnecido, Sal. 22:7, 8;—Mat. 27:39–44.

le darían á beber hiel y vinagre, Sal. 69:21 ;—Mat. 27:34.

dividirían su vestidura y echarían suertes por su túnica, Sal. 22:18;—Mat. 27:35.

sería contado con los transgresores, Isa. 53:12; Mar. 15:28.

intercedería por sus victimarios, Isa. 53:12 ;—Luc. 23:34.

su muerte, Isa. 53:12;—Mat. 27:50.

no quebrarían hueso suyo, Exod. 12:46; Sal. 34:20;—Juan 19:33–36.

sería traspasado, Zac. 12:10;—Juan 19:34–37.

sería sepultado con los ricos, Isa. 53:9;—Mat. 27:57–60.

su carne no vería corrupción, Sal. 16:10;—Act. 2:31.

su resurrección, Sal. 16:10; Isa. 26:19;—Luc. 24:6, 31, 34.

su ascensión, Sal. 68:18;—Luc. 24:51; Act. 1:9.

se sentaría á la diestra de Dios, Sal. 110:1;—Heb. 1:3.

ejercería en el cielo las funciones de sacerdote, Zac. 6:13;—Rom. 8:34.

sería la principal piedra angular de la iglesia, Isa. 28:16;—1 Ped. 2:6, 7.

sería Rey de Sión, Sal. 2:6;—Luc. 1:32; Juan 18:33–37.

la conversión de los gentiles á él, Isa. 11:10; 42:1 ; — Mat. 12:17, 21 ; Juan 10:16; Act. 10:45, 47.

su gobierno justo, Sal. 45:6, 7;—Juan 5:30 ; Rev. 19:11.

su dominio universal, Sal. 72:8; Dan. 7:14;—Filip. 2:9, 11.

lo perpetuo de su reino, Isa. 9:7; Dan. 7:14; Luc. 1:32, 33.

PROFECÍAS PRONUNCIADAS POR JESU-CRISTO:

el cielo sería abierto, Juan 1:51.

su partida, Luc. 17:22; Juan 7:33; 8:21; 13:33; 16.

defección de sus discípulos, Mat. 26:21; Mar. 14:27; Juan 16:32.
la negación de Pedro, Mat. 26:34; Luc. 22:34.
el martirio de Pedro, Juan 21:18, 19.
sus propios sufrimientos, Mat. 17:22; Luc. 9:44; 13:32; 17:25.
preparativos para la cena, Mar. 14:13.
su crucifixión, Mat. 20:17; 26:1; Juan 12:32.
su muerte y su resurrección, Mat. 16:21; Mar. 9:31; Luc. 9:22.
sus escarnios, &c., Mar. 10:32; Luc. 18:31.
se le haría traición, Mat. 26:21; Mar. 14:18; Luc. 22:21; Juan 13:10.
su entierro, Mat. 12:39; Juan 12:7.
su resurrección, Mat. 26:32; Juan 2:19.
buen éxito del evangelio, Mar. 13:10; 16:17.
falsos Cristos, Mat. 24:4, 23; Mar. 13:5.
la destrucción de Jerusalem, Mat. 24; Mar. 13.
la estabilidad del evangelio, Mat. 24:34; 26:13; Mar. 13:31; 14:8.
el bautismo del Espíritu, Act. 1:5.
las razones de sus predicciones, Juan 13:19; 14:29; 16:4.
PROFESIÓN DE FÉ, por medio de declaración pública, Deut. 26:17; Isa. 44:5.
confesando á Cristo, Mat. 10:32; Mar. 8:38; Rom. 10:9; 1 Juan 4:15.
por medio de los ritos de la iglesia, Mat. 26:27; Mar. 16:16; Luc. 22:19; 1 Cor. 11:26.
de una vida santa, Mat. 5:14; 2 Tim. 2:12.
ante muchos testigos, 1 Tim. 6:12.
debemos retenerla firme, Heb. 4:14; 10:23.
considerando á Cristo, Heb. 3:1.
PROFETAS:
Dios habló por medio de, Ose. 12:10 ; Heb. 1:1.
mensajeros de Dios, Isa. 44:26; Jer. 25:4.
movidos por el Espíritu Santo, Luc. 1:67; 1 Ped. 1:21.
SE LES EXIGÍA QUE FUERAN intrépidos, Ezeq. 2:6.
atentos, Ezeq. 3:10.
exactos, Deut. 18:20; Jer. 26:2.
FUERON ENVIADOS para amonestar á los pecadores y para exhortarlos al arrepentimientos, 2 Rey. 17:13; 2 Crón. 24:19; Jer. 25:4, 5.
para reprobar á los reyes, 1 Sam. 15; 2 Sam. 12.
para promover la obediencia, 2 Crón. 15.
para predecir la caída de las naciones, Isa. 15; 17; Jer. 47–51.
la venida, &c., de Cristo, Luc. 24:44; Juan 1:45.
fueron poderosos por la fé, Heb. 11:32.
pacientes en los sufrimientos, Sant. 5:10.
vengados por Dios, 2 Rey. 9:7; Mat. 23:35.
Véase PROFECÍA.
PROFETAS falsos.
pretendían venir de Dios, Jer. 23.
empleados para probar á Israel, Deut. 13.
guiados por espíritus malignos, 1 Rey. 22:21.
PROFETIZABAN con engaño, Jer. 5:31; 14:14.
de sus propios corazones, Jer. 23:16.
en el nombre de los ídolos, Jer. 2:8.
paz, cuando no había paz, Jer. 6:14; 23:17; Ezeq. 13:10.
modo de conocerlos, Deut. 13:1; 18:21.
engañan á Acháb, 2 Crón. 18:5.
acusados, Isa. 9:15; Jer. 6:13; 14:13; 23:9, 34; 29:31; Ezeq. 13:3; 14:9.
castigados, Jer. 28:15; 29:20.
se predijo que los habría en la iglesia, Mat. 7:15; 24:11; 1 Juan 4:1; 2 Ped. 2:1.
PROFETISAS. Véase MARÍA, DÉBORA, ANNA, HOLDA.

falsas, reprobadas, Ezeq. 13:17.
Jezabel, Rev. 2:20.
PRÓJIMO, quién es nuestro, Luc. 10:36.
debemos amarle como á nosotros mismos, Lev. 19:18; Mar. 12:31; Rom. 13:9; Gál. 5:14; Sant. 2:8.
debemos no levantar falso testimonio contra, Ex. 20:16.
sed misericordiosos para con el, Ex. 22:26; Deut. 15:2.
no cambiéis los linderos de la tierra de vuestro, Deut. 27:17.
prestad al, Prov. 3:28.
no molestéis á vuestro, Prov. 25:17.
PROMESAS (las) DE DIOS:
contenidas en las Escrituras, Rom. 1:2.
hechas en Cristo, Efes. 3:6; 2 Tim. 1:1.
HECHAS á Cristo, Gál. 3:16, 19.
á Adam, Gén. 3:15.
á Noé, Gén. 8:21; 9:9.
á Abraham, Gén. 12:7; 13:14; 15; 17; 18:10; 22:15. (Véase Luc. 1:55, 73; Rom. 4; Gál. 3:8, 16; Heb. 11:8, &c.)
á Agar, Gén. 16:10; 21:17.
á Isaac, Gén. 26:2–4.
á Jacob, Gén. 28:13; 31:3; 32:12; 35:14; 46:3.
á David, 2 Sam. 7:11; 1 Crón. 17:10; Sal. 89:35, 36.
á Salomón, 1 Rey. 9; 2 Crón. 7:12.
á los padres, Act. 13:32. 26:6, 7.
á todos los que son llamados de Dios, Act. 2:39.
á los que le aman, Sant. 1:12; 2:5.
ratificadas con un juramento, Sal. 89:3, 4; Heb. 6:17.
el pacto fué establecido sobre, Heb. 8:6.
Dios es fiel á, Tit. 1:2; Heb. 10:23.
se acuerda de, Sal. 105:42; Luc. 1:54, 55.
son buenas, 1 Rey. 8:56.
santas, Sal. 105:42.
sobremanera preciosas y grandes, 2 Ped. 1:4.
confirmadas en Cristo, Rom. 15:8.
sí y amén en Cristo, 2 Cor. 1:20.
cumplidas en Cristo, 2 Sam. 7:12, con Act. 13:23; Luc. 1:69–73.
dadas por la justicia de la fé, Heb. 11:33.
á los que creen, Gál. 3:22.
heredadas por medio de la fé y de la paciencia, Heb. 6:12, 15; 10:36.
llevadas á cabo oportunamente, Jer. 33:14; Act. 7:17; Gál. 4:4.
ni una sola dejará de cumplirse, Jos. 23:14; 1 Rey. 8:56.
la ley no se opone á, Gál. 3:21.
no podía anular, Gál. 3:17.
INCLUYEN á Cristo, 2 Sam. 7:12, 13, con Act. 13:22, 23.
al Espíritu Santo, Act. 2:33; Efes. 1:13.
el evangelio, Rom. 1:1, 2.
la vida en Cristo, 2 Tim. 1:1.
una corona de vida, Sant. 1:12.
la vida eterna, Tit. 1:2; 1 Juan 2:25.
la vida presente, 1 Tim. 4:8.
la adopción, 2 Cor. 6:18, con 2 Cor. 7:1.
la preservación durante el dolor, Isa. 43:2.
la bienaventuranza, Deut. 1:11.
el perdón de los pecados, Isa. 1:18; Heb. 8:12.
el grabar de su ley en el corazón del hombre Jer. 31:33, con Heb. 8:10.
la segunda venida de Cristo, 2 Ped. 3:4.
cielos nuevos y tierra nueva, 2 Ped. 3:13.
la entrada al descanso, Jer. 22:4, con Heb. 4:1.
deben conducir á la santidad perfecta, 2 Cor. 7:1.

la herencia de los santos es de, Rom. 4:13; Gál. 3:18.

LOS SANTOS son hijos de, Rom. 9:8; Gál. 4:28.
son herederos de, Gál. 3:29; Heb. 6:17; 11:9.
no dudan de, Rom. 4:20.
tienen una confianza absoluta en, Heb. 11:11.
esperan el cumplimiento de, Luc. 1:38, 45; 2 Ped. 3:13.
algunas veces, á causa de su flaqueza, se sienten tentados á dudar de, Sal. 77:8, 10.
alegan en la oración, Gén. 33:9, 12; 1 Crón. 17:23, 26; Isa. 43:26.
deben esperar el cumplimiento de, Act. 1:4.
los gentiles tendrán parte en, Efes. 3:6.
el hombre por naturaleza no tiene interes en, Efes. 2:12.
los mofadores menosprecian, 2 Ped. 3:3, 4.
temed no sea que se os frustren, Heb. 4:1.
DE CRISTO Á SUS DISCÍPULOS, Mat. 6:4, 33; 7:7; 10; 11:28; 12:50; 16:18, 24; 17:20; 19:28; 28:20; Luc. 9-12; 12:32; 22:29; Juan 14-16; 20:21, &c.
á los pobres, Sal. 12:5; 72:12; 109:31.
á los desvalidos, Sal. 102:17.
á los huérfanos, Prov. 23:11; Jer. 49:11.
de sustento, Ex. 23:25; Sal. 37:3; Isa. 33:16; Mat. 6:25.
de paz, Lev. 26:6; Isa. 32:18.
de abundancia, Lev. 26:10; Sal. 34:10; Prov. 3:10; Filip. 4:19.
de seguridad, Sal. 91; 112; 121.
de prosperidad, Sal. 128.
de la vida presente, 1 Tim. 4:8.

PROPICIACIÓN por el pecado, Rom. 3:25; 1 Juan 2:2; 4:10.

PROPICIATORIO (el), descrito, Ex. 25:17; 26:34; 37:6; Lev. 16:13; 1 Crón. 28:11; Sal. 80:1; Heb. 9:5.

PROSÉLITOS, descritos, Est. 8:17; Isa. 56:3.
se les exigía que abandonaran las prácticas del paganismo, Ezra 6:21; las compañías del paganismo, Rut 1:16; 2:11; Sal. 45:10; Luc. 14:26.
habían de ser circuncidados, Gén. 17:13; Ex. 12:48.
habían de observar la ley de Moisés como Judíos, Ex. 12:49.
de entre los Ammonitas y los Moabitas, se les prohíbía ejercer empleo alguno en la congregación, Deut. 23:3.
de entre los Egipcios y los Idumeos, se les prohíbía ejercer empleo hasta la tercera generación, Deut. 23:7, 8.
disfrutaban de todos los privilegios, Exod. 12:48.
muchos abrazaron el evangelio, Act. 6:5; 13:43.
se les llamaba Griegos religiosos, Juan 12:20, con Act. 17:4.

PROSPERIDAD (la), no es prueba de que uno goza de la bendición de Dios:
PORQUE los ladrones, &c., prosperan, Job 12:6; Sal. 17:10; 73; Ecl. 8:14; 9:2.
el triunfo de los malos es de corta duración, Job 20:5.
su ruina es repentina, Job 21:13; Sal. 37:36; 73:19.
su destrucción es para siempre, Sal. 92:7; Luc. 16:19.
el que sufre no es siempre el más culpable, Luc. 13:2.
los peligros que le son anejos, Deut. 6:10; Prov. 1:32; 30:8; Luc. 6:24; 12:16; Sant. 5:1.

PROSTITUTAS. Véase RAMERAS.

PROTECCIÓN:
Dios puede dar, 1 Ped. 1:5; Jud. 14,
es fiel para conceder, 1 Tes. 5:23, 24; 2 Tes. 3:3.
DE DIOS es indispensable, Sal. 127:1.
oportuna, Sal. 46:1.
infalible, Deut. 31:6; Jos. 1:5.
eficaz, Juan 10:28-30; 2 Cor. 12:9.
no interrumpida, Sal. 121:3.
reanimadora, Isa. 41:10; 50:7.
perpetua, Sal. 121:8.
á menudo se nos concede por medios que en sí mismos son inadecuados, Jue. 7:7; 1 Sam. 17:45, 50; 2 Crón. 14:11.
SE CONCEDE á los que escuchan á Dios, Prov. 1:33.
á los pecadores que tornan á Dios, Job 22:23, 30.
á los perfectos de corazón, 2 Crón. 16:9.
á los pobres, Sal. 14:6; 72:12-14.
á los oprimidos, Sal. 9:9.
á la iglesia, Sal. 48:3; Zac. 2:4, 5.
preservándolos, Sal. 145:20.
confortándolos, 2 Tim. 4:17.
sosteniéndolos, Sal. 37:17, 24; 63:8.
guardándoles los piés, 1 Sam. 2:9; Prov. 3:26.
guardándolos de mal, 2 Tes. 3:3.
de caer, Jud. 24.
manteniéndolos en el camino, Ex. 23:20.
guardándolos de la tentación, Rev. 3:10.
proveyéndoles un refugio, Prov. 14:26; Isa. 4:6; 32:2.
defendiéndolos contra sus enemigos, Deut. 20:1-4; 33:27; Isa. 59:19.
desbaratando los proyectos de sus enemigos, Isa. 8:10.
en la tentación, 1 Cor. 10:13; 2 Ped. 2:9.
en medio de la persecución, Luc. 21:18.
de las calamidades, Sal. 57:1; 59:16.
en todos los peligros, Sal. 91:3-7.
en todo lugar, Gén. 28:15; 2 Crón. 16:9.
en el sueño, Sal. 3:5; 4:8; Prov. 3:24.
en la muerte, Sal. 23:4.
LOS SANTOS consideran á Dios como su, Sal 18:2; 62:2; 89:18.
imploran, Sal. 17:5, 8; Isa. 51:9.
alaban á Dios por, Sal. 5:11.
SE LES QUITA á los desobedientes, Lev. 26:14-17, á los reincidentes, Jos. 23:12, 13; Jue. 10:13.
á los presuntuosos, Núm. 14:40-45.
á los incrédulos, Isa. 7:9.
á los impenitentes obstinados, Mat. 23:38.
NO SE ENCUENTRA en los ídolos, Deut. 32:37-39; Isa. 46:7.
en el hombre, Sal. 146:3; Isa. 30:7.
en las riquezas, Prov. 11:4, 28; Sof. 1:18.
en los ejércitos, Jos. 11:4-8, con Sal. 33:16.
en los caballos, Sal. 33:17; Prov. 21:31.
explicada con símiles, Deut. 32:11; Sal. 125:1, 2; Prov. 18:10; Isa. 25:4; 31:5; Luc. 13:34.
ejemplos de: Abraham, Gén. 15:1. Jacob, Gén. 48:16. José, Gén. 49:23-25. Israel, Jos. 24:17. David, Sal. 18:1, 2. Sidrac, Dan. 3:28, Daniel, Dan. 6:22. Pedro, Act. 12:4-7. Pablo, Act. 18:10; 26:17.

PROVERBIOS de Salomón, Prov. 1-25.
compilados por los varones de Ezequías, Prov. 25-29.
uso de, Prov. 1, &c.
varios, 1 Sam. 10:12; 24:13; Luc. 4:23; 2 Ped. 2:22. Véase 1 Rey. 4:32.
tocante á las virtudes morales y los vicios que les son opuestos, Prov. 10-20.

PROVIDENCIA (la) DE DIOS:
es el cuidado que Él tiene de sus obras, Sal. 145:9.

EJÉRCELA preservando á sus creaturas, Neh. 9:6; Sal. 36:6; Mat. 10:29.
proveyendo á las necesidades de sus creaturas, Sal. 104:27, 28 ; 136:25 ; 147:9 ; Mat. 6:26.
preservando á los santos de una manera especial, Sal. 37:28; 91:11; Mat. 10:30.
concediéndoles prosperidad á los santos, Gén. 24:48, 56; 39:21.
protejiendo, Sal. 91:4; 140:7.
librando, Sal. 91:3; Isa. 31:5.
guiando, Deut. 8:2, 15; Isa. 63:12.
llevando á efecto sus palabras, Núm. 26:65; Jos. 21:45; Luc. 21:32, 33.
ordenando los caminos de los hombres, Prov. 16:9; 19:21; 20:24; 21:1.
el estado y las circunstancias de los hombres, 1 Sam. 2:7, 8; Sal. 75:6, 7.
determinando la duración de la vida humana, Sal. 31:15; 39:5; Act. 17:26.
conduciendo á buenos fines, Ezra 7:27.
haciendo encallar los malos designios, Exod. 15:9-11; 2 Sam. 17:14, 15; Sal. 33:10.
dominándolo todo de tal manera que aun los malos designios redunden en pró del bien, Gén. 45:5-7; 50:20; Filip. 1:12.
manteniendo invariable el curso de la naturaleza, Gén. 8:22; Job 26:10; Sal. 104:5-9.
dirigiendo todos los acontecimientos, Jos. 7:14; 1 Sam. 6:7-10, 12; Prov. 16:33; Isa. 44:7; Act. 1:26.
gobernando los elementos, Job 37:9-13; Isa. 50:2; Jon. 1:4, 15; Nah. 1:4.
ordenando aun las cosas más minuciosas, Mat. 10:29, 30; Luc. 21:18.
CON RESPECTO á los corazones de los hombres, Prov. 6:1: Zac. 12:1; Act. 16:14.
los asuntos nacionales, Ex. 3:7, 8; Deut. 2:30; 2 Sam. 24:1; 1 Crón. 5:26.
los males morales, Ex. 14:8, 17; Jos. 10:19; Isa. 29:10; 44:18; 45:7.
las ilusiones engañosas, 1 Rey. 22:23; Ezeq. 14:9; 2 Tes. 2:10-12.
los privilegios religiosos, &c., Luc. 10:21; Juan 12:39; Rom. 11:7, 8.
sus móviles en el ejercicio de, son diferentes de los de los hombres, Gén. 45:4; 50:20; Isa. 10:5-7, 12; Mar. 15:9, con Juan 3:16; Act. 2:23.
deja á los hombres libertad de obrar, Gén. 42:21; Ex. 8:32; 9:27; 2 Sam. 24:1, 10.
los que arguyen en contra de, son reconvenidos, Job 40:2; Isa. 45:9; Mat. 20:15; Rom. 9.
es maravillosa, Ex. 15:11; Deut. 4:32.
es justa, Sal. 145:17; Dan. 4:37.
es siempre vigilante, Sal. 121:4; Isa. 27:3.
lo penetra todo, Sal. 139:1-5.
á veces es oscura y misteriosa, Sal. 36:6; 73:16; 77:19; Rom. 11:33.
TODAS LAS COSAS SON ORDENADAS POR, para la gloria divina, Ex. 8:22: 9:14; Isa. 63:13.
para el bien de los santos, Deut. 4:37; Rom. 8:28.
á los malos se les hace promover los designios de, Isa. 10:5-12; Act. 3:17, 18.
SE DEBE RECONOCER durante la prosperidad, Deut. 8:18; 1 Crón. 29:12.
durante la adversidad, Job 1:21; Sal. 119:75.
las calamidades, Amós 3:6.
en el sostenimiento de cada día, Gén. 48:15.
en todas las cosas, Prov. 3:6.
no se puede hacer encallar, 1 Rey. 22:30, 34; Prov. 21:30.
los esfuerzos del hombre son vanos sin, Sal. 127:1, 2; Prov. 21:31.

LOS SANTOS DEBEN fiarse de, Mat. 6:33, 34; 10:9, 29-31.
tener plena confianza en, Sal. 16:8; 139:10.
someterse á, 1 Sam. 3:18; 2 Sam. 16:10; Job 1:21; Sal. 39:9.
encomendar sus obras á, Prov. 16:3.
cobrar ánimo por razón de, 1 Sam. 30:6.
orar con sujeción á, Act. 12:5.
rogar á Dios que los guie con, Gén. 24:12-14; 28:20, 1; Act. 1:24.
resultado de depender de, Luc. 22:35.
se hermana con el uso de medios, 1 Rey. 21:19, con 1 Rey. 22:37, 38; Miq. 5:2, con Luc. 2:1-4; Act. 27:22; 31, 32.
es peligroso negar, Isa. 10:13-17; Ezeq. 28:2-10; Dan. 4:29-31; Ose. 2:8, 9.
PROVINCIA, 1 Rey. 20:14; Ezra 4:15; 6:2; Est 1:1; Act. 23:34; 25:1.
PRUDENCIA (la):
se deja ver en la manifestación de la gracia de Dios, Efes. 1:8.
ejemplificada por Cristo, Isa. 52:13; Mat. 21:24-27; 22:15-21.
se relaciona íntimamente con la sabiduría, Prov. 8:12.
los sabios se distinguen por, Prov. 16:21.
LOS QUE LA POSEEN, adquieren ciencia, Prov. 18:15.
se entienden con la ciencia, Prov. 13:16.
entienden sus pasos, Prov. 14:15.
los caminos de Dios, Ose. 14:9.
sus propios caminos, Prov. 14:8.
son coronados de ciencia, Prov. 14:18.
no hacen ostentación de su saber, Prov. 12:23.
preven y evitan el mal, Prov. 22:3.
son preservados por ella, Prov. 2:11.
refrenan la ira, &c., Prov. 12:16; 19:11.
acatan la corrección, Prov. 15:5.
callan en el tiempo malo, Amós 5:13.
los santos obran con, Sal. 112:5.
deben ejercer la, muy particularmente en su trato con los incrédulos, Col. 4:5.
las esposas virtuosas obran con, Prov. 31:16, 26.
la juventud debe cultivar, Prov. 3·21.
DE LOS MALOS encalla en los tiempos angustiosos, Jer. 49:7.
les impide llegar al conocimiento del evangelio, Mat. 11:25.
reprobada por Dios, Isa. 5:21; 29:15.
destruida, Isa. 29:14; 1 Cor. 1:19.
la necesidad de, explicada con un ejemplo, Luc. 14:28-32.
ejemplos de: Jacob, Gén. 32:3-23. José, Gén. 41:39. Jetró, Exod. 18:19, &c. Gedeón, Jue. 8:1-3. David, 1 Sam. 16:18. Los ancianos consejeros de Roboam, 1 Reyes 12:7. Salomón, 2 Crón. 2:12. Nehemías, Neh. 2:12, 16; 4:13-18. Gamaliel, Act. 5:34-39. Sergio Paulo, Act. 13:7. Pablo, Act. 23:6.
PRUEBA, del corazón, es prerogativa de Dios, 1 Crón. 28:9; 29:17; 2 Crón. 32:31; Sal. 7:9; 11:4; 26:2; Prov. 17:3; Jer. 11:20; 17:10; 1 Tes. 2:4.
de la fé, Heb. 11:17; Sant. 1:3; Zac. 13:9; Job 32:10; 1 Ped. 4:12; Rev. 3:10.
Véase TENTACIÓN.
PUBLICANO, dos rangos: jefe, ó comisionado, como Zaqueo, Luc. 19:2; y recaudador de las contribuciones, como Mateo, Mat. 10:3; Luc. 5:27.
su carácter, Mat. 5:46; 9:11; 11:19; 18:17; Luc. 3:12.
algunos de ellos creen en Jesús, Mat. 21:32; Luc. 5:27; 7:29; 15:1; 19:2.
el publicano y el Fariseo, Luc. 18:10.

PUBLIO hospeda á Pablo, Act. 28:7.
su padre es curado, Act. 28:8.
PUEBLO de Dios:
es elegido por El, Deut. 7:6; Sal. 33:12; Act. 15:14; Rom. 11.
es la parte de Jehová, Deut. 32:9.
es conocido de El, Gál. 4:9; 2 Tim. 2:19.
es amado y bendecido de El, Deut. 33; Sal. 3:8.
es santo á El, Deut. 7:6; 1 Ped. 1:15.
es redimido por El, 2 Sam. 7:23; Sal. 77:15; Rev. 5:9.
es su rebaño, Sal. 100:3.
es guardado por El, Sal. 121; 125.
es feliz, Sal. 144:15.
es peculiar, Tit. 2:14; 1 Ped. 2:9.
morará con El, Rev. 21:3.
El le compadece, Joel 2:18.
le perdona, Sal. 85:2.
le alimenta, Sal. 95:7.
se complace en, Sal. 149:4.
le consuela, Isa. 49:13.
defiende su causa, Isa. 51:22.
le salva de sus pecados, Mat. 1:21.
le da fuerza y paz, Sal. 29:11; 85:8.
no le abandonará, 1 Sam. 12:22; Sal. 94:14.
le da descanso, Heb. 4:9.
PUERCO, animal inmundo, Lev. 11:7; Deut. 14:8; Isa. 65:4.
símile de los incrédulos y de los apóstatas, Mat. 7:6; 2 Ped. 2:22.
los demonios reciben mandato de entrar en unos puercos, Mat. 8:32; Mar. 5:13; Luc. 8:33.
―――― montés, Sal. 80:13.
PUERROS, Núm. 11:5.
trad. GRAMA en otros lugares, tales como 1 Reyes 18:5; Prov. 27:25; y yerba en Job 8:12.
PUERTA (la), Gén. 19:9.
postes y dinteles de, Ex. 12:22; 21:6.
quiciales de, 1 Rey. 7:50.
modo de abrir, Cant. 5:4.
textos escritos sobre, Deut. 11:20.
puertas del templo, 1 Rey. 6:33–35.
como símile ó comparación, Prov. 26:14; Ose. 2:15; Juan 10:1, 7, 9; 1 Cor. 16:9; Rev. 3:8.
Véase CERRADURA, LLAVE, TRANCA.
PUERTAS del cielo, Gén. 28:17; Sal. 18:20; Isa. 26:2.
de la muerte y del infierno, Sal. 9:13; Isa. 38:10; Mat. 16:18.
angosta y ancha, Mat. 7:13; Luc. 13:24.
de las ciudades usadas para el comercio, &c., Gén. 23:10, 18; Deut. 16:18; Jos. 20:4; Rut 4:1; 2 Sam. 15:2; 19:8; 1 Rey. 22:10; Job 29:7; Prov. 1:21; 31:23, 31: Jer. 17:19; Zac. 8:16.
del templo, 2 Rey. 18:16; 2 Crón. 8:14; Sal. 100:4; 118:19, 20; Ezeq. 44:1, 2: Act. 3:2.
de Jerusalem, 2 Rey. 14:13; 2 Crón. 26:19; Neh. 3:1, &c.; Jer. 31:38, 40.
la posesión de las, Gén. 22:17; 24:60.
abiertas á los vencedores, Sal. 24:7, 9; Isa. 60:11; 62:10.
PUERTO, Gén. 49:13; Sal. 107:30; Act. 27:8, 12.
PUL, (ó Phul), rey de Asiria, Israel en sujeción á, 2 Rey. 15:19; 1 Crón. 5:26.
PULGA, 1 Sam. 24:14; 26:20.
PULGÓN, 1 Rey. 8:37; Sal. 78:46; 105:34 Joel 1:4; 2:25.
PUREZA, de carácter y de vida:
cualidad de los que son espirituales, Gál. 5:16.
conviene á los santos, Efes. 5:3; 1 Ped. 2:11.
indispensable para los ministros, 1 Tim. 5:22.
fin á que se deben encaminar nuestros esfuerzos, 1 Juan 3:3.

―――― de la palabra y de la ley de Dios, Sal. 12:6; 19:8; 119:140; Prov. 30:5.
PURIFICACIÓN (la), leyes acerca de, Lev. 13:16; Núm. 9:4; 31:19–24 (Mal. 3:3; Act. 21:24; Heb. 9:13.
de las mujeres, Lev. 12; Est. 2; Luc. 2:22.
del corazón por la fé, Act. 15:19; 1 Ped. 1:22; 1 Juan 3:3. Véase Dan. 12:10.
PURIM, fiesta, instituida, Est. 9:20.
PÚRPURA, las cortinas y telas del tabernáculo eran de, Ex. 25:4; 26:1; Núm. 4:13.
usada por los ricos y por los reyes para vestiduras, Est. 8:15; Prov. 31:22; Jer. 10:9; Dan. 5:7, 16, 29; Mar. 15:17; Luc. 16:19.
artículo de comercio, Act. 16:14.
PUTEOLI, Act. 28:13.

Q.

QUEHACERES, diligencia en los, Prov. 22:29; Rom. 12:11; 1 Tes. 4:11.
QUEMA de los cadáveres, 1 Sam. 31:12; Amós 6:10.
QUERELLA. Véase CONTENCIÓN.
QUERÉN-HAPUC, Job 42:14.
QUERUBINES, hacen guardia á la entrada del Edén, Gén. 3:24.
representaciones de, colocadas en el santuario, Exod. 25:18; 37:7; Núm. 7:89; 2 Sam. 6:2; 1 Rey. 6:25; 8:6; 2 Rey. 19:15; 2 Crón. 3:10. Véase 1 Sam. 4:4; 2 Sam. 22:11; Sal. 80:1; Ezeq. 41:18; Heb. 9:5.
la visión de Ezeq. 1; 9; 10.
QUESO, 1 Sam. 17:18; 2 Sam. 17:29; Job 10:10.
QUIETUD prometida al pueblo de Dios, Prov. 1:33; Isa. 30:15; 32:17, 18.
exhortación á que busquemos la, 1 Tes. 4:11; 2 Tes. 3:12; 1 Tim. 2:2; 1 Ped. 3:4.
QUIJADA de asno, Jue. 15:15.

R.

RAAB recibe á los espías, Jos. 2.
preservada por la fé, Job 6:22; Heb. 11:31; y las obras, Sant. 2:25.
Cristo descendió de, Mat. 1:5.
―――― , Egipto, Sal. 87:4; 89:10; Isa. 51:9.
RABBA, sitiada y tomada por Joab, 2 Sam. 11; 12:26.
profecías con relación á, Jer. 49:2; Ezeq. 21:20; 25:5; Amós 1:14.
RABBAT-MOAB. Véase AR-MOAB.
RABBI, RABBONI (Maestro), Cristo fué llamado así, Juan 1:38: 3:2; 20:16.
los discípulos no habían de recibir el título de, Mat. 23:8.
RABSACES, su arenga blasfematoria, 2 Reyes 18:19; 19:4; Isa. 36:4.
RACA (vano, insensato, 2 Sam. 6:20), se censura el uso de esta palabra, Mat. 5:22.
**RAFAIM, ó Rafeos, gigantes, Gén. 14:5; Jos. 13:12; 17:15; 1 Sam. 17:4, 50; 2 Sam. 21:15.
―――― , valle de, Jos. 15:8; 2 Sam. 5:18, 22; Isa. 17:5.
RAFIDIM, los Amalecitas vencidos en, Ex. 17.
**RAHAMA, ó Reema, Gén. 10:7; Ezeq. 27:22.
RAIZ de Jessé (Isaí) y David, Isa. 11:1, 10; Rev. 5:5; 22:16.
RAMA de Benjamín, Jos. 18:25; Jue. 4:5.
Samuel more allí, 1 Sam. 1:19; 7:17; 8:4; 19:18; 25:1.
profecías con relación á, Isa. 10:29; Jer. 31:15; Ose. 5:8.
RAMATAIM de Sofim, residencia de Elcana, 1 Sam. 1:1.

RAMAT-LEQUI (alto de la quijada), Jue. 15:17.
RAMERA, la gran, Rev. 17; 18.
RAMERAS (las), Gén. 34:31; Lev. 19:29; 21:7; Deut. 23:17; Isa. 57:3; Jer. 3:3; 1 Cor. 6:15.
á los sacerdotes les era prohibido casarse con, Lev. 21:14.
en el estilo figurado para denotar la idolatría, Isa. 1:21; Jer. 2:20; Ezeq. 16:23; Ose. 2; Rev. 17:18.
el juicio de Salomón respecto de la disputa entre dos, 1 Rey. 3:16.
RAMERÍA, ó prostitución, prohibida, Lev. 19:29; Deut. 22:1; 23:17.
espiritual, Ezeq. 16; 23; Jer. 3; Ose. 1; 2.
Véase IDOLATRÍA.
RAMESES, una comarca de Egipto habitada por los Israelitas, Gén. 47:11.
una ciudad de depósito edificada por ellos, Ex. 1:11.
el punto desde el cual partieron ellos en el éxodo, Ex. 12:37; Núm. 33:3–5.
RAMOT EN GALAAD, Deut. 4:43.
la guerra de Achâb tocante á, 1 Rey. 22; 2 Cró. 18. La guerra de Joram, 2 Rey. 8:28; 2 Cró. 22:5.
Jehú es ungido allí, 2 Rey. 9:1.
RANA, ó más bien LAGARTO, inmunda, Lev. 11:29.
RANAS, plaga de, Ex. 8:6; Sal. 78:45; 105:50; Rev. 16:13.
RAPOSAS. Véase ZORRAS.
RAQUEL se vé con Jacob, Gén. 29:10.
viene á ser su esposa, Gén. 29:28.
su envidia, Gén. 30:1.
se lleva las imágenes de Laban, Gén. 31:19, 34.
muerte, Gén. 35:16. Véase Rut 4:11; Jer. 31:15; Mat. 2:18.
RASGAR (el) de los vestidos, Gén. 37:34; 2 Sam. 13:19; 2 Crón. 34:27; Ezra 9:5; Job 1:20; 2:12; Joel 2:13, &c.
RASIN, rey de Siria, enviado contra Judá, 2 Reyes 15:37; 16:5; Isa. 7:1.
es muerto, 2 Rey. 16:9.
RASURAR ó rapar el cabello, casos en que se prescribía, Lev. 13:33; 14:8; Núm. 6:9; 8·7. Véase Job 1:20; Ezeq. 44:20; Act. 21:24; 1 Cor. 11:5.
la barba, Lev. 21:5.
RATÓN, inmundo, Isa. 66:17.
RATONES de oro, ofrecidos por los Filisteos, 1 Sam. 6:11.
RAZÓN, de Damasco, enemigo de Salomón, 1 Rey. 11:23.
RAZÓN, ó sentido natural, Dan. 4:36.
debe usarse en asuntos religiosos, Isa. 1:18; 1 Cor. 10:15; 1 Ped. 3:15.
no es guía suficiente para los asuntos de este mundo, Deut. 12:8; Prov. 3:5; 14:12.
los razonamientos de los Fariseos, Luc. 5:21, 22; 20:5.
de Pablo, Act. 17:2; 18:4, 19; 24:25.
RAZONAMIENTOS de Dios con Israel, Isa. 1; 3:13; 43:26; Jer. 2–6; 13; Ezeq. 17:20; 20:36; 22; Ose. 2, &c.; Joel 3:2; Miq. 2, &c.
Job quiere razonar, ó más bien, disputar con Dios, Job 9:19; 16:21.
REBAÑO, Gén. 4:4; 29:2; 30:32; 37:2; Ex. 2:16, 17; 3:1; 1 Sam. 16:11; Prov. 27:23.
en sentido figurado, Gén. 33:13; Sof. 2:6, 14; Zac. 10:3; Luc. 12:32; Act. 20:28, 29; 1 Cor. 9:7; 1 Ped. 5:2, 3.
REBECA, Gén. 22.23.
se vé con el mayordomo de Abraham, Gén. 24:15.
viene á ser esposa de Isaac, Gén. 24:67.

su treta á favor de Jacob, Gén. 27:6.
le despide á causa de sus temores, Gén. 27:43.
su entierro, Gén. 49:31. Véase Rom. 9:10.
REBELIÓN CONTRA DIOS:
prohibida, Lev. 14:9; Jos. 22:19.
desagrada á Dios, Núm. 16:30; Neh. 9:26.
á Cristo, Ex. 23:20, 21, con 1 Cor. 10:9.
ofende al Espíritu Santo, Isa. 63:10.
MANIFIÉSTALA EL HOMBRE con su incredulidad Deut. 9:23; Sal. 106:24, 25.
rechazando su (de Dios) gobierno, 1 Sam. 8:7.
rebelándose abiertamente contra El, Isa. 1:5¡ 31:6.
despreciando su ley, Neh. 9:26.
sus consejos, Sal. 107:11.
desconfiando de su poder, Ezeq. 17:15.
murmurando de El, Núm. 20:3, 10.
rehusando escucharle, Deut. 9:23; Ezeq. 20:8; Zac. 7:11.
apartándose de El, Isa. 59:13.
rebelándose contra los gobernantes nombrados por El, Jos. 1:18.
apartándose de sus preceptos, Dan. 9:5.
alejándose del culto que El ha instituido, Ex. 32:8, 9; Jos. 22:16–19.
pecando con conocimiento, Job 24:13.
siguiendo sus propios pensamientos, Is. 65:2.
SE HERMANA con la obstinación, Deut. 31:27.
con la injusticia y la corrupción, Isa. 1:23.
con el menosprecio de Dios, Sal. 107:11.
el hombre se inclina naturalmente á, Deut. 31:27.
el corazón es el asiento de, Jer. 5:23; Heb. 3:12.
LOS QUE SE HACEN CULPABLES DE, agravan con ella su pecado, Job 34:37.
practican la hipocresía para ocultarla, Ose. 7:14.
aumentan en, aunque se ven castigados, Isa. 1:5.
perseveran en, Deut. 9:3, 24.
reciben admonición de que no se ensalcen, Sal. 66:7.
reprobados, Isa. 30:1.
tienen á Dios como enemigo, Isa. 63:10.
la mano de Dios contra sí, 1 Sam. 12:15, con Sal. 106:26, 27.
son empobrecidos á causa de, Sal. 68:6.
abatidos á causa de, Sal. 107:11, 12.
entregados en manos de enemigos, Neh. 9:26, 27.
echados del favor de Dios á causa de, Sal. 5:10.
echados de la iglesia á causa de, Ezeq. 20:38.
restaurados con sólo mediante Cristo, Sal. 68:18.
lo abominable de, 1 Sam. 15:23.
EL PECADO DE, se agrava por cuanto Dios cuida de nosotros como un padre, Isa. 1:2.
se agrava por cuanto Dios invita constantemente á los rebeldes á que vuelvan á El, Isa. 65:2.
es de lamentarse, Jos. 22:29.
se debe confesar, Lam. 1:18, 20; Dan. 9:5.
sólo Dios puede perdonar, Dan. 9:9.
Dios está pronto para perdonar, Neh. 9:17.
la instrucción religiosa tiende á impedir, Sal. 78:5, 8.
promesas á los que eviten, Deut. 28:1–13; 1 Sam. 12:14.
se perdona á los que se arrepientan de ella, Neh. 9:26, 27.
LOS MINISTROS están sobre aviso con respecto á, Ezeq. 2:8.
son enviados á los que se hacen culpables de, Ezeq. 2:3–7; 3:4–9; Mar. 12:4–8.

deben amonestar con respecto á, Núm. 14:9.
dar testimonio contra, Isa. 30:8, 9; Ezeq.
17:12; 44:6.
recordar al pueblo su, de otros tiempos,
Deut. 9:7; 31:27.
castigo á causa de, Lev. 26:14-39; 1 Sam. 12:15;
Isa. 1:20; Jer. 4:16-18; Ezeq. 20:8, 38.
castigo por incitar á, Jer. 28:16.
ingratitud de, puesta de manifiesto con un
ejemplo, Isa. 1:2, 3.
ejemplos de: Faraón, Ex. 5:1, 2. Coré, &c.,
Núm. 16:11. Moisés y Aarón, Núm. 20:12, 24.
Los Israelitas, Deut. 9:23, 24. Saúl, 1 Sam.
15:9, 23. Jeroboam, 1 Rey. 12:28-33. Sedecías, 2 Crón. 36:13. El reino de Israel, Ose.
7:14; 13:16.
REBLA, en Siria, 2 Reyes 23:33; 25:6; Jer. 39:5;
52:9.
RECAB, uno de los capitanes de Saúl, 2 Sam. 4.
RECABITAS, 1 Crón. 2:55; Jer. 35:6-19.
RECOGIMIENTO. Véase FIESTAS.
RECOMPENSA. Véase GALARDÓN.
RECONCILIACIÓN con Dios:
predicha, Dan. 9:24, con Isa. 53:5.
proclamada por los ángeles, Luc. 2:14.
el borrar la escritura de las ordenanzas es necesario para, Efes. 2:16; Col. 2:14.
EFECTUADA PARA LOS HOMBRES por Dios en
Cristo, 2 Cor. 5:19.
por Cristo, como sumo sacerdote, Heb. 2:17.
por la muerte de Cristo, Rom. 5:10; Efes.
2:16; Col. 1:21, 22.
por la sangre de Cristo, Efes. 2:13; Col. 1:20.
en tanto que estaban extrañados de Dios,
Col. 1:21.
que eran enemigos de Dios, Rom. 5:10.
el ministerio de, encomendado á los ministros,
2 Cor. 5:18, 19.
los ministros deben rogar á los hombres de
parte de Cristo que soliciten la, 2 Cor. 5:20.
EFECTOS DE LA: paz con Dios, Efes. 2:16, 17.
entrada hasta Dios, Efes. 2:18.
la unión de los Judíos y de los gentiles, Efes.
2:14.
de las cosas en el cielo y en la tierra, Col.
1:20, con Efes. 1:10.
promesa de la salvación final, Rom. 5:10.
necesidad de, explicada con un ejemplo, Mat.
5:24, 26.
simbolizada, Lev. 8:15; 16:20.
RECONVENIR (y reprender), Luc. 17:3; Efes.
5:11.
RECTITUD:
Dios es perfecto en, Isa. 26:7.
se complace en, 1 Crón. 29:17.
creó al hombre en, Ecl. 7:29.
el hombre ha perdido, Ecl. 7:29.
SE DEBE TENER en el corazón, 2 Crón. 29:34 ;
Sal. 125:4.
en las palabras, Isa. 33:15.
en la conducta, Prov. 14:2.
en juzgar, Sal. 58:1; 75:2.
en gobernar, Sal. 78:72.
el ser preservado de pecados de presunción es
necesario para la, Sal. 19:13.
con pobreza, es mejor que el pecado con las riquezas, Prov. 28:6.
que la insensatez, Prov. 19:1.
LOS QUE ANDAN EN, le temen á Dios, Prov. 14:2.
aman á Cristo, Cant. 1:4.
reciben la aprobación de Dios, Sal. 11:7.
complacen á Dios, Prov. 11:20.
las oraciones de, agradan á Dios, Prov. 15:8.
protegidos por Dios, Job 8:6; Prov. 14:11.
defendidos por Dios, Prov. 2:7.

sostenidos en ello por Dios, Sal. 41:12.
recompensados por Dios, Sal. 18:23, 24.
hallan fuerza en la senda de Dios, Prov.
10:29.
alcanzan provecho de la palabra de Dios,
Miq. 2:7.
obtienen luz en la oscuridad, Sal. 112:4.
son guiados por la integridad, Prov. 11:3.
andan con confianza, Prov. 10:9.
dirigen su camino, Prov. 21:29.
son preservados por la justicia, Prov. 13:6.
menospreciados de los malos, Job 12:4.
aborrecidos de los malos, Prov. 29:10; Am.
5:10.
abominados de los malos, Prov. 29:27.
perseguidos de los malos, Sal. 37:14.
la alabanza es hermosa á, Sal. 33:1.
son una bendición para los demás, Prov.
11:11.
poseerán cosas buenas, Prov. 28:10.
no les será negado nada de lo bueno, Sal.
84:11.
morarán en la tierra, Prov. 2:21.
habitarán en lo alto y serán cuidados, Isa.
33:16.
habitarán con Dios, Sal. 15:2; 140:13.
serán bendecidos, Sal. 112:2.
librados por la justicia, Prov. 11:6.
por su sabiduría, Prov. 12:6.
salvos, Prov. 28:18.
entrarán en la paz, Sal. 37:37; Isa. 57:2.
tendrán dominio sobre los malos, Sal. 49:14.
una herencia sempiterna, Sal. 37:18.
los verdaderamente sabios andan en, Prov.
15:21.
el camino de, es part!r del mal, Prov. 16:17.
es un distintivo de los santos, Sal. 111:1; Isa.
26:7.
los santos deben resolverse á andar en, Sal.
26:11.
LOS MALOS no tienen en el corazón, Hab. 2:4.
dejan la senda de, Prov. 2:13.
no obran con, Miq. 7:2, 4.
orad por los que caminan en, Sal. 125:4.
amonestad á los que se desvían de, Gál. 2:14.
RECTO (amado), el pueblo de Israel llamado
así, Deut. 23:15; 33:5, 26; Isa. 44:2.
RECUSACIÓN, de los hereges, Tit. 3:10.
por Dios de los impenitentes, Sal. 81:12; Prov.
1:29; Mat. 7:23; Mar. 16:16; Rom. 1:24; 2 Tes.
2:11; Rev. 3:16.
RED, parábola de la, Mat. 13:47.
REDADAS de peces, milagrosas, Luc. 5:4-6;
Juan 21:6, 11.
REDAÑO, parte del animal quemada en los sacrificios, Ex. 29:13, &c.
REDENCIÓN (la):
definición de, 1 Cor. 7:23.
es de Dios, Isa. 44:21-23, con Luc. 1:68.
es por medio de Cristo, Mat. 20:28; Gál. 3:13.
es por medio de la sangre de Cristo, Act. 20:28;
Heb. 9:12; 1 Ped. 1:19; Rev. 5:9.
Cristo fué enviado á efectuar, Gál. 4:4, 5.
ha sido hecho para nosotros, 1 Cor. 1:30.
ES de todo mal, Gén. 48:16.
del cautiverio de la ley, Gál. 4:5.
de la maldición de la ley, Gál. 3:13.
del poder del pecado, Rom. 6:18, 22.
del sepulcro, Sal. 49:15.
de todas las angustias, Sal. 25:22.
de toda iniquidad, Sal. 130:8; Tit. 2:14.
del presente mundo malo, Gál. 1:4.
de la vana conversación, 1 Ped. 1:18.
de los enemigos, Sal. 106:10, 11; Jer. 15:21.
de la muerte, Ose. 13:14.

de la destrucción, Sal. 103:4.
el hombre no puede llevar á efecto, Sal. 49:7.
no con cosas corruptibles, 1 Ped. 1:18.
\NOS PROPORCIONA la justificación, Rom. 3:24.
    el perdón del pecado, Efes. 1:7; Col. 1:14.
    la adopción, Gál. 4:4, 5.
    la purificación, Tit. 2:14.
la vida presente es el único tiempo para obtener, Job 36:18, 19.
SE DESCRIBE COMO de gran precio, Sal. 49:8.
    abundante, Sal. 130:7.
    eterna, Heb. 9:12.
OBJETOS DE: el alma, Sal. 49:15; 71:23.
    el cuerpo, Rom. 8:23.
    la vida, Sal. 103:4; Lam. 3:58.
    la herencia, Efes. 1:14.
MANIFIESTA el poder de Dios, Isa. 50:2.
    la gracia de Dios, Isa. 52:3.
    el amor y la compasión de Dios, Isa. 63:9.
materia de alabanza, Isa. 44:22, 23; 51:11.
los santos del Antiguo Testamento participan en, Heb. 9:15.
LOS QUE PARTICIPAN DE, pertenecen á Dios, Isa. 43:1; 1 Cor. 6:20.
    son las primicias de Dios, Rev. 14:4.
    son pueblo propio, 2 Sam. 7:23; Tit. 2:14, con 1 Ped. 2:9.
    tienen seguridad de, Job 19:25; Sal. 31:5.
    son sellados para el día de, Efes. 4:30.
    son seguidores de buenas obras, Tit. 2:14.
    caminan con seguridad en la santidad, Isa. 35:8, 9.
    volverán á Sión con gozo, Isa. 35:19.
    sólo ellos pueden aprender los cánticos del cielo, Rev. 14:3, 4.
    se encomiendan á Dios, Sal. 31:5.
    tienen garantía del perfeccionamiento de, Efes. 1:14, con 2 Cor. 1:22.
    aguardan el, Sal. 26:11; 44:26.
    alaban á Dios por, Sal. 71:23; Rev. 5:9.
    deben glorificar á Dios por, 1 Cor. 6:20.
    ser impávidos, Isa. 43:1.
simbolizada: Israel, Ex. 6:6. Primogénito, Ex. 13:11-15; Núm. 18:15.
dinero del rescate, Ex. 30:12-15.
siervo, Lev. 25:47-54.
Véase EXPIACIÓN, RECONCILIACIÓN, &c.
REDENCIÓN de la tierra, &c., Lev. 25; Neh. 5:8.
—— del primogénito, Ex. 13:11; Núm. 3:12.
REDENTOR, el Señor, Job 19:25; Sal. 19:14; 78:35; Prov. 23:11; Isa. 41:14; 47:4; 59:20; 63:16; Jer. 50:34, &c.
REDIMIDOR de la sangre. Véase VENGADOR.
REDOMAS, ó tazones, de perfumes, Lev. 5:8.
    la siete de la ira de Dios, Rev. 15:7.
    derramadas, Rev. 16.
REFINADOR, el Señor es, de su pueblo, Isa. 48:10; Zac. 13:9; Mal. 3:2.
REFUGIO, Dios es, para su pueblo, Deut. 32:27; 2 Sam. 22:3; Sal. 9:9; 48:3, &c., Heb. 6:18.
    ciudades de, establecidas, Núm. 35; Deut. 4:41; 19; Jos. 20.
REFUNFUÑAR (el), prohibido, 2 Cor. 9:7; Sant. 5:9; 1 Ped. 4:9.
REGALOS. Véase PRESENTES.
REGENERACIÓN, Tit. 3:5. Véase Mat. 19:28; Juan 1:13; 3:3. Véase RENACIMIENTO.
REGIO, Act. 28:13.
REGISTRO, Ezra 2:62; Neh. 7:5, 64.
REGOCIJO del pueblo de Dios:
    en sus fiestas, Lev. 23:40; Deut. 16:11.
    en la tierra de promisión, Deut. 12:10.
    buscando al Señor, 1 Crón. 16:10.
    en lo bueno, 2 Crón. 6:41; Filip. 3:1.

en Dios, Sal. 32:11; Filip. 3:1; 4:4.
en la protección divina, Sal. 5:11; 68:4.
por medio de Cristo, Rom. 5:11.
A CAUSA de las obras de Dios, Sal. 33.
    de los juicios de Dios, Sal. 48:11; Isa. 41:16; Rev. 12:12; 18:20.
    de la santidad de Dios, Sal. 97:12.
    de la misericordia, Sal. 103; Zac. 10:6, 7.
    de la bondad, Joel 2:23.
constantemente, Sal. 89:16; Filip. 4:4.
    para siempre, 1 Tes. 5:16.
    á pesar de la adversidad, Hab. 3:18.
    con los que se regocijan, Rom. 12:15.
Véase GOZO.
REGRESO (el) de la cautividad fué prometido, Jer. 16:14; 23; 24; 30-32, &c.; 50:4, 17, 33; Amós 9:14.
    la promesa cumplida, Ezra 1, &c.; Neh. 2, &.; Ag. 1; Zac. 1.
REHENES, 2 Rey. 14:14; 2 Crón. 25:24.
REHOBOT, Gén. 26:22.
REHUM, canciller, Ezra 4:8-24.
REINA DEL CIELO, culto idólatra de la, Jer. 44:17, 25.
REINAS. Véase ATALÍA, ESTER, SABA, JEZABEL.
REINCIDIR (el):
    es desviarse de Dios, 1 Rey. 11:9.
    es dejar el primer amor, Rev. 2:4.
    es apartarse de la simplicidad del evangelio, 2 Cor. 11:3; Gál. 3:1-3; 5:4, 7.
    á Dios le desagrada, Sal. 78:57, 59.
    admoniciones con respecto á, Sal. 85:8; 1 Cor. 10:12.
    la culpabilidad y las consecuencias de, Núm. 14:43; Sal. 125:5; Isa. 59:2:8, 9-11; Jer. 5:6; 8:5, 13; 15:6; Luc. 9:62.
    lleva en sí su propio castigo, Prov. 14:14; Jer 2:19.
    la altanería conduce á, Prov. 16:18.
    inclinación hacia, Prov. 24:16; Ose. 11:7.
    tiende á continuar y á seguir en aumento, Jer. 8:5; 14:7.
    exhortaciones dirigidas al hombre para que cese de, 2 Crón. 30:6; Isa. 31:6; Jer. 3:12, 14, 22; Ose. 6:1.
    pedid á Dios os restaure para no continuar en, Sal. 80:3; 85:4; Lam. 5:21.
    castigo por tentar á los demás al pecado de, Prov. 28:10; Mat. 18:6.
    no sin remedio, Sal. 37:24; Prov. 24:16.
    procurad volver al buen camino á los que caen en el pecado de, Gál. 6:1; Sant. 5:19, 20.
    el pecado de, se debe confesar, Isa. 59:12-14; Jer. 3:13, 14; 7:1-9.
    el perdón de, prometido, 2 Crón. 7:14; Jer.3:12; 31:20; 36:3.
    la curación de, prometida, Jer. 3:22; Ose. 14:4.
    aflicciones enviadas para curar, Ose. 5:15.
    bienaventuranza de los que se guardan de, Prov. 28:14; Isa. 26:3, 4; Col. 1:21-23.
    aborrecible á los santos, Sal. 101:3.
    ejemplos de: Israel, Ex. 32:8; Neh. 9:26; Jer. 3:11; Ose. 4:16. Saúl, 1 Sam. 15:11. Salomón, 1 Rey. 11:3, 4. Pedro, Mat. 26:70-74.
REINO de Dios, 1 Crón. 29:11; Sal. 22:28; 45:6; 145:11; Isa. 24:23; Dan. 2:44.
    de Cristo. Véase CRISTO EL REY.
    de los cielos abierto, Mat. 3:2; 8:11; 11:11; 13:11.
    parábolas acerca de, Mat. 13:24.
    quiénes entrarán en, Mat. 5:3; 7:21; Luc. 9:62; Juan 3:3; Act. 14:22; Rom. 14:17; 1 Cor. 6:9; 15:50; 2 Tes. 1:5.
REJA (de ventana), Jue. 5:28; 2 Rey. 1:2; Cant 2:9.

RELÁMPAGO enviado por Dios, 2 Sam. 22:15; Job 28:26; 38:25; Sal. 18:14; 144:6.
rodea el trono de Dios, Ezeq. 1:13; Rev. 4:5.
RELIGIÓN de la vida externa, pura y sin mácula, Sant. 1:27.
RELOJ DE ACHAZ, 2 Rey. 20:11; Isa. 38:8.
REMFÁN, un ídolo, Act. 7:43.
REMISIÓN, año de, Ex. 21:2; Deut. 15:1; 31:10.
Véase Jer. 34:14.
—— de los pecados, llevada á cabo, Mat. 26:28, &c.; Heb. 2:22; 10:18.
predicada, Mar. 1:4; Luc. 24:47; Act. 2:38; 10:43, &c.
Véase Perdón, Reconciliación, &c.
REMMÓN, dios de los Sirios, 2 Rey. 5:18.
REMO, Ezeq. 27:29.
REPETICIONES vanas, en la oración, son prohibidas, Mat. 6:7.
RÉPROBOS, quienes son, Jer. 6:30: Rom. 1:28; 2 Tim. 3:8; Tit. 1:16. Véase 2 Cor. 13:5.
RENACIMIENTO (el):
la corrupción de la naturaleza humana requiere, Juan 3:6; Rom. 8:7, 8.
nadie puede entrar en el cielo sin, Juan 3:3.
EFECTUADO por Dios, Juan 1:13; 1 Ped. 1:3.
por Cristo, 1 Juan 2:29.
por el Espíritu Santo, Juan 3:6; Tit. 3:5.
POR MEDIO DE la palabra de Dios, Sant. 1:18; 1 Ped. 1:23.
la resurrección de Cristo, 1 Ped. 1:3.
el ministerio del evangelio, 1 Cor. 4:15.
es la voluntad de Dios, Sant. 1:18.
es de la misericordia de Dios, Tit. 3:5.
es para la gloria de Dios, Isa. 43:7.
DEFINIDO como una creación nueva, 2 Cor. 5:17; Gál. 6:15; Efes. 2:10.
novedad de vida, Rom. 6:4.
una resurrección espiritual, Rom. 6:4–6; Efes. 2:1, 5; Col. 2:12; 3:1.
un corazón nuevo, Ezeq. 36:26.
un espíritu nuevo, Ezeq. 11:19; Rom. 7:6.
revestirse del hombre nuevo, Efes. 4:24.
el hombre interior, Rom. 7:22; 2 Cor. 4:16.
la circuncisión del corazón, Deut. 30:6, con Rom. 2:29; Col. 2:11.
participar de la naturaleza divina, 2 Ped. 1:4.
el lavamiento de la regeneración, Tit. 3:5.
todos los santos participan, 1 Ped. 2:2; 1 Juan 5:1.
PRODUCE semejanza á Dios, Efe. 4:24; Col.3:10.
semejanza á Cristo, Rom. 8:29.
conocimiento de Dios, Jer. 24:7; Col. 3:10.
odio al pecado, 1 Juan 3:9; 5:18.
victoria del mundo, 1 Juan 5:4.
gozo en la ley de Dios, Rom. 7:22.
MANIFESTADO por la fé en Cristo, 1 Juan 5:1.
por la justicia, 1 Juan 2:29.
por el amor fraternal, Juan 13:35; 1 Juan 3:14–24; 4:7; 5:1–4.
se relaciona á la adopción, Isa. 43:6, 7; Juan 1:12, 13.
los ignorantes cavilan acerca de, Juan 3:4.
el modo de efectuarse comparado, Juan 3:8.
preserva de los designios de Satanás, 1 Juan 5:18.
RENUEVO (el)de Jehová, profecías acerca de, Isa. 4:2; Jer. 23:5; Zac. 3:8; 6:12. Véase Luc. 1:78: Juan 15:5; Rom. 11:16.
REPOSO. Véase Descanso.
REPRENSIÓN:
Dios dirige á los malos, Sal. 50:21; Isa. 51:20.
Cristo fué enviado para dirigir, Isa. 2:4; 11:3.
el Espíritu Santo dirige, Juan 16:7, 8.
Cristo dirige, con amor, Rev. 3:19.
Á CAUSA de la impenitencia. Mat. 11:20, 24.

de no entender, Mat. 16:9, 11; Mar. 7:18; Juan 8:43.
de la dureza de corazón, Mar. 8:17; 16:14.
del miedo, Mar. 4:40; Luc. 24:37, 38.
de la incredulidad, Mat. 17:17, 20; Mar. 16:14.
de la hipocresía, Mat. 15:7; 23:13, &c.
de injuriar á Cristo, Luc. 23:40.
de conducta desordenada, 1 Tes. 5:14.
de oprimir á los hermanos, Neh. 5:7.
de prácticas pecaminosas, Luc. 3:19.
las Escrituras son útiles para, Efes. 5:13; 2 Tim. 3:16.
CUANDO PROCEDE DE DIOS, es para corrección, Sal. 39:11.
es despreciada por los malos, Prov. 1:30.
no debe desalentar á los santos, Heb. 12:5.
pedid á Dios que no sea con furor, Sal. 6:1.
debe ir acompañada de exhortaciones al arrepentimiento, 1 Sam. 12:20–25.
DECLÁRASE QUE ES mejor que el amor oculto, Prov. 27:5.
mejor que la alabanza de los necios, Ecl. 7:5.
un aceite excelente, Sal. 141:5.
provechosa á los santos, Prov. 17:10.
prueba de una amistad constante, Prov. 27:6.
CONDUCE á la inteligencia, Prov. 15:32.
al conocimiento, Prov. 19:25.
á la sabiduría, Prov. 15:31; 29:15.
al honor, Prov. 13:18.
á la felicidad, Prov. 6:23.
al fin acarrea más respeto que la lisonja, Prov. 28:23.
de los que ofenden es de escarmiento para los demás, 1 Tim. 5:20.
los hipócritas no son idóneos para dar, Mat. 7:5.
los ministros son enviados para dar, Jer. 44:4.
tienen autoridad para dar, Miq. 3:8.
LOS MINISTROS DEBEN DAR abiertamente, 1 Tim. 5:20.
sin temor, Ezeq. 2:3–7.
con toda autoridad, Tit. 2:15.
con paciencia, &c., 2 Tim. 4:2.
sin reserva, Isa. 58:1.
severamente, si fuere necesario, Tit. 1:13.
con amor cristiano, 2 Tes. 3:15.
los que dan, son aborrecidos de los mofadores, Prov. 9:8; 15:12.
el odio hacia, es prueba de ignorancia, Prov. 12:1.
conduce á la destrucción, Prov. 15:10: 29:1.
el desprecio de, conduce al remordimiento, Prov. 5:12.
el desechamiento de, conduce al error, Prov. 10:17.
LOS SANTOS DEBEN dar, Lev. 19:17; Efes. 5:11.
no dar lugar á, Fil. 2:15.
recibir con bondad, Sal. 141:5.
amar á los que dan, Prov. 9:8.
complacerse en los que dan, Prov. 24:25.
la atención á, prueba de prudencia, Prov. 15:5.
ejemplos de: Samuel, 1 Sam. 13:13. Natán, 2 Sam. 12:7–9. Ahías, 1 Rey. 14:7–11. Elías, 1 Reyes 21:20. Eliseo, 2 Reyes 5:26. Joab, 1 Crón. 21:3. Semeías, 2 Crón. 12:5. Hanani, 2 Crón. 16:7. Zacarías, 2 Crón. 24:20. Daniel, Dan. 5:22, 23. Juan el Bautista, Mat. 3:7; Luc. 3:19. Esteban, Act. 7:51. Pedro, Act. 8:20. Pablo, Gál. 2:11.
Véase Admonición.
REPTILES, creados por Dios, Gén. 1:24, 25.
para alabanza y gloria suya, Sal. 148:10.
puestos bajo el dominio del hombre, Gén. 1:26.
inmundos y no de comer, Lev. 11:40–43.
mencionados en las Escrituras:
el camaleón, Lev. 11:30.

el basilisco, Isa. 11:8; 59:5.
el lagarto, Lev. 11:30.
la tortuga (Valera, RANA), Lev. 11:29.
el caracol, Lev. 11:30; Sal. 58:8.
la rana, Ex. 8:2; Rev. 16:13.
la sanguijuela, Prov. 30:15.
el escorpión, Deut. 8:15.
la serpiente, Job 26:13; Mat. 7:10.
las serpientes ardientes, Deut. 8:15.
el áspid volador, Isa. 30.6.
el dragón, Deut. 32:33; Job 30:29; Jer. 9:11.
la víbora, Act. 28:3.
el áspid, Sal. 58:4; Prov. 23:32.
los gentiles les rendían culto á, Rom. 1:23.
los Judíos fueron reprobados por rendirles culto á, Ezeq. 8:10.
REPUTACIÓN, buena, es de desearse, Prov. 22:1; Ecl. 7:1; 10:1; Luc. 6:26; 2 Cor. 8:21; 3 Juan 12.
RESCATE, Cristo es el, por su iglesia, Mat. 20:28; 1 Tim. 2:6. Véase Job 33:24; Isa. 35:10; Jer. 31:11; Ose. 13:14.
RESCOLDO (Valera, CENIZAS) para cocer, Gén. 18:6.
RESEF, 2 Rey. 19:12.
RESEN, Gén. 10:12.
RESIGNACIÓN:
Cristo puso un ejemplo de, Mat. 26:39, 42; Juan 12:27; 18:11.
prescrita, Sal. 37:7; 46:10.
DEBEMOS MANIFESTARLA sometiéndonos á la voluntad de Dios, 2 Sam. 15:26; Mat. 6:10.
sometiéndonos á la soberanía de Dios, Rom. 9:20, 21.
en vista de la muerte, Act. 21:13.
en la pérdida de nuestros bienes, Job 1:15, 16, 21.
de nuestros hijos, Job 1:18, 19, 21.
en los castigos correccionales, Heb. 12:9.
en medio del sufrimiento corporal, Job 2:8-10.
los malos están destituidos de, Prov. 19:3.
incentivos para el ejercicio de: la grandeza de Dios, Sal. 46:10.
el amor de Dios, Heb. 12:6.
la justicia, Neh. 9:33.
la sabiduría, Rom. 11:32, 33.
la fidelidad, 1 Ped. 4:19.
nuestra maldad, Lam. 3:39; Miq. 7·9.
ejemplos de: Jacob, Gén. 43:14. Aarón, Lev. 10:3. Los Israelitas, Jue. 10:15. Elí, 1 Sam. 3:18. David, 2 Sam. 12:23. Ezequías, 2 Reyes 20:19. Job, Job 2:10. Esteban, Act. 7:59. Pablo, Act. 21:13. Los discípulos, Act. 21:14. Pedro, 2 Ped. 1:14.
RESINA. Véase BÁLSAMO.
RESOLUCIÓN:
necesaria para el servicio de Dios, Luc. 9:62.
exhortaciones á ejercerla, Jos. 24:14, 15.
MANIFIÉSTASE EN:
buscar á Dios de corazón, 2 Crón. 15:12.
guardar sus mandamientos, Neh. 10:29.
seguir á Dios de un todo, Núm. 14:24; 35:12.
servir á Dios, Isa. 56:6.
amar á Dios perfectamente, Deut. 6:5.
delicias de, Jos. 1:7,
SE OPONE Á:
un servicio dividido, Mat. 6:24.
el doblez de sentimientos, Sant. 1:8.
la vacilación entre dos opiniones, 1 Rey. 18·21.
el volver á derecha ó á izquierda, Deut. 5:32.
no disponer bien el corazón, Sal. 78:8, 37.
ejemplos de: Moisés, Ex. 32:26. Caleb, Núm. 13:30. Josué, Jos. 24:15. Rut, Rut 1:16. Asa, 2 Crón. 15:8. David, Sal. 17:3. Pedro,

Juan 6:68. Pablo, Act. 21:13. Abraham, Heb. 11:8.
RESPA, ó Rispa, 2 Sam. 21:8-11.
RESPETO, á los ancianos, Lev. 19:32.
á los gobernantes, Prov. 25:6.
al señor de la casa, Luc. 14:10.
de unos á otros, Rom. 12:10; Filip. 2:3 ; 1 Ped 2:17.
RESPLANDOR del rostro de Dios sobre Israel, plegaria por, Núm. 6:25; Sal. 31:16; 67:1; 80:1; Dan. 9:14.
de la gloria de Dios, Deut. 33:2; Sal. 50:2; Ezeq. 43:2.
de la gloria de Cristo, Mat. 17:2; Act. 9:3; Rev. 1:16.
de la cara de Moisés, Ex. 34:29; 2 Cor. 3.
de la luz del evangelio, Isa. 9:2; 2 Cor. 4:4, Véase EVANGELIO.
de los Cristianos en este mundo, Mat. 5:16; Juan 5:35; Filip. 2:15.
y en el venidero, Dan. 12:3; Mat. 13:43, &c.
RESPONSABILIDAD, personal, Ezeq. 18:20, 30; Mat. 12:37; Juan 9:41; 15:22-24; 1 Cor. 3:8, 13-15; Gál. 6:5; Rev. 2:23.
en proporción á los privilegios de que se gocen, Amós 3:2; Mat. 10:14; Luc. 12:47, 48; Juan 3:19; Rom. 2:9-12.
Véase PARÁBOLAS, Isa. 5:1-6; 23:24-28; Mat. 21:33-36; 25:14-30.
RESTITUCIÓN, prescrita, Ex. 21:33; 22:1; Lev. 5:16; 6:4; 24:21; Núm. 5:5.
forzosa, Job 20:10, 18.
hecha por Zaqueo, Luc. 19:8.
RESURRECCIÓN:
doctrina enseñada en el Antiguo Testamento, Job 19:26; Sal. 49:15; Isa. 26:19; Dan. 12:2; 2 Reyes 4:32:13:21.
uno de los principios fundamentales del evangelio, Heb. 6:1, 2.
esperada por los Judíos, Juan 11:24; Heb. 11:35.
negada por los Saduceos, Mat. 22:23 ; Luc. 20:27; Act. 23:8.
los falsos maestros la invalidaban por medio de explicaciones artificiosas, 2 Tim. 2:18.
puesta en duda por algunos en la iglesia primitiva, 1 Cor. 15:12.
no es increíble, Mar. 12:24; Act. 26:8.
no es contraria á la razón, Juan 12:24; 1 Cor. 15:35-44.
dada por sentada y probada por nuestro Señor, Mat. 22:29-32; Luc. 14:14; Juan 5:28, 29.
predicada por los apóstoles, Act. 4:2; 17:18; 24:15.
lo creíble de, comprobado con la resurrección de varias personas, Mat. 9:25 ; 27:53; Luc. 7:14; Juan 11:44; Heb. 11:35. Véase Act. 9:36; 20:9.
lo cierto de, probado con la resurrección de Cristo, 1 Cor. 15:12-20.
EFECTUADA POR EL PODER de Dios Padre, Mat 22:29.
de Cristo, Juan 5:28, 29; 6·39, 40, 44.
del Espíritu Santo, Rom. 8 11.
será de todos los muertos, Juan 5:28; A   15; Rev. 20:13.
LOS SANTOS EN, resucitarán por Cristo, an 11:25; Act. 4:2: 1 Cor. 15:21, 2.
primero, 1 Cor. 15:23: 1 Tes. 4:'6.
para vida eterna, Dan. 12:2; Juan 5:29.
serán glorificados con Cristo, Col. 3:4.
como los ángeles, Mat. 22:30.
tendrán cuerpos incorruptibles, 1 Cor. 15:42.
gloriosos, 1 Cor. 15.43.
poderosos, 1 Cor. 15:43.

espirituales, 1 Cor. 15:44.
como el de Cristo, Fil. 3:21.
serán recompensados, Luc. 14:14.
los santos deben tener presente, Dan. 12:13;
Filip. 3:11.
de los santos será seguida por el cambio de los
que estén vivos en aquel tiempo, 1 Cor. 15:51,
con 1 Tes. 4:17.
la predicación de, la convertían en objeto de
burla, Act. 17:32.
atraía la persecución, Act. 23:6; 24:11-15.
bienaventuranza de la primera, Rev. 20:6.
de los malos, será para vergüenza y confusión
perpetua, Dan. 12:2.
será para condenación, Juan 5:29.
símile del renacimiento, Juan 5:25.
aclarada con ejemplos, Ezeq. 37:1-10; 1 Cor.
15:36, 37.
RESURRECCIÓN DE CRISTO:
predicha por los profetas, Sal. 16:10, con Act.
13:34, 35; Isa. 26:19.
predicha por él mismo, Mat. 20:19; Mar. 9:9;
14:28; Juan 2:19-22.
ERA NECESARIA para el cumplimiento de las
Escrituras, Luc. 24:45, 46.
para el perdón de los pecados, 1 Cor. 15:17.
la justificación, Rom. 4:25; 8:34.
la esperanza, 1 Cor. 15:19.
la eficacia de la predicación, 1 Cor. 15:14.
de la fé, 1 Cor. 15:14, 17.
una de las pruebas de que era el Hijo de Dios,
Sal. 2:7, con Act. 13:33; Rom. 1:4.
EFECTUADA por el poder de Dios Padre, Act.
2:24; 3:15; Rom. 8:11; Efes. 1:20; Col. 2:12.
por su propio poder, Juan 2:19; 10:18.
por el poder del Espíritu Santo, 1 Ped. 3:18.
el primer día de la semana, Mar. 16:9.
al tercer día de muerto, Luc. 24:46; Act. 10:40;
1 Cor. 15:4.
LOS APÓSTOLES no entendieron al principio las
predicciones acerca de, Mar. 9:10; Juan
20:9.
tardaban mucho en creer, Mar. 16:13; Luc.
24:9, 11, 37, 38.
reprendidos por su incredulidad con respecto
á, Mar. 16:14.
APARECIÓ DESPUÉS DE, á María Magdalena,
Mar. 16:9; Juan 20:18.
á las mujeres, Mat. 28:9.
á Simón Pedro, Luc. 24:34.
a los dos discípulos, Luc. 24:13-31.
á los apóstoles, con excepción de Tomás,
Juan 20:19, 24.
á los apóstoles cuando Tomás estaba presente, Juan 20:26.
en el mar de Tiberias, Juan 21:1.
en Galilea, Mat. 28:16, 17.
á más de quinientos hermanos, 1 Cor. 15:6.
á Santiago, 1 Cor. 15:7.
á todos los apóstoles, Luc. 24:51; Act. 1:9;
1 Cor. 15:7.
á Pablo, 1 Cor. 15:8.
no pudo haber dolo en cuanto á, Mat. 27:63-66.
dió muchas pruebas infalibles de, Luc. 24:35,
39, 43; Juan 20:20, 27; Act. 1:3.
DIERON FÉ DE, los ángeles, Mat. 28:5-7; Luc.
24:4-7, 23.
los apóstoles, Act. 1:22; 2:32; 3:15; 4:33.
sus enemigos, Mat. 28:11-15.
fué afirmada y predicada por los apóstoles,
Act. 25:19; 26:23.
LOS SANTOS son reengendrados para una esperanza viva por, 1 Ped. 1:3, 21.
desean saber el poder de, Filip. 3:10.
deben tener siempre presente, 2 Tim. 2:8.

resucitarán en la semejanza de, Rom. 6:5;
1 Cor. 15:49, con Filip. 3:21.
es un emblema del renacimiento, Rom. 6:4;
Col. 2:12.
es las primicias de nuestra resurrección, Act.
26:23; 1 Cor. 15:20, 23.
lo verdadero del evangelio está vinculado en,
1 Cor. 15:14, 15.
fué seguida de su exaltación, Act. 4:10, 11;
Rom. 8:34; Efes. 1:20; Rev. 1:18.
garantía del juicio, Act. 17:31.
simbolizada: Isaac, Gén. 22:13, con Heb. 11:19;
Jonás, Jon. 2:10, con Mat. 12:40.
RETAMA, Jer. 17:6; 48:6.
REUNIÓN. Véase CONVOCACIÓN.
REVELACIÓN DE JESU-CRISTO:
á Juan, de su gloria y majestad, Rev. 1.
de su voluntad con respecto á las iglesias, Rev.
2; 3.
de la gloria de Dios en el cielo, Rev. 4; 5.
del libro con los siete sellos, Rev. 6; 8.
de la señal en los siervos del Señor, Rev. 7.
de las siete trompetas, Rev. 8; 9; 11:15.
de los siete truenos, Rev. 10:4.
de los dos testigos, Rev. 11.
de la mujer, el dragón bermejo, la bestia, &c.,
Rev. 12; 13.
de la gloria y la caída de Babilonia, Rev. 14;
17; 18; 19.
de las siete redomas, Rev. 15; 16.
de las bodas del Cordero, Rev. 19.
del juicio final, Rev. 20.
de la nueva Jerusalem, &c., Rev. 21; 22.
REVELACIONES DE DIOS:
nos pertenecen á nosotros, Deut. 29:29.
hechas en sueños, Job 33:16.
de su gloria, Isa. 40:5; 1 Ped. 4:13.
de su brazo, Isa. 53:1.
de la abundancia de la paz, Jer. 33:6.
de las cosas secretas y profundas, Dan. 2:22;
Amós 3:7.
hechas á los niños, Mat. 11:25.
hechas á Simón Pedro, Mat. 16:17.
por medio de su Espíritu, 1 Cor. 2:10.
á Pablo, 2 Cor. 12; Gál. 1:12.
de nuestros errores, Filip. 3:15.
de la salvación que ofrece, 1 Ped. 1:5.
de ira á sus enemigos, Rom. 1:18; 2:5; 2 Tes.
1:7. Véase EVANGELIO.
REVERENCIA, se debe á Dios, Exod. 3:5; Lev.
19:30; Sal. 89:7; 111:9; Heb. 12:28.
á los gobernantes, Rom. 13:1; Ex. 22:28, &c.
á los maridos, Efes. 5:33, &c. Véase HONOR,
MAGISTRADOS, &c.
REVIVIFICACIÓN de la iglesia por el Padre,
Sal. 71:20; 80:18, &c.; Rom. 4:17; 8:11; Efes.
2:1, &c.; 1 Tim. 6:13.
por el Hijo, Juan 5:21; 1 Cor. 15:45.
por el Espíritu Santo, Juan 6:63; Rom. 8:11;
2 Cor. 3:6; 1 Ped. 3:18, &c.
REVIVIFICACIONES espirituales, en la iglesia
primitiva, Act. 2:41-47; 4:4; 5:14; 11:19-24;
14:1.
por medio de las efusiones del Espíritu, Isa.
32:15; Joel 2:28; 1 Ped. 1:12.
debemos pedirlas á Dios, Isa. 62:6; Hab. 3:2.
REVUELTA, ejemplos de:
ciudades de la llanura, Gén. 14:1.
Coré, Datán y Abirán, Núm. 16:1.
Israel de las tribus paganas, Jue. 3:9, 15, 31;
4:4; 6; 11; 15.
Isboset, 2 Sam. 2:8.
Abner, 2 Sam. 3.
Absalóm, 2 Sam. 15:10.

Adonías, 1 Rey. 1:5; 2:13.
Adad y Razón, 1 Rey. 11:14, 23.
las diez tribus, 1 Rey. 12:19; 2 Crón. 10:19.
Moab, 2 Rey. 1; 3; 5; 7.
Lobna, 2 Rey. 8:22; 2 Crón. 21:10.
Edom, 2 Rey. 8:20; 2 Rey. 21:4.
Jehú, 2 Rey. 9:11.
Oseas, 2 Rey. 17:4.
Ezequías, 2 Rey. 18:4.
Joaquim, 2 Rey. 24:1.
Sedecías, 2 Rey. 24:20; 2 Crón. 36:13; Jer. 52:3.
Teudas, Act. 5:36.
Judas de Galilea, Act. 5:37.

REYES:
los Israelitas quieren, 1 Sam. 8.
los derechos de los, declarados, 1 Sam. 8:10.
pecado de Israel al pedir, 1 Sam. 12:17.
dado al principio en furor, Ose. 13:11.
varios fueron elegidos por Dios, 1 Sam. 9:15;
   16:1; 1 Crón. 28:4; 1 Rey. 11:31; 19:15, 16;
   Dan. 2:21.
el acto de ungirlos, 1 Sam. 10:1; 16:13; 1 Rey.
   1:38; 2 Rey. 9:6; 11:4.
quitados por Dios, 1 Rey. 11:11; Dan. 2:21.
se les prohibía aumentar el número de sus caballos y de sus esposas, y acumular tesoros,
   Deut. 17:16, 17.
se les exigía escribir y conservar una copia de
   la ley divina, Deut. 17:18–20.
habitaban en palacios, 2 Crón. 9:11; Sal. 45:15.
se vestían ropas reales, 1 Reyes 22:30; Mat.
   6:29.
se les hablaba con la mayor reverencia, 1 Sam.
   24:8; 2 Sam. 9:8; 14:22; 1 Rey. 1:23.
á la derecha de, era el puesto de honor, 1 Rey.
   2:19; Sal. 45:9; 110:1.
los cortesanos se mantenían de pié en su presencia, 1 Rey. 10:8; 2 Rey. 25:19.
Cristo es el Príncipe de, Rev. 1:5.
el Rey de, Rev. 17:14.
rigen bajo la dirección de Cristo, Prov. 8:15.
jueces supremos de las naciones, 1 Sam. 8:5.
la oposición á, es oposición al mandato de Dios,
   Rom. 13:2.
tienen poder de hacer ejecutar sus mandatos,
   Ecl. 8:4.
un número grande de súbditos, el honor de,
   Prov. 14:28.
no son salvados por sus ejércitos, Sal. 33:16.
dependen de la tierra, Ecl. 5:9.
DEBEN:
   temer á Dios, Deut. 17:19.
   servir á Cristo, Sal. 2:10–12.
   guardar la ley de Dios, 1 Rey. 2:3.
   estudiar las Escrituras, Deut. 17:19.
   fomentar todo lo que se relacione con la
      prosperidad de la iglesia, Ezra 1:2–4 ;
      6:1–12.
   alimentar la iglesia, Isa. 49:23.
   gobernar en el temor de Dios, 2 Sam. 23:3.
   defender la causa de los pobres y de los opri-
      midos, Prov. 31:8, 9.
   investigar todo asunto (Valera, PALABRA),
      Prov. 25:2.
   y no pervertir el derecho, Prov. 31:5.
prolongan su reinado si aborrecen la codicia,
   Prov. 28:16.
el trono de, afianzado por la justicia, Prov.
   16:12; 29:14.
SE LES AMONESTA EN PARTICULAR relativamente á:
   la impureza, Prov. 31:3.
   la mentira, Prov. 17:7.
   dar oídos á las mentiras, Prov. 29:12.
   la intemperancia, Prov. 31:4, 5.

el evangelio debe predicarse á, Act. 9:15;
   26:27, 28.
necios son opresores, Prov. 28:16.
á menudo reconvenidos por Dios, 1 Cró. 16:21.
no deben oponerse á Cristo, Sal. 2:2–12.
CUANDO SON BUENOS:
   consideran á Dios como su fuerza, Sal. 99:4.
   hablan justamente, Prov. 16:10.
   se complacen en los labios justos, Prov. 16:13.
   aborrecen la maldad, Prov. 16:12.
   se oponen al mal, Prov. 20:8.
   castigan á los malos, Prov. 20:26.
   favorecen á los sabios, Prov. 14:35.
   honran á los diligentes, Prov. 22:29.
   amparan á los buenos, Prov. 22:11.
   se aplacan con la obediencia, Prov. 16:14;
      25:15.
los malos consejeros deben ser alejados de,
   2 Crón. 22:3, 4, con Prov. 25:5.
no maldigáis, ni aun en vuestro pensamiento,
   Ex 22:28; Ecl 10:20.
no habléis mal de, Job 34:18; 2 Ped. 2:10.
rendid tributo á, Mat. 22:21; Rom. 13:6, 7.
no seáis presuntuosos delante de, Prov. 25:6.
DEBEN SER:
   honrados, Rom. 13:7; 1 Ped. 2:17.
   temidos, Prov. 24:21.
   reverenciados, 1 Sam. 24:8; 1 Rey. 1:23, 31.
   obedecidos, Rom. 13:1, 5; 1 Ped. 2:13.
son objeto de nuestras oraciones, 1 Tim. 2:1, 2.
es una insensatez resistir á, Prov. 19:12; 20:2.
castigo por resistir la autoridad legítima de,
   Rom. 13:2.
el delito y el peligro de extender la mano contra, 1 Sam. 26:9; 2 Sam. 1:14.
los que andan según la carne desprecian, 2 Ped.
   2:10; Jue. 8.
buenos, ejemplos de : David, 2 Sam. 18:15.
   Asa, 1 Rey. 15:11. Josafat, 1 Rey. 22:43.
   Amazías, &c., 2 Rey. 15:3. Ozías, &c., 2 Rey.
   15:34. Ezequías, 2 Rey. 18:3. Josías, 2 Rey.
   22:2. Manassés, 2 Crón. 33:12-16.
REY DE REYES, 1 Tim. 6:15 ; Rev. 17:14.
   Véase Sal. 2:6; 10:16; 24:7; 110, &c.; Isa.
   32:1; Zac. 9:9; Luc. 23:2; 1 Tim. 1:17; Rev.
   1:5; 15:3.
RIEGO, Deut. 11:10; Prov. 21:1; Isa. 58:11.
RIÑONES, con el significado de corazón, Job
   16:13.
en el sentido figurado, Sal. 7:9; 26:2; 73:21 ;
   Rev. 2:23.
———, en los sacrificios, eran quemados, Exod.
   29:13; Lev. 3:4, &c.
——— de trigo, Deut. 32:14.
RIOS, el poder de Dios sobre, es sin límites, Isa.
   50:2; Nah. 1:4.
útiles, Gén. 2:10; Ex. 2:5; Isa. 23:3; Jer. 2:18.
el bautismo celebrado en, Mat. 3:6; Act. 8:36.
de Canaán, abundaban en pescado, Lev.
   11:9, 10.
jardines hechos á orillas de, Núm. 24:6.
ciudades construidas á orillas de, Sal. 46:4;
   137:1.
mencionados en las Escrituras:
   de Edén, Gén. 2:10.
   de Jetebata, Deut. 10:7.
   de Etiopía, Isa. 18:1.
   de Babilonia, Sal. 137:1.
   de Egipto, Gén. 15:18.
   de Damasco, 2 Rey. 5:12.
   de Ahava, Ezra 8:15.
   de Judá, Joel 3:18.
   de Filipos, Act. 16:13.
   Abana, 2 Rey. 5:12.
   Arnon, Deut. 2:36; Jos. 12:1.

Cana, Jos. 16:8.
Cisón, Jue. 5:21.
Cobar, Ezeq. 1:1, 3; 10:15, 20.
Eufrates, Gén. 2:14; Jer. 13:1.
Farfar, 2 Rey. 5:12.
Gehon (ó Guihon), Gén. 2:13.
Gozán, 2 Rey. 17:6.
Hidequel, ó Tigris, Gén. 2:14.
Jeboc, Deut. 2:37; Jos. 12:2.
Jordán, Jos. 3:8; 2 Rey. 5:10.
Pisón, Gén. 2:11.
Ulai, Dan. 8:16.
por vía de comparación, Isa. 32:2; 43:2; Ezeq. 47; Rev. 22.
RIQUEZAS:
Dios da, 1 Sam. 2:7; Ecl. 5:19.
Dios da la facultad de obtener, Deut. 8:18.
la bendición del Señor acarrea, Prov. 10:22.
dan poder en este mundo, Prov. 22:7.
SE LAS DESCRIBE como transitorias, Prov. 27:24.
inciertas, 1 Tim: 6:17.
que no satisfacen, Ecl. 4:8; 5:10.
corruptibles, Sant. 5:2; 1 Ped. 1:18.
fugaces, Prov. 23:5; Rev. 18:16, 17.
engañosas, Mat. 13:22.
expuestas á ser robadas, Mat. 6:19.
perecederas, Jer. 48:36.
espeso lodo, Hab. 2:6.
á menudo sirven de obstáculo á la acogida del evangelio, Mar. 10:23-26.
el engaño de, ahoga la palabra, Mat. 13:22.
el amor de, es la raiz de todo mal, 1 Tim. 6:10.
MUCHAS VECES CONDUCEN AL HOMBRE al orgullo, Ezeq. 28:5. Ose. 12:8.
á olvidarse de Dios, Deut. 8:13, 14.
á negar á Dios, Deut. 32:15.
á rebelarse contra Dios, Neh. 9:25, 26.
á rechazar á Cristo, Mat. 19:22; Mar. 10:22.
á la presunción, Prov. 28:11.
á la ansiedad, Ecl. 5:12.
á la altanería, Prov. 18:23.
á la violencia, Miq. 6:12.
á la opresión, Sant. 2:6.
al fraude, Sant. 5:4.
á la sensualidad, Sant. 5:5.
la vida no consiste en la abundancia de, Luc. 12:15.
no os afanéis por, Prov. 30:8.
no trabajéis por, Prov. 23:4.
LOS QUE CODICIAN, caen en tentación y en lazo, 1 Tim. 6:9.
caen en muchos apetitos dañosos, 1 Tim. 6:9.
yerran de la fé, 1 Tim. 6:10.
usan medios ilícitos para adquirir, Prov. 18:20.
se acarrean sufrimientos á sí mismos, 1 Tim. 6:10.
y á sus familias, Prov. 15:27.
no aprovechan, el día de la ira, Prov. 11:4.
no pueden asegurarnos la felicidad, Sant. 1:11.
ni redimir el alma, Sal. 49:6-9; 1 Ped. 1:18.
no pueden librarnos el día de la ira de Dios, Sof. 1:18; Rev. 6:15-17.
LOS QUE LAS POSEEN, DEBEN atribuirlas á Dios, 1 Crón. 29:12.
no confiar en ellas, Job 31:24; 1 Tim. 6:17.
no poner el corazón en ellas, Sal. 62:10.
no jactarse de haberlas conseguido, Deut. 8:17.
no gloriarse en ellas, Jer. 9:23.
no acumularlas, Mat. 6:19.
dedicarlas al servicio de Dios, 1 Crón. 29:3.
darlas á los pobres, Mat. 19:21; 1 Juan 3:17.

emplearlas para promover la salvación de los demás, Luc. 16:9.
ser generosos en todo, 1 Tim. 6:18.
considerar como privilegio el tener la oportunidad de dar, 1 Crón. 29:14.
no ser altivos, 1 Tim. 6:17.
cuando se conviertan, regocijarse en ser humillados, Sant. 1:9, 10.
los tesoros celestiales son superiores á, Mat. 6:19, 20.
de los malos, acumuladas para los buenos, Prov. 13:22.
LOS MALOS muchas veces tienen aumento de, Sal. 73:12.
con frecuencia gastan sus días en, Job 21:13.
comen, Job 20:15.
confían en la abundancia de, Sal. 52:7.
hacinan, Job 27:16; Ecl. 2:26.
guardan, para su daño, Ecl. 5:13.
se jactan de, Sal. 49:6.
no reciben provecho de, Prov. 13:7; Ecl. 5:11.
tienen trabajos con, Prov. 15:6.
que dejar para otros, Sal. 49:10.
lo vano de acumular, Sal. 39:6; Ecl. 5:10, 11.
la maldad de confiar en, Job 31:24, 28.
de regocijarse en, Job 31:25, 28.
CENSURAS SEVERAS DIRIGIDAS Á LOS QUE adquieren, por medio de la vanidad, Prov. 13:11.
adquieren ilícitamente, Jer. 17:11.
aumentan, por medio de la opresión, Prov. 22:16; Hab. 2:6 8; Miq. 2:2, 3.
acumulan para guardar, Ecl. 5:13, 14; Sant. 5:3.
confían en, Prov. 11:28.
tienen su consuelo en, Luc. 6:24.
abusan de, Sant. 5:1, 5.
gastan, en satisfacer sus apetitos, Job 20:15-17.
ejemplo con que se demuestra lo necios que son y el peligro en que están los que confían en, Luc. 12:16-21.
peligro de usar mal de, Luc. 16:19-25.
ejemplos de santos que poseyeron : Abram, Gén. 13:2. Lot, Gén. 13:5, 6. Isaac, Gén. 26:13, 14. Jacob, Gén. 32:5, 10. José, Gén. 45:8, 13. Booz, Rut 2:1. Berzellai, 2 Sam. 19:32. La Sunamita, 2 Rey. 4:8. David, 1 Crón. 29:28. Josafat, 2 Crón. 17:5. Ezequías, 2 Crón. 32:27-29, Job, Job 1:3. José de Arimatea, Mat. 27:57. Zaqueo, Luc. 19:2. Dorcas, Act. 9:36.
ejemplos de hombres malos que poseyeron : Labán, Gén. 30:30. Esaú, Gén. 36:7. Nabal, 1 Sam. 25:2. Amán, Est. 5:11. Los Ammonitas, Jer. 49:4. Los Tirios, Ezeq. 28:5. Un joven, Mat. 19:22.
RIQUEZAS (caldeo MAMMON), el culto de, reprobado, Mat. 6:24; Luc. 16:9.
RISA, intempestiva, censurada, Gén. 18:13; Ecl. 2:2; 3:4; 7:3; Prov. 14:13.
ROBLE. Véase ALCORNOQUE.
ROBO (el), prohibido, Lev. 19:13; Sal. 62:10; Prov. 21:7; 22:22; 28:24; Isa. 10:2; 61·8; Ezeq. 22:29; Amós 3:10; 1 Cor. 6:8; 1 Tes. 4:6. Véase HURTO.
ROBOAM, rey de Judá, 1 Rey. 11:43 (2 Crón. 9:31).
las diez tribus se insurreccionan contra, 1 Rey. 12 (2 Crón. 10).
se le prohíbe atacar á Jeroboam, 1 Reyes 12:21 (2 Crón. 11).
castigado por Sesac, 1 Reyes 14:25 (2 Crón. 12).
ROCAS, se hizo brotar agua milagrosamente de, Ex. 17:6; Núm. 20:10; 1 Cor. 10:4.

otros milagros hechos en, Jue. 6:21; 1 Reyes 19:11; Mat. 27:51.

lugares de refugio en tiempo de peligro, 1 Sam. 13:6; Isa. 2:19; Jer. 16:16; Rev. 6:16.

sepulcros labrados en, Isa. 22:16; Mat. 27:60.

acontecimientos notables grabados en, Job 19:24.

mencionadas en las Escrituras:
  Bosés, 1 Sam. 14:4.
  En-gaddi, 1 Sam. 24:1, 2.
  Etam, Jue. 15:8.
  Horeb, Ex. 17:1–6.
  Meriba (rencilla), Núm. 20:1–11.
  Odóllam, 1 Crón. 11:15.
  Oreb, Jue. 7:25.
  Remmón, Jue. 20:45.
  Sela-hammahlecot, 1 Sam. 23:25, 28.
  Sela (roca), 2 Rey. 14:7; 2 Crón. 25:11, 12.
  Sene, 1 Sam. 14:4.

la industria que despliega el hombre cortando las, Job 28:9, 10.

se empleaban martillos para quebrar, Jer. 23:29.

Dios es la Roca de su pueblo, Deut. 32:4. 15; 2 Sam. 22:2; 23:3; Sal. 18:2; 28:1; 31:2; 61:2, &c.; Isa. 17:10; 26:4; 32:2. Véase Mat. 7:24.

ROCIAMIENTO de la sangre, de la pascua, Ex. 12:22; Heb. 11:28.

del pacto, Ex. 24:8; Heb. 9:13.

de la ofrenda del pecado el día de la expiación, Lev. 16:14.

sobre el altar, Ex. 29:20.

del pueblo y de los sacerdotes, Ex. 24:8; 29:21; Lev. 8:30; Heb. 9:19.

al purificar á los leprosos, &c., Lev. 14:7.

de la sangre de Cristo, Heb. 10:22; 12:24; 1 Ped. 1:2.

del agua de la purificación, Núm. 8:7.

del apartamiento, Núm. 19.

de aceite, Lev. 14:16.

ROCÍO, como señal, Jue. 6:37.

una bendición, Gén. 27:28; Deut. 33:13.

en sentido figurado, Deut. 32:3 ; Sal. 110:3; 133:3; Prov. 19:12; Isa. 26:29, &c.

RODAS, Pablo pasa por, Act. 21:1.

RODE, Act. 12:13–15.

ROGEL, fuente de, Jos. 15:7; 18:16; 2 Sam. 17:17; 1 Rey. 1:9.

ROHOB, Núm. 13:21; Jos. 19:28; 21:31.

ROLLO de la profecía, traducido unas veces volumen y otras envoltorio, Isa. 8:1; Jer. 36:2; Ezeq. 2:9; 3:1; Zac. 5:1. Véase LIBRO.

los cielos comparados á, Isa. 34:4; Rev. 6:14.

ROMA, los Judíos expulsados de, Act.(2:10) 18:2.

Pablo llega á, Act. 28:16.

predica en, Act. 28:17.

Véase IMPERIO ROMANO.

ROMANOS (los) INSTRUIDOS POR PABLO RELATIVAMENTE al evangelio, Rom. 1:16.

á la condenación de los gentiles, Rom. 1:18; y de los Judíos, Rom. 2.

al juicio de Dios contra todo pecado, Rom. 2:6; 3.

á la justificación por la fé en Jesu-Cristo, Rom. 3:24; 4; 5.

á la fé de Abraham, Rom. 4.

á los frutos de la fé, Rom. 5–7.

á las obras de la carne y del Espíritu, Rom. 8.

al poder supremo de Dios, sobre todos, Rom. 9; 11.

á la justicia de la ley y la de la fé, Rom. 10.

EXHORTADOS Á practicar la humildad, el amor, y las buenas obras, Rom. 12.

á obedecer á los magistrados, Rom. 13.

á ser tolerantes unos con otros, Rom. 14; 15.

se les suplica que saluden á varios hermanos Rom. 16.

Véase IMPERIO ROMANO.

ROPAS, blancas, dadas á los redimidos, Rev 6:11; 7:9.

pusiéronle á Cristo una ropa de grana, Mat 27:28; Luc. 23:11; Juan 19:2. Véase VESTI DURAS, ÉFOD.

ROSA (ó más bien una especie de azafrán ; traducido por algunos lirio), Isa. 35:1; Cant. 2:1.

ROSTRO (el) DE DIOS:

airado contra sus enemigos, Sal. 34:16; Isa. 59:2; Ezeq. 39:23; Rev. 6:16.

tornado hacia su pueblo, Ex. 33:14; 2 Crón. 6:42; 7:14; Sal. 31:16; 80:30; 132:10; Dan. 9:17; Mat. 17:2; 1 Cor. 13:12.

el favor de, debe anhelarse, Núm. 6:25; 1 Rey. 13:6; 1 Crón. 6:11; Sal. 27:8; 67:1; 105:4; 119:135.

la ira de, debe temerse, Lev. 17:10: 20:6; 26:17; Deut. 31:17; Jer. 21:10; 44:11; Ezeq. 38:18; 1 Ped. 3:12. Véase Gén. 32:30; 33:10; Exod. 33:11; Deut. 5:4.

——, del hombre, 2 Rey. 14:8; también (en el original) Gén. 16:8; 35:1; Exod. 2:15; Lev. 19:32; Deut. 1:17.

RUBÍ, (Valera, piedra preciosa), Job 28:18 ; Prov. 3:15; 8:11; 31:10.

RUDA, una planta, Luc. 11:42.

RUECA (la), Ex. 35:25, 26; Prov. 31:19.

RUEDAS, visión de las, Ezeq. 1:15; 3:13; 10:9.

RUFO, Mar. 15:21; Rom. 16:13.

RUT, su constancia, Rut 1:14.

favorecida por Booz, Rut 2:8; 3:8.

viene á ser su esposa, Rut 4:9.

Cristo descendió de, Mat. 1:5.

RUBÉN, hijo de Jacob, Gén. 29:32; 30:14; Deut 33:6.

á causa de su transgresión, Gén. 35:22, pierde su primogenitura, Gén. 49:4; 1 Crón. 5:1.

intercede por José, Gén. 37:21; 42:22.

hace una súplica á Jacob, Gén. 42:37.

RUBENITAS (los) contados, &c., Núm. 1:21 ; 2:10; 26:5; 1 Crón. 5:18.

su súplica y sus bienes, Núm. 32 ; Deut. 3:12; Jos. 13:15.

las órdenes de Moisés á, Núm. 32:20.

bendecidos por él, Deut. 33:6.

las órdenes de Josué á, Jos. 1:12.

son alabados y despedidos, Jos. 22:1.

erigen un altar de testimonio, Jos. 22:10.

se sinceran, Jos. 22:21.

subyugados por Hazael, 2 Rey. 10:32.

llevados en cautiverio, 2 Rey. 15:29; 1 Crón. 5:26. Véase Ezeq. 48:6; Rev. 7:5.

personas notables de: Datán, Abiram y On, Núm. 16:1; 26:9, 10; Adina, 1 Crón. 11:42.

S.

SABA, Gén. 25:3: Job 6:19; Sal. 72:10; Jer. 6:20; Ezeq. 27:22; 38:13.

reina de, visita á Salomón, 1 Rey. 10; 2 Cró. 9.

SÁBADO (día de descanso):

instituido por Dios, Gén. 2:3.

por qué fué instituido, Gén. 2:2, 3; Ex. 20:11.

observábase el séptimo día como día de descanso, Ex. 20:9, 10.

hecho para el hombre, Mar. 2:27.

Dios bendijo, Gén. 2:3; Ex. 20:11.

santificó, Gén. 2:3; Ex. 20:11; 31:15.

mandó que se guardase, Lev. 19:3, 30.

que se santificase, Ex. 20:8.

quiere que con la observancia del, se conmemore su bondad, Deut. 5:15.

manifiesta su benevolencia en establecer, Neh. 9:14.
suma bondad en establecer, Ex. 23:12.
señal del pacto, Ex. 31:13, 17.
símbolo del descanso celestial, Heb. 4:4, 9.
CRISTO es Señor del, Mar. 2:28.
acostumbraba observar, Luc. 4:16.
enseñaba el día, Luc. 4:31; 6:6.
á los criados y al ganado debe dejárseles descansar el, Ex. 20:10; Deut. 5:14.
ninguna clase de trabajo debe hacerse el, Ex. 20:10; Lev. 23:3.
no se deben hacer ningunas compras el, Neh. 10:31; 13:15-17.
llevar cargas el, Neh. 13:19; Jer. 17:21.
se debe celebrar el culto divino el, Ezeq. 46:3; Act. 16:13.
leer las Escrituras el, Act. 13:27; 15:21.
predicar la palabra de Dios el, Act. 13:14, 15, 44; 17:2; 18:4.
las obras relacionadas con el culto religioso son lícitas en el, Núm. 28:9; Mat. 12:5; Juan 7:23.
de misericordia son lícitas, Mat. 12:12; Luc. 13:16; Juan 9:14.
se puede atender á las necesidades premiosas el, Mat. 12:1; Luc. 13:15; 14:1.
LLAMADO el Sábado de Jehová, Exod. 20:10; Lev. 23:3; Deut. 5:14; Isa. 58:13.
Sábado de reposo, Ex. 31:15.
el santo sábado de reposo, Ex. 16:23.
el primer día de la semana se observó como, por la iglesia primitiva, Juan 20:26; Act. 20:7; 1 Cor. 16:2.
LOS SANTOS observan en, Neh. 13:22.
honran á Dios observando el, Isa. 58:13.
se regocijan en, Sal. 118:24; Isa. 58:13.
testifican contra los que profanan, Neh. 13:15, 20, 21.
la observancia de, ha de ser perpetua, Exod. 31:16, 17, con Mat. 5·17, 18.
la dicha de honrar el, Isa. 58:13, 14.
de observar el, Isa. 56:2, 6.
reprobación de los que profanan el, Neh. 13:18; Jer. 17:27.
castigo de los que profanan el, Exod. 31:14, 15; Núm. 15:32-36.
LOS MALOS hacen burla del, Lam. 1:7.
contaminan el, Isa. 56:2; Ezeq. 20:13, 16.
profanan el, Neh. 13:17; Ezeq. 22:8.
se cansan del, Amós 8:5.
ocultan los ojos del, Ezeq. 22:26.
hacen su propia voluntad el, Isa. 58:13.
llevan cargas el, Neh. 13:15.
trabajan el, Neh. 13:15.
trafican el, Neh. 10:31; 13:15, 16.
algunas veces pretenden sentir interés en la observancia del, Luc. 13:14; Juan 9:16.
pueden ser privados del, en un sentido judicial, Lam. 2:6; Ose. 2:11.
ejemplos de la santificación de: Moisés, &c., Núm. 15:32-34. Nehemías, Neh. 13:15, 21. Las mujeres, Luc. 23:56. Pablo, Act. 13:14. Los discípulos, Act. 16:13. Juan, Rev. 1:10.
ejemplos de la profanación de: Los recogedores del maná, Exod. 16:27. El recogedor de leña, Núm. 15:32. Los habitantes de Tiro, Neh. 13:16. Los habitantes de Jerusalem, Jer. 17:21-23.
Véase DOMINGO.
SÁBADO, camino ó jornada de un, se supone que era como 2,000 codos, Act. 1:12.
SÁBADO, año del, Ex. 23:10; Lev. 25.
SABAMA, Núm. 32:38; Jos. 13:19; Isa. 16:8, 9; Jer. 48:32.

SABÉOS, causan muchos daños á Job, Job 1; Isa. 45:14.
SABIDURÍA:
OTORGADA POR DIOS, 1 Cró. 22:12; 2 Cró. 1:10; Prov. 2:6; Ezra 7:25; Ecl. 2:26; Dan. 2:20; Act. 6:10.
á José, Gén. 41:33, 38; Act. 7:10.
á los artífices, Ex. 31:3; 36:1.
á Salomón, 1 Rev. 3:12; 4:29.
á Ezra, Ezra 7:25.
á Daniel, Dan. 1:17; 5:14.
á Pablo, 2 Ped. 3:15.
SE DESCRIBE como oculta con Dios, Job 28:12.
obedecer á Dios, Deut. 4:6; Prov. 28:7.
que consiste en el temor de Dios, Job 28:28; Sal. 111:10; Prov. 9:10.
que consiste en entender nuestro camino, Prov. 14:8.
de una excelencia extraordinaria, Ecl. 2:13; 9:13.
fuente de fortaleza, Ecl. 7:19.
el conocimiento de Dios, Jer. 9:24.
el edificar sobre la roca, Mat. 7:24.
distinguida por la mansedumbre, Sant. 2:13.
la adquirimos contando nuestros días, Sal. 90:12.
los ministros la han menester, Mat. 10:16.
débese ejercer en el bien, Rom. 16:19.
se manifiesta en la vida, Efes. 5:15; Sant. 3:13.
conduce á la salvación, Mat. 25:1; 2 Tim. 3:15.
aumenta la doctrina, Prov. 1:5.
feliz el que halla, 1 Rey. 10:8; Prov. 3:13.
es mejor que las piedras preciosas, Prov. 8:11.
que el oro y la plata, Prov. 16:16.
edifica nuestra casa, Prov. 24:3.
alcanza recompensa, Prov. 24:14; Ecl. 7:11.
sus palabras son eficaces, Ecl. 12:11.
obtenida por Salomón en respuesta á su oración, 1 Rey. 3:9; por Daniel, Dan. 2:23; por los que la desean anhelosamente, Prov. 2:3.
concedida á los tales con largueza, Sant. 1:5.
personificada, Prov. 1:20; 8; 9.
peligro que se corre al despreciar, Prov. 1:24; 2:12; 3:21; 5:12; 8:36; 9:12; 10:21; 11:12.
patente en las obras de Dios, Sal. 104:1, 24; 136:5; Prov. 3:19; 6:6; Jer. 10:12; Rom. 1:20; 11:33, &c.
SABIDURÍA DE LOS HOMBRES:
les sirve de lazo, Job 5:13.
es vanidad, Job 11:2; Ecl. 2.
es imaginaria, Prov. 3:7; Isa. 5:21.
no puede salvar, Job 8:9; Zac. 9:2.
no conoce lo que es de Dios, Mat. 11:25.
no fué empleada por los apóstoles, 1 Cor. 1:17; 2:4.
se la llama carnal, 2 Cor. 1:12.
es terrena, sensual, diabólica, Sant. 3:15.
el deseo de, causa la perdición, Gén. 3:6.
—— DE DIOS:
es uno de sus atributos, 1 Sam. 2:3; Job 9:4.
DESCRÍBESE COMO perfecta, Job 36:4; 37:16.
poderosa, Job. 36:5.
universal, Job 28:24; Dan. 2:22; Act. 15,18.
infinita, Sal. 147:5; Rom. 11:33.
inescrutable, Isa. 40:28; Rom. 11:33.
admirable, Sal. 139:6.
fuera del alcance de nuestro entendimiento, Sal. 139:6.
incomparable, Isa. 44:7; Jer. 10:7.
primitiva, Job 21:22; Isa. 40:14.
el evangelio contiene tesoros de, 1 Cor. 2:7.
la sabiduría de los santos procede de, Ezra 7:25.
toda la sabiduría humana procede de, Dan. 2:21.

los santos la adscriben á El, Dan. 2:20.

SE MANIFIESTA en las obras de Dios, Job 37:16; Sal. 104:24; 136:5; Prov. 3:19; Jer. 10:12.

en sus consejos, Isa. 28:29; Jer. 32:19.

en el anuncio anticipado que El hace de los acontecimientos, Isa. 42:9; 46:10.

en la redención, 1 Cor. 1:24; Efes. 1:8; 3:10.

en el escudriñamiento del corazón, 1 Crón. 28:9.

en el entender los pensamientos, 1 Cró. 28:9; Sal. 139:2; Heb. 4:13.

SE MANIFIESTA EN EL CONOCIMIENTO del corazón, Sal. 44:21; Prov. 15:11; Luc. 16:15.

de las acciones, Job 34:21; Sal. 139:2, 3.

de las palabras, Sal. 139:4; Mal. 3:16.

de sus santos, 2 Sam. 7:20; 2 Tim. 2:19.

de la senda de los santos, Job 23:10; Sal. 1:6.

de sus necesidades, Deut. 2:7; Mat. 6:8.

de sus aflicciones, Ex. 3:7; Sal. 142:3.

de sus flaquezas, Sal. 103:14.

de las cosas más pequeñas, Mat. 10:29, 30.

de todas las cosas sagradas, Ecl. 12:14; Mat. 6:18.

del tiempo del juicio, Mat. 24:36.

de los malos, Neh. 9:10; Job 11:11.

de las obras, &c., de los malos, Isa. 66:18.

nada se oculta á, Sal. 139:12.

los malos ponen en duda, Sal. 73:11; Isa. 47:10.

se debe ensalzar, Rom. 16:27; Jud. 25.

SACERDOCIO (el) de Cristo comparado con el de Aarón y el de Melquisedec (Sal. 110), Heb. 2:17; 3; 5; 7, &c.; Rom. 8:34; 1 Juan 2:1.

SACERDOTE, SUMO, su nombramiento y sus funciones, Ex. 28; 39; Lev. 16.

consagración, Lev. 8.

regreso del homicida á la muerte del, Núm. 35:25; Jos. 20:6.

condena á Cristo, Mat. 26:66; Luc. 22:71.

Véase AARÓN, ELEAZAR, &c.

—— del ALTÍSIMO, Gén. 14:18; Heb. 7, &c.

SACERDOTES, menciónanse por primera vez, Gén. 4:3, 4.

durante la época patriarcal los padres de familia llenaban las funciones de, Gén. 8:20; 12:8; 35:7.

después del éxodo se nombraron jóvenes (primogénitos) para que llenasen las funciones de, Ex. 24:5, con 19:22.

los hijos de Aarón fueron nombrados por medio de un estatuto perpétuo, Ex. 20:9; 40:15.

levíticos son elegidos, Ex. 28:1.

sus vestiduras, Ex. 28; Lev. 8, &c.

sus funciones, Lev. 1, &c.; Núm. 3; Deut. 31:9; Jos. 3; 4; 1 Rey. 8:3.

su consagración, Ex. 29; Lev. 8.

su primera ofrenda, Lev. 9.

su luto, matrimonio, &c., Lev. 21.

su inmundicidad, Lev. 22.

sus rentas, Núm. 18; Deut. 18:3.

su residencia, Núm. 35:1-8; 1 Crón. 6:57-60.

leyes especiales relativamente á, Lev. 21:1-7; 22:1-12.

castigo á los que se arrogan falsamente las funciones de, Núm. 16:1-35; 18:7; 2 Cró. 26:16-21.

muertos por Saúl, 1 Sam. 22:17.

repartidos por David, 1 Crón. 24, &c.

vuelven del cautiverio, Ezra 2:36; 6; Neh. 12.

censurados por los profetas, Jer. 1:18; 5:31, &c.; Ose. 5; 6; Miq. 3:11; Mal. 2, &c.; Sof. 3:4, &c.

á los cristianos se les da el nombre de, 1 Ped. 2:5; Rev. 1:6; 5:10; 20:6.

—— de Baal, se les da muerte, 1 Rey. 18:40; 2 Rey. 10:19; 11:18.

BACHA, ó azadón, 1 Sam. 13:20, 21; Isa. 7:25.

SACO (Scio, cilicio), empleábase en tiempo de duelo, Gén. 37:34; 2 Sam. 3:31; 1 Rey. 22:32; Neh. 9:1; Est. 4:1; Sal. 30:11; 35:13; Jonás 3:5, &c.

usado por los profetas, 2 Rey. 1:8; Isa. 20:2; Mat. 3:4; Rev. 11:3.

símile de juicios severos, Isa. 50:3; Rev. 6:12.

SACRIFICIOS (los) habían de ser sin mancha, Lev. 22:19; Deut. 17:1.

tipos ó símbolos de Cristo, Heb. 9:10. Véase OFRENDAS, ABEL, NOÉ, ABRAHAM, &c.

SACRILEGIO, Rom. 2:22.

SADOC, sacerdote, 2 Sam. 8:17.

fiel para con David, 2 Sam. 15:24; 20:25.

unge de rey á Salomón, 1 Rey. 1:39.

le nombran sumo sacerdote, 2 Rey. 2:35; 1 Cró. 16:39.

SADUCEOS, los que tentaron á Cristo fueron censurados, Mat. 16:1.

la negación que hacían de la resurrección fué refutada, Mat. 22:23; Mar. 12:18; Luc. 20:27; Act. 23:8; 1 Cor. 15.

SAETAS, empleábanse en la batalla, 1 Sam. 20:20, 36; Job 41:28; Sal. 11:2; Isa. 5:28; Jer. 50:9, 14; 51:11; Ezeq. 39:3, 9.

Acháb fué muerto con, 1 Rey. 22:34; y Joram, 2 Rey. 9:24.

Joás dispara por mandato de Eliseo, 2 Reyes 13:16. Véanse ARCO, ARMAS, &c.

empleadas en la adivinación, Ezeq. 21:21.

por vía de comparación, Núm. 24:8; Job 6:4; Lam. 3:12, 13; Ezeq. 5:16; Sal. 45:5; 127:4; Jer. 9:8; Heb. 3:11.

SAETAS, ó FLECHAS, se llevaban en las aljabas, Gén. 27:3; Job 39:23; Sal. 127:5; Isa. 49:2; Lam. 3:13.

SAFACÍAS, Jer. 38:1-6.

SAFAN nombrado para hacer las mejoras en el templo, 2 Rey. 22:3; 2 Crón. 34:8.

SAFAT, ó Safar, Núm. 13:5; 1 Rey. 19:16; 1 Cró. 3:22; 5:12.

SAFIRA, Act. 5:1-11.

SAJADURA de la carne, prohibida, Lev. 19:28; Deut. 14:1.

un ejemplo de, 1 Rey. 18:28.

SAL, empleada en los sacrificios, Lev. 2:13; Ezeq. 43::4; Mar. 9:49.

para ratificar los pactos, Núm. 18:19; 2 Crón. 13:5.

la mujer de Lot se volvió una estatua de, Gén. 19:26.

la sal de la tierra, quiénes son, Mat. 5:13; Luc. 14:34. Véase Col. 4:6.

ciudad de, Jos. 15:62.

valle de, 2 Sam. 8:13; 2 Rey. 14:7.

mar de, Gén. 14:3; Núm. 34:12; Deut. 3:17; Jos. 3:16; 12:3; 15:2.

SALAMINA, Act. 13:5.

SALARIO de los trabajadores no se había de retener, Lev. 19:13; Deut. 24:15; Sant. 5:4.

del pecado es la muerte, Rom. 6:23.

SALÁTIEL, 1 Crón. 3:17; Mat. 1:12.

SALEM, Gén. 14:18; Heb. 7:1.

SALFAAD, las hijas de, Núm. 27:1-11; 36; Jos. 17:3-6.

SALIM, tierra de, 1 Sam. 9:4.

Juan bautiza en, Juan 3:23.

SALISA, 1 Sam. 9:4; 2 Rey. 4:42.

SALITRE, Prov. 25:20 (tr. JABÓN); Jer. 2:22.

SALMANASAR, rey de Asiria, lleva cautivas diez tribus, 2 Rey. 17; 18:9.

SALMÓN, Act. 27:7.

——, Jue. 9:48; Sal. 68:14.

SALMOS, libro de los (Act. 1:20).

I. ORACIONES.

1. en que se implora el perdón del pecado, Sal. 6; 25; 32; 38; 51; 130; 143.
2. bajo el peso de dolor profundo, Sal. 6; 7; 10; 13; 17; 22; 31; 35; 39; 41–43; 54–57; 59; 64; 69–71; 77; 86; 88; 94; 102; 109; 120; 140-143.
3. de la iglesia perseguida, Sal. 44; 60; 74; 79; 80; 83; 89; 94; 102; 123; 137.
4. con relación al culto público, Sal. 26; 27; 42; 43; 63; 65; 84; 92; 95–100; 112; 118; 122; 132; 144; 145.
5. en que se expresa confianza en Dios, Sal. 3–5; 11; 12; 16; 20; 23; 27; 28; 31; 42; 43; 52; 54; 56; 57; 59; 61–64; 71; 77; 86; 108; 115; 118; 121; 125; 131; 138; 141.
6. en que se declara la integridad del Salmista, Sal. 7; 17; 26; 35; 101; 119.

II. ACCIONES DE GRACIAS.

1. por las misericordias manifestadas al Salmista, Sal. 9; 18; 30; 32; 34; 40; 61–63; 75; 103; 108; 116; 118; 138; 144.
2. por las misericordias manifestadas á la iglesia, Sal. 33; 46; 47; 65: 66; 68; 75: 76; 81; 85; 87; 95; 98; 105; 106; 107; 124; 126; 129; 134–136; 149.

III. SALMOS DE ALABANZA.

1. en que se declara la bondad y misericordia de Dios, Sal. 3; 4; 9; 16; 18; 30–34; 36; 40; 46; 65–68; 84; 85; 91; 99; 100; 103; 107; 111; 113; 116; 117; 121; 126; 145; 146.
2. en que se declara el poder, majestad y gloria de Dios, Sal. 2: 3; 8; 18; 19; 24; 29: 33; 45–48; 50: 65–68; 76: 77; 89; 91–100: 104–108; 110; 111; 113–118; 135; 136; 139; 145–150.

IV. SALMOS DE INSTRUCCIÓN.

1. en que se ponen de manifiesto las bendiciones del pueblo de Dios y la miseria de sus enemigos, Sal. 1; 3–5; 7; 9–15; 17; 24; 25; 32; 34; 36; 37; 41; 50; 52; 53; 58; 62; 73; 75; 82; 84; 91; 92; 94; 101; 112; 119; 121; 125; 127–129; 133; 149.
2. la excelencia de la ley de Dios, Sal. 19; 119.
3. la vanidad de la vida humana, &c., Sal. 14; 39: 49; 53; 73; 90.

V. SALMOS PROFÉTICOS Y SIMBÓLICOS.

Sal. 2; 16; 22; 24; 31; 35; 40: 41: 45; 50: 55; 68; 69; 72; 87; 88; 102; 109; 110; 118; 132.

VI. SALMOS HISTÓRICOS.

Sal. 78; 105; 106; 135; 136.

títulos de, Ajeleth-hassahar, Halamoth, Al-Tasscheth (non destruyas), De las gradas, Gitthith, Halamoth, Higgaion, Idithun, Jonatelem-rechokim (la paloma muda en las lejanías), Mahalath, Maskil, Michtham, Muthlaben, Neginoth, Selah, Seminith, Sigayon, Sosannim.

SALOMÉ, esposa de Zebedeo, presente en la crucifixión de Cristo, &c., Mar. 15:40; 16:1.

SALOMÓN, el rey, nace, 2 Sam. 12:24.

profecía acerca de, 2 Sam. 7:12; 1 Crón. 22:9; Mat. 1:6.
proclamado rey, 1 Rey. 1.
exhortado por David, 1 Rey. 2; 1 Crö. 28:9; 29.
hace sentir el peso de la justicia á Adonías, Joab, &c., 1 Rey. 2:24.
elige la sabiduría, 1 Rey. 3:5; 2 Crón. 1:7.
su juicio recto, 1 Rey. 3:16.
sus oficiales, 1 Rey. 4.
su mensaje á Hiram, 1 Rey. 5; 2 Crón. 2.
edifica el templo (2 Sam. 7:12; 1 Crón. 17:11); 1 Rey. 6; 7; 2 Crón. 3–5.
su oración en la dedicación del templo, 1 Rey. 8; 2 Crón. 6.

el pacto de Dios con él, 1 Rey. 9; 2 Crón. 7:12.
su gran sabiduría, 1 Rey. 4:29.
visitado por la reina de Saba, 1 Rey. 10; 2 Cró. 9; Mat. 6:29; 12:42.
su idolatría, 1 Rey. 11:1; Neh. 13:26.
es censurado por Dios, 1 Rey. 11:9.
sus adversarios, 1 Rey. 11:14.
la profecía de Ahías, 1 Rey. 11:31.
su muerte, 1 Rey. 11:41; 2 Crón. 9:29.
Véase Sal. 72; Prov. 1:1; Cant. 1:1; Ecl. 1.

SALTERIO, especie de arpa, 1 Sam. 10:5; 2 Sam. 6:5; 1 Crón. 13:8: 2 Crón. 5:12, 13.

de madera de almugim, 1 Rey. 10:12; 2 Crón. 9:11.
se empleaba en el culto de los ídolos, Dan. 3:5, 7, 10, 15.
para alabar á Dios, Sal. 32:2! 57:8; 81:2; 150:3; trad. vihuela, Isa. 5:12; 14:11; Amós 5:23: 6:5.

SALUD (sanidad del cuerpo), una bendición, Gén. 43:28; Deut. 34:7; Sal. 91:6; Filip. 2:27; 3 Juan 2.

en sentido figurado, Sal. 42:11; Prov. 3:8; 12:18; Isa. 58:8; Jer. 8:15: 30:17; 33:6.

SALUTACIONES, antigüedad de las, Gén. 18:2; 19:1.

ocasiones en que se empleaban, Gén. 47:1; 1 Sam. 17:22; 30:31; Mat. 10:12.
enviadas con un mensajero ó por escrito, 1 Sam 25:5; Rom. 16:21–23.
expresiones que se usaban:
  Paz sea contigo, Jue. 19:20.
  Hayas paz, y tu familia haya paz; y todo lo que á tí te pertenece haya paz, 1 Sam. 25:6.
  Paz sea á esta casa, Luc. 10:5.
  Jehová (ó el Señor) sea con vosotros, Rut 2:4.
  Jehová te bendiga, Rut 2:4.
  La bendición del Señor sea con vosotros: os bendecimos en nombre del Señor, Sal. 129:8.
  Bendito seas tú del Señor, 1 Sam. 15:13.
  Dios haya misericordia de tí, Gén. 43:29.
  ¿Tienes paz?, 2 Sam. 20:9.
  Tengas gozo, Mat. 26:49; Luc. 1:28.
  Tened gozo, Mat. 28:9.
iban en muchos casos acompañadas:
  del echarse sobre el cuello y el besar, Gén. 33:4; 45:14, 15; Luc. 15:20.
  del inclinarse hasta la tierra, Gén. 33:3.
  del postrarse en el suelo, Est. 8:3; Mat. 2:11; Luc. 8:41.
  del abrazar y besar los piés, Mat. 28:9; Luc. 7:38, 45.
  del tocar el borde del vestido, Mat. 14:36.
  del besar el polvo, Sal. 72:9; Isa. 49:23.

SALVACIÓN (la) ó salud:

es de Dios, Sal. 3:8; 37:39; Jer. 3:23.
es establecida por Dios, 1 Tes. 5:5.
Dios tiene voluntad de conceder, 1 Tim. 2:4.
es por medio de Cristo, Isa. 63:9; Efes. 5:23.
de Cristo solo, Isa. 45:21, 22; 59:16; Act. 4:12.
fué anunciada después de la caída, Gén. 3:15.
de Israel, fué predicha, Isa. 35:4; 45:17; Zac. 9:16; Rom. 11:26.
de los gentiles, fué predicha, Isa. 45:22; 49:6; 52:10.
revelada en el evangelio, Efes. 1:13; 2 Tim. 1:10.
vino á los gentiles con la caída de los Judíos, Rom. 11:11.
CRISTO es el capitán de, Heb. 2:10.
es el autor de, Heb. 5:9.
fué designado para llevar á cabo, Isa. 49:6.
fué alzado para, Luc. 1:69.
tiene, Zac. 9:9.

trae consigo, Isa. 62:11; Luc. 19:9.
es poderoso para efectuar, Isa. 63:1; Heb. 7:25.
vino á llevar á efecto, Mat. 18:11; 1 Tim. 1:15.
murió para llevar á efecto, Juan 3:14, 15 ; Gál. 1:4.
fué ensalzado para dar, Act. 5:31.
no es por medio de las obras, Rom. 11:6; Efes. 5:9; 2 Tim. 1:9; Tit. 3:5.
es por la gracia divina, Sal. 6:4; Efes. 2:5, 8; 2 Tim. 1:9; Tit. 2:11; 3:5.
es por el amor divino, Rom. 5:8: 1 Juan 4:9, 10.
es por la larga paciencia de Dios, 2 Ped. 3:15.
es por medio de la fé en Cristo, Mar. 16:16; Act. 16:31; Rom. 10:9; Efes. 2:8; 1 Ped. 1:5.
la reconciliación con Dios es una garantía de, Rom. 5:10.
QUIERE DECIR QUE SE NOS LIBRA del pecado, Mat. 1:21, con 1 Juan 3:5.
de la inmundicia, Ezeq. 36:29.
del demonio, Col. 2:15; Heb. 2:14, 15.
de la ira, Rom. 5:9; 1 Tes. 1:10.
de este mundo malo, Gál. 1:4.
de los enemigos, Luc. 1:71, 74.
de la muerte eterna, Juan 3:16, 17.
el confesar á Cristo es necesario para, Rom. 10:10.
la perseverancia hasta el fin es necesaria para, Mat. 10:22.
la regeneración es necesaria para, 1 Ped. 3:21.
DESCRÍBESE COMO grande, Heb. 2:3.
gloriosa, 2 Tim. 2:10.
común, Judas 3.
de generación en generación, Isa. 51:8.
por completo (Valera, perpétuamente), Heb. 7:25.
eterna, Isa. 45:17; 51:6; Heb. 5:9.
inquirida y buscada por los profetas, 1 Ped. 1:10.
el evangelio es el poder de Dios para, Rom. 1:16; 1 Cor. 1:18.
la predicación de la palabra es el medio establecido para, 1 Cor. 1:21.
las Escrituras pueden hacernos sabios para, 2 Tim. 3:15; Sant. 1:21.
ahora es el día de, Isa. 49:8; 2 Cor. 6:2.
del pecado, debe obrarse con temor y temblor, Filip. 2:12.
LOS SANTOS son escogidos para, 2 Tes. 2:13; 2 Tim. 1:9.
son señalados para obtener, 1 Tes. 5:9.
son herederos de, Heb. 1:14.
tienen, por la gracia, Act. 15:11.
tienen indicio de, en sus sufrimientos por Cristo, Filip. 1:28, 29.
son guardados por el poder de Dios para, 1 Ped. 1:5.
son hermoseados con, Sal. 149:4.
son revestidos de, Isa. 61:10.
están satisfechos con, Luc. 2:30.
aman, Sal. 40:16.
tienen esperanza de, Lam. 3:26; Rom. 8:24.
aguardan, Gén. 49:18; Lam. 3:26.
anhelan, Sal. 119:81, 174.
desfallecen por, Sal. 119:123.
cada día se acercan más á, Rom. 13:11.
reciben, como fin de su fé, 1 Ped. 1:9.
reciben con gozo la noticia de, Isa. 52:7, con Rom. 10:15.
piden á Dios que sean visitados con, Sal. 85:7; 106:4; 119:41.
les dé certidumbre de, Sal. 35:3.
les dé gozo por, Sal. 51:12.
manifiestan, por sus obras, Heb. 6:9, 10.
atribuyen á Dios, Sal. 25:5; Isa. 12:2.

alaban á Dios por, 1 Crón. 16:23; Sal. 96:2.
conmemoran con gracias, Sal. 116:13.
se regocijan en, Sal. 9:14; 21:1; Isa. 25:9.
se glorian en, Sal. 21:5.
declaran, Sal. 40:10; 71:15.
la pesadumbre que es según Dios obra arrepentimiento para, 2 Cor. 7:10.
toda la tierra verá, Isa. 52:10; Luc. 3:6.
LOS MINISTROS hacen saber, Luc. 1:77.
muestran el camino de, Act. 16:17.
deben exhortar á que se reciba, Ezeq. 3:18; Act. 2:40.
trabajar para conducir á otros á, Rom. 11:14.
revestirse de, 2 Crón. 6:41; Sal. 132:16.
practicar la abnegación para conducir á otros á, 1 Cor. 9:22.
sufrirlo todo para que los elegidos obtengan, 2 Tim. 2:10.
son suave olor de Cristo para Dios en los que obtienen, 2 Cor. 2:15.
las huestes celestiales adscriben, á Dios, Rev. 7:10; 19:1.
se solicita en vano de los ídolos, Isa. 45:20; Jer. 2:28.
de los poderes de la tierra, Jer. 3:23.
los que la descuidan no pueden escaparse, Heb. 2:3.
está lejos de los malos, Sal. 119:155; Isa. 59:11.
COMPARADA á una roca, Deut. 32:15; Sal. 95:1.
á un cuerno, Sal. 18:2; Luc. 1:69.
á una torre, 2 Sam. 22:51.
á un yelmo, Isa. 59:17; Efes. 6:17.
á un escudo, 2 Sam. 22:36.
á una hacha (lámpara), Isa. 62:1.
á un vaso, Sal. 116:13.
al vestido, 2 Crón. 6:41; Sal. 132:16; 149:4; Isa. 61:10.
á las fuentes, Isa. 12:3.
á muros y antemuros, Isa. 26:1; 60:18.
á carros, Hab. 3:8.
á la victoria, 1 Cor. 15:57.
simbolizada, Núm. 21:4-9, con Juan 3:14, 15.
Véase REDENCIÓN, &c.
SALVADOR, Dios solo, Isa. 43:3, 11: Jer. 14:8 ; Ose. 13:4; Luc. 1:47. Véase PRESERVADOR.
Jesús es el Salvador, Luc. 2:11; Juan 4:42; Act. 5:31; 13:23; Efes. 5:23; 2 Ped. 1:1; 3:2; 1 Juan 4:14, &c.; Jud. 25. Véase JESU-CRISTO.
SAMARIA, capital de Samaria, edificada por Amri, 1 Rey. 16:24; 2 Rey. 1:3.
residencia de los reyes de Israel, 1 Rey. 16:28; 2 Rey. 1:3; 3:1, 6; 13:13.
sitiada por los Sirios, 1 Rey. 20:1; 2 Rey. 6:24.
librada milagrosamente, 2 Rey. 6:25: 7.
los hijos de Acháb son muertos allí, 2 Rey. 10:1.
tomada por Salmanasar, 2 Rey. 17:5; 18:9.
vuelta á poblar con gente de Asiria, 2 Reyes 17:24.
visitada por Cristo, Luc. 17:11; Juan 4.
el evangelio es predicado en, Act. 8:8. Véase Isa. 7:9; 8:4; Jer. 23:13; Ezeq. 16; 23; Am. 4, &c.; Miq. 1, &c.
SAMARITANOS (los), se oponen á la reedificación de Jerusalem, Ezra 4:1; Neh. 4.
la platica de Cristo con una Samaritana, Juan 4.
parábola del buen Samaritano, Luc. 10:33.
Cristo fué llamado Samaritano, Juan 8:48.
SAMGAR, libra y juzga á Israel, Jue. 3:31; 5:6.
SAMIR, Jos. 15:48; Jue. 10:1, 2.
SAMMA, su valor, 2 Sam. 23:11.
SAMO, Act. 20:15.
SAMOTRACIA, Act. 16:11.

SAMSÓN, se predice su nacimiento, Jue. 13.
su matrimonio, Jue. 14.
subyuga á los Filisteos, Jue. 15:7.
se le hace traición con ellos, Jue. 16:21.
su venganza y su muerte, Jue. 16:30.

SAMUEL, nace, 1 Sam. 1:19.
dedicado al Señor, 1 Sam. 1:26.
sirve al Señor, 1 Sam. 3.
el castigo de Elí es revelado á, 1 Sam. 3:11.
libra y juzga á Israel, 1 Sam. 7; 8.
declara cual ha de ser el carácter de un rey,
1 Sam. 8.
unge de rey á Saúl, 1 Sam. 10:1.
exhorta al pueblo y al rey, 1 Sam. 12.
censura á Saúl por su desobediencia, 1 Sam.
13:13; 15:13.
unge á David, 1 Sam. 16; 19:18.
su muerte, 1 Sam. 25:1; 28:3.
se aparece á Saúl, 1 Sam. 28:12.
Véase 1 Crón. 9:22; 26:28; Sal. 99:6; Jer. 15:1;
Act. 3:24; 13:20; Heb. 11:32.

SANABALLAT, se opone á Nehemías, Neh. 2:10;
4; 6:2; 13:28.

SANDALIAS, Mar. 6:9; Act. 12:8.

SANEDRÍN, ó concilio, el consejo supremo de
los Judíos, Núm. 11:16; Mat. 16:21; 26:3, 57.
llamósele concilio, Act. 5:21.
y asemblea de los ancianos, Act. 22:5. Véase
también Mat. 2:4.
presidíalo el sumo sacerdote, Mat. 26:62-65;
Juan 11:49.
bajo el dominio romano no se le permitía imponer pena de muerte, Juan 18:31.
persiguió á Cristo, Mat. 26:59; Mar. 14:55;
15:1; Luc. 22:66; Juan 11:47.
y á los apóstoles, Act. 4:1-22; 7:54-60; 22:30;
24:20.

SANGUIJUELA, Prov. 30:15.

SANTIAGO (lo mismo que Jacobo ó Jaime), hermano de Juan, su llamamiento, Mat. 4:21;
Mar. 1:19; Luc. 5:10.
presente en la transfiguración de Cristo, Mat.
17:1; Mar. 9:2; Luc. 9:28.
á la muerte de Cristo, Mat. 26:36; Mar. 14:33.
reconvenido por su ambición, Mat. 20:20; Mar.
10:35; y por querer perseguir, Luc. 9:54.
muerto por mandato de Herodes, Act. 12:2.
Véase Mar. 5:37; 13:3; Act. 1:13.

——, hijo de Alfeo, pariente de nuestro Señor,
Mat. 10:3; Mar. 3:18; 6:3; Luc. 6:15; Act.
1:13; 12:17.
su dictamen con respecto á la circuncisión, &c.,
Act. 15:13. Véase Act. 21:18; 1 Cor. 15:7;
Gál. 1:19; 2:9.
exhorta á los Judíos creyentes á ejercer paciencia, Sant. 1; 5:7; caridad, Sant. 2; á dominar la lengua, Sant. 3; y á guardarse de la
codicia, el orgullo y otras malas pasiones,
Sant. 4:5.

SANTIDAD (la):
prescrita, Lev. 11:45; 20:7.
CRISTO desea, para su pueblo, Juan 17:17.
efectúa, en su pueblo, Efes. 5:25-27.
un ejemplo de, Heb. 7:26; 1 Ped. 2:21, 22.
el carácter de Dios es la norma de, Lev. 19:2,
con 1 Ped. 1:15, 16.
de Cristo, Rom. 8:29; Juan 2:6.
el evangelio es el camino de, Isa. 35:8.
necesaria para el culto de Dios, Sal. 24:3, 4.
nadie verá á Dios sin, Heb. 12:14.
LOS SANTOS:
son elegidos á, Rom. 8:29; Efes. 104.
son llamados á, 1 Tes. 4:7; 2 Tim. 1:9.
son creados ne nuevo en, Efes. 4:24.
poseen 1 Cor. 3:17; Heb. 3:1.

tienen por fruto, Rom. 6:22.
deben seguir, Heb. 12:14.
servir á Dios en, Luc. 1:74, 75.
presentar sus miembros como instrumen
tos de, Rom. 6:13, 19.
presentar sus cuerpos á Dios en, Rom. 12:1.
todo su proceder debe ser en, 1 Ped. 1:15;
2 Ped. 3:11.
deben continuar en, Luc. 1:75.
buscar perfección en, 2 Cor. 7:1.
serán presentados á Dios en, Col. 1:22;
1 Tes. 3:13.
continuarán en, para siempre, Rev. 22:11.
las ancianas deben continuar en, Tit. 2:3.
prometida á las mujeres que contindan en,
1 Tim. 2:15.
á la iglesia, Isa. 35:8; Abd. 17; Zac. 14:20, 21.
es hermosa en la iglesia, Sal. 93:5.
la iglesia es la hermosura de, 1 Crón. 16:29.
la palabra de Dios es el medio de producir,
Juan 17:17; 2 Tim. 3:16, 17.
ES EL RESULTADO DE:
la manifestación de la gracia de Dios, Tit.
2:3, 11, 12.
la sujeción á la voluntad divina, Rom. 6:22.
la unión con Cristo, Juan 15:4, 5.
se requiere en la oración, 1 Tim. 2:8.
LOS MINISTROS DEBEN:
poseerla, Tit. 1:8.
evitar todo lo que sea incompatible con, Lev.
21:6; Isa. 52:11.
ser ejemplos de, 1 Tim. 4:12.
exhortar á, Heb. 12:14; 1 Ped. 1:14-16.
INCENTIVOS PARA REVESTIRSE DE:
la gloria de Dios, Juan 15:8; Filip. 1:11.
las misericordias, Rom. 12:1, 2.
la disolución de todas las cosas, 2 Ped. 3:11.
los castigos correccionales tienen por objeto el
producir, en los santos, Heb. 12:10.
debe conducirnos á vivir separados de los mal-
vados, Núm. 16:21, 26; 2 Cor. 6:17, 18.
los hipócritas hacen alarde de, Isa. 65:5.
los malos están destituidos de, 1 Tim. 1:9;
2 Tim. 3:2.
ejemplos de: David, Sal. 86:2. Israel, Jer. 2:3.
Juan el Bautista, Mar. 6:20. Los profetas,
Luc. 1:70. Pablo, 1 Tes. 2:10. Las esposas
de los patriarcas, 1 Ped. 3:5.

SANTIDAD (la), de Dios:
es incomparable, Ex. 15:11; 1 Sam. 2:2.
SE MANIFIESTA EN:
su carácter, Sal. 22:3; Juan 17:11,
su nombre, Isa. 57:15; Luc. 1:49.
sus palabras, Sal. 60:6; Jer. 23:9.
sus obras, Sal. 145:17.
su reino, Sal. 47:8.
es prenda del cumplimiento de sus promesas,
Sal. 89:35, y de sus juicios, Amós 4:2.
mándase á los santos que imiten, Lev. 11:44,
con 1 Ped. 1:15, 16.
los santos deben alabar, Sal. 30:4.
debe producir un temor reverente, Rev. 15:4.
exige un servicio santo, Jos. 24:19; Sal. 93:5.
las huestes celestiales adoran, Isa. 6:3; Rev.
4:8.
debe ser ensalzada, 1 Crón. 16:10; Sal. 48:1;
99:3, 5; Rev. 15:4.

SANTIFICACIÓN (la):
es la separación para el servicio de Dios, Sal.
4:3; 2 Cor. 6:17.
EFECTUADA por Dios, Ezeq. 37:28; 1 Tes. 5:23;
Judas 1.
por Cristo, Heb. 2:11; 13:12.
por el Espíritu Santo, Rom. 15:16; 1 Cor.
6:11.

en Cristo, 1 Cor. 1:2.
por medio de la expiación de Cristo, Heb. 10:10; 13:12.
por medio de la palabra de Dios, Juan 17:17, 19; Efes. 5:26.
Cristo es hecho, de Dios, para nosotros, 1 Cor. 1:30.
los santos son elegidos á la salvación por medio de, 2 Tes. 2:13; 1 Ped. 1:2.
todos los santos están en un estado de, Act. 20:32; 26:18; 1 Cor. 6:11.
hácese gloriosa la iglesia por, Efes. 5:26, 27.
debe conducir á la mortificación del pecado, 1 Tes. 4:3, 4.
á la santidad de vida, Rom. 6:22; Efes. 5:7–9.
la ofrenda de los santos es acepta por, Rom. 15:16.
se hace idóneos á los santos para el servicio de Dios por medio de, 2 Tim. 2:21.
Dios quiere que los santos tengan, 1 Tes. 4:3.
LOS MINISTROS deben pedir á Dios que sus feligreses gocen de completa, 1 Tes. 5:23.
son separados para el servicio de Dios por, Jer. 1:5.
deben exhortar á sus feligreses á que caminen en, 1 Tes. 4:1, 3.
nadie puede heredar el reino de Dios sin, 1 Cor. 6:9–11.
simbolizada, Gén. 2:3; Ex. 13:2; 19:14; 40:9–15; Lev. 27:14–16.
——— del Sábado, Gén. 2:3.
del primogénito, Ex. 13:2.
del pueblo, Ex. 19:10; Núm. 11:18; Jos. 3:5.
del tabernáculo, &c., Ex. 29; 30; Lev. 8:10.
de los sacerdotes, Lev. 8:30; 9; 2 Crón. 5:11.
SANTIFICACIONES (es decir, las cosas santificadas, ó consagradas), leyes con respecto á, Ex. 28:38; Lev. 5:15; 10:16; 22:2; Núm. 4:20; Deut. 12:17; 1 Crón. 23:28; Neh. 10:33; Ezeq. 20:40; 22:8 (Heb. 8:2).
SANTOS, ó FIELES, COMPARADOS CON:
el sol, Jue. 5:31; Mat. 13:43.
las estrellas, Dan. 12:3.
las luces, Mat. 5:14; Filip. 2:15.
el monte Sión, Sal. 125:1, 2.
el Líbano, Ose. 14:5–7.
un tesoro, Ex. 19:5; Sal. 135:4.
joyas, Mal. 3:17.
el oro, Job 23:10; Lam. 4:2.
vasos de oro y plata, 2 Tim. 2:20.
las piedras de una corona, Zac. 9:16.
piedras vivas, 1 Ped. 2:5.
los niños, Mat. 11:25; 18:3; 1 Cor. 14:20; 1 Ped. 2:2.
los niños obedientes, 1 Ped. 1:14.
los miembros del cuerpo, 1 Cor. 12:20, 27.
soldados, 2 Tim. 2:3, 4.
los atletas en las carreras, 1 Cor. 9:24; Heb. 12:1.
los lidiadores, 2 Tim. 2:5.
los criados buenos, Mat. 25:21.
forasteros y peregrinos, 1 Ped. 2:11.
las ovejas, Sal. 78:52; Mat. 25:33; Juan 10.
los corderos, Isa. 40:11; Juan 21:15.
becerros de cebadero, Mal. 4:2.
los leones, Prov. 28:1; Miq. 5:8.
las águilas, Sal. 103:5; Isa. 40:31.
las palomas, Sal. 68:13; Isa. 60:8.
ciervos sedientos, Sal. 42:1.
buenos pescados, Mat. 13:48.
el rocío y la lluvia, Miq. 5:7.
huerta de riego, Isa. 58:11.
manantiales perennes, Isa. 58:11.
vides, Cant. 6:11; Ose. 14:7.
los sarmientos de la vid, Juan 15:2, 4, 5.

las granadas, Cant. 4:13.
buenos higos, Jer. 24:2–7.
los lirios, Cant. 2:2; Ose. 14:5.
sauces en las riberas de las aguas, Isa. 44:4.
árboles plantados junto á las aguas, Sal. 1:3.
los cedros del Líbano, Sal. 92:12.
la palma, Sal. 92:12.
los olivos verdes, Sal. 52:8; Ose. 14:6.
árboles fructíferos, Sal. 1:3; Jer. 17:8.
el trigo, Ose. 14:7; Mat. 3:12; 13:29, 30.
la sal, Mat. 5:13.
Véase JUSTICIA.
SANTUARIO, ó lugar santo, leyes con respecto al sacerdote que entra, Ex. 28:29; Lev. 6:16; 16:2; 2 Crón. 29:5; Ezeq. 41:4. Véase Heb. 9:12, 24.
quienes pueden entrar en el de Dios, Sal. 24:3; 46:4; 68:17, 35.
Dios es el santuario de su pueblo, Isa. 8:14; Ezeq. 11:16. Véase Sal. 20:2; 63:2; 68:24; 73:17; 77:13; 78:54; 96:6; 134; 150; Heb. 8; 9. Véase TABERNÁCULO, CASA DE DIOS.
——— del Rey, Amós 7:13.
SARA (Sarai), es negada por Abraham, Gén. 12:14; 20:2.
despide á Agar, Gén. 16:5.
Dios la bendice y le cambia el nombre, Gén. 17:15.
su regocijo con motivo del nacimiento de Isaac, Gén. 21:6.
hace despedir á Agar, Gén. 21:9.
su muerte y su entierro, Gén. 23.
Véase Isa. 51:2; Gál. 4:22; Heb. 11:11; 1 Ped. 3:6. Véase ABRAHAM.
SARAA, ó Sarea, ciudad de Samsón, Jos. 19:41; Jue. 13; 16:31.
SARAÍAS, el sumo sacerdote, es muerto por Nabucodonosor, 2 Rey. 25:18–21.
———, conspira contra Godolías, 2 Rey. 25:23; Jer. 40:8, 9.
———, camarero de Sedecías á quien se le dió cargo de una profecía de Jeremías, Jer. 51:59–64.
SARDIO, Rev. 21:20.
SARDIS, la iglesia de, es censurada y amenazada, Rev. 1:11; 3:1.
SARDÓNICA, Rev. 4:3.
SARDÓNICA, Rev. 21:20.
SAREPTA, 1 Rey. 17:9–24; Luc. 4:26.
SARGÓN, rey de Asiria, Isa. 20:1.
SARNA, amagos de, Deut. 28:27; Isa. 3:17.
ley acerca de, Lev. 13:1.
SARÓN, 1 Crón. 5:16; 27:29; Cant. 2:1; Isa. 33:9; 35:2; 65:10.
SARTÁN, Jos. 3:16; 1 Rey. 4:12; 7:46; 11:26.
SARUG, Gén. 11:22–26.
SARVIA, 2 Sam. 2:18; 3:39; 16:9, 10; 17:25; 1 Crón. 2:16.
SASABASAR fué puesto de gobernador de los Judíos por Ciro, Ezra 1:8; 5:14.
SATANÁS. Véase DIABLO.
SAÚL, su padre le manda ir á buscar unos asnos, 1 Sam. 9:1.
Samuel le hospeda, 1 Sam. 9:19.
es ungido, 1 Sam. 10:1; Act. 13:21.
profetiza, 1 Sam. 19:9 (19:24).
reconocido como rey, 1 Sam. 10:24.
libra á los de Jabés de Galaad, 1 Sam. 11.
su desobediencia, 1 Sam. 13:9; 15.
sus ordenes temerarias, 1 Sam. 14:24, 38.
subyuga á los enemigos de Israel, 1 Sam. 14:31, 47.
es rechazado por el Señor, 1 Sam. 15.

es turbado por un espíritu maligno, 1 Sam. 16:14.
es desalentado por Goliat, 1 Sam. 17:11.
al principio honra á David, 1 Sam. 18.
más tarde le persigue, 1 Sam. 18:10; 19; 20; 23; 24; 26.
mata á los sacerdotes en Nobe, 1 Sam. 22:9.
va á ver á la bruja de Endor, 1 Sam. 28:7.
su ruina es predicha, 1 Sam. 28:15.
su muerte, 1 Sam. 31; 1 Crón. 10.
el lamento de David por, 2 Sam. 1:17.
sus descendientes, 1 Crón. 8:33.
SAÚLO, Act. 7:58, &c. Véase PABLO.
SÁUZ, Lev. 23:40; Sal. 137:2; Ezeq. 17:5.
SAVE, Gén. 14:17, 18.
la columna de Absalóm en, 2 Sam. 18:18.
SAYO. Véase VESTIDURA-PECTORAL.
SCEVA, siete hijos de, Act. 19:13–17.
SCITA, Col. 3:11.
SEBA, rebelión y muerte de, 2 Sam. 20.
SEBAT, el mes undécimo, Febrero, Zac. 1:7.
SEBO (el) no se debe comer, Lev. 3:15; 7:22; Deut. 32:28.
de los sacrificios se debe comer, Exod. 29:13; Lev. 3:3, &c.; Ezeq. 44:7.
simbólico, Gén. 27:28; Deut. 32:15; Sal. 22:29; 37:20; 63:5; Isa. 6:10; Jer. 5:28; 31:14.
SECRETO (lo) pertenece á Dios, Deut. 29:29; Job 15:8.
revelado por él, Sal. 25:14; Rev. 3:32; Amós 3:7; Mat. 11:25; 13:35; Rom. 16:25; 2 Cor. 3:13.
todos los secretos son conocidos de él, Sal. 44:21; 90:8; Ecl. 12:14; Mat. 6:4; Mar. 4:22; Rom. 2:16.
SECRETOS de los demás no se deben revelar, Prov. 25:9; Mat. 18:15.
SECTAS. Véase HERODIANOS, FARISEOS, SADUCEOS, NICOLAITAS.
SEDA, Prov. 31:22; Ezeq. 16:10.
SEDECÍAS, ó Sedequías, falso profeta, 1 Reyes 22:11; 2 Crón. 18:10, 23.
——, castigado en Babilonia, Jer. 29:22.
—— (Matanías) rey de Judá, su mal gobierno, 2 Rey. 24:17; 2 Crón. 36:10.
Jeremías enviado ante, Jer. 37:6.
pone en libertad á Jeremías, Jer. 37:16; 38.
llevado cautivo á Babilonia, 2 Rey. 25; 2 Crón. 36:17; Jer. 39; 52.
SEDICIÓN prohibida, Gál. 5:20; 2 Ped. 2:10. Véase CORÉ, &c.
SEFAR, Gén. 10:30.
SEFARAD, Abd. 30.
SEFARVAIM subyugado por los Asirios, 2 Rey. 17:24; 18:34; 19:13.
SEFATA, Jos. 15:44; 2 Crón. 14:9–15.
SEFORA, esposa de Moisés, Ex. 2:21; 4:20.
SEGOR, Gén. 14:2.
preservada, Gén. 19:22 (Isa. 15:5); Deut. 34:3; Jer. 48:34.
SEGUNDA MUERTE, Rev. 20:14.
SEGUNDO, Act. 20:4–6.
SEGUNDO ADVENIMIENTO DE CRISTO:
el tiempo del, ignorado, Mat. 24:36; Mar. 13:32.
LLÁMASE los tiempos de refrigerio de la presencia del Señor, Act. 3:19.
los tiempos de la restauración de todas las cosas, Act. 3:21, con Rom. 8:21.
el postrimer tiempo, 1 Ped. 1:5.
la manifestación de Jesu-Cristo, 1 Ped. 1:7.
la revelación, 1 Ped. 1:13.
la venida gloriosa del gran Dios y Salvador nuestro, Tit. 2:13.
el advenimiento del día de Dios, 2 Ped. 3:12.

el día de nuestro Señor Jesu-Cristo, 1 Cor. 1:8.
PREDICHO por los profetas, Dan. 7:13; Jud. 14.
por el mismo Jesu-Cristo, Mat. 25:31; Juan 14:3.
por los apóstoles, Act. 3:20; 1 Tim. 6:14.
por los ángeles, Act. 1:10, 11.
señales que precederán al, Mat. 24:3, &c.
EL MODO DE VERIFICARSE: en las nubes, Mat. 24:30; 26:64; Rev. 1:7.
en la gloria de su Padre, Mat. 16:27.
en su propia gloria, Mat. 25:31.
en llama de fuego, 2 Tes. 1:8.
con poder y grande gloria, Mat. 24:30.
como ascendió, Act. 1:9, 11.
con algazara y con vóz de arcángel, 1 Tes. 4:16.
acompañado por los ángeles, Mat. 16:27; 25:31; Mar. 8:38; 2 Tes. 1:7.
con sus santos, 1 Tes. 3:13; Jud. 14.
de súbito, Mar. 13:36.
inesperadamente, Mat. 24:44; Luc. 12:40.
como ladrón en la noche, 1 Tes. 5:2; 2 Ped. 3:10; Rev. 16:15.
como el relámpago, Mat. 24:27.
los cielos y la tierra serán deshechos, &c., 2 Ped. 3:10, 12.
los muertos en Cristo resucitarán los primeros, 1 Tes. 4:16.
los santos que queden vivos en, serán arrebatados á recibir al Señor, 1 Tes. 4:17.
no es para hacer expiación, Heb. 9:28, con Rom. 6:9, 10, y Heb. 10:14.
EL FIN PROPUESTO CON, ES COMPLETAR la salvación de los santos, Heb. 9:28; 1 Ped. 1:5.
que Cristo sea glorificado en sus santos, 2 Tes. 1:10.
que Cristo se haga de admirar en los que creyeron, 2 Tes. 1:10.
sacar á luz las cosas ocultas, &c., 1 Cor. 4:5.
juzgar, Sal. 50:3, 4, con Juan 5:22; 2 Tim. 4:1; Jud. 15; Rev. 20:11–13.
reinar, Dan. 24:23; Dan. 7:14; Rev. 11:15.
destruir la muerte, 1 Cor. 15:23, 26.
todos los ojos le verán en, Rev. 1:7.
débese considerar siempre como cercano, Rom. 13:12; Fil. 4:5; 1 Ped. 4:7.
la bienaventuranza de estar preparado para, Mat. 24:46; Luc. 12:37, 38.
LOS SANTOS tienen certidúmbre de, Job 19:25,26
aman, 2 Tim. 4:8.
esperan, 1 Cor. 1:7; Filip. 3:20; 1 Tes. 1:10; Tit. 2:13.
se apresuran para, 2 Ped. 3:12.
oran por, Rev. 22:20.
deben estar listos para, Mat. 24:4; Luc. 12:4.
velar en cuanto á, Mat. 24:42; Mar. 13:35–37; Luc. 21:36.
ser pacientes hasta, 2 Tes. 3:5; Sant. 5:7, 8.
serán preservados hasta, Filip. 1:6; 2 Tim. 4:18; 1 Ped. 1:5; Jud. 24.
no se avergonzarán en, 1 Cor. 1:8; 1 Tes. 3:13; 5:23; Jud. 24.
serán sin culpa en, 1 Cor. 1:8; 1 Tes. 3:13; Jud. 24.
como él en, Filip. 3:21; 1 Juan 3:2.
le verán como él es, 1 Juan 3:2.
aparecerán con él en gloria en, Col. 3:4.
recibirán una corona de gloria en, 2 Tim. 4:8; 1 Ped. 5:4.
reinarán con él en, Dan. 7:27; 2 Tim. 2:12; Rev. 5:10; 20:6; 22:5.
la fé hallada en alabanza en, 1 Ped. 1:7.
LOS MALOS hacen burla de, 2 Ped. 2:3, 4.
se atienen á lo remoto de, Mat. 24:—

serán sorprendidos por, Mat. 24:37-39; 1 Tes. 5:2, 3; 2 Ped. 3:10.
serán castigados en, 2 Tes. 1:8, 9.
el inicuo será aniquilado en, 2 Tes. 2:8.
explicado con símiles, Mat. 25:6; Luc. 12:36, 39; 19:12, 15.
SEGURIDAD falsa, promete paz y larga vida, Job 29:18.
ignora á Dios y la verdad, Sal. 10:5; 50.21.
confía en mentiras, Isa. 28:15; Rev. 3:17.
es desconsiderada, y olvidadiza, Isa. 47:7.
confía en tesoros terrenales, Jer. 49:4, 16.
se engaña con su mismo orgullo, Abd. 3; Rev. 18:7.
dilata el día malo, Amós 6:3.
conduce á mayor pecado, Ecl. 8:11.
los que en ella se refugian serán dispersados, Isa. 28:17.
la alcanzará la ruina, Isa. 47:8; Amós 9:10.
Dios se opone á, Jer. 21:13; Ezeq. 39.6; Amós 6:1.
SEHÓN, rey de los Amorreos, subyugado, Núm. 21:21; Deut. 1:4; 2:26; Sal. 135:11; 136:19.
SEÍR, monte, herencia de Esaú, Gén. 14:6; 32:3; 36:8, 20; Jos. 24:4.
Israel no había de atacar, Deut. 2:5; 2 Crón. 20:10.
subyugado por los Ammonitas, &c., 2 Crón. 20:23; 25:11.
profecías acerca de, Núm. 24:18; Deut. 33:2; Isa. 21:11; Ezeq. 25:8; 35:2.
SELA, hijo de Judá, Gén. 38:5.
SELABÍN, Jos. 19:42; Jue. 1:35; 2 Sam. 23:32; 1 Rey. 4:9.
SELAH (pausa), término de música: ocurre en los Salmos más de 70 veces; Hab. 3:3.
SELEUCIA visitada, Act. 13:4.
SELLO de las doce tribus, Rev. 7; en sentido figurado, circuncisión, Rom. 4:11.
—— del Espíritu Santo:
Cristo recibió, Juan 6:27.
los santos reciben, 2 Cor. 1:22; Efes. 1:13.
es para el día de la redención, Efes. 4:30.
los malos no reciben, Rev. 9:4.
el juicio se suspenderá hasta que todos los santos reciban, Rev. 7:3.
simbolizado, Rom. 4:11.
SELLOS, se usaban, Gén. 38:18; Exod. 28:11; 1 Rey. 21:8; Job 38:14; Cant. 8:6; Jer. 32:10; Mat. 27:66.
referencia á las inscripciones de, 2 Tim. 2:19.
la visión de Daniel fué sellada, Dan. 12:4.
el libro sellado en el cielo, Rev. 5:6.
los siete truenos son sellados, Rev. 10:4.
SELLUM, rey de Israel, su mal gobierno, 2 Rey. 15:10.
SEM, bendecido, Gén. 9:26.
sus descendientes, Gén. 10:21; 11:10; 1 Crón. 1:17.
SEMANAS: la palabra significa siete.
origen de, Gén. 2:2.
fiesta de, Ex. 34:22; Deut. 16:9; Act. 2:1.
setenta, profecía de, Dan. 9:24.
SEMBRADOR, parábola del, Mat. 13:3; Mar. 4:3; Luc. 8:5.
cosecha lo que siembra, Gál 6:7.
escasamente ó con abundancia, conforme haya sembrado, 2 Cor. 9:6.
cosechará con gozo, Sal. 126:5, 6.
debe trabajar siempre, confiando en Dios, Ecl. 11:6.
SEMEBER, Gén. 14:2-12.
SEMEI maldice á David, 2 Sam. 16:5.
su confesión, 2 Sam. 19:16.

se le da la muerte á causa de su desobediencia, 1 Rey. 2:36.
SEMEÍAS el profeta prohibe á Roboam atacar á Jeroboam, 1 Rey. 12:22; 2 Crón. 11:2.
reprende á Roboam, 2 Crón. 12:5.
——, censurado fuertemente por oponerse á Jeremías, Jer. 29:24.
SEMEJANZA de Dios, no hay ninguna, Exod. 8:10; 15:11; 1 Rey. 8:23; Sal. 89:6; Isa. 40:11; 46:5; Act. 17:29.
no ha de hacerse ninguna, Deut. 4:15, 16.
á Dios, prescrita, Mat. 5:48; 11:29; Rom. 13:14; Filip. 2:5; 1 Ped. 1:15.
la herencia del creyente en el cielo, Sal. 17:15; 1 Juan 3:2.
SEMER, 1 Rey. 16:24.
SEMERÓN, 2 Crón. 13:4.
SEMINIT (octava), título de los Salmos 6, 12. Véase también 1 Crón. 15:21.
SENCILLEZ (la):
se opone á la sabiduría carnal, 2 Cor. 1:12.
lo necesario de, Mat. 18:2, 3.
SE DEBE MANIFESTAR en la predicación del evangelio, 1 Tes. 2:3-7.
en actos de beneficencia, Rom. 12:8.
en toda nuestra conducta, 2 Cor. 1:12.
en lo que toca á nuestra sabiduría, 1 Cor. 3:18.
con respecto al mal, Rom. 16:19.
á la malicia, 1 Cor. 14:20.
exhortaciones con referencia á, Rom. 16:19; 1 Ped. 2:2.
Á LOS QUE POSEEN LA VIRTUD DE, Dios los hace sabios, Mat. 11:25.
la palabra de Dios los hace sabios, Sal. 19:7; 119:130.
Dios los preserva, Sal. 116:6.
la instrucción los hace circunspectos, Prov. 1:4.
la corrección de otros les aprovecha, Prov. 19:25; 21:11.
tened cuidado de no dejaros apartar de, que es en Cristo, 2 Cor. 11:3.
explicada con un símile, Mat. 6:22.
ejemplos de: David, Sal. 131:1, 2. Jeremías, Jer. 1:6. Los primeros cristianos, Act. 2:46; 4:32. Pablo, 2 Cor. 1:2.
SENCILLEZ de corazón, Act. 2:46; Efes. 6:5; Col. 3:22.
SENE, 1 Sam. 14:4.
SENNAAR. Véase SINAR.
SENNAQUERIB invade á Judea, 2 Rey. 18:13.
su carta blasfematoria, 2 Rey. 19:9.
su ejército es destruido, 2 Rey. 19:35.
sus hijos le dan muerte, 2 Rey. 19:37.
Véase 2 Crón. 32: Isa. 36; 37.
SENSUALIDAD (la) es condenada; Amós 6:4; Luc. 16:19; 1 Cor. 15:32; Sant. 5:5.
SEÑALES: el arco-iris, Gén. 9:12.
la circuncisión, Gén. 17:11 (Rom. 4:11).
el Sábado, Ex. 31:13.
Jonás, Mat. 12:38; Mar. 8:11, &c. Véase Gén. 1:14; Ex. 3:12; 4:9; 1 Rey. 13:3; Isa. 7:11; 8:18; 20:3; Ezeq. 24:24.
falsas, Deut. 13:1; Mat. 24:24; 2 Tes. 2:9.
SEÑOR. Véase JEHOVÁ.
——, á Cristo se da el título de, Sal. 110:1, con Heb. 1:13; Isa. 40:3, con Mat. 3:3; Jer. 23:6; Joel 2:32, con Rom. 10:13; Mal. 3:1; Mat. 7:21, 22, y en la mayor parte de los casos en todo el Nuevo Testamento.
SEÑORES. Véase AMOS.
SEPARACIÓN de la congregación, leyes con respecto á, Lev. 12, &c.; Núm. 5.

SEPULCRO, Abraham compra uno, Gén. 23; Act. 7:16.

de Moisés, ignorado, Deut. 34:6.

de Cristo, Mat. 27:60; Mar. 15:46; Luc. 23:55; Juan 19:41.

en sentido figurado, Mat. 23:27.

—— (el), la ley con respecto á, Núm. 19:16.

vencido, Ose. 13:14; Juan 5:28; 1 Cor. 15:55; Rev. 20:13.

SEPULCRO, huesa, hoyo, sepultura, Job 17:16; 33:18; Sal. 28:1; 80:9; 88:4; 143:7; Isa. 14:15; 38:17; Ezeq. 26:20; 32:18.

SEPULCROS, ó sepulturas, cavados durante la vida del dueño, Gén. 50:5; 2 Crón. 16:14; Mat. 27:60.

apego al, paterno, Gén. 47:30; 49:29; 50:25; Neh. 2:3.

en la casa, jardín, ó propiedad, Jos. 24:30, 33; 1 Sam. 25:1; 1 Rey. 2:34; 2 Rey. 21:18, 26; Juan 19:41.

labrado en la roca, Isa. 22:16; Mat. 27:60.

en cuevas, Juan 11:38.

sellados, Mat. 27:66.

de los reyes, en la ciudad de David, 1 Rey. 2:10; 2 Crón. 32:33.

el sepultar en, honorable, 2 Crón. 24:16.

el ser negado sepultura, deshonroso, 2 Crón. 21:19; 24:25.

de los criminales, señalados con piedras, Jos. 7:26.

de los pobres y forasteros, Jer. 26:23.

pilares y lápidas puestas sobre los, con inscripciones, Gén. 35:20; 2 Rey. 23:17.

pintados y adornados, Mat. 23:27, 29.

construidos de nuevo, Luc. 11:47.

inmundos, Núm. 19:16, 18; Isa. 65:4.

habitación de demonios, Mat. 8:28.

que no se ven, Luc. 11:44.

SEPULTURA. Véase ENTIERRO, SEPULCRO.

SEQUÍA, ó sequedad, impuesta como castigo, Deut. 28.22; 1 Rey. 17; Ageo 1:11.

Véase HAMBRE.

SERAFÍN, Isa. 6:2, 6.

SERGIO Paulo, Act. 13:7.

SERMÓN en el monte, Mat. 5–7; Luc. 6:20.

SERPIENTE, creada por Dios, Job 26:13.

astuta y torcida, Gén. 3:1; Isa. 27:1; Mat. 10:16.

habiendo engañado á Eva, es maldita, Gén. 3:14; 2 Cor 11:3 (Rev. 12:9).

la vara de Moisés se convierte en, Exod. 4:3; 7:9, 15.

de bronce, Núm. 21:8 (Juan 3:14).

por qué fué quebrada, 2 Rey. 18:4.

poder sobre, concedido á los discípulos, Mar. 16:18; Luc. 10:19.

por vía de comparación, Sal. 140:3; Prov. 23:31, 32; Isa. 14:29; Jer. 8:17; Mat. 23:33; Rev. 20:2.

SERPIENTES ARDIENTES, plaga de, Núm. 21:6 (Deut. 8:15).

el medio para librarse de, Núm. 21:8.

símbolo de Cristo, Juan 3:14.

SERVIDUMBRE (la) de Israel en Egipto, Exod. 1–12; Sal. 105:25; Act. 7:6.

en Babilonia, 2 Rey. 25; Est. 2, &c.; Neh. 1, &c.; Ezra 1, &c.; 9:7; Dan. 1, &c.

—— espiritual:

es bajo el demonio, 1 Tim. 3:7; 2 Tim. 2:26.

consiste en el temor de la muerte, Heb. 2:14, 15.

en el pecado, Juan 8:34; Act. 8:23; Rom. 6:16; 7:23; 2 Ped. 2:19.

emancipación de, prometida, Isa. 42:6, 7.

Cristo libra de, Luc. 4:18, 21; Juan 8:36; Rom. 7:24, 25; Efes. 4:8.

el evangelio libra de, Juan 8:32; Rom. 8:2.

los santos son librados de, Rom. 6:18, 22.

un símile de la emancipación de, Deut. 4:20.

simbolizada, Israel en Egipto, Ex. 1:13, 14.

SERVIL, trabajo, prohibido durante las fiestas de la iglesia, Lev. 23:7; Núm. 28:18; 29:1.

SERVIR AL OJO, Efes. 6:6; Col. 3:22.

SERVIR (el) á Dios:

prescrito, Deut. 6:13.

deber principal, Deut. 10:12, 13.

se debe á él solo, Mat. 4:10.

HA DE SER de corazón, Efes. 6:6.

en integridad de corazón, Efes. 6:5.

con un corazón perfecto, 1 Crón. 28:9.

de todo corazón, Sal. 119:69.

con humildad, Act. 20:19; 26:7.

en sinceridad y en verdad, Jos. 24:14, 31.

en santidad y en justicia, Luc. 1:75.

en novedad de espíritu, Rom. 7:6.

con una conciencia pura, 2 Tim. 1:3.

con santo temor, Sal. 2:11; Heb. 12:28.

con alegría, Sal. 100:2.

constantemente, Act. 26:7; Rev. 7:15.

con vigilancia, Luc. 12:37.

distingue á los santos, Sal. 102:28; Isa. 54:17; Joel 2:29; Rom. 1:1; Rev. 7:3.

BENDICIONES PROMETIDAS Á LOS QUE SE OCUPAN DE: el sustento del cuerpo, Exod. 23:25.

las misericordias del pacto, 1 Rey. 8:23.

la seguridad y la justificación, Isa. 54:17.

la salvación, Jer. 30:10, 11.

el Espíritu Santo, Joel 2:29.

el favor de Dios el día del juicio, Mat. 24:45; 25:21; Rev. 7:3; 19:2.

DIOS perdona á sus siervos, 2 Sam. 24:10.

oye su oración, Neh. 1:11.

se revela á ellos, Sal. 31:16.

es compasivo con ellos, Sal. 69:17; 90:13; 135:14; Dan. 3:17.

DESGRACIAS que amenazan á los que no se ocupan de:

el servir á los enemigos, Deut. 28:47.

el juicio de Dios, Mal. 3:14, 18; Mat. 24:50; 25:30; Luc. 12:47.

SESAC, rey de Egipto, invade á Jerusalem y despoja el templo, 1 Rey. 14:25; 2 Crón. 12.

SESAC, Jer. 25:26; 51:41.

SESÁN, 1 Crón. 2:31–35.

SET, hijo de Adam y Eva, Gén. 4:25; 5:3.

SETAR-BUZANAI. Véase TATANAI.

SETENTA ancianos son nombrados, Ex. 18:25; 24; Núm. 11:16.

discípulos enviados, Luc. 10, &c.

semanas, la profecía de Daniel con respecto á, Dan. 9:24.

años de cautividad, predichos, Jer. 25:12; terminados, Ezra 1.

SETIM (Valera, cedro), madera de, empleada en la construcción del tabernáculo, Ex. 25:5, &c.; 27:1, &c.

——, en Moab, Núm. 25; 33:29; Miq. 6:5.

espías enviados desde, Jos. 2:1.

valle de, Joel 3:18.

SEVENEH, Ezeq. 29:10; 30:6.

SHET, ó Set, (tumulto), Núm. 24:17. Véase también Jer. 48:45.

SHIBOLET, úsase como prueba, Jue. 12:6.

SIBA, 2 Sam. 9; 16:1–4; 19:26–29.

SICAR (borracho ó falsedad), Juan 4:5. Véase Isa. 28:1, 7.

SICELEG dada á David, 1 Sam. 27:6; 1 Crón. 12:1.

quemada por los Amalecitas, 1 Sam. 30:1; 2 Sam. 1:1.

SICLO como dinero, peso, &c., Gén. 23:15; Ex. 30:13; Jos. 7:21; 2 Sam. 14:26; 1 Rey. 10:16; Neh. 5:15; Jer. 32:9; Ezeq. 4:10.
su valor en plata, como 60 centavos; su peso, algo más de 14 gramos.
SICÓMORO, Luc. 17:6; 19:4.
SIDDIM, valle de, Gén. 14:3–10.
SIDÓN, primogénito de Canaán, Gén. 10:15.
———, puerto de mar en los confines de Zabulón, Gén. 49:13.
los Canaaneos son derrotados allí, Jos. 11:8.
ciudad de idólatras, Jue. 10:16; 1 Rey. 11.
comercial, Jue. 18:7; Ezra 3:7; Ezeq. 27:8, 17; Act. 12:20.
Elías es enviado á esa región, Luc. 4:26.
profecías acerca de, Isa. 23; Jer. 25:22; 27:3; 47:4; Ezeq. 28:21; 32:30; Joel 3:4; Zac. 9:2. Véase Luc. 10:13.
SIDRAC, Misac y Abdénago, su cautiverio y su abstinencia, Dan. 1:3–16.
su promoción, Dan. 1:19.
su fé y su rescate, Dan. 3:8.
SIEGA (la), prometida, Gén. 8:22.
fiesta de, Ex. 23:16; 34:31; Lev. 19:9; Isa. 9:3; 16:9.
del mundo, Jer. 8:20; Mat. 13:30, 39; Rev. 14:15. Véase Jer. 51:33; Joel 3:13; Juan 4:35.
SIEGA (la), leyes con relación á, Lev. 19:9; 23:10, 22; 25:5, 11; Deut. 23:25.
SIERRA, 2 Sam. 12:31; Isa. 10:15; Heb. 11:37.
SIERVA, ley con respecto á la, Lev. 19:20; 25:44.
una, despedida, Gén. 21:10; Gál. 4:23.
SIERVAS. Véase CRIADAS.
SIERVOS, leyes para les, Lev. 25:39; Deut. 15:12.
SIERVOS, ó criados:
Cristo tuvo la condescendencia de hacer el oficio de, Luc. 22:27; Juan 13:5; Filip. 2:7.
son inferiores á sus amos, Luc. 22:27.
deben seguir el ejemplo de Cristo, 1 Ped. 2:21.
DEBERES DE, PARA CON LOS AMOS: orar por ellos, Gén. 24:12.
honrarlos, Mal. 1:6; 1 Tim. 6:1.
respetarlos más cuando son creyentes, 1 Tim. 6:2.
estar sujetos á ellos, 1 Ped. 2:18.
obedecerles, Efes. 6:5; Tit. 2:9.
acatarlos, Sal. 123:1.
agradarlos en todo, Tit. 2:9.
tomar parte en su dolor, 2 Sam. 12:18.
preferir los asuntos de ellos á su alimento necesario, Gén. 24:33.
bendecir á Dios por las misericordias que les haya hecho á ellos, Gén. 24:27, 28.
serles fieles, Luc. 16:10–12; 1 Cor. 4:2; Tit. 2:10.
de provecho, Luc. 19:15, 16, 18; File. 11.
afanarse por su bienestar, 1 Sam. 25:14–17; 2 Rey. 5:2, 3.
tomar vivo interés en el cumplimiento de sus negocios, Gén. 25:54–56.
ser prudentes en el manejo de sus negocios, Gén. 24:34–49.
ser diligentes cuando trabajan para provecho de ellos, Neh. 4:16, 23.
ser bondadosos y atentos para con los huéspedes de ellos, Gén. 43:23, 24.
ser obedientes aun para con los altaneros, Gén. 16:6, 9; 1 Ped. 2:18.
no contestarles con brusquedad, Tit. 2:9.
no sirviéndoles al ojo, como los que agradan á los hombres, Efes. 6:6; Col. 3:22.
no defraudarles, Tit. 2:10.

deben ser contentos, 1 Cor. 7:20, 21.
compasivos, Mat. 18:33.
DEBEN SERVIR á causa de la conciencia para con Dios, 1 Ped. 2:19.
en el temor de Dios, Efes. 6:5; Col. 3:22.
como siervos de Cristo, Efes. 6:5, 6.
con buena voluntad como quien sirve á Dios y no á los hombres, Efes. 6:7; Col. 3:23.
como haciendo la voluntad de Dios de todo corazón, Efes. 6:6.
en la integridad de su corazón, Efes. 6:5; Col. 3:22.
cuando sufren perjuicios con paciencia son aceptables para con Dios, 1 Ped. 2:19, 20.
CUANDO SON BUENOS, son siervos de Cristo, Col. 3:24.
son hermanos amados en el Señor, File. 16.
son los libres del Señor, 1 Cor. 7:22.
participan de los privilegios del evangelio, 1 Cor. 12:13; Gál. 3:28; Efes. 6:8; Col. 3:11.
merecen la confianza de sus amos, Gén. 24:2, 4, 19; 39:4.
muchas veces son ensalzados, Gén. 41:40; Prov. 17:2.
promovidos por sus amos, Gén. 39:4, 5.
deben recibir honra, Gén. 24:31; Prov. 27:18.
acarrean á sus maestros la bendición de Dios, Gén. 30:27, 30; 39:3.
adornan en todo la doctrina de Dios su Salvador, Tit. 2:10.
tienen á Dios con ellos, Gén. 31:42; 39:21; Act. 7:9, 10.
obtienen de Dios prosperidad, Gén. 39:3.
son protegidos por Dios, Gén. 31:7.
son guiados por Dios, Gén. 24:7, 27.
son bendecidos por Dios, Mat. 24:46.
son lamentados cuando se mueren, Gén. 35:8. (Allon-Bakuth significa ENCIMA DEL LLANTO).
serán recompensados, Efes. 6:8; Col. 3:24.
los bienes de los amos son aumentados por fieles, Gén. 30:29, 30.
CUANDO SON MALOS, sirven sólo al ojo, Efes. 6:6; Col. 3:22.
se afanan sólo por agradar á los hombres, Efes. 6:6; Col. 3:22.
son engañadores, 2 Sam. 19:26; Sal. 101:6, 7.
rencillosos, Gén. 13:7; 26:20.
codiciosos, 2 Rey. 5:20.
mentirosos, 2 Rey. 5:22, 25.
ladrones, Tit. 2:10.
comilones y borrachos, Mat. 24:49.
crueles con sus compañeros, Mat. 18:30.
no se someten á la corrección, Prov. 29:19.
se pierden con el ensalzamiento, Prov. 30:21, 22, con Isa. 3:5.
serán castigados, Mat. 24:50.
buenos, ejemplos de: Eliéser, Gén. 24. Débora, Gén. 24:50, con Gén. 35:8. Jacob, Gén. 31:36–40. José, Gén. 39:3; Act. 7:10. Los siervos de Booz, Rut 2:4. El escudero de Jonatán, 1 Sam. 14:6, 7. Los siervos de David, 2 Sam. 12:18. La muchacha cautiva, 2 Rey. 5:2–4. Los siervos de Naamán, 2 Rey. 5:13. Los siervos del Centurión, Mat. 8:9. Los siervos de Cornelio, Act. 10:7. Onésimo despues de su conversión, File. 11.
malos, ejemplos de: Los siervos de Abraham, y de Lot, Gén. 13:7. Los siervos de Abimelec, Gén. 21:25. Los siervos de Absalóm, 2 Sam. 13:28, 29; 14:30. Siba, 2 Sam. 16:1–4. Los siervos de Semei, 1 Rey. 2:39. Jeroboam, 1 Rey. 11:26. Zambri, 1 Rey. 16:9. Giezi, 2 Reyes 5:20. Los siervos de Amón, 2 Reyes 21:23. Los siervos de Job, Job 19:16. Los

siervos del sumo sacerdote, Mar. 14:65. Onésimo antes de su conversión, File. 11.
SIETE, número de la perfección.
Días, Gén. 2:3; 7:4, 10: 8:10, 12; Exod. 7:25;
1 Sam. 11:3; 13:8; Ezeq. 3:15; Act. 20:6;
21:4; 28:14.
las fiestas duraban, Ex. 12:15; Lev. 23:34, 42.
los sacerdotes y los altares eran consagrados,
Ex. 29:30, 35, 37.
duraba la contaminación, Lev. 12:2; 13:4.
el ayuno, 1 Sam. 31:13.
el duelo, Gén. 50:10; Job 2:13.
el festín, Est. 1:5.
SEMANAS, Dan. 9:25.
de Sábados para el Pentecostes, Lev. 23:15.
de años para el jubileo, Lev. 25:8.
AÑOS, servicio de, Gén. 29:18.
de abundancia y de hambre, Gén. 41:29, 30.
de la locura de Nabucodonosor, Dan. 4:23.
VECES, la sangre era rociada, Lev. 4:6; 14:7.
los sacerdotes fueron al rededor de Jericó,
Jos. 6:4.
va el siervo de Elías, 1 Rey. 18:43.
Naamán se mete en el Jordán, 2 Rey. 5:10.
se hacía la venia, Gén. 33:3.
se alababa á Dios, Sal. 119:164.
de castigo, Lev. 26:18, 21.
de restauración, Prov. 6:31.
70 de perdón, Mat. 18:22.
el horno fué calentado, Dan. 3:19.
sabios, Prov. 26:16.
mujeres, Isa. 4:1.
pobres, Ecl. 11:2.
caminos para huir, Deut. 28:25.
tribulaciones, Job 5:19.
pecados, Prov. 6:16; 24:16.
columnas, Prov. 9:1.
riberas, Isa. 11:15.
lámparas, Ex. 25:37; Rev. 1:12.
espíritus malignos, Mat. 12:45.
demonios, Mar. 16:9.
espíritus, Rev. 1:4; 3:1.
ojos, Rev. 5:6.
estrellas, Rev. 1:16.
sellos, Rev. 5:1.
ángeles con trompetas, Rev. 8:2.
últimas plagas, Rev. 15:1.
truenos, Rev. 10:3.
cabezas, coronas y montañas, Rev. 12:3;
17:9, 10.
SIGAYÓN, cántico ó salmo, título del Salmo 7.
Véase Hab. 3:1 en el original, (Valera, igno-
rancias).
SIGNOS, planetas ó constelaciones, 2 Rey. 23:5.
SIHOR, el Nilo, Jos. 13:3; 1 Crón. 13:5; Isa.
23:3; Jer. 2:18.
SIHOR-LABANAT, Jos. 19:26.
SILAS (Silvano), compañero de Pablo en la
persecución, &c., Act. 15:22; 16:19; 17:4.
Véase 2 Cor. 1:19; 1 Tes. 1:1; 1 Ped. 5:12.
SILENCIO, de dolor, Job 2:13; Sal. 39:2, 9.
en la iglesia, prescrito á las mujeres, 1 Tim.
2:11. Véase Prov. 10:19; 11:12; 17:28;
Sant. 1:19.
en el cielo, Rev. 8:1.
SILLA de sentarse, 1 Sam. 1:9; 2 Rey. 4:10.
SILOÉ. Isa. 8:6; estanque de, Juan 9:7.
SILOH, ó Silo (Pacificador), Cristo, profecía
acerca de, Gén. 49:10.
———, nombre de un lugar, el tabernáculo erigido allí, Jos. 18:1; 1 Sam. 1:3; 2:14; 3:21.
las vírgenes de, arrebatadas. Jue. 21:23.
abandonadas, Sal. 78:60; Jer. 7:12; 26:6.
SÍMBOLOS, tipos:
árbol de la vida, Gén. 2:9; 3:24; Rev. 22:2.

arco-iris, Gén. 9:12, 13.
la circuncisión, Gén. 17:11; Rom. 4:11.
la pascua, Ex. 12; 1 Cor. 5:7.
la columna de nube, Ex. 13:21, 22.
la aspersión de la sangre, Ex. 24:8.
la roca herida, Ex. 17:6; 1 Cor. 10:4.
el querubín sobre el propiciatorio, Ex. 37:7-9 ;
Sal. 80:1; Heb. 4:16.
la serpiente de bronce, Nú. 21:8, 9; Juan 3:14.
orar con la cara vuelta hacia el templo, 1 Rey.
8:29; Dan. 6:10.
los hijos de Isafas, Isa. 8:18.
Isafas caminando desnudo y descalzo, Isa.
20:2-4.
la sombra en el reloj, Isa. 38:8.
la vara presurosa (ó de almendro), Jer. 1·11.
el romper la vasija de barro, Jer. 19.
higos buenos y malos, Jer. 24.
los yugos enviados al rey de Edom, Jer. 27:1-11.
el libro arrojado en el Eufrates, Jer. 51:63.
el horadar la pared, Ezeq. 12:1-16.
la olla hirviendo, Ezeq. 24:1-5.
los dos palos, Ezeq. 37:15-38.
el letrero en la pared, Dan. 5:5, 24-28.
la estrella en el Oriente, Mat. 2:2.
SIMEÓN, hijo de Jacob, Gén. 29:33.
venga á Dina, Gén. 34:7, 25.
detenido por José, Gén. 42:24.
la profecía de Jacob acerca de, Gén. 49:5.
sus descendientes, Gén. 46:10; Ex. 6:15; 1 Cró.
4:24; 12:25.
contados, Núm. 1:22; 26:12.
disminuidos por una plaga, Núm. 25:9.
su herencia, Jos. 19:1; Deut. 27:12; Jue. 1:3;
2 Crón. 15:9; 34:6; Ezeq. 48:24; Rev. 7:7.
———, bendice á Cristo, Luc. 2:25.
SIMIENTE de la mujer, profecía con respecto á
Gén. 3:15; Rev. 12.
de Abraham, Gén. 12:7; 13:16, &c.; Rom. 1:3,
4:16; Gál. 3:16.
de la serpiente, Gén. 3:15.
———, toda yerba y árbol produce su, Gén.
1:11, 12, 29.
cada especie tiene su propio cuerpo, 1 Cor.
15:38.
no debe mezclarse al sembrar, Lev. 19:19;
Deut. 22:9.
las parábolas acerca de la, Mat. 13; Luc. 8.
por vía de comparación, Ecl. 11:6; Ose. 10:12;
2 Cor. 9:6; Gál. 6:7, 8.
el sembrar de, emblema de la inhumación del
cuerpo, 1 Cor. 15:36-38.
SIMIOS, ó Monos, 1 Rey. 10:22.
SIMÓN (pariente de Jesús), Mat. 13:55; Mar. 6:3.
——— (el Cananeo, Zelador), apóstol, Mat. 10:4;
Mar. 3:18; Luc. 6:15.
——— (un Fariseo), censurado, Luc. 7:36.
——— (un leproso), Cristo es ungido en su casa,
Mat. 26:7; Mar. 14:3.
——— (de Cirene), lleva la cruz de Jesús, Mat.
27:32; Mar. 15:21; Luc. 23:26.
——— (un curtidor), la visión de Pedro en su
casa, Act. (9:43) 10:6.
——— (un mágico) es bautizado, Act. 8:9.
censurado por Pedro, Act. 8:18.
——— PEDRO. Véase PEDRO.
SIMPLES los (tontos), exhortaciones á, Prov.
1:22; 8:5. Véase Prov. 1:32; 7:7; 14:15.
SIN (Zin), el desierto de, Núm. 33:36; 34:3, 4.
Dios da allí á los Israelitas codornices y maná,
Ex. 16; Núm. 13:21; y agua de la roca, Núm.
20; 27:14.
SIN FINGIMIENTO, el amor y la fé, 2 Cor.
6:6; 1 Tim. 1:5; 2 Tim. 1:5. 1 Ped. 1:22.
SINAGOGAS de los Judíos, Cristo y los apóstoles

enseñan en, Mat. 12:9; Luc. 4:16; Juan 6:59; 18:20; Act. 13:5; 14:1; 18:4.
voz traducida congregación, Sant. 2:2.
servicios: lectura de las Escrituras, Act. 15:21; pláticas y predicación, Luc. 4:15–23; Act. 13:5, 15–44; oración, Mat. 6:5.
varias en Jerusalem, Act. 6:9.
  en Damasco, Act. 9:2, 20.
  en las ciudades del extranjero, Act. 14:1; 17:1; 18:4.
una fué edificada por Jairo, Luc. 7:5.
Cristo curó en, Mat. 12:9–13.
dábanse limosnas en, Mat. 6:2.
príncipe de, Act. 18:8, 17.
principales asientos de, Mat. 23:6.
asientos de, Act. 13:4; Sant. 2:3.
tribunales de justicia, Luc. 12:11; Act. 9:2.
tenían la facultad de azotar y encarcelar, Mat. 10:17; Act. 26:11.
de excomulgar, Juan 9:22, 34; 12:42; 16:2.
cada secta tenía la suya, Act. 6:9.
SINAÍ, monte, Deut. 33:2; Jue. 5:5; Sal. 68:8, 17. Véase Horeb.
SINAR ó Sennaar, Gén. 10:10; 11:2; Dan. 1:2.
SINCERIDAD:
Cristo nos dió ejemplo de, 1 Ped. 2:22.
los ministros deben ser ejemplos de, Tit. 2:7.
es contraria á la sabiduría carnal, 2 Cor. 1:12.
DEBE CARACTERIZAR nuestro amor para con Dios, 2 Cor. 8:8, 24.
  nuestro amor para con Cristo, Efes. 6:24.
  el servicio que le rendimos á Dios, Jos. 24:14.
  nuestra fé, 1 Tim. 1:5.
  nuestro amor de unos para con los otros, Rom. 12:9; 1 Ped. 1:22; 1 Juan 3:18.
  toda nuestra conducta, 2 Cor. 1:12.
  la predicación del evangelio, 2 Cor. 2:17; 1 Tes. 2:3–5.
es un distintivo de las doctrinas del evangelio, 1 Ped. 2:2.
á veces se predica el evangelio sin, Filip. 1:16.
los malos carecen de, Sal. 5:9; 55:21.
exhortaciones al ejercicio de, 1 Cor. 5:8; 1 Ped. 2:1.
pedid á Dios para los demás, Filip. 1:10.
la bienaventuranza de poseerla, Sal. 32:2.
ejemplos de: los de Zabulón, 1 Crón. 12:33. Ezequías, Isa. 38:3. Natanael, Juan 1:47. Pablo, 2 Cor. 1:12. Timoteo, 2 Tim. 1:5. Loida y Eunice, 2 Tim. 1:5.
SINEO, ó Cini, Gén. 10:17; 1 Crón. 1:15.
SINFONÍA, Dan. 3:5.
SINGULAR. Véase Peculiar.
SINIM (Valera, Mediodía), tierra de, (China?), profecía acerca de, Isa. 49:12.
SIÓN, monte, tomado por David y llamado ciudad de él, 2 Sam. 5:7; 1 Rey. 8:1.
este se usa en sentido simbólico en muchos pasajes de Salmos, Isaías, Jeremías, Lamentaciones, Ezequiel, &c., y en Rom. 11:26; Heb. 12:22; Rev. 14:1.
SIQUÉM, el Heveo, su ofensa y su muerte, Gén. 34.
——, la ciudad de, Jos. 17:7; Sal. 60:6.
las recomendaciones que Josué hace al pueblo de Israel reunido allí, Jos. 24.
traición de los hombres de, Jue. 9:1.
castigada por Abimelec, Jue. 9:41.
SIRIÓN, ó Sarión, Deut. 3:9; Sal. 29:6.
SIRIOS (los), Gén. 25:20; Deut. 26:5.
sometidos por David, 2 Sam. 8; 10.
tributarios de Salomón, 1 Rey. 10:29.
se rebelan, 1 Rey. 11:25.
sitian á Samaria y son derrotados, 1 Rey. 20.

Acháb es muerto por, 1 Reyes 22:34; 2 Crón. 18:33.
vuelven á sitiar á Samaria, 2 Rey. 6:24.
su fuga repentina, 2 Rey. 7. Véase 2 Rey. 8:13; 13:7; 16:6.
empleados para castigar á Joás, 2 Crón. 24:23. Véase 2 Crón. 28:23; Isa. 7:2; Ezeq. 27:16; Ose. 12:12; Amós 1:5.
el evangelio es predicado á, Mat. 4:24; Act. 15:23, 41; 18:18; Gál. 1:21.
SIROFENISA (la), su fé, Mar. 7:25; su hija es curada, Mar. 7:30.
SIRTE, Act. 27:17.
SIS, 2 Crón. 20:16.
SÍSARA, ó Sísara, oprime á Israel, Jue. 4:2.
muerto por Jahel, Jue. 4:21; 5:24; 1 Sam. 12:9; Sal. 83:9.
SITIOS, con trincheras, Deut. 20:20; Isa. 37:33.
con arietes, 2 Sam. 20:15; Ezeq. 4:2; 26:8–12.
secando los ríos, Isa. 19:6; 37:25.
edificando fuertes, Isa. 29:3.
ejemplos de: Sitio de Jericó, Jos. 6; de Rabba, 2 Sam. 11:1; de Abel, 2 Sam. 20:15; de Samaria, 1 Rey. 20:1; 2 Rey. 6:24; 17:5; de Tersa, 1 Rey. 16:17; de Gebbetón, 1 Rey. 15:27; de Jerusalem, 2 Reyes 16:5; 24:10, 11; 25:1–3; 2 Crón. 32:3–6.
por vía de comparación, Sal. 139:5; Isa. 1:8; Miq. 5:1.
SITNAH (odio), Gén. 26:21.
SIVÁN, mes tercero, Junio, Est. 8:9.
SOAN la de Egipto, Núm. 13:22; Sal. 78:12.
SOBA, los reyes de, subyugados, 1 Sam. 14:47; 2 Sam. 8:3; 1 Rey. 11:23.
SOBNA, el escriba enviado á Rabsacés, 2 Reyes 18:18; Isa. 36:3.
enviado á Isaías, 2 Rey. 19:2; Isa. 37:2.
profecía contra, Isa. 22:15.
SOBRENOMBRES, Mat. 10:3; Mar. 3:16; Luc. 22:3; Act. 1:23; 12:12.
SOBRESTANTES (Valera, profetas) del templo, 1 Crón. 9:29; 2 Crón. 2:18. Véase Act. 20:28.
——— egipcios, crueldad de los, Ex. 1:11; 5:6.
SOBRIEDAD (la):
prescrita, Rom. 12:3; 1 Ped. 1:13; 5:8.
el evangelio tiene por objeto enseñarla, Tito 2:11, 12.
con la vigilancia, 1 Tes. 5:6.
con la oración, 1 Ped. 4:7.
SE EXIGE á los ministros, 1 Tim. 3:2, 3; Tit. 1:8.
á las esposas de los ministros, 1 Tim. 3:11.
á los ancianos, Tit. 2:2.
á los jovenes, Tit. 2:6.
á las jovenes, Tit. 2:4.
á todos los santos, 1 Tes. 5:6–8.
debemos vivir con, Tit. 2:12.
incentivos para el ejercicio de, 1 Ped. 4:7; 5:8.
SOCCOT, en Canaán, Gén. 33:17; Jos. 13:27; 1 Rey. 7:46; Sal. 60:6.
porque fué castigado por Gedeón, Jue. 8:5, 16.
———, en Egipto, los primogénitos fueron santificados allí, Ex. 12:37; 13:20.
SOCCOT-BENOT, un ídolo de Babilonia, 2 Rey. 17:30.
SOCO, ó Socho, Jos. 15:35; 1 Sam. 17:1; 2 Crón. 11:7; 28:18.
SOCORRO enviado á los hermanos, Act. 11:29; 24:17.
SODOMA, maldad de sus habitantes, Gén. 13:13; 18:20; 19:4; Deut. 23:17; 1 Rey. 14:24, &c.
su cautividad, y luego su emancipación á manos de Abraham, Gén. 14.
el juicio de Dios sobre, y la intercesión de Abraham por, Gén. 18:17.

el rescate de Lot de, Gén. 19.
la destrucción terrible de, Gén. 19:24.
ejemplo de la ira de Dios, Deut. 29:23; 33:32; Isa. 1:9; 13:19; Lam. 4:6, &c.; Mat. 10:15; Luc. 17:29; Jud. 7; Rev. 11:8.
SOFAR censura á Job (Job 2:11); 11.
manifiesta cual es el estado y la herencia de los malos, Job 20.
censurado, Job 42:7.
SOFONÍAS, sacerdote, carta á, Jer. 29:25.
enviado ante Jeremías, Jer. 37:3.
——, profeta, predijo el juicio de Dios que había de descender sobre Judá, Sof. 1; 3; sobre los Filisteos, Moab, Ammón, Etiopia, y Asiria, Sof. 2; y la restauración de Jerusalem, Sof. 3:9.
SOGAS. Véase CUERDAS.
SOL (el), creado, Gén. 1:14; Sal 19:4; 74:16; 136:8; 1 Cor. 15:41.
el culto de, prohibido, Deut. 4:19; Job 31:26 ; Jer. 8:2; Ezeq. 8:16.
se pára milagrosamente, Jos. 10:12.
la sombra de, retrocede á petición de Ezequías, 2 Rey. 20:9.
se oscureció á la hora de la muerte de Cristo, Luc. 23:44.
—— de justicia, Mal. 4:2.
en sentido figurado, Jue. 5:31; Sal. 84:11; Isa. 60:20; Cant. 6:10; Dan. 12:3; Joel. 2:31; Am. 8:9; Mat. 17:2; Rev. 1:16; 10:1.
SOLDADOS, enganches de, Nú. 31:4; Jue. 20:10.
algunas veces eran mercenarios, Jue. 9:4 ; 2 Sam. 10:6; 1 Crón. 19:7; 2 Crón. 25:6.
hombres de veinte años de edad habían de servir de, Núm. 1:3; 20:2.
exenciones, Deut. 20:5–9; 24:5.
disciplina, Mat. 8:9; 2 Tím. 2:3, 4.
instruidos por Juan el Bautista, Luc. 3:14.
su conducta hacia Cristo, Juan 19.
sobornados por los sacerdotes, Mat. 28:12.
un soldado devoto, Act. 10:7.
hacen guardia á los prisioneros, Act. 12:4–19.
libran á Pablo, Act. 21:32; 27:31.
SOLTEROS, la exhortación de Pablo á los, 1 Cor. 7:8, 11, 32.
SOMBRA, símile de protección, Sal. 17:8; 36:7; 63:7.
de lo transitorio, 1 Crón. 29:15; Job 8:9.
(tipo ó símbolo), la ley levítica, Heb. 8:5; 10:1.
SOPATER, Act. 20:4, 6; Rom. 16:21.
SORDOS, maldición contra los, Lev. 19:14.
curados por Cristo, Mar. 7:32; 9:25.
Véase Ex. 4:11; Isa. 29:18; 42:18.
SORTIJAS usadas en la nariz, Isa. 3:21.
empleadas en la construcción del tabernáculo.
Véase ANILLO.
SOSANNIM, ó Susán, un instrumento de música semejante al lirio; Sosannim Edut, título de los Salmos 45, 60, 69, 80.
SÓSTENES, Act. 18:8, 17; 1 Cor. 1:1.
SUA, rey de Egipto, 2 Rey. 17:4.
SÚBDITOS, ó ciudadanos, deberes de, Ezra 6:10; Prov. 25:6; Rom. 13:1–7; 1 Ped. 2:13-17.
derechos de, Act. 16:37; 25:16.
SUEÑO profundo, enviado por Dios, Gén. 2:21; 15:12; 1 Sam. 26:12; Job 4:13.
demasiado, Prov. 6:4; 19:15; 20:13.
en sentido figurado, Sal. 13:3; Dan. 12:2; Mar. 13:36; Rom. 13:11; 1 Cor. 11:30; 15:20; 1 Tes. 4:14.
SUEÑOS, vanidad de los, Job 20:8; Sal. 73:20; Ecl. 5:3; Isa. 29:8; Jer. 23:28; 27:9; Zac. 10:2; Judas 8.
enviados por Dios, Job 33:15; Joel 2:28.   Á

Abimelec, Gén. 20:3 ; Jacob, Gén. 28:12 ; 31:10. Labán, Gén. 31:24. José, Gén. 37:5.
Los criados de Faraón, Gén. 40:5. Faraón, Gén. 41. El Madianita, Jue. 7:13. Salomón, 1 Rey. 3:5. Nabucodonosor, Dan. 2:4. Daniel, Dan. 7. José, Mat. 1:20; 2:12. La esposa de Pilato, Mat. 27:19.
SUERTE (la), ó azar, Dios mandó que se usara de, en algunos casos, Lev. 16:8; Prov. 16:33.
Canaán fué dividido á, Núm. 26:55; Jos. 15, &c.
Saúl elegido rey á, 1 Sam. 10:17.
la vestidura de Cristo fué dividida á, Mat. 27:35; Mar. 15:24 (Sal. 22:18).
Matías elegido apóstol á, Act. 1:26.
——, propiedad ó herencia, Jue. 1:3; Sal. 16:5; Dan. 12:13.
SUF, tierra de, 1 Sam. 9:5; 1 Crón. 6:35.
SUFRIMIENTOS DE CRISTO:
predichos, Isa. 50:6; 53; Dan. 9:26.
fué tentado por Satanás, Mat. 4:1.
tuvo hambre, Mat. 4:2; 21:18.
tuvo sed, Juan 4:7; 19:18.
sufrió cansancio, Juan 4:6.
tuvo dolor, Mar. 3:5.
lloró, Juan 11:35.
conturbóse, Juan 12:27.
su alma se entristeció, Mat. 26:37.
padeció agonía, Luc. 22:44.
no tuvo hogar, Luc. 9:58.
fué despreciado y desechado, Isa. 53:3; Mat. 27:23; Luc. 19:14; 23:18; Juan 1:11; 18:40.
aborrecido, Juan 7:7; 15:18.
calumniado, Mat. 11:19; 12:24; Juan 5:16 ; 9:16, 24; 10:20, 33.
escarnecido, Mat. 27:29; Luc. 16:14; 23:11, 35.
perseguido, Juan 5:16, 18.
víctima de una conspiración, Mat. 12:14.
vendido y traicionado, Mat. 26:14, 47.
abandonado, Mar. 14:50.
negado, Mat. 26:70.
azotado, Mat. 27:26.
herido con una caña, Mat. 27:30.
escupido, Mat. 26:67.
sentenciado, Luc. 23:24.
crucificado, Mat. 27.
murió, Mar. 15; Juan 19.
gustó la muerte por todos, Heb. 2:9.
todos los, fueron por los pecadores, Isa. 53:12; Heb. 13:12; 1 Ped. 2:21–24; 3:18.
SUFRIMIENTOS de los apóstoles, Act. 5:40; 12; 13:50; 14:19; 16:23 ; 20:23 ; 21; 22; 1 Cor. 4:11; 2 Cor. 1:4; 4:8; 6:4; 11:23; Filip. 1; 1 Tim. 4:10; 2 Tim. 3:10.
exhortaciones con respecto á, 1 Ped. 1:6, 13; 2:19; 3:14; 4:12.
de los patriarcas y los profetas, Heb. 11.
SULAMITA, Cant. 6:13.
SUMISIÓN á Dios prescrito, Lev. 26:41 ; Sant. 4:7.
á los magistrados, &c., Efes. 5:21; Heb. 13:17; 1 Ped. 2:13; 5:5. Véase MARIDOS, ESPOSAS, PADRES, HIJOS, AMOS, SIERVOS.
SUNEM, Jos. 19:18; 1 Sam. 28:4.
los milagros de Eliseo en, 2 Rey. 4:8.
SUPERSTICIÓN (la), censurada, Ecl. 11:4; Jer. 10:2; Gál. 4:10.
ejemplos de: Miqueas, Jue. 17:13. Los Israelitas, 1 Sam. 4:3. Los Filisteos, 1 Sam. 5:5. Los Sirios, 1 Reyes 20:23. Los Judíos, Jer. 44:18. Unos marineros, Jon. 1:7. Los discípulos, Mat. 14:26; Juan 9:2. Los Fariseos, Mar. 7:2–5, 8, 9. Rode, Act. 12:14, 15. Los Melitenses, Act. 28:3. Los Efesios, Act. 19:18, 19.
SUR (Shur) ó Etam, desierto de, Ex. 15:22.

Agar anda errante en, Gén. 16:7.
——, ciudad de, Gén. 16:7; 25:18; 1 Sam. 15:7; 27:8.
SUR, Núm. 25:15, 18; Jos. 13:21.
SUSÁN, ciudad y palacio de Artajerjes, Neh. 1:1; Est. 2:8; 3:15, &c.
SUSANA, Luc. 8:3.

T.

TABERAH (quemazón), Nú. 11:1-3; Deut. 9:22.
TABERNÁCULO, direcciones para hacerlo, Ex. 25-27.
su construcción, Ex. 36-38.
su colocación, Ex. 40; Núm. 10:11, 12.
cubierto con la nube, Ex. 40:34; Núm. 9:15.
ungido por Moisés, Lev. 8:10; Núm. 7:1.
modo de trasladarlo, Núm. 1:50; 9:18.
á cargo de los Levitas, Núm. 1:53; 3; 4; 18:2; 1 Crón. 6:48.
puesto en Silo, Jos. 18:1.
apego á, Sal. 27; 42; 43; 84; 132.
símbolo de Cristo, Heb. 8:2; 9:2.
el cuerpo humano comparado á un, 2 Cor. 5:1; 2 Ped. 1:13.
TABERNÁCULO del testimonio, Núm. 17:7; 18:2; 2 Crón. 24:6; Act. 7:44.
——, en el cielo, Rev. 15:5.
——, ó pabellón, 2 Sam. 22:12.
refugio, Sal. 27:5; 31:20.
TABERNÁCULOS, fiesta de los, Lev. 23:34; Nú. 29:12; Deut. 16:13; 2 Crón. 8:13.
su observancia, Ezra 3:4; Zac. 14:16; Juan 7:2.
Véase CABAÑAS.
TABLA usada para escribir, Isa. 30:8; Hab. 2:2; Luc. 1:63.
en sentido figurado, Prov. 3:3; Jer. 17:1; 2 Cor. 3:3,
TABLAS de piedra que contenían la ley, escrita por Dios, Ex. 24:12; 31:18.
rotas por Moisés en vista de la idolatría del pueblo, Ex. 32:19; Deut. 9:15.
reemplazadas, Ex. 34: Deut. 10.
TABLAS del tabernáculo, su construcción, Ex. 26:15; 36:20.
TABOR, monte, los Cananeos derrotados allí, Jue. 4:14. Véase Jue. 8:18; 1 Sam 10:3; Sal. 89:12; Jer. 46:18; Ose. 5:1.
TADEO. Véase JUDAS.
TADMOR (Palmira), ciudad fundada por Salomón, 1 Rey. 9:18.
TAFNES, Jer. 2:16; 43:7-11; 46:14; Ezeq. 30:13.
——, esposa de Faraón, 1 Rey. 11:19, 20.
TAFSA, 1 Rey. 4:24; 2 Rey. 15:16.
TALABARTE. Véase ARMADURA.
TALEGA. Véase BOLSA.
TALENTO, de oro, Ex. 25:39, &c., valor $25,415.
de plata, 1 Rey. 20:39, valor $1,590.
de plomo, Zac. 5:7, peso, 113 libras.
TALENTOS, parábola de los, Mat. 25:14; Luc. 19:12.
TAMAR, Gén. 38; 1 Crón. 2:4.
——, hija de David, 2 Sam. 13; 1 Crón. 3:9.
TAMBORIL, instrumento de música, Gén. 31:27; 1 Sam. 18:6; Isa. 5:12.
TAMMUZ, llanto por, Ezeq. 8:14.
TAMNAS, Gén. 38:12-14; Jos. 15:10; Jue. 14; 2 Crón. 23:18.
TAMNATSERA, ó Sera, Jos. 19:50; 24:30; Jue. 2:9.
TAMO. Véase PAJA.
TANÁC, Tane ó Tena, Jos. 12:21; 21:25; Jer. 5:19; 1 Rey. 4:12.
TAÑEDORES, Mat. 9:23; Rev. 18:22.
TAPICES, Prov. 7:16; 31:22.

TAPÚA, Jos. 12:17; 16:8; 17:8.
TARACA, rey de Etiopía, la guerra de Senna-querib con, 2 Rey. 19:9.
TARDANZA. Véase DEMORA.
TARDE (la) el día empieza con, Gén. 1:5.
dividida en dos partes, la una empezaba á las tres y la otra á la caída del sol, Exod. 12:6; Núm. 9:3.
hora de la meditación y plegaria, Gén. 24:63; Sal. 55:17; Mat. 14:15, 23; de hacer ejercicio, 2 Sam. 11:2; de tomar alimento, Mar. 14:17, 18; Luc. 24:29, 30.
TARÉ, padre de Abraham, Gén. 11:24-32.
adoraba ídolos, Jos. 24:2, 14.
TARÉS, Est. 6:2.
TARSIS (Gén. 10:4), relaciones de los Judíos con, 1 Rey. 10:22; 2 Crón. 9:21; 20:36; Jer. 10:9; Ezeq. 27:12; 38:13.
Jonás huye á, Jon. 1:3.
las profecías acerca de, Sal. 48:7; 72:10; Isa. 2:16; 23; 60:9; 66:19.
TARSO, la patria de Pablo, Act. 9:11; 11:25; 21:39.
TARTAC, un ídolo, 2 Rey. 17:31.
TARTAN, un general asirio, 2 Rey. 18:17; Isa. 20:1.
TATANAI y Star-buzanai se oponen á la construcción del templo, Ezra 5:3.
su carta á Darío, Ezra 5:6.
se les obliga á ayudar á los Judíos, Ezra 6:6, 13.
TAZÓN, Jue. 5:25.
usado en el tabernáculo, Ex. 25:29; Núm. 4:7.
Véase PLATO.
TEATRO en Éfeso, el peligro de Pablo allí, Act. 19:29.
TEBÉS, Jue. 9:50-56; 2 Sam. 11:21.
TEBET, el décimo mes (Enero), Est. 2:16; Ezeq. 29:1.
TEBNI, conspira, 1 Rey. 16:21.
TECHUMBRES de las casas, tenían tiendas encima, 2 Sam. 16:22; Neh. 8:16; Prov. 21:9.
á menudo tenían altares idólatras encima, 2 Rey. 33:12; Jer. 19:13; Sof. 1:5.
usadas para secar lino, &c., Jos. 2:6; para ejercicio, 2 Sam. 11:2; Dan. 4:29; para devoción, Act. 10:9; para pregonar, Luc. 12:3; para entrevistas secretas, 1 Sam. 9:25, 26.
se acudía allí en tiempo de duelo, Isa. 15:3; Jer. 48:38.
accesibles desde afuera, Luc. 5:19.
TECÚA, una cuerda viuda de, intercede por Absalóm, 2 Sam. 14 (Jer. 6:1). Véase 1 Crón. 2:24; 4:5.
TEGLAT-FALASAR (1 Crón. 5:6, 26), molesta á los Judíos, Jer. 15:29; 16:7; 2 Crón. 28:20.
TEJEDOR, mencionado, Job 7:6; Isa. 38:12.
en sentido figurado, Job 7:6; Isa. 38:12.
TEJÓN, PIELES DE, empleadas en el tabernáculo, Ex. 25:5; 26:14, &c.
zapatos hechos de, Ezeq. 16:10.
TEKEL, Dan. 5:25.
TELABIB, Ezeq. 3:15.
TELARAÑA, Job 8:14; Isa. 59:5.
TELÉN, Jos. 15:24; 1 Sam. 15:4.
TEMA, Gén. 25:15; Job 6:19; Isa. 21:14; Jer. 25:23.
TEMÁN, Gén. 36:11.
profecías acerca de, Jer. 49:7, 20; Ezeq. 25:13; Amós 1:12; Abd. 9; Hab. 3:3.
TEMBLORES: las islas y las comarcas montañosas están sujetas á, Sal. 114:4-6; Rev. 6:14; 16:18-20.

ACOMPAÑADOS DE:
erupciones volcánicas, Sal. 104:32; Nah. 1:5.
el retroceso del mar, 2 Sam. 22:8, 16; Sal. 18:7, 15; 46:3.
abertura de la tierra, Núm. 16:31, 32.
el derribo de las montañas, Sal. 46:2; Zac. 14:4.
el hender de las rocas, Mat. 27:51.
el sacudimiento de los edificios, Act. 16:26.
SUCEDIDOS:
en el monte Sinaí, Ex. 19:18.
en el desierto, Núm. 16:31, 32.
en las fortalezas de los Filisteos, 1 Sam. 14:15.
cuando Elías huía de Jezabel, 1 Rey. 19:11.
en el reinado de Osías, Am. 1:1; Zac. 14:5.
á la muerte de nuestro Señor, Mat. 7:51.
en su resurrección, Mat. 28:2.
en Filipos, Act. 16:26.
predichos que habían de acaecer antes de la destrucción de Jerusalem, Mat. 24:7; Luc. 21:11.
á la segunda venida de Cristo, Zac. 14:4.
sirven de ejemplo de los juicios de Dios, Isa. 24:19, 20; 29:6; Jer. 4:24; Rev. 8:5.
de la derrocación de los reinos, Ag. 2:6, 22; Rev. 6:12, 13; 16:18, 19.
TEMERANCIA. Véase TEMPLANZA.
TEMERIDAD (la), censurada, Prov. 14:29; Ecl. 5:2; Act. 19:36.
resultado fatal de, 2 Sam. 6:7.
TEMOR, santo:
la divinidad es el objeto de, Isa. 8:13.
Dios es el autor de, Jer. 32:39, 40.
el examen de las Escrituras nos pone en capacidad de entender, Prov. 2:3-5.
SE DESCRIBE COMO:
odio al mal, Prov. 8:13.
sabiduría, Job 28:28; Sal. 111:10.
un tesoro para los santos, Prov. 15:16; Isa. 33:6.
una fuente de vida, Prov. 14:27.
santificador, Sal. 19:9.
filial y reverente, Heb. 12:9, 28.
prescrito, Deut. 13:4; Sal. 22:23; Ecl. 12:13; 1 Ped. 2:17.
INCENTIVOS:
la santidad de Dios, Rev. 15:4.
la grandeza de Dios, Deut. 10:12, 17.
la bondad, 1 Sam. 12:24.
la indulgencia, Sal. 130:4.
las obras maravillosas, Jos. 4:23, 24.
los juicios, Rev. 14:7.
uno de los distintivos de los santos, Mal. 3:16.
debe acompañar el gozo de los santos, Sal. 2:11.
NECESARIO PARA:
el culto de Dios, Sal. 5:7; 89:7.
el servicio, Sal. 2:11; Heb. 12:28.
evitar el pecado, Ex. 20:20.
el gobierno justo, 2 Sam. 23:3.
la administración de justicia. 2 Cró. 19:6-9.
perfeccionar la santidad, 2 Cor. 7:1.
LOS QUE LO TIENEN:
agradan á Dios, Sal. 147:11.
son compadecidos por Dios, Sal. 103:13.
son aceptados. Act. 10:35.
reciben la misericordia de Dios, Sal. 103:11, 17; Luc. 1:50.
son bendecidos, Sal. 112:1; 115:13.
confían en Dios, Sal. 115:11; Prov. 14:26.
se apartan del mal, Prov. 16:6.
conversan de las cosas santas, Mal. 3:16.
no deben temer al hombre, Isa. 18:12, 13; Mat. 10:28.
los deseos de, se cumplen, Sal. 145:19.
los días de, se prolongan, Prov. 10:27.

SE DEBE:
orar para obtenerlo, Sal. 86:11.
manifestarlo en nuestras ocupaciones, Col. 3:22.
dando una razón de la esperanza que está en nosotros, 1 Ped. 3:15.
perseverar en, Deut. 14:23; Jos. 4:24; Prov. 23:17.
enseñar á otros, Sal. 34:11.
ventajas de, Prov. 15:16; 19:23; Ecl. 8:12, 13.
los malos están destituidos de, Sal. 36:1; Prov. 1:29; Jer. 2:19; Rom. 3:18.
ejemplos de: Abraham, Gén. 22:12. José, Gén. 39:9; 42:18. Abdías, 1 Reyes 18:12. Nehemías, Neh. 5:15. Job, Job 1:1, 8. Los primeros cristianos, Act. 9:31. Cornelio, Act. 10:2. Noé, Heb. 11:7.
———, no santo,
es un distintivo de los malos, Rev. 21:8.
SE DESCRIBE COMO:
temor de los ídolos, 2 Reyes 17:38.
del hombre, 1 Sam. 15:24; Juan 9:22.
de los juicios divinos, Isa. 2:19; Luc. 21:26; Rev. 6:16, 17.
del castigo en la otra vida, Heb. 10:27.
es abrumador, Ex. 15:16; Job 15:21, 24.
es consumidor, Sal. 73:19.
la conciencia culpable conduce á, Gén. 3:8, 10; Sal. 53:5; Prov. 28:1.
se apodera de los malos, Job 15:24; 18:11.
sorprende al hipócrita, Isa. 33:14, 18.
los malos llenos de en un sentido judicial, Lev. 26:16, 17; Deut. 28:65-67; Jer. 49:5.
se cumplirá, Prov. 1:27; 10:24.
Dios se burla de, Prov. 1:26.
los santos tentados á experimentarlo, Sal. 55:5.
son librados de, Prov. 1:33; Isa. 14:3.
la confianza en Dios nos preserva de, Sal. 27:1.
exhortaciones para que nos guardemos de, Isa. 8:12; Juan 14:27.
ejemplos de: Adam, Gén. 3:10. Caín, Gén. 4:14. Los Madianitas, Jue. 7:21, 22. Los Filisteos, 1 Sam. 14:15. Saúl, 1 Sam. 28:5, 20. Los convidados de Adonías, 1 Rey. 1:49. Amán, Est. 7:6. Acaz, Isa. 7:2. Balsasar, Dan. 5:6. Pilato, Juan 19:8. Félix, Act. 4:25.
TEMPESTADES, notables, Gén. 19:24; Ex. 9:23; Jos. 10:11; Act. 27:18, 20.
TEMPLANZA, exhortaciones á la práctica de la, Prov. 23:1; 1 Cor. 9:25; Gál. 5:23; Efes. 5:18; Tit. 1:8; 2:2; 2 Ped. 1:6.
TEMPLO (el), edificado por Salomón, 1 Reyes 6; 2 Crón. 3:4.
el segundo templo, Ezra 3-8.
descrito por Ezequiel, Ezeq. 40-48.
en sentido figurado, Sal. 11:4; 18:6; Juan 2:19, 21: 1 Cor. 3:16, 17; Efes. 2:21.
simbólico, Rev. 11; 14:15, 17; 15:5-8; 16:1-17.
idólatra: de Dagón en Azoto. 1 Sam. 5:2; de los becerros en Betel, 1 Rey. 12:31-33; de Remmón en Damasco, 2 Rey. 5:18: de Baal en Samaria, 2 Rey. 10:21, 27: en Babilonia, 2 Crón. 36:7; Dan. 1:2; de Diana en Éfeso, Act. 19:27.
Véase CASA DE DIOS.
TEMPLOS, ó templecillos, Act. 19:24.
TENTACIÓN (la)·
Dios no está sujeto á, Sant. 1:13.
no procede de Dios, Sant. 1:13.
procede de la concupiscencia, Sant. 1:14.
de la avaricia, Prov. 28:20; 1 Tim. 6:9.
el diablo es el autor de, 1 Crón. 21:1; Mat. 4:1; 1 Tes. 3:5.
las malas compañías sirven de medio para producir, Prov. 1:10; 16:29.

EN MUCHOS CASOS NACE de la pobreza, Prov. 30:9; Mat. 4:2, 3.
de la prosperidad, Prov. 30:9; Mat. 4:8.
de la gloria mundana, Núm. 22:17; Mat. 4:8.
á desconfiar de la providencia de Dios, Mat. 4:3.
á la presunción, Mat. 4:6.
á adorar el dios de este mundo, Mat. 4:9.
se le da más fuerza adulterando la palabra de Dios, Mat. 4:6.
se permite para probar nuestro desinterés, Job 1:9–12.
nuestra fé, 1 Ped. 1:7.
siempre se acomoda á la naturaleza del hombre, 1 Cor. 10:13.
en muchos casos termina en el pecado y la perdición, 1 Tim. 6:9; Sant. 1:15.
CRISTO sufrió, de parte del diablo, Mar. 1:13.
sufrió, de parte de los malos, Mat. 16:1; 22:18; Luc. 10:25.
el mismo linaje de, que el hombre, Heb. 4:15.
pero sin pecar, Heb. 4:15.
resistió con la palabra de Dios, Mat. 4:4–10.
venció, Mat. 4:11; Juan 16:33.
se compadece de los que sufren, Heb. 4:15.
puede socorrer á los que están pasando por, Heb. 2:18.
intercede por su pueblo en, Luc. 22:31, 32; Juan 17:15.
Dios no deja que los santos sufran, más de lo que puedan resistir, 1 Cor. 10:13.
provée á los santos salida de, 1 Cor. 10:13.
da á los santos la facultad de resistir, 1 Cor. 10:13.
sabe librar á los santos de, 2 Ped. 2:9.
Cristo guarda á los santos fieles de la hora de, Rev. 3:10.
los santos están á veces afligidos á causa de, 1 Ped. 1:6.
LOS SANTOS DEBEN resistir, en la fé, Efes. 6:16; 1 Ped. 5:9.
velar para no caer en, Mat. 26·41; 1 Ped. 5:8.
orar para ser guardados de, Mat. 6:13: 26:41.
no dar ocasión á los demás, Rom. 14:13.
restaurar á los que han sido vencidos por, Gál. 6:1.
evitar el camino de, Prov. 4:14, 15.
el diablo repite, Luc. 4:13.
tiene fuerza á causa de la flaqueza de la carne, Mat. 26:41.
los hipócritas caen en la hora de, Luc. 8:13.
la bienaventuranza de los que padecen y la vencen, Sant. 1:2–4, 12.
ejemplos de: Eva, Gén. 3:1, 4, 5. José, Gén. 39:7. Balaam, Núm. 22:17. Acán, Jos. 7:21. David, 2 Sam. 11:2. Jeroboam, 1 Rey. 15:30. Pedro, Mar. 14:67–71. Pablo, 2 Cor. 12:7, con Gál. 4:14.

TENTACIÓN, ó prueba, de Abraham, Gén. 22.
de Israel, Deut. 8:2.
de David, 2 Sam. 24; 1 Crón. 21.
de Ezequías, 2 Crón. 32:31.
de Job, Job 1, &c.
de Daniel, Dan. 6.
de todos los santos, Sal. 66:10; Dan. 12:10; Zac. 13:9; Luc. 22:31, 40; Heb. 11:17; Sant. 1:12; 1 Ped. 4:12.

TENTADOR (el), Mat. 4:3; 1 Tes. 3:5.
TEÑIR, Ex. 25:5; 26:14; Ezeq. 23:15.
TEÓFILO, Luc. 1:3; Act. 1:1.
TERAFIM, imágenes, Gén. 31:34.
de Micas, Jue. 17:5; 18:14; 1 Sam. 19:13.
TERCIO, Rom. 16:22.

TÉRMINOS, de la tierra de promisión señalados, Núm. 34: Jos. 1:4; Ezeq. 47:13.
TERQUEDAD. Véase OBSTINACIÓN.
TERRENAL, ó terreno, Juan 3:12, 31; 2 Cor. 5:1; Filip. 3:19; Sant. 3:15.
TERSA (Jos. 12:24), los reyes de Israel moran en, 1 Reyes 14:17; 15:21; 16:8, 15; 2 Reyes 15:16; Cant. 6:4.
TÉRTULO acusa á Pablo, Act. 24.
TESALÓNICA, Pablo en, Act. 17.
LOS DISCÍPULOS DE, encomiados, 1 Tes. 1; 2; 3; 2 Tes. 1:3.
exhortados, 1 Tes. 4; 5; 2 Tes. 3.
instruidos acerca de los postreros tiempos, 1 Tes. 5; 2 Tes. 3.
el amor ferviente de Pablo hacia, 1 Tes. 3, &c.
TESORO del Señor, las cosas consagradas pertenecen al, Jos. 6:19.
los Levitas tienen á su cargo el, 1 Crón. 9:26; 28:11; Neh. 13:13.
dones echados en el, Mar. 12:41; Luc. 21:1.
TESORO ESCONDIDO, parábola del, Mat. 13:44.
TESTADOR, Heb. 9:16, 17.
TESTAMENTO (ó pacto), el nuevo, manifestado en la cena del Señor, Mat. 26:28; Mar. 14:24; Luc. 22:20; 1 Cor. 11:25.
superior al antiguo, 2 Cor. 3; Heb. 7:22; 8:7; 9: 10; 12:24.
Véase PACTO.
TESTIGO, Dios invocado como, Gén. 31:50; Jue. 11:10; 1 Sam. 12:5; Jer. 42:5; Miq. 1:2; Rom. 1:9; 1 Tes. 2:5.
Cristo es el fiel y verdadero, Rev. 1:5: 3:14.
TESTIGOS, requeríanse dos ó tres, Núm. 35:30; Deut. 17:6; 19:15; Mat. 18:16; 2 Cor. 13:1; 1 Tim. 5:19.
——, los dos, visiones de, Rev. 11.
TESTIMONIO, las dos tablas de piedra colocadas en el arca, Ex. 25:16, 21. Véase TABLAS.
altar erigido por los Rubenitas y los Gaditas, Jos. 22:10.
de los apóstoles, Act. 22:18; 2 Tes. 1:10; 2 Tim. 1:8; Rev. 1:2; 11:7; 12:17.
TESTIMONIO rendido con respecto á CRISTO, por el Padre, Mat. 3:16; Luc. 3:22; Juan 5:37; 12:28; Heb. 2:4; 1 Juan 5:7.
por los profetas, Act. 10:43; 1 Ped. 1:10, &c.
por los apóstoles, Act. 1:8; 2:32; 4:33; 5:32; 10:41; 22:15; 26:16, &c.; 1 Ped. 5:1; Rev. 20:4.
—— DEL ESPÍRITU SANTO:
es la verdad, 1 Juan 5:6.
ha de recibirse implícitamente, 1 Juan 5:6, 9.
RENDIDO RESPECTO DE CRISTO como Mesías, Luc. 3:22, con Juan 1:32, 33.
como el que viene á redimir y santificar, 1 Juan 5:6.
ensalzado para ser Príncipe y Salvador, á fin de dar arrepentimiento, &c., Act. 5:31, 32.
el que perfecciona á los santos, Heb. 10:14, 15.
predicho por sí mismo, Juan 15:26.
en el cielo, 1 Juan 5:7, 11.
en la tierra, 1 Juan 5:8.
la primera predicación del evangelio fué con firmada por, Act. 14:3, con Heb. 2:4.
la fiel predicación de los apóstoles fué acompañada por, 1 Cor. 2:4; 1 Tes. 1:5.
DADO Á LOS SANTOS al creer, Act. 15:8; 1 Juan 5:10.
para testificarles respecto de Cristo, Juan 15:26.

como prueba de la adopción, Rom. 8:16.
de que Cristo está en ellos, 1 Juan 3:24.
de que Dios está en ellos, 1 Juan 4:13.
rendido contra todos los incrédulos, Neh. 9:30; Act. 28:25-27.
TESTIMONIO de Dios, 1 Juan 5:7, 10.
TESTIMONIO FALSO, prohibido, Exod. 20:16; 23:1; Deut. 5:20; Prov. 12:17; 25:18; Jer. 7:9; Zac. 5:4; Luc. 3:14.
ha de ser castigado, Deut. 19:16; Prov. 19:5, 9; 21:28; Zac. 5:4.
Dios aborrece, Prov. 6:19.
contra Nabal, 1 Rey. 21:13.
Cristo, Mat. 26:60; Mar. 14:56.
TESTIMONIOS DE DIOS, la bienaventuranza que resulta de guardarlos, &c., Sal. 119:2.
TETRARCA, Mat. 14:1; Luc. 3:1; Act. 13:1.
TEUDAS, sedición de, Act. 5:36.
THARSIS, piedra de, Exod. 28:20; Cant. 5:14; Ezeq. 1:16; 10:9; Dan. 10:6; Rev. 21:20.
THYA, una madera aromática, Rev. 18:12.
TIARA. Véase CHAPEOS.
TIATIRA (Act. 16:14), epístola á, Rev. 1:11; 2:18.
TIBERIAS, ó Tiberiades, ciudad de, Juan 6:1, 23. mar de, Juan 21:1.
TIBERIO (César), Luc. 3:1.
TIBIEZA, Rev. 3:16.
TIDAL, ó Tadal, Gén. 14:1-16.
TIEMPO para todo, Ecl. 3.
los astros fueron puestos para que computásemos el, Gén. 1:14.
el reloj de sol fué inventado desde tiempos muy antiguos para indicar, 2 Rey. 20:9-11.
en el lenguaje profético significa un año profético ó sean 365 años ordinarios, Dan. 12:7; Rev. 12:14.
ha de redimirse, Efes. 5:16; Col. 4:5; Sal. 39:4; 90:12; Ecl. 12:1; Isa. 55:6; Mat. 5:25; Luc. 19:42; Juan 9;4; 12:35; Rom. 13:11; 2 Cor. 6:2; Gál. 6:9.
el fin de, Rev. 10:6.
TIEMPOS, los postreros, las señales de, deben observarse, Mat. 16:3; Act. 3:21; 1 Tes. 5:1; 2 Tes. 2; 1 Tim. 4:1; 2 Tim. 3:1.
TIENDAS, los patriarcas moraban en, Gén. 9:21; 12:8; 25:27, &c.; Heb. 11:9.
aparte, para las hembras, Gén. 24:67.
para los criados, Gén. 31:33.
se acostumbraba el sentarse á la entrada de, Gén. 18:1; Jue. 4:20.
TIERRA (la), creada, Gén. 1:1.
hecha fructífera, Gén. 1:11.
maldecida, Gén. 3:17.
cubierta con el diluvio, Gén. 7:10.
es del Señor, Ex. 9:29; 1 Cor. 10:26.
ideas de los antiguos con respecto á su forma, Job 11:9; 38:18; Prov. 25:3.
llena de minerales, Deut. 8:9; Job 28:1-5, 15-19.
descrita como como el estrado ó peana de Dios, Isa. 66:1; Mat. 5:35.
llena de su bondad, Sal. 33:5; riquezas, Sal. 104:24; misericordia, Sal. 119:64; gloria, Nu. 14:21; Isa. 6:3.
brilla con la gloria de Dios, Ezeq. 43:2.
tiembla ante El, Sal. 68:8; Jer. 10:10.
se derrite ante su voz, Sal. 46:6.
arde ante su presencia, Nah. 1:5.
corrompida por el pecado, Gén. 6:11, 12; Isa. 24:5.
entristecida á causa del pecado, Isa. 24:4; Jer. 4:28; 12:4; Ose. 4:3.
ha de ser consumida por el fuego, Sal. 102:26; Isa. 51:6; 64:1; Miq. 1:4; Sof. 1:18; 3:8; 2 Tes. 1:7; 2 Ped. 3:7; Rev. 20.

una nueva. prometida, Isa. 65:17; 66:22; 2 Ped. 3:13; Rev. 21:1.
ha de ser llenada del conocimiento de Dios, Isa. 11:9; Hab. 2:14.
los santos heredarán, Sal. 25:13; Mat. 5:5.
TIERRA DE CONTUMACES, ó rebeldes (Merataim), nombre dado á Babilonia, Jer. 50:21.
TIERRAS, su rescate en el jubileo, Lev. 25:23-33; 27:17-24.
testigos presentes en la compra ó la venta de, Gén. 23:10-16; Rut 4:3-5.
un convenio por escrito, firmado, sellado y debidamente atestiguado, Jer. 32:9-14.
el acto de quitar el zapato (ó sandalia), Deut. 25:9; Rut 4:7, 8; Sal. 60:8.
hipotecas de las, Neh. 5:1-4.
TIESTO, Job 2:8 (Valera, TESA); Isa. 45:9.
TIGRE. Véase LEOPARDO.
TIMON, uno de los siete diáconos, Act. 6:5.
TIMON. Véase GOBERNALLE.
TIMOTEO, acompaña á Pablo, Act. 16:3; 17:14, 15; Rom. 16:21; 2 Cor. 1:1, 19.
encomiado, 1 Cor. 16:10; Filip. 2:19.
enviado á Tesalónica, 1 Tes. 3.
soltado de la prisión, Heb. 13:23.
Pablo le recuerda cuáles son sus obligaciones; le exhorta á cumplirlas, y le consuela y anima con su ejemplo, 1 Tim. 1; 5; 6; 2 Tim. 1; 2; 4.
RECIBE INSTRUCCIONES acerca del culto público, 1 Tim. 2.
acerca de las prendas que han de poseer los obispos y los diáconos, 1 Tim. 3.
acerca de las señales de los postreros tiempos, 1 Tim. 4; 2 Tim. 3.
TINAJA de harina, milagro de la, 1 Rey. 17:12-14.
TINTA, Jer. 36:18; 2 Cor. 3:3; 2 Juan 12.
TINTERO (Valera, ESCRIBANÍA), Ezeq. 9:2, 3, 11.
TIPOS ó EMBLEMAS DE CRISTO:
Aarón, Ex. 28:1, con Heb. 5:4, 5; Lev. 16:15, con Heb. 9:7, 24.
Abel, Gén. 4:8, con Act. 2:23; Heb. 12:24.
Abraham, Gén. 17:5, con Efes. 3:15.
Adam, Rom. 5:14; 1 Cor. 15:45.
altar de bronce, Ex. 27:1, 2, con Heb. 13:10.
de oro, Ex. 40:5, 26, 27, con Rev. 8:3, y Heb. 13:15.
árbol de la vida, Gén. 2:9, con Juan 1:4; Rev. 22:2.
arca, Gén. 7:16, con 1 Ped. 3:20, 21.
Azazel, Lev. 16:20-22, con Isa. 53:6-12.
candelero de oro, Ex. 25:31, con Juan 8:12.
ciudades de refugio, Núm. 35:6, con Heb. 6:18.
cordero pascual, Ex. 12:3-6, 46, con Juan 19:36; 1 Cor. 5:7.
David, 2 Sam. 8:15, con Ezeq. 37:24; Sal. 89:19, 20, con Filip. 2:9.
Eliaquim (ó Eliacim), Isa. 22:20-22, con Rev. 3:7.
escala de Jacob, Gén. 28:12, con Juan 1:51.
expiación, sacrificios ofrecidos el día de, Lev. 16:15, 16, con Heb. 9:12, 24.
fuente de metal, Ex. 30:13-20, con Zac. 13:1; Efes. 5:26, 27.
holocaustos, Lev. 1:2, 4, con Heb. 10:10.
Isaac, Gén. 22:1, 2, con Heb. 11:17-19.
Jacob, Gén. 32:28, con Juan 11:42; Heb. 7:25.
Jonás, Jon. 1:17, con Mat. 12:40.
José, Gén. 50:19, 20, con Heb. 7:25.
Josué, Jos. 1:5, 6, con Heb. 4:8, 9; Jos. 11:23, con Act. 20:32.
maná, Ex. 16:11-15, con Juan 6:32-35.
Melquisedec, Gén. 14:18-20, con Heb. 7:1-17.
mesa y pan de la proposición, Ex. 25:23-30, con Juan 1:16; 6:48.

Moisés, Núm. 12:7, con Heb. 3:2; Deut. 18:15, con Act. 3:20-22.
Noé, Gén. 5:29; 2 Cor. 1:5.
ofrenda de la expiación, Lev. 6:1-7, con Isa. 53:10.
de la expiación de los pecados, Lev. 4:2, 3, 12, con Heb. 13:11, 12.
del leproso, Lev. 14:4-7, con Rom. 4:25.
de las paces, Lev. 3:1, con Efes. 2:14, 16.
primicias, Ex. 22:29, con 1 Cor. 15:20.
propiciatorio, Exod. 25:17-22, con Rom. 3:25; Heb. 4:16.
roca de Horeb, Ex. 17:6, con 1 Cor. 10:4.
sacrificios de la mañana y de la tarde, Exod. 29:38-41, con Juan 1:29, 36.
Salomón, 2 Sam. 7:12, 13, con Luc. 1:32, 33; 1 Ped. 2:5.
Samsón, Jue. 16:30, con Col. 2:14, 15.
serpiente de bronce, Núm. 21:9, con Juan 3:14, 15.
tabernáculo, Exod. 40:2, 34, con Heb. 9:11; Col. 2:9.
templo, 1 Rey. 6:1, 38, con Juan 2:19, 21.
vaca bermeja, Núm. 19:2-6, con Heb. 9:13, 14.
velo del tabernáculo y del templo, Ex. 40:21; 2 Crón. 3:14, con Heb. 10:20.
Zorobabel, Zac. 4:7-9, con Heb. 12:2, 3.
TÍQUICO, compañero de Pablo, Act. 20:4; 2 Tim. 4:12; Tit. 3:12.
encomiado, Efes. 6:21; Col. 4:7.
TIRANÍA de Faraón, Ex. 1:5, &c.
de Saúl, 1 Sam. 22:9.
de Salomón y Roboam, 1 Rey. 12:4.
de Acháb, 1 Rey. 21.
de Joaquim, Jer. 26:20.
de Herodes, Mat. 2; Act. 12.
Vease OPRESIÓN.
TIRANNO, Act. 19:9.
TIRO, Jos. 19:29; Isa. 23:7.
una ciudad fuerte, 2 Sam. 24:7; Zac. 9:3.
comercial, Isa. 23:2; Ezeq. 27:3.
alianza con, 1 Rey. 5:9; 2 Crón. 2:3.
Cristo alude á, Mat. 11:22.
va á, Mat. 15:21; Mar. 7:24.
los discípulos de, Mar. 3:8; Act. 21:3.
profecías con respecto á, Isa. 23: Ezeq. 26; 28.
TIRSATA (gobernador), Ezra 2:63; Neh. 7:70.
TÍTULOS, EPÍTETOS Y NOMBRES DE CRISTO:
Abogado, 1 Juan 2:1.
Adam (el segundo), 1 Cor. 15:45.
Admirable, Isa. 9:6.
Alfa y Omega, Rev. 1:8; 22:13.
Alianza (ó pacto), Isa. 42:6.
Amado, Mat. 12:18; Efes. 1:6.
Amén, Rev. 3:14.
Amigo de pecadores, Mat. 11:19.
Ángel, Gén. 48:16; Ex. 23:20, 21.
Ángel del Señor, Ex. 3:2; Jue. 13:15-18.
Ángel de la faz (ó presencia) de Dios, Isa. 63:9.
Apóstol, Heb. 3:1.
Aquel que es, y que era, y que ha de venir, Rev. 1:4.
Autor (ó Capitan) de nuestra fé, Heb. 12:2.
Autor de la vida, Act. 3:15.
Bienaventurado y solo Poderoso, 1 Tim. 6:15.
Brazo del Señor, Isa. 51:9; 53:1.
Buen Pastor, Juan 10:14.
Cabeza de la esquina, Mat. 21:42.
de la Iglesia, Efes. 5:23; Col. 1:18.
de todo varón, 1 Cor. 11:3.
Camino, Juan 14:6.
Capitán, Isa. 55:4.
Carpintero, Mar. 6:3.
Caudillo, Mat. 2:6.

Cetro, Núm. 24:17.
Cimiento cimentado, Isa. 28:16.
Compañero de Dios, Zac. 13:7.
Consejero, Isa. 9:6.
Consolación de Israel, Luc. 2:25.
Consumador de la fé, Heb. 12:2.
Cordero, Rev. 5:6; 13:8.
de Dios, Juan 1:29, 36.
que fué inmolado, Rev. 5:12.
Cristo, Juan 6:69.
de Dios, Luc. 9:20.
del Señor, Luc. 2:26.
el Rey, Luc. 23:2.
el Señor, Luc. 2:11.
el Hijo de Dios, Act. 9:20.
el Hijo del Bendito, Mar. 14:61.
Jesús, Heb. 3:1.
Jesús nuestro Señor, 1 Tim. 1:12.
Cuerno de Salud, Luc. 1:69.
David, Jer. 30:9; Ezeq. 34:23.
Deseado de todas las naciones, Ag. 2:7.
Dios, Isa. 40:9; Juan 20:28.
bendito por los siglos, Rom. 9:5.
con nosotros, Mat. 1:23.
de toda la tierra, Isa. 54:5.
de Israel que salva, Isa. 45:15.
fuerte, Isa. 9:6.
manifestado en la carne, 1 Tim. 3:16.
Salvador nuestro, 1 Tim. 2:3.
solo Sabio, Salvador nuestro, Jud. 25.
Don de Dios, Juan 4:10.
El Hombre, Juan 19:5.
Emmanuel, Isa. 7:14, con Mat. 1:23.
Escogido entre Millares, Cant. 5:10.
de Dios, Isa. 42:1; 1 Ped. 2:4.
Esperanza nuestra, 1 Tim. 1:1.
Estrella, Núm. 24:17.
resplandeciente de la Mañana, Rev. 22:16.
Fiador de mejor pacto, Heb. 7:22.
Fiel y verdadero, Rev. 19:11.
Fuerte de Israel, Isa. 39:29.
de Jacob, Isa. 60:16.
Fundamento, 1 Cor. 3:11.
Gloria de Israel, Luc. 2:32.
de Jehová, Isa. 40:5.
Gran Pastor de las ovejas, Heb. 13:20.
Sumo Sacerdote, Heb. 4:14.
Grande para salvar, Isa. 63:1.
Heredero de todas las cosas, Heb. 1:1, 2.
Hijo amado, Mat. 3:17.
del Altísimo, Luc. 1:32.
del amor de Dios, Col. 1:13.
del Bendito, Mar. 14:61.
del Carpintero, Mat. 13:55.
de David, Mar. 9:27.
de Dios, Luc. 1:35; Juan 1:49; Rev. 2:18.
del Dios Altísimo, Mar. 5:7.
del Dios viviente, Mat. 16:16.
del Hombre, Juan 5:27; 6:27.
de José, Luc. 3:23.
de María, Mar. 6:3.
del Padre, 2 Juan 1:3.
Hombre, Mar. 15:39.
Cristo Jesús, 1 Tim. 2:5.
Imagen de Dios, 2 Cor. 4:4.
expresa de la sustancia de Dios, Heb. 1:3.
Inenarrable don, 2 Cor. 9:15.
Jehová, Isa. 26:4; 40:3.
de los ejércitos, Isa. 44:6.
el fuerte y valiente, Sal. 24:8.
Justicia nuestra, Jer. 23:6.
Redentor vuestro, Isa. 43:14.
Santo vuestro, Isa. 43:15.
Jesu-Cristo, Mat. 1:1.
nuestro Salvador, Tit. 3:6.

Jesús, Mat. 1:21; 1 Tes. 1:10.
el Hijo de Dios, Heb. 4:14.
el Hijo de José, Juan 6:42.
Nazareno, Mar. 1:24.
Nazareno, Rey de los Judíos, Juan 19:19.
el Rey de los Judíos, Mat. 27:37.
Juez de Israel, Miq. 5:1.
de vivos y muertos, Act. 10:42.
Justo, 2 Tim. 4:8.
Justicia, 1 Cor. 1:30.
Justo, Mat. 27:24; Act. 7:52.
Legislador, Isa. 33:22; Sant. 4:12.
León de la tribú de Judá, Rev. 5:5.
Libertador. Rom. 11:26.
Linaje de David, Rev. 22:16.
Luz del Mundo, Juan 8:12.
de Naciones, Isa. 42:6.
perpetua, Isa. 60:20.
verdadera, Juan 1:9.
Maestro, Isa. 55:4; Juan 3:2.
bueno, Mat. 19:16.
Manadero abierto, Zac. 13:1.
Mediador, 1 Tim. 2:5.
del nuevo concierto (pacto), Heb. 12:24.
Mensajero del pacto, Mal. 3:1.
Mesías, Dan. 9:25; Juan 1:41.
el Príncipe, Dan. 9:25.
el escogido de Dios, Luc. 23:35.
Nazareno, Mat. 2:23.
Niño, Isa. 9:6: Mat. 2:8.
Jesús, Luc. 2:27, 43.
Oriente (ó alba), Luc. 1:78.
Padre Eterno, Isa. 9:6.
Palabra.   Véase VERBO.
Pan, Juan 6:41.
del cielo, Juan 6:51.
de Dios, Juan 6:33.
de Vida, Juan 6:35, 48.
vivo, Juan 6:51.
Pascua Nuestra, 1 Cor. 5:7.
Pastor de Israel, Sal. 80:1.
y Obispo de las almas, 1 Ped. 2:25.
Pendón de los pueblos, Isa. 11:10.
Piedra, Mat. 21:42.
angular de precio, Isa. 28:16.
de tropiezo, 1 Ped. 2:8.
viva, 1 Ped. 2:4.
Pimpollo de Justicia, Jer. 33:15.
Planta de renombre, Ezeq. 34:29.
Poder de Dios, 1 Cor. 1:24.
Precursor, Heb. 6:20.
Primero y Postrero, Rev. 1:17; 2:8.
Primicias, 1 Cor. 15:20.
Primogénito, Heb. 1:6.
de entre los muertos, Col. 1:18; Rev. 1:5.
entre muchos hermanos, Rom. 8:29.
de toda la creación, Col. 1:15.
Principal Piedra Angular, Efes. 2:20; 1 Ped. 2:6.
Príncipe, Act. 5:31.
de los reyes de la tierra, Rev. 1:5.
de los Pastores, 1 Ped. 5:4.
de paz, Isa. 9:6, 16.
del ejército de Jehová, Jos. 5:14, 15.
de la salud, Heb. 2:10.
Principio de la creación de Dios, Rev. 3:14.
y fin, Rev. 22:13.
Profeta, Luc. 24:19; Juan 6:14; 7:40.
Propiciación, 1 Juan 2:2.
Puerta, Juan 10:7, 9.
Rabbí, Juan 1:49.
Rabboni, Juan 20:16.
Raíz de David, Rev. 22:16.
de Isaí, Isa. 11:10.
de Jessé, Rom. 15:12.
Redención, 1 Cor. 1:30.

Redentor, Job 19:25; Isa. 59:20; 60:16.
Renuevo justo, Jer. 23:5; Zac. 3:8; 6:12.
Rescate, 1 Tim. 2:6.
Resplandor de la gloria de Dios, Heb. 1:3.
Resurrección y Vida, Juan 11:25.
Rey, Zac. 9:9, con Mat. 21:5.
de Gloria, Sal. 24:7-10.
de Israel, Juan 1:49.
de los Judíos, Mat. 2:2.
de los Santos, Rev. 15:3.
de reyes, 1 Tim. 6:15; Rev. 17:14.
de Sión, Mat. 21:5.
sobre toda la tierra, Zac. 14:9.
Roca, 1 Cor. 10:4.
Rompedor, Miq. 2:13.
Rosa de los Valles, Cant. 2:1.
Sabiduría, Prov. 8:12.
de Dios, 1 Cor. 1:24.
para nosotros, 1 Cor. 1:30.
Sacerdote, Heb. 7:17.
Salvador, 2 Ped. 2:20; 3:18; Luc. 2:11.
del Cuerpo, Efes. 5:13.
del Mundo, 1 Juan 4:14.
Santidad de Santidades, Dan. 9:24.
Santificación, 1 Cor. 1:30.
Santo, Sal. 16:10, con Act. 2:27, 31.
Santo (lo), Luc. 1:35.
de Dios, Mar. 1:24.
de Israel, Isa. 41:14.
Hijo Jesús, Act. 4:30.
Segundo Hombre, 1 Cor. 15:47.
Señor, Mat. 22:43.
Cristo, Col. 3:24.
del Cielo, 1 Cor. 15:47.
de Gloria, 1 Cor. 2:8.
de todos. Act. 10:36: Rom. 10:12.
Dios de los santos profetas. Rev. 22:6, 16.
de Dios Todopoderoso, Rev. 15:3.
en Israel, Miq. 5:12.
de vivos y muertos, Rom. 14:9.
del Sábado. Mar. 2:28.
y Salvador Jesu-Cristo, 2 Ped. 1:11.
Jesu-Cristo 2 Tes. 3:6.
Jesu-Cristo, Salvador nuestro, Tit. 1:4.
Jesús, Act. 7:59.
de Señores, Rev. 19:16.
Siervo, Isa. 42:1.
Justo, Isa. 53:11.
de los tiranos, Isa. 49:7.
Siloh, Gén. 49:10.
Simiente de Abraham, Gál. 3:16.
de David, 2 Tim. 2:8.
de la Mujer, Gén. 3:15.
Sol de Justicia, Mal. 4:2.
Solo Poderoso, 1 Tim. 6:15.
Sumo Sacerdote, Heb. 3:1.
de los bienes que han de venir, Heb. 9:11.
Testigo, Isa. 55:4.
ante el pueblo, Juan 18:37.
fiel, Rev. 1:5.
fiel y verdadero, Rev. 3:14.
Todopoderoso, Rev. 1:8.
Ungido, Sal. 2:2.
Unigénito del Padre, Juan 1:14.
Hijo, Juan 1:18.
Varón de Dolores, Isa. 53:3.
Valiente, Sal. 45:3.
Verbo, Juan 1:1; 1 Juan 5:7.
de Dios, Rev. 19:13.
de Vida, 1 Juan 1:1.
Verdad, Juan 14:6.
Verdadera Luz, Juan 1:9.
Vid, Juan 15:1.
Verdadero, Rev. 19:10.
Verdadero Dios, 1 Juan 5:20.

Vida, Juan 14:6; Col. 3:4; 1 Juan 1:2.
Eterna, 1 Juan 1:2; 5:20.
(Nuestra), Col. 3:4.
Yo Soy, Ex. 3:14, con Juan 8:58.
TÍTULOS DEL ESPÍRITU SANTO:
Consolador, Juan 14:16, 26; 15:26.
Dios, Act. 5:3, 4.
Espíritu (el), Mat. 4:1; Juan 3:6; 1 Tim. 4:1.
 bueno, Neh. 9:20; Sal. 143:10.
 eterno, Heb. 9:14.
 Santo, Sal. 51:11; Luc. 11:13.
 de la promesa, Efes. 1:13.
 voluntario, Sal. 51:12.
 del Señor Jehová, Isa. 61:1.
 del Señor, Isa. 11:2; Act. 5:9.
 de Dios, Gén. 1:2; 1 Cor. 2:11.
 del Padre, Mat. 10:20.
 de Cristo, Rom. 8:9; 1 Ped. 1:11.
 del Hijo, Gál. 4:6.
 de vida, Rom. 8:2; Rev. 11:11.
 de gracia, Zac. 12:10; Heb. 10:29.
 de profecía, Rev. 19:10.
 de adopción, Rom. 8:15.
 de sabiduría, Isa. 11:2; Efes. 1:17.
 de consejo, Isa. 11:2.
 de fortaleza, Isa. 11:2.
 de inteligencia, Isa. 11:2.
 de conocimiento, Isa. 11:2.
 del temor del Señor, Isa. 11:2.
 de verdad, Juan 14:17; 15:26.
 de santidad, Rom. 1:4.
 de revelación, Efes. 1:17.
 de juicio, Isa. 4:4; 28:6.
 de abrasamiento, Isa. 4:4.
 de gloria, 1 Ped. 4:14.
Inspiración del Omnipotente, Job 33:4.
Santo Espíritu de Dios, Efes. 4:30.
Señor (el), 2 Tes. 3:5.
Siete espíritus de Dios, Rev. 1:4.
Virtud del Altísimo, Luc. 1:35.
Voz del Señor, Isa. 6:8.
TÍTULOS DE LA IGLESIA:
Candelabro de oro, Rev. 1:20.
CASA de Dios, 1 Tim. 3:15; Heb. 10:21.
 del Dios de Jacob, Isa. 2:3.
 de Cristo, Heb. 3:6.
 espiritual, 1 Ped. 2:5.
Ciudad buscada, no desamparada, Isa. 62:12.
 del Dios vivo, Heb. 12:22.
 santa, Rev. 21:2.
Columna y apoyo de la verdad, 1 Tim. 3:15.
Compañía de los afligidos de Dios, Sal. 74:19.
Congregación de los santos, Sal. 89:7.
 general de los primogénitos, Heb. 12:23.
 de los rectos, Sal. 111:1.
 de los misericordiosos, Sal. 149:1.
Cordel de la herencia de Dios, Deut. 32:9.
Cuerpo de Cristo, Efes. 1:22, 23; Col. 1:24.
Edificio de Dios, 1 Cor. 3:9.
Esposa del Cordero, Rev. 19:7; 21:9.
 de Cristo, Cant. 4:12; 5:1; Rev. 21:9.
Familia de Dios, Efes. 2:19.
 en los cielos y en la tierra, Efes. 3:15.
Fortaleza y gloria de Dios, Sal. 78:61.
Hermana de Cristo, Cant. 4:12; 5:2.
Heredad, Sal. 28:9; Isa. 19:25.
 preciosa, Jer. 12:10.
Herencia de Dios, Joel 3:2; 1 Ped. 5:3.
Hija del Rey, Sal. 45:13.
Iglesia de Dios, Act. 20:28.
 del Dios Vivo, 1 Tim. 3:15.
 de los primogénitos, Heb. 12:23.
Israel de Dios, Gál. 6:16.
Jerusalem Celestial, Gál. 4:26; Heb. 12:22.
 Nueva, Rev. 21:2.

Labranza de Dios, 1 Cor. 3:9.
La parte de Jehová, Deut. 32:9.
Lugar del trono de Dios, Ezeq. 43:7.
Monte de Santidad, Sal. 15:1; Zac. 8:3.
 Sión, Sal. 2:6; Heb. 12:22.
 de Jehová de los ejércitos, Zac. 8:3.
 de la Casa de Jehová, Isa. 2:2.
Morada de Dios, Efes. 2:22.
Paloma, Cant. 2:14; 5:2.
Rebaño de Dios, Ezeq. 34:15; 1 Ped. 5:2.
Redil de Cristo, Juan 10:16.
Renuevo de la plantación de Dios, Isa. 60:21.
Santuario (Valera, Santidad), Sal. 114:2.
Tabernáculo, Sal. 15:1.
Templo de Dios, 1 Cor. 3:16, 17.
 de Dios Vivo, 2 Cor. 6:16.
Viña, Jer. 12:10; Mat. 21:41.
TÍTULOS DE LOS MINISTROS:
Ancianos, 1 Tim. 5:17; 1 Ped. 5:1.
Ángeles de la Iglesia, Rev. 1:20; 2:1.
Apóstoles, Luc. 6:13; Rev. 18:20.
 de Jesu-Cristo, Tit. 1:1.
Atalayas, Isa. 62:6; Ezeq. 33:7.
Colaboradores de Dios, 2 Cor. 6:1.
DISPENSADORES (Scio, Ecónomos) de Dios, Tit. 1:7.
 de la gracia de Dios, 1 Ped. 4:10.
 de los Misterios de Dios, 1 Cor. 4:1.
Embajadores de Cristo, 2 Cor. 5:20.
Estrellas, Rev. 1:20; 2:1.
Evangelistas, Efes. 4:11; 2 Tim. 4:5.
Hombres de Dios, Deut. 33:1; 1 Tim. 6:11.
Luces, Juan 5:35.
Maestros (Valera, Doctores), Is. 30:20; Efe. 4:11
Mensajeros de Jehová de los ejércitos, Mal. 2:7.
 de la Iglesia, 2 Cor. 8:23.
MINISTROS de Dios, 2 Cor. 6:4.
 del Señor, Joel 2:17.
 de Cristo, Rom. 15:16; 1 Cor. 4:1.
 del Santuario, Ezeq. 45:4.
 del Evangelio, Efes. 3:7; Col. 1:23.
 de la Palabra, Luc. 1:2.
 del Nuevo Testamento 2 Cor. 3:6.
 de la Iglesia, Col. 1:24, 25.
 de la Justicia, 2 Cor. 11:15.
Obreros, Mat. 9:38, con File. 1.
 en el Evangelio de Cristo, 1 Tes. 3:2.
Pastores, Jer. 3:15; 23:4; Efes. 4:11.
Pescadores de hombres, Mat. 4:19; Mar. 1:17.
Predicadores, Rom. 10:14; 1 Tim. 2:7.
 de la justicia, 2 Ped. 2:5.
SIERVOS de Dios, Tit. 1:1; Sant. 1:1.
 del Señor, 2 Tim. 2:24.
 de Jesu-Cristo, Filip. 1:1; Jud. 1.
 de la Iglesia, 2 Cor. 4:5.
Sobreveedores (obispos), Act. 20:28.
Soldados de Cristo, Fil. 2:25; 2 Tim. 2:3, 4.
Testigos, Act. 1:8; 5:32; 26:16.
TÍTULOS DE LOS SANTOS:
Amados de Dios, Rom. 1:7.
Amigos, Cant. 5:1; Juan 15:15.
 de Dios, 2 Crón. 20:7; Sant. 2:23.
Árboles de justicia, Isa. 61:3.
Benditos de Jehová, Gén. 24:31; 26:29.
 del Padre, Mat. 25:34.
Coherederos, Efes. 3:6.
 con Cristo, Rom. 8:17.
Columnas en el templo de Dios, Rev. 3:12.
Conciudadanos, Efes. 2:19.
Consiervos, Rev. 6:11.
Corderos, Isa. 40:11; Juan 21:15.
Creyentes, Act. 5:14; 1 Tim. 4:12.
Cristianos, Act. 11:26; 26:28.
Discípulos de Cristo, Juan 8:31; 15:8.
Epístolas de Cristo, 2 Cor. 3:3.

187

Escogidos, 1 Crón. 16:13.
de Dios, Col. 3:12; Tit. 1:1.
Escondidos, Sal. 83:3.
Fieles, Sal. 12:1.
de la tierra, Sal. 101:6.
Fuertes, Sal. 16:3.
Herederos de Dios, Rom. 8:17; Gál. 4:7.
de la gracia de la vida, 1 Ped. 3:7.
del reino, Sant. 2:5.
de la promesa, Heb. 6:17; Gál. 3:29.
de la salvacion, Heb. 1:14.
Hermanos, Mat. 23:8; Act. 12:17.
amados, 1 Cor. 15:58; Sant. 2:5.
fieles en Cristo, Col. 1:2.
de Cristo, Luc. 8:21; Juan 20:17.
Hijitos, Juan 13:33; 1 Juan 2:1.
Hijos amados, Efes. 5:1.
obedientes, 1 Ped. 1:14.
de Jehová, Deut. 14:1.
de Dios, Juan 1:12; 11:52; Filip. 2:15; 1 Juan 3:10.
del Dios Vivo, Ose. 1:10; Rom. 9:26.
del Padre, Mat. 5:45.
del Altísimo, Luc. 6:35.
de Abraham, Gál. 3:7.
de Jacob, Sal. 105:6.
de la promesa, Rom. 9:8; Gál. 4:28.
de la libre, Gál. 4:31.
del reino, Mat. 13:38.
de Sión, Sal. 149:2; Joel 2:23.
del esposo (Scio), Mat. 9:15.
de la luz, Luc. 16:8; Efes. 5:8.
del día, 1 Tes. 5:5.
de la resurrección, Luc. 20:36.
Hombres de Dios, Deut. 33:1; 1 Tim. 6:11.
Justos (los), Sal. 1:6; Prov. 20:7; Hab. 2:4; Mal. 3:18.
Libres (los) del Señor, 1 Cor. 7:22.
Linaje elegido, 1 Ped. 2:9.
Luces del mundo, Mal. 5:14.
Llamados de Jesu-Cristo, Rom. 1:6.
Miembros de Cristo, 1 Cor. 6:15; Efes. 5:30.
Nación santa, Ex. 19:6; 1 Ped. 2:9.
Ovejas de Cristo, Juan 10:1-16; 21:16.
del rebaño, Mat. 26:31.
de la mano de Dios, Sal. 95:7.
del pasto de Dios, Sal. 79:13.
Pensadores del bien, Prov. 12:20.
Peregrinos con Dios, Lev. 25:23; Sal. 39:12.
Piadosos (los), Sal. 4:3; 2 Ped. 2:9.
Piedras vivas, 1 Ped. 2:5.
Pueblo fuerte y santo, Dan. 8:24.
santo, Deut. 26:19; Isa. 62:12.
propio, Deut. 14:2; Tit. 2:14.
singular, Deut. 7:6.
de Jehová, 1 Sam. 2:24; 2 Rey. 11:17.
de Dios, Heb. 4:9; 1 Ped. 2:10.
de la dehesa de Dios, Sal. 95:7.
de la herencia, Deut. 4:20.
cercano á Dios, Sal. 148:14.
preparado para el Señor, Luc. 1:17.
salvado por el Señor, Deut. 33:29.
Real sacerdocio, 1 Ped. 2:9.
Redimidos de Jehová, Isa. 35:10; 51:11.
Reino de sacerdotes, Ex. 19:6.
Reyes y sacerdotes para Dios, Rev. 1:6.
Sacerdocio santo, 1 Ped. 2:5.
Santos hermanos, 1 Tes. 5:27; Heb. 3:1.
Sal de la tierra, Mat. 5:13.
Siervos de Cristo, 1 Cor. 7:22; Efes. 6:6.
del Señor, Deut. 34:5; Isa. 54:17.
del Dios Altísimo, Dan. 3:26.
de la justicia, Rom. 6:18.
Simiente de Abraham, Sal. 105:6.
santa, Isa. 6:13.

de los benditos de Jehová, Isa. 65:23.
Tesoro propio, Ex. 19:5; Sal. 135:4.
Testigos á Dios, Isa. 43:10; 44:8.
Vasos escogidos, Act. 9:15.
para honra, 2 Tim. 2:21.
de misericordia, Rom. 9:23.
TÍTULOS DE LOS MALOS:
Aborrecedores de Dios, Sal. 81:15; Rom. 1:30.
Adversarios de Jehová, 1 Sam. 2:10.
Burladores, Sal. 1:1.
Casa rebelde, Ezeq. 2:5, 8; 12:2.
Enemigos de Dios, Sal. 37:20; Sant. 4:4.
de la cruz de Cristo, Filip. 3:18.
de toda justicia, Act. 13:10.
Generación contumaz y rebelde, Sal. 78:8.
infiel y perversa, Deut. 32:5; Mat. 17:17 Filip. 2:15.
mala, Mat. 12:45; 16:4.
y adultera, Mat. 12:39.
pecadora, Mar. 8:38.
de perversidades, Deut. 32:20.
perversa, Act. 2:40.
de víboras, Mat. 3:7; 12:34.
Gentes rebeldes, Sal. 59:5; Ezeq. 2:3.
Hijos de Belial, Deut. 13:13; 1 Sam. 2:12; 1 Rey. 21:10; 2 Crón. 13:7.
contumaces, Isa. 30:1.
duros de rostro, Ezeq. 2:4.
extraños, Sal. 144:7.
ignorantes, Jer. 4:22.
malditos, 2 Ped. 2:14.
mentirosos, Isa. 30:9.
del diablo, Act. 13:10; 1 Juan 3:10.
del malo, Mat. 13:38.
del infierno, Mat. 23:15.
de la sierva, Gál. 4:31.
de viles, Job 30:8.
de bajos, Job 30:8.
ajenos, Isa. 2:6.
rebeldes, Isa. 57:4.
de la desobediencia, Efes. 2:2; Col. 3:6.
de la carne, Rom. 9:8.
de la iniquidad, Ose. 10:9.
de la soberbia, Job 41:34.
de este mundo, Luc. 16:8.
de la maldad, 2 Sam. 7:10.
de la ira, Efes. 2:3.
sin fé, Deut. 32:20.
que no quieren oir la ley de Jehová, Isa. 30:9.
corrompedores, Isa. 1:4.
Hombres sin temor ni reverencia, Jud. 4.
Impíos, Sal. 101:8; Prov. 17:4.
de la tierra, Sal. 75:8.
Insensatos, Prov. 1:7; Rom. 1:22.
Inventores de males, Rom. 1:30.
Mala generación, Deut. 1:35.
Malhechores, Sal. 37:1; 1 Ped. 2:14.
Malos, Sal. 1:1; Prov. 4:14; 2 Tim. 3:13.
Malos siervos, Mat. 25:26.
Obraderos de iniquidad, Sal. 28:3; 36:12.
Pecadores, Sal. 26:9; Prov. 1:10.
Prevaricadores, Sal. 37:38; 51:13.
Príncipes rebeladores, Jer. 6:28.
Pueblo cargado de maldad, Isa. 1:4.
rebelde, Isa. 30:9; 65:2.
Réprobos, 2 Cor. 13:5-7.
Serpientes, Mat. 23:33.
Siervos de corrupción, Jer. 2:33; 2 Ped. 2:19.
del pecado, Juan 8:34; Rom. 6:20.
inútiles, Mat. 25:30.
Simiente mentirosa, Isa. 57:4.
de los impíos, Sal. 37:28.
de los malignos, Isa. 14:20.
Varones de mundo, Sal. 17:14.
Vasos de ira, Rom. 9:22.

TÍTULOS DEL DIABLO:
Abaddón, Rev. 9:11.
Acusador de nuestros hermanos, Rev. 12:10.
Adversario, 1 Ped. 5:8.
Ángel del abismo, Rev. 9:11.
Apollión, Rev. 9:11.
Belial, 2 Cor. 6:15.
Beelzebub, Mat. 12:24.
Dragón, Isa. 27:1; Rev. 20:2.
El dios de este siglo, 2 Cor. 4:4.
El malo, Mat. 13:19, 38.
Enemigo, Mat. 13:39.
ESPÍRITU inmundo, Mat. 12:43.
  malo, 1 Sam. 16:14.
  de mentira, 1 Rey. 22:22.
  que obra en los hijos de la desobediencia, Efes. 2:2.
Gobernador de las tinieblas de este mundo, Efes. 6:12.
Grande dragón bermejo, Rev. 12:3.
Homicida, Juan 8:44.
Leviatán, Isa. 27:1.
Mentiroso, Juan 8:44.
Padre de la mentira, Juan 8:44.
Potestad de las tinieblas, Col. 1:13.
PRÍNCIPE de este mundo, Juan 14:30.
  de los demonios, Mat. 12:24.
  de la potestad del aire, Efes. 2:2.
Satanás, 1 Crón. 21:1; Job 1:6.
SERPIENTE, Gén. 3:4, 14; 2 Cor. 11:3.
  antigua, Rev. 12:9; 20:2.
  retuerta, Isa. 27:1.
  voladora (Valera, rolliza), Isa. 27:1.
Tentador, Mat. 4:3; 1 Tes. 3:5.
TIZÓN, ó TIZONCILLO, ó ANUBLO, Deut. 28:22; 1 Rey. 8:37; Amós 4:9; Ag. 2:17.
TIZÓN, Jue. 15:4; Isa. 7:4.
  escapado del fuego, una figura, Am. 4:11; Zac. 3:2; Jud. 23.
TOALLA, Juan 13:4, 5.
TOB, Jue. 11:3–5.
TOBÍAS Ammonita molesta á los Judíos, Neh. 4:3; 6:1, 12, 14; 13:4.
——, Zac. 6:9–11.
TOCA y TOCADO, Isa. 3:23.
TOCAR (el), el vestido de Cristo en la fé, muchos se curaban con, Mar. 5:28; 6:56; Luc. 6:19.
TODOPODEROSO (el), Gén. 17:1, &c.; Ex. 6:3; Núm. 24:4; Rut 1:20; Job 5:17, &c.; Isa. 13:6; Ezeq. 1:24.
Cristo, Rev. 1:8, &c. Véase DIOS.
TOFET, profanado por Josías, 2 Reyes 23:10. Véase Isa. 30:33; Jer. 7:31; 19:11.
TOGORMA, Gén. 10:3; Ezeq. 27:14.
TOLA, juez, Jue. 10:1, 2.
TOLEMAIDA, Pablo en, Act. 21:7.
TOLMAI, 2 Sam. 3:3; 13:37; 1 Crón. 3:2.
TOMÁS, el apóstol, ordenado, Mat. 10:3; Mar. 3:18; Luc. 6:15; Act. 1:13.
  su celo, Juan 11:16.
  su incredulidad y su confesión, Juan 20:24.
TOPACIO, piedra preciosa, Ex. 28:19; 39:12.
——, Ex. 28:17; Rev. 21:20.
TOPO, Lev. 11:30; Isa. 2:20.
TORBELLINOS manifiestan el poder y la gloria de Dios, Job 37:9; 38:1.
  manifiestan su venida anticipadamente y la acompañan, 1 Reyes 19:11; Job 38:1; Isa. 66:15; Ezeq. 1:4.
Elías es arrebatado en un torbellino, 2 Rey. 2:1.
  defienden al pueblo de Dios, Zac. 9:14.
  ejecutan la ira de Dios, Jer. 23:19.
  el camino de Jehová es en, Nah. 1:3.
  sirven de comparación á lo repentino de la

ruina de los pecadores, Sal. 58:9; Prov. 1:27; Isa. 17:13; 40:24.
TORMENTO, Mat. 4:24; 8:29; Mar. 5:7; Luc. 16:23; Rev. 9:5; 14:11; 18:7, 10.
TORNAR (el) Á DIOS:
  prescrito, 2 Rey. 17:13; Isa. 31:6; Jer. 18:11; Ose. 14:1.
  INCENTIVOS: DIOS librará, 1 Sam. 7:3.
  edificará, Job 22:23.
  perdonará abundantemente, Isa. 55:7.
  contendrá su ira, Jer. 3:12.
  se arrepentirá del mal, Jer. 18:7; Joel 2:13.
  dejará vivir al pecador, Ezeq. 18:21; 33:11.
  cura y venda, Óse. 6:1; 14:1.
  se hace, con amenazas, poner en práctica, 2 Rey. 17:13; Sal. 7:12; Jer. 15:7; Mat. 18:3.
  se pide en la oración, Sal. 80:3; 85:4; Jer. 31:18; Lam. 5:21; Act. 3:26; 11:21.
  los ministros persuaden á los hombres á, Ezeq. 3:19; Dan. 12:3; Luc. 1:16; Act. 26:17.
TORO, becerro ó buey (úsanse en la Biblia como sinónimos), Núm. 7:38; 1 Rey. 7:25, con Jer. 52:20.
  empleado en los sacrificios. Véase OFRENDAS.
  vendido en el templo, Juan 2:14.
  sacrificado á los ídolos, Ose. 12:11; Act. 14:13.
  EMPLEADO con el arado, 1 Sam. 14:14; 1 Reyes 19:19; Prov. 14:4; Isa. 32:20.
  para trillar el grano, Deut. 25:4.
  con los carros, Núm. 7:3, 7.
  para carga, 1 Crón. 12:40.
  llevaron el arca desde Cariat-Jarim, 2 Sam. 6:6.
  pedazos de, enviados por Saúl á todo Israel, 1 Sam. 11:7.
  aguijada empleada con, Jue. 3:31.
  los monteses cogidos en redes, Isa. 51:20.
  leyes con respecto á los, Ex. 21:28–36; 22:1–10; 23:4, 12; Deut. 22:10; 25:4.
  por vía de comparación, Deut. 33:17; Sal. 22:12; 68:30.
  simbólicos, Ezeq. 1:10; Rev. 4:7.
TORRE, Dios es, de su pueblo, Sal. 61:3.
  de Babel, Gén. 11.
  de Panuel, Jue. 8:17.
  de Siquem, Jue. 9:46.
  de Tebes, Jue. 9:50, 51.
  de David, Cant. 4:4.
  de Líbano, Cant. 7:4.
  de los hornos, Neh. 3:11.
  de Emat, Neh. 12:39.
  de Jezrael, 2 Rey. 9:17.
  de Hananeel, Neh. 12:39; Jer. 31:38; Zac. 14:10.
  de Sevene, Ezeq. 29:10; 30:6.
  de Siloé, Luc. 13:4.
  las de Jerusalem, notable por su número, solidez y belleza, Sal. 48:12.
TÓRTOLA, se emplea en las ofrendas, Gén. 15:9; Lev. 1:14, &c.; 12:6; Núm. 6:10; Luc. 2:24.
TOU, 2 Sam. 8:9, 10; 1 Crón. 18:9.
TRABAJADOR, salario de, Luc. 10:7; 1 Tim. 5:18. Véase JORNAL.
TRABAJO (el), impuesto al hombre, Gén. 3:19; Sal. 104:23; 1 Cor. 4:12.
  cuando es bendecido por Dios, Prov. 10:16; 13:11; Ecl. 2:24; 4:9; 5:12, 19.
  vanidad de todo el humano, Ecl. 2:18.
  de la inteligencia, &c., Jer. 51:58; Hab. 2:13; Mat. 11:28; Heb. 4:11; Col. 4:12.
TRACONITE, Luc. 3:1.
TRADICIONES de los hombres, la observancia de, censurada, Mat. 15:13; Mar. 7:7; Gál. 1:14; Col. 2:8; Tit. 1:14.
TRAFICANTES, ó negociantes, de Tiro, descritos, Ezeq. 27. Véase Rev. 18:11.

TRÁFICO, Gén. 47:17; 1 Rey. 5; 2 Crón. 2:10; Job 28:17; Ose. 3.

TRAICIÓN y perfidia:
de los Siquemitas, Jue. 9.
de Doeg, 1 Sam. 21:7; 22:9; Sal. 52.
de David, 2 Sam. 11:14.
de Siba, 2 Sam. 16.
de Joab, 2 Sam. 3:27; 20:9.
de Seba, 2 Sam. 20.
de Zambri, 1 Rey. 16:10.
de Jezabel, 1 Rey. 21:5.
de Jehú, 2 Rey. 10:18.
de Atalía, 2 Rey. 11; 2 Crón. 22:10.
de Sellum, &c., 2 Rey. 15:10.
de Bagatán y Tarés, Est. 2:21.
de Amán, Est. 3, &c.
de Judas, Mat. 26:47; Mar. 14:43; Luc. 22:47; Juan 18:3.

TRAIDOR, epíteto dado á Judas, Luc. 6:16.

TRAJE, Deut. 22:5; el rumbo ó lujo excesivo en, censurado, Isa. 3:16, &c.; 1 Tim. 2:9; 1 Ped. 3:3. Véase VESTIDOS.

TRAMPA, ó lazo, Jos. 23:13; Job 18:10; Jer. 5:26.

TRANSFIGURACIÓN de Cristo, Mat. 17; Mar. 9:2; Luc. 9:29; Juan 1:14; 2 Ped. 1:16.

TRANSFIGURACIÓN de Satanás, Gén. 3; 2 Cor. 11:3, 14.
y de sus ministros, 2 Cor. 11:13, 15.

TRANSGRESIONES. Véase PECADO.

TRANSLACIÓN de Enoc, Gén. 5:24; Heb. 11:5.
de Elías, 2 Rey. 2.

TRASQUILADURA de las ovejas, fiesta de, 1 Sam. 25:4; 2 Sam. 13:23.

TRENZAS, Ex. 28:14; 1 Rey. 7:17; 2 Cró. 4:12.

TRES TABERNAS (las), Act. 28:15.

TRIBULACIÓN con relación al evangelio, Mat. 13:21; 24:21; Juan 16:33; Act. 14:22; 1 Tes. 3:4; Rev. 7:14. Véase AFLICCIÓN.

TRIBUNAL, Mat. 27:19; Act. 18:12; 25:10.
——, de Cristo, Rom. 14:10.

TRIBUS de Israel, bendecidas, Gén. 49; Núm. 23:20; 24; Deut. 33.
el orden que habían de guardar en el campamento, Núm. 2.
en su marcha, Núm. 10:14.
los miembros de las, contados por Moisés, Núm. 1; 26.
por David, 2 Sam. 24; 1 Crón. 21.
número de los señalados de entre las, Rev. 7:4.
lugares que ocuparon en Canaán, Jos. 13; 15–17.

TRIBUTO, se prescribe el pago de, Mat. 22:21; Mar. 12:13; Luc. 20:25; Rom. 13:6; 1 Ped. 2:13.
muchas veces lo hacían pagar en trabajo, 1 Rey. 5:13, 14; 9:15, 21.
en los frutos de la agricultura, 1 Sam. 3:15; 1 Rey. 4:7.
en oro y en plata, 2 Rey. 23:33, 35.
prohíbeseles á los reyes de Israel el imponer tributos innecesarios ó exorbitantes, Deut. 17:17.
exímese de, á los sacerdotes y á los Levitas, Ezra 7:24.
el ejemplo de Cristo con respecto á, Mat. 17:24.
Véase también Ezra 4:13, 20; 7:24.

TRIFENA y TRIFOSA, mujeres cristianas, Rom. 16:12.

TRIGO, ó grano, vendido, Gén. 41:57; 42:2.
tostado, Lev. 23:14; Rut 2:14; 1 Sam. 17:17; 25:18; 2 Sam. 17:28.
destruído, Joel 1:10.
——, y vino, simbólico de la abundancia, Gén. 27:18, 37; Deut. 7:13; 33:28; 2 Reyes 18:32; Sal. 4:7; Isa. 36:17; Ose. 2:8, 22; Joel 2:19; Zac. 9:17.

TRIGO, ofrendas hechas de, Ex. 29:2, &c.
Tiro abastecida de, de Israel, 1 Reyes 5:11; Ezeq. 27:17. Véase Mát. 13:25.

TRILLADURA, 1 Crón. 21:20.
se ejecutaba con instrumentos de madera, 2 Sam. 24:22; de hierro, Amós 1:3; con instrumentos con dientes, Isa. 41:15; con el pisar del ganado, Deut. 25:4; Ose. 10:11; moliendo con rueda de carreta, Isa. 28:27, 28.
por vía de comparación, Jer. 51:53; Miq. 4:12, 13.

TRILLAR, ÉRA DE, de Atad, Gén. 50:10, 11.
de Gedeón, Jue. 6:37–40.
de Booz, Rut 3:2–14.
de Nacón, 2 Sam. 6:6.
de Areuna, 2 Sam. 24:16–25.

TRILLO de hierro, 2 Sam. 12:31; 1 Crón. 20:3.

TRINCHERA, 1 Sam. 17:20; 26:5; Luc. 19:43.

TRINIDAD (la):
la doctrina de, se prueba con las Escrituras Mat. 3:16, 17; Rom. 8:9; 1 Cor. 12:3–6; Efes. 4:4–6; 1 Ped. 1:2; 1 Juan 5:7; Jud. 20, 21.
Á CADA PERSONA DE, SE LE ADSCRIBE EL ATRIBUTO de eterna, Rom. 16:26, con Rev. 22:13, y Heb. 9:14.
de santa, Rev. 4:8; 15:4, con Act. 3:14, y 1 Juan 2:20.
de verdadera, Juan 7:28, con Rev. 3:7, y 1 Juan 5:6.
de estar presente en todas partes, Jer. 23:24, con Efes. 1:23, y Sal. 139:7.
de omnipotente, Gén. 17:1, con Rev. 1:8, y Rom. 15:19; Jer. 32:17, con Heb. 1:3, y Luc. 1:35.
de omnisciа, Act. 15:18, con Juan 21:17; 1 Cor. 2:10, 11.
de creadora, Gén. 1:1, con Col. 1:16, y Job 33:4; Sal. 148:5, con Juan 1:3, y Job 26:13.
de santificadora, Judas 1, con Heb. 2:11, y 1 Ped. 1:2.
de ser autora de todas las operaciones espirituales, Heb. 13:21, con Col. 1:29, y 1 Cor. 12:11.
de ser fuente de la vida eterna, Rom. 6:23, con Juan 10:28, y Gál. 6:8.
de enseñar, Isa 54:13, con Luc. 21:15, y Juan 14:26; Isa. 48:17, con Gál. 1:12, y Juan 2:20.
de resucitar á Cristo de entre los muertos, 1 Cor. 6:14, con Juan 2:19, y 1 Ped. 3:18.
de inspirar á los profetas, &c., Heb. 1:1, con 2 Cor. 13:3, y Mar. 13:11.
de proveer de ministros á la iglesia, Jer. 3:15, con Efes. 4:11, y Act. 20:28; Jer. 26:5, con Mat. 10:5, y Act. 13:2.
la salvación es obra de, 2 Tes. 2:13, 14; Tit. 3:4–6; 1 Ped. 1:2.
administrase el bautismo en el nombre de, Mat. 28:19.
dáse la bendición en el nombre de, 2 Cor. 13:14.
los santos son el templo de, 2 Cor. 6:16, con Efes. 3:17, y 1 Cor. 3:16; Efes. 2:22, con Col. 1:27, y 1 Cor. 6:19.
los santos tienen comunión con, 1 Juan 1:3, con Filip. 2:1.
cometer pecado es tentar á, Deut. 6:16, con 1 Cor. 10:9, y Act. 5:9.
los Israelitas en el desierto tentaron á, Exod. 17:7, con 1 Cor. 10:0, y Heb. 3:7, 9.

TRIUNFO (el), de los malos, corto, Job 20:5; Sal. 37:10.

TROAS, Pablo va á, Act. 16:8; 20:5; 2 Cor. 2:12; 2 Tim. 4:13.

TRÓFIMO, compañero de Pablo, Act. 20:4; 21:29; 2 Tim. 4:20.

TROGILIO, Act. 20:15.

TROGLODITAS, 2 Crón. 12:3.

TROMPETAS. modo de usarlas, Núm. 10; Jos. 6:4; Sal. 81:3; Ezeq. 7:14; 33:3; Joel 2:1.
empleábanse en el culto, 1 Crón. 13:8; 15:24; 2 Crón. 5:12; 29:27; Sal. 98:6.
fiesta de, Lev. 23:24; Núm. 29.
uso de, casos memorables:
en el monte Sinaí, Ex. 19:16; 20:18.
en Jericó, Jos. 6:20.
por Gedeón, Jue. 7:16–22.
el toque de siete, Rev. 8; 9; 11:15.
la última, 1 Cor. 15:52; 1 Tes. 4:16.

TRONO, 1 Rey. 2:19.
cerca de la puerta de la ciudad, 1 Rey. 22:10.
el de Salomón era de marfil, 1 Rey. 10:18–20.
el sentarse en, significa dignidad y gobierno, 1 Rey. 1:13; Zac. 6:13; Rev. 20:4.
en sentido figurado, Sal. 9:4, 7; Jer. 17:12; Mat. 25:31; Rev. 3:21.
simbólico, Ezeq. 1:26; 10:1; Rev. 4:2–10; 20:11.

TROPIEZO, ó estorbo, colocado ante los ciegos, Lev. 19:14; Deut. 27:18.
en sentido figurado, Rom. 14:21; 1 Cor. 8:9.
Cristo fué para los Judíos, 1 Cor. 1:23.
esto fué predicho, Isa. 8:14; Rom. 9:32; 1 Ped. 2:8.

TRUENO, enviado como castigo, Exod. 9:23; 1 Sam. 7:10; Sal. 78:48.
enviado en tiempo de la cosecha como señal, 1 Sam. 12:18. Véase Exod. 19:16; Rev. 4:5; 16:18.

TRUENOS, los siete, Rev. 10.

TRUHANERÍAS. Véase CHANZAS.

TUBAL, Gén. 10:2; Isa. 66:19; Ezeq. 27:13; 32:26; 38:39.

TUBAL–CAÍN, inventor del arte de trabajar los metales, Gén. 4:22.

TUMBA, Job 21:32; Mat. 23:29: 27:60; Mar. 5:2, 3; 6:29. Véase ENTIERRO, SEPULCRO.

TUMIM. Véase URIM.

TUMULTOS acerca de David, 2 Sam. 20:1.
acerca de Roboam, 1 Rey. 12:16.
de Cristo, Mat. 27:24, &c.
de Pablo, Act. 14:5; 17:5; 18:12; 19:24; 21:27.

TURNOS, de los Levitas establecidos por David, 1 Crón. 23:24.
de los cantores, 1 Crón. 25:26.
de los capitanes, 1 Crón. 27.

TURQUEZA, Ex. 28:19; 39:12.

TURRONES, 1 Rey. 14:3,

U.

UCAL, Prov. 30:1.

ULAI, Dan. 8:2.

UNA VEZ, con énfasis, Rom. 6:10; Heb. 9:26; 12:26; Jud. 3.

UNCIÓN del Espíritu Santo:
procede de Dios, 2 Cor. 1:21.
QUE CRISTO LA HABÍA DE RECIBIR, fué predicho, Sal. 45:7; Isa. 61:1; Dan. 9:24.
fué cumplido, Luc. 4:18:21; Act. 4:27; 18:38; Heb. 1:9.
Dios preserva á los que reciben, Sal. 18:50; 20:6; 89:20–23.
los santos reciben, Isa. 61:3; 1 Juan 2:20.
permanece en los santos, 1 Juan 2:27.
guía hacia toda verdad, 1 Juan 2:27.
simbolizada, Ex. 40:13–15; Lev. 8:12; 1 Sam. 16:13; 1 Rey. 19:16.

Véase UNGIMIENTO.

UNCIÓN, en sentido metafórico, 1 Juan 2:20, 27.

UNGIDO, el (Cristo), Isa. 61:1; Luc. 4:18; Act. 10:38. Véase MESÍAS.

UNGIMIENTO, ó UNCIÓN, de Aarón, &c., Lev. 8:10; 10:7; de Saúl, 1 Sam. 10:1; de David, 1 Sam. 16:13; de Salomón, 1 Rey. 1:39; de Eliseo, 1 Rey. 19:16; de Jehú, 2 Rey. 9:1–13; de Joás, 2 Rey. 11:12.
señal de consagración, Gén. 28:18; 1 Rey. 1:39; 19:15.
al servicio levítico, Ex. 28:41; 30:23.
señal de alegría, Sal. 23:5; 92:10; Ecl. 9:8; Mat. 6:17.
señal de respeto y reverencia, Mat. 26:6: Luc. 7:37; Juan 12:3.
para el entierro, Mar. 14:8; 16:1; Luc. 23:56.
de los enfermos, Sant. 5:14.
con aceite, Sal. 92:10; con ungüento, Juan 11:2.
aplicado á la cabeza, Sal. 23:5; Ecl. 9:8; á la cara, Sal. 104:15; á los piés, Luc. 7:38, 39; Juan 12:3; á los ojos, Rev. 3:18. Véase UNCIÓN.

UNGÜENTO, el santo, receta para hacerlo, Ex. 30:23. Véase Sal. 133:2.
derramado sobre Cristo, Mat. 26:7; Mar. 14:3; Luc. 7:37; Juan 11:2; 12:3.

UNICORNIO, se hace mención del, Núm. 23:22; Deut. 14:5: 33:17; Job 39:9; Isa. 34:7.

UNIDAD de la iglesia, Juan 10:16; Rom. 12:5; 1 Cor. 10:17; 12:3; Gál. 3:28; Efes. 1:10; 2:19; 4:4; 5:23, 30.
exhortaciones con respecto á, Sal. 133; Rom. 12:16; 15:5; 1 Cor. 1:10; 2 Cor. 13:11; Efes. 4:3; File. 1:27; 2:2; 1 Ped. 3:8.
———— DE DIOS:
es un motivo para obedecerle á él exclusivamente, Deut. 4:39, 40.
es un motivo para amarle sobre todas las cosas, Deut. 6:4, 5, con Mar. 12:29, 30.
DECLARADA por Dios mismo, Isa. 44:6, 8; 45:18, 21.
por Cristo, Mar. 12:29; Juan 17:3.
por Moisés, Deut. 4:39; 6:4.
por los apóstoles, 1 Cor. 3:4, 6; Efes. 4:6; 1 Tim. 2:5.
es congruente con la deidad de Cristo y del Espíritu Santo, Juan 10:30, con 1 Juan 5:7; Juan 14:9–11.
SE MANIFIESTA en la grandeza y en las obras maravillosas de Dios, 2 Sam. 7:22; Sal. 86:10.
en las obras de la creación y de la providencia, Isa. 44:24; 45:5–8.
en que solo Él posee la presciencia, Isa. 46:9–11.
en que El ejerce una soberanía absoluta, Deut. 32:39.
en que El es el único Sér digno de adoración en los cielos y en la tierra, Neh. 9:6; Mat. 4:10.
en que solo El es bueno, Mat. 19:17.
en que El es nuestro único Salvador, Isa. 45:21, 22.
en que El es la única fuente del perdón, Miq. 7:18, con Mar. 2:7.
en haberse El elegido un pueblo, y haberlo cuidado maravillosamente, Deut. 4:32–35.
el conocimiento de, es necesario para la vida eterna, Juan 17:3.
todos los santos la reconocen por cuanto le adoran, 2 Sam. 7:22; 2 Rey. 19:15; 1 Crón. 17:20.
todos deben conocer y reconocer, Deut. 4:35; Sal. 83:18.

puede el hombre reconocerla sin poseer la fé que salva, Sant. 2:19, 20.

UNIÓN CON CRISTO:
como Cabeza de la iglesia, Efes. 1:22, 23; 4:15, 18; Col. 1:18.

Cristo pidió á Dios que todos los santos tuvieran, Juan 17:21, 23.

defínese como que consiste en que Cristo esté en nosotros, Efes. 3:17; Col. 1:27.

en que estemos en Cristo, 2 Cor. 12:2; 1 Juan 5:20.

incluye la unión con el Padre, Juan 17:21; 1 Juan 2:24.

es de Dios, 1 Cor. 1:30.

SE CONSERVA con la fé, Gál. 2:20; Efes. 3:17.

permaneciendo en El, Juan 15:4, 7.

si su palabra permanece en nosotros, Juan 15:7; 1 Juan 2:24; 2 Juan 9.

alimentándonos de El, Juan 6:56.

obedeciéndole, 1 Juan 3:24.

el Espíritu Santo da testimonio de, 1 Juan 3:24.

la dádiva del Espíritu Santo es prueba de, 1 Juan 4:13.

LOS SANTOS tienen, en el entendimiento, 1 Cor. 2:16; Filip. 2:5.

tienen, en el espíritu, 1 Cor. 6:17.

en el amor, Cant. 2:16; 7:10.

en los sufrimientos, Filip. 3:10; 2 Tim. 2:12.

en su muerte, Rom. 6:3–8; Gál. 2:20.

certidumbre de, Juan 14:20.

gozan en la cena del Señor, 1 Cor. 10:16, 17.

se identifican con Cristo por medio de, Mat. 25:40, 45; Act. 9:4, con Act. 8:1.

están completos en, Col. 2:10.

son exhortados á conservar, Juan 15:4; Act. 11:23; Col. 2:7.

necesaria para el crecimiento en la gracia, Efes. 4:15, 16; Col. 2:19.

para producir fruto, Juan 15:4, 5.

RESULTADOS BENÉFICOS DE, PARA EL HOMBRE: la justicia imputada, 2 Cor. 5:21; Filip. 3:9.

el estar libre de la condenación, Rom. 8:1.

del dominio del pecado, 1 Juan 3.

el ser creados de nuevo, 2 Cor. 5:17.

el tener el espíritu vivo para la justicia, Rom. 8:10.

el tener confianza en la venida de Cristo, 1 Juan 2:28.

una fecundidad abundante, Juan 15:5.

la concesión de sus peticiones, Juan 15:7.

los que tienen, deben andar como El anduvo, 1 Juan 2:6.

los falsos maestros no tienen, Col. 2:18, 19.

es indisoluble, Com. 8:35.

castigo de los que no tienen, Juan 15:6.

explicada con símiles: La vid y los sarmientos, Juan 15:1, 5. El cimiento y el edificio, 1 Cor. 3:10, 11; Efes. 2:20, 21; 1 Ped. 2:4-6. El cuerpo y los miembros, 1 Cor. 12:12, 27; Efe. 5:30. Marido y esposa, Efes. 5:25-32.

UÑA hendida, ó pezuña, los animales que tienen, son inmundos, Lev. 11:4; Deut. 14:7.

—— odorosa (Scio, ONIQUE), Ex. 30:34.

UPHARSIN, Dan. 5:25.

UPHAS, oro de, Jer. 10:9; Dan. 10:5 (orig.).

UR, tierra de, se saca á Abram de, Gén. 11:28; 15:7.

URBANO, Rom. 16:9.

URÍAS heteo, la traición de David á, 2 Sam. 11; 1 Rey. 15:5; Mat. 1:6.

——, sacerdote, idolatría de, 2 Rey. 16:10-16.

——, profeta, muerto por Joaquim, Jer. 26:20.

URIM Y TUMIM, parte del pectoral del sumo sacerdote, Ex. 28:30; Lev. 8:8.

Dios había de ser consultado por medio de Núm. 27:21.

ejemplos del uso de, Jue. 1:1; 20:18; 1 Sam. 23:9; 28:6; 30:7.

falta de, Ezra 2:63; Neh. 7:65.

imagen de la luz y la perfección del sumo sacerdote, Deut. 33:8; Juan 1:4; 9:17; Col. 2:3.

USURA, prohibida, Sal. 15:5; Prov. 28:8; Ezeq. 18:8, 13, 17; 22:12.

hacia los pobres, Ex. 22:25; Lev. 25:36.

los hermanos, Deut. 23:19.

reprimida por Nehemías, Neh. 5.

UVAS, leyes con respecto á las, Lev. 19:10; Núm. 6:3; Deut. 23:24; 24:21. Véase Jer. 31:29; Ezeq. 18:2.

V.

VACA BERMEJA, Núm. 19.

símbolo de Cristo, Heb. 9:12-14.

VACAS uncidas por los Filisteos para devolver el arca, 1 Sam. 6:7-12.

sacrificadas, 1 Sam. 6:14.

el sueño de Faraón relativamente á las, Gén. 41:2-7, 26-30.

por vía de comparación, Amós 4:1.

VACILACIÓN, exhortaciones con respecto á la, Heb. 10:23; Sant. 1:6.

VADO, del Jordán, Jos. 2:7; Jue. 3:28; 12:5, 6.

del Jaboc, Gén. 32:22.

del Arnón, Isa. 16:2.

del Eufrates, Jer. 51:32.

VAGABUNDO, Caín, Gén. 4:12. Véase Sal 109:10.

VALÍA de Cristo:
para con Dios, Mat. 3:17; 1 Ped. 2:4.

para con los santos, Cant. 5:10; Filip. 3:8; 1 Ped. 2:7.

Á CAUSA de su bondad y su belleza, Zac. 9:17.

excelencia y gracia, Sal. 45:2.

nombre, Cant. 1:3; Heb. 1:4.

expiación, 1 Ped. 1:19, con Heb. 12:24.

sus palabras, Juan 6:68.

sus promesas, 2 Ped. 1:4.

cuidado y ternura, Isa. 40:11.

como piedra angular de la iglesia, Isa. 28:16; con 1 Ped. 2:7.

como fuente de toda la gracia, Juan 1:14; Col. 1:19.

inescrutable, Efes. 3:8.

símiles de, Cant. 2:3; 5:10-16; Mat. 13:44-46.

VALIENTES varones de David, 2 Sam. 23:8; 1 Crón. 11:10.

VALLADO, Sal. 62:3.

VALLE DEL REY, Gén. 14:17; 2 Sam. 18:18.

VALLES, había muchos en Canaán, Deut. 11:11.

ABUNDABAN en fuentes y manantiales, Deut. 8:7; Isa. 41:18.

en peñascos y cuevas, Job 30:6; Isa. 57:5.

en árboles y flores, 1 Rey. 10:27; Cant. 2:1.

en pájaros, Prov. 30:17; Ezeq. 7:16.

eran bien cultivados y fecundos, 1 Sam. 6:13; Sal. 65:13.

á menudo eran teatro de ritos idólatras, Isa. 57:5.

de recios combates, Jue. 5:15; 7:8, 22; 1 Sam. 17:19.

mencionados en las Escrituras:
Acor, Jos. 7:24; Isa. 65:10; Ose. 2:15.

Ajalón, Jos. 10:12.

Alcornoque, 1 Sam. 17:2; 21:9.

Baca, Sal. 84:6.

Beraca, 2 Crón. 20:26.

Boquim, Jue. 2:5.

Casís, Jos. 18:21.
Ennom, ó Tofet, Jos. 18:16; 2 Rey. 23:10; 2 Crón. 28:3; Jer. 7:32.
Escol, Núm. 32:9; Deut. 1:24.
Gabaón, ó Gibeón, Isa. 28:21.
Genharassim, 1 Crón. 4:14.
Gerar, Gén. 26:17.
Hamon-Gag, Ezeq. 39:11.
Hebrón, Gén. 37:14.
Jericó, Deut. 34:3.
Jezrael, Ose. 1:5.
Jefta-el, Jos. 19:14, 27.
Josafat, ó decisión, Joel 3:2, 14.
Líbano, Jos. 11:17.
Mageddo, 2 Crón. 35:22; Zac. 12:11.
Moab, donde Moisés fué sepultado, Deut. 34:6.
Rafaim, ó de los gigantes, Jos. 15:8; 18:16; 2 Sam. 5:18; Isa. 17:5.
Salado, ó de la sal, 2 Sam. 8:13; 2 Rey. 14:17.
Save, ó valle del rey, Gén. 14:17; 2 Sam. 18:18.
Seboim, 1 Sam. 13:18.
Sefata, 2 Crón. 14:10.
Siddim, Gén. 14:3, 8.
Sitim, Joel 3:18.
Socot, Sal. 66:6.
Sorec, Jue. 16:4.
Zared, Núm. 21:12.
milagros con relación á, Jos. 10:12; 2 Rey. 3:16, 17, 22, 23.
como término de comparación, Núm. 24:6; Isa. 40:4.
VALOR, exhortaciones para practicarlo, Núm. 13:20; Deut. 31:6; Jos. 1:6; 10:25; 2 Sam. 10:12; 2 Crón. 19:11; Sal. 27:14; 31:24; Ezra 10:4; Isa. 41:6; 1 Cor. 16:13; Efes. 6:10.
Véave IMPAVIDEZ, CONFIANZA.
VANIDAD:
una de las consecuencias de la caída, Rom. 8:20.
todo hombre es, Sal. 39:11.
el hombre en todo estado es, Sal. 62:9.
el hombre es, aun en su mejor estado, Sal. 39:5.
es como, Sal. 144:4.
los pensamientos del hombre son, Sal. 94:11.
los días del hombre son, Job 7:16; Ecl. 6:12.
la niñez y la juventud son, Ecl. 11:10.
la belleza del hombre es, Sal. 39:11; Prov. 31:30.
la ayuda del hombre es, Sal. 60:11; Lam. 4:17.
la justicia del hombre es, Isa. 57:12.
la sabiduría mundana es, Ecl. 2:15, 21; 1 Cor. 3:20.
el placer mundano es, Ecl. 2:1.
la ansiedad mundana es, Sal. 39:6; 127:2.
el trabajo mundano es, Ecl. 2:11; 4:4.
los goces mundanos son, Ecl. 2:3, 10, 11.
los bienes mundanos son, Ecl. 2:4-11.
los tesoros de la maldad son, Prov. 10:2.
el acumular riquezas es, Ecl. 2:26; 4:8.
el amor de las riquezas es, Ecl. 5:10.
riquezas sin la bendición de Dios, son, Ecl. 6:2.
las riquezas obtenidas por medio de la mentira son, Prov. 21:6.
todas las cosas terrenas son, Ecl. 1:2.
las cuestiones necias, &c., son, 1 Tim. 1:6, 7; 6:20; 2 Tim. 2:14, 16; Tit. 3:9.
la conducta de los impíos es, 1 Ped. 1:18.
la religión de los hipócritas es, Sant. 1:26.
el culto de los malos es, Isa. 1:13; Mat. 6:7.
las palabras mentirosas son, Jer. 7:8.
la enseñanza mentirosa es, Jer. 23:32.
la religión puramente externa es, 1 Tim. 4:8; Heb. 13:9.
el dar limosna sin caridad es, 1 Cor. 13:3.

la fé sin las obras es, Sant. 2:14.
la idolatría es, 2 Rey. 17:15; Sal. 31:6; Isa. 44:9, 10; Jer. 10:8; 18:15.
la riqueza obtenida por medio de, disminuye, Prov. 13:11.
LOS SANTOS aborrecen los pensamientos de, Sal. 119:113.
piden á Dios los preserve de, Sal. 119:37; Prov. 30:8.
evitan, Sal. 24:4.
esquivan á los que se entregan á, Sal. 26:4.
LOS MALOS se distinguen particolarmente por su, Job 11:11.
aunque llenos de, se hacen los sabios, Job 11:12.
aman, Sal. 4:2.
imaginan, Sal. 2:1; Act. 4:25; Rom. 1:21.
piensan, Sal. 36:4.
hablan, Sal. 10:7; 12:2; 41:6.
consideran el servicio de Dios como, Job 21:15; Mal. 3:14.
alucinan á los demás con palabras de, 2 Ped. 2:18.
van en pos de, Jer. 2:5.
andan en, Sal. 39:6; Efes. 4:17.
heredan, Jer. 16:19.
siegan, Prov. 22:8; Jer. 12:13.
están entregados á, Sal. 78:33; Isa. 57:13.
los insensatos siguen á los que se entregan á, Prov. 12:11.
el seguir á los que se entregan á, conduce á la pobreza, Prov. 28:19.
los que confían en, serán recompensados con, Job 15:31.
VAPOR, mencionado, Job 36:27; Sal. 135:7; 148:8; Jer 10:13.
VARA DE MEDIR. Véase CAÑA.
VARA (la) de Moisés fué cambiada, Ex. 4.
—— de Aarón, florece, Núm. 17; Heb. 9:4.
VARAS, ó barras, para el tabernáculo, Exod. 25:13; 37:15; 40:20; Núm. 4:6.
VARONES, los hijos, Faraón manda matar á los Israelitas, Ex. 1:15.
habían de presentarse tres veces al año delante del Señor, Ex. 23:17; Deut. 16:16.
VASO, Gén. 40:11; 2 Sam. 12:3; Mal. 23:35; de consolaciones, Jer. 16:7.
en sentido figurado, Sal. 116:13. Véase CÁLIZ, COPA, TAZÓN.
VASOS, del templo mandados hacer por Salomón, 1 Rey. 7:40.
llevados á Babilonia por Nabucodonosor, 2 Rey. 25:14.
profanados por Balsasar, Dan. 5.
restaurados por Ciro, Ezra 1:7.
VASTI, la reina, divorciada, Est. 1.
VEJEZ. Véase ANCIANIDAD.
VEJIGAS (las), la plaga de, Ex. 9:10; Rev. 16:2. Véase 2 Rey. 20:7; Job 2:7.
VELAS, divisiones del tiempo, Ex. 14:24; 1 Sam. 11:11; Mat. 14:25; Mar. 6:48.
VELETAS (Scio, CABEZALES), ó velos, en el culto de los idólatras, Ezeq. 13:18.
VELLOCINO, el de Gedeón, Jue. 6:37.
VELO (de las mujeres), señal de sujeción, Gén. 24:65; Rut 3:15; 1 Cor. 11:10.
usado por Moisés, Ex. 34:33; 2 Cor. 3:13.
del tabernáculo y del templo explicaciones respecto de su hechura, Ex. 26:31; 36:35; 2 Cor. 3:14.
Véase Heb. 6:19; 9:3; 10:20.
rasgado durante la crucifixión, Mat. 27:51; Mar. 15:38; Luc. 23:45.
VENADO, carne de, ó caza, el gusto de Isaac por, Gén. 25:28; 27:3. Véase CIERVO.

VENCIERE, promesas á quienquiera que, 1 Juan 2:13; Rev. 2:7, 11, 17, 26; 3:5, 12, 21; 21:7.

VENDAS, Isa. 3:20.

VENDER, reglas para, Lev. 19:13; 25:14; Prov. 11:1; 16:11; 20:10, 23.

VENDIMIA, Jer. 6:9.

época de gozo, Jue. 9:27; Isa. 16:10, Jer. 48:33.

VENENO de serpientes, Sal. 58:4; 140:3; Rom. 3:13; Sant. 3:8.

VENGADOR de la sangre, rescate de manos de, Núm. 35:12; Deut. 19:6; Jos. 20; Sal. 8:2; 44:16; Rom. 13:4; 1 Tes. 4:6.

VENGANZA (la):
prohibida, Lev. 19:18; Prov. 24:29; Rom. 12:17, 19; 1 Tes. 5:15; 1 Ped. 3:9.

Cristo era un ejemplo de tolerancia, 1 Ped. 2:23.

censurada por Cristo, Luc. 9:54, 55.

incompatible con el ánimo cristiano, Luc. 9:55.

procede de un mal corazón, Ezeq. 25:15.

pertenece á Dios, Deut. 32:35; Sal. 94:1; 99:8; Isa. 34:8; 35:4; Jer. 50:15; Ezeq. 24:25; Nah. 1:2; 2 Tes. 1:8; Heb. 10:30; Jud. 7.

EN LUGAR DE EJERCER, DEBEMOS confiar en Dios, Prov. 20:22; Rom. 12:19.

manifestar amor, Lev. 19:18; Luc. 6:35.

dar lugar á la ira, Rom. 12:19.

ejercer tolerancia, Mat. 5:38–41.

bendecir, Rom. 12:14.

captarnos la buena voluntad de los demás con la bondad, Prov. 25:21, con Rom. 12:20.

impedid que los demás ejerzan, 1 Sam. 24:7; 25:24–31; 26:9.

dad gracias de que se os impida el ejercerla, 1 Sam. 25:32, 33.

los malos se empeñan en, Jer. 20:10.

castigo de, Ezeq. 25:15–17; Amós 1:11, 12.

ejemplos de: Simeón y Leví, Gén. 34:25. Samsón, Jue. 15:7, 8; 16:28–30. Joab, 2 Sam. 3:27. Absalóm, 2 Sam. 13:23–29. Jezabel, 1 Rey. 19:2. Achab, 1 Rey. 22:26. Amán, Est. 3:8–15. Los Idumeos, Ezeq. 25:12. Los Filisteos, Ezeq. 25:15. Herodías, Mar. 6:19–24. Santiago y Juan, Luc. 9:54. Los príncipes de los sacerdotes, Act. 5:33. Los Judíos, Act. 7:54, 59; 23:12.

VENTANAS, Gén. 6:16: 8:6; 26:8; Jos. 2:15, 21; Jue. 5:28; Ezeq. 40:16.

en sentido figurado, Gén. 7:11: 8:2: Mal. 3:10.

VERANO, vuelta anual de, Gén. 8:22.

símile de la temporada de la gracia, Prov. 6:8; 10:5; 30:25; Jer. 8:20.

———, aposento de, Jue. 3:20, 24; Amós 3:15.

VERDAD:
Dios es un Dios de, Deut. 32:4: Sal. 31:5.

Cristo es la, Juan 14:6, con Juan 7:18.

estaba lleno de, Juan 1:14.

habló, Juan 8:45.

el Espíritu Santo es el Espíritu de, Juan 14:17.

guía á toda, Juan 16:13.

la palabra de Dios es, Dan. 10:21; Juan 17:17.

Dios mira la, con favor, Jer. 5:3.

los juicios de Dios son según la, Sal. 96:13; Rom. 2:2.

LOS SANTOS DEBEN adorar á Dios en, Juan 4:24, con Sal. 145:18.

servir á Dios en, Jos. 24:14; 1 Sam. 12:24.

andar ante Dios en, 1 Rey. 2:4; 2 Rey. 20:3.

guardar las fiestas religiosas con, 1 Cor. 5:8.

considerarla como de un valor inapreciable, Prov. 23:23.

amarla, Zac. 8:19.

alegrarse en, 1 Cor. 13:6.

hablarse mutuamente en, Zac. 8:16; Efe. 4:25.

ejecutar juicio con, Zac. 8:16.

meditar en la, Filip. 4:8.

atar la, á su cuello, Prov. 3:3.

escribir la, en las tablas de su corazón, Prov. 3:3.

Dios desea, en el corazón, Sal. 51:6.

el fruto del Espíritu es en, Efes. 5:9.

LOS MINISTROS DEBEN hablar, 2 Cor. 12:6; Gál. 4:16.

enseñar en, 1 Tim. 2:7.

haberse en, 2 Cor. 6:7, 8.

los magistrados deben ser hombres de, Exo l. 18:21.

los reyes son preservados por la, Prov. 20:28.

LOS QUE HABLAN, manifiestan justicia, Prov. 12:17.

permanecerán para siempre, Prov. 12:19.

son la delicia de Jehová, Prov. 12:22.

LOS MALOS carecen de, Ose. 4:1.

no hablan, Jer. 9:5.

no defienden la, Isa. 59:14, 15.

no juzgan por la, Isa. 59:4.

no son valientes á favor de, Jer. 9:3.

son castigados por falta de, Jer. 9:5, 9; Ose. 4:1, 3.

EL EVANGELIO COMO LA, QUE ES, vino por medio de Cristo, Juan 1:17.

Cristo dió testimonio de, Juan 5:33.

es en Cristo, 1 Tim. 2:7.

Juan dió testimonio de, Juan 5:33.

es según la piedad, Tit. 1:1.

es santificador, Juan 17:17, 19.

es purificante, 1 Ped. 1:22.

es parte de la armadura del cristiano, Efes. 6:14.

es revelado abundantemente á los santos, Jer. 33:6.

mora continuamente con los santos, 2 Juan 2.

debe ser reconocido, 2 Tim. 2:25.

creido, 2 Tes. 2:12, 13; 1 Tim. 4:3.

obedecido, 2 Ped. 2:8; Gál. 3:1.

amado, 2 Tes. 2:10.

manifestado, 2 Cor. 4:2.

bien distribuido, 2 Tim. 2:15.

los malos se apartan de, 2 Tim. 4:4.

resisten, 2 Tim. 3:8.

carecen de, 1 Tim. 6:5.

la iglesia es columna y apoyo de, 1 Tim. 3:15.

el diablo está destituido de, Juan 8:44.

VERDAD de Dios:
es uno de sus atributos, Deut. 32:4; Isa. 65:16.

va siempre delante de su rostro, Sal. 89:14.

Dios la guarda para siempre, Sal. 146:6.

SE CARACTERIZA COMO grande, Sal. 57:10.

copiosa, Ex. 34:6; Isa. 86:15.

inviolable, Núm. 23:19; Tit. 1:2.

que llega hasta las nubes, Sal. 57:10.

que dura por todas las generaciones, Sal. 100:5.

va unida con la gracia en la redención, Sal.85:10.

MANIFESTADA en sus consejos antiguos, Isa. 25:1.

en sus caminos, Rev. 15:3.

en sus obras, Sal. 33:4; 111:7; Dan. 4:37.

en sus estatutos, Sal. 19:9.

en la administración de justicia, Sal. 96:13.

en su palabra, Sal. 119:160; Juan 17:17.

en el cumplimiento de sus promesas en Cristo, 2 Cor. 1:20.

de su pacto, Miq. 7:20.

en su modo de obrar respecto de los santos, Sal. 25:10.

en librar á los santos, Sal. 57:3.

en el castigo de los malos, Rev. 16:7.

Dios se acuerda de, para con los santos, Sal. 98:3.

es para los santos escudo y adarga, Sal. 91:4.

DEBEMOS confiar en, Sal. 31:5; Tit. 1:2.
apelar á, en nuestras oraciones, Sal. 89:49.
implorar que se manifieste á, nosotros mismos, 2 Crón. 6:17.
á los demás, 2 Sam. 2:6.
darla á conocer á los demás, Isa. 38:19.
ensalzarla, Sal. 71:22; 138:2.
ES NEGADA por el diablo, Gén. 3:4, 5.
por los que se creen justos, 1 Juan 1:10.
por los incrédulos, 1 Juan 5:10.
ejemplificada para con Abraham, Gén. 24:27, Jacob, Gén. 32:10. Israel, Sal. 98:3.
VERDUGO, Mar. 6:27. Véase también Jer. 39:9; Dan. 2:14.
VERGÜENZA, consecuencia del pecado, Gén. 2:25; 3:10; Exod. 32:25. Véase Prov. 3:35; 11:2; 13:5; Ezeq. 16:63; Rom. 6:21.
dominada por la esperanza, Rom. 5:5.
vergüenza eterna de los enemigos de Dios, Sal. 40:14; 109:29; Ezeq. 7:18; Dan. 12:2.
VESTIDO prometido, Mat. 6:25–30.
provisto milagrosamente, Gén. 3:21; Deut. 8:4; Neh. 9:21.
VESTIDOS, los primeros, Gén. 3:7, 21.
el acto de rasgar los, en señal de duelo, Gén. 37:29, 34: Núm. 14:6; Jue. 11:35; 2 Sam. 1:11; 13:31; Act. 14:14.
leyes respecto al lavamiento de los, Ex. 19:10; Lev. 11:25; Núm. 19:7, &c.
VESTIDOS:
el manto, Ex. 28:4; Jue. 4:18; 1 Rey. 19:13, 19; Ezra 9:3; Job 1:20; 2:12. Mat. 21:8.
capa, Luc. 6:29; 2 Tim. 4.13.
ropa, 1 Sam. 18:4.
túnica, Gén. 37:3; Ex. 28:4; 1 Sam. 2:19; Dan. 3:21; Juan 19:23; 21:7; Act. 9:39.
cinto ó cinturón, Exod. 28:8, 40; 1 Sam. 18:4; Jer. 13:1; Mat. 10:9 (bolsa); Act. 21:11.
turbante (Valera, CHAPEO), Ex. 28:40; 39:28; Lev. 8:13; Ezeq. 44:18; Dan. 3:21.
zapato, sandalia, Ex. 3:5; Deut. 25:9; 33:25; Ezeq. 24:17; Mat. 3:11; Mar. 6:9; Act. 12:8.
velo, Gén. 24:65; Exod. 34:33; Rut 3:15; Isa. 3:23.
materiales: telas de lino, Lev. 6:10; Est. 8:15; telas de lana, Prov. 27:26; Ezeq. 34:3; telas de seda, Prov. 31:22; sacos, 2 Sam. 3:31; pieles, Heb. 11:37.
colores: Gén. 37:3; Jue. 8:26: 2 Sam. 1:24; 13:18; Est. 8:15; Ecl. 9:8; Ezeq. 23:6, 15; Dan. 5:7, 29; Luc. 16:19; Rev. 3:5; 6:11.
de los sacerdotes, Ex. 28:39.
de los profetas, 2 Reyes 1:8; Zac. 13:4; Mat. 3:4.
purificación de los inmundos, Lev. 13:47.
no deben hacerse de materiales diversos, Lev. 19:19; Deut. 22:11.
de los sexos no deben trocarse, Deut. 22:5.
de Cristo divididos, Sal. 22:18; Mat. 27:35; Juan 19:23.
parábola de los, Mat. 9:16, &c.
en estilo figurado, Job 38:9; Sal. 73:6: 102:26; 104:2, 6; 109:18; Prov. 30:4; Isa. 61:3; Mat. 9:16. Véase también Jos. 7:21; Ezeq. 16:18; Mat. 22:11; 23:5. Véase TRAJE.
VESTIDURA, 2 Rey. 10:22.
echáronse suertes sobre las de Cristo, Mat. 27:35; Juan 19:24. Véase Sal. 22:18; Rev. 19:13.
VIAJEROS, Jue. 19:17; Isa. 35:8.
iban á pié, Gén. 28:10; en burros ó camellos, Gén. 24:64. Núm. 22:21; en carros. 2 Reyes 5:9; Act. 8:27, 28.
llevaban alimento y agua, Gén. 21:14; 1 Sam. 9:7.

eran, tratados con hospitalidad, Gén. 18:3–8; Ex. 2:20; Heb. 13:2.
computaban lo largo del viaje por el tiempo que gastaban en hacerlo, Gén. 31:23; Deut. 1:2; 2 Rey. 3:9.
á los Judíos les era prohibido hacer largos viajes el Sábado, Ex. 20:10; Act. 1:12.
las personas de alto rango tenían pajes que corrían ante ellas, 2 Sam. 15:1; 1 Rey. 18:46.
empezaban la jornada por la mañana, Jue. 19:5.
descansaban á medio día, Gén. 18:1, 3; Juan 4:6.
paraban por la tarde, Gén. 24:11.
VIANDANTE, Jue. 19:17; 2 Sam. 12:4: Isa. 35:8; Jer. 9:2; 14:8.
VÍBORA, Gén. 49:17; Job 20:16; Isa. 30:6; 59:5, se prende de la mano de Pablo, Act. 28:3.
como término de comparación, Mat. 3:7; 23:33.
VICIOS, varios, mencionados, Mat. 15:19, 20; Mar. 7:21, 22: Rom. 1:29–31; 1 Cor. 6:9; Gál. 5:19–21; 2 Tim. 3:2–4; Rev. 21:8.
VICTORIA sobre la muerte, Isa. 25:8; 1 Cor. 15:54.
por la fé, 1 Juan 5:4.
Véase TRIUNFO.
VICTORIAS, las de Israel procedían de Dios, Exod. 17:8; Jos. 6; 8; 10, &c.; Jue. 4; 7; 8; 11, &c.; 1 Sam. 14; 17, &c; 2 Crón. 14:8; 20:22.
VID, encontrábase muchas veces en su estado silvestre, 2 Rey. 4:39; Ose. 9:10.
cultivada, Gén. 9:20; Sal. 128:3; Jer. 31:5.
era necesario podarla, Lev. 25:3: Isa. 18:5.
la vid baja y desparramada era particularmente apreciada, Ezeq. 17:6.
en muchos casos degeneraba, Isa. 5:2; Jer. 2:21.
probablemente producía dos cosechas al año, Núm. 13:20.
perfumaba el aire con su fragancia, Cant. 2:13.
hacíala Dios fecunda en premio de la obediencia, Joel 2:22: Zac. 8:12.
estéril en castigo, Jer. 8:13; Joel 1:7; Ag. 2:19.
á los Nazareos se les prohíbía comer del fruto de ella, Núm. 6:3, 4.
lugares célebres por: Escol, Núm. 13:23, 24.
Sibma, Isa. 16:8, 9.
Líbano, Ose. 14:7.
Egipto, Sal. 78:47; 80:8.
de Sodoma, no se podía comer, Deut. 32:32.
símile de Israel, Jer. 2:21; Ezeq. 15; 17; Ose. 10; Rev. 14:18.
de Cristo, Juan 15.
VIDA (la), natural:
Dios es el Autor de, Gén. 2:7; Act. 17:28.
preserva, Sal. 36:6; 66:9.
está en la mano de Dios, Job 12:10; Dan. 5:23.
enajenada á causa del pecado, Gén. 2:17; 3:17–19.
de los demás, no se debe quitar, Ex. 20:13.
SE DESCRIBE COMO:
vana, Ecl. 6:12.
limitada, Job 7:1; 14:5.
corta, Job 14:1; Sal. 89:47.
incierta, Sant. 4:13–15.
llena de trabajos, Job 14:1.
la misericordia de Dios es mejor que, Sal. 63:3.
el valor de, Job 2:4; Mat. 6:25.
preservada por medio de la prudencia, Prov. 13:3.
algunas veces es prolongada en respuesta á nuestras oraciones, Isa. 38:2-5; Sant. 5:15.
la obediencia tiende á alargar, Deut. 30:20.

195

la obediencia á nuestros padres tiende á prolongar, Ex. 20:12; Prov. 4:10.
los afanes y deleites de, peligrosos, Luc. 8:14; 21:34; 2 Tim. 2:4.
los santos gozan verdaderamente de, Sal. 128:2; 1 Tim. 4:8.
de los santos, particularmente protegida por Dios, Job 2:6; Act. 18:10; 1 Ped. 3:13.
de los malos, no está particularmente protegida por Dios, Job 36:6: Sal. 78:50.
los malos tienen sus bienes durante, Sal. 17:14; Luc. 6:24; 16:25.

DEBE EMPLEARSE EN:
el temor de Dios, 1 Ped. 1:17.
el servicio de Dios, Luc. 1:75.
vivir para Dios, Rom. 14:8; Filip. 1:21.
paz, Rom. 12:18: 1 Tim. 2:2.
hacer el bien, Ecl. 3:12.
se debe tener de ella todo el cuidado debido, Mat. 10:23; Act. 27:34.
entregar por Cristo, si fuere necesario, Mat. 10:39; Luc. 14:26; Act. 20:24.
entregar por los hermanos, si fuere necesario, Rom. 16:4; 1 Juan 3:16.
sentid gratitud por la conservación de, Sal. 103:4; Juan 2:6.
y por la satisfacción de las necesidades de, Gén. 48:15.
los descontentos desprecian, Ecl. 2:17.
no sabemos qué cosas son buenas para nosotros en, Ecl. 6:12.
no os afaneis sobremanera para atender á las necesidades de, Mat. 6:25.
el verdadero goce de, no depende de la abundancia de bienes, Luc. 12:15.

HA SIDO COMPARADA Á:
una peregrinación, Gén. 47:9.
el águila que se apresura á la presa, Job 9:26.
el suspiro (Valera, PALABRA), Sal. 90:9.
un correo ligero, Job 9:25.
una nave ligera, Job 9:26.
un palmo, Sal. 39:5.
movible tienda de pastor, Isa. 38:12.
un ensueño, Sal. 73:20.
un sueño, Sal. 90:5.
un vapor, Sant. 4:14.
una sombra, Ecl. 6:12.
un hilo cortado por el tejedor, Isa. 38:12.
una lanzadera de tejedor, Job 7:6.
una flor, Job 14:2.
la yerba, 1 Ped. 1:24.
agua derramada en el suelo, 2 Sam. 14:14.
el viento, Job 7:7.
la brevedad de, debe inducirnos á hacer progresos espirituales, Deut. 32:29; Sal. 90:12.
algunas veces es acortada por vía de juicio, 1 Sam. 2:32, 33; Job 36:14.
restaurada milagrosamente por Cristo, Mat. 9:18, 25; Luc. 7:15, 22; Juan 11:43.

VIDA espiritual:
Dios es el Autor de. Sal. 36:9; Col. 2:13.
Cristo, Juan 5:21, 25: 6:33, 51–53; 14:6; 1 Juan 4:9.
el Espíritu Santo, Ezeq. 37:14, con Rom. 8:9–13.
la palabra de Dios es el medio ó instrumento de, Isa. 55:3: 2 Cor. 3:6: 1 Ped. 4:6.
está escondida con Cristo, Col. 3:3.
el temor de Dios es, Prov. 14:27; 19:23.
el ánimo espiritual es, Rom. 8:6.
ES SOSTENIDA POR:
Cristo, Juan 6:57; 1 Cor. 10:3, 4.
la fé. Gál. 2:20.
la palabra de Dios, Deut. 8:3, con Mat. 4:4.

la oración, Sal. 69:32.
tiene su origen en el renacimiento, Juan 3:3–8.
su infancia, Luc. 10:21; 1 Cor. 3:1, 2; 1 Juan 2:12.
su juventud, 1 Juan 2:13, 14.
su edad madura, Efes. 4:13; 1 Juan 2:13, 14.
SE DESCRIBE COMO:
vida para Dios, Rom. 6:11; Gál. 2:19
según Dios, 1 Ped. 4:6.
novedad de vida, Rom. 6:4.
vivir en el Espíritu, Gál. 5:25.
devuelta por Dios, Sal. 85:6; Ose. 6:2.
manifestada en el amor hacia los hermanos, 1 Juan 3:14.
todos los santos tienen, Efes. 2:1, 5: Col. 2:13.
debe manifestarse en todos los actos de los santos, Rom. 12:1; 1 Cor. 14:15.
los santos alaban á Dios por, Sal. 119:175.
procuran hacer progreso en, Sal. 119:25; 143:11; Efes. 4:15; 1 Ped. 2:2.
los malos son ajenos de, Efes. 4:18.
los que viven en deleites carecen de, 1 Tim. 5:6.
los hipócritas, Jud. 12; Rev. 3:1.
explicada con ejemplos, Ezeq. 37:9, 10; Luc. 15:24.

VIDA eterna:
Cristo es, Juan 11:25; 14:6; 1 Juan 1:2; 5:20.
revelada por Cristo, Juan 6:68: 2 Tim. 1:10.
conocer á Dios y á Cristo es, Juan 17:3.
OTORGADA:
por Dios, Sal. 133:3: Rom. 6:23.
por Cristo, Juan 6:27; 10:28.
en Cristo, 1 Juan 5:11.
por medio de Cristo, Rom. 5:21: 6:23.
á todos los que han sido dados á Cristo, Juan 17:2.
á los que creen en Dios, Juan 5:24.
creen en Cristo, Juan 3:15, 16: 6:40, 47.
aborrecen su vida por amor de Cristo, Juan 12:25.
en respuesta á nuestras oraciones, Sal. 21:4.
revelada en las Escrituras, Juan 5:39.
RESULTA DE:
beber el agua de la vida, Juan 4:14.
comer el pan de la vida, Juan 6:50–58.
comer del árbol de la vida, Rev. 2:7.
los que son ordenados para, creen en el evangelio, Act. 13:48.
LOS SANTOS tienen promesas de, 1 Tim. 4:8; 2 Tim. 1:1; Tit. 1:2; 1 Juan 2:25.
tienen esperanza de, Tit. 1:2; 3:7.
pueden tener certidumbre de obtener, 2 Cor. 5:1: 1 Juan 5:13.
segarán, por el Espíritu, Gál. 6:8.
heredarán, Mat. 19:29.
esperan la misericordia de nuestro Señor Jesu-Cristo para, Jud. 21.
deben echar mano de, 1 Tim. 6:12, 19.
serán guardados para, Juan 10:28, 29.
resucitarán para, Dan. 12:2; Juan 5:29.
irán á, Mat. 25:46.
reinarán en, Dan. 7:18; Rom. 5:17.
los que se justifican á sí mismos la buscan por medio de las obras, Mar. 10:17.
no se puede heredar por medio de las obras, Rom. 2:7, con Rom. 3:10–19.
LOS MALOS no obtienen, 1 Juan 3:15.
se juzgan á sí mismos indignos de, Act. 13:46.
exhortación á la busca de, Juan 6:27.

VIDENTE, 1 Sam. 9:9; 2 Sam. 24:11, &c.
Véase PROFETA.
VIDRIO, el mar de. Rev. 4:6; 15:2.
VIENTO, efectos milagrosos de, Gén. 8:1; Ex. 15:10; Núm. 11:31; Ezeq. 37:9; Jon. 1:4.
reprendido por Cristo, Mat. 8:26.

mencionados en las Escrituras:
Norte, Prov. 25:23; Cant. 4:16.
Sur, Job 37:17; Luc. 12:55.
Oriental, ó Solano, Job 27:21; Ezeq. 17:10;
Ose. 13:15.
Occidental, Ex. 10:19.
Euroclydón, Act. 27:14.
seco del desierto, 2 Rey. 19:7, 35; Jer. 4:11.
el torbellino, Job 37:9.
mencionado figurativamente, Job 7:7; 8:2;
Juan 3:8; Sant. 1:6; 3:4.
VIGILANCIA (la):
Cristo nos puso ejemplo de, Mat. 26:38, 40;
Luc. 6:12.
prescrita, Mar. 13:37; Rev. 3:2.
exhortaciones al ejercicio de, 1 Tes. 5:6; 1 Ped.
4:7.
Dios la exige de los ministros en particular,
Ezeq. 3:17, con Isa. 62:6; Mar. 13:34.
exhórtase á los ministros al ejercicio de, Act.
20:31; 2 Tim. 4:5.
los ministros fieles la ejercen, Heb. 13:17.
aprobados por razón de, Mat. 24:45, 46; Luc.
12:41–44.
HA DE EJERCERSE con la oración, Luc. 21:36;
Efes. 6:18.
con acción de gracias, Col. 4:2.
con firmeza en la fé, 1 Cor. 16:13.
con atención, Mar. 13:33.
con sobriedad, 1 Tes. 5:6; 1 Ped. 4:7.
en todo tiempo, Prov. 8:34.
en todas las cosas, 2 Tim. 4:5.
los santos ruegan á Dios que los conserve en
actitud de, Sal. 141:3.
incentivos para la práctica de: la esperanza de
ser dirigidos por Dios, Hab. 2:1.
lo incierto del tiempo de la venida de Cristo,
Mat. 24:42; 25:13; Mar. 13:35, 36.
los ataques incesantes del diablo, 1 Ped. 5:8.
la propensión á la tentación, Mat. 26:41.
la bienaventuranza de, Luc. 12:37; Rev.
16:15.
los ministros desleales carecen de, Isa. 56:10,
los malos la tienen aversión á, 1 Tes. 5:7.
lo peligroso de la negligencia en cuanto á, Mat.
24:48–51; 25:5, 8, 12; Rev. 3:3.
explicada con un ejemplo, Luc. 12:35, 36.
ejemplos de: David, Sal. 102:7. Anna, Luc.
2:37. Pablo, 2 Cor. 11:27.
VIHUELA (especie de lira), Isa. 5:12; 14:11;
Amós 5:23; 6:5.
VILEZA del pecado, 1 Sam. 3:13; Job 15:16;
Sal. 12:8; 14:3; 15:4; Isa. 1:6; 64:6; Eze. 24:13;
Rom. 1:26.
confesada, Ezra 9:6; Job 40:4.
purificación de la, Isa. 4:4; Ezeq. 22:15; 36:25;
Zac. 3:4; 13:1; 1 Cor. 6:11; 2 Cor. 7:1.
VINAGRE dado á Cristo en la cruz, Mat. 27:34,
48; Mar. 15:36; Luc. 23:36; Juan 19:29.
Véase Sal. 69:21.
mencionado en sentido figurado, Prov. 10:26;
25:20.
VÍNCULO de la paz, Efes. 4:3.
VINO hecho por Noé, Gén. 9:20.
presentado á Abram, Gén. 14:18.
empleado en las ofrendas, Exod. 29:40; Lev.
23:13; Núm. 15:5.
en la cena del Señor, Mat. 26:29.
prohibido á los Nazareos, Núm. 6:3; Jue. 13:14;
y á los sacerdotes. Lev. 10:9.
recetado como medicina, 1 Tim. 5:23.
los Recabítas se abstenían de, Jer. 35.
abstinencia de, para bien de los demás, Rom.
14:21. Véase 1 Cor. 8:13.
el agua convertida en, por Cristo, Juan 2.

casos en que es lícito, Jue. 9:13; 19:19; Sal.
104:15; Prov. 31:6; Luc. 10:34.
el exceso de, prohibido, Efes. 5:18.
malos efectos de, Gén. 9:20; 1 Sam. 25:37;
Prov. 20:1: 23:29, 34; 31:4; Isa. 28:7; Ose.
4:11.
símile de la abundancia, Joel 2:19.
de la sangre de Cristo, Mat. 26:27.
de las bendiciones del evangelio, Prov. 9:2.
5: Isa. 25:6; 55:1.
de la ira de Dios, Sal. 60:3; 75:8.
Véase EMBRIAGUEZ.
VIÑA de Noé, Gén. 9:20.
de Nabot, obtenida á traición por Achâb,
1 Reyes 21.
parábolas de la viña, Mat. 20:1; 21:33; Mar.
12:1: Luc. 20:9.
leyes con respecto á las viñas, Ex. 22:5; 23:11;
Lev. 19:10; 25:3; Deut. 20:6; 22:9; 23:24;
24:21.
VIRGEN, Cristo nació de una, Mat. 1:18; Luc.
1:27. Véase Isa. 7:14.
VÍRGENES, parábola de las diez, Mat. 25:1.
el consejo de Pablo tocante á las, 1 Cor. 7:25.
VIRTUD, exhortaciones á la práctica de la,
Filip. 4:8; 2 Ped. 1:5.
VIRTUDES (las) y los vicios opuestos, proverbios acerca de, Prov. 10–29.
VISIONES enviadas por Dios, Gén. 12:7; Núm.
24:4; Job 7:14; Sal. 89:19; Isa. 1:1; Joel 2:28;
Act. 2:17; 2 Cor. 12:1.
—— de Abraham, Gén. 15:12.
de Jacob, Gén. 28:10.
de Faraón, Gén. 41.
de Miqueas, 1 Rey. 22:19.
de Isaías, Isa. 6.
de Ezequiel, Ezeq. 1: 10: 11; 37; 40.
de Nabucodonosor, Dan. 2; 4.
de Daniel, Dan. 7, &c.
de Zacarías, Zac. 1, &c.
de Pablo, Act. 9: 16; 18; 22; 27; 2 Cor. 12.
de Pedro, Act. 10:8.
de Juan, Rev. 1; 4–22.
VITUPERIO (REPROCHE ó INJURIA):
prohibido, 1 Ped. 3:9.
de los gobernantes prohibido particularmente,
Ex. 22:28, con Act. 23:4, 5.
LOS MALOS profieren, contra Dios, Sal. 74:22;
79:12.
contra Cristo, Mat. 27:39: Luc. 7:34.
los santos, Sal. 102:8; Sof. 2:8.
los gobernantes, 2 Ped. 2:10, 11; Jud. 8, 9.
de Cristo, predicho, Sal. 59:9, con Rom. 15:3;
Sal. 89:51.
la conducta de Cristo cuando le lanzaban,
1 Ped. 2:23.
LOS SANTOS soportaban, 1 Tim. 4:10; Heb.
10:33.
soportan por amor de Dios, Sal. 69:7.
de Cristo, Luc. 6:22.
deben esperar, Mat. 10:25.
no deben temer, Isa. 51:7.
algunas veces se sienten abatidos á causa de,
Sal. 42:10, 11; 44:16; 69:20.
pueden regocijarse en, 2 Cor. 12:10.
sostenidos cuando son víctimas de, 2 Cor.
12:10.
confían en Dios, Sal. 57:3; 119:42.
oran, 2 Rey. 19:4, 16; Sal. 89:50.
bendicen en retorno, 1 Cor. 4:12; 1 Ped. 3:9.
los ministros no deben temer, Ezeq. 2:6.
dicha de soportar, por amor de Cristo, 1 Ped.
4:14.
bienaventuranza de soportar, por amor de
Cristo, Mat. 5:11; Luc. 6:22.

197

excluye del cielo á los que lo profieren, 1 Cor. 6:10.
castigo, Sof. 2:8, 9; Mat. 5:22.
ejemplos de: los hermanos de José, Gén: 37:19. Goliat, 1 Sam. 17:43. Micol, 2 Sam: 6:20. Semei. 2 Sam. 16:7, 8. Sennaquerib, Isa. 37:17, 23, 24. Los Moabitas y los Ammonitas. Sof. 2:8. Los Fariseos, Mat. 12:24. Los Judíos, Mat. 27:39, 40; Juan 8:48. El Malhechor, Luc. 23:39. Los filósofos atenienses, Act. 17:18.
VITUPERIOS lanzados á la iglesia fueron sobrellevados por Cristo, Sal. 69:9; Rom. 15:3. Véase Luc. 6:22; 2 Cor. 12:10; Heb. 10:33; 1 Ped. 4:14, &c.
VIUDA, da consejos á David, 2 Sam. 14.
Elías es alimentado por una, 1 Rey. 17.
importuna, parábola de la, Luc. 18.
el maravedí de la, Mar. 12:42; Luc. 21:2.
en sentido figurado, Isa. 47:9; 54:4; Lam. 1:1.
VIUDAS (las):
el carácter de las verdaderas, Luc. 2:37; 1 Tim. 5:5, 10.
Dios socorre á, Sal. 146:9.
sin duda oye el grito de, Ex. 22:23.
juzga por, Deut. 10:18; Sal. 68:5.
afirma el término de, Prov. 15:25.
testificará contra los opresores de, Mal. 3:5.
deben confiarse sobre, Jer. 49:11.
NO HAN DE SER afligidas, Ex. 22:22.
oprimidas, Jer. 7:6; Zac. 7:10.
tratadas con violencia, Jer. 22:3.
privadas de su ropa en prenda, Deut. 24:17.
HAN DE SER defendidas en juicio. Isa. 1:17.
honradas, si son viudas en verdad, 1 Tim. 5:3.
socorridas por sus parientes, 1 Tim. 5:4, 16.
por la iglesia, Act. 6:1; 1 Tim. 5:9.
visitadas en la desgracia, Sant. 1:27.
permitidas el tomar parte en nuestras bendiciones, Deut. 14:29; 16:11, 14; 24:19-21.
aunque pobres, pueden ser generosas, Mar. 12:42, 43.
cuando son jóvenes están expuestas á muchas tentaciones, 1 Tim. 5:11-14.
LOS SANTOS socorren á, Act. 9:39.
causan gozo á, Job 29:13.
no burlan las esperanzas de. Job 31:16.
LOS MALOS molestan á, Ezeq. 22:7.
no hacen bienes á, Job 24:21.
las envían vacías, Job. 22:9.
toman prendas de, Job 24:3.
rechazan la causa de, Isa. 1:23.
despojan á, Isa. 10:2, Mat. 23:14.
matan á, Sal. 94:6.
maldito el que tuerce el derecho de, Deut. 27:19.
¡ay de los que oprimen á, Isa. 10:1, 2.
benditos los que socorren á, Deut. 14:29.
símbolo de Sión en la desgracia, Lam. 5:3.
leyes relativas al matrimonio de, Deut. 25:5; Mar. 12:19; Lev. 21:14; Ezeq. 44:22. Véase 1 Cor. 7:8.
VIVA, agua. dada por Cristo, Juan 4:10; 7:38; Rev. 7:17 (Véase Cant. 4:15; Jer. 2:13; Ezeq. 47; Zac. 14:8).
VIVIENDA. Véase CASAS, HABITACIONES, PALACIOS, TIENDAS.
VIVIENTE QUE ME VE (Beer Lahai-Roi) pozo de, Gén. 16:7, 14; 24:62; 25:11.
VIVO, Dios, Jehová el, Dan. 4:34; 6:26; Act. 14:15; 1 Tes. 1:9; Heb. 9:14; 10:31.
VIVOS y muertos han de ser juzgados, Act. 10:42; 2 Tim. 4:1; 1 Ped. 4:5.

VOLCAN, Jer. 51:25; Nah. 1:5, 6.
simbólico, Rev. 8:8.
VOLUNTAD DE DIOS, irresistible, Dan. 4:17,35; Juan 1:13; Rom. 9:19; Efes. 1:5; Sant. 1:18.
cumplida por Cristo (Sal. 40:8), Mat. 26:42; Mar. 14:36; Luc. 22:42; Heb. 10:7; Juan 4:34; 5:30.
como se ejecuta, Juan 7:17; Efes. 6:6; Col. 4:12; 1 Tes. 4:3; 5:18; Heb. 13:21; 1 Ped. 2:15; 4:2; 1 Juan 2:17; 3:23.
Véase Mat. 6:10; Act. 21:14; Rom. 1:10; 15:32.
———del hombre, en contraste con la de Dios, Juan 1:13; Efes. 2:3; Rom. 9:16; 1 Ped. 4:3.
VOLUNTARIEDAD (la) y (la) OBSTINACION: prohibidas, 2 Crón. 30:8; Sal. 75:5.
PROCEDEN DE la incredulidad, 2 Rey. 17:14.
del orgullo, Neh. 9:16, 29.
de un corazón maligno, Jer. 7:24.
Dios conoce, Isa. 48:4.
MANIFIESTALAS EL HOMBRE rehusando acatar a Dios, Prov. 1:24.
rehusando acatar á los mensajeros de Dios. 1 Sam. 8:19; Jer. 44:16; Zac. 7:11.
seguir los caminos de Dios, Neh. 9:17; Isa. 42:24; Sal. 78:10.
acatar á los padres, Deut. 21:18, 19.
recibir la corrección, Deut. 21:18; Jer. 5:3; 7:28.
rebelándose contra Dios, Deut. 31:27; Sal. 78:8.
haciendo resistencia al Espíritu Santo, Act. 7:51.
siguiendo las inclinaciones de su mal corazón, Jer. 7:24, con Jer. 23:17.
endureciendo la cerviz, Neh. 9:16.
el corazón, 2 Crón. 36:13.
retrocediendo en lugar de avanzar, Jer. 7:24.
lo abominable de, 1 Sam. 15:23.
LOS MINISTROS DEBEN guardarse de, Tit. 1:7.
amonestar á su grey con respecto á, Heb. 3:7-12.
pedir á Dios que perdone á su grey por, Ex. 34:9; Deut. 9:27.
es un distintivo de los malos, Prov. 7:11; 2 Ped. 2:10.
los malos no se dejan de, Jue. 2:19.
el castigo de, Deut. 21:21; Prov. 29:1.
explicada con ejemplos, Sal. 32:9; Jer. 31:18.
ejemplos de: Simeón y Leví, Gén. 49:6. Los Israelitas, Exod. 32:9; Deut. 9:6, 13. Saúl, 1 Sam. 15:19-23. David, 2 Sam. 24:4. Josías, 2 Crón. 35:22. Sedecías, 2 Crón. 36:13.
VOTOS, leyes con respecto á, Lev. 27; Núm. 6:2; 30; Deut. 23:21. Véase Sal. 65:1; 66:13; 76:11; 116:18; Ecl. 5:4; Mal. 1:14.
de Jacob, Gén. 28:20.
de los Israelitas, Núm. 21:2.
de Jefté, Jue. 11:30.
de Anna, 1 Sam. 1:11.
de Saúl, 1 Sam. 14:24.
de David, Sal. 132:2.
Véase Jon. 1:16; Act. 18:18; 21:23.
VOZ(la)DE DIOS proclama la ley, Exod. 19:19. 20:1.
su majestad y poder, Job 37:4; 40:9; Sal. 18: 13; 46:6; 68:33; Joel 2:11.
OIDA por Elías, 1 Rey. 19:12.
por Ezequiel, Ezeq. 1:24; 10:5.
por Cristo en su bautismo, &c., Mat. 3:17; Mar. 1:10; Luc. 3:22; Juan 12:28.
por los apóstoles en la transfiguración, Mat. 17:5; Mar. 9:7; Luc. 9:35; 2 Ped. 1:18.
por Pablo, Act. 9:7.
por Juan, Rev. 1:10.
VUELTA. Véase REGRESO.

Y.

YELMO. Véase ARMADURA.

YERBA, creación de la, Gén. 1:11.
concedida por Dios, Deut. 11:15; Sal. 147:8.
compárase el hombre á la, Sal. 37:2; 90:5;
103:15; Isa. 40:6; Sant. 1:10; 1 Ped. 1:24.

YESO, ó CAL, Deut. 27:2, 4; Isa. 33:12; Amós
2:1.

YO SOY, nombre de la Divinidad, Ex. 3:14.
Véase Isa. 44:6; Juan 8:58; Rev. 1:18, &c.

YUGO de Cristo, suave, Mat. 11:30; 1 Juan 5:3.

YUGOS enviados por Dios á varios reyes, Jer. 27.

YUNQUE, Isa. 41:7.

Z.

ZABULÓN, nace, Gén. 30:20; 35:23.
bendecido por Jacob, Gén. 49:13.
por Moisés, Deut. 33:18.
sus descendientes son contados, Nú. 1:30; 26:26.
su herencia, Jos. 19:10.
su valor, Jue. 4:6; 5:14, 18; 6:35.
va á la pascua celebrada por Ezequías, 2 Crón.
30:11, 18; Sal. 68:27; Ezeq. 48:26; Rev. 7:8.
Cristo predica primero en la tierra de (Isa. 9:1),
Mat. 4:13.

ZACARÍAS, hijo de Joiada, habiendo reprendido á Joás, recibe la muerte, 2 Crón. 24:20;
Mat. 23:35.
———, el profeta, exhorta al arrepentimiento,
Zac. 1; 7; 8; 10, &c.
predice la venida, los sufrimientos y el reinado
de Cristo, Zac. 9:9; 11; 12; 13; 14.
sus visiones, Zac. 1-6.
———, décimocuarto rey de Israel, 2 Rey. 14:29;
15:8-12.
———, padre de Juan el Bautista, encomiado,
Luc. 1:5.
su incredulidad y su mudez, Luc. 1:11.
su cántico profético, Luc. 1:62.
——— otros pesonajes del mismo nombre, 2 Cró.
24:20-22; Zac. 1:1, 7; Mat. 23:35.

ZAFIRO, Exod. 24:10; 28:18; Ezeq. 1:26; 10:1;
28:13; Rev. 21:19, &c.

ZAMBRI, uno de los príncipes de la tribu de
Simeón, Núm. 25:6-8, 14.

———, quinto rey de Israel, 1 Rey. 16:9-13;
2 Rey. 9:31.
su maldad y su muerte, 1 Rey. 16:16-20.

ZAPATO, ó sandalia, se lo quitaban en señal de
reverencia, Ex. 3:5; Jos. 5:15.
también al reconocer la falta de aptitud para
cumplir un convenio. Deut. 25:9; Rut 4:7.
en señal de abatimiento, 2 Sam. 15:30.

ZAQUEO, vocación y confesión de, Luc. 19:1-10.

ZARA, Gén. 38:30; 1 Crón. 2:6.

ZARA, Etíope vencido por Asa, 2 Crón. 14:9;
16:8.

ZARCILLOS, ó pendientes, Gén. 24:22, 30; Ex.
32:2, 3; Jue. 8:24; Job 42:11; Isa. 3:20; Ose.
2:13.

ZARES, Est. 5:10-14; 6:13.

ZARZA, ó zarzal, ardiendo, el Señor se aparece
á Moisés en un, Exod. 3:2; Mar. 12:26; Luc.
20:37; Act. 7:35.

ZEB, Jue. 7:25; 8:3; Sal. 83:11.

ZEBEE y Salmana muertos por Gedeón, Jue.
8:5, 21; Sal. 83:11.

ZEBEDEO es dejado por sus hijos, Mat. 4:21;
Mar. 1:20.

ZEBOIM. Véase SEBOIM.

ZEBUL, gobernante de Siquem, auxilia á Abimelec, Jue. 9:28, 30.

ZECRI, 2 Crón. 28:7.

ZELFA, sierva de Lea, Gén. 29:24.
madre de Gad y Aser, Gén. 30:9-13; 35:26;
37:2; 46:18.

ZENAS, doctor de la ley, Tit. 3:13.

ZIF, el segundo mes (Mayo), 1 Rey. 6:1, 37.

ZIZAÑA, parábola de la, Mat. 13:24.

ZIPH, desierto de, Jos. 15:55; 2 Crón. 11:8.
David se oculta en, 1 Sam. 23:14-24; 26:1.
título del Salmo 54.

ZOMZOMEOS, Deut. 2:20, 21.

ZOROBABEL, príncipe de Judá. Ezra 2:2.
restaura el culto de Dios, Ezra 3:1; Neh. 12:47;
Ag. 1:1, 14.
Dios le anima, Ag. 2:1; Zac. 4:6.   Véase Mat.
1:12.

ZORRAS, la estratagema de Samsón con las,
Jue. 15:4; Neh. 4:3; Cant. 2:15; Lam. 5:18;
Mat. 8:20; Luc. 13:32.

ZURDOS, honderos, Jue. 20:16.